myBook+

Ihr Portal für alle Online-Materialien zum Buch!

Arbeitshilfen, die über ein normales Buch hinaus eine digitale Dimension eröffnen. Je nach Thema Vorlagen, Informationsgrafiken, Tutorials, Videos oder speziell entwickelte Rechner – all das bietet Ihnen die Plattform myBook+.

Ein neues Leseerlebnis

Lesen Sie Ihr Buch online im Browser – geräteunabhängig und ohne Download!

Und so einfach geht's:

- Gehen Sie auf **https://mybookplus.de**, registrieren Sie sich und geben Sie Ihren Buchcode ein, um auf die Online-Materialien Ihres Buches zu gelangen
- **Ihren individuellen Buchcode finden Sie am Buchende**

Wir wünschen Ihnen viel Spaß mit myBook+!

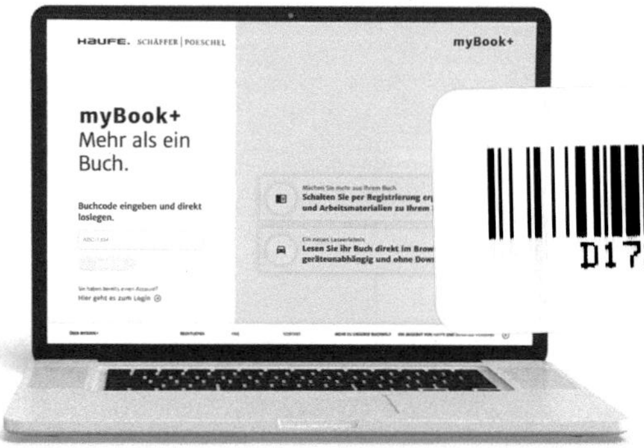

Entgeltabrechnung 2024

Carola Hausen, Marcus Spahn u. a.

Entgeltabrechnung 2024

Alle wichtigen Fälle für die Praxis

11. Auflage

Haufe Group
Freiburg · München · Stuttgart

Bibliografische Information der Deutschen Nationalbibliothek

Die Deutsche Nationalbibliothek verzeichnet diese Publikation in der Deutschen Nationalbibliografie; detaillierte bibliografische Daten sind im Internet über http://dnb.dnb.de/ abrufbar.

Print: ISBN 978-3-648-17635-1 Bestell-Nr. 00440-0011
ePub: ISBN 978-3-648-17636-8 Bestell-Nr. 00440-0108
ePDF: ISBN 978-3-648-17637-5 Bestell-Nr. 00440-0159

Carola Hausen, Marcus Spahn u. a.
Entgeltabrechnung 2024
11. Auflage, Juni 2024

www.haufe.de
info@haufe.de

Bildnachweis (Cover): © ridvan_celik, iStock

Produktmanagement: Dr. Bernhard Landkammer
Lektorat: Ulrich Leinz

Inhaltsverzeichnis

Vorwort

Das Wachstumschancengesetz der Bundesregierung ist seit 27.3.2024 in Kraft. Die Änderungen betreffen gerade auch die Entgeltabrechnung – und die Autorinnen, Autoren und die Haufe Fachredaktionen haben sich umgehend ans Werk gemacht und diese Änderungen in den Berechnungsbeispielen und dem Entgelt-ABC eingearbeitet. Und nun liegt die 11. Auflage der Entgeltabrechnung vor! Alle weiteren Aktualisierungen für dieses Jahr stellen wir Ihnen online zur Verfügung bei den Digitalen Extras:

Mit den **Digitalen Extras** werden wir sie online topaktuell über Änderungen im Jahr informieren. Zum Beispiel stehen dort die aktualisierten Pfändungsberechnung für Sie bereit, wenn zum 1. Juli eine neue Lohnpfändungstabelle veröffentlicht wird.

Was Ihnen das Buch bietet

Teil 1: Über **450 Berechnungsbeispiele** veranschaulichen, wie konkrete Sachverhalt in der Entgeltberechnung berechnet werden: Die Expertinnen und Experten skizzieren die Situation, führen die konkrete Berechnung durch und erläutern sie und geben wichtige Hinweise und Tipps.

Teil 2: Schlagen Sie nach zu über **560 Entgeltarten**, welcher Steuer- und Beitragspflicht die jeweilige Entgeltart unterliegt, ob sie bei der Berechnung des Mindestlohns relevant ist und wie die Entgeltart sozialversicherungsrechtlich zu behandeln ist.

Übersicht zu den aktuellen, wichtigen Änderungen

Kapitel 22: *Geringfügig entlohnte Beschäftigung.* Neue Beispiele zu den Sachverhalten Entgeltumwandlung, Sachbezug, Beginn und Ende mehrerer Beschäftigungen innerhalb eines Kalendermonats und Auswirkung Antrag RV-Freiheit auf weitere Beschäftigungen.

Kapitel 24: *Jahresarbeitsentgeltgrenze.* Neue Beispiele zur Prüfung der KV-Pflicht zum Jahreswechsel.

Kapitel 40: *Pfändung.* Die aktualisierte Berechnungsbeispiele werden bei den Digitalen Extras zeitnah nach Veröffentlichung einer neuen Lohnpfändungstabelle für Sie bereitgestellt.

Viele Erfolg bei der Arbeit wünscht Ihnen

Ihre Haufe Group

Teil 1: Berechnungsbeispiele

1 Abfindungen

Carola Hausen

1.1 Fünftelregelung bei Zusammenballung von Einkünften

Sachverhalt: Ein Arbeitnehmer mit einem laufenden Monatslohn von 4.500 EUR erhält infolge einer vom Arbeitgeber veranlassten Auflösung des Arbeitsverhältnisses zum 31.10. eine Abfindung von 27.000 EUR. Weitere Einmalbezüge wurden nicht gezahlt. Er hat die Steuerklasse I, 0,5 Kinderfreibeträge, 1 PV-Kind, 9 % Kirchensteuer. Der Zusatzbeitrag zur gesetzlichen Krankenversicherung wird mit 1,2 % angenommen.

Wie ist die Abfindung lohnsteuer- und sozialversicherungsrechtlich zu behandeln?

Ergebnis: Zunächst ist zu prüfen, ob die Fünftelregelung angewendet werden muss, weil eine Zusammenballung von Einkünften im Kalenderjahr vorliegt. Dies ist der Fall, wenn die Abfindung höher ist als der Arbeitslohn, den der Arbeitnehmer bei Fortsetzung des Dienstverhältnisses bis zum Ende des Kalenderjahres noch bezogen hätte.

Prüfung der Zusammenballung von Einkünften im Kalenderjahr

Arbeitslohn bis 31.10. (45.000 EUR) + voraussichtlicher Arbeitslohn vom 1.11.-31.12. (9.000 EUR)	54.000 EUR
Arbeitslohn bis 31.10. (45.000 EUR) + Abfindung (27.000 EUR)	72.000 EUR
Ergebnis: 72.000 EUR > 54.000 EUR	

Es liegt eine Zusammenballung von Einkünften im Kalenderjahr vor. Die Lohnsteuer auf die Abfindung muss nach der Fünftelregelung berechnet werden.

Versteuerung nach der Jahreslohnsteuertabelle

Zunächst ist der Jahresarbeitslohn ohne die Abfindung zu ermitteln:

Jahresarbeitslohn (4.500 EUR × 12 Monate)	54.000,00 EUR	
Lohnsteuer lt. Jahreslohnsteuertarif		8.377,00 EUR

Die Abfindung i. H. v. 27.000 EUR wird nach der Fünftelregelung besteuert:

Jahresarbeitslohn (4.500 EUR × 12 Monate)	54.000,00 EUR	
Zzgl. 1/5 von 27.000 EUR	*+ 5.400,00 EUR*	
Gesamt	59.400,00 EUR	
Lohnsteuer lt. Jahreslohnsteuertarif		9.874,00 EUR
Differenz der beiden Lohnsteuerbeträge (9.874 EUR – 8.377 EUR)		1.497,00 EUR

= Lohnsteuer auf die Abfindung (1.497 EUR x 5)	7.485,00 EUR
Davon Solidaritätszuschlag	0,00 EUR
Davon 9% Kirchensteuer	673,65 EUR

Sozialversicherungsrechtliche Beurteilung: Sozialversicherungsrechtlich gelten Entlassungsabfindungen nicht als Arbeitsentgelt und sind daher ohne betragsmäßige Grenzen beitragsfrei.

Praxistipp: Hat der ausscheidende Arbeitnehmer im Folgejahr voraussichtlich keine oder nur geringe Einkünfte, kann es sinnvoll sein, den Zahlungszeitpunkt ins Folgejahr zu verschieben, auch wenn dann die Fünftelregelung u. U. nicht mehr angewendet werden darf.

Hinweis: Bei der Berechnung bleibt unberücksichtigt, dass eine Entlassungsabfindung nicht zur Bemessungsgrundlage für die Vorsorgepauschale gehört. Dies führt im Lohnsteuerabzugsverfahren zu einer abweichenden Lohnsteuer als oben dargestellt. Ein Ausgleich bzw. eine Überprüfung erfolgt regelmäßig im Einkommensteuer-Veranlagungsverfahren.

1.2 Berechnung mit sonstigem Bezug

Sachverhalt: Ein Arbeitnehmer mit einem laufenden Monatslohn von 5.500 EUR erhält infolge einer vom Arbeitgeber veranlassten Auflösung des Dienstverhältnisses zum 31.6. eine Abfindung von 32.500 EUR. Als weiteren Einmalbezug hat er im Mai 1.750 EUR Urlaubsgeld erhalten. Aufgrund der Beendigung des Arbeitsverhältnisses entgeht ihm aber das Weihnachtsgeld von 1.750 EUR. Er hat die Steuerklasse IV, 1 Kinderfreibetrag, 1 PV-Kind, die Kirchensteuer beträgt 9%. Der Zusatzbeitrag zur gesetzlichen Krankenversicherung wird mit 1,2% angenommen.

Wie ist die Abfindung lohnsteuer- und sozialversicherungsrechtlich zu behandeln?

Ergebnis

Prüfung der Zusammenballung von Einkünften im Kalenderjahr

Arbeitslohn bis 30.6. (33.000 EUR) + Urlaubsgeld (1.750 EUR) + voraussichtlicher Arbeitslohn vom 1.7.-31.12. (33.000 EUR)	67.750 EUR
Arbeitslohn bis 30.6. (33.000 EUR) + Urlaubsgeld (1.750 EUR) + Abfindung (32.500 EUR)	67.250 EUR
Ergebnis: 67.250 EUR < 67.750 EUR	

Es kommt in 2024 zu keiner Zusammenballung von Einkünften. Die Lohnsteuer auf die Abfindung darf nicht nach der Fünftelregelung ermittelt werden.

Versteuerung nach der Jahreslohnsteuertabelle

Zunächst ist der Jahresarbeitslohn ohne die Einmalzahlung zu ermitteln:

Jahresarbeitslohn (5.500 EUR × 12 Monate)	66.000,00 EUR	
Zzgl. Urlaubsgeld	*+ 1.750,00 EUR*	
Gesamt	67.750,00 EUR	
Lohnsteuer lt. Jahreslohnsteuertarif		12.525,00 EUR

Die Abfindung i. H. v. 32.500 EUR ist nicht nach der Fünftelregelung zu besteuern.

Jahresarbeitslohn (5.500 EUR × 12 Monate + Urlaubsgeld)	67.750,00 EUR	
Zzgl. Abfindung (32.500 EUR)	*+ 32.500,00 EUR*	
Gesamt	100.250,00 EUR	
Lohnsteuer lt. Jahreslohnsteuertarif		25.006,00 EUR
Differenz der beiden Lohnsteuerbeträge (25.006 EUR – 12.525 EUR)		12.481,00 EUR
= Lohnsteuer auf die Abfindung		12.481,00 EUR
Davon Solidaritätszuschlag lt. Jahreslohnsteuertarif		585,48 EUR
Davon 9 % Kirchensteuer		1.123,29 EUR

Sozialversicherungsrechtliche Beurteilung: Sozialversicherungsrechtlich gelten Entlassungsabfindungen nicht als Arbeitsentgelt und sind daher ohne betragsmäßige Grenzen beitragsfrei.

Hinweis: Bei der Berechnung bleibt unberücksichtigt, dass eine Entlassungsabfindung nicht zur Bemessungsgrundlage für die Vorsorgepauschale gehört. Dies führt im Lohnsteuerabzugsverfahren zu einer abweichenden Lohnsteuer als oben dargestellt. Ein Ausgleich bzw. eine Überprüfung erfolgt regelmäßig im Einkommensteuer-Veranlagungsverfahren.

1.3 Zahlung im Folgejahr mit ermäßigter Besteuerung

Sachverhalt: Ein Arbeitnehmer erhält im Januar infolge einer vom Arbeitgeber veranlassten Auflösung des Dienstverhältnisses zum 31.12. des Vorjahres eine Abfindung von 55.000 EUR. Sein Gesamtbrutto des Vorjahres betrug 42.000 EUR. Über weitere Einkünfte oder Einnahmen (z. B. Arbeitslosengeld) gibt es keine Informationen. Er hat die Steuerklasse IV, keine Kinderfreibeträge, die Kirchensteuer beträgt 8 %.

Wie ist die Abfindung lohnsteuer- und sozialversicherungsrechtlich zu behandeln?

Ergebnis: Die Abfindung ist in voller Höhe lohnsteuerpflichtig. Die ermäßigte Besteuerung nach der Fünftelregelung darf angewendet werden, da der Abfindungsbetrag größer ist als das Gesamtbrutto des Vorjahres (55.000 EUR > 42.000 EUR).

Abfindung	55.000 EUR
Lohnsteuer auf 11.000 EUR (= 1/5 von 55.000 EUR)	0 EUR
Lohnsteuer auf die Abfindung (0 EUR x 5)	0 EUR
Davon Solidaritätszuschlag	0 EUR
Davon 8 % Kirchensteuer	0 EUR

Sozialversicherungsrechtliche Beurteilung: Sozialversicherungsrechtlich gelten Entlassungsabfindungen nicht als Arbeitsentgelt und sind daher ohne betragsmäßige Grenzen beitragsfrei.

Praxistipp: Der Arbeitnehmer wird aufgrund der angewandten Fünftelregelung vom Finanzamt aufgefordert werden, eine Einkommensteuererklärung abzugeben. Wenn dann noch weitere Einkünfte oder Lohnersatzleistungen hinzukommen, muss er mit einer Einkommensteuernachzahlung rechnen.

1.4 Zahlung im Folgejahr ohne ermäßigte Besteuerung

Sachverhalt: Ein Arbeitnehmer erhält im Januar infolge einer vom Arbeitgeber veranlassten Auflösung des Dienstverhältnisses zum 31.12. des Vorjahres eine Abfindung von 35.000 EUR. Sein Gesamtbrutto des Vorjahres betrug 42.000 EUR. Über weitere Einkünfte gibt es keine Informationen. Er hat die Steuerklasse IV, keine Kinder, die Kirchensteuer beträgt 9 %. Der Zusatzbeitrag zur gesetzlichen Krankenversicherung wird mit 1,2 % angenommen.

Wie ist die Abfindung lohnsteuer- und sozialversicherungsrechtlich zu behandeln?

Ergebnis: Die Abfindung ist in voller Höhe lohnsteuerpflichtig. Die ermäßigte Besteuerung nach der Fünftelregelung darf nicht angewendet werden, da der Abfindungsbetrag kleiner ist als das Gesamtbrutto des Vorjahres (35.000 EUR < 42.000 EUR).

Abfindung	35.000,00 EUR
Lohnsteuer lt. Jahreslohnsteuertarif auf 35.000 EUR	3.606,00 EUR
Davon Solidaritätszuschlag	0,00 EUR
Davon 9 % Kirchensteuer	267,57 EUR

Liegen dem Arbeitgeber Informationen über weitere Einkünfte oder Lohnersatzleistungen vor, z. B. Arbeitslosengeld, und ergibt sich dadurch eine Zusammenballung der Einkünfte, darf die Fünftelregelung angewendet werden. Das wird in der Praxis jedoch selten der Fall sein. Der Arbeitnehmer kann dann jedoch die Anwendung der Fünftelregelung im Rahmen der Einkommensteuerveranlagung beantragen.

Sozialversicherungsrechtliche Beurteilung: Sozialversicherungsrechtlich gelten Entlassungsabfindungen nicht als Arbeitsentgelt und sind daher ohne betragsmäßige Grenzen beitragsfrei.

Hinweis: Bei der Berechnung bleibt unberücksichtigt, dass eine Entlassungsabfindung nicht zur Bemessungsgrundlage für die Vorsorgepauschale gehört. Dies führt im Lohnsteuerabzugsverfahren zu einer abweichenden Lohnsteuer als oben dargestellt. Ein Ausgleich bzw. eine Überprüfung erfolgt regelmäßig im Einkommensteuer-Veranlagungsverfahren.

1.5 Zahlung nach Ende des Beschäftigungsverhältnisses

Sachverhalt: Ein Arbeitnehmer erhält im Juli infolge einer vom Arbeitgeber veranlassten Auflösung des Dienstverhältnisses zum 31.12. des Vorjahres eine Abfindung von 55.000 EUR. Sein Bruttoarbeitslohn im Vorjahr betrug 55.200 EUR. Der Arbeitnehmer hat bereits ein neues Beschäftigungsverhältnis begonnen und wurde vom alten Arbeitgeber in der ELStAM-Datenbank abgemeldet.

Wie ist die Abfindung lohnsteuer- und sozialversicherungsrechtlich zu behandeln?

Ergebnis: Die Abfindung ist in voller Höhe lohnsteuerpflichtig. Der alte Arbeitgeber muss sich beim Arbeitnehmer erkundigen, ob er sich als Haupt- oder Nebenarbeitgeber anmelden soll. Da der Arbeitnehmer bereits ein neues Beschäftigungsverhältnis hat, meldet er sich in der ELStAM-Datenbank als Nebenarbeitgeber an. Die Abfindung wird nach Steuerklasse VI versteuert. Erhält der Arbeitgeber vom Arbeitnehmer keine Information, muss er die Steuerklasse VI ohne ELStAM-Anmeldung anwenden.

Die Fünftelregelung wird nicht angewendet, da die Abfindung den Vorjahreslohn unterschreitet und der Arbeitgeber Arbeitslohn, den der Arbeitnehmer ggf. von einem anderen Arbeitgeber erhält, außer Betracht lassen kann. Er dürfte die Fünftelregelung nur anwenden, wenn ihm der Arbeitnehmer diese Einkünfte mitteilt. Der Arbeitnehmer müsste dann die Fünftelregelung ausdrücklich beim alten Arbeitgeber beantragen. Das wird i. d. R. nicht der Fall sein.

Wird die Abfindung nach Steuerklasse VI versteuert, kann der Arbeitnehmer zu viel gezahlte Lohnsteuer nur im Rahmen der Einkommensteuerveranlagung zurückerstattet bekommen.

Abfindung	55.000,00 EUR
Lohnsteuer lt. Jahreslohnsteuertarif (Abrechnung mit Stkl. VI)	14.763,00 EUR
Davon Solidaritätszuschlag	0,00 EUR
9% Kirchensteuer	1.328,67 EUR

Sozialversicherungsrechtliche Beurteilung: Sozialversicherungsrechtlich gelten Entlassungsabfindungen nicht als Arbeitsentgelt und sind daher ohne betragsmäßige Grenzen beitragsfrei.

Hinweis: Bei der Berechnung bleibt unberücksichtigt, dass eine Entlassungsabfindung nicht zur Bemessungsgrundlage für die Vorsorgepauschale gehört. Dies führt im Lohnsteuerabzugsverfahren zu einer abweichenden Lohnsteuer als oben dargestellt. Ein Ausgleich bzw. eine Überprüfung erfolgt regelmäßig im Einkommensteuer-Veranlagungsverfahren.

1.6 Abfindung und Krankengeldbezug

Sachverhalt: Ein Arbeitnehmer (Steuerklasse I) mit einem Gehalt von 2.500 EUR erhält im Juni infolge einer vom Arbeitgeber veranlassten Auflösung des Dienstverhältnisses zum 30.6. eine Abfindung von 15.000 EUR. Der Arbeitnehmer war seit Anfang des Vorjahres krankgeschrieben und hat seither nur Krankengeld bezogen. Sein Bruttoarbeitslohn im aktuellen Jahr betrug daher 0 EUR. Die Lohnersatzleistung ist bei der Entscheidung über die Anwendung der Fünftelregelung miteinzubeziehen, soweit der Arbeitgeber davon Kenntnis hat.

Wie ist die Abfindung lohnsteuer- und sozialversicherungsrechtlich zu behandeln?

Ergebnis: Die Abfindung ist in voller Höhe lohnsteuerpflichtig. Die Abfindung übersteigt nicht den Betrag, den der Arbeitnehmer bis zum Ende des Jahres als Arbeitslohn erhalten würde (2.500 EUR x 6 Monate = 15.000 EUR).

Die Fünftelregelung wird nicht angewendet, da die Abfindung den voraussichtlich zufließenden Arbeitslohn nicht überschreitet. Der Arbeitgeber dürfte die Fünftelregelung nur anwenden, wenn ihm der Arbeitnehmer die Höhe des gezahlten Krankengelds mitteilt. Ansonsten kann der Arbeitnehmer die Fünftelregelung im Rahmen der Einkommensteuerveranlagung beantragen.

Abfindung	15.000,00 EUR
Lohnsteuer lt. Jahreslohnsteuertarif	0,00 EUR
Davon Solidaritätszuschlag	0,00 EUR
9% Kirchensteuer	0,00 EUR

Sozialversicherungsrechtliche Beurteilung: Sozialversicherungsrechtlich gelten Entlassungsabfindungen nicht als Arbeitsentgelt und sind daher ohne betragsmäßige Grenzen beitragsfrei.

Hinweis: Bei der Berechnung bleibt unberücksichtigt, dass eine Entlassungsabfindung nicht zur Bemessungsgrundlage für die Vorsorgepauschale gehört. Dies führt im Lohnsteuerabzugsverfahren zu einer abweichenden Lohnsteuer als oben dargestellt. Ein Ausgleich bzw. eine Überprüfung erfolgt regelmäßig im Einkommensteuer-Veranlagungsverfahren.

2 Abwälzung, pauschale Lohnsteuer

Carola Hausen

2.1 Minijob und Hauptbeschäftigung

Sachverhalt: Ein Arbeitgeber stellt eine Aushilfskraft auf Minijob-Basis ein mit einem monatlichen Verdienst von 538 EUR. Die Aushilfskraft möchte die Tätigkeit neben einer versicherungspflichtigen Hauptbeschäftigung ausüben. Der Arbeitgeber möchte die pauschalen Arbeitgeberleistungen auf die Aushilfskraft abwälzen.

Ist die Abwälzung zulässig? Wie gestaltet sich die Abrechnung?

Ergebnis: Der Arbeitgeber kann die pauschale Lohnsteuer auf den Arbeitnehmer abwälzen. Die Abwälzung von pauschalen Sozialversicherungsbeiträgen ist nicht zulässig.

Übt ein Arbeitnehmer einen Minijob mit einem Verdienst bis zu 538 EUR pro Monat neben einer versicherungspflichtigen Hauptbeschäftigung aus, bleibt das Arbeitsverhältnis für den Beschäftigten versicherungsfrei in der Kranken-, Arbeitslosen- und Pflegeversicherung, jedoch versicherungspflichtig in der Rentenversicherung. Der Arbeitnehmer kann sich allerdings auf Antrag von der Rentenversicherungspflicht befreien lassen.

Der Arbeitgeber hat folgende Abgaben zu leisten:

Rentenversicherung	15 %
Krankenversicherung	13 %
Pauschalsteuer (Lohnsteuer, Solidaritätszuschlag und Kirchensteuer)	2 %
Abzuführender Gesamtbetrag	30 %

Ist der Arbeitnehmer privat krankenversichert, entfällt die Pauschale von 13 % für die Krankenversicherung. Einzugsstelle für den Gesamtbeitrag ist in jedem Fall die Deutsche Rentenversicherung Knappschaft-Bahn-See.

Die Besteuerung nach den ELStAM ist im vorliegenden Fall nicht zu empfehlen. Da es sich um ein zweites Beschäftigungsverhältnis handelt, würde der Arbeitslohn nach Steuerklasse VI versteuert werden.

Abrechnung (bei Befreiung von der RV)

Aushilfslohn	538,00 EUR
Abzgl. Pauschalsteuer (2 %)	*–10,76 EUR*
Auszahlungsbetrag	527,24 EUR

Arbeitgeberbelastung

Rentenversicherung (15% v. 538 EUR)	80,70 EUR
Krankenversicherung (13% v. 538 EUR)	*69,94 EUR*
Gesamtbelastung (28% v. 538 EUR)	150,64 EUR
Zzgl. Umlagen	

2.2 Minijobber mit Steuerklasse V

Sachverhalt: Ein Arbeitgeber stellt eine Aushilfskraft auf Minijob-Basis unbefristet ein, mit einem monatlichen Verdienst von 538 EUR. Die Mitarbeiterin übt keine weitere Beschäftigung aus. Sie ist verheiratet, hat Steuerklasse V und ist familienversichert.

Welche Möglichkeiten bestehen bezüglich der Versteuerung und welche ist die günstigste?

Ergebnis: Die Besteuerung kann nach den ELStAM erfolgen oder nach den Regelungen für Minijobber mit 2% Pauschsteuer. Im Beispiel ist die Versteuerung nach den ELStAM nicht zu empfehlen, da die Lohnsteuer mit ca. 50 EUR verhältnismäßig hoch ausfällt. Außerdem wäre der Arbeitslohn dann bei der Einkommensteuer-Veranlagung zu berücksichtigen, was bei pauschal besteuertem Arbeitslohn nicht erfolgt.

Der Arbeitgeber kann die pauschale Lohnsteuer (10,76 EUR) auf den Arbeitnehmer abwälzen. In diesem Fall ist es für die Arbeitnehmerin günstiger, die Pauschalsteuer zu übernehmen als sich nach Steuerklasse V besteuern zu lassen.

2.3 Direktversicherung

Sachverhalt: Der Arbeitgeber hat im Jahr 2000 für eine Arbeitnehmerin eine Direktversicherung abgeschlossen, die durch Gehaltsumwandlung finanziert wird. Laut ELStAM wird ihr die Steuerklasse IV bescheinigt, sie hat keine Kinder und zahlt 9% Kirchensteuer. Ihr Zusatzbeitrag zur Krankenversicherung beträgt 1,1%. Die Arbeitnehmerin hat gegenüber dem Arbeitgeber schriftlich erklärt, die Direktversicherung weiterhin nach altem Recht mit 20% pauschaler Lohnsteuer besteuern lassen zu wollen. Die pauschale Lohnsteuer trägt vereinbarungsgemäß die Arbeitnehmerin.

Die Arbeitnehmerin lässt von ihrem Bruttogehalt i. H. v. 3.000 EUR monatlich 142 EUR in die Direktversicherung überweisen.

Kann die Lohnsteuer mit 20% pauschal besteuert werden und wie sieht die Abrechnung aus?

Ergebnis: Da die Beiträge der Arbeitnehmerin jährlich 1.704 EUR betragen (12 Monate x 142 EUR) und somit die Grenze von 1.752 EUR jährlich nicht überschritten wird, kann die Lohnsteuer weiterhin mit 20% pauschaliert werden, weil es sich um einen Vertrag handelt, der vor dem 1.1.2005 abgeschlossen wurde (sog. Altvertrag). Sofern die Pauschalversteuerung vor dem 1.1.2018 in mindestens einem Monat vorgenommen wurde, darf die Pauschalversteuerung auch weiterhin angewandt werden. Die pauschale Lohnsteuer zuzüglich pauschalem Solidaritätszuschlag und pauschaler Kirchensteuer wird vom Arbeitgeber einbehalten und zusammen mit der sonstigen Lohnsteuer an das zuständige Finanzamt abgeführt. Die auf die Arbeitnehmerin abgewälzte Pauschalsteuer mindert das Gesamtbrutto.

Abrechnung		
Gehalt		3.000,00 EUR
Gehaltsumwandlung	- 142,00 EUR	
Direktversicherung	142,00 EUR	
Pauschale Lohnsteuer (20% v. 142 EUR)	28,40 EUR	
Pauschaler Solidaritätszuschlag (5,5% v. 28,40 EUR)	1,56 EUR	
Pauschale Kirchensteuer (9% v. 28,40 EUR)	2,56 EUR	*- 32,52 EUR*
Gesamtbruttoverdienst		2.967,48 EUR
Steuerbrutto	2.858,00 EUR	
Sozialversicherungsbrutto	3.000,00 EUR	
Lohnsteuer	292,08 EUR	
Solidaritätszuschlag	0,00 EUR	
Kirchensteuer (9%)	26,28 EUR	
Steuerrechtliche Abzüge gesamt		- 318,36 EUR
Krankenversicherung (7,3%+0,55%)	235,50 EUR	
Pflegeversicherung (2,3%)	69,00 EUR	
Rentenversicherung (9,3%)	279,00 EUR	
Arbeitslosenversicherung (1,3%)	39,00 EUR	
Sozialversicherungsbeiträge gesamt		*- 622,50 EUR*
Gesetzliches Netto		2.026,62 EUR
Überweisung Direktversicherung		*- 142,00 EUR*
Auszahlungsbetrag		1.884,62 EUR

Hinweis: Die Entscheidung der Arbeitnehmerin, die Direktversicherung weiterhin mit 20% pauschal zu versteuern, sichert ihr die steuerfreie Auszahlung der Direktversicherung nach Ablauf der Versicherung. Der verpflichtende Arbeitgeberzuschuss i. H. v.

15 % des umgewandelten Beitrags ist nicht zu leisten, da der Arbeitgeber in diesem Fall keine SV-Beiträge einspart.

2.4 Kurzfristige Beschäftigung

Sachverhalt: Eine Altersrentnerin wird befristet vom 9.10.-27.10. (15 Arbeitstage) als Urlaubsvertretung für eine Sekretärin eingesetzt. Sie erhält 12,41 EUR Stundenlohn bei einer täglichen Arbeitszeit von 7 Stunden. Sie gehört keiner Konfession an; die pauschale Lohnsteuer soll auf die Arbeitnehmerin abgewälzt werden.

Ist eine pauschale Besteuerung zulässig?

Ergebnis: Die kurzfristige Beschäftigung ist sozialversicherungsfrei, da sie von vornherein auf längstens 3 Monate (oder 70 Arbeitstage) innerhalb eines Kalenderjahres begrenzt ist und nicht berufsmäßig ausgeübt wird. Die Lohnsteuer-Pauschalierung mit 25 % ist zulässig, da der Beschäftigungszeitraum 18 zusammenhängende Arbeitstage nicht überschreitet und der durchschnittliche Stundenlohn 19 EUR pro Stunde bzw. 150 EUR pro Tag nicht überschreitet.

Der Arbeitgeber ist der Schuldner der pauschalen Lohnsteuer, diese darf jedoch auf die Arbeitnehmerin abgewälzt werden.

Abrechnung der pauschalen Lohnsteuer:	
Aushilfslohn (12,41 EUR × 7 Std. × 15 Tage)	1.303,05 EUR
Pauschale Lohnsteuer (25 % v. 1.303,05 EUR)	– 325,76 EUR
Pauschaler Solidaritätszuschlag (5,5 % v. 325,76 EUR)	*– 17,91 EUR*
Auszahlungsbetrag	959,38 EUR
Arbeitgeberaufwendungen: 1.303,05 EUR zzgl. Umlagen	

Hinweis: Weist die Arbeitnehmerin nach, dass sie keiner kirchensteuererhebenden Religionsgemeinschaft angehört (z. B. durch eidesstattliche Erklärung), kann die pauschale Kirchensteuer entfallen. Wird die Kirchensteuer im vereinfachten Verfahren erhoben, kommt die pauschale Kirchensteuer hinzu. Der ermäßigte Kirchensteuer-Pauschsatz ist in den einzelnen Bundesländern unterschiedlich hoch und beträgt zwischen 4 % und 7 %.

2.5 Dienstwagen (Privatnutzung)

Sachverhalt: Ein Arbeitnehmer erhält einen Dienstwagen, den er auch privat nutzen darf. Die Bewertung soll nach der 1-%-Regelung erfolgen. Er nutzt den Pkw auch für die Fahrten zwischen Wohnung und erster Tätigkeitsstätte. Die einfache Entfernung beträgt 30 Kilometer, der Arbeitnehmer fährt an 5 Tagen in der Woche zur Arbeit. Der inländische Listenpreis zum Tag der Erstzulassung zzgl. Sonderausstattung beträgt 34.709 EUR.

Wie wird der geldwerte Vorteil berechnet und besteuert?

Ergebnis

Bruttolistenpreis, abgerundet auf volle 100 EUR	34.700,00 EUR
1 % von 34.700 EUR	347,00 EUR
Zzgl. 0,03 % des Listenpreises je Entfernungskilometer für Fahrten Wohnung – erste Tätigkeitsstätte (0,03 % v. 34.700 EUR × 30 km)	*+ 312,30 EUR*
Geldwerter Vorteil gesamt	659,30 EUR
Lohnsteuer-Pauschalierung mit 15 % bis zur Höhe der Entfernungspauschale (20 km × 0,30 EUR + 10 km x 0,38 EUR) × 15 Arbeitstage	147,00 EUR
Pauschale Lohnsteuer (15 % v. 147 EUR)	22,05 EUR
Pauschaler Solidaritätszuschlag (5,5 % v. 22,05 EUR)	+ 1,21 EUR
Pauschale Kirchensteuer (angenommen 5 % v. 22,05 EUR)	*+ 1,10 EUR*
Pauschalsteuer gesamt	24,36 EUR

In der Entgeltabrechnung des Mitarbeiters werden 3 Lohnarten eingerichtet:

1. Geldwerter Vorteil, 1-%-Regelung (individuell besteuert): 347 EUR.
2. Geldwerter Vorteil, Fahrten Wohnung – erste Tätigkeitsstätte (individuell besteuert): 165,30 EUR (312,30 EUR – 147,00 EUR).
3. Geldwerter Vorteil, Fahrten Wohnung – erste Tätigkeitsstätte (pauschal besteuert): 147,00 EUR.

Während der individuell besteuerte Sachbezug der Sozialversicherungspflicht unterliegt, ist der pauschal besteuerte Anteil sozialversicherungsfrei.

Schuldner der pauschalen Lohnsteuer ist der Arbeitgeber, er kann aber die pauschale Lohnsteuer im Innenverhältnis auf den Arbeitnehmer abwälzen. In der Entgeltabrechnung werden dann neben der individuellen Lohnsteuer in einer extra Zeile die pauschale Lohnsteuer, der pauschale Solidaritätszuschlag und die pauschale Kirchensteuer getrennt voneinander als Nettoabzug ausgewiesen.

Praxistipp: Der pauschal besteuerte Sachbezug ist sozialversicherungsfrei, daher entfällt auch der Arbeitgeberanteil zur Sozialversicherung. Die Übernahme der pauschalen Lohnsteuer durch den Arbeitgeber würde daher keine zusätzliche finanzielle Belastung darstellen. Bei der pauschalen Kirchensteuer kann man zwischen dem Nachweisverfahren (Besteuerung nach den ELStAM) und dem vereinfachten Verfahren wählen. Beim vereinfachten Verfahren gilt ein ermäßigter Steuersatz, der dann für alle Arbeitnehmer für den gleichen Sachverhalt angewendet werden muss, unabhängig von ihrer Kirchenzugehörigkeit.

3 Aufmerksamkeiten

Carola Hausen

3.1 Arbeitsessen, außergewöhnlicher Einsatz

Sachverhalt: In einem Unternehmen steht die Jahresinventur durch die Mitarbeiter an. Die Inventur soll ohne größere Unterbrechungen ablaufen. Daher bestellt der Arbeitgeber an jedem der 3 Tage für alle Einsatzkräfte Mittagessen und Getränke, die im Betrieb verzehrt werden. Die Kosten belaufen sich auf 25 EUR pro Tag und pro Person.

Handelt es sich bei den 25 EUR um lohnsteuer- und sozialversicherungsfreie Aufmerksamkeiten für die Mitarbeiter?

Ergebnis: Die Mahlzeiten gelten als Aufmerksamkeiten, da sie bei einem außergewöhnlichen Arbeitseinsatz gewährt werden. Die Kosten überschreiten nicht die Grenze von 60 EUR pro Mahlzeit und pro Tag. Somit gilt die Aufmerksamkeit für die Mitarbeiter nicht als Arbeitslohn und auch nicht als Arbeitsentgelt.

3.2 Verzehr im Betrieb, Kaffee, Tee, Gebäck

Sachverhalt: In einem Unternehmen wird den Mitarbeitern Kaffee, Tee, Mineralwasser sowie trockene Brötchen, Gebäck und Süßigkeiten unentgeltlich zur Verfügung gestellt. Der Arbeitgeber selbst trinkt auch Kaffee im Büro. Ist die Zurverfügungstellung von Getränken und Lebensmitteln an die Mitarbeiter steuer- und sozialversicherungspflichtig und muss der Arbeitgeber seine eigene Tasse Kaffee als Privatentnahme buchen?

Ergebnis: Getränke und Genussmittel, die der Arbeitgeber dem Arbeitnehmer zum Verzehr im Betrieb unentgeltlich zur Verfügung stellt, gelten als Aufmerksamkeiten. Sie gelten nicht als Arbeitslohn und nicht als Arbeitsentgelt in der Sozialversicherung.

Auch die eigene Tasse Kaffee darf sich der Arbeitgeber weiterhin gönnen, sofern die Aufwendungen insgesamt im angemessenen Rahmen bleiben.

Achtung: Werden den Arbeitnehmern vollständige Mahlzeiten zur Verfügung gestellt, ist Vorsicht geboten. Diese gelten nur als Aufmerksamkeiten, wenn sie im Rahmen eines außergewöhnlichen Arbeitseinsatzes gewährt werden. Auch die Bewirtung in einer Gaststätte zählt nicht als Aufmerksamkeit.

3.3 Geschenkgutschein

Sachverhalt: Eine Arbeitnehmerin erhält zum Geburtstag einen Gutschein einer Parfümerie i. H. v. 60 EUR. Stellt der Gutschein lohnsteuer- und sozialversicherungspflichtigen Arbeitslohn für die Arbeitnehmerin dar?

Ergebnis: Der Gutschein gilt als steuer- und sozialversicherungsfreie Aufmerksamkeit.

Hinweis: Die 60-EUR-Grenze für Sachgeschenke anlässlich eines besonderen persönlichen Ereignisses gilt unabhängig von der 50-EUR-Grenze für geringfügige Sachbezüge. Die Mitarbeiterin kann also z. B. neben der Überlassung eines monatlichen Warengutscheins i. H. v. 50 EUR einen Geburtstagsgutschein i. H. v. 60 EUR erhalten. Auch die Überlassung eines Dienstwagens zur privaten Nutzung bzw. die Überlassung von Mahlzeiten oder Essenmarken ist nicht auf die 50-EUR-Grenze anzurechnen.

3.4 Sachgeschenk, Wert unter 60 EUR

Sachverhalt: Eine Arbeitnehmerin erhält zum Geburtstag ein Parfüm zum Preis von 30 EUR sowie einen Blumenstrauß zum Preis von 10 EUR. Ist das Sachgeschenk steuer- und beitragsfrei für die Mitarbeiterin?

Ergebnis: Die Freigrenze von 60 EUR für Sachgeschenke wird nicht überschritten. Das Sachgeschenk kann als Aufmerksamkeit abgerechnet werden und gehört als solche nicht zum lohnsteuer- und beitragspflichtigen Arbeitslohn.

Praxistipp: Auf allen Belegen, die abrechnet werden, sollten sofort der Empfänger des Geschenks und der Anlass notiert werden. So spart man sich bei späteren Betriebsprüfungen Aufwand und Ärger.

3.5 Sachgeschenk, Wert über 60 EUR

Sachverhalt: Eine Arbeitnehmerin erhält zur Hochzeit ein Buch zum Preis von 45 EUR sowie einen Blumenstrauß zum Preis von 17 EUR. Handelt es sich bei dem Sachgeschenk um lohnsteuer- und sozialversicherungspflichtigen Arbeitslohn für die Mitarbeiterin?

Ergebnis: Die Freigrenze von 60 EUR für Sachgeschenke wird überschritten. Das Sachgeschenk kann nicht als Aufmerksamkeit abgerechnet werden. Der Betrag gehört in voller Höhe zum lohnsteuer- und beitragspflichtigen Arbeitslohn.

3.6 Geld- und Sachgeschenk

Sachverhalt: Ein Arbeitnehmer erhält ein Geldgeschenk i. H. v. 30 EUR sowie einen Blumenstrauß zum Preis von 10 EUR. Handelt es sich bei den Geschenken um lohnsteuer- und sozialversicherungspflichtigen Arbeitslohn für die Mitarbeiter?

Ergebnis: Der Blumenstrauß gilt als Sachgeschenk und bleibt als Aufmerksamkeit lohnsteuer- und sozialversicherungsfrei. Geldgeschenke sind immer in voller Höhe lohnsteuer- und sozialversicherungspflichtig.

Praxistipp: Auf allen Belegen, die abrechnet werden, sollten sofort der Empfänger des Geschenks und der Anlass notiert werden. So spart man sich bei späteren Betriebsprüfungen Aufwand und Ärger.

3.7 Geldgeschenk

Sachverhalt: Ein Arbeitnehmer erhält zu einem »runden« Geburtstag als besondere Anerkennung ein Geldgeschenk i. H. v. 100 EUR. Ist das Geschenk steuer- und beitragspflichtig für den Mitarbeiter?

Ergebnis: Geldgeschenke sind immer in voller Höhe steuer- und sozialversicherungspflichtig. Der besondere Anlass spielt keine Rolle.

4 Aushilfslöhne

Carola Hausen

4.1 Mehrere Minijobs

Sachverhalt: Eine Arbeitnehmerin arbeitet im Juli als Haushaltshilfe in 3 verschiedenen Haushalten. Sie ist verheiratet (Steuerklasse V mit 9% Kirchensteuer und kinderlos) und gesetzlich krankenversichert. Ihr Zusatzbeitrag zur Krankenversicherung beträgt 1,7%. In jedem Haushalt ist sie mit 538 EUR pro Monat geringfügig beschäftigt.

Ist die Arbeitnehmerin versicherungspflichtig zur Sozialversicherung und wie ist das Einkommen zu versteuern?

Ergebnis: Die Beschäftigungen müssen sozialversicherungsrechtlich zusammengerechnet werden und sind somit bei jedem Arbeitgeber in allen Zweigen der Sozialversicherung versicherungspflichtig.

Die Abrechnung kann nicht mehr über das Haushaltsscheckverfahren mit der Minijob-Zentrale erfolgen.

Die Anwendung der Pauschalsteuer von 2% (inkl. Solidaritätszuschlag und Kirchensteuer) ist nicht möglich. Es bestehen folgende Möglichkeiten:

1. Versteuerung nach ELStAM: im ersten Arbeitsverhältnis Steuerklasse V, im zweiten und dritten Arbeitsverhältnis Steuerklasse VI.
   Folge: Bei der Einkommensteuerveranlagung werden alle 3 Beschäftigungsverhältnisse berücksichtigt. Zuviel gezahlte Lohnsteuer kann ggf. zurückgefordert werden.
2. Versteuerung aller 3 Arbeitsverhältnisse mit 20% pauschaler Lohnsteuer zzgl. Solidaritätszuschlag und ggf. Kirchensteuer.
   Folge: Alle 3 Arbeitsverhältnisse bleiben bei der Einkommensteuerveranlagung außen vor. Die pauschale Lohnsteuer kann also auch nicht über die Einkommensteuererklärung zurückgeholt werden.
3. Kombinationen von 1. und 2., z.B. im ersten Arbeitsverhältnis Steuerklasse V, Arbeitsverhältnis 2 und 3 pauschal mit 20%.

Lohnabrechnung zu 1.

Erstes Arbeitsverhältnis

Bruttolohn	538,00 EUR
Lohnsteuer (Steuerklasse V)	44,41 EUR

Solidaritätszuschlag	0,00 EUR
Kirchensteuer (9%)	3,99 EUR
Krankenversicherung (7,3%+0,85%)	43,84 EUR
Pflegeversicherung, kinderlos (2,3%)	12,38 EUR
Rentenversicherung (9,3%)	50,03 EUR
Arbeitslosenversicherung (1,3%)	*6,99 EUR*
Auszahlungsbetrag	376,36 EUR

Zweites und drittes Arbeitsverhältnis

Bruttolohn	538,00 EUR
Lohnsteuer (Steuerklasse VI)	59,25 EUR
Solidaritätszuschlag	0,00 EUR
Kirchensteuer (9%)	5,33 EUR
Krankenversicherung (7,3%+0,85%)	43,84 EUR
Pflegeversicherung, kinderlos (2,3%)	12,38 EUR
Rentenversicherung (9,3%)	50,03 EUR
Arbeitslosenversicherung (1,3%)	*6,99 EUR*
Auszahlungsbetrag	360,18 EUR

Lohnabrechnung zu 2.

Bruttolohn	538,00 EUR
Pauschale Lohnsteuer (20%)	107,60 EUR
Solidaritätszuschlag (5,5% v. 107,60 EUR)	5,92 EUR
Kirchensteuer (9% v. 107,60 EUR)	9,68 EUR
Krankenversicherung (7,3%+0,85%)	43,84 EUR
Pflegeversicherung, kinderlos (2,3%)	12,38 EUR
Rentenversicherung (9,3%)	50,03 EUR
Arbeitslosenversicherung (1,3%)	*6,99 EUR*
Auszahlungsbetrag	301,56 EUR

Arbeitgeberaufwendungen

Die Kosten der Arbeitgeber sind in allen Fällen gleich:

Krankenversicherung (7,3%+0,85%)	43,85 EUR
Pflegeversicherung (1,7%)	9,15 EUR
Rentenversicherung (9,3%)	50,03 EUR
Arbeitslosenversicherung (1,3%)	*6,99 EUR*
Summe der Nebenkosten	110,02 EUR
Zzgl. Aushilfslohn	*538,00 EUR*
Gesamtkosten	648,02 EUR

(Zzgl. Umlagen 1 und 2; Insolvenzgeldumlage (Umlage U3) entfällt, da Privathaushalt)

4.2 Ein Minijob, gesetzlich krankenversichert

Sachverhalt: Eine Aushilfskraft ist auf 538-EUR-Basis unbefristet eingestellt. Sie ist verheiratet, familienversichert in einer gesetzlichen Krankenkasse und übt keine weitere Beschäftigung aus.

Ist die Arbeitnehmerin versicherungspflichtig zur Sozialversicherung und wie ist das Einkommen zu versteuern?

Ergebnis: Übt ein Arbeitnehmer ausschließlich einen Minijob mit einem Verdienst bis zu 538 EUR pro Monat aus, bleibt das Arbeitsverhältnis für den Beschäftigten versicherungsfrei in der Kranken-, Arbeitslosen- und Pflegeversicherung, wird jedoch versicherungspflichtig in der Rentenversicherung. Der Arbeitnehmer kann sich allerdings auf Antrag von der Rentenversicherungspflicht befreien lassen (Opt-out-Regelung).

Der Arbeitgeber hat folgende Abgaben an die Deutsche Rentenversicherung Knappschaft-Bahn-See, Minijob-Zentrale zu leisten:

15%	Rentenversicherung
13%	Krankenversicherung
2%	Einheitliche Pauschalsteuer (Lohnsteuer, Solidaritätszuschlag und Kirchensteuer)

Der Arbeitgeber hat die Möglichkeit, die pauschale Lohnsteuer auf den Arbeitnehmer abzuwälzen. Eine Abwälzung von pauschalen Sozialversicherungsbeiträgen ist nicht zulässig.

Abrechnung ohne Abwälzung der Pauschsteuer	
Aushilfslohn	538,00 EUR
Abzüge (3,6% Arbeitnehmeranteil zur Rentenversicherung – im Regelfall)	*19,37 EUR*
Auszahlungsbetrag	518,63 EUR

Arbeitgeberbelastung	
Aushilfslohn	538,00 EUR
Rentenversicherung (15%)	80,70 EUR
Krankenversicherung (13%)	69,94 EUR
Pauschsteuer (2%)	*10,76 EUR*
Gesamtbelastung	699,40 EUR
Zzgl. Umlagen	

Hinweis: Die Arbeitnehmerin ist über den Minijob nicht selbst krankenversichert. Sie bleibt weiterhin familienversichert, solange ihr Verdienst 538 EUR monatlich nicht überschreitet.

Arbeitnehmer, die nicht als Familienangehörige, Studenten, Rentner oder Arbeitslose krankenversichert sind, müssen auf jeden Fall mehr als 538 EUR monatlich verdienen, um über dieses Arbeitsverhältnis eine eigene Krankenversicherungspflicht zu begründen.

4.3 Ein Minijob, privat krankenversichert

Sachverhalt: Zur Unterstützung der Mitarbeiter wird eine weitere Aushilfskraft auf 538-EUR-Basis unbefristet eingestellt. Die neue Mitarbeiterin ist verheiratet, privat krankenversichert und übt keine weitere Beschäftigung aus.

Muss der Arbeitgeber auch den Pauschalbeitrag für die Krankenversicherung leisten?

Ergebnis: Ist die Arbeitnehmerin privat krankenversichert, entfällt die Pauschale von 13% für die Krankenversicherung.

Der Arbeitgeber hat folgende Abgaben an die Deutsche Rentenversicherung Knappschaft-Bahn-See, Minijob-Zentrale zu leisten:

15%	Rentenversicherung
2%	Einheitliche Pauschalsteuer (Lohnsteuer, Solidaritätszuschlag und Kirchensteuer)

Abrechnung ohne Abwälzung der Pauschalsteuer	
Aushilfslohn	538,00 EUR
Abzüge (3,6% Arbeitnehmeranteil zur Rentenversicherung – im Regelfall)	*19,37 EUR*
Auszahlungsbetrag	518,63 EUR

Arbeitgeberbelastung	
Aushilfslohn	538,00 EUR
Rentenversicherung (15%)	80,70 EUR
Pauschalsteuer (2%)	*10,76 EUR*
Gesamtbelastung	629,46 EUR
Zzgl. Umlagen	

4.4 Abrechnung nach den ELStAM

Sachverhalt: Im August wird eine Aushilfskraft auf 538-EUR-Basis unbefristet eingestellt. Die neue Mitarbeiterin legt ihre Steuer-Identifikationsnummer für den ELStAM-Abruf vor, sodass sie mit ihrer Steuerklasse I abgerechnet werden kann. Seit 1.11. ist sie arbeitslos gemeldet und war bis zu diesem Zeitpunkt voll beschäftigt. Sie ist gesetzlich krankenversichert, die Beiträge werden von der Bundesagentur für Arbeit entrichtet. Sie übt keine weitere Beschäftigung aus.

Sollte die Besteuerung nach den Merkmalen der ELStAM oder pauschal erfolgen?

Ergebnis: Bei der Besteuerung nach den ELStAM fällt in den Steuerklassen I bis IV bei einem Verdienst von 538 EUR keine Lohnsteuer an.

In diesem Fall ist jedoch eine Abrechnung nach den ELStAM nicht zu empfehlen, da bei der Einkommensteuer-Veranlagung für das gesamte Kalenderjahr neben den Einkünften aus dem Minijob auch die sonstigen steuerpflichtigen Einkünfte, z. B. aus selbstständiger oder gewerblicher Tätigkeit, sowie die Einkünfte aus nichtselbstständiger Tätigkeit vom 1.1.-31.10. berücksichtigt werden. Individuell versteuerte Minijobs wirken sich immer bei der Einkommensteuer-Veranlagung aus und erhöhen insgesamt die Steuerprogression. Minijobs, die pauschal besteuert werden, bleiben bei der Veranlagung zur Einkommensteuer außer Betracht.

Übt ein Arbeitnehmer ausschließlich einen Minijob mit einem Verdienst bis zu 538 EUR pro Monat aus, bleibt das Arbeitsverhältnis für den Beschäftigten versicherungsfrei in der Kranken-, Arbeitslosen- und Pflegeversicherung. Er wird jedoch versicherungspflichtig in der Rentenversicherung. Der Arbeitnehmer kann sich allerdings auf Antrag von der Rentenversicherungspflicht befreien lassen (Opt-out-Regelung). Der Arbeitgeber muss folgende Pauschalbeiträge abführen.

15%	Rentenversicherung
13%	Krankenversicherung
2%	Einheitliche Pauschalsteuer (Lohnsteuer, Solidaritätszuschlag und Kirchensteuer)

Der Arbeitgeber hat die Möglichkeit, die pauschale Lohnsteuer auf den Arbeitnehmer abzuwälzen. Eine Abwälzung von pauschalen Sozialversicherungsbeiträgen ist nicht zulässig.

Praxistipp: Die Sozialversicherungsfreiheit von Minijobs in der KV, AV und PV ist nur bei einer wöchentlichen Arbeitszeit des Arbeitnehmers von maximal 10 Stunden gegeben. Seit 1.1.2024 ist für Minijobs der Mindestlohn von 12,41 EUR zu beachten, sodass bei einem Verdienst von 538 EUR von monatlich max. 43,33 Arbeitsstunden auszugehen ist (durchschnittlich 10 Stunden/Woche).

4.5 Rentnerbeschäftigung, Minijob

Sachverhalt: Im August wird eine Aushilfe auf 538-EUR-Basis unbefristet eingestellt. Der Mitarbeiter legt seine Steuer-Identifikationsnummer für den ELStAM-Abruf vor, so dass er mit seiner Steuerklasse I abgerechnet werden kann. Seit 1.7. erhält er eine Berufsunfähigkeitsrente und hat bis zu diesem Zeitpunkt Krankengeld erhalten. Er ist gesetzlich krankenversichert, die Beiträge werden von der Deutschen Rentenversicherung entrichtet. Er übt keine weitere Beschäftigung aus.

Dürfen Rentenbezieher auf Minijob-Basis beschäftigt werden?

Ergebnis: Grundsätzlich können Rentenbezieher auf Minijob-Basis beschäftigt werden. Der Minijob wird nicht auf die Rente angerechnet. Bei höherem Entgelt sind ggf. Zuverdienstgrenzen zu beachten.

Übt ein Regelaltersrentner ausschließlich einen Minijob mit einem Verdienst bis zu 538 EUR pro Monat aus, bleibt das Arbeitsverhältnis für den Beschäftigten versicherungsfrei in der Kranken-, Renten-, Arbeitslosen- und Pflegeversicherung. Bei Rentnern, welche die Regelaltersrente noch nicht erreicht haben, besteht Versicherungspflicht in der Rentenversicherung. Der Arbeitnehmer kann sich allerdings auf Antrag von der Rentenversicherungspflicht befreien lassen (Opt-out-Regelung).

Die Besteuerung kann nach den ELStAM erfolgen, da in den Steuerklassen I bis IV bei einem Verdienst von 538 EUR keine Lohnsteuer anfällt; so entfällt die Pauschalsteuer in Höhe von 2 % für den Arbeitgeber.

Der Arbeitgeber hat folgende Abgaben an die Deutsche Rentenversicherung Knappschaft-Bahn-See, Minijob-Zentrale zu leisten:

15 % Rentenversicherung
13 % Krankenversicherung

Abrechnung	
Aushilfslohn	538,00 EUR
Abzüge (bei RV-Freiheit)	*0,00 EUR*
Auszahlungsbetrag	538,00 EUR

Arbeitgeberbelastung

Aushilfslohn	538,00 EUR
Rentenversicherung (15%)	80,70 EUR
Krankenversicherung (13%)	*69,94 EUR*
Gesamtbelastung	688,64 EUR
Zzgl. Umlagen	

Hinweis: Die Besteuerung nach den ELStAM kann unbedenklich sein, wenn der Arbeitnehmer keine weiteren steuerpflichtigen Einkünfte hat, z.B. aus selbstständiger oder gewerblicher Tätigkeit bzw. aus Vermietung und Verpachtung oder Kapitalvermögen. Das sollte in jedem Fall vorher erfragt werden. Da der Besteuerungsanteil der Renten jährlich steigt und immer mehr Rentner allein schon auf ihre Rente Einkommensteuer zahlen müssen, sollte die Versteuerung des Minijobs nach den ELStAM bei Rentnern eher die Ausnahme sein.

Minijobs, die pauschal besteuert werden, bleiben bei der Einkommensteuer-Veranlagung außer Betracht.

Praxistipp: Arbeitslohn, der nach den ELStAM besteuert wurde, wird bei der Veranlagung zur Einkommensteuer angerechnet. Bei Rentnern kann es dadurch zu einer Nachversteuerung kommen – vor allem, wenn noch andere Einkünfte vorliegen bzw. bei Ehepaaren ein Partner noch voll beschäftigt ist.

4.6 Kurzfristige Beschäftigung

Sachverhalt: Für die Urlaubszeit wird eine Altersrentnerin vom 10.10. bis 28.10. für 15 Arbeitstage als Aushilfskraft eingesetzt. Die Aushilfe erhält 12,41 EUR Stundenlohn bei einer täglichen Arbeitszeit von 8 Stunden. Sie gehört keiner kirchensteuererhebenden Religionsgemeinschaft an. Die pauschale Lohnsteuer wird von der Aushilfskraft getragen.

Fallen für die Beschäftigung Beiträge zur Sozialversicherung an und ist eine pauschale Besteuerung überhaupt zulässig?

Ergebnis: Die Aushilfskraft kann sozialversicherungsrechtlich als kurzfristig Beschäftigte behandelt werden, da das Beschäftigungsverhältnis max. 70 Arbeitstage bzw. 3 Monate innerhalb eines Kalenderjahrs nicht übersteigt.

Das Arbeitsverhältnis ist in allen Zweigen der Sozialversicherung versicherungsfrei für Arbeitnehmer und Arbeitgeber. Die Versicherungsfreiheit ist an folgende Kriterien geknüpft:

- Die Beschäftigung muss in ihrer Eigenart von vornherein begrenzt sein,
- die Befristung muss von vornherein vereinbart werden,
- es darf keine Dauerbeschäftigung bzw. ein regelmäßig wiederkehrendes Arbeitsverhältnis vorliegen und
- die Beschäftigung darf nicht berufsmäßig ausgeübt werden.

Sollte der Vertretungszeitraum durch unvorhersehbare Gründe über 70 Arbeitstage hinaus verlängert werden müssen, ist das Arbeitsverhältnis ab dem Zeitpunkt der Verlängerung des Arbeitsvertrags, spätestens ab dem 71. Arbeitstag in allen Zweigen sozialversicherungspflichtig.

Die Arbeitnehmerin muss als kurzfristig Beschäftigte bei der Deutschen Rentenversicherung Knappschaft-Bahn-See, Minijob-Zentrale, angemeldet werden, obwohl keine Beiträge zu zahlen sind.

Die pauschale Besteuerung mit 25% pauschaler Lohnsteuer zzgl. 5,5% Solidaritätszuschlag und ggf. Kirchensteuer ist in diesem Fall zulässig, da der Beschäftigungszeitraum 18 zusammenhängende Arbeitstage nicht überschreitet. Ebenso werden der durchschnittliche Arbeitslohn von 150 EUR pro Tag sowie der durchschnittliche Stundenlohn von 19 EUR nicht überschritten. Die pauschale Lohnsteuer darf auf die Arbeitnehmerin abgewälzt werden.

Abrechnung mit pauschaler Lohnsteuer	
Aushilfslohn (12,41 EUR × 8 Std. × 15 Tage)	1.489,20 EUR
Pauschale Lohnsteuer (25%)	372,30 EUR
Pauschaler Solidaritätszuschlag (5,5%)	*20,47 EUR*
Auszahlungsbetrag	1.096,43 EUR

Arbeitgeberbelastung	
Aushilfslohn (12,00 EUR × 8 Std. × 15 Tage)	1.489,20 EUR
Nebenkosten	0,00 EUR
Gesamtbelastung	1.489,20 EUR

(Zzgl. Umlage 2 und ggf. Insolvenzgeldumlage; Umlage 1 entfällt, da Dauer Beschäftigungsverhältnis < 4 Wochen)

Achtung: Kurzfristige Beschäftigungsverhältnisse innerhalb eines Kalenderjahres sind zusammenzurechnen, auch wenn sie bei verschiedenen Arbeitgebern ausgeübt wurden. Eine Zusammenrechnung mit geringfügig entlohnten Beschäftigungsverhältnissen erfolgt jedoch nicht.

4.7 Kurzfristige Beschäftigung, Arbeitgeber trägt Lohnsteuer

Sachverhalt: Eine Aushilfskraft (Schülerin unter 18 Jahre) wird 3 Wochen lang für 15 Arbeitstage eingestellt. Die tägliche Arbeitszeit beträgt 6 Stunden zu 10 EUR pro Stunde.[1] Die Lohnsteuer wird mit 25% pauschaliert, da die Beschäftigung nicht mehr als 18 zusammenhängende Arbeitstage dauert und der Arbeitslohn 150 EUR pro Tag sowie 19 EUR pro Stunde nicht übersteigt. Die pauschale Lohnsteuer übernimmt der Arbeitgeber.

Wie hoch sind Auszahlungsbetrag und Arbeitgeberbelastung?

Ergebnis

Abrechnung

Aushilfslohn (15 Arbeitstage × 6 Std. x 10 EUR)	900,00 EUR
Abzüge	*0,00 EUR*
Auszahlungsbetrag	900,00 EUR

Arbeitgeberbelastung

Aushilfslohn (15 Arbeitstage × 6 Std. x 10 EUR)	900,00 EUR
Lohnsteuer (25% v. 900 EUR)	225,00 EUR
Solidaritätszuschlag (5,5% v. 225,00 EUR)	12,37 EUR
Kirchensteuer (angenommen 5% v. 225,00 EUR)	11,25 EUR
Gesamtbelastung	1.148,62 EUR

(Zzgl. Umlage 2 und ggf. Insolvenzgeldumlage; Umlage 1 entfällt, da Dauer Beschäftigungsverhältnis < 4 Wochen)

Hinweis: Die Lohnsteuer kann auch nach den ELStAM ermittelt werden. Es sollte vorher vereinbart werden, wie der Aushilfslohn versteuert werden soll.

Wird jemand während den Ferien als Ferienjobber oder auf Messen als Standpersonal eingesetzt, liegt z. B. eine gelegentliche, nicht regelmäßig wiederkehrende Beschäftigung vor.

Von einer Beschäftigung zu einem unvorhersehbaren Zeitpunkt spricht man, wenn die Aushilfskraft für einen kranken Kollegen beschäftigt wird. Auch bei akutem Arbeitskräftebedarf, z. B. bei Havarien bzw. Brand-, Sturm- oder Gewitterschäden, ist der Zeitpunkt der Beschäftigung von vornherein unvorhersehbar.

1 Der Mindestlohn muss Jugendlichen unter 18 Jahren ohne abgeschlossene Berufsausbildung nicht gezahlt werden.

Achtung: Kurzfristige Beschäftigungsverhältnisse innerhalb eines Kalenderjahres sind zusammenzurechnen, auch wenn sie bei verschiedenen Arbeitgebern ausgeübt wurden. Eine Zusammenrechnung mit geringfügig entlohnten Beschäftigungsverhältnissen erfolgt jedoch nicht.

4.8 Kurzfristige Beschäftigung, Arbeitnehmer trägt Lohnsteuer

Sachverhalt: Eine Aushilfskraft (Schülerin unter 18 Jahre) wird 3 Wochen lang für 15 Arbeitstage eingestellt. Die tägliche Arbeitszeit beträgt 6 Stunden zu 10 EUR pro Stunde.[2] Die Lohnsteuer wird mit 25% pauschaliert, da die Beschäftigung nicht mehr als 18 zusammenhängende Arbeitstage dauert und der Arbeitslohn 150 EUR pro Tag sowie 19 EUR pro Stunde nicht übersteigt. Die pauschale Lohnsteuer wird auf die Aushilfe abgewälzt.

Wie hoch sind Auszahlungsbetrag und Arbeitgeberbelastung?

Ergebnis

Abrechnung

Aushilfslohn (15 Arbeitstage × 6 Std. x 10 EUR)	900,00 EUR
Lohnsteuer (25% v. 900 EUR)	225,00 EUR
Solidaritätszuschlag (5,5% v. 225,00 EUR)	12,37 EUR
Kirchensteuer (angenommen 5% v. 225,00 EUR)	*11,25 EUR*
Auszahlungsbetrag	651,38 EUR

Arbeitgeberbelastung

Aushilfslohn (15 Arbeitstage × 6 Std. x 10 EUR)	900,00 EUR
(Zzgl. Umlage 2 und ggf. Insolvenzgeldumlage; Umlage 1 entfällt, da Dauer Beschäftigungsverhältnis < 4 Wochen)	

Hinweis: Die Lohnsteuer kann auch nach den ELStAM ermittelt werden. Es sollte vorher vereinbart werden, wie die Lohnsteuer ermittelt werden soll. Gerade bei Schülern wird diese Besteuerung günstiger sein, da sie mit ihrem Jahresverdienst i. d. R. unter dem Grundfreibetrag liegen werden und somit ggf. zuviel gezahlte Lohnsteuer im Rahmen der Einkommensteuerveranlagung zurückerstattet wird.

Wird jemand während den Ferien als Ferienjobber oder auf Messen als Standpersonal eingesetzt, liegt z. B. eine gelegentliche, nicht regelmäßig wiederkehrende Beschäfti-

---

2 Der Mindestlohn muss Jugendlichen unter 18 Jahren ohne abgeschlossene Berufsausbildung nicht gezahlt werden.

gung vor. Von einer Beschäftigung zu einem unvorhersehbaren Zeitpunkt spricht man, wenn die Aushilfskraft für einen kranken Kollegen beschäftigt wird. Auch bei akutem Arbeitskräftebedarf, z. B. bei Havarien bzw. Brand-, Sturm- oder Gewitterschäden, ist der Zeitpunkt der Beschäftigung von vornherein unvorhersehbar.

Achtung: Kurzfristige Beschäftigungsverhältnisse innerhalb eines Kalenderjahrs sind zusammenzurechnen, auch wenn sie bei verschiedenen Arbeitgebern ausgeübt wurden. Eine Zusammenrechnung mit geringfügig entlohnten Beschäftigungsverhältnissen erfolgt jedoch nicht.

5 Auslagenersatz

Marcus Spahn

5.1 Einkäufe durch Mitarbeiter

Sachverhalt: Eine Vertriebsmitarbeiterin kauft im Auftrag des Arbeitgebers Kundengeschenke ein. Sie hat vor dem Einkauf einen Vorschuss von 500 EUR erhalten und gibt insgesamt 590 EUR aus für:

- 20 Flaschen Rotwein für je 15 EUR,
- 20 Packungen Pralinen für je 10 EUR,
- Verpackungsmaterial für 30 EUR und
- Briefmarken für 60 EUR.

Für den Wein hat sie sich eine Rechnung auf ihr Unternehmen ausstellen lassen. Für die übrigen Gegenstände kann sie einen Kassenbon vorlegen. Sie bittet um Ersatz der restlichen Kosten i. H. v. 90 EUR.

Wie ist der Sachverhalt steuerlich zu behandeln? Ergeben sich sozialversicherungsrechtliche Folgen?

Ergebnis: Bei den Einkäufen im Gesamtwert von 590 EUR handelt es sich um Geschenke für Geschäftsfreunde des Arbeitgebers, für die ein steuerfreier Auslagenersatz möglich ist.

Weder der Vorschuss von 500 EUR noch die Erstattung von 90 EUR lösen lohnsteuerliche oder sozialversicherungsrechtliche Folgen aus.

Es spielt keine Rolle, ob die Ausgaben im Namen der Firma erfolgt sind oder die Mitarbeiterin im eigenen Namen eingekauft hat. Eine auf den Arbeitgeber ausgestellte Rechnung ist nicht zwingend erforderlich.

Für den Vorsteuerabzug benötigt der Arbeitgeber bei Einkäufen mit einem Gesamtwert von mehr als 250 EUR allerdings eine ordnungsgemäße Rechnung.

- Für den Weineinkauf hat die Mitarbeiterin eine Rechnung vorgelegt.
- Für das Verpackungsmaterial mit einem Wert von 30 EUR reicht der Kassenbon.
- Das Porto ist nicht mit Umsatzsteuer belastet.
- Für die Umsatzsteuer aus den Pralinen mit einem Gesamtwert von 200 EUR ist ebenfalls ein Vorsteuerabzug möglich. Weil es sich um sog. Kleinbetragsrechnungen handelt, reicht hier ebenfalls der Kassenbon.

Geschenke an Geschäftsfreunde sind nur bis zu einem Gesamtwert von 35 EUR je Geschenk und Jahr als Betriebsausgaben abzugsfähig. Werden insgesamt 20 Päckchen verschickt, die Pralinen und eine Flasche Wein (Gesamtwert 25 EUR) enthalten, wird diese Grenze nicht überschritten.

5.2 Garagenmiete

Sachverhalt: Der Arbeitgeber stellt dem Arbeitnehmer einen Dienstwagen mit Verbrennungsmotor mit einem Listenpreis von 30.000 EUR zur Verfügung. Dieser wird auch für private Zwecke und für die Fahrten zwischen Wohnung und erster Tätigkeitsstätte (Entfernung 10 km) genutzt. Der Wagen wird nach der 1-%-Regelung bzw. nach der 0,03-%-Regelung versteuert. Alle für den Dienstwagen entstehenden Kosten werden vom Arbeitgeber übernommen.

Der Arbeitnehmer bittet um Erstattung der von ihm verauslagten Kosten für den letzten Monat.

Neben Benzinkosten i. H. v. 500 EUR sind in seiner Abrechnung erstmalig auch 50 EUR für eine Garage enthalten, die er zum Schutz des Dienstwagens neu angemietet hat. Dem Mitarbeiter sollen die Kosten für die Garage erstattet werden.

Ist die Erstattung steuer- und sozialversicherungspflichtig? Welche Folgen ergeben sich für die Besteuerung des Dienstwagens?

Ergebnis: Die Benzinkosten können in voller Höhe steuer- und sozialversicherungsfrei erstattet werden. Es handelt sich um steuerfreien Auslagenersatz.

Auch Zahlungen, die der Arbeitgeber an seine Arbeitnehmer dafür leistet, dass diese den Dienstwagen in einer Garage unterstellen, behandelt die Rechtsprechung nicht als Arbeitslohn. Stellt der Arbeitnehmer das Fahrzeug in einer von ihm selbst angemieteten Garage unter, handelt es sich bei der vom Arbeitgeber erstatteten Garagenmiete um steuerfreien Auslagenersatz, was zugleich zur Beitragsfreiheit in der Sozialversicherung führt.

Die vom Arbeitgeber wirtschaftlich getragenen Garagenkosten führen bei Anwendung der 1-%-Regelung nicht dazu, dass der Arbeitnehmer zusätzlich einen geldwerten Vorteil für die Überlassung der Garage versteuern muss.

Der monatliche steuer- und beitragspflichtige geldwerte Vorteil aus dem Dienstwagen ermittelt sich wie folgt:

Privatfahrten: 30.000 EUR × 1%	300 EUR
Fahrten Wohnung – erste Tätigkeitsstätte:	
30.000 EU × 0,03% × 10 km	*+ 90 EUR*
Gesamt	390 EUR

Achtung: Gehört dem Arbeitnehmer die Garage selbst, führt die Erstattung von Garagenkosten zwar ebenfalls nicht zu steuer- und sozialversicherungspflichtigem Arbeitslohn, aber zu Einnahmen aus Vermietung und Verpachtung. Diese muss der Arbeitnehmer in der Einkommensteuererklärung angeben.

Wird der Dienstwagen nach der Fahrtenbuchmethode besteuert, gehört die Garagenmiete zu den Aufwendungen für den Wagen. Sie ist deshalb in die Ermittlung der Gesamtaufwendungen einzubeziehen und erhöht anteilig den zu versteuernden Vorteil für Privatfahrten und Fahrten zwischen Wohnung und erster Tätigkeitsstätte.

Einzeln abgerechneter Auslagenersatz muss immer zusätzlich gezahlt werden. Eine Gehaltsumwandlung ist daher ausgeschlossen.

Grundstückskosten, die anteilig auf die Garage des Arbeitnehmers entfallen, dürfen nicht als Nutzungsentgelt berücksichtigt werden, da die Unterbringung in einer Garage zur Inbetriebnahme des Fahrzeugs und Aufrechterhaltung der Betriebsfähigkeit nicht notwendig ist.

Praxistipp: Eine Minderung des geldwerten Vorteils ist nach Verwaltungsauffassung zulässig, wenn der Arbeitnehmer einzelne Kosten wie Benzinkosten und/oder Garagenmiete selbst trägt.

5.3 Telefonkosten mit Gesprächsnachweis

Sachverhalt: Der Arbeitgeber ersetzt seinen Außendienstmitarbeitern die Kosten, die ihnen für berufliche Telefongespräche sowie berufliche Internetnutzung an ihrem Privatanschluss entstehen.

Ein Mitarbeiter, der erst seit wenigen Monaten im Unternehmen arbeitet, legt die Rechnungen mit Einzelverbindungsnachweis und Kennzeichnung der beruflichen Nutzung für Januar bis März vor:

- 30% beruflicher Nutzungsanteil des privaten Telefon- und Internetanschlusses,
- 400 EUR Grundgebühren für den Telefon-Anschluss sowie Verbindungsentgelte.

Wie ist der Sachverhalt lohnsteuer- und sozialversicherungsrechtlich zu behandeln und wie können die Erstattungen zukünftig möglichst einfach geregelt werden?

Ergebnis: Die Erstattung beruflicher Telefonkosten stellt steuer- und sozialversicherungsfreien Auslagenersatz dar. Pauschaler Auslagenersatz ist zulässig, wenn mindestens für einen repräsentativen Zeitraum von 3 Monaten Aufzeichnungen geführt werden. Diese Voraussetzung ist durch die vorgelegten Rechnungen erfüllt.

Für die Monate Januar bis März kann der berufliche Anteil der Aufwendungen für Telefon und Internet in nachgewiesener Höhe steuer- und sozialversicherungsfrei ersetzt werden.

Insgesamt ergibt sich eine Erstattung von 400 EUR × 30% = 120 EUR.

Ab April besteht die Möglichkeit, den ermittelten Aufteilungsmaßstab fortzuführen und den steuerfreien Auslagenersatz mit 30% der vom Mitarbeiter weiterhin vorzulegenden Monatsabrechnungen des Telekommunikationsanbieters vorzunehmen.

Praxistipp: Es ist auch möglich, den für die 3 Monate ermittelten Durchschnittsbetrag von 40 EUR monatlich als steuerfreien Auslagenersatz für die berufliche Nutzung der privaten Telekommunikationseinrichtungen in der Folgezeit weiter zu gewähren. Dies gilt bis sich die Verhältnisse wesentlich ändern, z. B. aufgrund geänderter Berufstätigkeit.

5.4 Telefonkosten ohne Gesprächsnachweis

Sachverhalt: Der Arbeitgeber ersetzt seinen Außendienstmitarbeitern die Kosten, die ihnen für berufliche Telefongespräche sowie berufliche Internetnutzung an ihrem Privatanschluss entstehen.

Ein Mitarbeiter, der erst seit wenigen Monaten im Unternehmen arbeitet, legt die Rechnungen für Juli bis September vor:

300 EUR insgesamt für Grundgebühren für den Telefon- und Internetanschluss sowie Verbindungsentgelte

Einen Einzelverbindungsnachweis kann der Mitarbeiter nicht vorlegen.

Er hat versichert, dass an seinem Privatanschluss beruflich veranlasste Aufwendungen in beträchtlicher Höhe anfallen.

In welcher Höhe können steuer- und sozialversicherungsfreie Erstattungen gewährt werden und wie können die Erstattungen für die Zukunft möglichst einfach weitergeführt werden?

Ergebnis: Die Erstattung beruflicher Telefonkosten stellt grundsätzlich steuer- und sozialversicherungsfreien Auslagenersatz dar. Pauschaler Auslagenersatz ist zulässig, wenn mindestens für einen repräsentativen Zeitraum von 3 Monaten Aufzeichnungen geführt werden. Diese Voraussetzung ist durch die vorgelegten Rechnungen nur teilweise erfüllt, weil aus den Rechnungen der berufliche Nutzungsanteil nicht erkennbar ist.

Ist der berufliche Nutzungsanteil nicht genau ermittelbar, können 20 % der jeweiligen Monatsabrechnung, maximal 20 EUR pro Monat, pauschal steuerfrei ersetzt werden. Voraussetzung ist, dass aufgrund der Tätigkeit erfahrungsgemäß beruflich veranlasste Aufwendungen anfallen. Diese Voraussetzung ist hier erfüllt und zudem vom Mitarbeiter bestätigt worden.

Insgesamt können 20 % von 300 EUR = 60 EUR steuer- und sozialversicherungsfrei erstattet werden. Das entspricht dem 20-EUR-Höchstbetrag pro Monat.

Nach Ablauf von 3 Monaten kann der sich für diesen Zeitraum ergebende monatliche Durchschnittsbetrag als pauschaler Auslagenersatz für die berufliche Nutzung der privaten Telekommunikationsgeräte steuer- und sozialversicherungsfrei fortgeführt werden (hier 20 EUR pro Monat). Dies gilt bis sich die Verhältnisse wesentlich ändern, z. B. aufgrund geänderter Berufstätigkeit.

5.5 Fortbildungskosten, Sprachkurs

Sachverhalt: Einige Mitarbeiter einer Firma besuchen an einem Abend in der Woche einen Sprachkurs in Spanisch. Die Gebühren pro Teilnehmer und Jahr betragen 500 EUR. Die Mitarbeiter haben sich eigenständig angemeldet und tragen die Kosten selbst.

Kann den Mitarbeitern für ihre Fortbildung ein Zuschuss steuerfrei gezahlt werden?

Ergebnis: Berufliche Fort- und Weiterbildungsleistungen des Arbeitgebers bleiben steuerfrei, wenn sie der Steigerung der individuellen Beschäftigungsfähigkeit dienen. Ein Sprachkurs ist eine solche Maßnahme, selbst wenn die Spanischkenntnisse nicht im derzeitigen Unternehmen eingesetzt werden können.

Auch für Maßnahmen, die auf eigene Rechnung des Mitarbeiters erbracht und durch den Arbeitgeber ganz oder teilweise beglichen bzw. dem Mitarbeiter ersetzt werden, ist eine steuerfreie Übernahme oder Erstattung durch den Arbeitgeber möglich.

Praxistipp: Weiterbildungsleistungen des Arbeitgebers sind steuerbefreit. Die Steuerbefreiung gilt ausdrücklich auch für Weiterbildungsleistungen, die der Verbesserung der individuellen Beschäftigungsfähigkeit von Mitarbeitern dienen. Es kommt nicht mehr darauf an, die Einsatzfähigkeit im konkreten Arbeitgeberbetrieb zu erhöhen. Für die Steuerbefreiung müssen keine weiteren Voraussetzungen erfüllt sein.

5.6 Knöllchenersatz

Sachverhalt: In einem Unternehmen werden Waren von eigenen Mitarbeitern zu den Kunden gebracht, die in Innenstadtnähe ihren Betrieb haben. Deshalb parken die Mitarbeiter oft im Halteverbot. Anfallende Strafzettel für Falschparken gegen die Arbeitnehmer werden vom Arbeitgeber übernommen. Voraussetzung ist die Glaubhaftmachung, dass diese Strafe auf einer beruflich veranlassten Fahrt entstanden ist. Es liegen mehrere Anträge zur Erstattung von Strafzetteln i. H. v. jeweils 10 bis 50 EUR vor.

Wie sind die Erstattungen steuerlich zu behandeln? Ergeben sich sozialversicherungsrechtliche Folgen?

Ergebnis: Bei der Erstattung von Strafen und Geldbußen gegen Arbeitnehmer handelt es sich nicht um steuerfreien Auslagenersatz. Die Erstattung derartiger Aufwendungen durch den Arbeitgeber ist in voller Höhe steuer- und sozialversicherungspflichtiger Arbeitslohn. Dies gilt unabhängig von der Höhe des jeweiligen Bußgelds und würde z. B. auch für eine Strafe für zu schnelles Fahren gelten.

Achtung: Im vorstehenden Fall geht es um die Übernahme von gegen die Arbeitnehmer verhängten Bußgeldern. Eine Ausnahme gilt nach der Rechtsprechung jedoch, wenn der Arbeitgeber als Halter eines Kfz die Zahlung eines Verwarnungsgelds wegen einer ihm selbst erteilten Verwarnung auf seine eigene Schuld übernimmt. Die Zahlung führt dann nicht zu Arbeitslohn des die Ordnungswidrigkeit begehenden Arbeitnehmers.[3] Zu prüfen ist aber, ob der Arbeitgeber gegenüber dem Fahrer einen Regressanspruch hat.

Hinweis: Geldbußen und Strafzettel zählen zu den nicht abzugsfähigen Ausgaben. Deshalb können sie auch nicht im Rahmen der Einkommensteuererklärung als Werbungskosten geltend gemacht werden.

3 BFH, Urteil v. 13.8.2020, VI R 1/17.

5.7 Arbeitnehmer verauslagt Kosten

Sachverhalt: Ein Erste-Hilfe-Beauftragter stellt bei der Kontrolle der Erste-Hilfe-Kästen im Unternehmen diverse Mängel fest. Daraufhin erwirbt er in einer Apotheke Verbandsmaterial und füllt damit die Erste-Hilfe-Kästen auf. Er legt dem Arbeitgeber am nächsten Tag den Kassenzettel vor und erhält den verauslagten Betrag von 123,70 EUR erstattet.

Wie ist die Erstattung steuer- und sozialversicherungsrechtlich zu behandeln?

Ergebnis: Es handelt sich um Auslagenersatz. Die Auszahlung bleibt steuer- und beitragsfrei.

Steuerfreier Auslagenersatz liegt vor, wenn es sich um Kosten oder Ausgaben des Arbeitgebers handelt, an denen der Arbeitnehmer kein oder nur ein sehr geringes eigenes Interesse hat. Werden Gegenstände angeschafft, muss der Arbeitgeber i. d. R. juristischer Eigentümer werden. Eine Ausnahme gilt für den Einkauf von Hilfs- und Betriebsstoffen, z. B. Büromaterial, Porto, Benzin, Diesel, Öl für den Dienstwagen. Dort liegt immer Auslagenersatz vor. In diesem Fall spielen die Eigentumsverhältnisse beim Erwerb keine Rolle, weil beim Arbeitnehmer keine Bereicherung eintreten kann.

5.8 Pauschaler Auslagenersatz

Sachverhalt: Ein Orchestermusiker erhält ein monatliches Instrumentengeld, mit dem die Abnutzung des vom Mitarbeiter selbst beschafften Instruments abgegolten wird. Zudem erhält er ein pauschaliertes »Noten- und Pflegegeld« von monatlich 20 EUR. Mit diesen Beträgen ist der Aufwand für Noten, die Reinigung des Instruments sowie bei den Streichinstrumenten der Ersatz von Saiten und Geigenbögen abgegolten.

Handelt es sich um steuer- und beitragspflichtigen Arbeitslohn?

Ergebnis: Beim Instrumentengeld handelt es sich nicht um steuerfreien Auslagenersatz, sondern um steuer- und beitragspflichtigen Arbeitslohn.

Anders sieht es dagegen beim pauschal gezahlten Noten- und Pflegegeld aus. Damit werden die Kosten für übliches Verbrauchsmaterial – Noten, Pflegemittel, kleine Ersatzteile – abgegolten, die der Arbeitgeber seinen Mitarbeitern zur Verfügung stellen müsste. Diese Leistung bleibt steuerfrei.

Praxistipp: Ersetzt der Arbeitgeber aufgrund einer tarifvertraglichen Verpflichtung dem Orchestermusiker die Kosten der Instandsetzung des dem Mitarbeiter gehörenden Musikinstruments, handelt es sich beim Instrumentengeld um steuerfreien Auslagenersatz.

Hinweis: Beim Auslagenersatz muss keine Einzelabrechnung erfolgen. Eine Pauschalabgeltung ist zulässig, wenn sie den tatsächlichen Aufwand nicht übersteigen, da dies zivil- und arbeitsrechtlich zulässig und praktisch sinnvoll ist. Voraussetzung für pauschalierten Auslagenersatz ist,

- dass die Aufwendungen erfahrungsgemäß regelmäßig
- in etwa gleicher Höhe wiederkehren
- und der Auslagenersatz – im Großen und Ganzen gesehen – den tatsächlichen Aufwendungen entspricht.

5.9 Pauschale Stromkostenerstattung für Elektrofahrzeuge

Sachverhalt: Einem Arbeitnehmer wird ein Dienstwagen auch zur privaten Nutzung zur Verfügung gestellt. Weil es sich um ein Elektrofahrzeug handelt, muss der Arbeitnehmer den Dienstwagen gelegentlich auch zu Hause am privaten Stromanschluss aufladen; gesonderte Aufzeichnungen führt er dazu nicht. Beim Arbeitgeber steht ihm ebenfalls eine Auflademöglichkeit zur Verfügung.

Kann der Arbeitgeber für die Stromkosten pauschale Erstattungen steuer- und beitragsfrei leisten?

Ergebnis: Entstehen einem Mitarbeiter im Zusammenhang mit der Nutzung eines Dienstwagens Kosten (z.B. Benzinkosten), die ihm vom Arbeitgeber ersetzt werden, liegt steuer- und sozialversicherungsfreier Auslagenersatz vor. Pauschaler Auslagenersatz kann grundsätzlich nur steuerfrei bleiben, wenn er regelmäßig wiederkehrt und der Mitarbeiter die entstandenen Aufwendungen für einen repräsentativen Zeitraum von 3 Monaten im Einzelnen nachweist.

Lädt der Arbeitnehmer ein ihm auch zur privaten Nutzung überlassenes (Elektro-) Dienstfahrzeug zu Hause zu seinen Lasten auf, müssten deshalb eigentlich Aufzeichnungen geführt werden. Die gesonderte Erfassung verursacht Kosten – z.B. für einen gesonderten geeichten Zähler – und administrativen Aufwand des Arbeitgebers bei der lohnsteuerlichen Erfassung.

Zur Vereinfachung des steuer- und beitragsfreien Auslagenersatzes für das Aufladen eines Dienstwagens (ausschließlich Pkw) beim Arbeitnehmer lässt die Finanzverwaltung monatliche Pauschalen zu. Im vorliegenden Fall beträgt die Pauschale 30 EUR monatlich. Falls keine Auflademöglichkeit beim Arbeitgeber besteht, erhöht sie sich auf 70 EUR. Für Hybrid-Elektrofahrzeuge sind die Pauschalen jeweils halb so hoch, also 15 EUR bzw. 35 EUR.

5.10 Werbungskostenersatz

Sachverhalt: Einem Arbeitnehmer werden im Laufe des Jahres entstandene Kosten für selbst beschaffte Fachliteratur von 2.000 EUR ersetzt. Eine Lohnsteuerprüfung greift diesen Vorgang auf und besteht auf einer Versteuerung als steuerpflichtigen Werbungskostenersatz. Aus den 2.000 EUR ergibt sich eine Lohnsteuer von 500 EUR.

Wer trägt die Lohnsteuer und die Sozialversicherungsbeiträge?

Ergebnis: Der Arbeitgeber verweigert in der Schlussbesprechung die Übernahme der Lohnsteuer als Haftungsschuldner. Stattdessen verlangt er die Nacherhebung beim Arbeitnehmer, da dieser beim gleichen Finanzamt steuerlich erfasst ist. Gleichzeitig informiert der Arbeitgeber den Arbeitnehmer über die drohende Steuernachzahlung.

Daraufhin macht der Arbeitnehmer bei seinem Finanzamt die 2.000 EUR, die vom Prüfer nachversteuert werden, zeitgleich als Werbungskosten geltend. Das Finanzamt muss diese Werbungskosten zwingend berücksichtigen, sodass sich im Ergebnis keine Mehrsteuer (Lohn plus 2.000 EUR, minus Werbungskosten 2.000 EUR) bzw. nur in Höhe des eventuell verrechneten Werbungskosten-Pauschbetrags von 1.230 EUR ergibt.

Sozialversicherungsrechtliche Beurteilung: Für die Sozialversicherung bleibt es jedoch bei einer endgültigen Mehrbelastung mit Sozialversicherungsbeiträgen. Der Arbeitgeber muss als Schuldner der Sozialversicherungsbeiträge den Arbeitnehmer- und den Arbeitgeberanteil übernehmen. Eine nachträgliche Erstattung bzw. ein Abwälzen auf den Mitarbeiter wie im Steuerrecht ist nicht möglich.

5.11 Werkzeuggeld

Sachverhalt: Ein Schreinergeselle beschafft sich sein Werkzeug selbst. Er erhält vom Arbeitgeber nach Vorlage der Kaufbelege bis zu 400 EUR pro Jahr als Werkzeuggeld erstattet.

Wie ist die Erstattung steuer- und sozialversicherungsrechtlich zu behandeln?

Ergebnis: Da der Arbeitnehmer sein berufliches Werkzeug selbst beschafft, liegen bei ihm Werbungskosten vor. Er kann diese Kosten im Rahmen seiner Einkommensteuererklärung absetzen. Damit wäre ein steuerfreier Ersatz durch den Arbeitgeber eigentlich nicht möglich, da ein Werbungskostenersatz steuerfrei nur möglich ist, wenn er ausdrücklich gesetzlich geregelt ist.

§ 3 Nr. 30 EStG sieht jedoch eine Steuerbefreiung für das Werkzeuggeld vor, sodass die vom Arbeitgeber erstatteten Beträge steuer- und beitragsfrei bleiben.

6 Auslandsreisekosten

Marcus Spahn

6.1 Auslandspauschalen

Sachverhalt: Ein Arbeitnehmer reist 2024 am Montag um 20:00 Uhr zu einer beruflichen Auswärtstätigkeit von seiner Wohnung in Berlin nach Brüssel. Er erreicht Belgien um 2:00 Uhr. Am Dienstag ist er den ganzen Tag in Brüssel tätig. Am Mittwoch reist er zu einem weiteren Geschäftstermin um 8:00 Uhr nach Amsterdam. Er erreicht Amsterdam um 14:00 Uhr. Dort ist er bis Donnerstag um 13:00 Uhr tätig und reist anschließend zurück nach Berlin. Er erreicht seine Wohnung am Donnerstag um 22:30 Uhr.

In welcher Höhe können Verpflegungspauschalen lohnsteuer- und sozialversicherungsfrei erstattet werden?

Ergebnis: Bei Auswärtstätigkeiten in verschiedenen ausländischen Staaten gilt für die Ermittlung der Verpflegungspauschalen am An- und Abreisetag Folgendes:
- Bei einer Anreise vom Inland ins Ausland ohne Tätigwerden ist die Verpflegungspauschale des Ortes maßgebend, der vor 24:00 Uhr erreicht wird.
- Bei einer Abreise vom Ausland ins Inland ist die Verpflegungspauschale des letzten Tätigkeitsortes im Ausland maßgebend.

Demnach ergeben sich für die Reise folgende Verpflegungspauschalen:
- Für Montag ist die inländische Verpflegungspauschale für den Anreisetag von 14 EUR maßgebend, da sich der Arbeitnehmer um 24:00 Uhr noch in Deutschland befindet.
- Für Dienstag ist die Verpflegungspauschale für Belgien von 59 EUR anzuwenden.
- Für Mittwoch ist die Verpflegungspauschale für die Niederlande von 47 EUR zugrunde zu legen.
- Für Donnerstag ist die Verpflegungspauschale der Niederlande für den Abreisetag von 32 EUR maßgeblich, da der Arbeitnehmer noch bis 13:00 Uhr in Amsterdam beruflich tätig war.
- Insgesamt können damit für die Reise Pauschalen i. H. v. 152 EUR lohnsteuer- und sozialversicherungsfrei gezahlt werden.

6.2 Pauschale Übernachtungskosten

Sachverhalt: Eine Arbeitnehmerin unternimmt eine mehrtägige beruflich veranlasste Auswärtstätigkeit mit Kundenbesuchen in Madrid und Sevilla. In beiden Städten hat sie Bekannte, bei denen sie übernachtet. Sie beantragt die Erstattung von Reisekostenpauschalen für je 2 Übernachtungen in Madrid und Sevilla. Der Arbeitgeber erstattet die steuerlich höchstmöglichen Beträge.

Welche steuer- und sozialversicherungsrechtlichen Folgen ergeben sich aus den Erstattungen?

Ergebnis: Kosten für Auslandsübernachtungen können grundsätzlich in voller Höhe lohnsteuer- und sozialversicherungsfrei ersetzt werden. Tatsächliche Kosten fallen für die Arbeitnehmerin nicht an, da sie kostenfrei bei ihren Bekannten übernachtet.

Bei Auslandsübernachtungen können aber ohne Nachweis und alternativ zur Kostenerstattung länderweise gestaffelte – teilweise auch städteunterschiedliche – Pauschbeträge steuerfrei erstattet werden. Die Höhe des Übernachtungspauschbetrags richtet sich in jedem Fall danach, welches Land bzw. Stadt der Arbeitnehmer vor 24:00 Uhr zuletzt erreicht hat.

Für Spanien beträgt die Übernachtungskostenpauschale 103 EUR.

Für Übernachtungen in Madrid erhöht sich die Pauschale auf 131 EUR, da Madrid als Stadt gesondert ausgewiesen ist.

Der Arbeitnehmerin können folgende Pauschalen erstattet werden:

Madrid: 2 × 131 EUR	262 EUR
Sevilla: 2 × 103 EUR	*206 EUR*
Gesamt	468 EUR

Praxistipp: Bei einer mehrtägigen Dienstreise ist es zulässig, dass der Arbeitgeber die Übernachtungskosten in Höhe der tatsächlichen Kosten oder aber mit den Pauschbeträgen wechselweise erstattet. Somit kann die Mitarbeiterin bei jeder Übernachtung wählen, ob ihr die tatsächlichen Kosten oder der Pauschbetrag ersetzt werden sollen, wenn sie z. B. einmal im Hotel und einmal bei Bekannten übernachtet.

Hinweis: Übernachtungspauschalen können nicht als Werbungskosten geltend gemacht werden, sie können nur in tatsächlich entstandener Höhe als Werbungskosten berücksichtigt werden.

6.3 Übernachtung mit und ohne Frühstück

Sachverhalt: Ein Arbeitnehmer unternimmt eine mehrtägige beruflich veranlasste Auswärtstätigkeit nach Frankreich. Er besucht dort Gebiete außerhalb der Großstädte und legt folgende Übernachtungsrechnungen zur Erstattung vor:

- 1. Übernachtung: 95 EUR sowie ein zusätzlich berechnetes Frühstück für 10 EUR
- 2. Übernachtung: 106 EUR mit Hinweis »einschließlich Frühstück«
- 3. Übernachtung: 88 EUR mit handschriftlichem Vermerk des Arbeitnehmers »ohne Frühstück«

Der Arbeitgeber erstattet Übernachtungskosten bis höchstens 120 EUR in voller Höhe.

Bis zu welcher Höhe können die Erstattungen lohnsteuer- und sozialversicherungsfrei erfolgen?

Ergebnis: Kosten für Auslandsübernachtungen können grundsätzlich in voller Höhe lohnsteuer und sozialversicherungsfrei ersetzt werden. Allerdings ist der steuerfreie Betrag um die Kosten für das Frühstück zu mindern, falls der Arbeitnehmer ein Frühstück erhalten hat. Die Kosten für das Frühstück sind jedoch unterschiedlich zu ermitteln, je nachdem wie es in der Rechnung ausgewiesen ist.

1. Übernachtung: Auf der Rechnung ist das Frühstück separat ausgewiesen. Die steuerfreie Erstattung ist grundsätzlich um den tatsächlichen Betrag des Frühstücks von 10 EUR zu kürzen. Ein Frühstück auf Veranlassung des Arbeitgebers ist anzunehmen. Voraussetzung dafür ist, dass die Aufwendungen für das Frühstück vom Arbeitgeber dienst- oder arbeitsrechtlich ersetzt werden und die Rechnung auf den Arbeitgeber ausgestellt ist. In diesem Fall kann der gesamte Rechnungsbetrag steuer- und sozialversicherungsfrei erstattet werden. Im Gegenzug sind die Verpflegungsspesen um 20% der Tagespauschale für Frankreich i. H. v. 53 EUR zu kürzen. Somit sind 10,60 EUR abzuziehen.

2. Übernachtung: Die Rechnung enthält die Angabe »einschließlich Frühstück« ohne Einzelpreisangabe. Das Frühstück kann deshalb pauschal mit 20% des für den Unterkunftsort maßgebenden Pauschbetrags für Verpflegungsmehraufwendungen bei einer Auswärtstätigkeit mit 24-stündiger Abwesenheit angesetzt werden. Für Frankreich sind das 20% von 53 EUR = 10,60 EUR. In diesem Fall können 95,40 EUR (106 EUR – 10,60 EUR) steuer- und sozialversicherungsfrei erstattet werden.

Alternativ kommt auch hier eine Spesenkürzung um 10,60 EUR in Betracht (s. 1. Übernachtung). Somit kann der gesamte Rechnungsbetrag steuer- und sozialversicherungsfrei erstattet werden. In der Summe aus Spesen und Übernachtungskosten ergibt sich bei dieser Verfahrensweise aber das gleiche Ergebnis.

3. Übernachtung: Auf der Rechnung hat der Arbeitnehmer handschriftlich »ohne Frühstück« vermerkt. Der Vermerk reicht bei Auslandsreisen aus. Die Verwaltung geht davon aus, dass bei Übernachtungen im Ausland oftmals kein Frühstück enthalten ist. Es dürfen ungekürzt 88 EUR steuer- und sozialversicherungsfrei erstattet werden.

Hinweis: Ein Ansatz des Frühstücks mit dem Sachbezugswert ist nicht zulässig. Die Besteuerung einer üblichen Mahlzeit als Arbeitslohn ist gesetzlich ausgeschlossen, wenn der Arbeitnehmer für die betreffende Auswärtstätigkeit dem Grunde nach eine Verpflegungspauschale als Werbungskosten geltend machen könnte. Dies ist hier der Fall.

6.4 Kürzung der Verpflegungspauschale bei Länderwechsel

Sachverhalt: Ein Arbeitnehmer kehrt am Dienstag von einer mehrtägigen Auswärtstätigkeit in Straßburg (Frankreich) zu seiner Wohnung zurück. Nachdem er Unterlagen und neue Kleidung eingepackt hat, reist er zu einer weiteren mehrtägigen Auswärtstätigkeit nach Kopenhagen (Dänemark) weiter. Er erreicht Kopenhagen um 23:00 Uhr. Die Übernachtungen mit Frühstück wurden vom Arbeitgeber im Voraus gebucht und bezahlt.

Wie sind die Verpflegungspauschalen zu kürzen?

Ergebnis: Schließt sich an den Tag der Rückreise von einer mehrtägigen Auswärtstätigkeit zur Wohnung oder ersten Tätigkeitsstätte eine weitere ein- oder mehrtägige Auswärtstätigkeit an, ist für diesen Tag nur die höhere Verpflegungspauschale zu berücksichtigen. Für Dienstag ist deshalb die höhere Verpflegungspauschale von 50 EUR anzusetzen (Abreisetag von Straßburg: 36 EUR, Anreisetag nach Kopenhagen: 50 EUR).

Bei der Gestellung von Mahlzeiten durch den Arbeitgeber ist die Kürzung der Verpflegungspauschale tagesbezogen vorzunehmen, d. h. von der für den jeweiligen Reisetag maßgebenden Verpflegungspauschale für eine 24-stündige Abwesenheit, unabhängig davon, in welchem Land die jeweilige Mahlzeit zur Verfügung gestellt wurde.

Aufgrund der Gestellung des Frühstücks im Rahmen der Übernachtung in Straßburg ist die Verpflegungspauschale deshalb um 15 EUR auf 35 EUR zu kürzen (20 % der Verpflegungspauschale Dänemark für einen vollen Kalendertag: 75 EUR).

6.5 Unterschiedliche Verpflegungspauschalen

Sachverhalt: Ein Arbeitnehmer unternimmt eine mehrtägige beruflich veranlasste Auswärtstätigkeit in die USA mit folgendem Verlauf:

- Montag: 8:00 Uhr Flug von Düsseldorf nach New York, Ankunft am Mittag
- Mittwoch: Flug von New York nach Washington
- Donnerstag: Flug von Washington nach Boston
- Samstag: Rückflug von Boston nach Düsseldorf, Ankunft um 22:00 Uhr am Flughafen (Ankunft Wohnung 23:30 Uhr).

Der Arbeitgeber erstattet die lohnsteuer- und sozialversicherungsrechtlich zulässigen Pauschalen in voller Höhe. Die Flugkosten für den Flug (Economyclass) werden direkt vom Arbeitgeber übernommen.

Wie hoch sind die für diese Reise zu gewährenden Verpflegungspauschalen?

Ergebnis: Insgesamt kann für 6 Tage die Verpflegungspauschale gezahlt werden.
- Am Montag und am Samstag kann nur die »kleine« Pauschale für den An- und Abreisetag gezahlt werden.
- An den übrigen 4 Arbeitstagen ist der Arbeitnehmer 24 Stunden von seiner Wohnung und ersten Tätigkeitsstätte abwesend, es kann die volle Pauschale gezahlt werden.

Bei einer mehrtägigen Auswärtstätigkeit im Ausland richtet sich das Auslandstagegeld nach dem Ort, den der Reisende vor 24:00 Uhr Ortszeit zuletzt erreicht hat. Für Rückreisetage aus dem Ausland in das Inland ist der Pauschbetrag des letzten Tätigkeitsortes im Ausland maßgebend.

Es sind für alle Reisetage die für die USA gültigen Beträge zu zahlen. Die vom Arbeitnehmer besuchten Städte haben jedoch laut Auslandsreisekostentabelle besondere, vom übrigen Land abweichende Pauschalen:

Abwesenheit	New York	Washington	Boston
Volle 24 Stunden	66 EUR	66 EUR	63 EUR
An-/Abreisetag	44 EUR	44 EUR	42 EUR

Zu den vom Arbeitgeber zur Verfügung gestellten Mahlzeiten gehören auch die im Flugzeug unentgeltlich angebotenen Mahlzeiten. Selbst in der Economyclass werden bei Langstreckenflügen regelmäßig Speisen und Getränke angeboten, sodass am Hin- und Rückreisetag eine Kürzung der Pauschalen um mindestens eine Hauptmahlzeit (Mittag- bzw. Abendessen) vorzunehmen ist. Daraus ergeben sich folgende Kürzungsbeträge:

Hinflug New York	40 % x 66 EUR	26,40 EUR
Rückflug Boston	40 % x 63 EUR	25,20 EUR

Für den Inlandsflug innerhalb Amerikas in der Economyclass erscheint es u. E. vertretbar, auf eine Kürzung zu verzichten.

Folgende Beträge können somit steuer- und sozialversicherungsfrei erstattet werden:

Montag	17,60 EUR (= 44 EUR – 26,40 EUR)
Dienstag	66,00 EUR
Mittwoch	66,00 EUR
Donnerstag	63,00 EUR
Freitag	63,00 EUR
Samstag	16,80 EUR (= 42 EUR – 25,20 EUR)
Summe	*292,40 EUR*

6.6 Fähraufenthalt

Sachverhalt: Ein Arbeitnehmer unternimmt eine einwöchige beruflich veranlasste Auswärtstätigkeit nach Oslo. Er legt die Strecke mit einem vom Arbeitgeber zur Verfügung gestellten Leihwagen zurück. Von Kiel nach Oslo benutzt der Arbeitnehmer die Fähre. Verlauf der Reise:

- Montag: 9:00 Uhr Abfahrt von zu Hause; 14:00 Uhr Abfahrt in Kiel mit der Fähre
- Dienstag: 9:30 Uhr Ankunft in Oslo
- Mittwoch: Aufenthalt in Oslo
- Donnerstag: Aufenthalt in Oslo
- Freitag: 14:00 Uhr Rückfahrt ab Oslo mit der Fähre
- Samstag: 9:30 Uhr Ankunft in Kiel; 15:00 Uhr Ankunft zu Hause

Während der Tage in Oslo hat er in einem Hotel zum Preis von 120 EUR einschließlich Frühstück übernachtet. Die Rechnung ist auf die Firma ausgestellt, Mahlzeiten waren im gewählten Tarif nicht enthalten.

Der Arbeitnehmer bittet nun um Erstattung der Hotelkosten sowie der ihm zustehenden Verpflegungskosten. Die Fährkosten wurden direkt dem Arbeitgeber in Rechnung gestellt, Mahlzeiten waren im gewählten Tarif nicht enthalten. Der Arbeitgeber gewährt die steuerlich zulässigen Höchstbeträge als Spesen.

Wie hoch ist die Erstattung und welche steuer- und sozialversicherungsrechtlichen Besonderheiten sind zu beachten?

Ergebnis: Es handelt sich um eine dienstlich veranlasste Auswärtstätigkeit im Ausland, für die Übernachtungs-, Fahrt- und Verpflegungskosten steuer- und sozialversicherungsfrei erstattet werden können.

Durch die Gestellung des Leihwagens und die Übernahme der Fährkosten sind dem Arbeitnehmer keine Fahrtkosten entstanden. Die Gestellung hat keine steuer- oder sozialversicherungsrechtlichen Folgen, allerdings sind auch keine weitergehenden Erstattungen zulässig.

Für die Abwesenheitszeiten von Betrieb und Wohnung können Verpflegungsmehraufwendungen erstattet werden. Bei einer mehrtägigen Auswärtstätigkeit im Ausland richtet sich das Auslandstagegeld nach dem Ort, den der Reisende vor 24:00 Uhr Ortszeit zuletzt erreicht hat. Bei Schiffsreisen ist für die Tage der Einschiffung und Ausschiffung das für den Hafenort geltende Tagegeld maßgebend.

- Für den Montag gilt noch die deutsche Verpflegungspauschale von 14 EUR (Anreisetag).
- Von Dienstag bis Freitag ist der Arbeitnehmer jeweils volle 24 Stunden abwesend. Für diese Tage gilt die volle Pauschale für Norwegen von 75 EUR. Es ist unerheblich, dass der Arbeitnehmer am Freitagabend bereits auf der Heimreise ist.
- Für den Samstag ist eine Pauschale für An- und Abreisetage anzusetzen. Maßgebend ist noch der letzte Tätigkeitsort Norwegen. Es kann eine Pauschale von 50 EUR gewährt werden.

Steuer- und sozialversicherungsfreie Verpflegungspauschalen insgesamt:

Montag: 1 x 14 EUR	14 EUR
Dienstag bis Freitag: 4 x 75 EUR	300 EUR
Samstag: 1 x 50 EUR	*50 EUR*
Gesamt	364 EUR

Die Hotelkosten für die Übernachtung können in voller Höhe erstattet werden, allerdings ist das Frühstück zu berücksichtigen.

- Die Rechnung enthält die Angabe »einschließlich Frühstück« ohne Einzelpreisangabe. Das Frühstück kann deshalb pauschal mit 20% des für den Unterkunftsort maßgebenden Pauschbetrags für Verpflegungsmehraufwendungen bei einer Auswärtstätigkeit mit 24-stündiger Abwesenheit angesetzt werden. Für Norwegen sind das 20% von 75 EUR=15 EUR. In diesem Fall können 105 EUR (120 EUR – 15 EUR) steuer- und sozialversicherungsfrei erstattet werden.
- Alternativ kommt eine Kürzung der Verpflegungsspesen um 15 EUR in Betracht (20% der vollen Verpflegungspauschale). In diesem Fall kann der gesamte Rechnungsbetrag steuer- und sozialversicherungsfrei erstattet werden. In der Summe

aus Spesen und Übernachtungskosten ergibt sich bei dieser Verfahrensweise das gleiche Ergebnis.

Die insgesamt steuerfreien Spesen betragen in beiden Fällen 471 EUR.

Hinweis: Bei mehrtägigen Schiffsreisen ist das für Luxemburg geltende Tagegeld von 63 EUR bei 24-stündiger Abwesenheit maßgebend.

6.7 Wechselnde Einsatzstellen im Ausland

Sachverhalt: Ein in München wohnender Monteur ist seit Januar auf Montage in Österreich. Unter der Woche übernachtet er in einem angemieteten 1-Zimmer-Appartement für 300 EUR monatlich. Am Freitag fährt er regelmäßig übers Wochenende mit dem Pkw 200 km zu seiner Familie nach Hause, dort kommt er gegen 19:30 Uhr an. Sonntags fährt er um 19:00 Uhr wieder von zu Hause zur Baustelle und kommt noch vor Mitternacht in Österreich an. Der Arbeitnehmer legt den Reisekostenantrag für die Zeit vom 1.2.2024 (Donnerstag) bis 29.2.2024 (Donnerstag) vor. Er war in dieser Zeit an allen 21 Arbeitstagen (Montag bis Freitag) im Einsatz.

In welcher Höhe können steuer- und sozialversicherungsfrei Reisekosten erstattet werden?

Ergebnis: Als Monteur übt der Arbeitnehmer seine Tätigkeit an ständig wechselnden Tätigkeitsstätten aus. Nach dem derzeitigen Einsatz wird er wieder zu einer neuen Baustelle wechseln. Im Rahmen einer solchen Auswärtstätigkeit können Übernachtungs-, Fahrt- und Verpflegungskosten steuerfrei erstattet werden. Dies gilt uneingeschränkt auch für eine Auswärtstätigkeit im Ausland.

- Der Arbeitgeber kann die Mietaufwendungen von 300 EUR monatlich in tatsächlicher Höhe steuer- und sozialversicherungsfrei ersetzen.
- Für die anfallenden Fahrtkosten ist – auch für das Ausland – ein steuerfreier Arbeitgeberersatz in Höhe der tatsächlich angefallenen Kosten bzw. in Höhe des Kilometersatzes von 0,30 EUR für Fahrten mit dem Pkw zulässig. Alle Fahrten können nach Reisekostengrundsätzen steuerfrei ersetzt werden.

Der steuerfrei mögliche Arbeitgeberersatz erfasst auch die Verpflegungspauschalen. Allerdings nur für die ersten 3 Monate des Einsatzes auf der gleichen Baustelle, hier noch bis einschließlich März. Es können die für Österreich maßgebenden Auslandspauschalen erstattet werden. Für die Berechnung ist die Abwesenheitsdauer von der Familienwohnung maßgebend:

- Montag bis Donnerstag volle 24 Stunden Abwesenheit: Für diese Tage kann die volle Pauschale für Österreich i. H. v. 50 EUR gewährt werden.

- Freitags und sonntags kann nur die gekürzte Pauschale für An- und Abreisetage gezahlt werden. Sowohl für den Sonntag als auch an den Rückreisetagen ist die Auslandspauschale für Österreich maßgebend (33 EUR).

Bei 21 Arbeitstagen im Februar können einschließlich der Sonntage insgesamt folgende Beträge steuer- und sozialversicherungsfrei ersetzt werden:

Mietaufwendungen	300 EUR
Fahrtkostenersatz (4 Fahrten x 2 x 200 km x 0,30 EUR)	480 EUR
Volle Verpflegungspauschale (17 Tage x 50 EUR)	850 EUR
»Kleine« Verpflegungspauschale (8 Tage x 33 EUR)	*264 EUR*
Erstattung gesamt	1.894 EUR

Anfallende Straßenbenutzungsgebühren können zusätzlich in tatsächlicher Höhe steuer- und sozialversicherungsfrei erstattet werden.

7 Betriebliche Altersversorgung

Michael Schulz, Marcus Spahn

7.1 Nebeneinander externer und interner Durchführungswege

Sachverhalt: Um einen wichtigen Mitarbeiter mit Spezialkenntnissen im Unternehmen zu halten, bietet der Arbeitgeber ihm im Jahr 2024 folgende betriebliche Altersvorsorge an:

- Zusage einer Betriebsrente: Der Mitarbeiter erhält mit Ausscheiden zum Ablauf seines 67. Lebensjahres vom Arbeitgeber eine monatliche Rente von 10% seines letzten Bruttoarbeitslohns vor Eintritt in den Ruhestand. Zur Absicherung schließt der Arbeitgeber eine Rückdeckungsversicherung ab.
- Beiträge in eine Pensionskasse: Der Arbeitgeber zahlt monatlich 300 EUR in eine Pensionskasse ein. Aus dieser Pensionskasse erhält der Arbeitnehmer ab dem 65. Lebensjahr eine monatliche Rente.

Wie werden diese Formen der betrieblichen Altersvorsorge steuer- und sozialversicherungsrechtlich behandelt?

Ergebnis: Die beiden Formen der betrieblichen Altersvorsorge werden steuerlich unterschiedlich behandelt:

Zusage der Betriebsrente: Es handelt sich um eine Direktzusage, für die der Arbeitgeber in seiner Bilanz eine Pensionsrückstellung bilden kann. Weil der Anspruch auf die Auszahlung der Betriebspension erst im Versorgungsfall – hier mit dem 67. Lebensjahr – rechtlich entsteht, führt diese betriebliche Altersvorsorge bei der Zusage noch nicht zu Arbeitslohn. Auch die Beiträge, die der Arbeitgeber in die Rückstellungsversicherung einbezahlt, gelten steuerrechtlich nicht als Arbeitslohn. Demzufolge wird die Zusage steuerlich überhaupt nicht erfasst.

Da bis zur Auszahlung der Betriebspension lohnsteuerlich kein Arbeitslohn vorliegt, liegt auch kein sozialversicherungspflichtiges Arbeitsentgelt vor. Derartige Direktzusagen bleiben – sofern vom Arbeitgeber finanziert – in unbegrenzter Höhe lohnsteuer- und damit auch sozialversicherungsfrei. Werden derartige Direktzusagen vom Arbeitnehmer finanziert, gilt für das Sozialversicherungsrecht die Begrenzung der Sozialversicherungsfreiheit auf 4% der Beitragsbemessungsgrenze der gesetzlichen Rentenversicherung West.

Erst bei Auszahlung der Betriebspension durch den Arbeitgeber entsteht steuerpflichtiger Arbeitslohn, für den die Lohnsteuer nach den ELStAM einbehalten werden muss.

Beiträge in eine Pensionskasse: Die zugesagten Beiträge des Arbeitgebers zu einer Pensionskasse gelten bereits mit Beitragszahlung als Arbeitslohn. Die Beiträge sind jedoch jährlich bis zu 8 % der Beitragsbemessungsgrenze der Rentenversicherung West steuerfrei (2024: 7.248 EUR). Die Beitragsfreiheit in der Sozialversicherung ist allerdings auf 4 % der Beitragsbemessungsgrenze der Rentenversicherung West begrenzt (2024: 3.624 EUR). Damit bleiben die Beiträge von 3.600 EUR komplett abgabenfrei.

Die spätere Rente wird nachgelagert besteuert. Für die Kranken- und Pflegeversicherung gelten dieselben Aussagen wie zur Betriebsrente. Hinsichtlich der Freigrenze bzw. des Freibetrags für krankenversicherungspflichtige Personen werden beide Versorgungsbezüge zusammen betrachtet.

Sozialversicherungsrechtliche Beurteilung: In der Kranken- und Pflegeversicherung werden die Auszahlungen bei gesetzlich krankenversicherten Personen als Versorgungsbezüge verbeitragt. Bei pflichtversicherten Personen sind diese Versorgungsbezüge beitragspflichtig, sofern die monatliche Freigrenze (2024: 176,75 EUR) – ggf. unter Berücksichtigung weiterer Versorgungsbezüge – überschritten wird. Für die Krankenversicherungsbeiträge von krankenversicherungspflichtigen Personen ist der Gesamtbetrag der Versorgungsbezüge aus betrieblicher Altersversorgung um den zuvor genannten Betrag zu kürzen. Für die Pflegeversicherungsbeiträge ist der gesamte Betrag beitragspflichtig. Besteht eine freiwillige Versicherung gehören die Versorgungsbezüge in voller Höhe zu den beitragspflichtigen Einnahmen in der Kranken- und Pflegeversicherung.

7.2 Zusammentreffen Steuerbefreiung und Pauschalbesteuerung

Sachverhalt: Der Arbeitgeber entrichtet für seinen Arbeitnehmer im Rahmen eines ersten Dienstverhältnisses aufgrund einer vor 2005 erteilten Versorgungszusage jährliche Beiträge von 1.752 EUR in eine Direktversicherung, die Versorgungsleistungen in Form einer monatlichen Rentenzahlung vorsieht. Der Arbeitgeber hat hierfür die Pauschalbesteuerung mit 20 % vorgenommen.

Seit 2018 werden darüber hinaus weitere 300 EUR im Wege der Gehaltsumwandlung in eine Pensionskasse einbezahlt, die ebenfalls die Auszahlung einer lebenslangen Rente regelt.

Wie werden diese Formen der betrieblichen Altersvorsorge steuer- und sozialversicherungsrechtlich behandelt?

Ergebnis: Die Direktversicherungsbeiträge werden wie bisher mit 20% pauschal versteuert.

Die Pensionskassenbeiträge von jährlich 3.600 EUR sind in vollem Umfang steuerfrei. Die steuerfreie Obergrenze von 7.248 EUR im Jahr 2024 (8% der Beitragsbemessungsgrenze in der Rentenversicherung/West) ist um die pauschalbesteuerten Direktversicherungsbeiträge von 1.752 EUR zu kürzen. Dadurch verbleibt ein steuerfreies Volumen von 5.496 EUR, das höher ist als die Arbeitgeberbeiträge zur Pensionskasse. Daher bleiben die Beiträge in voller Höhe steuerfrei.

Sozialversicherungsrechtliche Beurteilung: Die pauschalversteuerten Beiträge zur Direktversicherung i. H. v. 1.752 EUR sind kein Arbeitsentgelt im sozialversicherungsrechtlichen Sinne, da der Arbeitnehmer diese zusätzlich zu seinem Gehalt erhält.

Die Pensionskassenbeiträge überschreiten in 2024 ebenfalls nicht die Obergrenze der Beitragsfreiheit in der Sozialversicherung von 3.624 EUR jährlich bzw. 302 EUR monatlich. Auf diese Obergrenze wird der pauschalversteuerte Betrag nicht angerechnet.

Praxistipp: Für die Anwendung der Lohnsteuerpauschalierung mit 20% ist erforderlich, dass für den Arbeitnehmer bereits vor dem 1.1.2018 für eine Beitragsleistung zu einer Direktversicherung oder an eine Pensionskasse rechtmäßig die Pauschalbesteuerung vorgenommen wurde.

7.3 Voraussetzungen für Steuerfreiheit

Sachverhalt: Aufgrund einer Betriebsvereinbarung erhalten die Arbeitnehmer die Möglichkeit Beiträge in einen Pensionsfonds einzuzahlen.

Wie sind die Beiträge steuerrechtlich zu behandeln?

Ergebnis: Beiträge an einen Pensionsfonds bleiben bis zu 8% der Beitragsbemessungsgrenze der Rentenversicherung West steuerfrei (2024: 7.248 EUR).

Für die Steuerfreiheit sind mehrere Voraussetzungen zu beachten:

- Die Beiträge müssen im Rahmen des ersten Beschäftigungsverhältnisses des Arbeitnehmers gezahlt werden. Das sind Arbeitnehmer mit den Steuerklassen I-V. Auch für geringfügig Beschäftigte kann dieser Steuerfreibetrag ausgenutzt werden, wenn die Aushilfe keine andere Beschäftigung ausübt.

- Die Auszahlung der betrieblichen Altersvorsorge im Versorgungsfall darf grundsätzlich nur als Rente erfolgen. Zulässig ist vertraglich vorrangig die Auszahlung einer Rente vorzusehen, aber ein Kapitalwahlrecht einzuräumen. Entscheidet sich der Arbeitnehmer allerdings vor dem letzten Jahr des Beginns der Rentenleistung für eine Einmalkapitalauszahlung, sind die Voraussetzungen der Steuerbefreiung ab diesem Zeitpunkt nicht mehr erfüllt.
- Begünstigt ist die Alters-, Invaliditäts- oder Hinterbliebenenversorgung. Eine Beitragsrückgewähr ist nur im Rahmen einer engen Hinterbliebenenversorgung möglich, ein angemessenes Sterbegeld kann im Todesfall an die Erben ausbezahlt werden. Unter angemessenem Sterbegeld ist i. d. R. ein Betrag bis zu max. 8.000 EUR zu verstehen. Zu den Hinterbliebenen zählen die Witwe/Witwer des Arbeitnehmers, Kinder im steuerlichen Sinne (nur bis zur steuerlichen Altersgrenze, i. d. R. max. bis zum 25. Lebensjahr), frühere Ehegatten oder Lebenspartner einer nichtehellchen Lebensgemeinschaft.

Achtung: Für die Beitragsfreiheit in der Sozialversicherung gilt eine Obergrenze von 4 % der Beitragsbemessungsgrenze der Rentenversicherung West (2024: 3.624 EUR).

7.4 Entgeltumwandlung von Einmalzahlungen, Pensionszusage

Sachverhalt: Nach einer arbeitsvertraglichen Regelung hat ein Arbeitnehmer Anspruch auf eine jährliche Tantieme. Die Tantieme für das laufende Kalenderjahr wird hierbei zeitversetzt um ein Jahr mit der Gehaltsabrechnung für November des nachfolgenden Kalenderjahres ausgezahlt.

Die für das Kalenderjahr 2023 erdiente Tantieme gelangt beim Arbeitnehmer also erst mit der Gehaltsabrechnung für November 2024 zur Auszahlung. Der Arbeitnehmer vereinbart mit dem Arbeitgeber im Januar 2024, dass der Arbeitgeber die mit der Gehaltsabrechnung für November 2024 fällige Tantieme um die Hälfte zugunsten einer Pensionszusage umwandelt.

Wie ist die Tantieme steuer- und sozialversicherungsrechtlich zu behandeln?

Ergebnis: Die Tantiemezahlung ist im November 2024 lediglich zur Hälfte als steuerpflichtiger sonstiger Bezug dem Lohnsteuerabzug beim Arbeitnehmer zu unterwerfen. Die zwischen Arbeitnehmer und Arbeitgeber im Januar 2024 getroffene Vereinbarung ist als steuerlich zulässige Entgeltumwandlung zugunsten einer Pensionszusage anzuerkennen. Bei Abschluss der Entgeltumwandlung im Januar 2024 hatte der Arbeitnehmer die Tantieme des Jahres 2023 zwar bereits erdient, sie war jedoch noch nicht fällig geworden.

Sozialversicherungsrechtliche Beurteilung: Da die Beitragsansprüche in der Sozialversicherung bei einmalig gezahltem Arbeitsentgelt erst durch die Auszahlung entstehen, gilt dies hinsichtlich der Verbeitragung in der Sozialversicherung in gleicher Weise.

Hinweis: Eine durch Entgeltumwandlung finanzierte betriebliche Altersversorgung liegt nach dem BetrAVG dann vor, wenn Arbeitgeber und Arbeitnehmer vereinbaren, künftige Arbeitslohnansprüche des Arbeitnehmers in eine wertgleiche Anwartschaft auf Versorgungsleistungen herabzusetzen. Voraussetzung für die steuerliche Anerkennung einer Entgeltumwandlung zugunsten betrieblicher Altersversorgung ist, dass die Versorgungsleistungen zur Absicherung mindestens eines biometrischen Risikos (Alter, Tod, Invalidität) zugesagt und erst bei Eintritt des biologischen Ereignisses fällig werden.

7.5 Steuerfreie betriebliche Altersversorgung und Vererblichkeit

Sachverhalt: Den Mitarbeitern wird ab 1.1.2024 im Rahmen der betrieblichen Altersvorsorge eine Direktversicherung angeboten. Diese finanzieren die Arbeitnehmer durch Barlohnverzicht. Der Anspruch auf einen verpflichtenden Arbeitgeberzuschuss bei Entgeltumwandlung ist durch Tarifvertrag ausgeschlossen. Der Arbeitgeber stockt den Finanzierungsanteil der Arbeitnehmer jedoch um 50 % auf.

Ein Mitarbeiter, 24 Jahre alt, alleinstehend, entscheidet sich, ab 1.6.2024 monatlich 120 EUR in die Direktversicherung einzuzahlen. Entsprechend verringert sich sein Arbeitslohn um 120 EUR, der Arbeitgeber überweist insgesamt 180 EUR an die Pensionskasse.

Wie sind die Voraussetzungen für die Steuerfreiheit der Beiträge?

Ergebnis: Damit die Beiträge in die Direktversicherung steuerfrei bleiben, müssen die Vertragsbedingungen der Direktversicherung den steuerlichen Vorschriften entsprechen. Neben der Auszahlung der Ansprüche als Rente kann der Vertrag nur eine eingeschränkte, enge Hinterbliebenenversorgung vorsehen.

Unter diesen engen Hinterbliebenenbegriff fallen folgende Personen:

- Witwe/Witwer des Arbeitnehmers,
- Kinder i. S. d. § 32 Abs. 3 und 4 EStG, also i. d. R. bis zum 25. Lebensjahr,
- frühere Ehegatten des Arbeitnehmers,
- Lebenspartner jeglichen Geschlechts sowohl von eheähnlichen Lebensgemeinschaften wie von gleichgeschlechtlichen Lebenspartnerschaften.

Daneben ist nur noch die Auszahlung eines angemessenen Sterbegelds bis 8.000 EUR zulässig.

Entspricht der Vertrag den aktuellen steuerlichen Vorschriften und verstirbt dieser Arbeitnehmer vorzeitig, ohne dass sich an seinen Lebensverhältnissen etwas ändert, bleiben die bereits eingezahlten Beiträge bei der Direktversicherung. Würde der Versicherungsvertrag eine Auszahlung der bereits eingezahlten Beiträge an die Erben vorsehen, würden die eingezahlten Beiträge sofort steuer- und sozialversicherungspflichtig.

Hinweis: Für Direktversicherungen aus Altzusagen vor dem 1.1.2005 müssen diese Einschränkungen nicht beachtet werden. Diese Altzusagen müssen nicht steuerfrei sein, sondern können laufend (pauschal) versteuert werden. Dadurch bleiben für diese »alten« Direktversicherungen Kapitalauszahlung, Beitragsrückgewähr und volle Vererblichkeit ohne steuerliche Nachteile zulässig.

7.6 Kapitalwahlrecht, kurzfristige Ausübung

Sachverhalt: Ein Mitarbeiter hat ab 1.1.2024 wegen Erreichen der Altersgrenze Anspruch auf Auszahlung seiner steuerfrei angesparten betrieblichen Altersvorsorge. Da der Versicherungsvertrag zwar die Rentenauszahlung vorsieht, dem Arbeitnehmer aber ein Kapitalwahlrecht einräumt, hat sich der Arbeitnehmer im März 2023 für die Auszahlung des gesamten Kapitals als Einmalbetrag entschieden. Demzufolge zahlt die Pensionskasse zum 1.1.2024 den gesamten Kapitalbetrag von 100.000 EUR an den Arbeitnehmer aus.

Welche Auswirkungen hat die kurzfristige Ausübung des Kapitalwahlrechts auf die Entgeltabrechnung und Auszahlung?

Ergebnis: Da sich der Arbeitnehmer erst im letzten Jahr vor der Auszahlungsphase seiner betrieblichen Altersvorsorge für die Kapitalauszahlung entscheidet, hat dieses Ausüben des Kapitalwahlrechts keine Auswirkungen auf die Entgeltabrechnung.

Entgeltabrechnung: Der Arbeitgeber kann die Beiträge, die bis zum Dezember 2023 in die Pensionskasse eingezahlt werden müssen, in vollem Umfang steuerfrei belassen. Die Auswirkungen des Kapitalwahlrechts hat also keine Auswirkung auf die Entgeltabrechnung des Arbeitgebers.

Auszahlung: Die Auszahlung des Kapitals von 100.000 EUR am 1.1.2024 ist in voller Höhe steuerpflichtig. Die Pensionskasse muss vom Auszahlungsbetrag die Lohnsteuer entsprechend der Steuerklasse des Arbeitnehmers einbehalten. Der Arbeitnehmer muss je nach individuellem Steuersatz im Jahr 2024, mit einer Steuerbelastung von über 40 % rechnen.

Sozialversicherungsrechtliche Beurteilung: In der Kranken- und Pflegeversicherung werden die Auszahlungen bei gesetzlich krankenversicherten Personen als Versorgungsbezüge beitragspflichtig. Für versicherungspflichtige Personen gilt eine monatliche Freigrenze (2024: 176,75 EUR); ggf. unter Berücksichtigung weiterer Versorgungsbezüge. Bei einer Kapitalauszahlung gilt $^{1}/_{120}$ der Leistung als monatlicher Zahlbetrag der Versorgungsbezüge, längstens jedoch für 120 Monate (= 10 Jahre). Die Freigrenze beträgt entsprechend 21.210 EUR (176,75 EUR x 120).

Hinsichtlich der ausgezahlten 100.000 EUR ergeben sich ab dem Folgemonat der Auszahlung, also ab 1.2.2024 monatlich 833,33 EUR (100.000 EUR : 120) als beitragspflichtige Einnahme. Die Verbeitragung erfolgt monatlich mit diesem Betrag bis zum 31.1.2034. Für die Krankenversicherungsbeiträge ist dieser Betrag für krankenversicherungspflichtige Personen um den monatlichen Freibetrag (2024: 176,75 EUR) zu reduzieren. In der Pflegeversicherung sind jeweils monatlich 833,33 EUR beitragspflichtig. Für freiwillige Mitglieder der gesetzlichen Krankenversicherung gilt der Freibetrag nicht.

7.7 Kapitalwahlrecht, frühzeitige Ausübung

Sachverhalt: Ein Mitarbeiter hat ab 1.1.2026 wegen Erreichens der Altersgrenze Anspruch auf Auszahlung seiner steuerfrei angesparten betrieblichen Altersvorsorge. Da der Versicherungsvertrag zwar die Rentenauszahlung vorsieht, dem Arbeitnehmer aber ein Kapitalwahlrecht einräumt, entscheidet sich der Arbeitnehmer im Juni 2024 dafür, sich anstelle der lebenslangen Rente das Kapital in voller Höhe ausbezahlen zu lassen.

Welche Auswirkungen hat die frühzeitige Ausübung des Kapitalwahlrechts auf die Entgeltabrechnung und Auszahlung?

Ergebnis: Bis einschließlich Mai 2024 bleiben die Beiträge zur Pensionskasse steuerfrei, da der Vertrag vorrangig eine Rentenauszahlung vorsieht. Ein mögliches Kapitalwahlrecht ist steuerlich zulässig und hat bis zur Ausübung keine steuerliche Auswirkung.

Entgeltabrechnung: Da der Arbeitnehmer das Wahlrecht nicht innerhalb eines Jahres vor Auszahlungsbeginn ausgeübt hat, werden die Beiträge an die Pensionskasse in dem Augenblick zu steuerpflichtigem Arbeitslohn, in dem er sich für die Kapitalauszahlung entschieden hat.

Der Arbeitgeber muss die Beiträge zur Pensionskasse ab Juni 2024 versteuern, dementsprechend sind diese Beiträge auch sozialversicherungspflichtig. Damit der Arbeitgeber die Entgeltabrechnung ab Juni 2024 zutreffend erstellen kann, muss er also entweder vom Arbeitnehmer oder von der Versicherungsgesellschaft über die Auswirkungen des Kapitalwahlrechts informiert werden.

Auszahlung: Da in diesem Fall das zum 1.1.2026 angesammelte Kapital teilweise aus steuerfreien Beiträgen (bis Mai 2024) und teilweise aus versteuerten Beiträgen (ab Juni 2024) stammt, muss die Pensionskasse das Gesamtkapital aus dem Versicherungsvertrag entsprechend aufteilen.

- Soweit das Kapital aus steuerfreien Beiträgen stammt, wird die Kapitalauszahlung in voller Höhe steuerpflichtig.
- Soweit das Kapital aus steuerpflichtigen Beiträgen stammt, muss nur der Zinsanteil vom Arbeitnehmer versteuert werden.

Beide Beträge werden mit vollem Steuersatz versteuert, auch hier gilt keine Steuerermäßigung durch die Fünftelregelung.

Sozialversicherungsrechtliche Beurteilung: Unabhängig von der steuerlichen Behandlung ist der gesamte Auszahlungsbetrag als Versorgungsbezug bei einer gesetzlichen Kranken- und Pflegeversicherung der betreffenden Person zu behandeln.

Hinweis: Wichtig für die Entgeltabrechnung ist ein Hinweis der Versicherungsgesellschaft, dass der Arbeitnehmer sein Kapitalwahlrecht ausgeübt hat.

Ohne Auswirkung auf die Entgeltabrechnung bleibt eine Teilkapitalauszahlung von 30 % des Kapitals, das zu Beginn der Auszahlungsphase zur Verfügung steht.

7.8 BAV-Förderbetrag für Geringverdiener

Sachverhalt: Bei einem Mitarbeiter beträgt der laufende Arbeitslohn 2.400 EUR. Der Arbeitgeber zahlt monatlich ab Januar 2024 einen zusätzlichen Arbeitgeberbeitrag von 40 EUR in eine kapitalgedeckte betriebliche Altersversorgung. Er möchte dafür den BAV-Förderbetrag in Anspruch nehmen. Ab August 2024 steigt der laufende Arbeitslohn des Mitarbeiters aufgrund einer Gehaltserhöhung auf 2.600 EUR. Der Arbeitgeber zahlt weiterhin monatlich den zusätzlichen Arbeitgeberbeitrag.

Für welche Zeiträume erhält der Arbeitgeber eine Förderung für die betriebliche Altersvorsorge?

Ergebnis: Der Arbeitgeber erhält ab Januar 2024 über die Lohnsteuer-Anmeldung einen BAV-Förderbetrag von 30% der Beiträge. Seine abzuführende Lohnsteuer mindert sich in den Monaten Januar bis Juli 2024 jeweils um 12 EUR, also insgesamt 72 EUR. Förderfähig wären Beiträge bis zu 80 EUR monatlich.

Ab August 2024 kann der BAV-Förderbetrag nicht mehr in Anspruch genommen werden, weil der Arbeitnehmer kein Geringverdiener mehr ist. Das Überschreiten der Einkommensgrenze von 2.575 EUR ab August hat aber keinen Einfluss auf den bereits in den Monaten Januar bis Juli zulässigerweise in Anspruch genommenen BAV-Förderbetrag. Daher muss keine rückwirkende Korrektur erfolgen.

Sozialversicherungsrechtliche Beurteilung: Für die Sozialversicherung sind die Zuwendungen zur BAV in vorstehender Höhe kein beitragspflichtiges Arbeitsentgelt.

8 Betriebsveranstaltung

Jean Bramburger

8.1 Betriebsausflug einzelner Abteilungen

Sachverhalt: Ein gemeinschaftlicher Betriebsausflug des gesamten Unternehmens ist organisatorisch nicht möglich. Daher unternimmt die Verkaufsabteilung mit 30 Mitarbeitern einen eintägigen Ausflug mit Besichtigungen, Schifffahrt und Abendessen. Eingeladen sind alle Mitarbeiter im Verkauf, die Vertreter und Bürokräfte. Je teilnehmendem Mitarbeiter sind Kosten i. H. v. 105 EUR angefallen.

Handelt es sich um eine steuerfreie Betriebsveranstaltung?

Ergebnis: Der Rahmen einer steuerfreien Betriebsveranstaltung ist eingehalten und der Freibetrag von 110 EUR wurde nicht überschritten.

Zuwendungen des Arbeitgebers im Rahmen von Betriebsveranstaltungen gehören als Leistungen im ganz überwiegend betrieblichen Interesse des Arbeitgebers nicht zum Arbeitslohn. Es entsteht für diesen Personenkreis kein geldwerter Vorteil. Voraussetzung ist, dass es sich um

- eine herkömmliche (übliche) Veranstaltung,
- mit üblichen Zuwendungen handelt.

Der Bundesfinanzhof (BFH) definiert Betriebsveranstaltungen als

- Veranstaltungen auf betrieblicher Ebene mit einem gewissen Eigengewicht,
- die einen gesellschaftlichen Charakter haben und
- bei denen die Teilnahme grundsätzlich allen Betriebsangehörigen offensteht.

Ob alle Betriebsangehörigen teilnehmen können bzw. wollen oder ob nur einzelne Abteilungen oder Personengruppen eingeladen sind, spielt keine Rolle. Grundsätzlich sind auch solche Veranstaltungen Betriebsveranstaltungen im steuerlichen Sinne, an denen nur ein begrenzter Kreis von Arbeitnehmern (z. B. alle Arbeitnehmer einer Filiale, eines Teams oder Abteilung) teilnehmen kann. Voraussetzung ist jedoch, dass

- die Veranstaltung allen Arbeitnehmern der teilnehmenden Abteilung(en) offensteht und
- eine Begrenzung des Teilnehmerkreises keine Bevorzugung bestimmter Personengruppen darstellt.

8.2 Motivationsveranstaltung

Sachverhalt: Für die 50 besten Verkäufer eines großen Unternehmens wird ein Ausflug organisiert. Die Veranstaltung beginnt um 12 Uhr mit einem gemeinsamen Mittagessen, danach erfolgt eine Stadtrundfahrt mit Weinprobe. Nach dem Abendessen werden die Leistungen besonders erfolgreicher Verkäufer gesondert hervorgehoben. Die Vorstellung dieser Mitarbeiter dient dazu, alle anderen Verkäufer in ihrem Arbeitseinsatz zusätzlich zu motivieren. Die Kosten der Veranstaltung betragen 90 EUR je Teilnehmer.

Bleibt die Veranstaltung als Betriebsausflug lohnsteuer- und sozialversicherungsfrei, weil der Kostenrahmen den steuerlichen Freibetrag von 110 EUR je teilnehmender Person nicht überschritten hat?

Ergebnis: Es liegt keine lohnsteuerlich anzuerkennende Betriebsveranstaltung vor. Bei der Veranstaltung wird nur eine bestimmte Personengruppe bevorzugt (die 50 besten Verkäufer). Es mangelt hier an der Offenheit des Teilnehmerkreises. In der Praxis bereitet die Abgrenzung zwischen dem klassischen steuerfreien Betriebsausflug (Betriebsveranstaltung) und einer Motivations- oder Belohnungsveranstaltung erhebliche Probleme. Derartige Veranstaltungen dienen überwiegend der Belohnung eines bestimmten Personenkreises. Die anteiligen Kosten sind für jeden Teilnehmer steuer- und beitragspflichtig. Entscheidend ist hierbei der Zweck der Veranstaltung:

- Dient die Veranstaltung dazu, dass sich die Mitarbeiter des Unternehmens, der Abteilung usw. kennen lernen, die sozialen Kontakte verbessern und sich dadurch das Betriebsklima und die Zusammenarbeit verbessert, liegt eine Betriebsveranstaltung vor. Diese bleibt steuer- und beitragsfrei, wenn pro Jahr maximal 2 Veranstaltungen durchgeführt werden. Die Steuer- und Sozialversicherungsfreiheit bezieht sich aber nur auf die Kosten bis 110 EUR je teilnehmendem Arbeitnehmer und Betriebsveranstaltung. Der übersteigende Betrag unterliegt dem Lohnsteuerabzug und ist sozialversicherungspflichtig.
- Dient die Veranstaltung dazu, einzelne Mitarbeiter zu ehren, für bestimmte Leistungen zu belohnen oder einzelne Mitarbeiter durch Ehrung oder Belohnung zu motivieren, führen die entstandenen Kosten zu steuer- und sozialversicherungspflichtigem Arbeitslohn. Hier steht der Entlohnungscharakter im Vordergrund, der i. d. R. zu Arbeitslohn führt.

Die Aufwendungen von 90 EUR je teilnehmender Person sind als geldwerter Vorteil (Sachbezug) individuell bei den einzelnen Arbeitnehmern nach den Merkmalen der ELStAM zu versteuern und unterliegen im vollen Umfang der Sozialversicherungspflicht.

Der Arbeitgeber kann die Lohnsteuer **nicht** mir einem festen Steuersatz von 25% erheben, da es sich **nicht** um eine Betriebsveranstaltung handelt. Eine solche Pauschalierung der Lohnsteuer kommt von vornherein nicht in Betracht, wenn es sich bei der Veranstaltung nicht um eine Betriebsveranstaltung handelt.

Es besteht aber eine weitere Pauschalierungsmöglichkeit, um die Arbeitnehmer teilweise zu entlasten. Die Lohnsteuer für sonstige Bezüge in einer größeren Zahl von Fällen kann pauschaliert werden. Jedoch ist hierbei zu beachten, dass der Steuersatz unter Umständen bei 40% oder auch weitaus höher liegen kann. Dies ist abhängig vom Bruttoarbeitslohn der Arbeitnehmer und davon, ob es sich um einen Brutto- oder Nettosteuersatz handelt. Allerdings gilt hier kein »fester« Pauschalsteuersatz, sondern der betriebsindividuelle. Zudem gehören diese pauschal besteuerten Bezüge zum sozialversicherungspflichtigen Entgelt.

8.3 Konzertbesuch und Abgrenzung zu einem geselligen Ereignis

Sachverhalt: Ein Arbeitgeber trifft sich mit seinen 20 Mitarbeitern ab 18 Uhr zu einem Konzertbesuch. Anschließend wird mit einem angemieteten Bus die Heimfahrt angetreten. Insgesamt entstehen Kosten für Busfahrt und Eintritt i. H. v. 2.000 EUR bzw. 100 EUR je Teilnehmer.

Zusätzlich wird in der Adventszeit für alle Mitarbeiter eine Feier veranstaltet. Die Kosten je Mitarbeiter betragen hierfür 70 EUR.

Handelt es sich bei beiden Veranstaltungen um steuerlich anzuerkennende Betriebsveranstaltungen?

Ergebnis: Ohne gesellschaftliche Veranstaltung (Essen, Umtrunk) akzeptiert die Finanzverwaltung einen Konzertbesuch oder eine sonstige Veranstaltung nicht als steuerlich begünstigte Betriebsveranstaltung. Der Freibetrag von 110 EUR je teilnehmender Person wurde zwar eingehalten, dem Konzertbesuch fehlt aber der gesellschaftliche Charakter.

Steuerlich abzugsfähig wären derartige Veranstaltungen, wenn das Konzert Teil eines Gesamtprogramms gewesen wäre, wenn z. B. nach der Veranstaltung noch ein Umtrunk oder ein gemeinsames Essen stattgefunden hätte.

Steuerlich abzugsfähige Betriebsveranstaltungen dienen dazu, den Kontakt und damit die Zusammenarbeit unter den Mitarbeitern zu fördern. Es handelt sich nicht um eine Belohnung. Vielmehr verspricht sich der Arbeitgeber durch die Teilnahme der Mitarbeiter eigene Vorteile, durch eine verbesserte Zusammenarbeit. Die Veranstaltung muss das gemeinsame Miteinander der Arbeitnehmer fördern. Die Lohnsteuer-Außenprüfer der Finanzverwaltung und die Prüfer der Sozialversicherung sind angehalten, derartige Veranstaltungen als geldwerten Vorteil (Sachbezug) zu bewerten und gegebenenfalls nachzuversteuern bzw. die Beiträge nachzuerheben.

Im vorliegenden Fall ist die Adventsfeier dagegen eine gemeinschaftliche Veranstaltung und bleibt steuer- und beitragsfrei. Sie steht allen Mitarbeitern offen und der Freibetrag von 110 EUR je Mitarbeiter wurde nicht überschritten.

Praxistipp: In der Praxis sollte darauf geachtet werden, dass vor oder nach der Veranstaltung noch eine gemeinschaftliche Aktivität durchgeführt wird, z. B. ein gemeinsames Essen, ein Umtrunk o. Ä.

Übersteigen die Aufwendungen je teilnehmendem Mitarbeiter den Freibetrag von 110 EUR, empfiehlt sich eine Zuzahlung der Teilnehmer. Eine Eigenbeteiligung der teilnehmenden Arbeitnehmer führt dazu, dass kein Arbeitslohn entsteht, der versteuert werden muss und der Sozialversicherungspflicht unterliegt.

Steuersparmodell – Zuschuss des Arbeitgebers: Gibt der Arbeitgeber für die Betriebsveranstaltung lediglich einen Zuschuss von maximal 110 EUR je Teilnehmer in eine von den Arbeitnehmern unterhaltene Gemeinschaftskasse, ist diese Zuwendung kein Arbeitslohn. Es muss aber gewährleistet sein, dass eine Betriebsveranstaltung im steuerlichen Sinn vorliegt, ansonsten entfällt die Steuer- und Sozialversicherungsfreiheit.

8.4 Betriebsausflug mit Werksbesichtigung beim Kunden

Sachverhalt: Der Arbeitgeber führt einen Betriebsausflug durch. Beginn ist Freitag um 15:00 Uhr. Abends findet die eigentliche Betriebsfeier statt, mit Übernachtung auf Kosten des Arbeitgebers.

Samstags steht nach dem Frühstück eine Werksbesichtigung bei einem Hauptkunden anlässlich eines »Tags der offenen Tür« auf dem Programm. Die Belegschaft erhält eine besondere Führung durch den Betrieb, bei der insbesondere die Verwendung der gelieferten Produkte erläutert wird. Die Belegschaft ist am Samstag um 15:30 Uhr wieder zuhause. Insgesamt haben 30 Arbeitnehmer teilgenommen.

Die Gesamtkosten (inkl. Umsatzsteuer) für die teilnehmenden Arbeitnehmer betragen:

Busfahrt	850 EUR
Übernachtung mit Frühstück	1.800 EUR
Abendessen mit Programm	1.400 EUR
Mittagessen Samstag	*510 EUR*
Gesamtkosten	4.560 EUR
Kosten je Teilnehmer (4.560 EUR : 30)	152 EUR

Der Zeitaufwand für die Betriebsbesichtigung ist etwa gleich hoch wie der für die Betriebsfeier.

Muss der Betrag, der den Freibetrag von 110 EUR übersteigt, versteuert werden oder liegen 2 getrennte Veranstaltungen vor?

Ergebnis: Mit dieser Reise werden 2 steuerlich getrennte Veranstaltungen durchgeführt:
1. Eine Betriebsbesichtigung, die im überwiegend eigenbetrieblichen Interesse des Arbeitgebers liegt. Diese führt nicht zu steuerpflichtigem Arbeitslohn.
2. Eine Betriebsveranstaltung, die aufgrund der getrennten Kostenzuordnung den Freibetrag von 110 EUR nicht übersteigt.

Eine Betriebsbesichtigung bei einem Kunden kann im überwiegend eigenbetrieblichen Interesse erfolgen, auch wenn sie anlässlich eines »Tags der offenen Tür« durchgeführt wird und kein Entlohnungscharakter vorliegt.

Die angefallenen Kosten für die Reise werden, soweit möglich, der entsprechenden Veranstaltung direkt zugeordnet. Kosten, die nicht direkt zugeordnet werden können, wie z. B. Reisekosten und Übernachtung, sind nach Zeitanteilen berücksichtigungsfähig.

Die Zuordnung ist hier wie folgt vorzunehmen:

Vorgang	Betrag	Aufteilung	Betriebs besichtigung	Betriebs-ausflug
Busfahrt	850 EUR	50:50	425 EUR	425 EUR
Übernachtung mit Frühstück	1.800 EUR	50:50	900 EUR	900 EUR
Abendessen mit Programm	1.400 EUR	direkt		1.400 EUR
Mittagessen Samstag	510 EUR	direkt	510 EUR	
Summe			1.835 EUR	2.725 EUR
Kosten je Mitarbeiter (30 Teilnehmer)				90,83 EUR

Die Kosten für die Betriebsbesichtigung führen als Veranstaltung im überwiegend eigenbetrieblichen Interesse nicht zu Arbeitslohn.

Die Kosten für den Betriebsausflug betragen 90,83 EUR je Arbeitnehmer und übersteigen nicht den Freibetrag von 110 EUR. Durch die zulässige Aufteilung der Aufwendungen für die Betriebsbesichtigung und die eigentliche Betriebsfeier kann der Betriebsausflug lohnsteuer- und sozialversicherungsfrei bleiben.

8.5 Mehr als 2 Veranstaltungen im Jahr

Sachverhalt: Ein Arbeitgeber führt den jährlichen Betriebsausflug abteilungsbezogen durch (Produktion, Verwaltung, Vertrieb). Kein Personenkreis ist von der Teilnahme ausgeschlossen. Jede Abteilung darf einen eintägigen Ausflug unternehmen, der mit einem Abendessen endet. Die Kosten je Veranstaltung dürfen 100 EUR pro teilnehmenden Mitarbeiter nicht übersteigen.

Außerdem findet in der Vorweihnachtszeit an einem Freitagnachmittag für alle Mitarbeiter eine Adventsfeier statt. Die Kosten je teilnehmender Person liegen bei rund 50 EUR.

Einmal im Jahr wird eine weitere Veranstaltung für alle Mitarbeiter durchgeführt. Gemeinsam mit den Pensionären werden die Mitarbeiter geehrt, die 20, 25 oder 30 Jahre lang dem Betrieb angehören.

Der für das Personal verantwortliche Geschäftsführer sowie 5 Betriebsräte nehmen an allen Veranstaltungen teil, auch an den Ausflügen der einzelnen Abteilungen.

Bleibt die Veranstaltung zur Ehrung der Jubilare und der Pensionäre steuerfrei oder liegt Arbeitslohn vor?

Ergebnis: Steuerlich sind jährlich nur max. 2 Betriebsveranstaltungen als üblich anzusehen. Pensionärstreffen und gemeinsame Ehrungen der Arbeitnehmer mit langer Betriebszugehörigkeit werden mitgezählt.

Nehmen einzelne Mitarbeiter an mehr als 2 Veranstaltungen teil, ist es steuerlich unbeachtlich (kein Arbeitslohn), wenn dies

- aufgrund eines funktionalen Wechsels (z. B. Eintritt in den Ruhestand, Versetzung) oder
- in Erfüllung beruflicher Aufgaben (z. B. als Personalleiter, Betriebsratsmitglied) erfolgt.

Für den Personalgeschäftsführer sowie die Betriebsräte bleiben somit alle Betriebsveranstaltungen steuer- und sozialversicherungsfrei, obwohl sie an 3 bzw. noch mehr Betriebsveranstaltungen teilgenommen haben. Für diesen Personenkreis handelt es sich um die Erfüllung beruflicher Aufgaben.

Für die restlichen Mitarbeiter bleiben lediglich 2 Veranstaltungen steuerfrei, soweit alle betroffenen Personen des Betriebs oder des Betriebsteils zu den Veranstaltungen eingeladen werden. Für die restlichen Veranstaltungen kann die Lohnsteuer individuell mit Sozialversicherungspflicht oder mit 25% (sozialversicherungsfrei) pauschaliert werden.

Praxistipp: Der Freibetrag von 110 EUR ist arbeitnehmerbezogen. Der Arbeitgeber kann entscheiden, welche Veranstaltung er für den Arbeitnehmer versteuert, falls dieser an mehr als 2 Veranstaltungen teilnimmt. Wird die Wahl der Versteuerung (pauschal oder individuell) nachträglich geändert, wirkt sich dies auf die Beitragspflicht in der Sozialversicherung aus. Maßgeblich ist, zu welchem Zeitpunkt die Lohnsteuerbescheinigung ausgestellt wird. Eine beitragsrechtliche Korrektur ist nur bei einer steuerrechtlichen Korrektur durch den Arbeitgeber bis zur Erstellung der Lohnsteuerbescheinigung möglich (spätestens bis zum 28.2. bzw. 29.2. des Folgejahres).

8.6 Ausflug mit Übernachtung

Sachverhalt: Ein Arbeitgeber veranstaltet für seine Mitarbeiter einen Betriebsausflug mit Übernachtung. Die Abfahrt erfolgt am Donnerstag um 16 Uhr. Nach Ankunft und Bezug der Hotelzimmer gibt es um 19 Uhr ein Abendessen. Ab 20 Uhr erfolgt ein Folkloreabend mit Tanz und gemütlichem Beisammensein. Am Folgetag wird nach dem Frühstück ein Automuseum besichtigt. Nach dem gemeinsamen Mittagessen wird die Heimfahrt angetreten. Die Mitarbeiter sind am Freitag um 16 Uhr wieder zurück. Die Kosten für den Ausflug einschließlich Übernachtung, Verpflegung und Eintritt betragen 125 EUR pro teilnehmendem Mitarbeiter.

Liegt trotz der Übernachtung eine steuerfreie Betriebsveranstaltung vor?

Ergebnis: Der Ausflug erfüllt alle Voraussetzungen einer steuerlich anzuerkennenden Betriebsveranstaltung. Die Dauer der Veranstaltung ist unbeachtlich. Damit bleiben mehrtägige Betriebsausflüge lohnsteuerfrei, sofern der Freibetrag von 110 EUR je Teilnehmer nicht überschritten wird.

Im Beispiel müssen 15 EUR je Arbeitnehmer individuell lohnversteuert werden. Dieser Betrag ist ebenfalls sozialversicherungspflichtig.

Die Lohnsteuer kann alternativ zur individuellen Lohnversteuerung mit einem festen Steuersatz von 25% erhoben werden. Dann ist der Arbeitgeber Schuldner der Lohnsteuer und es besteht Sozialversicherungsfreiheit.

8.7 Angehörige feiern mit

Sachverhalt: Der Arbeitgeber veranstaltet eine Weihnachtsfeier. An der Feier nehmen 16 Mitarbeiter und 12 Angehörige teil, außerdem der Geschäftsführer mit Ehefrau, d. h. insgesamt 30 Teilnehmer.

Die Abrechnung der Weihnachtsfeier sieht wie folgt aus:

Verpflegung einschließlich Speisen und Getränke	980,00 EUR
Auftritt einer Kapelle	500,00 EUR
Anmietung der Kegelbahn	120,00 EUR
Übernommene Übernachtungskosten	*840,00 EUR*
Summe inkl. Umsatzsteuer	2.440,00 EUR
Kosten je Teilnehmer	81,33 EUR

Weitere Betriebsveranstaltungen werden im Kalenderjahr nicht durchgeführt.

Bleibt diese Veranstaltung lohnsteuerfrei, da der Betrag von 110 EUR nicht überschritten wird und nur eine Betriebsveranstaltung pro Jahr durchgeführt wird?

Ergebnis: Die Anzahl der jährlichen Veranstaltungen wird nicht überschritten. Es wäre noch eine weitere Veranstaltung in diesem Kalenderjahr steuer- und sozialversicherungsfrei möglich.

Für die Beurteilung, ob die Betriebsveranstaltung für die Mitarbeiter steuer- und sozialversicherungsfrei bleiben kann, ist zu unterscheiden zwischen Mitarbeitern, die alleine gekommen sind, und Mitarbeitern mit Begleitpersonen:

- Für die Mitarbeiter ohne Begleitung fallen pro Person Kosten i. H. v. 81,33 EUR an; der Freibetrag von 110 EUR wird nicht überschritten. Die Zuwendung bleibt für diese Mitarbeiter steuer- und beitragsfrei.
- Die Mitarbeiter, die eine Begleitperson mitbringen, müssen sich die Kosten für die Begleitpersonen zurechnen lassen (Kosten 162,66 EUR). Dadurch wird der Freibetrag von 110 EUR überschritten. Die Versteuerung des 110 EUR übersteigenden Betrags erfolgt entweder individuell nach den ELStAM oder pauschal mit 25%.

Hinweis: Zu einer Betriebsveranstaltung gehören alle üblichen Zuwendungen, insbesondere Aufwendungen für den äußeren Rahmen. Hierzu gehören beispielsweise die

Kosten für Räume, Musik, Kegelbahn, künstlerische und artistische Darbietungen. Bei den Kosten ist die Umsatzsteuer mit einzubeziehen.

8.8 Shuttle-Transfer zur Veranstaltung

Sachverhalt: Ein Arbeitgeber lädt zur Ehrung der Jubilare die ganze Belegschaft ein. Die Arbeitnehmer müssen grundsätzlich eigenständig an- und abreisen. Es besteht jedoch die Möglichkeit, von der Hauptverwaltung des Arbeitgebers zum Veranstaltungsort und für den späteren Rückweg einen »Shuttle-Bus« in Anspruch zu nehmen. Die Kosten je Teilnehmer für die Veranstaltung einschließlich Shuttle-Bus betragen 112,67 EUR, ohne Shuttle-Bus sind es 109,55 EUR.

Erhöhen diese Sonderkosten die Gesamtkosten der Betriebsveranstaltung?

Ergebnis: Kosten für den Shuttle-Bus sind Zuwendungen und zählen zu den Kosten anlässlich der Betriebsveranstaltung.

Der Freibetrag von 110 EUR ist überschritten. Bei dem Betrag von 2,67 EUR handelt es sich um steuerpflichtigen Arbeitslohn, der individuell nach den ELStAM versteuert werden kann. In diesem Fall ist der Arbeitslohn beitragspflichtig in der Sozialversicherung. Die Lohnsteuer kann aber auch mit einem festen Steuersatz von 25% erhoben werden. In diesem Fall ist der Arbeitgeber Schuldner der Lohnsteuer und es besteht Sozialversicherungsfreiheit.

Hinweis: Steuerfreie Leistungen für Reisekosten im Rahmen der Anreise zur Betriebsveranstaltung sind hingegen nicht in die Gesamtkosten der Veranstaltung mit einzubeziehen. Nicht gemeint ist jedoch der Auftakt der Veranstaltung durch die gemeinsame Bus-, Bahn- oder Schiffsreise.

8.9 Absagen oder Nichterscheinen von Kollegen

Sachverhalt: Ein Arbeitgeber führt als Weihnachtsfeier einen gemeinsamen Kochkurs durch, bei dem jeder Teilnehmer unbegrenzt Speisen und Getränke verzehren darf. Von den ursprünglich angemeldeten 27 Arbeitnehmern sagen 2 kurzfristig ab. Hierdurch reduzieren sich aber die Kosten des Veranstalters nicht.

Werden alle ursprünglich angemeldeten Arbeitnehmer berücksichtigt, bleiben die Kosten pro Arbeitnehmer unter dem Freibetrag von 110 EUR. Rechnet man die Aufwendungen hingegen nur den teilnehmenden Arbeitnehmer zu, wird der Freibetrag überschritten.

Sind die Kosten den angemeldeten oder tatsächlichen Teilnehmer zuzurechnen?

Ergebnis: Es ist auf die tatsächlichen Teilnehmer der Betriebsveranstaltung abzustellen.

8.10 Konzern-Betriebsveranstaltung

Sachverhalt: Der Arbeitgeber einer Konzern-Mutter lädt neben den 25 Mitarbeitern des eigenen Unternehmens auch noch 15 Mitarbeiter seiner Konzerntochter zum Essen und Umtrunk im Rahmen einer Weihnachtsfeier ein. Die Kosten für die Veranstaltung betragen 3.920 EUR brutto.

Kann die Veranstaltung durch den Arbeitgeber – Konzern-Mutter – grundsätzlich steuerfrei behandelt werden?

Gibt es eine abweichende Regelung für die Arbeitnehmer der Konzern-Tochter?

Ergebnis: Die Veranstaltung erfüllt grundsätzlich alle Voraussetzungen für eine Betriebsveranstaltung, da sie auf betrieblicher Ebene mit gesellschaftlichem Charakter stattfindet und allen Arbeitnehmern offensteht. Auch ist sie herkömmlich im Sinne ihrer Ausgestaltung.

Die Teilnahme von Arbeitnehmern konzernangehöriger Unternehmen stellt keinen Ausschlussgrund für das Vorliegen einer Betriebsveranstaltung dar. Die Gesamtkosten der Veranstaltung sind auf die teilnehmenden Arbeitnehmer des gesamten Konzernverbunds aufzuteilen und betragen hier somit 98 EUR je Arbeitnehmer (3.920 EUR / 40 Mitarbeiter). Da die Kosten geringer als 110 EUR je Arbeitnehmer sind, kann die Betriebsveranstaltung durch den Arbeitgeber steuerfrei behandelt werden.

Auch hinsichtlich der Arbeitnehmer der Konzern-Tochter kann eine steuerfreie Behandlung der Kosten erfolgen, soweit für diese Arbeitnehmer alle Voraussetzungen für das Vorliegen einer Teilnahme an einer Betriebsveranstaltung erfüllt sind.

Die Besteuerung kann für die Arbeitnehmer anderer Unternehmen im Konzernverbund wahlweise vom Zuwendenden oder vom direkten Arbeitgeber durchgeführt werden. Zu beachten ist bei der Versteuerung durch den Zuwendenden: Soll die Freibetragsregelung angewendet werden, muss sich der Zuwendende beim Arbeitgeber vergewissern, dass die Teilnahmevoraussetzungen (offene Teilnahme für alle Arbeitnehmer, max. 2 Betriebsveranstaltungen im Jahr) erfüllt sind.

Hinweis: Eine Betriebsveranstaltung liegt auch vor, wenn sie Arbeitnehmern konzernangehöriger Unternehmen oder Leiharbeitnehmern offensteht. Auch für sie kann der Zuwendende die Versteuerung unter Berücksichtigung der Freibetragsregelungen anwenden. Ist dies gewünscht, muss sich der Zuwendende aber beim Arbeitgeber vergewissern, dass die Teilnahmevoraussetzungen erfüllt sind.

8.11 Gemischte Betriebsveranstaltung

Sachverhalt: Der Arbeitgeber veranstaltet eine Jubiläumsfeier zum 10-jährigen Firmenjubiläum, welche allen Arbeitnehmern und auch Geschäftspartnern offensteht. Aufwendungen für die Veranstaltung, an der neben 110 Arbeitnehmer auch 50 Geschäftspartner teilnehmen, ergeben sich wie folgt:

Saalmiete	3.500 EUR
Musikkapelle	1.500 EUR
Catering	*10.000 EUR*
Gesamt	15.000 EUR

Was ist bezüglich der Berücksichtungsfähigkeit der Veranstaltungskosten zu beachten und ist eine steuerfreie Behandlung der Betriebsveranstaltung möglich?

Ergebnis: Die Kosten bei gemischt veranlassten Betriebsveranstaltungen sind aufzuteilen. Die Jubiläumsfeier weist alle Kriterien einer Betriebsveranstaltung auf. Insbesondere überwiegt die Anzahl der teilnehmenden Arbeitnehmer die der externen Teilnehmer. Es ist daher eine Aufteilung der Gesamtkosten nach Köpfen vorzunehmen. Vorliegend entfallen so auf jeden Teilnehmer 93,75 EUR (15.000 EUR / 160 Teilnehmer).

Die Kosten je Arbeitnehmer übersteigen demnach nicht den Freibetrag und können damit steuerfrei behandelt werden.

Bezüglich der auf die Geschäftspartner entfallenden Kostenanteile ist eine Trennung zwischen den Kosten für die steuerfreie Bewirtung und den sonstigen Kosten vorzunehmen. Die Kosten für die Bewirtung betragen hierbei 62,50 EUR (10.000 EUR / 160 Teilnehmer) je Teilnehmer und sind als Bewirtungskosten steuerfrei auch für die Geschäftspartner zu berücksichtigen. Die übrigen Kosten je Geschäftspartner i. H. v. 31,25 EUR (93,75 EUR – 62,50 EUR) sind für den Empfänger eine Betriebseinnahme und können durch den Zuwendenden pauschal mit 30 % besteuert werden.

8.12 Wahlrecht zur Pauschalierung der Betriebsveranstaltung

Sachverhalt: Ein Arbeitgeber lädt alle Mitarbeiter im Laufe des Jahres zu folgenden Veranstaltungen ein:

1. Frühlingsfest: Kosten: 50 EUR je Teilnehmer,
2. Sommerfest: Kosten: 100 EUR je Teilnehmer,
3. Weihnachtsfeier: Kosten: 70 EUR je Teilnehmer.

Welche Veranstaltungen kann der Arbeitgeber steuerfrei behandeln?

Ergebnis: Der Arbeitgeber kann den Freibetrag von 110 EUR für 2 Veranstaltungen im Kalenderjahr in Anspruch nehmen. Da aber in diesem Jahr mehr Veranstaltungen durchgeführt wurden, hat er ein Wahlrecht.

Er kann die Veranstaltungen benennen, die er steuerfrei belassen möchte. Die verbleibende Veranstaltung ist steuer- und ggf. sozialversicherungspflichtig. Zur Steuerminimierung sollte der Arbeitgeber die Veranstaltung mit den niedrigsten Kosten wählen.

Der Betrag kann entweder individuell nach den ELStAM versteuert werden und ist dann beitragspflichtig in der Sozialversicherung. Die Lohnsteuer kann aber auch mit einem festen Steuersatz von 25 % erhoben werden. In diesem Fall ist der Arbeitgeber Schuldner der Lohnsteuer und es besteht Sozialversicherungsfreiheit.

8.13 Umsatzsteuer

Sachverhalt: Ein Arbeitgeber führte mit 130 Mitarbeitern einen Sommerausflug durch. Für die Prüfung, ob der Freibetrag nicht überschritten wurde, lässt sich der Leiter der Personalabteilung die Kosten aus der Buchhaltung geben.

Der Buchhalter schickt den Ausdruck des Finanzbuchhaltungskontos »freiwillige soziale Leistungen, steuerfrei« mit folgenden Beträgen:

Busfahrt:	1.800,00 EUR
Mittagessen:	2.200,00 EUR
Schiffsfahrt:	1.500,00 EUR
Abendessen:	2.500,00 EUR
Getränke am Abend:	2.000,00 EUR
Band am Abend:	*3.000,00 EUR*
Summe	13.000,00 EUR
Kosten je Arbeitnehmer	100,00 EUR

Die anderen Voraussetzungen für die Lohnsteuerfreiheit der Betriebsveranstaltung sind erfüllt. Angehörige der Mitarbeiter haben am Sommerausflug nicht teilgenommen.

Bleibt der Sommerausflug lohnsteuerfrei, da der Freibetrag von 110 EUR nicht überschritten wurde?

Ergebnis: Für die Berechnung des Freibetrags sind die Bruttoausgaben einschließlich der in Rechnung gestellten Umsatzsteuer maßgebend.

Ist der Freibetrag überschritten, kann der Arbeitgeber aus den bezogenen Leistungen keine Vorsteuer abziehen. Der Gesetzgeber geht in diesem Fall von einer Mitveranlassung durch die Privatsphäre der Arbeitnehmer aus.

Zu den Kosten müssen 19% bzw. 7% (für die Schifffahrt) Umsatzsteuer hinzugerechnet werden:

Busfahrt: 1.800 EUR+342 EUR USt	2.142,00 EUR
Mittagessen: 2.200 EUR+418 EUR USt	2.618,00 EUR
Schiffsfahrt: 1.500 EUR+105 EUR USt	1.605,00 EUR
Abendessen: 2.500 EUR+475 EUR USt	2.975,00 EUR
Getränke am Abend: 2.000 EUR+380 EUR USt	2.380,00 EUR
Band am Abend: 3.000 EUR+570 EUR USt	*3.570,00 EUR*
Summe	15.290,00 EUR
Kosten je Arbeitnehmer	117,62 EUR

Die Aufwendungen erhöhen sich durch die in Rechnung gestellte Umsatzsteuer um 2.290 EUR auf 15.290 EUR. Das ergibt je Mitarbeiter einen Bruttoaufwand von 117,62 EUR für die Veranstaltung.

Der Freibetrag von 110 EUR ist überschritten. Bei jedem Arbeitnehmer müssen 7,62 EUR nachversteuert werden. Zusätzlich unterliegt der Betrag von 7,62 EUR der Sozialversicherung. Der Betrag kann entweder individuell nach den ELStAM versteuert werden und ist dann beitragspflichtig in der Sozialversicherung. Die Lohnsteuer kann aber auch mit einem festen Steuersatz von 25% erhoben werden. In diesem Fall ist der Arbeitgeber Schuldner der Lohnsteuer und es besteht Sozialversicherungsfreiheit.

Hinweis: Bei der Planung einer Betriebsveranstaltung, die lohnsteuer- und sozialversicherungsfrei bleiben soll, muss die Umsatzsteuer bei den anfallenden Ausgaben berücksichtigt werden.

Soweit das Unternehmen zum Vorsteuerabzug berechtigt ist, müssen die Daten der Finanzbuchhaltung um die in der Rechnung ausgewiesene Umsatzsteuer erhöht werden.

9 Bewirtungskosten

Marcus Spahn

9.1 Arbeitnehmerbewirtung

Sachverhalt: Während einer Fachmesse lädt der Geschäftsführer eines Unternehmens seine 4 Abteilungsleiter zum Mittagessen in das Messerestaurant ein. Die Gesamtrechnung für das Mittagessen der 4 Abteilungsleiter und des Geschäftsführers beläuft sich auf 180 EUR einschließlich Umsatzsteuer.

Der Geschäftsführer bittet um Erstattung der getragenen Aufwendungen und darum, evtl. lohnsteuerliche und sozialversicherungsrechtliche Auswirkungen für die Mitarbeiter zu berücksichtigen. Die vorgelegte Rechnung erfüllt sämtliche steuerlichen Voraussetzungen.

Wie sind die entstandenen Kosten steuer- und sozialversicherungsrechtlich zu behandeln?

Ergebnis: Im Rahmen des Mittagessens werden ausschließlich eigene Arbeitnehmer bewirtet. Die Kosten fallen deshalb nicht unter die Abzugsbeschränkung für Bewirtungsaufwendungen. Die Vorsteuer ist voll abzugsfähig, wenn die Rechnung auf den Namen der Firma ausgestellt ist. Die verbleibenden (Netto-) Aufwendungen können in voller Höhe als Betriebsausgaben abgezogen werden.

Dem Geschäftsführer können die entstandenen Auslagen in voller Höhe als Auslagenersatz steuer- und sozialversicherungsfrei erstattet werden.

Das Essen selbst hat sowohl für den (angestellten) Geschäftsführer als auch für die eingeladenen Arbeitnehmer lohnsteuerliche Folgen. Es handelt sich um eine übliche Beköstigung während einer Auswärtstätigkeit. Die Besteuerung einer üblichen Mahlzeit mit dem Sachbezugswert als Arbeitslohn ist jedoch gesetzlich ausgeschlossen, wenn dem Arbeitnehmer für die betreffende Auswärtstätigkeit dem Grunde nach eine Verpflegungspauschale zustehen würde. Diese Voraussetzung dürfte bei den Messeteilnehmern erfüllt sein. Die steuer- und sozialversicherungsfreie Pauschale ist allerdings zu kürzen, wenn dem Arbeitnehmer von seinem Arbeitgeber eine Mahlzeit zur Verfügung gestellt wird. Deshalb erfolgt im vorliegenden Fall eine Kürzung der Spesen um 40% der für die 24-stündige Abwesenheit geltenden höchsten Tagespauschale von 28 EUR, also um 11,20 EUR.

9.2 Geschäftsfreunde

Sachverhalt: Während einer Fachmesse lädt der Geschäftsführer eines Unternehmens einige der besten Firmenkunden sowie die mit dem Messedienst beauftragten Mitarbeiter zum Mittagessen in ein nahe gelegenes Restaurant ein. Die Gesamtkosten für die Bewirtung von 15 Personen belaufen sich auf 600 EUR zuzüglich Umsatzsteuer.

Der Geschäftsführer bittet nun um Erstattung der von ihm getragenen Aufwendungen und darum, evtl. lohnsteuer- und sozialversicherungsrechtliche Auswirkungen für die Mitarbeiter zu berücksichtigen. Die vorgelegten Rechnungen erfüllen sämtliche steuerlichen Voraussetzungen.

Wie sind die entstandenen Kosten steuer- und sozialversicherungsrechtlich zu behandeln?

Ergebnis: Im Rahmen des Messebesuchs findet eine Bewirtung von Geschäftsfreunden statt. Die Kosten fallen unter die Abzugsbeschränkung für Bewirtungsaufwendungen und können vom Arbeitgeber nur zu 70% als Betriebsausgaben abgezogen werden. Von der Gesamtrechnung über 600 EUR netto sind deshalb 180 EUR nicht abzugsfähig. Die auf die Bewirtung entfallende Vorsteuer kann in voller Höhe abgezogen werden.

Dem Geschäftsführer können die ihm entstandenen Auslagen von 714 EUR einschließlich Umsatzsteuer in voller Höhe als Auslagenersatz steuer- und sozialversicherungsfrei erstattet werden. Die Teilnahme der Arbeitnehmer an der Bewirtung stellt keinen steuerpflichtigen Arbeitslohn dar. Es handelt sich vielmehr um eine Zuwendung im ganz überwiegend betrieblichen Interesse des Arbeitgebers. Dies gilt auch für den auf den einladenden Geschäftsführer entfallenden Anteil. Bei den eingeladenen eigenen Arbeitnehmern sind aufgrund der Mahlzeitengestellung die Verpflegungspauschalen für den Tag um 40% der für die 24-stündige Abwesenheit geltenden Tagespauschale von 28 EUR, also um 11,20 EUR zu kürzen.

Für die eingeladenen Geschäftsfreunde bzw. deren Arbeitnehmer ergeben sich keine steuerlichen Folgen aus der Einladung. Weil es sich um die Einladung eines Dritten handelt, werden die Verpflegungspauschalen nicht gekürzt.

Praxistipp: Zur Anerkennung von Rechnungen für die Bewirtung von Geschäftsfreunden gelten seit 2023 verschärfte Voraussetzungen. Die Kosten für Bewirtungen aus geschäftlichem Anlass dürfen nur noch abgezogen werden, wenn maschinell erstellte, elektronisch aufgezeichnete und mithilfe einer zertifizierten technischen Sicherheitseinrichtung (TSE) abgesicherte Rechnungen vorliegen.

9.3 Regelmäßige Besprechung

Sachverhalt: In einem Unternehmen ist es üblich, dass jede Abteilung mindestens vierteljährlich einen Jour-fixe mit allen Mitarbeitern durchführt. Bei diesem Anlass werden aktuelle Angelegenheiten jeder Abteilung besprochen und die anstehenden Arbeitsaufträge werden koordiniert. Jeder Abteilungsleiter bekommt für die Veranstaltungen ein Budget zugesprochen, mit dem er die Mitarbeiter in angemessenem Rahmen verköstigen soll.

Der Abteilungsleiter der Personalabteilung führt insgesamt 5 derartige Veranstaltungen durch (Abteilungsgröße 10 Personen). Bei 2 Veranstaltungen hat er für die Mitarbeiter Getränke und Plätzchen bereitgestellt, bei 2 Besprechungen ein Frühstück und kurz vor Weihnachten ein Mittagessen.

Die Aufwendungen belaufen sich auf insgesamt 50 EUR für Getränke und Plätzchen sowie 170 EUR für die Frühstücksverpflegung und nochmals 180 EUR für das Mittagessen (jeweils zuzüglich Umsatzsteuer).

Welche lohnsteuer- und sozialversicherungsrechtlichen Folgen ergeben sich für die bewirteten Mitarbeiter?

Ergebnis: Die gesamten Aufwendungen fallen nicht unter das teilweise Abzugsverbot für Bewirtungsaufwendungen. Es werden ausschließlich eigene Arbeitnehmer bewirtet. Die Aufwendungen von insgesamt 400 EUR sind beim Unternehmen voll als Betriebsausgaben abzugsfähig. Bei ordnungsgemäßer Rechnung ist die Vorsteuer voll abzugsfähig.

Für die Mitarbeiter ist die regelmäßige Bewirtung allerdings teilweise abgabenpflichtig. Werden Mitarbeiter aus betrieblichem Anlass kostenlos oder verbilligt bewirtet, ist dieser Sachbezug Arbeitslohn. Getränke und Genussmittel, die der Arbeitgeber zum Verzehr im Betrieb unentgeltlich oder teilentgeltlich überlässt, sind jedoch steuerfreie Aufmerksamkeiten. Deshalb ergeben sich aus der Bereitstellung von Getränken und Plätzchen zu den Veranstaltungen keine steuer- und sozialversicherungsrechtlichen Konsequenzen.

Die Verköstigung der Mitarbeiter mit einem Frühstück bzw. einem Mittagessen geht jedoch über die Grenze einer Aufmerksamkeit hinaus und ist deshalb zu versteuern. Die Bewertung der Mahlzeiten kann mit dem Sachbezugswert erfolgen. Dieser beträgt je Arbeitnehmer für das Frühstück 2,17 EUR und für das Mittagessen 4,13 EUR. In gleicher Höhe ergibt sich jeweils auch ein beitragspflichtiges Entgelt in der Sozialversicherung.

Praxistipp: Es handelt sich bei den Bewirtungen im vorstehenden Beispiel nicht um Arbeitsessen im steuerlichen Sinne, weil die Veranstaltungen regelmäßig stattfinden. Ein Arbeitsessen und damit kein steuerpflichtiger Arbeitslohn liegt vor, wenn eine Bewirtung anlässlich und während eines außergewöhnlichen Arbeitseinsatzes (z. B. Eilauftrag) im ganz überwiegend betrieblichen Interesse an einer günstigen Gestaltung des Arbeitsablaufs erfolgt und dabei Speisen unentgeltlich überlassen werden, deren Wert 60 EUR nicht überschreitet. Regelmäßige Treffen stellen keinen außergewöhnlichen Arbeitseinsatz dar.

9.4 Belohnungsessen

Sachverhalt: Ein Unternehmen hatte in den vergangenen Wochen einen Großauftrag zu erledigen, der in allen Abteilungen zu erheblichen Überstunden geführt hat. Zur Belohnung hat der Geschäftsführer ein Budget von 1.000 EUR je Abteilung zur Verfügung gestellt, das die Abteilungsleiter nach eigenem Ermessen verwalten konnten. Nun liegen die Abrechnungen von 2 Abteilungsleitern vor.

- Der Leiter einer Abteilung hat seine 24 Mitarbeiter zu einem gemeinsamen Mittagessen in einer nahegelegenen Gaststätte eingeladen. Die Gesamtrechnung für 25 Teilnehmer an der Bewirtung beläuft sich auf 1.000 EUR einschließlich Umsatzsteuer.
- Ein anderer Abteilungsleiter hat nur seine 4 Teamleiter zu einem gemeinsamen Abendessen eingeladen, weil sie am meisten unter dem Großauftrag zu leiden hatten. Er hat sie gebeten, jeweils ihren Partner bzw. ihre Partnerin mitzubringen. Die Gesamtrechnung für 10 Teilnehmer an der Bewirtung beläuft sich auf 1.000 EUR einschließlich Umsatzsteuer.

Welche lohnsteuer- und sozialversicherungsrechtlichen Folgen ergeben sich für die bewirteten Mitarbeiter?

Ergebnis: Die gesamten Aufwendungen für beide Bewirtungen fallen nicht unter das teilweise Abzugsverbot für Bewirtungsaufwendungen. Es werden ausschließlich eigene Mitarbeiter bewirtet. Bei ordnungsgemäßer Rechnung ist die Umsatzsteuer als Vorsteuer voll abzugsfähig. Die verbleibenden Aufwendungen sind beim Unternehmen voll als Betriebsausgabe abzugsfähig.

Für die Mitarbeiter ist die Bewirtung allerdings teilweise abgabenpflichtig. Werden Arbeitnehmer aus betrieblichem Anlass kostenlos oder verbilligt bewirtet, ist dieser Sachbezug Arbeitslohn. Es handelt sich hier jeweils um Belohnungsessen. Es liegen keine steuerlich unbedeutenden Arbeitsessen vor, weil Voraussetzung dabei insbesondere die Gestellung des Essens während des außergewöhnlichen Arbeitseinsatzes ist. Hier werden die Mitarbeiter jedoch nach dem Arbeitseinsatz zur Belohnung bewirtet. Unabhängig vom Wert des Essens und der Zahl der beteiligten Arbeitnehmer liegt also in beiden Fällen steuer- und sozialversicherungspflichtiger Arbeitslohn vor.

- Bei dem gemeinsamen Mittagessen nehmen alle 25 Angehörigen einer Abteilung teil. Auf jeden Teilnehmer entfallen damit Aufwendungen i. H. v. 40 EUR. Für diesen Teil des Arbeitslohns kann die Anwendung der Sachbezugsfreigrenze geprüft werden. Sachbezüge bis zu einer Freigrenze von 50 EUR im Monat bleiben steuer- und sozialversicherungsfrei. Falls die Firma keine regelmäßigen steuerfreien Sachgeschenke gewährt, bleibt die Bewirtung unter diesem Grenzwert und damit abgabenfrei.
- Am Teamleiteressen nehmen insgesamt 10 Personen teil. Auf jede bewirtete Person entfallen 100 EUR. Der Wert der Bewirtung für den Partner oder die Partnerin ist dem jeweiligen Mitarbeiter zuzurechnen, sodass auf die 4 Teamleiter und den Abteilungsleiter jeweils 200 EUR entfallen. Aus Vereinfachungsgründen wird dieser Wert nur zu 96% angesetzt, so dass lediglich 192 EUR steuer- und sozialversicherungspflichtig sind.

10 Dienstrad

Holm Geiermann

10.1 Nettolohnoptimierung durch Dienstrad per Gehaltsumwandlung

Sachverhalt: Ein Arbeitgeber überlässt seinem 30-jährigen Arbeitnehmer ab dem 1.7.2024 ein E-Bike sowohl für Privatfahrten als auch für Fahrten zwischen Wohnung und erster Tätigkeitsstätte. Das E-Bike ist verkehrsrechtlich als Fahrrad einzuordnen. Die unverbindliche Preisempfehlung (UVP) des Herstellers des Fahrrads beträgt 3.549 EUR. Der Arbeitgeber kann das Fahrrad für eine monatliche Leasingrate von 70 EUR leasen. Der Arbeitnehmer verzichtet unter Änderung seines Arbeitsvertrags auf 70 EUR seines Monatsgehalts von 4.000 EUR. Der Arbeitgeber übernimmt alle übrigen Kosten für das Pedelec wie Versicherungen etc.

Der Arbeitnehmer ist ledig und konfessionslos. Sein individueller Krankenkassen-Zusatzbeitrag beläuft sich auf 1,6 %.

Welchen geldwerten Vorteil muss der Arbeitnehmer monatlich versteuern und wie hoch ist die Netto-Ersparnis bei der Lohnsteuer und den Sozialabgaben durch die Entgeltumwandlung?

Ergebnis: Die Überlassung des E-Bikes führt zu steuerpflichtigem Arbeitslohn. Eine Steuerbefreiung kommt nicht in Betracht, weil das E-Bike nicht zusätzlich zum ohnehin geschuldeten Arbeitslohn überlassen wird. Der geldwerte Vorteil für die private Nutzung des E-Bikes (Privatfahrten, Fahrten zwischen Wohnung und erster Tätigkeitsstätte und Familienheimfahrten im Rahmen einer doppelten Haushaltsführung) beläuft sich auf 1 % eines auf volle 100 EUR abgerundeten Viertels der UVP:

UVP	3.549,00 EUR
Davon 1/4	887,25 EUR
Betrag auf volle 100 EUR abgerundet	800,00 EUR
Geldwerter Vorteil (1 %)	8,00 EUR

Die Lohnabrechnung für den Juli 2024 stellt sich wie folgt dar:

Lohnabrechnung Juli 2024	Ohne Entgelt-umwandlung	Mit Entgelt-umwandlung
Bruttoarbeitslohn	4.000,00 EUR	4.000,00 EUR
Gehaltsumwandlung		– 70,00 EUR
Geldwerter Vorteil		*+ 8,00 EUR*
Steuer- und SV-Brutto	4.000,00 EUR	3.938,00 EUR
Lohnsteuer (Stkl. I, keine Kinder, konfessionslos)	– 556,16 EUR	– 540,58 EUR
Krankenversicherung	– 324,00 EUR	– 318,97 EUR
Pflegeversicherung	– 92,00 EUR	– 90,58 EUR
Rentenversicherung	– 372,00 EUR	– 366,23 EUR
Arbeitslosenversicherung	– 52,00 EUR	*– 51,19 EUR*
Nettolohn	2.603,84 EUR	2.570,45 EUR
Geldwerter Vorteil		*– 8,00 EUR*
Auszahlungsbetrag	2.603,84 EUR	2.562,45 EUR

Der Sachbezug »Fahrrad« geht aufgrund der Bewertung mit dem Durchschnittswert mit einer deutlich geringeren Bemessungsgrundlage in die Berechnung der Lohnsteuer und der Abgaben ein. Daher tritt eine geringere Abgabenlast sowohl auf der Seite des Arbeitnehmers als auch des Arbeitgebers ein. Bei dieser Nettolohnbetrachtung darf nicht außer Acht gelassen werden, dass dem Arbeitnehmer, neben dem in bar auszuzahlenden Nettolohn, noch ein Sachbezug im Wert von 70 EUR gestellt wird.

Hinweis zur Umsatzsteuer: Die Bemessungsgrundlage für die Umsatzsteuer beträgt 1% der auf volle 100 EUR abgerundeten UVP des Herstellers im Zeitpunkt der Inbetriebnahme des Fahrrads. Die für Elektrofahrzeuge bestehenden Minderungsregelungen finden keine Anwendung. Die USt berechnet sich daher wie folgt:

3.500 EUR x 1% / 1,19 =29,41 EUR
29,41 EUR x 19% = 5,58 EUR

10.2 E-Bike bis 25 km/h als Gehaltsextra

Sachverhalt: Ein Arbeitnehmer erhält von seinem Arbeitgeber zusätzlich zum ohnehin geschuldeten Arbeitslohn ein E-Bike (UVP 3.299,99 EUR), das verkehrsrechtlich nicht als Kfz gilt und das er auch privat nutzen darf. Der Arbeitgeber least das Dienstrad bei einer Leasingfirma und übernimmt auch die Versicherungsbeiträge i. H. v. 9,98 EUR monatlich für den Arbeitnehmer.

Wie hoch ist der monatliche geldwerte Vorteil und welche Steuerabzüge und Sozialversicherungsbeiträge fallen an?

Ergebnis

Berechnung des geldwerten Vorteils:

UVP	3.299,99 EUR
Davon 1/4	825,00 EUR
Betrag auf volle 100 EUR abgerundet	800,00 EUR
Geldwerter Vorteil (1 %)	8,00 EUR

Die zusätzlich zum ohnehin geschuldeten Arbeitslohn gewährten Vorteile aus der Überlassung eines betrieblichen Fahrrads, das kein Kfz ist, sind steuer- und beitragsfrei. Die Steuer- und Beitragsfreiheit umfasst auch die vom Arbeitgeber übernommenen Versicherungsbeiträge.

10.3 E-Bike bis 45 km/h per Gehaltsumwandlung

Sachverhalt: Ein Arbeitgeber überlässt seinem 30-jährigen Arbeitnehmer ab dem 1.1.2024 ein E-Bike mit einer Elektromotorunterstützung bis 45 km/h sowohl für Privatfahrten als auch für Fahrten zwischen Wohnung und erster Tätigkeitsstätte (einfache Entfernung 10 km). Die unverbindliche Preisempfehlung (UVP) des Herstellers des Fahrrads beträgt 3.599,99 EUR.

Der Arbeitnehmer (Stkl. III, kinderlos, konfessionslos) verzichtet unter Änderung seines Arbeitsvertrags auf 70 EUR seines Monatsgehalts von 4.000 EUR. Außerdem zahlt der Arbeitnehmer die monatlichen Versicherungsbeiträge i. H. v. 9,98 EUR. Sein individueller Krankenkassen-Zusatzbeitrag beläuft sich auf 1,6 %.

Wie hoch ist der monatliche geldwerte Vorteil und welche Steuerabzüge und Sozialversicherungsbeiträge fallen an?

Ergebnis: Die Überlassung führt zu steuerpflichtigem Arbeitslohn. Eine Steuerbefreiung kommt nicht in Betracht, da das Elektrofahrrad einerseits verkehrsrechtlich als Kfz einzuordnen ist und andererseits die Überlassung nicht zusätzlich zum ohnehin geschuldeten Arbeitslohn erfolgt. Auch die Sachbezugsfreigrenze von 50 EUR findet keine Anwendung, weil der Sachbezug nicht zusätzlich zum ohnehin geschuldeten Arbeitslohn gewährt wird. Die Bewertung des geldwerten Vorteils erfolgt nach den für die Überlassung von Kfz geltenden Grundsätzen (inkl. Steuerbegünstigungen für

Elektrofahrzeuge). Aufgrund dessen sind die geldwerten Vorteile aus der privaten Nutzung und der Nutzung zu Fahrten zwischen Wohnung und der ersten Tätigkeitsstätte jeweils unter gesonderter Anwendung der sog. Listenpreismethode zu ermitteln. Der geldwerte Vorteil umfasst m. E. nicht nur das Zurverfügungstellen des Fahrrads, sondern auch die Übernahme sämtlicher damit verbundener Kosten, wie z. B. die Versicherungsprämie[4] und ermittelt sich wie folgt:

UVP	3.599,99 EUR
Davon 1/4	899,99 EUR
Betrag auf auf volle 100 EUR abgerundet	800,00 EUR
Geldwerter Vorteil der privaten Nutzung (800 EUR x 1 %)	8,00 EUR
Zzgl. Fahrten zwischen Wohnung und erster Tätigkeitsstätte (80000 EUR x 0,03 %)	*+ 0,24 EUR*
Geldwerter Vorteil insgesamt	8,24 EUR

Die Lohnabrechnung ab Juli 2024 stellt sich wie folgt dar:

Bruttoarbeitslohn	4.000,00 EUR
Gehaltsumwandlung	– 70,00 EUR
Geldwerter Vorteil für das S-Pedelec	*+ 8,24 EUR*
Steuer- und SV-Brutto	3.938,24 EUR
Lohnsteuer (Stkl. III, keine Kinder)	– 227,50 EUR
Krankenversicherung	– 319,00 EUR
Pflegeversicherung	– 90,58 EUR
Rentenversicherung	– 366,26 EUR
Arbeitslosenversicherung	*– 51,20 EUR*
Nettoarbeitslohn	2.883,70 EUR
Geldwerter Vorteil für das S-Pedelec	*– 8,24 EUR*
Auszahlungsbetrag	2.875,46 EUR

10.4 Dienstwagen und Dienstrad gleichzeitig

Sachverhalt: Einem Arbeitnehmer wird ab dem 1.1.2024 neben einem vollelektronischen Dienstwagen auch ein Elektrofahrrad, welches verkehrsrechtlich als Fahrrad einzuordnen ist, zur privaten Nutzung sowie für die Fahrten zwischen Wohnung und erster Tätigkeitsstätte (einfache Entfernung 10 km) überlassen. Der Arbeitnehmer nutzt für die Fahrten zwischen Wohnung und erster Tätigkeitsstätte überwiegend das Dienstrad. Lediglich an wenigen regnerischen Tagen nutzt er den Dienstwagen

4 Analog BFH, Urteil v. 13.12.2012, VI R 51/11, BStBl 2013 II S. 385 ff., Rz. 17.

für diese Fahrten. Die UVP des Fahrradherstellers beträgt 3.500 EUR. Für den Dienstwagen beträgt der Bruttolistenpreis 35.000 EUR. Der Arbeitgeber kann das Fahrrad für eine monatliche Leasingrate von 70 EUR und den Pkw für eine monatliche Rate von 350 EUR leasen. Der Arbeitnehmer verzichtet unter Änderung seines Arbeitsvertrags auf 420 EUR seines Monatsgehalts von 5.000 EUR. Der kinderlose Arbeitnehmer ist verheiratet (Steuerklasse III) und gehört keiner Religionsgemeinschaft an. Der individuelle Krankenkassen-Zusatzbeitrag beläuft sich auf 1,6 %. Für den Dienstwagen wird kein Fahrtenbuch geführt.

Wie hoch ist der monatliche geldwerte Vorteil und welche Steuerabzüge und Sozialversicherungsbeiträge fallen an?

Ergebnis: Die Überlassung des Dienstrads führt zu steuerpflichtigem Arbeitslohn. Eine Steuerbefreiung kommt nicht in Betracht, da die Überlassung nicht zusätzlich zum ohnehin geschuldeten Arbeitslohn erfolgt. Die Bewertung des geldwerten Vorteils erfolgt nach dem Durchschnittswert. Dieser beträgt 1 % des auf volle 100 EUR abgerundeten Viertels der UVP.

Ein weiterer geldwerter Vorteil ergibt sich aus der Überlassung des Dienstwagens. Dieser Vorteil ist anhand der Listenpreismethode zu ermitteln. Hieraus folgt, dass sowohl für das Dienstrad als auch den Dienstwagen ein geldwerter Vorteil für die Privatfahrten zu besteuern ist.

Hinsichtlich der Fahrten zwischen der Wohnung und der ersten Tätigkeitsstätte ist zu beachten, dass ein geldwerter Vorteil nur für das Fahrzeug (Dienstwagen/Dienstrad) anzusetzen ist, welches überwiegend für diese Fahrten genutzt wird. Im gegebenen Fall ist das das Elektrofahrrad. Für den Dienstwagen ist insoweit kein geldwerter Vorteil anzusetzen.

Der geldwerte Vorteil ab Juli 2024 ermittelt sich wie folgt:

Private Nutzung des Dienstrads (3.500 EUR x 0,25= 875 EUR) abgerundet auf volle 100 EUR=800 EUR x 1 %	8,00 EUR
Zzgl. Fahrten Wohnung erste Tätigkeitsstätte mit dem Fahrrad (3.500 EUR x 0,25= 875 EUR) abgerundet auf volle 100 EUR=800 EUR x 0,03 %	+ 0,24 EUR
Zzgl. Private Nutzung des E-Dienstwagens (35.000 EUR x 0,25 = 8.750 EUR) abgerundet auf volle 100 EUR= 8 000 EUR x 1 %	*+ 80,00 EUR*
= Steuer- und beitragspflichtiger geldwerter Vorteil insgesamt	88,24 EUR

Die Lohnabrechnung für Januar 2024 stellt sich wie folgt dar:

Bruttoarbeitslohn	5.000,00 EUR
Gehaltsumwandlung	– 420,00 EUR
Geldwerter Vorteil	*+ 88,24 EUR*
= Steuer- und SV-Brutto	4.668,24 EUR
Lohnsteuer (Stkl. III, keine Kinder)	– 375,33 EUR
Krankenversicherung	– 378,183 EUR
Pflegeversicherung	– 107,37 EUR
Rentenversicherung	– 434,15 EUR
Arbeitslosenversicherung	*– 60,69 EUR*
Nettolohn	3.312,57 EUR
Geldwerte Vorteile für Dienstwagen und Dienstrad	*– 88,24 EUR*
Auszahlungsbetrag	3.224,33 EUR

Hinweis: Würde das Elektrofahrrad zusätzlich zum ohne geschuldeten Arbeitslohn vom Arbeitgeber an den Arbeitnehmer überlassen, wäre der hieraus resultierende geldwerte Vorteil steuer- und sozialversicherungsfrei. Diese Steuerfreistellung umfasst die geldwerten Vorteile aus allen denkbaren Fahrten mit dem Elektrofahrrad. Im Hinblick auf die Fahrten zwischen Wohnung und erster Tätigkeitsstätte ist dabei aber zu beachten, dass im Beispielsfall überwiegend das Fahrrad für diese Fahrten genutzt wird. In der Folge wäre m. E. grundsätzlich nur hierfür und nicht für die vergleichbaren Fahrten mit dem Dienstwagen ein geldwerter Vorteil anzusetzen.[5]

10.5 Kauf nach Leasingende

Sachverhalt: Der Arbeitgeber hat mit der Leasing GmbH (Provider) einen Rahmenvertrag abgeschlossen. Aufgrund dessen wurden die Leasingkonditionen, die Anzahl der Leasingräder pro Mitarbeiter, der Preisrahmen für die Mitarbeiter und die Möglichkeit, dass die Mitarbeiter ihr Elektrofahrrad bei Beendigung der Überlassung zu einem Restwert von 10 % des ursprünglichen Kaufpreises erwerben können, festgelegt. Der Arbeitgeber schließt mit dem Provider Einzelleasingverträge für geleaste Diensträder ab und überlässt diese während der Leasingzeit von 36 Monaten an seine Mitarbeiter. Der Provider bleibt wirtschaftlicher Eigentümer der Fahrräder. In Abänderung des Arbeitsvertrags vereinbart der Arbeitgeber mit den betroffenen Mitarbeitern, dass für die Dauer der Überlassung der Barlohn in Höhe der Leasingraten umgewandelt wird.

Ein Arbeitnehmer hat sich bei einem Fahrradhändler aus dessen Sortiment ein Elektrofahrrad, das verkehrsrechtlich als Fahrrad einzuordnen ist, ausgesucht. In der Folge

5 Argument aus Gleichlautende Ländererlasse v. 9.1.2020, BStBl 2020 I S. 174, Tz. 2.11.

hat der Provider dann das Fahrrad beim Händler erworben. Die UVP des Fahrradherstellers beträgt 3.200 EUR. Am Ende der Leasingzeit zum 1.6. erwirbt der Arbeitnehmer das Elektrofahrrad zum Preis von 320 EUR. Das Fahrrad hat zu diesem Zeitpunkt noch einen Marktwert von 1.500 EUR. Wie ist der Verkauf des Fahrrads an den Arbeitnehmer steuer- und beitragsrechtlich zu beurteilen?

Lösung: Der Arbeitnehmer erwirbt das Fahrrad zu einem geringeren Preis als dem um übliche Preisnachlässe geminderten üblichen Endpreis am Abgabeort. Dieser Unterschiedsbetrag ist als Arbeitslohn von dritter Seite steuer- und beitragsrechtlich zu erfassen. Nach Auffassung der Finanzverwaltung ist es nicht zu beanstanden, wenn der »übliche Endpreis« i. S. d. § 8 Abs. 2 Satz 1 EStG eines (Elektro-)Fahrrads aus Vereinfachungsgründen mit 40% der auf volle 100 EUR abgerundeten UVP des Herstellers im Zeitpunkt der Inbetriebnahme des (Elektro-)Fahrrads einschließlich Umsatzsteuer bewertet wird. Daher ermittelt sich der geldwerte Vorteil wie folgt:

Üblicher Endpreis (40% v. 3.200 EUR)	1.280 EUR
Abzgl. eigene Leistung des Arbeitnehmers	*- 320 EUR*
Steuer- und beitragspflichtiger Arbeitslohn von dritter Seite	960 EUR

Eine Pauschalierung der Lohnsteuer mit 25% nach § 40 Abs. 2 Satz 1 Nr. 7 EStG kommt nicht in Betracht, da das Fahrrad nicht zusätzlich zum ohnehin geschuldeten Arbeitslohn ausgereicht wird.

Anstelle der individuellen (Lohn-)Besteuerung beim Arbeitnehmer nach den ELStAM, kommt im gegebenen Fall auch eine Pauschalierung gem. § 37b Abs. 2 EStG in Betracht. In diesem Fall kann der zuwendende Provider (Leasinggeber) die Einkommensteuer für die dem Empfänger (Arbeitnehmer) gewährte Sachzuwendung mit einem Pauschalsteuersatz von 30% erheben. Nach der Verwaltungsauffassung ist das dafür notwendige Zusätzlichkeitserfordernis erfüllt, wenn zu dem Grundgeschäft (= Verkauf des Fahrrads an den Arbeitnehmer) zwischen dem Zuwendenden (Leasinggeber) und dem Arbeitnehmer der aus dem Rahmenvertrag zwischen dem Zuwendenden und dem Arbeitgeber resultierende geldwerte Vorteil für den Arbeitnehmer (= vergünstigter Erwerb des Fahrrads) hinzukommt. Bemessungsgrundlage ist grundsätzlich der gemeine Wert, wenn dem Zuwendenden wie hier nur unverhältnismäßig geringe Aufwendungen (10% des ursprünglichen Kaufpreises) entstanden sind. Verwaltungsseitig bestehen jedoch im Hinblick auf die im Einzelfall schwierige Wertermittlung keine Bedenken, in dem Fall als Bemessungsgrundlage 40% des auf volle 100 EUR abgerundeten UVP im Zeitpunkt der Inbetriebnahme des Dienstrads (einschl. USt) anzusetzen. In diesem Fall würde eine Pauschalsteuer von 64 EUR (= 30% von 3.200 EUR x 40% abzüglich Arbeitnehmerzuzahlung von 320 EUR) entstehen.

Das Wahlrecht zur Pauschalierung nach § 37b EStG muss der Zuwendende (hier Provider/Leasinggeber) einheitlich für alle innerhalb eines Wirtschaftsjahres gewährten Sachzuwendungen i. S. d. § 37b Abs. 1 EStG ausüben. Soweit er hiervon Gebrauch macht, muss er den Arbeitnehmer von der Steuerübernahme unterrichten. Für den Arbeitgeber empfiehlt es sich dieses Schriftstück zum Lohnkonto zu nehmen, damit nachvollziehbar bleibt, warum er auf die Lohnbesteuerung verzichten konnte.

Praxistipp: Es kann für die Bewertung des geldwerten Vorteils ein niedrigerer Wert als die 40 % der auf volle 100 EUR abgerundeten UVP des Herstellers im Zeitpunkt der Inbetriebnahme einschließlich Umsatzsteuer angesetzt werden, wenn dieser nachgewiesen werden kann.

10.6 Reisekosten mit Dienstrad

Sachverhalt: Ein Arbeitgeber überlässt seinem Arbeitnehmer ein E-Bike mit UVP von 4.899,90 EUR sowohl für Privatfahrten als auch für Fahrten zwischen Wohnung und erster Tätigkeitsstätte. Der Arbeitnehmer nutzt das Fahrrad auch für seine beruflichen Auswärtstätigkeiten. Das Elektrofahrrad ist verkehrsrechtlich nicht als Kfz einzuordnen. Der Arbeitgeber kann das Fahrrad für eine monatliche Leasingrate von 70 EUR leasen. Der Arbeitnehmer verzichtet unter Änderung seines Arbeitsvertrags auf 70 EUR seines Monatsgehalts von 4.000 EUR.

Ergebnis: Benutzt der Arbeitnehmer sein verkehrsrechtlich als Fahrrad geltendes Rad für berufliche Auswärtstätigkeiten, kann ihm der Arbeitgeber als Reisekosten lediglich die tatsächlichen Aufwendungen steuerfrei ersetzen. Anstelle der tatsächlichen Aufwendungen können die Fahrtkosten i. H. v. 5 EUR pro Monat steuerfrei ersetzt werden. Voraussetzung ist, dass der Arbeitnehmer für Dienstreisen mindestens 2 Mal im Monat ein Fahrrad benutzt. Die 2-malige Nutzung eines Fahrrads innerhalb eines Monats bezieht sich auf zurückgelegte Einzelstrecken und nicht auf die Zahl der Dienstreisen. Das Vorliegen dieser Voraussetzungen ist dem Arbeitgeber durch eine entsprechende Arbeitnehmererklärung zu belegen und zum Lohnkonto zu nehmen.[6]

Hinweis: Handelt es sich bei dem Fahrrad verkehrsrechtlich um ein Kfz, kann ein steuerfreier Werbungskostenersatz i. H. v. 0,20 EUR je Kilometer arbeitgeberseits erfolgen.

6 § 9 Abs. 1 Nr. 4a Satz 2 EStG i. V. m. § 5 Abs. 3 BRKG i. V. m. Tz. 5.3 BRKGVwV.

10.7 Abwälzung der Lohnsteuer

Sachverhalt: Ein 30-jähriger lediger Arbeitnehmer aus NRW (Steuerklasse I) bezieht einen Bruttoarbeitslohn i. H. v. 4.000 EUR. Sein individueller Kassen-Zusatzbeitrag beläuft sich auf 1,6%. Er ist konfessionslos, die Nichtzugehörigkeit zur einer erhebungsberechtigten Kirche wurde nachgewiesen.

Im Februar 2024 schenkt der Arbeitgeber dem Arbeitnehmer zusätzlich zum Gehalt ein Pedelec im Wert von 3.500 EUR. Der Arbeitgeber möchte diesen geldwerten Vorteil pauschal besteuern. Der Arbeitgeber und der Arbeitnehmer haben vorab arbeitsrechtlich wirksam vereinbart, dass der Arbeitnehmer im Innenverhältnis die pauschale Lohnsteuer und den Solidaritätszuschlag zu tragen hat.

Welche Steuerabzüge und Sozialversicherungsbeiträge fallen an im Vergleich zu dem Fall, dass der Arbeitgeber von der Pauschalierung keinen Gebrauch macht und der geldwerte Vorteil beim Arbeitnehmer dem normalen Lohnsteuerabzug unterliegt?

Ergebnis: Entschließt der Arbeitgeber sich zur Pauschalierung, ist er Schuldner der pauschalen Lohnsteuer. Er kann sie in arbeitsrechtlich zulässiger Weise auf den Arbeitnehmer abwälzen. Das ist rechtlich wirksam mittels dieser Vereinbarung geschehen. Der pauschalierte Arbeitslohn ist in der Sozialversicherung beitragsfrei. Wird die Pauschalsteuer vertraglich auf den Arbeitnehmer abgewälzt, muss der Arbeitgeber gleichwohl die pauschale Lohnsteuer, den Solidaritätszuschlag und die Kirchensteuer vom Arbeitslohn ermitteln und an das Finanzamt abführen. Bei der Ermittlung der Pauschalsteuer ist zu beachten, dass die auf den Arbeitnehmer abgewälzte Steuer nicht deren Bemessungsgrundlage mindert.

Die Lohnabrechnung für Februar 2024 stellt sich wie folgt dar:

	Mit Abwälzung	*Ohne Abwälzung*
Laufender Arbeitslohn	4.000,00 EUR	4.000,00 EUR
Zzgl. geldwerter Vorteil	*0,00 EUR*	*+ 3.500,00 EUR*
Bruttoarbeitslohn gesamt	4.000,00 EUR	7.500,00 EUR
Lohnsteuer	– 556,16 EUR	– 1.709,66 EUR
Solidaritätszuschlag	0,00 EUR	– 23,66 EUR
Krankenversicherung	– 324,00 EUR	– 419,18 EUR
Pflegeversicherung	– 92,00 EUR	– 119,03 EUR
Rentenversicherung	– 372,00 EUR	– 697,50 EUR
Arbeitslosenversicherung	– 52,00 EUR	– 97,50 EUR

Abwälzung pauschale Lohnsteuer (Fahrradübereignung)		
Pauschale Lohnsteuer (3.500 EUR x 25%)	- 875,00 EUR	
Solidaritätszuschlag auf pauschale Lohnsteuer (875 EUR x 5,5%)	*- 48,13 EUR*	
Abzgl. geldwerter Vorteil (Sachbezug)		*- 3.500,00 EUR*
Auszahlungsbetrag	1.680,71 EUR	933,47 EUR

Das Ergebnis zeigt, dass es im Beispielsfall für den Arbeitnehmer günstiger ist, wenn der Arbeitgeber den geldwerten Vorteil pauschal besteuert und er diese pauschale Steuer übernimmt. Der Pauschalierungssteuersatz ist hier günstiger als der individuelle Steuersatz für den Fall, dass der Sachbezug normal lohnbesteuert wird. Im Übrigen sind die pauschal besteuerten Bezüge auch von der Sozialversicherung befreit.

11 Dienstwagen, 1-%-Regelung

Carola Hausen

11.1 Kfz mit Sonderausstattung

Sachverhalt: Ein Arbeitnehmer erhält einen Dienstwagen, den er sowohl privat als auch für Fahrten zwischen Wohnung und erster Tätigkeitsstätte (Entfernung 22 km) nutzen darf.

Der geldwerte Vorteil wird nach der 1-%-Regelung errechnet.

Angaben zum Dienstwagen:

- Hauspreis des Händlers: 30.000 EUR
- Inländischer Listenpreis (brutto): 32.675 EUR
- Sonderausstattung (werkseitig eingebaut):
  - Navigationssystem: 1.512 EUR
  - Diebstahlsicherung: 522 EUR
  - Freisprechanlage: 150 EUR

Wie hoch ist der monatliche geldwerte Vorteil?

Ergebnis: Als Bemessungsgrundlage für den geldwerten Vorteil wird der inländische Listenpreis zuzüglich des Preises für die werkseitig eingebaute Sonderausstattung zugrunde gelegt. Nachträglich eingebaute Sonderausstattung erhöht nicht die Bemessungsgrundlage. Der Preis für die Freisprechanlage wird allerdings nicht hinzugezogen, da diese zu den Telekommunikationsgeräten gehört:

Listenpreis	32.675,00 EUR
Navigationssystem	+ 1.512,00 EUR
Diebstahlsicherung	*+ 522,00 EUR*
Summe	34.709,00 EUR
Abzurunden auf volle 100 EUR	34.700,00 EUR
Davon 1 %	347,00 EUR
Fahrten Wohnung – erste Tätigkeitsstätte (0,03 % von 34.700 EUR × 22 Kilometer)	*+ 229,02 EUR*
Geldwerter Vorteil insgesamt	576,02 EUR

11.2 Kfz mit nachträglich eingebauter Sonderausstattung

Sachverhalt: Ein Arbeitnehmer erhält einen Dienstwagen, den er sowohl privat als auch für Fahrten zwischen Wohnung und erster Tätigkeitsstätte (Entfernung 22 km) nutzen darf. Der geldwerte Vorteil wird nach der 1-%-Regelung errechnet.

Angaben zum Firmenwagen:

- Hauspreis des Händlers: 30.000 EUR
- Inländischer Listenpreis (brutto): 32.675 EUR
- Sonderausstattung (werkseitig eingebaut):
  - Diebstahlsicherung: 522 EUR
  - Freisprechanlage: 150 EUR

Nachträglich lässt der Arbeitgeber eine Standheizung im Wert von 1.512 EUR einbauen.

Wie hoch ist der monatliche geldwerte Vorteil?

Ergebnis: Als Bemessungsgrundlage für den geldwerten Vorteil wird der inländische Listenpreis zuzüglich des Preises für die Diebstahlsicherung zugrunde gelegt. Der Preis für die Freisprechanlage wird allerdings nicht hinzugezogen, da diese zu den Telekommunikationsgeräten gehört. Ebenso entfällt der Ansatz der Kosten für die nachträglich eingebaute Standheizung:

Listenpreis	32.675,00 EUR
Diebstahlsicherung	*+ 522,00 EUR*
Summe	33.197,00 EUR
Abzurunden auf volle 100 EUR	33.100,00 EUR
Davon 1 %	331,00 EUR
Fahrten Wohnung – Tätigkeitsstätte (0,03 % von 33.100 EUR × 22 Kilometer)	*+ 218,46 EUR*
Geldwerter Vorteil insgesamt	549,46 EUR

Die nachträglich eingebaute Sonderausstattung erhöht nicht den geldwerten Vorteil.

Hinweis: Eine Sonderausstattung im Sinne des Einkommensteuergesetzes liegt nur vor, wenn das Fahrzeug bereits werksseitig im Zeitpunkt der Erstzulassung damit ausgestattet ist.

11.3 Zuzahlungen durch den Arbeitnehmer

Sachverhalt: Der Arbeitnehmer soll zum 1.2. zusätzlich zu seinem Gehalt einen Firmenwagen mit einem Bruttolistenpreis von 44.100 EUR erhalten. Er entscheidet sich für ein höherwertiges Fahrzeug. Der Arbeitgeber stimmt dem unter der Bedingung zu, dass der Arbeitnehmer die Aufwendungen für das Upgrade i. H. v. 6.800 EUR brutto selbst trägt. Die Versteuerung soll nach der 1-%-Methode erfolgen. Der Arbeitnehmer hat keine erste Tätigkeitsstätte.

Wie werden die Zuzahlungen des Arbeitnehmers zu den Anschaffungskosten in die Berechnung des geldwerten Vorteils einbezogen?

Ergebnis: Zuzahlungen des Arbeitnehmers mindern den geldwerten Vorteil. Zuzahlungen des Arbeitnehmers zu den Anschaffungskosten können im Zahlungsjahr ebenfalls auf den privaten Nutzungswert angerechnet werden. Nach der Anrechnung im Zahlungsjahr können verbleibende Zuzahlungen in den darauffolgenden Jahren bis zum Ende der Nutzungsdauer auf den privaten Nutzungswert für das jeweilige Kraftfahrzeug angerechnet werden.

Bruttolistenpreis	44.100 EUR
Vom Arbeitnehmer bezahlte Sonderausstattung	6.800 EUR
Bemessungsgrundlage für die 1-%-Regel	50.900 EUR
Geldwerter Vorteil aus Privatnutzung (monatlich)	509 EUR
Zuzahlung des Arbeitnehmers	6.800 EUR
Im Jahr der Anschaffung auf den geldwerten Vorteil anrechenbar (11 Monate x 509 EUR)	5.599 EUR
Im Folgejahr auf den geldwerten Vorteil anrechenbar	1.201 EUR

11.4 Pauschalierung, 15 Fahrten pro Monat

Sachverhalt: Ein Arbeitnehmer erhält einen Dienstwagen, den er auch privat nutzen darf. Ebenso darf der Arbeitnehmer den Dienstwagen auch für Fahrten zwischen Wohnung und der 22 Kilometer entfernten ersten Tätigkeitsstätte nutzen.

Der inländische Brutto-Listenpreis für das Fahrzeug beträgt 32.675 EUR.

Der geldwerte Vorteil wird nach der 1-%-Regelung errechnet. Die Fahrten zwischen Wohnung und erster Tätigkeitsstätte sollen pauschal versteuert werden.

Wie wird der geldwerte Vorteil pauschal versteuert?

Ergebnis

Listenpreis	32.675,00 EUR
Abzurunden auf volle 100 EUR	32.600,00 EUR
Davon 1%	326,00 EUR
Fahrten Wohnung – erste Tätigkeitsstätte (0,03% von 32.600 EUR × 22 Kilometer)	*+ 215,16 EUR*
Geldwerter Vorteil insgesamt	541,16 EUR
Pauschal mit 15% versteuert ([20 km × 0,30 EUR + 2 km x 0,38 EUR] × 15 Arbeitstage)	101,40 EUR
Pauschale Lohnsteuer (15% von 101,40 EUR)	15,21 EUR
Pauschaler Solidaritätszuschlag (5,5% von 15,21 EUR)	0,83 EUR
Pauschale Kirchensteuer, angenommen (5% von 15,21 EUR)	0,76 EUR
Geldwerter Vorteil insgesamt	541,16 EUR
Davon pauschal besteuert	*- 101,40 EUR*
Nach Lohnsteuertarif zu versteuern	439,76 EUR

11.5 Pauschalierung, weniger als 180 Fahrten pro Jahr

Sachverhalt: Ein Arbeitnehmer erhält einen Dienstwagen, den er auch privat nutzen darf. Ebenso darf er ihn für Fahrten zwischen seiner Wohnung und der 22 Kilometer entfernten ersten Tätigkeitsstätte nutzen.

Der inländische Brutto-Listenpreis für das Fahrzeug beträgt 32.675 EUR. Der geldwerte Vorteil wird nach der 1-%-Regelung errechnet. Die Fahrten zwischen Wohnung und erster Tätigkeitsstätte sollen pauschal versteuert werden. Der Arbeitnehmer führt ein Arbeitstagebuch (kein Fahrtenbuch), aus dem hervorgeht, dass er im August am 3.8., 5.8., 10.8., 12.8., 15.8. und 31.8., also an 6 Arbeitstagen, jeweils von zu Hause direkt zur ersten Tätigkeitsstätte fährt.

Aufgrund der detaillierten Aufzeichnungen darf die Versteuerung abweichend von der 0,03%-Methode mit 0,002% je Entfernungskilometer pro angegebenem Arbeitstag erfolgen, sofern er die Aufzeichnungen jahresbezogen führt.

Wie wird der geldwerte Vorteil pauschal versteuert?

Ergebnis

Listenpreis	32.675,00 EUR
Abzurunden auf volle 100 EUR	32.600,00 EUR
Davon 1%	326,00 EUR

Fahrten Wohnung – erste Tätigkeitsstätte (0,002 % von 32.600 EUR × 22 Kilometer x 6 Arbeitstage)	*+ 86,06 EUR*
Geldwerter Vorteil insgesamt	412,06 EUR
Pauschal mit 15 % versteuert ([20 km × 0,30 EUR + 2 km x 0,38 EUR] × 6 Arbeitstage)	40,56 EUR
Pauschale Lohnsteuer (15 % von 40,56 EUR)	6,08 EUR
Pauschaler Solidaritätszuschlag (5,5 % von 6,08 EUR)	0,33 EUR
Pauschale Kirchensteuer, angenommen (5 % von 6,08 EUR)	0,30 EUR
Geldwerter Vorteil insgesamt	412,06 EUR
Davon pauschal besteuert	*- 40,56 EUR*
Nach Lohnsteuertarif zu versteuern	371,50 EUR

11.6 Arbeitnehmer trägt Benzinkosten, Minderung in Einkommensteuererklärung

Sachverhalt: Der Arbeitnehmer soll zum 1.2. zusätzlich zu seinem Gehalt einen Firmenwagen mit einem Listenpreis von 32.675 EUR erhalten. Die Versteuerung soll nach der 1-%-Methode erfolgen. Der Arbeitnehmer nutzt den Firmenwagen auch für Fahrten zwischen Wohnung und seiner 22 km entfernten ersten Tätigkeitsstätte. Der Arbeitgeber wünscht, dass der Arbeitnehmer die Benzinkosten für die Privatfahrten selbst trägt.

Der Arbeitgeber hat arbeitsvertraglich ausgeschlossen, die Minderung des geldwerten Vorteils im Lohnsteuerabzugsverfahren vorzunehmen. Der Arbeitnehmer sammelt seine Belege für die selbst getragenen Benzinrechnungen i. H. v. 3.800 EUR und reicht sie zusammen mit seiner Einkommensteuererklärung beim Finanzamt ein.

Wie hoch ist der geldwerte Vorteil und wie kann der Arbeitnehmer die für den Dienstwagen getragenen Benzinkosten in seiner Steuererklärung verrechnen?

Ergebnis: Die Versteuerung erfolgt mit der 1-%-Methode und der 0,03-%-Methode für Fahrten zwischen Wohnung und Arbeitsstätte.

Bruttolistenpreis abgerundet auf volle 100 EUR	32.600,00 EUR
Davon 1 % für Privatnutzung	326,00 EUR
Zzgl. 0,03 % von 32.600 EUR x 22 km für Fahrten Whg. – 1. Tätigkeitsstätte	*+ 215,16 EUR*
Geldwerter Vorteil insgesamt monatlich	541,16 EUR
Geldwerter Vorteil für das gesamte Kalenderjahr (541,16 EUR x 12), steuer- und beitragspflichtig	6.493,92 EUR

Der Arbeitnehmer beantragt bei der Einkommensteuererklärung eine Herabsetzung des geldwerten Vorteils von 6.493,92 EUR um 3.800 EUR auf 2.693,92 EUR und damit die Minderung seines Bruttoarbeitslohns.

Sozialversicherungsrechtliche Beurteilung: Eine steuerrechtliche Minderung des Nutzungswerts im Rahmen der Einkommensteuerveranlagung führt nicht zur nachträglichen Beitragsfreiheit der Minderung des Nutzungswerts, d.h. bei dieser Variante erhält der Arbeitnehmer keine Beitragserstattung der zu viel gezahlten Sozialversicherungsbeiträge.

Hinweis: Die Minderung des geldwerten Vorteils kann höchstens auf 0 EUR erfolgen. Betragen die Benzinkosten mehr als 6.493,92 EUR, wirkt sich der darüber hinausgehende Betrag nicht mehr steuermindernd aus.

11.7 Arbeitnehmer trägt Benzinkosten, Minderung in monatlicher Lohnabrechnung

Sachverhalt: Der Arbeitnehmer soll zum 1.2. zusätzlich zu seinem Gehalt einen Firmenwagen mit einem Listenpreis von 32.675 EUR erhalten. Die Versteuerung soll nach der 1-%-Methode erfolgen. Der Arbeitnehmer nutzt den Firmenwagen auch für Fahrten zwischen Wohnung und seiner 22 km entfernten ersten Tätigkeitsstätte. Der Arbeitgeber wünscht, dass der Arbeitnehmer die Benzinkosten für die Privatfahrten selbst trägt.

Der Arbeitgeber mindert den geldwerten Vorteil im Rahmen der monatlichen Lohnabrechnungen.

Wie errechnet sich der geldwerte Vorteil, wenn der Arbeitnehmer die Benzinkosten selbst trägt?

Ergebnis: Die Versteuerung erfolgt mit der 1-%-Methode und der 0,03-%-Methode für Fahrten zwischen Wohnung und Arbeitsstätte.

Bruttolistenpreis abgerundet auf volle 100 EUR	32.600,00 EUR
Davon 1% für Privatnutzung	326,00 EUR
Zzgl. 0,03% von 32.600 EUR x 22 km für Fahrten Whg – 1. Tätigkeitsstätte	*+ 215,16 EUR*
Geldwerter Vorteil insgesamt monatlich	541,16 EUR
Geldwerter Vorteil für das gesamte Kalenderjahr (541,16 EUR x 12)	6.493,92 EUR
Abzgl. Minderung durch selbst getragene Benzinkosten	*– 3.800,00 EUR*
Steuer- und beitragspflichtiger geldwerter Vorteil	2.693,92 EUR

Praxistipp: Auch wenn der Arbeitnehmer erst zum Ende des Kalenderjahres die Belege vorlegt, ist eine Minderung des geldwerten Vorteils für das ganze Kalenderjahr noch bis zur Erstellung der Lohnsteuerbescheinigung – spätestens zum 28.2. bzw. 29.2. des Folgejahres – möglich. Im Unterschied zum vorherigen Beispiel ist im Falle der monatlichen Verrechnung im Lohnsteuerabzugsverfahren nur ein Betrag von 2.693,92 EUR beitragspflichtig.

Hinweis: Die Minderung des geldwerten Vorteils kann höchstens auf 0 EUR erfolgen. Betragen die Benzinkosten mehr als 6.493,92 EUR, wirkt sich der darüber hinausgehende Betrag nicht mehr steuermindernd aus.

11.8 Übernahme von Leasingraten durch Arbeitnehmer

Sachverhalt: Ein Arbeitgeber überlässt seinem Mitarbeiter einen Dienstwagen, der über eine Leasinggesellschaft im »Full-Service-Leasing« angemietet wird. Der Arbeitnehmer kann innerhalb eines vordefinierten Kostenrahmens seinen Dienstwagen bezüglich Marke und Ausstattung selbst aussuchen. Die Leasinggesellschaft bietet dem Mitarbeiter ein »Upgrade« auf ein hochwertigeres Fahrzeug an. Die dadurch erforderliche zusätzliche Leasingrate übernimmt der Arbeitnehmer, der Arbeitgeber zieht sie direkt vom Nettolohn ab.

Der Mitarbeiter erhält ab 1.2. einen neuen Dienstwagen. Innerhalb seines Rahmens entscheidet er sich für ein Fahrzeug mit einem Bruttolistenpreis von 32.560 EUR. Für das Upgrade entsteht eine zusätzliche Leasingrate von netto 199 EUR zzgl. 19% USt=236,81 EUR monatlich; dadurch erhöht sich der Bruttolistenpreis auf 41.749,96 EUR. Die zusätzliche Leasingrate wird dem Arbeitnehmer ab Februar vom Nettolohn abgezogen.

Der Mitarbeiter kann das Fahrzeug sowohl für Privatfahrten als auch für die tägliche Fahrt zur ersten Tätigkeitsstätte (einfache Entfernung 25 km) nutzen. Die Bewertung soll nach der 1-%- und 0,03-%- Regelung erfolgen.

Wie hoch ist der geldwerte Vorteil aus der Dienstwagennutzung?

Ergebnis: Der geldwerte Vorteil aus der Dienstwagenwagennutzung wird aus dem erhöhten Brutto-Listenpreis berechnet. Die vom Arbeitnehmer übernommene Leasingrate mindert den geldwerten Vorteil.

Bruttolistenpreis	41.749,96 EUR
Abgerundet auf volle 100 EUR	41.700,00 EUR
Privatfahrten monatlich (1% aus Bruttolistenpreis)	417,00 EUR

Zzgl. Fahrten Wohnung – erste Tätigkeitsstätte (0,03 % von 41.700 EUR x 25 km)	*+ 312,75 EUR*
Geldwerter Vorteil insgesamt:	729,75 EUR
Abzgl. Zuzahlung des Arbeitnehmers	*– 236,81 EUR*
Steuerpflichtiger geldwerter Vorteil	492,94 EUR

11.9 Familienheimfahrten

Sachverhalt: Ein Mitarbeiter wird ab 1.5. in die Zweigniederlassung nach München versetzt. Seine Familienwohnung in Stuttgart behält er bei. Montags fährt er mit dem ihm überlassenen Dienstwagen nach München, wo er unter der Woche ein Zimmer hat. Freitags fährt er nach Stuttgart zurück (einfache Entfernung 200 km). Der Dienstwagen wird auch für die Fahrten vom Zimmer in München zur ersten Tätigkeitsstätte in München genutzt (einfache Entfernung 10 km). Das Fahrzeug hat einen Bruttolistenpreis von 36.000 EUR.

Der Dienstwagen kann für private Fahrten genutzt werden. Wegen der Geburt des zweiten Kindes erlaubt der Arbeitgeber, dass der Mitarbeiter im Mai und Juni zusätzlich einmal pro Woche nach Stuttgart fährt und einen Tag in der Woche von zuhause aus arbeitet. Der Mitarbeiter macht davon an 8 Tagen Gebrauch (jeweils 4 zusätzliche Fahrten im Monat).

Wie errechnet sich der geldwerte Vorteil?

Ergebnis: Der geldwerte Vorteil aus der Dienstwagennutzung ergibt sich aus

- der privaten Nutzung (1-%-Methode),
- den Fahrten zwischen Zimmer (Zweitwohnsitz) und erster Tätigkeitsstätte in München und
- den zusätzlichen Zwischenheimfahrten München/Stuttgart im Mai und Juni.

Eine Familienheimfahrt pro Woche im Rahmen der hier vorliegenden doppelten Haushaltsführung bleibt lohnsteuerfrei, muss allerdings auf der Lohnsteuerbescheinigung als Kostenerstattung im Zusammenhang mit einer doppelten Haushaltsführung bescheinigt werden.

Berechnung (jeweils Monat Mai und Juni)

Bruttolistenpreis	36.000 EUR
Privatfahrten (1 % v. 36.000 EUR)	360 EUR
Zzgl. Fahrten Wohnung – erste Tätigkeitsstätte, München (0,03 % von 36.000 EUR x 10 km)	*+ 108 EUR*

Geldwerter Vorteil (ohne zusätzliche Familienheimfahrten)	468 EUR
Die wöchentlichen Familienheimfahrten nach Stuttgart bleiben lohnsteuerfrei.	
Zusätzliche Fahrten zwischen München und Stuttgart im Mai und Juni (jeweils 0,002 % v. 36.000 EUR x 200 km = 144 EUR x 4 Fahrten)	576 EUR

12 Dienstwagen, Fahrtenbuch

Carola Hausen

12.1 Außendienstmitarbeiter, keine Fahrten Wohnung – erste Tätigkeitsstätte

Sachverhalt: Ein Außendienstmitarbeiter erhält erstmalig zum 10.1. einen Dienstwagen, den er für seine umfangreichen Dienstfahrten benötigt. Da er regelmäßig von seiner Wohnung aus die Dienstfahrten antritt, entfällt die Versteuerung der Fahrten zwischen Wohnung und erster Tätigkeitsstätte.

Die Privatnutzung soll anhand eines Fahrtenbuchs nachgewiesen werden. Dies ist regelmäßig erst nach Ende des Kalenderjahres bzw. beim Wechsel des Fahrzeugs oder Beendigung des Arbeitsverhältnisses im laufenden Kalenderjahr möglich.

Gemäß Buchhaltung entstanden für das abgelaufene Kalenderjahr Gesamtaufwendungen von 13.190,29 EUR brutto. Insgesamt ist der Arbeitnehmer 18.775 km in diesem Jahr gefahren, davon 2.310 km privat.

Wie wird der geldwerte Vorteil errechnet und lohnsteuerlich und sozialversicherungsrechtlich beurteilt?

Ergebnis: Bei der Fahrtenbuchmethode darf zunächst monatlich 1/12 des Privatanteils des Vorjahrs angesetzt werden.

Da zum Beginn der Nutzung noch keine Vorjahreswerte vorliegen, ist es zulässig, zunächst monatlich für jeden privat gefahrenen Kilometer 0,001 % des Listenpreises anzusetzen und diesen vorläufigen Wert nach Jahresende dem konkreten Wert anzupassen und die Differenz nachzuversteuern.

Listenpreis	62.400,00 EUR
Privat gefahrene Kilometer lt. Fahrtenbuch: 2.310 km	
Bereits unterjährig versteuert (2.310 km x 62.400 EUR x 0,001 %)	1.441,44 EUR
Gesamtkilometer lt. Fahrtenbuch: 18.775 km	
Zu versteuern (13.190,29 EUR : 18.775 km x 2.310 km)	1.622,88 EUR
Nachzuversteuern: (1.622,88 EUR – 1.441,44 EUR)	181,44 EUR

Der monatliche geldwerte Vorteil beträgt 1/12 von 1.622,88 EUR=135,24 EUR. Dieser Wert ist als vorläufiger geldwerter Vorteil im Folgejahr zu versteuern und zu verbeitragen; er ist nach Jahresende wiederum anzupassen.

12.2 Mitarbeiter beantragt Fahrtenbuchregelung bei seiner Einkommensteuererklärung

Sachverhalt: Ein Mitarbeiter mit Steuerklasse I und einem Bruttolohn von 5.000 EUR monatlich erhält ab 8.1. einen neuen Dienstwagen, Bruttolistenpreis 42.320 EUR inkl. USt, den er sowohl für Fahrten zur ersten Tätigkeitsstätte (10 km) als auch für private Fahrten nutzen darf.

Bei der Besteuerung nach der 1-%- und 0,03-%-Regelung ergeben sich folgende monatlichen Beträge:

Privatnutzung (1 % aus 42.300 EUR)	423,00 EUR
Fahrten zur ersten Tätigkeitsstätte (0,03 % aus 42.300 EUR x 10 km)	*+ 126,90 EUR*
Geldwerter Vorteil monatlich	549,90 EUR
Jährlich (549,90 EUR x 12 Monate)	6.598,80 EUR

Da dem Mitarbeiter die Besteuerung nach der 1-%- und 0,03-%-Regelung zu teuer ist, will er ein Fahrtenbuch führen und die Privatfahrten durch Einzelnachweis versteuern. Der Arbeitgeber ist skeptisch, ob der Mitarbeiter ein ordnungsgemäßes Fahrtenbuch führt, außerdem lehnt er die Berechnung als zu aufwändig ab.

Wie hoch ist die Differenz zwischen dem zu versteuernden geldwerten Vorteil nach der 1-%- und 0,03-%-Regelung und dem nach der Fahrtenbuchmethode?

Kann der Mitarbeiter den zu hoch angesetzten geldwerten Vorteil in seiner Einkommensteuererklärung geltend machen?

Ergebnis: Ja, bei der Einkommensteuerveranlagung kann der Mitarbeiter die Beträge dem Finanzamt mitteilen und der vom Arbeitgeber gemeldete Bruttoarbeitslohn wird vom Finanzamt entsprechend gekürzt.

Der Arbeitgeber versteuert den geldwerten Vorteil nach der Pauschalmethode (1-%- und 0,03-%-Regelung). Dies vermindert das Haftungsrisiko des Arbeitgebers, da diese Regelung gesetzlich vorrangig ist. Mängel im Fahrtenbuch gehen bei dieser Ergebnis ausschließlich zu Lasten des Mitarbeiters.

Der Arbeitgeber bescheinigt dem Arbeitnehmer nach Ablauf des Jahres die insgesamt aus dem Betrieb des Fahrzeugs angefallenen Kosten. Die Werte aus der Finanzbuchhaltung müssen bei Arbeitgebern mit Vorsteuerabzug um die gesetzliche Umsatzsteuer erhöht werden (Bruttowerte).

Abrechnung nach Fahrtenbuch: Der Arbeitgeber bescheinigt auf das Jahresende folgende Werte:

- Kaufpreis brutto: 36.000 EUR
- Gesamtkosten (inkl. Abschreibung): 10.398 EUR brutto

Der Mitarbeiter kann anhand seines Fahrtenbuchs folgende Fahrleistungen nachweisen:

- Gesamtfahrleistung: 25.000 km
- Privatfahrten: 6.000 km
- Fahrten zwischen Wohnung und erster Tätigkeitsstätte: 4.000 km (10 km einfache Entfernung)

Gesamtkosten brutto	10.398,00 EUR
Kosten pro km (10.398 EUR : 25.000 km)	0,416 EUR
Geldwerter Vorteil Privatfahrten (6.000 km) zzgl. Fahrten Wohnung – erste Tätigkeitsstätte (4.000 km) gesamt (10.000 km x 0,416 EUR)	4.160,00 EUR
Bisher vom Arbeitgeber versteuert	6.598,80 EUR
Zuviel versteuert	2.438,80 EUR

Im Rahmen der Einkommensteuerveranlagung des Mitarbeiters wird der vom Arbeitgeber gemeldete Bruttoarbeitslohn vom Finanzamt um 2.438,80 EUR gekürzt. Der Arbeitnehmer-Pauschbetrag von 1.230 EUR wird daneben gewährt.

Als Werbungskosten kann der Mitarbeiter geltend machen:

230 Tage x 10 km x 0,30 EUR = 690 EUR.

Da der Arbeitnehmer-Pauschbetrag von 1.230 EUR höher ist, wird dieser gewährt.

Der Arbeitnehmer kann über seine Einkommensteuererklärung nur eine Korrektur des steuerpflichtigen Arbeitslohns erreichen. Die Korrektur des sozialversicherungspflichtigen Bruttoentgelts ist nicht möglich.

Hinweis: Beim Werbungskostenabzug können für die einfache Entfernung von bis zu 20 km 0,30 EUR/km berücksichtigt werden. Bei Entfernungen über 20 km hinaus können für die übersteigenden Kilometer 0,38 EUR/km angesetzt werden.

13 Dienstwagen, Elektromobilität

Carola Hausen

13.1 Besteuerung eines Hybrid-Dienstwagens

Sachverhalt: Eine Arbeitnehmerin erhält von ihrem Arbeitgeber zum 1.2. einen Plug-in-Hybrid mit einem Bruttolistenpreis von 69.500 EUR zur privaten Nutzung. Sie darf das Auto privat sowie für die Fahrten zwischen Wohnung und erster Tätigkeitsstätte (einfache Entfernung: 10 km) nutzen. Die Reichweite laut Übereinstimmungsbescheinigung weist eine elektrische Mindestreichweite innerorts von 60 km aus, der max. CO_2-Ausstoß beträgt 65 g/km und die Batteriekapazität beträgt 16,2 kWh.

Wie hoch ist der geldwerte Vorteil aus der Dienstwagenüberlassung, wenn
1. die Anschaffung im Jahr 2024 erfolgt?
2. die Anschaffung im Jahr 2024 erfolgt, aber die ausgewiesene elektrische Mindestreichweite innerorts laut Übereinstimmungsbescheinigung nur bei 55 km liegt?
3. die Anschaffung bereits im Jahr 2022 erfolgt ist, aber die ausgewiesene elektrische Mindestreichweite innerorts laut Übereinstimmungsbescheinigung nur bei 55 km liegt?

Ergebnis 1: Der Plug-in-Hybrid erfüllt die Voraussetzungen für den 50-%-Ansatz des Bruttolistenpreises. Der geldwerte Vorteil aus der Dienstwagennutzung ergibt sich aus
- der privaten Nutzung (Halbierung des Bruttolistenpreises bei 1-%-Methode),
- den Fahrten zwischen Wohnung und erster Tätigkeitsstätte.

Bruttolistenpreis	69.500 EUR	
Davon 50 %	34.750 EUR	
Auf volle 100 EUR abrunden (= Bemessungsgrundlage)	34.700 EUR	
Davon 1 %		347,00 EUR
Zzgl. 0,03 % v. 34.700 EUR x 10 km		*+ 104,10 EUR*
Geldwerter Vorteil gesamt		451,10 EUR

Ergebnis 2: In diesem Fall sind die Voraussetzung für den 50-%-Ansatz nicht erfüllt und es darf keine Kürzung des Bruttolistenpreises vorgenommen werden. Die Berechnung des geldwerten Vorteils ergibt sich – wie bei einem regulären Dienstwagen mit Verbrennungsmotor – wie folgt:

Bruttolistenpreis (auf volle 100 EUR abgerundet)	69.500 EUR	
Davon 1 %		695,00 EUR
Zzgl. 0,03 % v. 69.500 EUR x 10 km		*+ 208,50 EUR*
Geldwerter Vorteil gesamt		903,50 EUR

Ergebnis 3: In diesem Fall sind die Voraussetzung für den 50-%-Ansatz nicht erfüllt, aber stattdessen darf der Bruttolistenpreis für die Bemessungsgrundlage um die pauschalen Abschläge nach kWh gekürzt werden. Die Berechnung des geldwerten Vorteils ergibt sich wie folgt:

Bruttolistenpreis	69.500 EUR	
Abzgl. Minderungsbetrag in EUR/kWh der Speicherkapazität 50 EUR x 16,2 kWh	*- 810 EUR*	
= gekürzter Bruttolistenpreis	68.690 EUR	
Auf volle 100 EUR abrunden (= Bemessungsgrundlage)	68.600 EUR	
Davon 1 %		686,00 EUR
Zzgl. 0,03 % v. 68.600 EUR x 18 km		*+ 370,44 EUR*
Geldwerter Vorteil gesamt		1.056,44 EUR

13.2 Besteuerung eines »reinen« E-Dienstwagens

Sachverhalt: Eine Arbeitnehmerin erhält von ihrem Arbeitgeber zum 1.4. ein Elektrofahrzeug mit einem Bruttolistenpreis von 59.500 EUR zur privaten Nutzung. Sie darf das Auto privat sowie für die Fahrten zwischen Wohnung und erster Tätigkeitsstätte (einfache Entfernung: 10 km) nutzen.

Wie errechnet sich der geldwerte Vorteil?

Ergebnis: Da der Bruttolistenpreis unter 60.000 EUR liegt, darf er für die Bemessungsgrundlage mit 1/4 angesetzt werden. Der geldwerte Vorteil aus der Dienstwagennutzung ergibt sich aus

- der privaten Nutzung (Viertelung des Bruttolistenpreises bei 1-%-Methode),
- den Fahrten zwischen Wohnung und erster Tätigkeitsstätte.

Bruttolistenpreis	59.500 EUR	
Davon 25 %	14.875 EUR	
Auf volle 100 EUR abzurunden (= Bemessungsgrundlage)	14.800 EUR	
Davon 1 %		148,00 EUR
Zzgl. 0,03 % v. 14.800 EUR x 10 km		*+ 44,40 EUR*
Geldwerter Vorteil gesamt		192,40 EUR

Abwandlung: Die Arbeitnehmerin entscheidet sich für das Performance-Modell mit einem Bruttolistenpreis von 61.990 EUR.

In diesem Fall sind die Voraussetzung für den 25-%-Ansatz nicht erfüllt und stattdessen darf der Bruttolistenpreis für die Bemessungsgrundlage nur halbiert werden. Die Berechnung des geldwerten Vorteils ergibt sich wie folgt:

Bruttolistenpreis	61.990 EUR	
Davon 50%	30.995 EUR	
Auf voll 100 EUR abzurunden (= Bemessungsgrundlage)	30.900 EUR	
Davon 1%		309,00 EUR
Zzgl. 0,03% v. 30.900 EUR x 10 km		*+ 92,70 EUR*
Geldwerter Vorteil gesamt		401,70 EUR

13.3 Arbeitnehmer übernimmt Leasingraten

Sachverhalt: Ein Arbeitgeber überlässt seinem Mitarbeiter ein Elektrofahrzeug als Dienstwagen, der über eine Leasinggesellschaft im »Full-Service-Leasing« angemietet wird. Arbeitgeber und Arbeitnehmer vereinbaren, dass die Leasingrate im Rahmen einer Gehaltsumwandlung vom Arbeitnehmer übernommen wird.

Der Bruttolistenpreis des Elektrofahrzeugs beträgt 59.500 EUR, die monatliche Leasingrate 300 EUR. Der Mitarbeiter kann das Fahrzeug sowohl für Privatfahrten als auch für die tägliche Fahrt zur ersten Tätigkeitsstätte (einfache Entfernung 25 km) nutzen. Die Bewertung soll nach der 1-%- und 0,03-%- Regelung erfolgen.

Wie hoch ist der geldwerte Vorteil aus der Dienstwagennutzung?

Ergebnis: Der geldwerte Vorteil aus der Dienstwagenwagennutzung wird aus 1/4 (auf volle 100 EUR abgerundet) des Brutto-Listenpreises berechnet. Die vom Arbeitnehmer übernommene Leasingrate mindert den geldwerten Vorteil bis auf maximal 0 EUR.

Bruttolistenpreis	59.500 EUR	
Davon 1/4	14.875 EUR	
Abgerundet auf volle 100 EUR (= Bemessungsgrundlage)	14.800 EUR	
Privatfahrten monatlich (1% aus der Bemessungsgrundlage)		148,00 EUR
Zzgl. Fahrten Wohnung – erste Tätigkeitsstätte (0,03% v. 14.800 EUR x 25 km)		*+ 111,00 EUR*
Geldwerter Vorteil insgesamt		259,00 EUR

Abzgl. Übernahme der Leasingrate durch den Arbeitnehmer	*- 300,00 EUR*
Steuerpflichtiger geldwerter Vorteil	0,00 EUR

13.4 Gebrauchter Hybrid-Dienstwagen

Sachverhalt: Ein Arbeitnehmer erhält von seinem Arbeitgeber zum 7.3. einen gebrauchten extern aufladbaren Hybridelektro-Dienstwagen (Erstzulassung 2018) und einem Bruttolistenpreis von 59.500 EUR zur privaten Nutzung. Er darf den Plug-in-Hybrid privat sowie für die Fahrten zwischen Wohnung und erster Tätigkeitsstätte (einfache Entfernung: 18 km) nutzen. In der Übereinstimmungsbescheinigung des Hybridfahrzeugs steht eine elektrische Mindestreichweite innerorts von 40 km und ein kWh-Wert von 16,2.

Wie errechnet sich der geldwerte Vorteil?

Ergebnis: Entscheidend für die Berechnung des geldwerten Vorteils ist, wann das Fahrzeug dem Arbeitnehmer »erstmals« überlassen wurde. Die Regelung zur Halbierung der Bemessungsgrundlage ist anzuwenden, wenn dem Arbeitnehmer das Hybridelektrofahrzeug nach dem 31.12.2018 erstmals überlassen worden ist. Die Regelung zur Halbierung der Bemessungsgrundlage ist nicht anzuwenden, wenn ein Wechsel des nutzungsberechtigten Arbeitnehmers nach dem 31.12.2018 vorliegt und der Arbeitgeber das Fahrzeug vorher einem anderen Arbeitnehmer überlassen hat.

Für dieses Fahrzeug bleibt es folglich bei der Kürzung der Bemessungsgrundlage um die Kosten für das Batteriesystem. Für das Anschaffungsjahr 2018 gilt ein Abschlag von 250 EUR pro kWh, max. 7.500 EUR.

Bruttolistenpreis	59.500 EUR	
Abzgl. Minderungsbetrag in EUR/kWh der Speicherkapazität 250 EUR x 16,2 kWh	*- 4.050 EUR*	
= gekürzter Bruttolistenpreis	44.450 EUR	
Abgerundet auf volle 100 EUR (= Bemessungsgrundlage)	44.400 EUR	
Davon 1 %		444,00 EUR
Zzgl. 0,03 % v. 44.400 EUR x 18 km		*+ 239,76 EUR*
Geldwerter Vorteil gesamt		683,76 EUR

13.5 Familienheimfahrten

Sachverhalt: Ein Mitarbeiter wird ab 1.5. in die Zweigniederlassung nach München versetzt. Seine Familienwohnung in Stuttgart behält er bei. Montags fährt er mit dem ihm überlassenen extern aufladbaren Hybridelektro-Dienstfahrzeug nach München, wo er unter der Woche ein Zimmer hat. Freitags fährt er nach Stuttgart zurück (einfache Entfernung 200 km). Der Dienstwagen wird auch für die Fahrten vom Zimmer in München zur ersten Tätigkeitsstätte in München genutzt (einfache Entfernung 10 km). Das Fahrzeug, das zum 1.6.2020 angeschafft wurde, hat einen Bruttolistenpreis von 36.000 EUR und die elektrische Mindestreichweite innerorts beträgt 40 km.

Der Dienstwagen kann für private Fahrten genutzt werden. Wegen der Geburt des 2. Kindes erlaubt der Arbeitgeber, dass der Mitarbeiter im Mai und Juni zusätzlich einmal pro Woche nach Stuttgart fährt und einen Tag in der Woche von zuhause aus arbeitet. Der Mitarbeiter macht davon an 8 Tagen Gebrauch (jeweils 4 zusätzliche Fahrten im Monat).

Wie errechnet sich der geldwerte Vorteil?

Ergebnis: Der Plug-in-Hybrid-Dienstwagen erfüllt die Voraussetzungen für die Halbierung des Bruttolistenpreises. Der geldwerte Vorteil aus der Dienstwagennutzung ergibt sich aus

- der privaten Nutzung (50% der 1-%-Methode),
- den Fahrten zwischen Zimmer (Zweitwohnsitz) und erster Tätigkeitsstätte in München und
- den zusätzlichen Zwischenheimfahrten München/Stuttgart im Mai und Juni.

Eine Familienheimfahrt pro Woche im Rahmen der hier vorliegenden doppelten Haushaltsführung bleibt lohnsteuerfrei, muss allerdings auf der Lohnsteuerbescheinigung als Kostenerstattung im Zusammenhang mit einer doppelten Haushaltsführung bescheinigt werden.

Berechnung (jeweils Monat Mai und Juni)		
Bruttolistenpreis (= Bemessungsgrundlage)	36.000 EUR	
Davon 50%	18.000 EUR	
Privatfahrten (1% v. 18.000 EUR)		180 EUR
Zzgl. Fahrten Wohnung – erste Tätigkeitsstätte, München (0,03% v. 18.000 EUR x 10 km)		*+ 54 EUR*
Geldwerter Vorteil (ohne zusätzliche Familienheimfahrten)		234 EUR

Die wöchentlichen Familienheimfahrten nach Stuttgart bleiben lohnsteuerfrei.

Zusätzliche Fahrten zwischen München und Stuttgart im Mai und Juni (jeweils 0,002 % v. 18.000 EUR x 200 km = 144 EUR x 4 Fahrten)	288 EUR

13.6 Zuzahlungen durch den Arbeitnehmer

Sachverhalt: Der Arbeitnehmer soll zum 1.2. zusätzlich zu seinem Gehalt ein extern aufladbares Elektrohybridfahrzeug als Firmenwagen mit einem Bruttolistenpreis von 44.100 EUR erhalten. Er entscheidet sich für ein höherwertiges Fahrzeug, das neben vielen Extras unter anderem auch eine elektrische Mindestreichweite von 80 km vorweist. Der Arbeitgeber stimmt dem unter der Bedingung zu, dass der Arbeitnehmer die Aufwendungen für das Upgrade i. H. v. 6.800 EUR brutto selbst trägt. Die Versteuerung soll nach der 1-%-Methode erfolgen. Der Arbeitnehmer hat keine erste Tätigkeitsstätte.

Wie werden die Zuzahlungen des Arbeitnehmers zu den Anschaffungskosten in die Berechnung des geldwerten Vorteils einbezogen?

Ergebnis: Das Elektrohybridfahrzeug erfüllt die Voraussetzungen für die Halbierung des Bruttolistenpreises. Zuzahlungen des Arbeitnehmers mindern den geldwerten Vorteil. Zuzahlungen des Arbeitnehmers zu den Anschaffungskosten können im Zahlungsjahr ebenfalls auf den privaten Nutzungswert angerechnet werden. Nach der Anrechnung im Zahlungsjahr können verbleibende Zuzahlungen in den darauffolgenden Jahren bis zum Ende der Nutzungsdauer auf den privaten Nutzungswert für das jeweilige Kraftfahrzeug angerechnet werden.

Bruttolistenpreis	44.100 EUR
Zzgl. vom Arbeitnehmer bezahlte Sonderausstattung	+ 6.800 EUR
Bruttolistenpreis inkl. Sonderausstattung	50.900 EUR
Davon 50 %	25.450 EUR
Auf volle 100 EUR abzurunden (= Bemessungsgrundlage)	25.400 EUR
Geldwerter Vorteil aus Privatnutzung (monatlich)	254 EUR
Zuzahlung des Arbeitnehmers	6.800 EUR
Im Jahr der Anschaffung auf den geldwerten Vorteil anrechenbar (11 Monate x 254 EUR)	2.794 EUR
Im Folgejahr auf den geldwerten Vorteil anrechenbar (12 Monate x 254 EUR)	3.048 EUR
Im Folgejahr auf den geldwerten Vorteil anrechenbar (Restbetrag)	958 EUR

13.7 Laden von privaten Elektrofahrzeugen

Sachverhalt: Der Arbeitnehmer hat sich privat ein Elektrofahrzeug angeschafft. Der Arbeitgeber gibt ihm die Möglichkeit, das Fahrzeug kostenlos auf dem Firmenparkplatz an einer betriebseigenen Ladestation aufzuladen. Der Arbeitgeber zahlt dem Arbeitnehmer außerdem einen pauschalen Auslagenersatz für das Aufladen zuhause.

Wie ist der geldwerte Vorteil aus dem Aufladen des privaten Elektrofahrzeugs und der pauschale Auslagenersatz des Arbeitgebers zu bewerten?

Ergebnis: Das Aufladen privater Elektrofahrzeuge oder Elektrohybridfahrzeuge des Arbeitnehmers beim Arbeitgeber ist steuerfrei.

Bei privaten Elektrofahrzeugen oder Hybridelektrofahrzeugen stellt die Erstattung der vom Arbeitnehmer selbst getragenen Stromkosten steuerpflichtigen Arbeitslohn dar.

13.8 Laden von E-Dienstwagen

Sachverhalt: Der Arbeitnehmer fährt ein Elektrofahrzeug als Dienstwagen, welches er auch privat nutzen darf. Der Arbeitgeber gibt ihm die Möglichkeit, das Fahrzeug kostenlos auf dem Firmenparkplatz an einer betriebseigenen Ladestation aufzuladen. Der Arbeitgeber zahlt dem Arbeitnehmer außerdem einen pauschalen Auslagenersatz für das Aufladen zuhause.

Wie ist der geldwerte Vorteil aus dem Aufladen des E-Dienstwagens und der pauschale Auslagenersatz des Arbeitgebers zu bewerten?

Ergebnis: Wird der geldwerte Vorteil aus der privaten Nutzung eines Dienstwagens zu privaten Fahrten nach der pauschalen Nutzungswertermittlung (1-%-Regelung) ermittelt, ist der geldwerte Vorteil für den vom Arbeitgeber gestellten Ladestrom bereits abgegolten. Bei Dienstwagen stellt die Erstattung der vom Arbeitnehmer selbst getragenen Stromkosten einen steuerfreien Auslagenersatz dar. Ein pauschaler Auslagenersatz von monatlich 30 EUR bleibt neben der kostenlosen Lademöglichkeit beim Arbeitgeber steuerfrei. Durch den pauschalen Auslagenersatz sind sämtliche Kosten des Arbeitnehmers für den Ladestrom abgegolten. Übersteigen die vom Arbeitnehmer in einem Kalendermonat getragenen Kosten für den Ladestrom die Pauschale, kann der Arbeitgeber dem Arbeitnehmer anstelle der maßgebenden Pauschale auch die anhand von Belegen nachgewiesenen Kosten als steuerfreien Auslagenersatz erstatten.

13.9 Zuschuss zu einer Wallbox

Sachverhalt: Ein Arbeitnehmer hat sich privat ein Elektrofahrzeug angeschafft. Der Arbeitgeber unterstützt den Arbeitnehmer, indem er ihm einen Zuschuss von 500 EUR zur Anschaffung einer Ladevorrichtung (Gesamtpreis 899 EUR) auf seinem privaten Grundstück zahlt.

Wie ist der Zuschuss steuer- und sozialversicherungsrechtlich zu beurteilen?

Ergebnis: Der vom Arbeitgeber gezahlte Zuschuss ist steuerpflichtiger Arbeitslohn; er kann jedoch pauschal mit 25% pauschaler Lohnsteuer versteuert werden:

Pauschale Lohnsteuer: 500 EUR x 25%	125,00 EUR
Davon 5,5% Solidaritätszuschlag	6,87 EUR
Davon ggf. 8% Kirchensteuer	10,00 EUR

In diesem Fall ist der pauschal versteuerte Zuschuss beitragsfrei in der Sozialversicherung. Die 500 EUR müssen im Lohnkonto aufgezeichnet werden.

13.10 E-Scooter/Elektroroller

Sachverhalt: Der Arbeitgeber überlässt dem Arbeitnehmer einen betrieblichen Motorroller mit Elektroantrieb (nicht zu verwechseln mit einem Elektro-Tretroller) zur privaten Nutzung. Der E-Scooter fährt bis zu einer Geschwindigkeit von 45 km/h.

Wie errechnet sich der geldwerte Vorteil?

Ergebnis: Der E-Scooter ist verkehrsrechtlich als Kraftfahrzeug einzuordnen und es gelten die Regelungen für Elektrofahrzeuge. Der geldwerte Vorteil wird durch Viertelung des Bruttolistenpreises ermittelt. Für die Privatnutzung ist 1% des auf volle 100 EUR abgerundeten 1/4 des Bruttolistenpreises zu versteuern. Wird der E-Scooter auch für Fahrten zwischen Wohnung und erster Tätigkeitsstätte überlassen, sind von dieser Bemessungsgrundlage grundsätzlich 0,03% für jeden Entfernungskilometer zu versteuern.

Hinweis: Genau dieselbe Bewertung würde sich im Übrigen auch bei »großen« E-Bikes mit einer Elektrounterstützung über 25 km/h mit Versicherungs- sowie Kennzeichenpflicht ergeben (sog. S-Pedelecs).

14 Dienstwohnung

Jean Bramburger

14.1 Steuerfreie Dienstwohnung

Sachverhalt: Der Arbeitgeber stellt seinem Arbeitnehmer eine Wohnung von 50 m^2 zu einem Mietpreis von 450 EUR (= 9 EUR je m^2) zur Verfügung. Der ortsübliche Mietpreis beträgt für eine entsprechende Wohnung 675 EUR (= 13,50 EUR je m^2).

Wie muss der geldwerte Vorteil lohnsteuerlich behandelt werden und welche sozialversicherungsrechtlichen Folgen ergeben sich?

Ergebnis: Die vom Arbeitnehmer gezahlte Miete liegt je m^2 unter 25 EUR. Sie beläuft sich auf 2/3 der ortsüblichen Miete (675 EUR x 2/3) und der sich ergebende geldwerte Vorteil bleibt damit steuer- und beitragsfrei.

Ortsübliche Miete monatlich	675 EUR
Abzgl. Bewertungsabschlag (1/3 von 675 EUR)	– 225 EUR
Abzgl. Mietpreis des Arbeitnehmers	*– 450 EUR*
Steuer- und beitragspflichtiger geldwerter Vorteil	0 EUR
Steuer- und beitragsfreier geldwerter Vorteil	225 EUR

Hinweis: Seit 2021 gilt der lohnsteuerliche Bewertungsabschlag nunmehr auch für die Behandlung des geldwerten Vorteils in der Sozialversicherung. D. h., auch hier kommt es zu einer sozialversicherungsrechtlichen Freistellung des geldwerten Vorteils des Arbeitnehmers, soweit seine Mietzahlung mind. 2/3 der ortsüblichen Miete und die Miete je m^2 weniger als 25 EUR beträgt.

14.2 Steuerpflichtige Dienstwohnung

Sachverhalt: Dem Arbeitnehmer wird eine 3-Zimmer-Wohnung nebst Küche und Bad für monatlich 250 EUR vom Arbeitgeber zur Verfügung gestellt. Die ortsübliche Miete einer vergleichbaren Wohnung beträgt durchschnittlich 850 EUR.

Wie ermittelt sich der geldwerte Vorteil für den Arbeitnehmer und welche steuer- und sozialversicherungsrechtlichen Folgen ergeben sich?

Ergebnis: Für die Wertermittlung der Nutzungsüberlassung von Wohnungen ist der ortsübliche Mietpreis abzüglich eines Bewertungsabschlags von 1/3 anzusetzen. Unter Berücksichtigung des Bewertungsabschlags von 1/3 der ortsüblichen Miete ergibt sich für den Arbeitnehmer ein steuerpflichtiger Vorteil i. H. v.:

Ortsübliche Miete monatlich	850 EUR
Abzgl. Bewertungsabschlag (1/3 von 850 EUR)	– 283 EUR
Abzgl. Arbeitnehmerentgelt	*– 250 EUR*
Steuerpflichtiger geldwerter Vorteil	317 EUR

Sozialversicherungsrechtliche Beurteilung: Seit 1.1.2021 ist die steuerliche Regelung auch in der Sozialversicherung anzuwenden. Daher handelt es sich auch dort i. H. v. 317 EUR um beitragspflichtiges Arbeitsentgelt.

14.3 Freie Kost und Logis, Unterkunft

Sachverhalt: Einer Arbeitnehmerin wird eine einfache Unterkunft zur Verfügung gestellt. Sie bewohnt ein möbliertes und beheiztes Zimmer. Darüber hinaus erhält sie vom Arbeitgeber den ganzen Monat volle und kostenlose Verpflegung. Für das Zimmer zahlt sie 150 EUR pro Monat. Dieser Betrag wird ihr vom Nettogehalt abgezogen.

Wie ist der geldwerte Vorteil abzurechnen?

Ergebnis: Die Ermittlung des geldwerten Vorteils erfolgt anhand der Sozialversicherungsentgeltverordnung (SvEV):

Sachbezugswert Unterkunft 2023 (monatlich)	265 EUR
Abzgl. Zuzahlung der Arbeitnehmerin	*– 150 EUR*
Geldwerter Vorteil der Unterkunft	91 EUR
Zzgl. Sachbezugswert Verpflegung 2023 (Frühstück 56 EUR, Mittag und Abendessen je 107 EUR)	*+ 270 EUR*
Steuer- und sozialversicherungspflichtiger geldwerter Vorteil gesamt	361 EUR

14.4 Gemeinschaftsunterkunft

Sachverhalt: Der Arbeitgeber stellt seinem volljährigen Arbeitnehmer ein Zimmer in einer Gemeinschaftsunterkunft bei Belegung mit 3 Arbeitnehmern zur Nutzung kostenfrei zur Verfügung.

In welcher Höhe ergibt sich der steuer- und sozialversicherungspflichtige Vorteil für den Arbeitnehmer?

Ergebnis: Auch hier erfolgt die Ermittlung des geldwerten Vorteils nach der Sozialversicherungsentgeltverordnung (SvEV):

Sachbezugswert der Unterkunft 2023 (monatlich)	265,00 EUR
Abschlag für Mehrfachbelegung (50 % von 265 EUR)	*– 132,50 EUR*
Steuer- und sozialversicherungspflichtiger geldwerter Vorteil	132,50 EUR

Hinweis: Werden z. B. Waschräume und/oder Küchen gemeinschaftlich durch mehrere Personen genutzt und erhält die Unterkunft damit den Charakter z. B. eines Wohnheims, liegt eine Gemeinschaftsunterkunft vor.

Der amtliche Sachbezugswert von monatlich 265 EUR vermindert sich bei Gemeinschaftsunterkünften um 15 %. Bei Mehrfachbelegung erfolgt eine Berücksichtigung durch erhöhte Abschläge:

- Belegung mit 2 Arbeitnehmern: 40 %
- Belegung mit 3 Arbeitnehmern: 50 %
- Belegung mit mehr als 3 Arbeitnehmern: 60 %
- für Jugendliche bis zur Vollendung des 18. Lebensjahres und Auszubildende: 15 %

14.5 Luxuswohnung

Sachverhalt: Der Arbeitgeber stellt seiner Arbeitnehmerin eine Wohnung mit 42 m^2 zur Verfügung. Die Wohnung wird zu einem Mietpreis 24,50 EUR pro m^2 überlassen, wobei die ortsübliche Kaltmiete 25,50 EUR pro m^2 beträgt.

In welcher Höhe ergibt sich der steuer- und sozialversicherungspflichtige Vorteil für die Arbeitnehmerin?

Ergebnis: Eine Anwendung des Bewertungsabschlags ist ausgeschlossen, wenn die Kaltmiete 25 EUR pro m^2 übersteigt. Der geldwerte Vorteil kann höchstens im Rahmen der 50-EUR-Sachbezugsfreigrenze steuer- und beitragsfrei bleiben.

Ortsübliche Miete (42 m^2 x 25,50 EUR)	1.071 EUR
Abzgl. Miete Arbeitnehmerin (42 m^2 x 24,50 EUR)	*– 1.029 EUR*
Unterschiedsbetrag	42 EUR
Abzgl. Kürzung um Freigrenze, da < 50 EUR	*– 42 EUR*
Steuer- und sozialversicherungspflichtiger Vorteil	0 EUR

Achtung: Übersteigt der Unterschiedsbetrag die monatliche Freigrenze von 50 EUR (bis 2021: 44 EUR), unterliegt der geldwerte Vorteil dem Lohnsteuerabzug und der Sozialversicherungspflicht.

15 Direktversicherung

Carola Hausen

15.1 Pflichtzuschuss des Arbeitgebers wegen SV-Ersparnis

15.1.1 Arbeitgeberzuschuss von 15%

Sachverhalt: Ein Arbeitnehmer hat ein Gehalt von 3.500 EUR, Steuerklasse IV, kinderlos, keine Kirchensteuer, 0,9% KV-Zusatzbeitrag. Ab Januar 2017 wurde eine Entgeltumwandlung von 250 EUR in eine Direktversicherung vereinbart.

Wie ist der verpflichtende Arbeitgeberzuschuss zu berechnen?

Ergebnis: Seit 1.1.2022 muss der Arbeitgeber auch bei Zusagen, die vor dem 1.1.2019 erteilt wurden, 15% des umgewandelten Entgelts zusätzlich als Arbeitgeberzuschuss an die Direktversicherung weiterleiten, soweit er durch die Entgeltumwandlung in mindestens gleicher Höhe SV-Beiträge einspart.

Die Direktversicherungsbeiträge sind bis zu 8% der Beitragsbemessungsgrenze in der Rentenversicherung (West) steuerfrei und bis zu 4% der Beitragsbemessungsgrenze sozialversicherungsfrei. Der steuerfreie jährliche Höchstbetrag 2024 liegt damit bei 7.248 EUR (8% von 90.600 EUR) – monatlich 604 EUR, beitragsfrei bleiben höchstens 3.624 EUR (4% von 90.600 EUR) – monatlich 302 EUR.

Arbeitgeberersparnis		
Beiträge bei	3.500,00 EUR	3.250,00 EUR
Krankenversicherung (7,3%+0,45%)	271,25 EUR	251,88 EUR
Rentenversicherung (9,3%)	325,50 EUR	302,25 EUR
Arbeitslosenversicherung (1,3%)	45,50 EUR	42,25 EUR
Pflegeversicherung (1,7%)	59,50 EUR	55,25 EUR
Beiträge gesamt	701,75 EUR	651,63 EUR
Arbeitgeberersparnis (20,05% von 250 EUR)		50,12 EUR

Er muss sich zudem mit dem Arbeitnehmer und dem Versicherungsunternehmen verständigen, ob der Zuschuss zusätzlich zu den 250 EUR gezahlt wird, entweder in den bestehenden oder in einen neuen Versicherungsvertrag oder ob der Zuschuss aus den 250 EUR herausgerechnet wird (Insich-Berechnung).

Variante 1: Der Versicherungsbetrag erhöht sich um den Arbeitgeberzuschuss. Der Arbeitgeberzuschuss beträgt 250 EUR x 15%=37,50 EUR. Der gesamte Beitrag an die Direktversicherung beträgt 250 EUR+37,50 EUR=287,50 EUR. Diese sind im Jahr 2024 in voller Höhe steuer- und beitragsfrei.

Variante 2: Wie Variante 1, nur dass der Arbeitgeberzuschuss in einen neu abgeschlossenen Vertrag eingezahlt wird.

Variante 3: Der Gesamtbeitrag, der an die Direktversicherung abgeführt wird, bleibt gleich. Die Entgeltumwandlung reduziert sich um den Betrag des Arbeitgeberzuschusses. Es gibt 2 mögliche Rechenwege:

1. 250 EUR : 115% x 15% = 32,61 EUR Arbeitgeberzuschuss; 250 EUR – 32,61 EUR = 217,39 EUR Entgeltumwandlung
2. 250 EUR x 15% = 37,50 EUR Arbeitgeberzuschuss; 250 EUR – 37,50 EUR = 212,50 EUR Entgeltumwandlung

Die SV-Ersparnis ist in allen 3 Varianten höher als der Zuschuss i. H. v. 15%. Somit ist dieser vom Arbeitgeber in voller Höhe zu zahlen.

15.1.2 Arbeitgeberzuschuss von 10,6%

Sachverhalt: Ein Arbeitnehmer hat ein Gehalt von 5.600 EUR, Steuerklasse IV, kinderlos, keine Kirchensteuer, 1,5% KV-Zusatzbeitrag. Ab Juli 2024 wird eine Entgeltumwandlung in eine Direktversicherung vereinbart. Eingezahlt werden soll der höchstmögliche steuer- und sozialversicherungsfreie Beitrag i. H. v. 302 EUR monatlich.

Wie ist der verpflichtende Arbeitgeberzuschuss zu berechnen?

Ergebnis: Der Arbeitgeber ist seit 2022 bei allen Entgeltumwandlungen verpflichtet, 15% des umgewandelten Entgelts zusätzlich als Arbeitgeberzuschuss zu leisten, soweit er durch die Entgeltumwandlung SV-Beiträge einspart. Spart er durch die Entgeltumwandlung weniger als 15% ein, muss er auch nur diese Ersparnis weiterleiten.

In diesem Fall sind das 10,6% (9,3% Rentenversicherung und 1,3% Arbeitslosenversicherung), da die Beitragsbemessungsgrenze in der Kranken- und Pflegeversicherung bereits überschritten ist. Es ergibt sich aufgrund der Spitzabrechnung und der vereinbarten Insich-Berechnung folgender Arbeitgeberzuschuss:

302 EUR : 110,6% x 10,6% = 28,94 EUR Arbeitgeberzuschuss; 302 EUR – 28,94 EUR = 273,06 EUR Umwandlungsbetrag.

Arbeitgeberersparnis		
Beiträge bei	5.600,00 EUR	5.326,94 EUR
Krankenversicherung (7,3%+0,75%) von 5.175 EUR	416,59 EUR	416,59 EUR
Rentenversicherung (9,3%)	520,80 EUR	495,41 EUR
Arbeitslosenversicherung (1,3%)	72,80 EUR	69,25 EUR
Pflegeversicherung (1,7%) von 5.175 EUR	87,98 EUR	87,98 EUR
Beiträge gesamt	1.098,17 EUR	1.069,23 EUR
Arbeitgeberersparnis (10,6% von 273,06 EUR)		28,94 EUR

15.1.3 Arbeitgeberzuschuss unter 10,6%

Sachverhalt: Eine Arbeitnehmerin (Rechtskreis West) hat ein Gehalt von 7.650 EUR, Steuerklasse IV, 1,0 Kinderfreibeträge, keine Kirchensteuer, 1,5% KV-Zusatzbeitrag. Ab Juli 2024 wird eine Entgeltumwandlung in eine Direktversicherung vereinbart. Die Arbeitnehmerin möchte 200 EUR von ihrem laufenden Entgelt umwandeln. Der Arbeitgeberzuschuss wird zusätzlich in die Direktversicherung gezahlt.

Wie ist der Arbeitgeberzuschuss zu berechnen?

Ergebnis: Der Arbeitgeber ist seit 1.1.2022 bei allen vereinbarten Entgeltumwandlungen verpflichtet, 15% des umgewandelten Entgelts zusätzlich als Arbeitgeberzuschuss zu leisten, soweit er durch die Entgeltumwandlung SV-Beiträge in mindestens dieser Höhe einspart. Spart er durch die Entgeltumwandlung weniger als 15% ein, muss er auch nur diese Ersparnis weiterleiten. In diesem Fall errechnet sich die SV-Ersparnis für den Arbeitgeber wie folgt:

Arbeitgeberersparnis		
Beiträge bei	7.650,00 EUR	7.450,00 EUR
Krankenversicherung (7,3%+0,75%) von 5.175 EUR	416,59 EUR	416,59 EUR
Rentenversicherung (9,3%) von max. 7.550 EUR	702,15 EUR	692,85 EUR
Arbeitslosenversicherung (1,3%) von max. 7.550 EUR	98,15 EUR	96,85 EUR
Pflegeversicherung (1,7%) von 5.175 EUR	87,98 EUR	87,98 EUR
Beiträge gesamt	1.304,87 EUR	1.294,27 EUR
Arbeitgeberersparnis (10,6% von 100 EUR)		10,60 EUR

Der Arbeitgeber ist nur zu einem Zuschuss i.H.v. 10,60 EUR verpflichtet. Insgesamt werden 210,60 EUR an die Direktversicherung überwiesen.

Praxistipp: Diese sog. »Spitzabrechnung« erweist sich in der Praxis u.U. als schwierig durchführbar, da mit der Versicherung ein Fixbetrag vertraglich vereinbart wird. Dieser kann bei schwankenden Löhnen nicht monatlich variiert werden. Der Arbeitgeber hat die Möglichkeit, einen verstetigten Betrag, der i.d.R. über einen Zeitraum von 12 Monaten ermittelt wurde, als Arbeitgeberzuschuss zu leisten. Er kann auch auf freiwilliger Basis einen höheren Zuschuss zahlen.

15.2 Pauschalbesteuerte Direktversicherungsbeiträge

15.2.1 Arbeitgeberleistungen als Einmalbezug, pauschal besteuert

Sachverhalt: Eine Arbeitnehmerin hat ein Gehalt von 3.500 EUR, Steuerklasse IV, kinderlos, 9% Kirchensteuer, 0,9% KV-Zusatzbeitrag. Der Arbeitgeber hat vor dem 1.1.2005 eine Lebensversicherung in Form einer Direktversicherung für die Arbeitnehmerin abgeschlossen. Der Beitrag beträgt jährlich 1.752 EUR und wird vom Arbeitgeber als Einmalbetrag im November zusätzlich zum Arbeitslohn übernommen. Der Arbeitgeber übernimmt auch die pauschale Lohnsteuer. Die Arbeitnehmerin oder ihre Hinterbliebenen sind nach dem Versicherungsvertrag bezugsberechtigt. Die Versicherungsprämie ist jährlich i.H.v. 1.752 EUR durch Banküberweisung zu leisten und als Betriebsausgabe abziehbar.

Wie ist die Direktversicherung lohnsteuer- und sozialversicherungsrechtlich zu beurteilen und abzurechnen?

Ergebnis: Die Pauschalierung mit 20% pauschaler Lohnsteuer nach dem bis 31.12.2004 gültigen § 40b EStG darf bei arbeitgeberfinanzierten Altverträgen weiterhin angewandt werden. Schuldner der Pauschalsteuer ist der Arbeitgeber. Sie darf jedoch im Innenverhältnis auf die Arbeitnehmerin abgewälzt werden. Da jedoch für die Direktversicherung keine Arbeitgeberanteile zur Sozialversicherung anfallen, stellt die Übernahme der pauschalen Lohnsteuer keine zusätzlichen Kosten für den Arbeitgeber dar.

Der vom Arbeitgeber finanzierte Betrag der Direktversicherung erhöht das Gesamtbrutto nicht.

Gehalt		3.500,00 EUR
Direktversicherung als Arbeitgeberleistung (gehört nicht zum Gesamtbrutto)		1.752,00 EUR
Gesamtbruttoverdienst		3.500,00 EUR
Steuerbrutto	3.500,00 EUR	
Sozialversicherungsbrutto	3.500,00 EUR	
Gesetzliche Abzüge		
Lohnsteuer	436,91 EUR	
Solidaritätszuschlag	0,00 EUR	
Kirchensteuer	39,32 EUR	

Gesamtabzug Steuern		– 476,23 EUR
Krankenversicherung (7,3% + 0,45%)	271,25 EUR	
Pflegeversicherung (2,3%)	80,50 EUR	
Rentenversicherung (9,3%)	325,50 EUR	
Arbeitslosenversicherung (1,3%)	45,50 EUR	
Gesamtabzug Sozialversicherung		*– 722,75 EUR*
Gesetzliches Netto		2.301,02 EUR

Der Direktversicherungsbeitrag ist der pauschalen Lohnsteuer zu unterwerfen:

Pauschale Lohnsteuer (20% v. 1.752 EUR)	350,40 EUR
Zzgl. pauschaler Solidaritätszuschlag (5,5% v. 350,40 EUR)	+ 19,27 EUR
Zzgl. pauschale Kirchensteuer (5% v. 350,40 EUR)	*+ 17,52 EUR*
Pauschale Lohnsteuer gesamt	387,19 EUR

Der pauschale Kirchensteuersatz liegt je nach Bundesland zwischen 4% und 7%. Dieser muss dann aber einheitlich für alle arbeitgeberfinanzierten Direktversicherungen für alle Arbeitnehmer angewandt werden – auch bei denen, die nicht in der Kirche sind. Es ist auch möglich, sich im Nachweisverfahren für den individuellen Kirchensteuersatz von 8% bzw. 9% zu entscheiden. Dann entfällt die pauschale Kirchensteuer für die Arbeitnehmer, die keiner Kirche angehören.

Hinweis: Bei Direktversicherungen, bei denen ab dem Jahr 2005 die Pauschalversteuerung weiterhin angewendet wurde, bleiben Auszahlungen als einmalige Kapitalzahlung nach Ablauf eines Zeitraums von 12 Jahren insgesamt steuerfrei. Bei der Entscheidung für spätere Rentenzahlungen sind diese lediglich mit dem Ertragsanteil zu versteuern (z. B. 18% bei Rentenbeginn mit 65 Jahren).

15.2.2 Gehaltsumwandlung aus Einmalbezug, pauschal besteuert

Sachverhalt: Eine Arbeitnehmerin hat ein Gehalt von 3.500 EUR, Steuerklasse III, 1,0 Kinderfreibetrag, 9% Kirchensteuer, 0,9% KV-Zusatzbeitrag, ein Kind. Der Arbeitgeber hat vor dem 1.1.2005 eine Lebensversicherung in Form einer Direktversicherung für die Arbeitnehmerin abgeschlossen. Der Beitrag beträgt jährlich 1.500 EUR und soll durch Umwandlung des Weihnachtsgelds im November finanziert werden. Der Arbeitgeber übernimmt die pauschale Lohnsteuer.

Wie ist die Direktversicherung lohnsteuer- und sozialversicherungsrechtlich zu beurteilen und abzurechnen?

Ergebnis: Die Pauschalierung mit 20% pauschaler Lohnsteuer darf bei Direktversicherung durch Gehaltsumwandlung auch weiterhin angewandt werden, wenn vor dem Jahr 2018 mindestens einmal die Pauschalversteuerung durchgeführt wurde. Bei Arbeitgeberwechsel muss der Arbeitnehmer dem neuen Arbeitgeber die bisher erfolgte Pauschalbesteuerung mitteilen, z. B. durch eine Information des Versicherers oder die Vorlage einer Lohnabrechnung aus einem Jahr vor 2018.

Seit 2022 ist bei dieser Direktversicherung ein verpflichtender Arbeitgeberzuschuss i. H. v. 15 % des umgewandelten Entgelts zu leisten, da der Arbeitgeber SV-Beiträge einspart. Dieser Zuschuss ist auch dann zu leisten, wenn der Arbeitgeber die pauschale Lohnsteuer übernimmt.

I. d. R. wird es seitens der Versicherung nicht möglich sein, den »alten« Vertrag aufzustocken. Einigen sich der Arbeitgeber und die Arbeitnehmerin auf die Insich-Berechnung, so sind die 15 % Zuschuss aus der Rate von 1.500 EUR herauszurechnen: 1.500 EUR : 115 % = 1.304,35 EUR Umwandlung; 1.304,35 EUR x 15 % = 195,65 EUR Zuschuss.[7]

Gehalt		3.500,00 EUR
Weihnachtsgeld		1.500,00 EUR
Gehaltsumwandlung Weihnachtsgeld		– 1.304,35 EUR
Direktversicherung (pauschal besteuert, beitragsfrei)		1.304,35 EUR
Direktversicherung AG-Zuschuss 15 % (pauschal besteuert, beitragsfrei, gehört nicht zum Gesamtbrutto)		195,65 EUR
Gesamtbruttoverdienst		5.000,00 EUR
Steuerbrutto	3.695,65 EUR	
Sozialversicherungsbrutto	3.695,65 EUR	
Lohnsteuer (laufend)	150,66 EUR	
Lohnsteuer (Weihnachtsgeld i. H. v. 195,65 EUR)	38,00 EUR	
Solidaritätszuschlag	0,00 EUR	
Kirchensteuer (laufend)	0,47 EUR	
Kirchensteuer (Weihnachtgeld i. H. v. 195,65 EUR)	3,42 EUR	
Gesamtabzug Steuern		– 192,55 EUR
Krankenversicherung (7,3 % + 0,45 %)	286,41 EUR	
Pflegeversicherung (1,7 % bei einem Kind)	62,83 EUR	
Rentenversicherung (9,3 %)	343,70 EUR	
Arbeitslosenversicherung (1,3 %)	48,04 EUR	

7 Alternativ lässt sich der Arbeitgeberzuschuss wie folgt berechnen: 1.500 EUR x 15 % = 225 EUR; 1.500 – 225 EUR = 1.275 EUR Umwandlung.

Gesamtabzug Sozialversicherung	*- 740,98 EUR*
Gesetzliches Netto	4.066,47 EUR
Abzug Direktversicherung (aus Umwandlung)	*- 1.304,35 EUR*
Auszahlungsbetrag	2.762,12 EUR

Insgesamt werden 1.500 EUR an die Direktversicherung überwiesen (Umwandlung und Arbeitgeberzuschuss). Der gesamte Direktversicherungsbeitrag ist der pauschalen Lohnsteuer zu unterwerfen:

Pauschale Lohnsteuer (20% v. 1.500 EUR)	300,00 EUR
Zzgl. pauschaler Solidaritätszuschlag (5,5% v. 300 EUR)	+ 16,50 EUR
Zzgl. pauschale Kirchensteuer (5% v. 300 EUR)	*+ 15,00 EUR*
Pauschalsteuer gesamt	331,50 EUR

Der pauschale Kirchensteuersatz liegt je nach Bundesland zwischen 4% und 7%. Dieser muss dann aber einheitlich für alle arbeitgeberfinanzierten Direktversicherungen für alle Arbeitnehmer angewandt werden, auch bei denen, die nicht in der Kirche sind. Es ist auch möglich, sich im Nachweisverfahren für den individuellen Kirchensteuersatz von 8% bzw. 9% zu entscheiden. Dann entfällt die pauschale Kirchensteuer für die Arbeitnehmer, die keiner Kirche angehören.

Hinweis: Bei Direktversicherungen, bei denen ab dem Jahr 2005 die Pauschalversteuerung weiterhin angewendet wurde, bleiben Auszahlungen als einmalige Kapitalzahlung nach Ablauf eines Zeitraums von 12 Jahren insgesamt steuerfrei. Bei der Entscheidung für spätere Rentenzahlungen sind diese lediglich mit dem Ertragsanteil zu versteuern (z. B. 18% bei Rentenbeginn mit 65 Jahren).

15.2.3 Gehaltsumwandlung aus laufendem Arbeitslohn, pauschal besteuert

Sachverhalt: Eine Arbeitnehmerin hat ein Gehalt von 3.500 EUR, Steuerklasse IV, kinderlos, keine Kirchensteuer, 0,9% KV-Zusatzbeitrag. Die vor dem 1.1.2005 abgeschlossene Direktversicherung wird durch Umwandlung von laufendem Arbeitslohn mit 146 EUR monatlich finanziert. Die pauschale Lohnsteuer wird auf die Arbeitnehmerin abgewälzt.

Wie ist die Direktversicherung lohnsteuer- und sozialversicherungsrechtlich zu beurteilen und abzurechnen?

Ergebnis: Will der Arbeitgeber keine Beiträge zur Direktversicherung zusätzlich zum Arbeitslohn leisten, kann die Arbeitnehmerin auf einen Teil ihres Gehalts in Höhe der Versicherungsbeiträge verzichten. Der Arbeitgeber zahlt dann die Beiträge an die Versicherung und führt die Lohnsteuer ab. Da die Beiträge durch Kürzung des Barlohns finanziert werden, unterliegt nur der gekürzte Barlohn dem Lohnsteuerabzug.

Die Pauschalierung mit 20% pauschaler Lohnsteuer darf bei Direktversicherungen durch Gehaltsumwandlung auch weiterhin angewandt werden, wenn vor dem Jahr 2018 mindestens einmal die Pauschalbesteuerung durchgeführt wurde.

Die auf den Arbeitnehmer abgewälzte pauschale Lohnsteuer ist zugeflossener Arbeitslohn. Sie mindert die Bemessungsgrundlage für die Lohnsteuer nicht.

Der Arbeitgeberzuschuss i. H. v. 15% des umgewandelten Entgelts, der ab 1.1.2022 für alle Entgeltumwandlungen gilt, ist hier nicht zu leisten, da der Arbeitgeber keine SV-Beiträge einspart. Das beitragspflichtige Bruttoentgelt beträgt 3.500 EUR.

Gehalt		3.500,00 EUR
Gehaltsumwandlung		– 146,00 EUR
Direktversicherung (pauschal versteuert, beitragspflichtig)		146,00 EUR
Abgewälzte pauschale Lohnsteuer (20% v. 146 EUR)	29,20 EUR	
Abgewälzter pauschaler Solidaritätszuschlag (5,5% v. 29,20 EUR)	1,60 EUR	
Abgewälzte Pauschalsteuer gesamt		*- 30,80 EUR*
Gesamtbruttoverdienst		3.469,20 EUR
Steuerbrutto	3.354,00 EUR	
Sozialversicherungsbrutto	3.500,00 EUR	
Lohnsteuer	402,16 EUR	
Solidaritätszuschlag	0,00 EUR	
Gesamtabzug Steuern		– 402,16 EUR
Krankenversicherung (7,3% + 0,45%)	271,25 EUR	
Pflegeversicherung (2,3%)	80,50 EUR	
Rentenversicherung (9,3%)	325,50 EUR	
Arbeitslosenversicherung (1,3%)	45,50 EUR	
Gesamtabzug Sozialversicherung		*- 722,75 EUR*
Gesetzliches Netto		2.344,28 EUR
Abzug Direktversicherung		*- 146,00 EUR*
Auszahlungsbetrag		2.198,28 EUR

Praxistipp: Wird die Pauschalsteuer auf den Arbeitnehmer abgewälzt, kann man die Kirchensteuer auch im Nachweisverfahren ermitteln. Dann beträgt die Kirchensteuer je nach Bundesland entweder 8% oder 9%. Für Arbeitnehmer, die keiner Kirche angehören, entfällt die Kirchensteuer. Die auf die Arbeitnehmerin abgewälzte Pauschalsteuer mindert das Gesamtbrutto.

Hinweis: Bei Arbeitgeberwechsel muss dem neuen Arbeitgeber die bisher erfolgte Pauschalbesteuerung in geeigneter Weise mitgeteilt werden, z. B. durch eine Information des Versicherers oder durch die Vorlage einer Lohnabrechnung aus einem Jahr vor 2018.

15.3 Steuerfreie Direktversicherungsbeiträge

15.3.1 Arbeitgeberleistung

15.3.1.1 Jährliche Arbeitgeberleistung als Einmalbezug, sv-freier Höchstbetrag

Sachverhalt: Eine Arbeitnehmerin hat ein Gehalt von 3.500 EUR, Steuerklasse IV, kinderlos, keine Kirchensteuer, 0,9 % KV-Zusatzbeitrag. Ihr Arbeitgeber hat für sie im Jahr 2024 eine Direktversicherung abgeschlossen, die eine Versorgungsleistung in Form einer lebenslangen Rente vorsieht. Er zahlt jedes Jahr im November 3.624 EUR als Einmalbetrag zusätzlich zum Arbeitslohn in die Direktversicherung ein.

Wie ist die Direktversicherung lohnsteuer- und sozialversicherungsrechtlich zu beurteilen und abzurechnen?

Ergebnis: Die Direktversicherungsbeiträge sind bis zu 8 % der Beitragsbemessungsgrenze in der Rentenversicherung (West) steuerfrei und bis zu 4 % der Beitragsbemessungsgrenze sozialversicherungsfrei. Der steuerfreie jährliche Höchstbetrag 2024 liegt damit bei 7.248 EUR (8 % von 90.600 EUR), beitragsfrei bleiben höchstens 3.624 EUR (4 % von 90.600 EUR).

Gehalt		3.500,00 EUR
Direktversicherung als Arbeitgeberleistung (gehört nicht zum Gesamtbrutto)		3.624,00 EUR
Gesamtbruttoverdienst		3.500,00 EUR
Steuerbrutto	3.500,00 EUR	
Sozialversicherungsbrutto	3.500,00 EUR	
Lohnsteuer	436,91 EUR	
Solidaritätszuschlag	0,00 EUR	
Gesamtabzug Steuern		– 436,91 EUR
Krankenversicherung (7,3 % + 0,45 %)	271,25 EUR	
Pflegeversicherung (2,3 %)	80,50 EUR	
Rentenversicherung (9,3 %)	325,50 EUR	
Arbeitslosenversicherung (1,3 %)	45,50 EUR	
Gesamtabzug Sozialversicherung		*– 722,75 EUR*
Gesetzliches Netto		2.340,34 EUR
Auszahlungsbetrag		2.340,34 EUR

Der Direktversicherungsbeitrag ist lohnsteuer- und sozialversicherungsfrei für Arbeitnehmer und Arbeitgeber. Im Gegenzug ist die Rente, die im Versorgungsfall aus dieser Direktversicherung gezahlt wird, voll steuerpflichtig. Bei gesetzlich Versicherten ist sie dann auch kranken- und pflegeversicherungspflichtig.

15.3.1.2 Arbeitgeberleistung als laufende Zahlung, sv-freier Höchstbetrag

Sachverhalt: Eine Arbeitnehmerin hat ein Gehalt von 3.500 EUR, Steuerklasse IV, kinderlos, keine Kirchensteuer, 1,5% KV-Zusatzbeitrag. Der Arbeitgeber hat für die Arbeitnehmerin im September 2024 eine Direktversicherung abgeschlossen, die eine Versorgungsleistung in Form einer lebenslangen Rente vorsieht. Der Beitrag beträgt monatlich 302 EUR und wird vom Arbeitgeber zusätzlich zum Arbeitslohn übernommen.

Wie ist die Direktversicherung lohnsteuer- und sozialversicherungsrechtlich zu beurteilen und abzurechnen?

Ergebnis: Die Direktversicherungsbeiträge sind bis zu 8% der Beitragsbemessungsgrenze in der Rentenversicherung (West) steuerfrei und bis zu 4% der Beitragsbemessungsgrenze sozialversicherungsfrei. Der steuerfreie jährliche Höchstbetrag 2024 liegt damit bei 7.248 EUR (8% von 90.600 EUR), beitragsfrei bleiben höchstens 3.624 EUR (4% von 90.600 EUR).

Gehalt		3.500,00 EUR
Direktversicherung als Arbeitgeberleistung (steuer- und sozialversicherungsfrei, gehört nicht zum Gesamtbrutto)		302,00 EUR
Gesamtbruttoverdienst		3.500,00 EUR
Lohnsteuerbrutto	3.500,00 EUR	
Sozialversicherungsbrutto	3.500,00 EUR	
Lohnsteuer	433,83 EUR	
Solidaritätszuschlag	0,00 EUR	
Gesamtabzug Steuern		– 433,83 EUR
Krankenversicherung (7,3% + 0,75%)	281,75 EUR	
Pflegeversicherung (2,3%)	80,50 EUR	
Rentenversicherung (9,3%)	325,50 EUR	
Arbeitslosenversicherung (1,3%)	45,50 EUR	
Gesamtabzug Sozialversicherung		*– 733,25 EUR*
Gesetzliches Netto		2.332,92 EUR
Auszahlungsbetrag		2.332,92 EUR

Der Direktversicherungsbeitrag ist lohnsteuer- und sozialversicherungsfrei. Im Gegenzug ist die Rente, die im Versorgungsfall aus dieser Direktversicherung gezahlt wird, in voller Höhe einkommensteuerpflichtig sowie bei gesetzlich Versicherten kranken- und pflegeversicherungspflichtig.

15.3.1.3 Arbeitgeberleistung als laufende Zahlung, steuerfreier Höchstbetrag

Sachverhalt: Eine Arbeitnehmerin (Rechtskreis West) hat ein Gehalt von 7.800 EUR, Steuerklasse IV, kinderlos, 9% Kirchensteuer, freiwillig krankenversichert, 0,9% KV-Zusatzbeitrag. Der Arbeitgeber hat im November 2024 für die Arbeitnehmerin eine Direktversicherung abgeschlossen, die eine Versorgungsleistung in Form einer lebenslangen Rente vorsieht. Der Beitrag beträgt monatlich 604 EUR und wird vom Arbeitgeber zusätzlich zum Arbeitslohn übernommen.

Wie ist die Direktversicherung lohnsteuer- und sozialversicherungsrechtlich zu beurteilen und abzurechnen?

Ergebnis: Die Direktversicherungsbeiträge sind bis zu 8% der Beitragsbemessungsgrenze in der Rentenversicherung (West) steuerfrei und bis zu 4% der Beitragsbemessungsgrenze sozialversicherungsfrei. Im Jahr 2024 sind 7.248 EUR jährlich steuerfrei (8% von 90.600 EUR) und 3.624 EUR sozialversicherungsfrei (4% von 90.600 EUR) bzw. monatlich 604 EUR bzw. 302 EUR.

Gehalt		7.800,00 EUR
Direktversicherung als Arbeitgeberleistung (steuer- und beitragsfrei, gehört nicht zum Gesamtbrutto)		302,00 EUR
Direktversicherung als Arbeitgeberleistung (steuerfrei, aber beitragspflichtig, gehört nicht zum Gesamtbrutto)		302,00 EUR
Gesamtbruttoverdienst		7.800,00 EUR
Steuerbrutto	7.800,00 EUR	
Sozialversicherungsbrutto RV/AV (begrenzt auf BBG West)	7.550,00 EUR	
Lohnsteuer	1.841,33 EUR	
Solidaritätszuschlag	39,32 EUR	
Kirchensteuer	165,71 EUR	
Gesamtabzug Steuern		– 2.046,36 EUR
Rentenversicherung (9,3%)	702,15 EUR	
Arbeitslosenversicherung (1,3%)	98,15 EUR	
Gesamtabzug Sozialversicherung		*– 800,30 EUR*

Gesetzliches Netto		4.953,34 EUR
Zuschuss zur freiwilligen KV (7,75% von 5.175 EUR)	401,07 EUR	
Zuschuss zur PV bei freiwilliger KV (1,7% von 5.175 EUR)	87,98 EUR	
Abführung der freiwilligen KV gesamt (15,5%)		– 802,14 EUR
Abführung der PV gesamt (4,0%)		*-207,01 EUR*
Auszahlungsbetrag		4.433,24 EUR

Der Direktversicherungsbeitrag ist lohnsteuerfrei und wegen Überschreitens der Beitragsbemessungsgrenze auch sozialversicherungsfrei. Im Gegenzug ist die Rente, die im Versorgungsfall aus dieser Direktversicherung gezahlt wird, voll steuerpflichtig sowie bei gesetzlich Versicherten kranken- und pflegeversicherungspflichtig.

15.3.2 Gehaltsumwandlung

15.3.2.1 Jährliche Gehaltsumwandlung aus Einmalbezug, verpflichtender Arbeitgeberzuschuss

Sachverhalt: Eine Arbeitnehmerin hat ein Gehalt von 3.500 EUR, Steuerklasse III, 1,0 Kinderfreibetrag, 9% Kirchensteuer, 1,5% KV-Zusatzbeitrag, 2 Kinder unter 25 Jahren. Der Arbeitgeber hat in 2010 eine Direktversicherung für sie abgeschlossen, die eine Versorgungsleistung in Form einer lebenslangen Rente vorsieht. Der Beitrag beträgt jährlich 1.500 EUR und soll durch Umwandlung des Weihnachtsgelds im November finanziert werden.

Wie ist die Direktversicherung lohnsteuer- und sozialversicherungsrechtlich zu beurteilen und abzurechnen?

Ergebnis: Die Direktversicherungsbeiträge sind bis zu 8% der Beitragsbemessungsgrenze in der Rentenversicherung (West) steuerfrei und bis zu 4% der Beitragsbemessungsgrenze sozialversicherungsfrei. Der jährliche steuerfreie Höchstbetrag 2024 liegt damit bei 7.248 EUR (8% von 90.600 EUR), beitragsfrei bleiben höchstens 3.624 EUR (4% von 90.600 EUR).

Seit 1.1.2022 muss der Arbeitgeber auch bei Zusagen, die vor dem 1.1.2019 erteilt wurden, 15% des umgewandelten Entgelts zusätzlich als Arbeitgeberzuschuss an die Direktversicherung weiterleiten, soweit er durch die Entgeltumwandlung SV-Beiträge einspart. Er muss sich mit der Arbeitnehmerin und dem Versicherungsunternehmen verständigen, ob der Zuschuss zusätzlich zu den 1.500 EUR in den bestehenden oder in einen neuen Versicherungsvertrag gezahlt wird oder ob der Zuschuss aus den 1.500 EUR herausgerechnet wird (Insich-Berechnung).

1. Variante: Der mit der Versicherung vereinbarte jährliche Beitrag erhöht sich um 225 EUR (1.500 EUR x 15%) auf 1.725 EUR.

Die Entgeltumwandlung beträgt weiterhin 1.500 EUR, der Arbeitgeberzuschuss 225 EUR.

Gehalt		3.500,00 EUR
Weihnachtsgeld		1.500,00 EUR
Gehaltsumwandlung Weihnachtsgeld		– 1.500,00 EUR
Direktversicherung (steuer- und beitragsfrei)		1.500,00 EUR
Direktversicherung AG-Zuschuss 15% (steuer- und beitragsfrei, gehört nicht zum Gesamtbrutto)	225,00 EUR	
Gesamtbruttoverdienst		5.000,00 EUR
Steuerbrutto	3.500,00 EUR	
Sozialversicherungsbrutto	3.500,00 EUR	
Lohnsteuer	150,33 EUR	
Solidaritätszuschlag	0,00 EUR	
Kirchensteuer	0,46 EUR	
Gesamtabzug Steuern		– 150,79 EUR
Krankenversicherung (7,3%+0,75%)	281,75 EUR	
Pflegeversicherung (1,45%)	50,75 EUR	
Rentenversicherung (9,3%)	325,50 EUR	
Arbeitslosenversicherung (1,3%)	45,50 EUR	
Gesamtabzug Sozialversicherung		*– 703,50 EUR*
Gesetzliches Netto		4.145,71 EUR
Abzug Direktversicherung (aus Umwandlung)		*– 1.500,00 EUR*
Auszahlungsbetrag		2.645,71 EUR

Der gesamte Direktversicherungsbeitrag i. H. v. 1.725 EUR ist lohnsteuer- und sozialversicherungsfrei. Im Gegenzug ist die Rente, die im Versorgungsfall aus dieser Direktversicherung gezahlt wird, in voller Höhe einkommensteuerpflichtig sowie bei gesetzlich Versicherten voll kranken- und pflegeversicherungspflichtig.

2. Variante: Der Versicherungsbeitrag beträgt weiterhin 1.500 EUR und wird weiterhin komplett über die Entgeltumwandlung finanziert. Zusätzlich wird ein weiterer Vertrag über 225 EUR abgeschlossen, der vom Arbeitgeber finanziert wird.

Insgesamt werden 1.725 EUR in die betriebliche Altersversorgung eingebracht. Die Berechnung und Beurteilung erfolgt wie in Variante 1.

3. Variante: Der mit der Versicherung vereinbarte jährliche Beitrag bleibt mit 1.500 EUR bestehen. Die Entgeltumwandlung der Arbeitnehmerin reduziert sich um den Arbeitgeberzuschuss.

Entgeltumwandlung ursprünglich: 1.500 EUR, davon 15% Arbeitgeberzuschuss=225 EUR; Entgeltumwandlung neu: 1.275 EUR (1.500 EUR – 225 EUR).

Gehalt		3.500,00 EUR
Weihnachtsgeld		1.500,00 EUR
Gehaltsumwandlung Weihnachtsgeld		– 1.275,00 EUR
Direktversicherung (steuer- und beitragsfrei)		1.275,00 EUR
Direktversicherung AG-Zuschuss 15% (steuer- und beitragsfrei, gehört nicht zum Gesamtbrutto)	225,00 EUR	
Gesamtbruttoverdienst		5.000,00 EUR
Steuerbrutto	3.725,00 EUR	
Sozialversicherungsbrutto	3.725,00 EUR	
Lohnsteuer (laufend)	150,33 EUR	
Lohnsteuer (Weihnachtsgeld i. H. v. 225 EUR)	42,00 EUR	
Solidaritätszuschlag	0,00 EUR	
Kirchensteuer (laufend)	0,46 EUR	
Kirchensteuer (Weihnachtsgeld i. H. v. 225 EUR)	3,78 EUR	
Gesamtabzug Steuern		– 196,57 EUR
Krankenversicherung (7,3%+0,75%)	299,87 EUR	
Pflegeversicherung (1,45%)	54,02 EUR	
Rentenversicherung (9,3%)	346,43 EUR	
Arbeitslosenversicherung (1,3%)	48,43 EUR	
Gesamtabzug Sozialversicherung		*– 748,75 EUR*
Gesetzliches Netto		4.054,68 EUR
Abzug Direktversicherung (aus Umwandlung)		*– 1.275,00 EUR*
Auszahlungsbetrag		2.779,68 EUR

Der gesamte Direktversicherungsbeitrag i. H. v. 1.500 EUR ist lohnsteuer- und sozialversicherungsfrei. Im Gegenzug ist die Rente, die im Versorgungsfall aus dieser Direktversicherung gezahlt wird, in voller Höhe einkommensteuerpflichtig sowie bei gesetzlich Versicherten voll kranken- und pflegeversicherungspflichtig.

3. Variante – alternative Berechnung: Der mit der Versicherung vereinbarte jährliche Betrag bleibt mit 1.500 EUR bestehen. Die Entgeltumwandlung der Arbeitnehmerin reduziert sich um den Arbeitgeberzuschuss.

Entgeltumwandlung ursprünglich: 1.500 EUR, daraus 15% Arbeitgeberzuschuss =195,65 EUR (1.500 EUR : 115% x 15%); Entgeltumwandlung neu: 1.304,35 EUR (1.500 EUR – 195,65 EUR).

Gehalt		3.500,00 EUR
Weihnachtsgeld		1.500,00 EUR
Gehaltsumwandlung Weihnachtsgeld		- 1.304,35 EUR
Direktversicherung (steuer- und beitragsfrei)		1.304,35 EUR
Direktversicherung AG-Zuschuss 15 % (steuer- und beitragsfrei, gehört nicht zum Gesamtbrutto)	195,65 EUR	
Gesamtbruttoverdienst		5.000,00 EUR
Steuerbrutto	3.695,65 EUR	
Sozialversicherungsbrutto	3.695,65 EUR	
Lohnsteuer (laufend)	150,33 EUR	
Lohnsteuer (Weihnachtsgeld i. H. v. 195,65 EUR)	36,00 EUR	
Solidaritätszuschlag	0,00 EUR	
Kirchensteuer (laufend)	0,46 EUR	
Kirchensteuer (Weihnachtsgeld i. H. v. 195,65 EUR)	3,24 EUR	
Gesamtabzug Steuern		- 190,03 EUR
Krankenversicherung (7,3 % + 0,75 %)	297,50 EUR	
Pflegeversicherung (1,45 %)	53,59 EUR	
Rentenversicherung (9,3 %)	343,70 EUR	
Arbeitslosenversicherung (1,3 %)	48,04 EUR	
Gesamtabzug Sozialversicherung		*- 742,83 EUR*
Gesetzliches Netto		4.067,14 EUR
Abzug Direktversicherung (aus Umwandlung)		*- 1.304,35 EUR*
Auszahlungsbetrag		2.762,79 EUR

Der Direktversicherungsbeitrag ist lohnsteuer- und sozialversicherungsfrei. Im Gegenzug ist die Rente, die im Versorgungsfall aus dieser Direktversicherung gezahlt wird, in voller Höhe einkommensteuerpflichtig sowie bei gesetzlich Versicherten voll kranken- und pflegeversicherungspflichtig.

15.3.2.2 Gehaltsumwandlung aus laufendem Arbeitslohn, Erhöhung des Vertrages aufgrund des verpflichtenden Arbeitgeberzuschusses

Sachverhalt: Eine Arbeitnehmerin hat ein Gehalt von 3.500 EUR, Steuerklasse IV, 2,0 Kinderfreibeträge, keine Kirchensteuer, 0,9 % KV-Zusatzbeitrag, 2 Kinder unter 25 Jahren. Sie hat seit 2018 eine Direktversicherung, die durch Umwandlung von laufendem Arbeitslohn mit 200 EUR monatlich finanziert wird. Es wurde vereinbart, den Arbeitgeberzuschuss zusätzlich zur Entgeltumwandlung zu zahlen.

Wie ist die Direktversicherung lohnsteuer- und sozialversicherungsrechtlich zu beurteilen und abzurechnen?

Ergebnis: Seit 1.1.2022 muss der Arbeitgeber auch bei Zusagen, die vor dem 1.1.2019 erteilt wurden, 15 % des umgewandelten Entgelts zusätzlich als Arbeitgeberzuschuss an die Direktversicherung weiterleiten, soweit er durch die Entgeltumwandlung SV-Beiträge einspart.

Der Arbeitgeberzuschuss beträgt in diesem Fall 200 EUR x 15 % = 30 EUR. Insgesamt fließen 230 EUR in die Direktversicherung ein.

Gehalt		3.500,00 EUR
Gehaltsumwandlung		– 200,00 EUR
Direktversicherung (steuer- und beitragsfrei)		200,00 EUR
Direktversicherung AG-Zuschuss (steuer- und beitragsfrei, gehört nicht zum Gesamtbrutto)	30,00 EUR	
Gesamtbruttoverdienst		3.500,00 EUR
Steuerbrutto	3.300,00 EUR	
Sozialversicherungsbrutto	3.300,00 EUR	
Lohnsteuer	397,58 EUR	
Solidaritätszuschlag	0,00 EUR	
Gesamtabzug Steuern		– 397,58 EUR
Krankenversicherung (7,3 % + 0,45 %)	255,75 EUR	
Pflegeversicherung (1,45 %)	47,85 EUR	
Rentenversicherung (9,3 %)	306,90 EUR	
Arbeitslosenversicherung (1,3 %)	42,90 EUR	
Gesamtabzug Sozialversicherung		*– 653,40 EUR*
Gesetzliches Netto		2.449,02 EUR
Abzug Direktversicherung (aus Umwandlung)		*– 200,00 EUR*
Auszahlungsbetrag		2.249,02 EUR

Der gesamte Direktversicherungsbeitrag ist lohnsteuer- und sozialversicherungsfrei. Im Gegenzug ist die Rente, die im Versorgungsfall aus dieser Direktversicherung gezahlt wird, in voller Höhe einkommensteuerpflichtig sowie bei gesetzlich Versicherten versicherungspflichtig in der Kranken- und Pflegeversicherung.

15.3.2.3 Gehaltsumwandlung aus laufendem Arbeitslohn, Insich-Berechnung

Sachverhalt: Ein Arbeitnehmer hat ein Gehalt von 3.500 EUR, Steuerklasse IV, keine Kinderfreibeträge, keine Kirchensteuer, 1,5 % KV-Zusatzbeitrag, ein Kind. Ab August 2024 wird eine Entgeltumwandlung in eine Direktversicherung vereinbart. Eingezahlt werden soll der höchstmögliche steuer- und sozialversicherungsfreie Beitrag i. H. v.

302 EUR monatlich. Es wurde vereinbart, dass der verpflichtende Arbeitgeberzuschuss als Teil der Gesamtsumme gezahlt wird und der Umwandlungsbetrag entsprechend angepasst wird.

Wie ist die Direktversicherung lohnsteuer- und sozialversicherungsrechtlich zu beurteilen und abzurechnen?

Ergebnis: Die Direktversicherungsbeiträge sind bis zu 8% der Beitragsbemessungsgrenze in der Rentenversicherung (West) steuerfrei und bis zu 4% der Beitragsbemessungsgrenze sozialversicherungsfrei. Im Jahr 2024 sind somit jährlich höchstens 7.248 EUR (8% von 90.600 EUR) bzw. monatlich 604 EUR steuerfrei. In der Sozialversicherung liegt die beitragsfreie Obergrenze bei jährlich 3.624 EUR (4% von 90.600 EUR) bzw. monatlich 302 EUR. Daher wäre die Entgeltumwandlung mit 302 EUR : 115%=262,61 EUR zu vereinbaren, der Arbeitgeberzuschuss beträgt 15% von 262,61 EUR=39,39 EUR.[8]

Gehalt		3.500,00 EUR
Direktversicherung durch Gehaltsumwandlung		- 262,61 EUR
Direktversicherung (steuer- und beitragsfrei)		262,61 EUR
Direktversicherung AG-Zuschuss 15% (steuer- und beitragsfrei, gehört nicht zum Gesamtbrutto)		39,39 EUR
Gesamtbrutto		3.500,00 EUR
Steuerbrutto	3.237,39 EUR	
Sozialversicherungsbrutto	3.237,39 EUR	
Lohnsteuer	377,58 EUR	
Solidaritätszuschlag	0,00 EUR	
Gesamtabzug Steuern		- 377,58 EUR
Krankenversicherung (7,3%+0,75%)	260,61 EUR	
Pflegeversicherung (1,7%)	55,04 EUR	
Rentenversicherung (9,3%)	301,08 EUR	
Arbeitslosenversicherung (1,3%)	42,09 EUR	
Gesamtabzug Sozialversicherung		*- 658,82 EUR*
Gesetzliches Netto		2.463,60 EUR
Abzug Direktversicherung (Umwandlung)		*- 262,61 EUR*
Auszahlbetrag		2.200,99 EUR

8 Alternative Berechnung: 302 EUR x 15%=45,30 EUR Arbeitgeberzuschuss, 302 EUR – 45,30 EUR=256,70 EUR Umwandlungsbetrag.

15.3.2.4 Gehaltsumwandlung aus laufendem Arbeitslohn, steuerfreier Höchstbetrag, kein verpflichtender Arbeitgeberzuschuss

Sachverhalt: Eine Arbeitnehmerin aus Niedersachsen hat ein Gehalt von 8.200 EUR, Steuerklasse IV, kinderlos, keine Kirchensteuer. Sie ist privat kranken- und pflegeversichert (Arbeitgeberzuschuss 250 EUR KV+25 EUR PV). Die 2024 neu abgeschlossene Direktversicherung wird durch Umwandlung von laufendem Arbeitslohn mit 604 EUR monatlich finanziert.

Wie ist die Direktversicherung lohnsteuer- und sozialversicherungsrechtlich zu beurteilen und abzurechnen?

Ergebnis: Die Direktversicherungsbeiträge sind bis zu 8% der Beitragsbemessungsgrenze in der Rentenversicherung (West) steuerfrei und bis zu 4% der Beitragsbemessungsgrenze sozialversicherungsfrei. Im Jahr 2024 sind somit jährlich höchstens 7.248 EUR (8% von 90.600 EUR) bzw. monatlich 604 EUR steuerfrei. In der Sozialversicherung liegt die beitragsfreie Obergrenze bei jährlich 3.624 EUR (4% von 90.600 EUR) bzw. monatlich 302 EUR.

Der Arbeitgeber ist nicht zu einem Arbeitgeberzuschuss verpflichtet, da die Arbeitnehmerin auch nach der Gehaltsumwandlung über den Beitragsbemessungsgrenzen liegt und der Arbeitgeber somit keine SV-Beiträge einspart.

Gehalt		8.200,00 EUR
Gehaltsumwandlung		– 604,00 EUR
Direktversicherung (steuerfrei)		604,00 EUR
Gesamtbruttoverdienst		8.200,00 EUR
Steuerbrutto	7.596,00 EUR	
Sozialversicherungsbrutto RV/AV (begrenz auf BBG West)	7.550,00 EUR	
Lohnsteuer	1.901,08 EUR	
Solidaritätszuschlag	46,43 EUR	
Gesamtabzug Steuern		– 1.947,51 EUR
Rentenversicherung (9,3%)	702,15 EUR	
Arbeitslosenversicherung (1,3%)	98,15 EUR	
Gesamtabzug Sozialversicherung		*– 800,30 EUR*
Gesetzliches Netto		5.452,19 EUR
Abzug Direktversicherung (aus Umwandlung)		– 604,00 EUR
Zuschuss zur privaten Krankenversicherung		+ 250,00 EUR
Zuschuss zur privaten Pflegeversicherung		*+ 25,00 EUR*
Auszahlungsbetrag		5.123,19 EUR

Der Direktversicherungsbeitrag ist lohnsteuerfrei und wegen Überschreitens der Beitragsbemessungsgrenze auch sozialversicherungsfrei. Im Gegenzug ist die Rente, die im Versorgungsfall aus dieser Direktversicherung gezahlt wird, in voller Höhe einkommensteuerpflichtig.

15.4 Arbeitgeberzuschuss bei Geringverdienern

15.4.1 Arbeitgeberzuschuss und Gehaltsumwandlung aus laufendem Arbeitslohn

Sachverhalt: Ein Arbeitnehmer hat ein Gehalt von 2.500 EUR, Steuerklasse IV, kinderlos, keine Kirchensteuer, 1,7% KV-Zusatzbeitrag. Der Arbeitgeber hat 2020 für den Arbeitnehmer eine Direktversicherung abgeschlossen, die eine Versorgungsleistung in Form einer lebenslangen Rente vorsieht. Der Beitrag beträgt monatlich 40 EUR, davon werden 20 EUR durch Gehaltsumwandlung finanziert, und 20 EUR (1/12 von 240 EUR) werden vom Arbeitgeber zusätzlich zum Arbeitslohn übernommen. Der Arbeitgeber ist aufgrund des geltenden Tarifvertrags nicht zur Zahlung des Arbeitgeberzuschusses bei Entgeltumwandlung verpflichtet.

Wie ist die Direktversicherung lohnsteuer- und sozialversicherungsrechtlich zu beurteilen und abzurechnen?

Ergebnis: Für Arbeitgeber, die sog. Geringverdienern ab 2018 einen zusätzlichen Zuschuss zur Direktversicherung, zum Pensionsfonds oder zur Pensionskasse zahlen, gibt es einen Förderbeitrag, der direkt mit der abzuführenden Lohnsteuer verrechnet werden kann. Seit dem 1.1.2020 gelten als Geringverdiener Arbeitnehmer, deren laufender Arbeitslohn im Zeitpunkt der Beitragsleistung nicht mehr als 2.575 EUR monatlich beträgt. Der Förderbeitrag wird für Zuschüsse ab 240 EUR bis max. 960 EUR jährlich gewährt.

Der Förderbetrag für den Arbeitgeber beträgt in diesem Fall 30% von 20 EUR, also 6 EUR. Dieser Betrag wird als Erstattungsbetrag in der Zeile 23 der Lohnsteuer-Anmeldung ausgewiesen und verrechnet.

Gehalt	2.500,00 EUR
Direktversicherung als zusätzliche Arbeitgeberleistung (steuer- und beitragsfrei, gehört nicht zum Gesamtbrutto)	20,00 EUR
Gehaltsumwandlung	– 20,00 EUR
Direktversicherung (steuer- und beitragsfrei)	20,00 EUR
Gesamtbrutto	2.500,00 EUR

Steuerbrutto	2.480,00 EUR	
Sozialversicherungsbrutto	2.480,00 EUR	
Lohnsteuer	204,16 EUR	
Solidaritätszuschlag	0,00 EUR	
Gesamtabzug Steuern		– 204,16 EUR
Krankenversicherung (7,3 % + 0,85 %)	202,12 EUR	
Pflegeversicherung (2,3 %)	57,04 EUR	
Rentenversicherung (9,3 %)	230,64 EUR	
Arbeitslosenversicherung (1,3 %)	32,24 EUR	
Gesamtabzug Sozialversicherung		*– 522,04 EUR*
Gesetzliches Netto		1.773,80 EUR
Abzug Direktversicherung (aus Umwandlung)		*– 20,00 EUR*
Auszahlbetrag		1.753,80 EUR

Hinweis: Der BAV-Förderbetrag wird nur für nicht gezillmerte Verträge gewährt. Bei der Zillmerung werden die Abschluss- und Vertriebskosten für die Versicherung nicht auf die Laufzeit des Vertrags verteilt, sondern mit den ersten Raten verrechnet. Verträge, die vor 2018 abgeschlossen wurden, sind i. d. R. nicht gezillmert. Bei neuen Verträgen weist die Versicherung i. d. R. auf die Förderfähigkeit gem. § 100 EStG hin.

Der Zuschuss kann als Monats- oder Jahresbetrag geleistet werden.

15.4.2 Arbeitgeberzuschuss als Einmalbezug

Sachverhalt: Ein Arbeitnehmer hat ein Gehalt von 2.500 EUR, Steuerklasse IV, kinderlos, keine Kirchensteuer, 1,7 % KV-Zusatzbeitrag. Der Arbeitgeber hat im Juli 2024 für den Arbeitnehmer eine Direktversicherung abgeschlossen, die eine Versorgungsleistung in Form einer lebenslangen Rente vorsieht. Der Arbeitgeber übernimmt jährlich Beiträge von 960 EUR zusätzlich zum Arbeitslohn als Einmalzahlung.

Wie ist die Direktversicherung lohnsteuer- und sozialversicherungsrechtlich zu beurteilen und abzurechnen?

Ergebnis: Für Arbeitgeber, die sog. Geringverdienern ab 2018 einen zusätzlichen Zuschuss zur Direktversicherung, zum Pensionsfonds oder zur Pensionskasse zahlen, gibt es einen Förderbeitrag, der direkt mit der abzuführenden Lohnsteuer verrechnet werden kann. Seit dem 1.1.2020 gelten Arbeitnehmer als Geringverdiener, deren laufender Arbeitslohn im Zeitpunkt der Beitragsleistung nicht mehr als 2.575 EUR monatlich beträgt. Der Förderbeitrag wird für Zuschüsse ab 240 EUR bis max. 960 EUR jährlich gewährt. Er wird nur für nicht gezillmerte Verträge gewährt.[9]

Der Förderbetrag für den Arbeitgeber beträgt in diesem Fall 30% von 960 EUR, also 288 EUR. Dieser Betrag wird als Erstattungsbetrag in der Zeile 23 der Lohnsteuer-Anmeldung ausgewiesen und verrechnet. Eine spätere Gehaltserhöhung des Arbeitnehmers ist unschädlich; entscheidend ist der Monat der Zahlung des Zuschusses.

Gehalt		2.500,00 EUR
Direktversicherung als zusätzliche Arbeitgeberleistung (steuer- und beitragsfrei, gehört nicht zum Gesamtbrutto)		960,00 EUR
Gesamtbrutto		2.500,00 EUR
Steuerbrutto	2.500,00 EUR	
Sozialversicherungsbrutto	2.500,00 EUR	
Lohnsteuer	208,41 EUR	
Solidaritätszuschlag	0,00 EUR	
Gesamtabzug Steuern		- 208,41 EUR
Krankenversicherung (7,3%+0,85%)	203,75 EUR	
Pflegeversicherung (2,3%)	57,50 EUR	
Rentenversicherung (9,3%)	232,50 EUR	
Arbeitslosenversicherung (1,3%)	32,50 EUR	
Gesamtabzug Sozialversicherung		*- 526,25 EUR*
Gesetzliches Netto		1.765,34 EUR
Auszahlbetrag		1.765,34 EUR

9 Bei der Zillmerung werden die Abschluss- und Vertriebskosten für die Versicherung nicht auf die Laufzeit des Vertrags verteilt, sondern mit den ersten Raten verrechnet.

16 Doppelte Haushaltsführung

Marcus Spahn

16.1 Beginn der doppelten Haushaltsführung

Sachverhalt: Ein verheirateter Arbeitnehmer wird von seiner Filiale in Düsseldorf nach München versetzt. Er reist am 2.6.2024 erstmals an. Seinen Familienwohnsitz in Düsseldorf behält er bei.

Der Arbeitgeber stellt ihm in München kostenlos ein Apartment auf dem Firmengelände zur Verfügung.

Im Juni fährt der Arbeitnehmer nach seinem Dienst in München an allen Wochenenden mit dem eigenen Pkw zu seiner Familie nach Düsseldorf. Er kommt dort regelmäßig freitags gegen 22 Uhr an und fährt am Sonntag gegen 17 Uhr wieder nach München. Die Entfernung von Düsseldorf nach München beträgt 600 Kilometer. Der Arbeitgeber erstattet die steuerlich zulässigen Aufwendungen.

Ab Montag, dem 1.7.2024 hat der Arbeitnehmer eine Woche Urlaub. Deshalb erfolgt am 30.6. keine Fahrt nach München.

Wie hoch ist die Reisekostenerstattung für Juni 2024 (einschließlich erster Hinfahrt)?

Ergebnis: Es liegt eine steuerlich zu berücksichtigende doppelte Haushaltsführung vor. Der Arbeitnehmer ist aufgrund der Versetzung außerhalb seines Wohnorts Düsseldorf beschäftigt und führt am auswärtigen Beschäftigungsort München einen doppelten Haushalt. Deshalb dürfen die notwendigen Mehraufwendungen, die durch die doppelte Haushaltsführung entstehen, steuer- und sozialversicherungsfrei ersetzt werden. Dazu gehören die Kosten für die Unterkunft. Da diese ohnehin vom Arbeitgeber kostenfrei gestellt wird, können keine zusätzlichen steuerfreien Erstattungen gewährt werden.

- Am Beginn der doppelten Haushaltsführung kann der Arbeitgeber die tatsächlichen Aufwendungen für die erste Hinfahrt zum Beschäftigungsort steuerfrei vergüten.
  Ohne Einzelnachweis ist die Kilometerpauschale von 0,30 EUR je gefahrenem Kilometer zu gewähren:
  600 Kilometer × 0,30 EUR je Kilometer = 180 EUR
- Außerdem können die Kosten für eine Heimfahrt wöchentlich steuerfrei erstattet werden. Dazu können dem Arbeitnehmer die Aufwendungen in Höhe der Entfer-

nungspauschale von 0,30 EUR je Entfernungskilometer bzw. 0,38 EUR ab dem 21. Entfernungskilometer steuerfrei ersetzt werden.

- Da der Mitarbeiter im Juni nicht öfter als einmal wöchentlich nach Hause gefahren ist, sind alle Heimfahrten erstattungsfähig. Es ergeben sich 4 Rückfahrten und 3 neue Hinfahrten. Für Zwecke der Berechnung der Entfernungspauschale kann deshalb von 3,5 Familienheimfahrten ausgegangen werden:

3,5 Fahrten × 20 Kilometer × 0,30 EUR je Entfernungskilometer	21,00 EUR
3,5 Fahrten × 580 Kilometer × 0,38 EUR je Entfernungskilometer (ab dem 21. Kilometer)	*+ 771,40 EUR*
Gesamt	792,40 EUR

- Die Verpflegungsmehraufwendungen können maximal 3 Monate lang in Höhe der für beruflich veranlasste Auswärtstätigkeiten geltenden Pauschalen erstattet werden, also bis Ende August.
  Für die Berechnung der Abwesenheitsdauer ist die Wohnung am Lebensmittelpunkt des Arbeitnehmers maßgebend. Hieraus folgt, dass für Tage, an denen Familienheimfahrten durchgeführt werden, nur geringere Pauschbeträge zum Ansatz kommen und für Tage, an denen sich der Arbeitnehmer ganz zu Hause aufgehalten hat, keine Pauschbeträge steuerfrei erstattet werden können.
  Für Tage, an denen Familienheimfahrten durchgeführt werden, kann nur die Pauschale für An- und Abreisetage zum Ansatz kommen. Für Tage, an denen sich der Arbeitnehmer ganz zu Hause aufgehalten hat, können keine Pauschbeträge steuerfrei erstattet werden.
  Von Montag bis Donnerstag ist der Arbeitnehmer 24 Stunden abwesend und erhält deshalb die volle Verpflegungspauschale 2024 von 28 EUR. An den Freitagen und an den Sonntagen erhält er eine Pauschale von 14 EUR. Samstags erhält er keine Pauschale.
  Für Juli ergeben sich damit folgende Pauschalen:
  8 × 14 EUR + 16 × 28 EUR = 560 EUR

Insgesamt können dem Arbeitnehmer damit 1.532,40 EUR steuer- und sozialversicherungsfrei erstattet werden.

16.2 Versetzung

Sachverhalt: Ein verheirateter Arbeitnehmer wurde Anfang Dezember vorübergehend 300 Kilometer von seinem Wohnort entfernt nach Kassel versetzt. Seine Familie ist nicht umgezogen.

Er hat dort ein möbliertes Apartment (40 Quadratmeter) zum Preis von 400 EUR angemietet.

An den Wochenenden fährt er regelmäßig mit der Bahn nach Hause zu seiner Familie. Die Fahrkarten kosten 300 EUR monatlich.

Nach unternehmensinternen Regelungen werden die steuerlich zulässigen Aufwendungen erstattet.

Ergeben sich aus dem Sachverhalt lohnsteuer- und sozialversicherungsrechtliche Folgen?

Ergebnis: Für den Arbeitnehmer können folgende Aufwendungen im Rahmen der doppelten Haushaltsführung erstattet werden:

- Unterkunft: Die Miete i. H. v. 400 EUR kann in voller Höhe steuer- und sozialversicherungsfrei gewährt werden.
- Fahrtkosten für eine Heimfahrt wöchentlich: Bei der Benutzung öffentlicher Verkehrsmittel können die Kosten in tatsächlicher Höhe erstattet werden. Die Erstattung der Fahrkarten bleibt somit in voller Höhe von 300 EUR lohnsteuer- und sozialversicherungsfrei.
- Verpflegungsmehraufwendungen: Diese können max. 3 Monate lang steuerfrei erstattet werden. Die 3-Monatsfrist läuft Ende Februar des nächsten Jahres aus, sodass für März erstmalig keine Verpflegungspauschalen steuer- und sozialversicherungsfrei gewährt werden dürfen.

16.3 Ledige mit Fahrten am Ort

Sachverhalt: Eine Bereichsleiterin hat bei ihrer Einstellung vor 3 Jahren eine Zusage erhalten, maximal 5 Jahre lang die notwendigen Kosten für eine Zweitwohnung ersetzt zu bekommen. Nachdem sie anfangs ein kleines Apartment in unmittelbarer Firmennähe bewohnt hat, ist sie vor etwa einem Jahr in eine rund 60 Quadratmeter große Wohnung am Stadtrand gezogen (10 Kilometer von der Firma) entfernt. Die monatliche Warmmiete beträgt 700 EUR. Sie erhält – wie alle Mitarbeiter – ein Jobticket zum Preis von monatlich 49 EUR, mit dem sie die Fahrten von der Zweitwohnung zur ersten Tätigkeitsstätte zurücklegen kann (keine Gehaltsumwandlung). Weitere Erstattungen erhält die Mitarbeiterin nicht. Obwohl sie alleinstehend ist, hat sie ihre rund 400 Kilometer entfernt liegende Hauptwohnung nicht aufgegeben und fährt dort an den Wochenenden hin, weil ihre Verwandtschaft und ihr gesamter Freundeskreis in der Gegend leben.

Wie sind die Arbeitgeberzuschüsse zu Wohnung und Fahrkarte lohnsteuer- und sozialversicherungsrechtlich zu behandeln?

Ergebnis: Die Mitarbeiterin ist aufgrund des vor 3 Jahren erfolgten Arbeitsplatzwechsels außerhalb ihres Wohnorts beschäftigt und führt am auswärtigen Beschäftigungsort einen Haushalt. Die Anerkennung einer doppelten Haushaltsführung setzt zusätzlich voraus, dass die Mitarbeiterin einen eigenen Hausstand außerhalb des Beschäftigungsorts unterhält. Bei Ledigen dürfen Arbeitgeber einen eigenen Hausstand nur anerkennen, wenn die Mitarbeiterin schriftlich erklärt hat, dass sie neben der Zweitwohnung am Beschäftigungsort außerhalb des Beschäftigungsorts einen eigenen Hausstand unterhält, an dem sie sich auch finanziell beteiligt. Die Richtigkeit dieser Erklärung muss der Arbeitnehmer durch Unterschrift bestätigen. Liegt eine solche Bescheinigung vor, ist die doppelte Haushaltsführung grundsätzlich steuerlich anzuerkennen.

Weil die doppelte Haushaltsführung schon mehrere Jahre andauert, sind Verpflegungsmehraufwendungen nicht mehr steuerfrei zu gewähren.

Es können die tatsächlichen Übernachtungskosten bis zur Höhe von maximal 1.000 EUR monatlich steuerfrei erstattet werden. Deshalb kann die Miete i.H.v. 700 EUR in voller Höhe steuer- und sozialversicherungsfrei erstattet werden.

Zuschüsse für Familienheimfahrten werden hier nicht gewährt. Die Mitarbeiterin erhält nur die Nahverkehrskarte. Die Gestellung eines zusätzlich zum Arbeitslohn gewährten Jobtickets bleibt steuerfrei. Daraus folgt die Sozialversicherungsfreiheit.

16.4 Pauschaler Übernachtungskostenersatz

Sachverhalt: Ein Arbeitnehmer hat bei seiner Einstellung die Zusage erhalten, für mindestens 2 Jahre die notwendigen Kosten für eine Zweitwohnung ersetzt zu bekommen.

Der Arbeitnehmer hat seine Hauptwohnung beibehalten. Er hat dem Arbeitgeber schriftlich erklärt, dass er außerhalb des Beschäftigungsorts einen eigenen Hausstand unterhält und die Richtigkeit dieser Erklärung durch Unterschrift bestätigt.

Nachdem er im 1. Jahr ein kleines Apartment in unmittelbarer Nähe der Firma bewohnt hat, übernachtet er ab dem 2. Jahr die Woche über bei einem befreundeten Kollegen kostenfrei in dessen Wohnung.

Ist eine Erstattung von Kosten für die Zweitwohnung nach dem Umzug noch steuer- und sozialversicherungsfrei möglich?

Ergebnis: Der Arbeitnehmer ist aufgrund des Arbeitsplatzwechsels außerhalb seines früheren Wohnorts beschäftigt und führt am auswärtigen Beschäftigungsort einen Haushalt. Die Anerkennung einer doppelten Haushaltsführung setzt zusätzlich voraus, dass der Arbeitnehmer weiterhin einen eigenen Hausstand außerhalb des Beschäftigungsorts unterhält. Dies hat er schriftlich bestätigt. Damit ist die doppelte Haushaltsführung grundsätzlich steuerlich anzuerkennen.

Bei einer doppelten Haushaltsführung kann der Arbeitgeber die Übernachtungskosten in Höhe der nachgewiesenen Aufwendungen erstatten. Aufwendungen für Übernachtung fallen hier nicht mehr an. Alternativ ist auch die Gewährung von Übernachtungspauschalen für die ersten 3 Monate möglich: Die Übernachtungskosten können im Inland bis zu 20 EUR je Übernachtung steuerfrei erstattet werden. Diese 3-Monatsfrist ist bei dem Arbeitnehmer abgelaufen, weil die doppelte Haushaltsführung bereits mehr als ein Jahr andauert. Danach kann je Übernachtung grundsätzlich ein Pauschbetrag von 5 EUR steuerfrei erstattet werden. Voraussetzung für die pauschale Erstattung ist aber, dass die Übernachtung nicht in einer vom Arbeitgeber unentgeltlich überlassenen Unterkunft stattfindet.

Dies ist hier erfüllt. Ein Wechsel zwischen dem Einzelnachweis der tatsächlich entstandenen Übernachtungskosten und dem Ansatz der Pauschbeträge ist während ein und derselben doppelten Haushaltsführung innerhalb eines Kalenderjahrs nicht zulässig. Weil der Mitarbeiter genau zum Jahreswechsel umgezogen ist, kann jedoch u. E. eine Erstattung i. H. v. 5 EUR je Übernachtung steuer- und sozialversicherungsfrei erfolgen.

16.5 Auswärtstätigkeit

Sachverhalt: Ein Arbeitnehmer führt seit etwas mehr als einem Jahr einen beruflich veranlassten doppelten Haushalt in Freiburg. Dort bewohnt er ein kleines Apartment zum Preis von 600 EUR monatlich. Am Wochenende fährt er mit dem Pkw zu seiner Familie nach Stuttgart (200 Kilometer).

Vom Arbeitgeber werden sowohl die Übernachtungskosten wie auch die Familienheimfahrten – wie in den vergangenen Monaten – bis zu den steuerfreien Grenzen erstattet.

- Der Arbeitnehmer hat an den 4 Wochenenden im Februar seinen Heimatort Stuttgart sonntags gegen 21 Uhr verlassen und ist freitags gegen 19 Uhr dorthin zurückgekehrt.

- Vom 6.-8.2. (Di.-Do.) hat er mit der Bahn Kunden in Frankfurt und Karlsruhe besucht. Die Fahrkarten dafür hat er unmittelbar vom Arbeitgeber erhalten; ebenso hat dieser seine Übernachtungen gebucht. Der Arbeitnehmer ist am Dienstag um 8 Uhr von seiner Zweitwohnung losgefahren und am Donnerstag um 11 Uhr wieder an seiner ersten Tätigkeitsstätte eingetroffen.

Können dem Mitarbeiter Verpflegungsmehraufwendungen steuer- und sozialversicherungsfrei ersetzt werden?

Ergebnis: Bei dem Arbeitnehmer liegt eine beruflich veranlasste doppelte Haushaltsführung vor. Er ist aufgrund der Versetzung außerhalb seines Wohnorts beschäftigt und führt am auswärtigen Beschäftigungsort Freiburg einen doppelten Haushalt. Deshalb dürfen die notwendigen Mehraufwendungen, die durch die doppelte Haushaltsführung entstehen, steuer- und sozialversicherungsfrei ersetzt werden.

- Die Kosten für die Unterkunft sowie die Kosten für eine Familienheimfahrt wöchentlich können steuer- und sozialversicherungsfrei erstattet werden. Bei den Fahrten können 0,30 EUR für die ersten 20 Entfernungskilometer und 0,38 EUR für die darüber hinausgehende Entfernung angesetzt werden.
- Eine Erstattung von Verpflegungsmehraufwendungen im Rahmen der doppelten Haushaltsführung kommt nicht in Betracht, da die 3-Monatsfrist abgelaufen ist.
- Während der Kundenbesuche befindet sich der Arbeitnehmer jedoch gleichzeitig auf einer beruflich veranlassten Auswärtstätigkeit. Für diese Tage können Verpflegungspauschalen erstattet werden, weil hier eine separate Frist beginnt, die mit der Rückkehr nach Freiburg endet.
  Dienstag und Donnerstag sind An-/Abreisetage und der Arbeitnehmer erhält dafür eine Pauschale von jeweils 14 EUR, am Mittwoch beträgt die Abwesenheit volle 24 Stunden und die Pauschale damit 28 EUR.
  Es können damit insgesamt 56 EUR Verpflegungsmehraufwendungen steuer- und sozialversicherungsfrei erstattet werden.

Praxistipp: Dauert die doppelte Haushaltsführung erst weniger als 3 Monate an, können auch dafür Verpflegungsmehraufwendungen erstattet werden. Soweit für denselben Kalendertag Verpflegungsmehraufwendungen wegen einer Auswärtstätigkeit und einer doppelten Haushaltsführung anzuerkennen sind, ist jeweils der höchste Pauschbetrag anzusetzen.

16.6 Arbeitnehmer ohne eigenen Hausstand

Sachverhalt: Im letzten Monat hat eine neue Auszubildende die Ausbildung begonnen. Sie stammt aus der Nähe von Hamburg und wohnt dort bei ihren Eltern. Für die

Ausbildung hat sie in Hannover ein Apartment zum Preis von 350 EUR bezogen. Die Miete dafür wird vom Arbeitgeber erstattet.

Wie ist die Erstattung für die Wohnung steuerlich und sozialversicherungsrechtlich zu beurteilen?

Ergebnis: Eine doppelte Haushaltsführung liegt vor, wenn ein Mitarbeiter aus beruflichen Gründen außerhalb des Orts, in dem er einen eigenen Hausstand unterhält, beschäftigt ist und auch am Beschäftigungsort wohnt.

Im vorliegenden Fall mangelt es an einem eigenen Hausstand der Mitarbeiterin am Heimatort, weil sie dort bei ihren Eltern wohnt. Das Vorliegen eines eigenen Hausstandes setzt eine finanzielle Beteiligung an den laufenden Kosten der Haushaltsführung voraus. Diese Voraussetzung ist bei Arbeitnehmern, die noch bei ihren Eltern wohnen, regelmäßig nicht erfüllt. Es liegt damit eine sog. unechte doppelte Haushaltsführung ohne eigenen Hausstand vor.

Die Übernahme der Wohnungsmiete durch den Arbeitgeber stellt in voller Höhe lohnsteuer- und sozialversicherungspflichtigen Arbeitslohn dar.

16.7 Wegzug

Sachverhalt: Ein lediger Mitarbeiter wohnt und arbeitet in Düsseldorf. Zum 1.6. verlegt er seinen Hauptwohnsitz zu seiner Lebensgefährtin nach München, sie hat dort eine Wohnung gemietet. Seine 50 Quadratmeter große Wohnung in Düsseldorf behält er bei, nur die Wochenenden verbringt er in München.

Liegt eine doppelte Haushaltsführung vor?

Ergebnis: Nach dem Wegzug könnte eine beruflich bedingte doppelte Haushaltsführung vorliegen. Der Mitarbeiter behält die auswärtige Zweitwohnung in Düsseldorf bei, um von dort aus seinen Arbeitsplatz erreichen zu können. Die gleichzeitige Wegverlegung der Familienwohnung aus privaten Gründen nach München, durch die erst die Einrichtung einer zusätzlichen Wohnung erforderlich wird, und damit auch die Aufsplitterung der bislang einheitlichen Haushaltsführung am Ort der Beschäftigung, sind nicht von Bedeutung.

Das Vorliegen eines eigenen Hausstandes setzt eine finanzielle Beteiligung an den laufenden Kosten der Haushaltsführung voraus. Betragen die Barleistungen des Mitarbeiters mehr als 10 % der monatlich regelmäßig anfallenden laufenden Kosten der Haushaltsführung (Miete, Mietnebenkosten, Kosten für Lebensmittel und andere

Dinge des täglichen Bedarfs), ist von einer finanziellen Beteiligung auszugehen. Bei unverheirateten Arbeitnehmern kann der Arbeitgeber einen eigenen Hausstand nur dann anerkennen, wenn sie schriftlich erklären, dass sie neben einer Zweitwohnung am Beschäftigungsort außerhalb des Beschäftigungsortes einen eigenen Hausstand am Lebensmittelpunkt unterhalten, an dem sie sich auch finanziell beteiligen.

16.8 Familienheimfahrten

Sachverhalt: Ein Arbeitnehmer wird für 3 Jahre an die Filiale seines Arbeitgebers nach München abgeordnet. Seine Familie wohnt weiterhin in Düsseldorf. Der Mitarbeiter hat sich in München ein Apartment gemietet und führt einen doppelten Haushalt. Gemäß der anlässlich der Abordnung getroffenen Vereinbarungen erhält der Mitarbeiter die steuerlich berücksichtigungsfähigen Kosten für maximal eine Familienheimfahrt wöchentlich ersetzt.

Im betroffenen Jahr fährt der Mitarbeiter an 44 Wochenenden die Strecke von 630 Kilometer zu seiner Familie nach Düsseldorf und am Sonntagabend wieder zurück nach München.

Wie müssen die Erstattungen lohnsteuer- und sozialversicherungsrechtlich behandelt werden?

Ergebnis: Im Rahmen der beruflich bedingten doppelten Haushaltsführung können dem Mitarbeiter die Aufwendungen für eine Familienheimfahrt wöchentlich in Höhe der Entfernungspauschale steuerfrei ersetzt werden.

Für den Arbeitnehmer ergibt sich folgende Berechnung:

44 Fahrten × 20 Kilometer × 0,30 EUR	264,00 EUR
44 Fahrten x 610 Kilometer x 0,38 EUR	*+ 10.199,20 EUR*
Gesamt	10.463,20 EUR

Eine Begrenzung oder einen Höchstbetrag gibt es für Familienheimfahrten nicht. Damit kann der volle Betrag von 10.463,20 EUR steuerfrei erstattet werden. Auch Sozialversicherungsbeiträge fallen nicht an.

Die Erstattung ist allerdings grundsätzlich in der Lohnsteuerbescheinigung einzutragen. Der Arbeitnehmer kann für die Fahrten keine Kosten mehr im Rahmen seiner Einkommensteuererklärung geltend machen.

16.9 Umgekehrte Familienheimfahrten

Sachverhalt: Ein verheirateter Abteilungsleiter führt seit Jahren einen doppelten Haushalt. Neben einem Apartment an seinem Arbeitsort Dresden hat er seinen Hauptwohnsitz in der Nähe von München, wo seine Ehefrau weiterhin wohnt. Die Firma erstattet die Kosten für die wöchentlichen Familienheimfahrten mit dem eigenen Pkw im Rahmen der steuerlichen Möglichkeiten.

An insgesamt 3 Wochenenden konnte der Mitarbeiter wegen dringender beruflicher Verpflichtungen keine Heimfahrt antreten, stattdessen besuchte ihn seine Ehefrau an diesen Wochenenden in Dresden. Zusätzlich ist die Ehefrau auch an einem Wochenende im Dezember nach Dresden gekommen, um mit ihrem Mann den dortigen Weihnachtsmarkt zu besuchen.

Können auch die Aufwendungen für die Besuchsfahrten der Ehefrau steuerfrei ersetzt werden?

Ergebnis: Im Rahmen der doppelten Haushaltsführung können die Kosten für eine Heimfahrt wöchentlich steuerfrei erstattet werden. Dazu können dem Arbeitnehmer die Aufwendungen in Höhe der Entfernungspauschale von 0,30 EUR für die ersten 20 Entfernungskilometer und i. H. v. 0,38 EUR für die darüber hinausgehende Entfernung steuerfrei ersetzt werden. Bei einer Entfernung von 450 km sind dies wöchentlich:

0,30 EUR x 20 Kilometer + 0,38 EUR x 430 Kilometer = 169,40 EUR.

Dies gilt grundsätzlich auch für sog. umgekehrte Familienheimfahrten. Wird der Arbeitnehmer am Wochenende von seinem Ehegatten oder minderjährigen Kindern besucht, insbesondere weil er aus beruflichen Gründen nicht nach Hause fahren kann, so treten deren Fahrtkosten an die Stelle der Kosten für eine Familienheimfahrt des Arbeitnehmers. Auch diese Kosten können vom Arbeitgeber nach den Grundsätzen für Familienheimfahrten steuerfrei erstattet werden, allerdings nur in der Höhe, in der auch dem Arbeitnehmer Kosten für die Familienheimfahrt entstanden wären. Für die 3 Wochenenden, an denen der Arbeitnehmer beruflich an einer Familienheimfahrt gehindert war, können trotzdem jeweils 169,40 EUR steuerfrei erstattet werden.

Wird die wöchentliche Familienheimfahrt hingegen aus privaten Gründen nicht angetreten, sind die Aufwendungen für die stattdessen durchgeführte Besuchsfahrt des anderen Ehegatten zum Beschäftigungsort keine Werbungskosten. Für das Wochenende des Weihnachtsmarktbesuchs ist deshalb keine steuerfreie Erstattung durch den Arbeitgeber möglich.

Hinweis: Bei Nutzung einer Wohnung am auswärtigen Tätigkeitsort zur Übernachtung während einer beruflich veranlassten Auswärtstätigkeit kann im Inland aus Vereinfachungsgründen bei Aufwendungen bis zu einem Betrag von 1.000 EUR monatlich von einer ausschließlichen beruflichen Veranlassung ausgegangen werden. Daran ändern auch gelegentliche Besuche des Ehe- /Lebenspartners oder anderer Familienmitglieder nichts.

16.10 Entfernungsvoraussetzungen

Sachverhalt: Ein Mitarbeiter hat seine Hauptwohnung in Berlin und in Cottbus seine erste Tätigkeitsstätte. Die Entfernung von Berlin (Hauptwohnung) nach Cottbus beträgt 100 km und die Fahrzeit mit der Bahn 50 Minuten. Der Arbeitnehmer nimmt sich in Forst eine Zweitwohnung. Die Entfernung von dieser Zweitwohnung nach Cottbus (erste Tätigkeitsstätte) beträgt 30 km.

Ergebnis: Eine doppelte Haushaltsführung liegt nur vor, wenn der Arbeitnehmer außerhalb des Orts seiner ersten Tätigkeitsstätte einen eigenen Haushalt unterhält (Hauptwohnung) und auch am Ort der ersten Tätigkeitsstätte wohnt (Zweitwohnung). Das Beziehen der Zweitwohnung oder -unterkunft muss zudem aus beruflichen Gründen erforderlich sein.

Diese Voraussetzungen sind erfüllt. Aufgrund der Entfernung von mehr als 50 km zwischen Hauptwohnung und erster Tätigkeitsstätte liegt die Hauptwohnung nicht am Ort der ersten Tätigkeitsstätte. Die Zweitwohnung in Forst liegt 30 km entfernt und damit noch am Ort der ersten Tätigkeitsstätte. Es liegt eine doppelte Haushaltsführung vor. Da die kürzeste Straßenverbindung von der Zweitwohnung zur ersten Tätigkeitsstätte (30 km) auch weniger als die Hälfte der Straßenverbindung zwischen Hauptwohnung in Berlin und erster Tätigkeitsstätte beträgt (1/2 von 100 km=50 km), kann auch von einer beruflichen Veranlassung der doppelten Haushaltsführung ausgegangen werden.

17 Einmalzahlungen

17.1 Entgeltarten

Sachverhalt: Ein Arbeitgeber zahlt seinen Mitarbeitern laufendes wie auch einmaliges Arbeitsentgelt unter diversen Bezeichnungen.

Welche der Entgeltarten zählen zu den Einmalzahlungen, welche zum Arbeitsentgelt?

Ergebnis

Bezeichnung des Arbeitsentgelts	Einmal-zahlung	laufendes Arbeitsentgelt
Weihnachtsgeld	x	
Urlaubsgeld	x	
Jubiläumszuwendungen	x	
Geburtsbeihilfen	x	
Abgeltung bestimmter Aufwendungen des Beschäftigten, die im Zusammenhang mit der Beschäftigung stehen		x
Waren oder Dienstleistungen, die vom Arbeitgeber nicht überwiegend für den Bedarf seiner Beschäftigten hergestellt, vertrieben oder erbracht werden und monatlich in Anspruch genommen werden können, z. B. verbilligter Einkauf für Mitarbeiter eines Warenhauses		x
Sonstige Sachbezüge		x
Vorteil aus verbilligter Miete für Arbeitnehmer in einer Werkswohnung		x
Arbeitnehmer bei einem Automobilkonzern, kann 2x jährlich ein Auto mit Personalrabatt erwerben	x	
Vermögenswirksame Leistungen		x
Provision		x
Beteiligung am Unternehmensgewinn des Vorjahres	x	

17.2 Zeitliche Zuordnung

Sachverhalt: In der Zeit vom 1.4.-31.12.2024 werden Einmalzahlungen an diverse Arbeitnehmer ausgezahlt.

Welchem Entgeltabrechnungsmonat sind diese Einmalzahlungen zuzuordnen?

Ergebnis

Sachverhalt	Zuordnung	Hinweise/Besonderheiten
Auszahlung Urlaubsgeld im Mai	Mai	
Weihnachtsgeld wird im Dezember ausgezahlt, der Arbeitnehmer bezieht seit 1.10. Krankengeld	Dezember	Krankengeldbezugszeiten sind grds. beitragsfrei. Trotzdem unterliegt die Einmalzahlung der Beitragspflicht. Die beitragsfreie Zeit wird jedoch nicht für die Ermittlung der anteiligen Jahresbeitragsbemessungsgrenze herangezogen (Oktober bis Dezember= 0 SV-Tage)
Gewinnbeteiligung auf Vorjahresgewinn wird im Juni gezahlt, die Arbeitnehmerin ist bereits seit 15.5. in Elternzeit	Juni	Während einer Elternzeit besteht grds. Beitragsfreiheit. Trotzdem unterliegt die Einmalzahlung der Beitragspflicht (s. voriges Beispiel)
Beschäftigung endet am 31.10. wegen Eintritt in den Ruhestand. Zahlung von anteiligem Weihnachtsgeld im Dezember	Oktober	Zuordnung zum letzten abgerechneten Kalendermonat im laufenden Jahr
Beschäftigung endet durch fristlose Kündigung am 14.3. Im Juni wird dem Arbeitnehmer durch das Arbeitsgericht eine Abfindung wegen Beendigung der Beschäftigung als Entschädigung für den Wegfall künftiger Verdienstmöglichkeiten (den Verlust des Arbeitsplatzes) zugesprochen und ausgezahlt	keine	Keine Zuordnung zum früheren Beschäftigungsverhältnis, weil die Abfindung künftige Entgeltansprüche (also für die Zeit nach Ende der Beschäftigung) ausgleichen soll **Achtung:** Soweit es sich um erarbeitete Entgeltansprüche handelt, die nachgezahlt werden, sind diese dem Beschäftigungsverhältnis zuzuordnen (Einmalzahlungen im Beispiel also dem Zeitraum 1.-14.3. bzw. laufende Entgelte dem Monat der Erzielung).

17.3 Zeitliche Zuordnung mit Märzklausel

Sachverhalt: In der Zeit vom 1.1.-31.3.2024 werden Einmalzahlungen an diverse Arbeitnehmer ausgezahlt.

Welchem Entgeltabrechnungsmonat müssen diese Einmalzahlungen zugeordnet werden?

Ergebnis

Sachverhalt	Zuordnung	Hinweise/Besonderheiten
Einmalzahlung durch Arbeitgeber A im März 2024 übersteigt anteilige Jahresbeitragsbemessungsgrenze. Der Arbeitnehmer war wie folgt bei Arbeitgeber A beschäftigt: 1.3.2011 – 30.6.2023 1.2.2024 – laufend In der Zeit vom 1.7.2023 bis 31.1.2024 bestand eine Beschäftigung bei Arbeitgeber B.	Juni 2023	Die Märzklausel gilt auch, wenn der Arbeitnehmer für eine Zwischenzeit bei einem anderen Arbeitgeber beschäftigt war. Es fällt grundsätzlich die Insolvenzgeldumlage nach der Höhe des für die Rentenversicherung beitragspflichtigen Anteils der Einmalzahlung an (2023: 0,06%). Umlagen nach dem AAG sind aus der Einmalzahlung nicht zu entrichten.
Einmalzahlung im März 2024 übersteigt anteilige Jahresbeitragsbemessungsgrenze. Beschäftigung bestand auch während des Vorjahres, die Jahresbeitragsbemessungsgrenze bis Dezember 2023 ist jedoch bereits ausgeschöpft.	Dezember 2023	Bei der Märzklausel bleibt es auch dann, wenn der beitragspflichtige Anteil geringer ist, als er bei einer Zuordnung im laufenden Jahr gewesen wäre (kein Günstigkeitsvergleich). Hier ist die Einmalzahlung im Ergebnis beitragsfrei.
Einmalzahlung im März 2024 übersteigt anteilige Jahresbeitragsbemessungsgrenze der Kranken- und Pflegeversicherung, nicht die der Renten- und Arbeitslosenversicherung. Der Arbeitnehmer ist nur renten- und arbeitslosenversicherungspflichtig (private Kranken- und Pflegeversicherung). Beitragsgruppe 0110.	März 2024	Für die Anwendung der Märzklausel ist bei krankenversicherungspflichtigen Arbeitnehmern für alle Versicherungszweige die KV-Beitragsbemessungsgrenze maßgebend, ansonsten die RV-Beitragsbemessungsgrenze. Damit wird vermieden, dass eine Einmalzahlung zur Beitragsberechnung unterschiedlichen Abrechnungszeiträumen zuzurechnen ist. Die Beitragsberechnung erfolgt dann für alle Versicherungszweige unter Berücksichtigung der im neuen Zuordnungsmonat geltenden Bedingungen (Beitragsgruppen, Beitragssätze und Beitragsbemessungsgrenzen). In beiden Fällen fällt Insolvenzgeldumlage (2024: 0,06%) nach der Höhe des für die Rentenversicherung beitragspflichtigen Anteils an. Umlagen nach dem AAG sind aus den Einmalzahlungen nicht zu entrichten.

Der Arbeitnehmer erhält im März 2024 2 verschiedene Einmalzahlungen, die jeweils für sich nicht, sondern nur in der Summe, die anteilige Jahresbeitragsbemessungsgrenze überschreiten.	Dezember 2023	Mehrere Einmalzahlungen im selben Abrechnungsmonat sind zusammen als einmalig gezahltes Arbeitsentgelt dieses Abrechnungszeitraums zu behandeln. Grundsätzlich fällt die Insolvenzgeldumlage (2023: 0,06%) nach der Höhe des für die Rentenversicherung beitragspflichtigen Anteils der Einmalzahlung an. Umlagen nach dem AAG sind aus der Einmalzahlung nicht zu entrichten.
Der Arbeitnehmer erhält im Januar 2024 eine Einmalzahlung; sie ist in diesem Monat in vollem Umfang beitragspflichtig. Im März 2024 erhält er eine weitere Einmalzahlung, welche die anteilige Jahresbeitragsbemessungsgrenze übersteigt.	Dezember 2023 für die Einmalzahlung aus März, die Einmalzahlung aus Januar bleibt unberührt	Die erste Einmalzahlung im Januar wurde voll beitragspflichtig. Die zweite Sonderzuwendung im März übersteigt die anteilige Jahresbeitragsbemessungsgrenze und ist dem Vorjahr zuzuordnen. Die Zuordnung der bereits voll abgerechneten Einmalzahlung im Januar 2024 bleibt davon unberührt. Für die Einmalzahlung im März fällt grundsätzlich die Insolvenzgeldumlage (2023: 0,06%) nach der Höhe des für die Rentenversicherung beitragspflichtigen Anteils der Einmalzahlung an. Umlagen nach dem AAG sind aus der Einmalzahlung nicht zu entrichten.

Der Arbeitnehmer ist am 1.3.2024 von Arbeitgeber B zu C gewechselt. Er erhält auch nach Beendigung der Beschäftigung bei Arbeitgeber B von diesem noch Einmalzahlungen. Die Einmalzahlungen überschreiten jeweils die maßgebende anteilige Jahresbeitragsbemessungsgrenze **1.** von C im März 2024 **2.** von B im März 2024 **3.** von B im Juni 2024	**1.** März 2024 **2.** Dezember 2023 **3.** Februar 2024	**1.** Keine Beschäftigung bei C im Vorjahr. Beitrags- und Umlagepflicht zur Insolvenzgeldumlage (2024: 0,06 %) besteht im Rahmen der Beitragsbemessungsgrenzen für März 2024, wobei das laufende Entgelt vorrangig beitragspflichtig ist. **2.** Wegen Zahlung bis 31.3.2024 und Beschäftigung bei B im Vorjahr ist die Märzklausel anzuwenden. Grundsätzlich fällt die Insolvenzgeldumlage (2023: 0,06 %) nach der Höhe des für die Rentenversicherung beitragspflichtigen Anteils der Einmalzahlung an, jedoch keine Umlagen nach dem AAG. **3.** Die Einmalzahlung ist nach dem 31.3.2024 ausgezahlt worden. Sie wurde lediglich einem Monat im ersten Quartal zugeordnet, weil die Beschäftigung in diesem Monat geendet hat. Aus diesem Grund bleibt es bei der Zuordnung; die Märzklausel wird nicht angewendet. Sollte ein für die Rentenversicherung beitragspflichtiger Anteil der Einmalzahlung entstehen, fällt die Insolvenzgeldumlage (2024: 0,06 %) an. Umlagen nach dem AAG sind aus der Einmalzahlung nicht zu entrichten.

17.4 Märzklausel

Sachverhalt: In einem Handelsunternehmen (Rechtskreis West) ist es üblich, im Februar die Jahresprovision für das vergangene Jahr auszuzahlen. Eine Mitarbeiterin (Stkl I, keine Kinder, evangelisch, KV-Zusatzbeitrag 1,3%) hat ein Gehalt von 4.200 EUR. Sie erhält im Februar 2024 eine Jahresprovision i.H.v. 6.000 EUR.

Ihr Jahresbruttoentgelt im Jahr 2023 betrug 56.400 EUR.

Welchem Zeitraum ist die Einmalzahlung zuzuordnen und in welcher Höhe ist sie steuer- und beitragspflichtig zur Sozialversicherung?

Ergebnis: Die Jahresprovision ist im Februar 2024 als sonstiger Bezug nach der Jahrestabelle zu versteuern. Im Steuerrecht gilt das Zuflussprinzip: Die Lohnsteuer fällt in dem Jahr an, in dem die Zahlung erfolgt.

Berechnung der Lohnsteuer auf den sonstigen Bezug

Voraussichtlicher Jahresarbeitslohn ohne sonstigen Bezug (4.200 EUR × 12 Monate)	50.400,00 EUR	
Lohnsteuer darauf		7.312 EUR
Voraussichtlicher Jahresarbeitslohn mit sonstigem Bezug (50.400 EUR+6.000 EUR)	56.400,00 EUR	
Lohnsteuer darauf		8.910 EUR
Lohnsteuer auf den sonstigen Bezug (8.910 EUR – 7.312 EUR)	1.598,00 EUR	
Kirchensteuer darauf (1.598 EUR x 9%)	143,82 EUR	

Sozialversicherungsrechtliche Beurteilung: In der Sozialversicherung ist die Anwendung der Märzklausel zu prüfen. Dazu ist die anteilige Jahresbeitragsbemessungsgrenze (JBBG) per 29.2.2024 sowohl in der Kranken- und Pflegeversicherung als auch in der Renten- und Arbeitslosenversicherung dem beitragsrechtlichen Entgelt per 29.2.2024 gegenüberzustellen:

Anteilige JBBG Kranken- und Pflegeversicherung 2024 (5.175 EUR × 2 Monate)		10.350 EUR
Gehalt Januar 2024	4.200 EUR	
Gehalt Februar 2024	+ 4.200 EUR	
Entgelt per 29.2.2024		– 8.400 EUR
Differenz		*1.950 EUR*
Jahresprovision		6.000 EUR

Die gesamte Einmalzahlung muss dem Vorjahr (Anwendung der Märzklausel) zugeordnet werden, auch in der Renten- und Arbeitslosenversicherung.

Kranken- und Pflegeversicherung

JBBG Kranken- und Pflegeversicherung 2023	59.850 EUR
Beitragspflichtiges Arbeitsentgelt 2023	*56.400 EUR*
Differenz	3.450 EUR
Einmalzahlung aus Februar 2024	6.000 EUR

Die Einmalzahlung aus Februar 2024 i. H. v. 6.000 EUR ist i. H. v. 3.450 EUR beitragspflichtig zur Kranken- und Pflegeversicherung (3.450 EUR < 6.000 EUR).	3.450 EUR

Renten- und Arbeitslosenversicherung

JBBG Renten- und Arbeitslosenversicherung 2023	87.600 EUR
Beitragspflichtiges Arbeitsentgelt 2023	*– 56.400 EUR*
Differenz	31.200 EUR

Die gesamte Einmalzahlung aus Februar 2024 i. H. v. 6.000 EUR ist beitragspflichtig zur Renten- und Arbeitslosenversicherung (6.000 EUR < 31.200 EUR).

Hinweis: Bei krankenversicherungspflichtigen Arbeitnehmern ist bei der Beurteilung der Märzklausel für jeden Versicherungszweig auf die Beitragsbemessungsgrenze in der Krankenversicherung abzustellen. Bei krankenversicherungsfreien (freiwillig oder privat versicherten) Arbeitnehmern ist nur die Beitragsbemessungsgrenze in der Rentenversicherung anzuwenden.

Praxistipp: Wurde die Jahresprovision im Entgeltabrechnungsprogramm als Einmalzahlung gekennzeichnet, wird die Prüfung der Märzklausel automatisch durchgeführt.

17.5 Urlaubsgeld

Sachverhalt: Ein Arbeitnehmer, Lohnsteuerklasse I, keine Kinder, verdient monatlich 3.450 EUR. Sein individueller Krankenkassenzusatzbeitrag beträgt 1,3 %. Im Juni 2024 erhält er ein Urlaubsgeld i. H. v. 1.500 EUR.

Wie ist die Einmalzahlung steuer- und sozialversicherungsrechtlich zu bewerten?

Ergebnis: Urlaubsgeld gehört zu den Einmalzahlungen (sozialversicherungsrechtlich) bzw. sonstigen Bezügen (lohnsteuerrechtlich). Für diese gelten besondere steuerrechtliche und sozialversicherungsrechtliche Regelungen.

Sonstige Bezüge müssen nach der Jahreslohnsteuertabelle versteuert werden.

Berechnung der Lohnsteuer auf den sonstigen Bezug

Voraussichtlicher Jahresarbeitslohn ohne sonstigen Bezug:		
(3.450 EUR × 12 Monate)	41.400 EUR	
Darauf entfallende Lohnsteuer		5.075 EUR
Voraussichtlicher Jahresarbeitslohn mit sonstigem Bezug	42.900 EUR	
(41.400 EUR + 1.500 EUR Urlaubsgeld)		
Darauf entfallende Lohnsteuer		*5.434 EUR*
Differenz		359 EUR

Die Differenz zwischen beiden Beträgen ist die Lohnsteuer auf den sonstigen Bezug, ggf. zzgl. Kirchensteuer.

Berechnung Sozialversicherungspflicht der Einmalzahlung

Anteilige JBBG Kranken- und Pflegeversicherung 2024	
(5.175 EUR × 6 Monate)	31.050 EUR
Gehalt Januar bis Juni 2024 (3.450 EUR x 6 Monate)	– 20.700 EUR
Differenz	*10.350 EUR*
Urlaubsgeld	1.500 EUR

Das gesamte Urlaubsgeld i. H. v. 1.500 EUR ist sozialversicherungspflichtig (10.350 EUR > 1.500 EUR).

Da die Beitragsbemessungsgrenze in der Renten- und Arbeitslosenversicherung höher liegt, erübrigt sich im vorliegenden Fall die Prüfung, ob die Beitragsbemessungsgrenze überschritten wird.

Hinweis: Einmalzahlungen bleiben bei der Ermittlung der Umlagen U1 und U2 außer Ansatz.

Praxistipp: Im Entgeltabrechnungsprogramm ist in jedem Fall eine Lohnart der Gruppe »sonstiger Bezug und Einmalzahlung« auszuwählen, damit die Versteuerung und Beitragsabrechnung nach dem o. g. Schema ausgeführt wird.

17.6 Arbeitgeberwechsel und Krankengeldbezug

Sachverhalt: Ein Arbeitnehmer ist versicherungspflichtig zu allen Zweigen der Sozialversicherung. Seine Beschäftigung bei Arbeitgeber A endet am 31.3.2024. Er beginnt dort am 16.5.2024 erneut. Während der Zeit vom 1.4. – 15.5.2024 ist der Arbeitnehmer bei Arbeitgeber B beschäftigt.

- Vom 1.11.2024 – 15.1.2025 bezieht er Krankengeld.
- Weihnachtsgeld wird im Dezember 2024 ausgezahlt.

Bis zu welcher Höhe unterliegt das Weihnachtsgeld der Beitragsberechnung zur Sozialversicherung?

Ergebnis: Die Bemessungsgrenze für Dezember 2024 beträgt 0 EUR, da keine beitragspflichtigen SV-Tage infolge des Krankengeldbezugs vorliegen. Deshalb sind die anteiligen Jahresbeitragsbemessungsgrenzen für die Kranken- und Pflegeversicherung und die Renten- und Arbeitslosenversicherung zu ermitteln. So kann festgestellt werden, bis zu welchem Gesamtarbeitsentgelt (noch) Beitragspflicht besteht.

Ermittlung der SV-Tage vom 1.1. - 31.12.2024

Januar bis März 2024 (3 Monate x 30 Tage)	90 Tage
April 2024 (Zeiten bei Arbeitgeber B zählen nicht)	0 Tage
Mai 2024 (16.5. - 31.5., es zählen die tatsächlichen Kalendertage)	16 Tage
Juni bis Oktober 2024 (5 Monate x 30 Tage)	150 Tage
November bis Dezember 2024 (Krankengeldbezug beitragsfrei)	0 Tage
SV-Tage 2024 gesamt	**256 Tage**

Anteilige Jahresbeitragsbemessungsgrenze Kranken- und Pflegeversicherung

Jahresbeitragsbemessungsgrenze 2024	62.100 EUR
Anteilige Jahresbeitragsbemessungsgrenze 2024 (62.100 EUR : 360 Tage x 256 SV-Tage)	44.160 EUR

Während der Beschäftigungszeiten bis einschließlich Dezember 2024 ist maximal ein Gesamtarbeitsentgelt von 44.160 EUR beitragspflichtig zur Kranken- und Pflegeversicherung. Darüber hinaus ausgezahltes Entgelt wird nicht verbeitragt.

Anteilige Jahresbeitragsbemessungsgrenze Renten- und Arbeitslosenversicherung

Jahresbeitragsbemessungsgrenze 2024	90.600,00 EUR
Anteilige Jahresbeitragsbemessungsgrenze 2024 (90.600 EUR : 360 Tage × 256 SV-Tage)	64.426,67 EUR

Während der Beschäftigungszeiten bis einschließlich Dezember 2024 ist maximal ein Gesamtarbeitsentgelt von 64.426,67 EUR beitragspflichtig zur Renten- und Arbeitslosenversicherung sowie zur Insolvenzgeldumlage. Darüber hinaus ausgezahltes Entgelt bleibt beitragsfrei.

17.7 Unterjähriger Beginn/Wegfall der Versicherungspflicht

Sachverhalt: Ein Arbeitnehmer nimmt am 1.4.2024 eine Beschäftigung auf. Zunächst besteht ausschließlich Renten- und Arbeitslosenversicherungspflicht und Krankenversicherungsfreiheit wegen Überschreitens der Jahresarbeitsentgeltgrenze (BGR 0110).

Ab 1.7.2024 wird das Entgelt dauerhaft gekürzt und folglich tritt Kranken- und Pflegeversicherungspflicht ein (BGR 1111).

Im Dezember 2024 wird vom Arbeitgeber eine Einmalzahlung geleistet.

Welche Besonderheiten sind bei der Ermittlung der anteiligen Jahresbeitragsbemessungsgrenzen aufgrund der unterjährigen Änderungen bei den Beitragsgruppen zu beachten?

Ergebnis: Die anteiligen Jahresbeitragsbemessungsgrenzen sind wegen der unterjährigen Änderung in der KV und PV für einen abweichenden Zeitraum zu ermitteln:

- Kranken- und Pflegeversicherung für die Zeit vom 1.7.–31.12.2024.
- Renten- und Arbeitslosenversicherung und Insolvenzgeldumlage für die Zeit vom 1.4.–31.12.2024.

17.8 Unterjährige Beitragsgruppenveränderung, durchgängige Versicherungspflicht in allen SV-Zweigen

Sachverhalt: Ein Arbeitnehmer hatte bislang Beitragsgruppe 1111. Er vollendet das Lebensjahr für den Bezug einer Regelaltersrente am 11.7.2024 und erhält ab 1.8.2024 Vollrente wegen Alters sowie eine Einmalzahlung im Dezember 2024 aus seinem weiterhin ausgeübten Beschäftigungsverhältnis. Der beschäftigte Vollrentner hat in seiner Beschäftigung nicht auf die Versicherungsfreiheit in der Rentenversicherung verzichtet.

Welche Besonderheiten sind bei der Ermittlung der anteiligen Jahresbeitragsbemessungsgrenzen aufgrund der unterjährigen Änderungen bei den Beitragsgruppen zu beachten?

Ergebnis: Beitragsgruppen ändern sich bei dem Arbeitnehmer ab 1.8.2024 wie folgt:

- *Krankenversicherung:* Änderung der Beitragsgruppe von 1XXX auf 3XXX,
- wegen des Rentenbezugs entfällt der Anspruch auf Krankengeld. Der ermäßigte KV-Beitragssatz gilt.
- *Rentenversicherung:* Änderung der Beitragsgruppe von X1XX auf X3XX,
- wegen des Rentenbezugs wird der Arbeitnehmer rentenversicherungsfrei. Der Arbeitgeber muss den halben Rentenversicherungsbeitrag zahlen.
- *Arbeitslosenversicherung:* Änderung der Beitragsgruppe von XX1X auf XX2X,
- wegen Vollendung des Lebensjahres für den Bezug einer Regelaltersrente wird der Arbeitnehmer arbeitslosenversicherungsfrei. Der Arbeitgeber muss den halben Arbeitslosenversicherungsbeitrag zahlen.

- *Insolvenzgeldumlage:* Die Umlage ist auch für rentenversicherungsfreie Arbeitnehmer von dem Entgelt zu entrichten, das ohne die Rentenversicherungsfreiheit für die Berechnung der Rentenversicherungsbeiträge relevant wäre.

Trotz der Änderung besteht in der Kranken-, Pflege-, Renten- und Arbeitslosenversicherung durchgehend Beitragspflicht.

Die anteiligen Jahresbeitragsbemessungsgrenzen sind für jeden Versicherungszweig durchgehend für die Zeit vom 1.1.–31.12.2024 zu ermitteln. Die Beiträge aus dem beitragspflichtigen Anteil der Einmalzahlung sind jedoch nach dem im Dezember 2024 geltenden Beitragsgruppenschlüssel (BGR 3321) und mit den entsprechenden Beitragssätzen zu berechnen.

17.9 Beitragspflichtiger Anteil, Ermittlung

Sachverhalt: Ein Arbeitnehmer erhält laufendes Monatsentgelt i. H. v. 4.425 EUR.

Im Dezember 2024 bekommt er Weihnachtsgeld i. H. v. 5.000 EUR.

Im Mai 2024 erhält er Urlaubsgeld i. H. v. 4.425 EUR.

Im August 2024 macht er Überstunden, die mit 900 EUR vergütet werden (laufendes Entgelt; beitragspflichtig bis zur Beitragsbemessungsgrenze des Monats in der KV/PV waren noch 750 EUR; die vollen 900 EUR waren beitragspflichtig zur RV/ALV).

Die anteiligen Jahres- Beitragsbemessungsgrenzen 2024 betragen
- am 31.5.2024: 25.875 EUR (KV/PV) bzw. 37.750 EUR (RV/ALV)
- am 31.12.2024: 62.100 EUR (KV/PV) bzw. 90.600 EUR (RV/ALV)

Wie ist der beitragspflichtige Anteil der Einmalzahlungen im Mai und Dezember jeweils zu berechnen?

Ergebnis

Berechnungsformel

Anteilige Jahresbeitragsbemessungsgrenze

- bisher beitragspflichtiges Arbeitsentgelt ohne die zu beurteilende Einmalzahlung

= BBG für die zu beurteilende Einmalzahlung

Der so ermittelte Freiraum zwischen der anteiligen Jahresbeitragsbemessungsgrenze und dem im gleichen Zeitraum erzielten beitragspflichtigen Entgelt des jeweiligen Versicherungszweiges bildet die Beitragsbemessungsgrenze für die Einmalzahlung.

Soweit diese überschritten wird, bleibt die Einmalzahlung beitragsfrei. (Achtung: Ausnahme s. unter »Märzklausel«!)

Berechnung Kranken- und Pflegeversicherung für Mai 2024

Anteilige Jahresbeitragsbemessungsgrenze	25.875 EUR
Entgelt (4.425 EUR x 5 Monate)	*– 22.125 EUR*
Differenz	3.750 EUR

Der beitragspflichtige Anteil des Urlaubsgeldes i. H. v. 4.425 EUR beträgt zur Kranken- und Pflegeversicherung 3.750 EUR.

Berechnung Renten- und Arbeitslosenversicherung für Mai 2024

Anteilige Jahresbeitragsbemessungsgrenze	37.750 EUR
Entgelt (4.237,50 EUR x 5 Monate)	*– 22.125 EUR*
Differenz	15.625 EUR

Das Urlaubsgeld ist in voller Höhe von 4.425 EUR beitragspflichtig zur RV/ALV sowie zur Insolvenzgeldumlage. Es fällt keine Umlage U1 bzw. U2 an.

Berechnung Kranken- und Pflegeversicherung für Dezember 2024

Anteilige Jahresbeitragsbemessungsgrenze		62.100 EUR
Entgelt (4.425 EUR x 12 Monate)	53.100 EUR	
Zzgl. verbeitragtes Urlaubsgeld	+ 3.750 EUR	
Zzgl. verbeitragte Überstundenvergütung	+ 750 EUR	
Entgelt gesamt		– 57.600 EUR
Differenz		4.500 EUR

Der beitragspflichtige Anteil des Weihnachtsgeldes i. H. v. 5.000 EUR beträgt zur Kranken- und Pflegeversicherung 4.500 EUR.

Berechnung Renten- und Arbeitslosenversicherung für Dezember 2024

Anteilige Jahresbeitragsbemessungsgrenze		90.600,00 EUR
Entgelt (4.425 EUR x 12 Monate)	EUR	
Zzgl. Urlaubsgeld	+ 4.425 EUR	
Zzgl. Überstundenvergütung	+ 900,00 EUR	
Entgelt gesamt		– 58.425 EUR
Differenz		32.175 EUR

Das Weihnachtsgeld ist in voller Höhe von 5.000 EUR beitragspflichtig zur RV/ALV und zur Insolvenzgeldumlage. Es fällt keine Umlage U1 bzw. U2 an.

17.10 Beitragsberechnung

Sachverhalt: Ein Arbeitnehmer erhält im März eine Geburtsbeihilfe, die die anteilige Jahresbeitragsbemessungsgrenze für Januar bis März übersteigt. Die Geburt seines Sohns hat er dem Arbeitgeber im Februar angezeigt, sodass er ab 1.3. den Beitragszuschlag für Kinderlose zur Pflegeversicherung nicht mehr zu zahlen hat.

Ergebnis: Die Beitragsberechnung für den beitragspflichtigen Teil der Einmalzahlung findet stets in den Beitragsgruppen statt, die im jeweiligen Zuordnungsmonat für den Beschäftigten gelten. Auch beim Beitragssatz sind immer die Verhältnisse des Zuordnungsmonats maßgebend. Dies bedeutet, dass bei rückwirkender Zuordnung von Einmalzahlungen nicht selten andere Beitragsfaktoren maßgeblich sind als im Auszahlungsmonat der Einmalzahlung.

Auswirkungen beim Arbeitnehmer: Die Geburtsbeihilfe ist für den Arbeitnehmer dem Dezember zuzuordnen, da wegen der anzuwendenden Märzklausel eine Zuordnung im Auszahlungsmonat März ausscheidet. Daher sind die Verhältnisse des Monats Dezember des Vorjahres maßgebend: Es ist also noch der Beitragssatz zur Pflegeversicherung inklusive des Beitragszuschlags für Kinderlose zu beachten. Auch die Beiträge zur KV, RV und BA sind mit dem Beitragssatz des Vorjahres zu berechnen. Gleiches gilt für die Insolvenzgeldumlage.

Lohnsteuerliche Beurteilung: Die Lohnsteuer fällt ab 1.3. minimal höher aus, da aufgrund des weggefallenen Beitragszuschlags für Kinderlose die Vorsorgepauschale sinkt.

17.11 Rückwirkende Korrektur

Sachverhalt: Am 16.10.2023 wird mit allen Arbeitnehmern eine schriftliche Vereinbarung darüber geschlossen, dass die im Dezember 2023 fälligen Jahressonderzahlungen wegen der schlechten Geschäftslage um 50 % gekürzt werden.

Wider Erwarten kommt es doch noch zu einem besseren Geschäftsergebnis für 2023. Der Arbeitgeber entschließt sich daher, die infolge Verzichts nicht zur Auszahlung gelangten Anteile der Jahressonderzahlung im April 2024 nachzuzahlen:

- Arbeitnehmer A erhält 2.000 EUR Jahressonderzahlung. Wegen erheblicher Überstunden hat sein laufendes Entgelt in den Monaten Januar bis April 2024 die monatliche Beitragsbemessungsgrenze zur Kranken- und Pflegeversicherung überschritten.
- Arbeitnehmer B erhält 1.800 EUR Jahressonderzahlung. Er bezieht seit 1.12.2023 Krankengeld.

Für beide Arbeitnehmer wäre in einer anteiligen Jahresbeitragsbemessungsgrenze vom 1.1.–31.12.2023 genug Freiraum, um die Nachzahlungen zur Jahressonderzahlung in allen Versicherungszweigen in voller Höhe der Beitragspflicht zu unterwerfen.

Welchem Zeitraum werden die Nachzahlungen zugeordnet und wie gestaltet sich die rückwirkende Korrektur der Beiträge zur Sozialversicherung?

Ergebnis: Grundsätzlich können Nachzahlungen für zu gering erfolgte Einmalzahlungen durch eine Rückrechnung abgerechnet werden. Die damalige Entgeltabrechnung wird so korrigiert, also ob die Einmalzahlung bereits von Anfang an in richtiger Höhe geflossen wäre.

Die Nachzahlungen zur Jahressonderzahlung an die Arbeitnehmer werden rückwirkend dem Monat Dezember 2023 zugeordnet. Dies hat folgende Auswirkungen:

- Beide Nachzahlungen werden unter Berücksichtigung der Beitragsfaktoren im Dezember 2023 in allen Versicherungszweigen voll beitragspflichtig, auch Insolvenzgeldumlage fällt an. Die Beiträge für die Nachzahlungen zur Jahressonderzahlung werden mit dem April-Beitrag 2024 fällig.
- Die Beitragsnachzahlung ist in einem Beitragsnachweis zu berücksichtigen. Es stehen verschiedene Möglichkeiten zur Verfügung, die das Entgeltabrechnungsprogramm automatisch oder nach manueller Vorgabe anbietet:
  - Zulässig wäre hier »S« (= Stornierung des ursprünglichen Beitragsnachweises) für Dezember 2023 und Abgabe eines neuen – erhöhten – Beitragsnachweises für Dezember 2023. Wird »S« angegeben, sind die Felder »Zeitraum« bis »Gesamtbetrag« des Storno-Beitragsnachweises mit den zu stornierenden Werten zu befüllen. Der ursprünglich übermittelte Beitragsnachweis wird dadurch vollständig storniert. Wird als Funktionskennzeichen »S« angegeben, ist die laufende Nummer des zu stornierenden bzw. ersetzenden Datensatzes anzugeben.
  - Als weitere Variante wäre es möglich, die nachzuzahlenden Beiträge in den Beitragsnachweis April 2024 mit aufzunehmen. Für Prüfzwecke nachvollziehbar würde dies über die Beitragsabrechnung (Krankenkassenliste), die zu jedem Beitragsnachweis zu erstellen ist. Würde der Arbeitgeber Dauerbeitragsnachweise erstellen, wäre für Mai 2024 ein neuer Dauerbeitragsnachweis erforderlich, damit die (durch die Nachzahlung) erhöhten Beiträge des April 2024 nicht auch in den Folgemonaten weiterhin zum Soll gestellt werden.
- Die Jahresmeldung für Arbeitnehmer A für 2023 muss durch Storno und Neumeldung korrigiert oder alternativ eine Sondermeldung mit Abgabegrund 54 erstattet werden.
- Bei Arbeitnehmer B muss eine Sondermeldung (für Dezember 2023, mit der beitragspflichtigen Nachzahlung) mit Abgabegrund 54 erstattet werden.

Hinweis: Die Rückrechnung darf allerdings nur in den Fällen angewandt werden, in denen Teile einer Sonderzuwendung nur deshalb nachgezahlt werden, weil ein von vornherein der Höhe nach bestimmter Anspruch nicht in vollem Umfang erfüllt wurde.

Rückforderungen von Einmalzahlungen (oder Teilen davon) führen immer zu aufwändigen Rückrechnungen. Die Beiträge sind neu zu berechnen und es wird die Erstattung der zu viel gezahlten Beiträge bei der zuständigen Krankenkasse (Einzugsstelle) beantragt.

Praxistipp: Bei rückwirkenden Erhöhungen des laufenden Entgelts (Tariferhöhungen) sind die nachzuzahlenden Entgelte grundsätzlich dem jeweiligen Abrechnungszeitraum, auf den sie entfallen, zuzurechnen.

Aus Vereinfachungsgründen ist folgende Regelung zulässig:
- Der Nachzahlungsbetrag wird analog einer Einmalzahlung abgerechnet.
- Dabei ist für den Nachzahlungsbetrag die anteilige Jahresbeitragsbemessungsgrenze des Nachzahlungszeitraums maßgebend.

Die Beitragsgruppen und Beitragssätze des Abrechnungszeitraums, mit dessen laufenden Entgelten die Nachzahlung abgerechnet wird, sind zu beachten.

17.12 Rückwirkende Korrektur, Behandlung der Nachzahlung als neue Einmalzahlung

Sachverhalt: Am 16.10.2023 wurde mit allen Arbeitnehmern eine schriftliche Vereinbarung geschlossen, dass die im Dezember 2023 fälligen Jahressonderzahlungen wegen der schlechten Geschäftslage um 50% gekürzt werden. Wider Erwarten kommt es zu einem besseren Geschäftsergebnis. Der Arbeitgeber zahlt die infolge Verzichts nicht zur Auszahlung gelangten Anteile der Jahressonderzahlung 2023 im April 2024 nach:
- Arbeitnehmer A erhält 2.000 EUR Jahressonderzahlung. Wegen erheblicher Überstunden hat sein laufendes Entgelt in den Monaten Januar bis April 2024 die monatliche Beitragsbemessungsgrenze zur Kranken- und Pflegeversicherung überschritten.
- Arbeitnehmer B erhält 1.800 EUR Jahressonderzahlung. Er bezieht seit 1.12.2023 Krankengeld.

Welchem Zeitraum wird die Nachzahlung zugeordnet und welche Auswirkungen ergeben sich daraus?

Ergebnis: Die Nachzahlungen zur Jahressonderzahlung an die beiden Arbeitnehmer werden dem Monat April 2024 zugeordnet. Dies hat folgende Auswirkungen:

- Da die Nachzahlung der Einmalzahlung im April 2024 erfolgt, kommt hier die Anwendung der Märzklausel (bei Auszahlung im Januar, Februar oder März) nicht zum Tragen. Die Nachzahlung wird dem tatsächlichen Monat der Auszahlung (April 2024) zugeordnet. Der Arbeitgeber muss keine Rückrechnung vornehmen.
- Für Arbeitnehmer A sind aus der Nachzahlung nur Renten- und Arbeitslosenversicherungsbeiträge sowie die Insolvenzgeldumlage zu entrichten, da sein laufendes Entgelt in den Monaten Januar bis April 2024 die monatliche Beitragsbemessungsgrenze zur Kranken- und Pflegeversicherung überschritten hat.
- Für Arbeitnehmer B fallen in der Zeit von Januar bis April 2024 keine SV-Tage an, da wegen des Krankengeldbezugs durchgehend Beitragsfreiheit besteht. Die anteiligen Jahresbeitragsbemessungsgrenzen belaufen sich folglich auf 0 EUR. Die Nachzahlung ist damit beitrags- und umlagefrei.
- Die Beiträge aus der Nachzahlung werden mit dem Betrag für April 2024 fällig (Monat der tatsächlichen Auszahlung der Sonderzahlung).
- Die beitragspflichtigen Entgelte für Arbeitnehmer A fließen in die (noch zu erstellende) Jahresmeldung 2024 mit ein.

Hinweis: Die Entscheidung, ob die Nachzahlung wie oben beschrieben behandelt wird, oder ob eine Rückrechnung (s. oben, Beispiel 11) durchgeführt wird, kann der Arbeitgeber für alle betroffenen Beschäftigten nur einheitlich treffen. Eine willkürliche Zuordnung, z. B. mit Blick auf das jeweils günstigste Ergebnis je Arbeitnehmer, ist nicht zulässig.

17.13 Fälligkeit der Beiträge

- **Sachverhalt:** Abrechnungsmonat Dezember 2024.
- Entgeltzahlung einschließlich Zahlung eines Weihnachtsgeldes am 30.12.2024.
- Termin für die Fälligkeit des Gesamtsozialversicherungsbeitrags am 27.12.2024.
- Termin für die Abgabe des Beitragsnachweises ist der 23.12.2024.
- Zeitpunkt, an dem der Arbeitgeber (aufgrund interner Arbeitsorganisation) die voraussichtliche Höhe der Beitragsschuld feststellt, ist der 20.12.2024.
- Es liegen keine Anhaltspunkte für die Nichtzahlung des Weihnachtsgeldes vor.

Mit den laufenden Beiträgen welchen Monats sind die Beiträge aus der Einmalzahlung abzuführen?

Ergebnis: Bei der Ermittlung der voraussichtlichen Beitragsschuld für Dezember 2024 sind auch die Beiträge zu berücksichtigen, die auf das Weihnachtsgeld entfallen würden.

Bei einer Einzahlung entstehen die Beitragsansprüche, sobald diese ausgezahlt worden ist. Unter dem Gesichtspunkt der Beitragsfälligkeit in Höhe der voraussichtlichen Beitragsschuld kann die Fälligkeit der Beiträge aus einmalig gezahltem Arbeitsentgelt nicht allein am bloßen Vorgang der Auszahlung festgemacht werden. Arbeitgeber müssen bei der Ermittlung der voraussichtlichen Beitragsschuld für den Beitragsmonat fest, ob die Einmalzahlung mit hinreichender Sicherheit in diesem Beitragsmonat ausgezahlt wird.

Deshalb werden die Beiträge aus einmalig gezahltem Arbeitsentgelt im Rahmen der Regelungen über die Höhe der voraussichtlichen Beitragsschuld in dem Monat fällig, in dem das einmalig gezahlte Arbeitsentgelt ausgezahlt werden soll.

17.14 Rückzahlung des Weihnachtsgeldes an Arbeitgeber, auflösende Bedingung

Sachverhalt: Die Arbeitnehmer erhalten mit dem Novemberentgelt, welches am letzten Arbeitstag des Monats November zur Auszahlung kommt, ein Weihnachtsgeld i. H. v. 75 % des durchschnittlichen Monatsentgelts.

Die Zahlung ist nach dem Tarifvertrag an die Bedingung geknüpft, dass das Beschäftigungsverhältnis mindestens bis zum 31.3. des Folgejahres andauert.

Ein Arbeitnehmer kündigt nach Zahlung des Weihnachtsgeldes sein Arbeitsverhältnis fristgerecht zum 31.1., um ab 1.2. eine Stelle bei einem anderen Arbeitgeber anzutreten.

Kann der Arbeitgeber das Weihnachtsgeld zurückfordern und wie ist dies ggf. sozialversicherungsrechtlich zu behandeln?

Ergebnis: Die Bedingung, unter der die Einmalzahlungen geleistet wurde, ist eine sog. »auflösende Bedingung«. Bei deren Eintritt entfällt der arbeitsrechtliche Anspruch auf das Weihnachtsgeld rückwirkend. Der Arbeitgeber kann die Zahlung zurückfordern oder den überzahlten Betrag mit einer ggf. noch folgenden Entgeltzahlung aufrechnen.

Die Beiträge zur Sozialversicherung wurden ordnungsgemäß dem November zugeordnet und mit den Novemberbeiträgen abgeführt.

Zum Zeitpunkt (Monat) der Durchführung der Rückforderung ist eine

- Korrekturberechnung für den Monat November vorzunehmen. Das Entgeltkonto ist so zu stellen, als wäre die Einmalzahlung damals nicht zur Auszahlung gelangt (»Rückrechnung«).

- Die zu viel gezahlten Beiträge (Arbeitnehmer- und Arbeitgeberanteile) werden im aktuellen Beitragsnachweis (Rückforderungsmonat) verrechnet. Voraussetzung für die Verrechnung ist, dass die Zahlung der zu viel gezahlten Beiträge noch keine 24 Monate zurückliegt. Die entfallene Einmalzahlung darf nicht der Bemessung von Geldleistungen zugrunde gelegen haben, also nicht in eine Verdienstbescheinigung, z. B. für Kranken- oder Mutterschaftsgeld eingeflossen sein.
- Alternativ kann die Rückforderung der zu viel gezahlten Beiträge über einen Erstattungsantrag bei der zuständigen Krankenkasse (Einzugsstelle) erfolgen. In diesem Fall muss die Rückrechnung im Entgeltkonto unterbleiben.
- Die zurückgeforderte Einmalzahlung darf nicht in die Jahresmeldung des Arbeitnehmers einfließen. Eine bereits übermittelte Jahresmeldung ist zu stornieren und mit den korrigierten Werten neu zu melden.

Praxistipp: Die verrechneten oder von der Einzugsstelle erstatteten Arbeitnehmeranteile aus der Einmalzahlung stehen dem Arbeitgeber zu. Mit dem Eintritt der auflösenden Bedingung ist der Anspruch auf das Brutto-Weihnachtsgeld entfallen. Es ist also nicht nur der Nettobetrag der Einmalzahlung, sondern auch alle davon abgezweigten Abzüge zurückzuzahlen. Das Gleiche gilt für die aus der Einmalzahlung an das Finanzamt abgeführten Steuern.

17.15 Verzicht des Arbeitnehmers auf Weihnachtsgeld

Sachverhalt: Ein nicht tarifgebundenes Unternehmen zahlte in den letzten 3 Jahren – ohne Freiwilligkeitsvorbehalt und ohne Unterbrechung – Weihnachtsgeld in Höhe des durchschnittlichen Monatsentgelts an seine Arbeitnehmer. Dadurch liegt »betriebliche Übung« vor.

Da sich das Unternehmen wirtschaftlich verschlechtert hat, vereinbart der Arbeitgeber am 23.11. mit jedem Arbeitnehmer schriftlich, das Weihnachtsgeld nicht auszuzahlen, sondern zur Sanierung der Unternehmensfinanzen zu verwenden.

Wie ist das entfallene Weihnachtsgeld sozialversicherungsrechtlich zu behandeln?

Ergebnis

- Da hier der Verzicht auf die Einmalzahlung vor dem Fälligkeitstag der Beiträge (drittletzter Bankarbeitstag im November) für den Monat November feststand, werden keine Beiträge aufgrund des entfallenen Weihnachtsgeldes fällig. Wäre der Verzicht erst nach dem Fälligkeitstag vereinbart worden, wären aus dem Weihnachtsgeld zunächst Beiträge fällig geworden.
- Wäre ein Arbeitnehmer ausschließlich infolge des regelmäßig zu erwartenden Weihnachtsgeldes wegen Überschreitung der Jahresarbeitsentgeltgrenze bisher

krankenversicherungsfrei, so tritt mit Abschluss der Verzichtsvereinbarung am 23.11. Krankenversicherungspflicht ein. Soweit im Folgejahr Weihnachtsgeld wieder zusteht, wäre eine Überschreitung der Jahresarbeitsentgeltgrenze im übernächsten Jahr wieder möglich.

- Der Verzicht auf Weihnachtsgeld hat Auswirkungen auf die Berechnung des regelmäßigen Arbeitsentgeltes für die Geringfügigkeitsgrenze und für den Übergangsbereich.
- Der Verzicht auf das Weihnachtsgeld sollte – wie im vorliegenden Fall – arbeitsrechtlich korrekt ablaufen, da sonst Klagen auf Zahlung erfolgversprechend wären. Wenn ein Tarifvertrag zu beachten ist, muss dieser eine entsprechende Öffnungsklausel beinhalten. Teilzeitkräfte dürften nicht benachteiligt werden (z.B. indem nur sie zum Verzicht aufgefordert werden). Der Verzicht muss in jedem Fall vor der Fälligkeit des Weihnachtsgeldes schriftlich vereinbart sein.

Achtung: Die schriftliche Vereinbarung des Verzichts auf Weihnachtsgeld ist Bestandteil der Entgeltunterlagen und als solche bis zur nächsten Prüfung durch den Rentenversicherungsträger aufzubewahren.

18 Einsatzwechseltätigkeit

Marcus Spahn

18.1 Täglicher Betriebsbesuch

Sachverhalt: Ein Außendienstmitarbeiter hat folgenden vom Arbeitgeber festgelegten Tagesablauf:

Gegen 8:15 Uhr fährt er mit seinem Pkw 10 Kilometer in die Firma, wo er seine Tagesaufträge erhält. Von dort aus beginnt er gegen 9 Uhr mit seiner Außendiensttätigkeit. Um 16:45 Uhr trifft er regelmäßig wieder in der Firma ein, wo er die abgerechneten Aufträge an die Buchhaltung weitergibt. Gegen 17:30 Uhr kehrt er üblicherweise aus dem Außendienst direkt nach Hause zurück.

Für sämtliche dienstlichen Fahrten vom Betrieb aus und zurück erhält er ein Kilometergeld von 0,30 EUR. Zusätzlich erhält er tägliche Spesen i. H. v. 14 EUR. Der Mitarbeiter hat im Februar an 20 Tagen gearbeitet und dabei insgesamt 2.000 dienstliche Kilometer (ohne Fahrten zum Betrieb) zurückgelegt.

In welcher Höhe stehen dem Mitarbeiter Erstattungen zu und welche steuer- und sozialversicherungsrechtlichen Folgen ergeben sich daraus?

Ergebnis: Der Außendienstmitarbeiter zählt zu den Arbeitnehmern mit wechselnden Einsatzstellen. Mangels Arbeitgeberzuordnung liegt keine erste Tätigkeitsstätte vor. Er sucht den Firmensitz zwar täglich auf, um seine berufliche Auswärtstätigkeit, also seine weitere Arbeit an auswärtigen Einsatzstellen, von dort anzutreten bzw. zu beenden. Die Aufenthalte sind aber immer nur kurz und er übt dort keine (wesentlichen) Tätigkeiten aus. Die quantitativen Kriterien für eine erste Tätigkeitsstätte greifen damit ebenfalls nicht.

Allerdings handelt es sich beim Betrieb um einen Sammelpunkt, zu dem kein steuerfreier Fahrtkostenersatz möglich ist. Dieser Ort wird typischerweise arbeitstäglich und auf Weisung des Arbeitgebers aufgesucht. In seiner Einkommensteuererklärung kann der Arbeitnehmer für die Fahrten die Entfernungspauschale von 0,30 EUR je Entfernungskilometer geltend machen (10 km x 0,30 EUR = 3 EUR je Tag).

Die anschließenden Fahrten vom Betrieb in den Außendienst und wieder zum Betrieb zählen zu den Reisekosten. Der steuerfreie Arbeitgeberersatz ist in Höhe der tatsächlich angefallenen Kosten bzw. in Höhe des Kilometersatzes von 0,30 EUR für Fahrten mit dem Pkw zulässig. Insgesamt ergeben sich für diesen Monat 2.000 dienstliche Kilometer.

Die Fahrtkosten können i. H. v. 600 EUR (2.000 Kilometer × 0,30 EUR) steuer- und sozialversicherungsfrei erstattet werden.

Für Verpflegungsmehraufwendungen werden je nach Abwesenheit Pauschalen gewährt. Weil der Mitarbeiter keine erste Tätigkeitsstätte hat, kann er für die Dauer der gesamten Abwesenheit von der Wohnung Verpflegungsmehraufwendungen in Anspruch nehmen. Die Abwesenheitsdauer beträgt täglich über 8 Stunden. Es können Verpflegungspauschalen i. H. v. 14 EUR täglich steuer- und sozialversicherungsfrei erstattet werden. Bei 20 Arbeitstagen im Monat Februar ergibt sich eine Erstattung von 280 EUR.

Insgesamt können somit 880 EUR steuer- und sozialversicherungsfrei erstatten werden.

Hinweis: Der Sammelpunkt hat keinen nachteiligen Einfluss auf den Verpflegungsmehraufwand. Hätte der Arbeitgeber hingegen den Betrieb als erste Tätigkeitsstätte bestimmt, würde die Steuerfreiheit der Verpflegungspauschalen entfallen. Maßgebend wäre nämlich dann die Abwesenheit von der ersten Tätigkeitsstätte, die im Beispielsfall regelmäßig nicht über 8 Stunden liegt.

18.2 Wöchentlicher Betriebsbesuch

Sachverhalt: Ein Kundendienstmonteur fährt mit seinem eigenen Pkw jeweils montags gegen 7:30 Uhr zunächst in die Firma. Dort holt er den firmeneigenen Werkstattwagen ab und stellt seine Wochentour zusammen. Er verlässt die Firma erst gegen 10 Uhr. Am Freitagmittag beendet er gegen 15 Uhr seine Außendiensttätigkeit, indem er in der Firma seine Aufträge abrechnet und an die Buchhaltung weiterleitet. Den Werkstattwagen stellt er dann vereinbarungsgemäß auf dem Firmengelände ab. Der Arbeitgeber hat auf die Zuordnung einer ersten Tätigkeitsstätte verzichtet.

Von Dienstag bis Donnerstag, wenn er seine täglichen Einsatztouren zu Hause beginnt und beendet, ist er jeweils von 7:30 Uhr bis 17:30 Uhr unterwegs. Montags und freitags ist die Abwesenheitsdauer von zu Hause identisch, allerdings entfallen jeweils 2 Stunden auf Büroarbeiten im Betrieb sowie zusätzliche Zeit auf die An- und Abfahrt.

Laut Spesenabrechnung für Februar war der Mitarbeiter an allen 20 Arbeitstagen im Dienst.

In welcher Höhe können ihm steuer- und sozialversicherungsfreie Reisekosten erstattet werden?

Ergebnis: Der Mitarbeiter zählt zu den Arbeitnehmern mit wechselnden Einsatzstellen. Weil der Arbeitgeber keine Zuordnung vorgenommen hat, sind nur die quantitativen Kriterien für eine erste Tätigkeitsstätte zu prüfen. Er sucht den Betriebssitz seines Arbeitgebers zwar fortdauernd immer wieder auf, bleibt aber dort jeweils nur kurz, sodass weder 1/3 seiner Arbeitszeit noch 2 ganze Arbeitstage erreicht werden. Auch wird er dort nicht arbeitstäglich tätig. Im Ergebnis liegt keine erste Tätigkeitsstätte vor. Der Arbeitnehmer ist deshalb fortwährend auf einer Auswärtstätigkeit.

Deshalb kann er Verpflegungsmehraufwendungen für die Dauer der gesamten Abwesenheit von der Wohnung in Anspruch nehmen. Damit ist er an allen Arbeitstagen 10 Stunden unterwegs und kann die Verpflegungspauschale von 14 EUR für eine Abwesenheitsdauer von über 8 Stunden in Anspruch nehmen. Insoweit können steuer- und sozialversicherungsfreie Erstattungen vorgenommen werden.

Für den Februar ergeben sich für die 20 Wochentage Erstattungen von 280 EUR.

Hinweis: Falls der Arbeitgeber dem Mitarbeiter für die Fahrten zum Betrieb bzw. vom Betrieb nach Hause einen Firmenwagen zur Verfügung stellt, bleibt der Vorteil unbesteuert. Alternativ könnte der Arbeitgeber für die wöchentlichen Fahrten steuerfreie Erstattungen i. H. v. 0,30 EUR je Kilometer gewähren oder der Arbeitnehmer könnte in seiner Steuererklärung entsprechende Aufwendungen geltend machen.

18.3 Tägliche Rückkehr zur Wohnung

Sachverhalt: Ein Bauarbeiter ist seit mehr als einem Jahr auf einer Großbaustelle eingesetzt, die voraussichtlich zum Ende des nächsten Jahres abgeschlossen wird. Die Baustelle ist 25 Kilometer vom Firmensitz und 40 Kilometer vom Wohnort des Mitarbeiters entfernt. Er verlässt regelmäßig um 7 Uhr die Wohnung und kehrt dorthin gegen 18 Uhr zurück. Zum Firmensitz kommt er nur zu besonderen Anlässen und ist dort auch nicht zugeordnet. Der Arbeitgeber erstattet Fahrt- und Verpflegungskosten, soweit die Erstattungen steuerfrei bleiben.

In welcher Höhe können dem Mitarbeiter Reisekosten erstattet werden?

Ergebnis: Trotz der langen Verweildauer auf einer Baustelle übt der Bauarbeiter eine vorübergehende Auswärtstätigkeit aus. Dies würde sich erst ändern, wenn die Bauzeit mehr als 48 Monate beträgt.

Im Rahmen der Auswärtstätigkeit können Fahrt- und Verpflegungskosten steuerfrei erstattet werden. Weil der Mitarbeiter täglich zu seiner Wohnung zurückkehrt, fallen keine Übernachtungskosten an.

Fahrtkosten entstehen ausschließlich für Fahrten zwischen Wohnung und Baustelle. Der Mitarbeiter sucht den Firmensitz fast nie auf und hat keine erste Tätigkeitsstätte. Die Fahrtkosten können deshalb in der tatsächlichen Höhe erstattet werden. Bei Fahrten mit dem Pkw können ohne Einzelnachweis 0,30 EUR je gefahrenen Kilometer steuerfrei erstattet werden: 2 × 40 Kilometer × 0,30 EUR=24 EUR. Eine zeitliche Beschränkung existiert nicht.

Verpflegungsmehraufwendungen können für den Mitarbeiter hingegen nicht mehr steuerfrei ersetzt werden, weil er bereits mehr als 3 Monate auf der gleichen Baustelle tätig ist.

18.4 Unbefristeter Kundeneinsatz

Sachverhalt: Ein Monteur ist von Beginn seines Dienstverhältnisses an bis auf Weiteres auf Montage bei einem Kunden eingesetzt. Der Betrieb des Kunden ist 20 Kilometer vom Wohnort des Mitarbeiters entfernt. Die Strecke dorthin legt er mit dem eigenen Pkw zurück. Er verlässt regelmäßig um 7 Uhr die Wohnung und kehrt dorthin gegen 18 Uhr zurück. Zum Firmensitz kommt der Mitarbeiter nur zu besonderen Anlässen und ist dort auch nicht zugeordnet.

Der Arbeitgeber erstattet Fahrtkosten mit 0,30 EUR je gefahrenen Kilometer. Zudem werden die steuerlichen Verpflegungspauschalen gezahlt.

Welche steuer- und sozialversicherungsrechtlichen Folgen ergeben sich?

Ergebnis: Eine erste Tätigkeitsstätte kann auch bei einem Dritten, z.B. bei einem Kunden, begründet werden. Dies gilt aber nur, wenn der Mitarbeiter dort dauerhaft eingesetzt ist. Diese Voraussetzung ist erfüllt, wenn die Zuordnung für die Dauer des gesamten Dienstverhältnisses erfolgt. Ein Einsatz von Beginn des Dienstverhältnisses an »bis auf Weiteres« gilt als dauerhaft. Damit scheidet steuerfreier Reisekostenersatz für die Tätigkeit beim Kunden aus. Die vom Arbeitgeber erstatteten Fahrtkosten sind in voller Höhe steuerpflichtiger Arbeitslohn. Es handelt sich um Fahrtkostenersatz für Fahrten zur ersten Tätigkeitsstätte. Bis zur Höhe der Entfernungspauschale kann jedoch eine sozialversicherungsfreie Pauschalversteuerung mit 15% erfolgen. Bis zu 20 Entfernungskilometern beträgt sie 0,30 EUR, für darüber hinausgehende Entfernungskilometer 0,38 EUR.

Für die tägliche Hin- und Rückfahrt ergibt sich folgende Erstattung: 2 x 20 km x 0,30 EUR=12 EUR. Davon sind 20 km x 0,30 EUR=6 EUR pauschal besteuerbar. Die restlichen 6 EUR sind individuell nach den ELStAM des Monteurs zu besteuern.

Praxistipp: Durch eine Zuordnung zum Firmensitz des Arbeitgebers kann der Fahrtkostenersatz in voller Höhe steuer- und sozialversicherungsfrei bleiben. Voraussetzung ist, dass der Arbeitnehmer dort zumindest in ganz geringem Umfang tätig werden soll. Dafür sind auch Tätigkeiten von untergeordneter Bedeutung ausreichend, z. B. Auftragsbestätigungen, Stundenzettel, Krank- und Urlaubsmeldung persönlich abgeben. Liegt die erste Tätigkeitsstätte beim Arbeitgeber, stellen die Kundenbesuche Auswärtstätigkeiten dar.

18.5 Täglich mehrere Einsatzstellen

Sachverhalt: Ein Maurer, der auf ständig wechselnden Einsatzstellen arbeitet, ist im Februar an 10 Arbeitstagen auf einer 50 Kilometer von seiner Wohnung entfernt liegenden Baustelle tätig. An weiteren 10 Arbeitstagen ist er zunächst auf einer 20 Kilometer von seiner Wohnung entfernten Baustelle tätig. Dort arbeitete er bis mittags und fährt dann jeweils zu einer von der ersten Baustelle 25 Kilometer entfernten Baustelle. Diese zweite Baustelle liegt 35 Kilometer von seiner Wohnung entfernt.

Der Mitarbeiter verlässt regelmäßig um 6:30 Uhr die Wohnung und kehrt zwischen 17 und 18 Uhr dorthin zurück. Zum Firmensitz kommt der Mitarbeiter nur selten, eine Arbeitgeberzuordnung ist nicht erfolgt. Die Fahrten zu den Baustellen führt er mit dem eigenen Pkw durch. Der Arbeitgeber erstattet Fahrtkosten mit 0,30 EUR je gefahrenen Kilometer. Zudem werden die steuerlichen Verpflegungspauschalen gezahlt.

In welcher Höhe können dem Maurer für Februar Reisekosten steuer- und sozialversicherungsfrei erstattet werden?

Ergebnis: Als Maurer übt der Arbeitnehmer eine Tätigkeit an wechselnden Einsatzstellen aus. Er hat im Februar 3 Einsatzstellen. Eine erste Tätigkeitsstätte scheidet aus. Demnach können Fahrt- und Verpflegungskosten steuer- und sozialversicherungsfrei erstattet werden. Es fallen keine Übernachtungskosten an, weil der Mitarbeiter täglich zu seiner Wohnung zurückkehrt.

Für Verpflegungsmehraufwendungen werden Pauschalen gewährt. Der Maurer ist täglich zwischen 10,5 und 11,5 Stunden von seiner Wohnung abwesend. Für Abwesenheiten über 8 Stunden kann eine Pauschale i. H. v. 14 EUR täglich steuer- und sozialversicherungsfrei gewährt werden.

Für den Februar ergeben sich bei 20 Arbeitstagen steuer- und sozialversicherungsfreie Pauschalen von insgesamt 280 EUR.

Zusätzlich entstehen dem Arbeitnehmer Fahrtkosten für Fahrten zwischen Wohnung und Baustellen. Die Fahrtkosten können grundsätzlich in der tatsächlichen Höhe erstattet werden.

Bei Fahrten mit dem Pkw können ohne Einzelnachweis 0,30 EUR je gefahrenem Kilometer erstattet werden. Auf die Entfernungen kommt es nicht an. Die gesamte Fahrtstrecke von 80 Kilometern (20 km Hinfahrt + 25 km Weiterfahrt zur zweiten Baustelle + 35 km Heimfahrt) wird steuerlich anerkannt.

Folgende Fahrtkostenerstattungen sind somit steuer- und sozialversicherungsfrei möglich:

10 Tage × 2 × 50 km × 0,30 EUR	300 EUR
10 Tage × 80 km (Gesamtstrecke) × 0,30 EUR	*+ 240 EUR*
Summe	540 EUR

Insgesamt können dem Maurer für Februar Reisekosten i. H. v. 820 EUR steuer- und sozialversicherungsfrei erstattet werden.

18.6 Auswärtige Übernachtung unter 3 Monaten

Sachverhalt: Ein in Freiburg wohnender Polier, der auf Großbaustellen eingesetzt wird, ist seit Januar in Karlsruhe tätig. Er arbeitet dort voraussichtlich bis Ende des Jahres. Unter der Woche übernachtet er – außer dienstags – in einem angemieteten 1-Zimmer-Appartement (monatliche Miete 250 EUR), das unmittelbar neben der Baustelle liegt.

Jeweils dienstags und freitags fährt er abends mit dem Pkw die 100 Kilometer lange Strecke zu seiner Familie und kommt dort gegen 18:30 Uhr an.

Montags und mittwochs fährt er um 6:30 Uhr wieder von zu Hause zur Baustelle.

Laut Reisekostenantrag für Februar war der Mitarbeiter in dieser Zeit an allen 20 Arbeitstagen im Dienst.

In welcher Höhe können ihm steuer- und sozialversicherungsfrei Reisekosten erstattet werden?

Ergebnis: Als Polier übt der Mitarbeiter eine Tätigkeit an wechselnden Einsatzstellen aus. Nach dem derzeitigen Einsatz wird er wieder zu einer neuen Baustelle wechseln. Eine erste Tätigkeitsstätte hat er nicht.

Im Rahmen einer solchen Auswärtstätigkeit können Übernachtungs-, Fahrt- und Verpflegungskosten grundsätzlich steuerfrei erstattet werden.

Die *Mietaufwendungen* i. H. v. 250 EUR monatlich können in tatsächlicher Höhe steuer- und sozialversicherungsfrei ersetzt werden.

Für die anfallenden *Fahrtkosten* ist ein steuer- und sozialversicherungsfreier Arbeitgeberersatz in Höhe der tatsächlich angefallenen Kosten bzw. in Höhe des Kilometersatzes von 0,30 EUR für Fahrten mit dem Pkw zulässig. Für sämtliche Fahrten (einschließlich Zwischenheimfahrten unter der Woche) können nach Dienstreisesätzen die Kosten lohnsteuer- und sozialversicherungsfrei ersetzt werden.
Für Februar (insgesamt 8 Hin- und Rückfahrten) ergibt sich folgender, steuer- und sozialversicherungsfrei möglicher Fahrtkostenersatz:
8 Fahrten × 2 × 100 km × 0,30 EUR = 480 EUR

Außerdem umfasst der steuer- und sozialversicherungsfrei mögliche Arbeitgeberersatz die steuerlichen *Verpflegungspauschalen*. Dies gilt allerdings nur für die ersten 3 Monate des Einsatzes auf der gleichen Baustelle, also hier noch bis einschließlich März. Für die Berechnung ist die Abwesenheitsdauer von der Familienwohnung maßgebend. Montags, dienstags, mittwochs und freitags ist der Mitarbeiter zwar mehr als 8 Stunden, aber nicht volle 24 Stunden abwesend, sodass eine Pauschale von 14 EUR für diese Tage gewährt werden kann. Donnerstags ist der Arbeitnehmer hingegen volle 24 Stunden abwesend, sodass hier die volle Tagespauschale von 28 EUR gewährt werden kann.

Bei 20 Arbeitstagen (davon 4 Donnerstage) im Februar ergeben sich folgende Pauschalen, die steuer- und sozialversicherungsfrei ersetzt werden können:
16 Tage × 14 EUR + 4 Tage × 28 EUR = 336 EUR

Insgesamt können dem Mitarbeiter bis zu 1.066 EUR steuer- und sozialversicherungsfrei erstattet werden. Selbstverständlich können nach firmeninternen Regelungen auch geringere Erstattungen vorgenommen werden, z. B. nur für eine Heimfahrt wöchentlich.

Hinweis: Bei einer unentgeltlich vom Arbeitgeber gewährten Übernachtungsmöglichkeit im Bauwagen können keine Übernachtungskosten steuerfrei erstattet werden, auch nicht pauschal.

18.7 Auswärtige Übernachtung über 3 Monate

Sachverhalt: Ein Monteur, der in Hannover wohnt, ist seit Juli des Vorjahres (und voraussichtlich noch bis Ende des nächsten Jahres) auf Montage in Hamburg eingesetzt. Eine Arbeitgeberzuordnung zum Betrieb ist nicht erfolgt.

Unter der Woche übernachtet er in einer Pension zum Preis von 25 EUR je Nacht (ohne Frühstück), die in 10 Kilometer Entfernung von der Arbeitsstätte liegt.

Am Freitagnachmittag fährt er mit dem Pkw von der Pension aus die 150 Kilometer lange Strecke zu seiner Familie und kommt dort gegen 19 Uhr an.

Sonntags fährt er um 20 Uhr wieder zu seiner Pension.

Der Arbeitgeber erstattet die Fahrtkosten mit 0,30 EUR je gefahrenen Kilometer, für Verpflegung werden 5 EUR täglich gewährt. Die Übernachtungskosten ohne Frühstück werden in tatsächlicher Höhe erstattet.

Laut Reisekostenantrag des Monteurs für Februar war er an 20 Arbeitstagen im Dienst. In welcher Höhe müssen Reisekostenerstattungen geleistet werden und welche lohnsteuerlichen und sozialversicherungsrechtlichen Folgen ergeben sich daraus?

Ergebnis: Eine erste Tätigkeitsstätte kann auch bei einem Dritten, z. B. einem Kunden, begründet werden. Trotz der langen Verweildauer auf einer Arbeitsstelle übt der Monteur aber dort noch keine dauerhafte Tätigkeit aus. Von einer solchen wird erst bei mehr als 48 Monaten ausgegangen. Der Monteur hat damit keine erste Tätigkeitsstätte, sondern befindet sich auf Auswärtstätigkeit.

Im Rahmen einer solchen Auswärtstätigkeit können Übernachtungs-, Fahrt- und Verpflegungskosten grundsätzlich steuer- und sozialversicherungsfrei erstattet werden. Deshalb können die Übernachtungsaufwendungen in tatsächlicher Höhe steuer- und sozialversicherungsfrei ersetzt werden.

- Für Februar sind Kosten für 20 Übernachtungen (sonntags bis freitags) entstanden. Die Erstattung beträgt damit 500 EUR.

Für die anfallenden Fahrtkosten ist ein steuer- und sozialversicherungsfreier Arbeitgeberersatz in Höhe der tatsächlich angefallenen Kosten bzw. in Höhe des Kilometersatzes von 0,30 EUR für Fahrten mit dem Pkw zulässig. Es können sowohl die Heimfahrten zur Familie wie auch die Fahrten am Einsatzort nach Dienstreisesätzen steuer- und sozialversicherungsfrei ersetzt werden, da es sich um eine Auswärtstätigkeit handelt und nicht um eine doppelte Haushaltsführung.

Für Februar ist folgender steuer- und sozialversicherungsfreier Fahrtkostenersatz möglich:

4 Heimfahrten × 2 × 150 km × 0,30 EUR = 360 EUR

20 Arbeitstage × 2 × 10 km × 0,30 EUR = 120 EUR

Verpflegungsmehraufwendungen können für den Mitarbeiter hingegen nicht mehr steuerfrei ersetzt werden, weil er bereits mehr als 3 Monate auf der gleichen Einsatzstelle tätig ist.

Die Verpflegungskostenerstattungen von insgesamt 100 EUR für 20 Arbeitstage sind steuer- und sozialversicherungspflichtiger Arbeitslohn.

Steuer- und sozialversicherungsfrei können dem Mitarbeiter für Februar insgesamt 980 EUR für Unterkunfts- und Fahrtkosten erstattet werden.

18.8 Sammelbeförderung

Sachverhalt: Eine Firma setzt Bauarbeiter in Kolonnen auf Großbaustellen ein. Dabei werden sie in firmeneigenen Kleinbussen zu ihrem jeweiligen Einsatzort transportiert. Die Kleinbusse starten von einem Parkplatz als gemeinsamem Treffpunkt. Für die Fahrt dorthin erhalten die Mitarbeiter eine Fahrkarte für den öffentlichen Personennahverkehr auf Antrag zusätzlich zum vereinbarten Arbeitslohn ersetzt. Zudem erhalten die Mitarbeiter eine tägliche Verpflegungspauschale von 7 EUR.

Es liegt der Reisekostenantrag eines Mitarbeiters für Februar vor.

- Der Mitarbeiter hat in diesem Monat an 20 Tagen auf einer erst kürzlich eingerichteten Baustelle gearbeitet.
- Für die 5 Kilometer Entfernung zum Treffpunkt hat er den Bus benutzt. Die Fahrkarte hat für den Monat 60 EUR gekostet.
- Der Mitarbeiter hat täglich um 6:30 Uhr das Haus verlassen und ist um 16:30 dorthin zurückgekehrt. Die Abfahrt vom Treffpunkt bzw. die Ankunft war jeweils eine halbe Stunde davor bzw. danach.

Welche steuer- und sozialversicherungsrechtlichen Folgen ergeben sich aus den vereinbarten Erstattungen?

Ergebnis: Als Bauarbeiter übt der Mitarbeiter eine Tätigkeit an wechselnden Einsatzstellen aus. Eine erste Tätigkeitsstätte hat er nicht. Eine Arbeitgeberzuordnung scheidet ebenso aus wie eine Erfüllung der quantitativen Kriterien. Allerdings handelt es sich bei dem Treffpunkt für die Sammelbeförderung um einen Sammelpunkt, der arbeitstäglich auf Veranlassung des Arbeitgebers aufgesucht wird.

Die Fahrkarte zum Sammelpunkt bleibt als Jobticket steuerfrei. In der Folge ergibt sich insoweit auch Sozialversicherungsfreiheit.

Weitere Fahrtkosten fallen für die Fahrten vom Treffpunkt zur Baustelle nicht an, weil es sich um eine unentgeltliche Sammelbeförderung handelt. Diese löst keine steuerlichen oder sozialversicherungsrechtlichen Folgen aus. Bei der Sammelbeförderung von Mitarbeitern ohne erste Tätigkeitsstätte handelt sich um steuerfreien Reisekostenersatz.

Weil der Mitarbeiter täglich zu seiner Wohnung zurückkehrt, fallen keine Übernachtungskosten an.

Für Verpflegungsmehraufwendungen werden Pauschalen gewährt. Der Mitarbeiter ist täglich 10 Stunden von seiner Wohnung abwesend. Für Abwesenheit über 8 Stunden kann während der ersten 3 Monate an derselben Baustelle eine Pauschale bis zur Höhe von 14 EUR täglich steuer- und sozialversicherungsfrei gewährt werden.

Für Februar ergeben sich bei einer Arbeitgeberpauschale von 7 EUR täglich für 20 Arbeitstage steuer- und sozialversicherungsfreie Pauschalen von insgesamt 140 EUR. Den steuerlichen Restbetrag von täglich 7 EUR kann der Bauarbeiter in seiner Einkommensteuererklärung geltend machen.

19 Essenszuschuss

Marcus Spahn

19.1 Kantinenmahlzeiten, Zuzahlung überschreitet den Sachbezugswert

Sachverhalt: In der Kantine des Arbeitgebers werden im Februar insgesamt 2.300 Mittagsmahlzeiten kostenpflichtig ausgegeben. Es wurde ein einheitlicher Preis festgelegt. Die Arbeitnehmer zahlen pro Mahlzeit 4,50 EUR.

Wie ist der geldwerte Vorteil abzurechnen?

Ergebnis: In diesem Fall ist kein geldwerter Vorteil zu versteuern und zu verbeitragen, da der Preis der Mahlzeit den Sachbezugswert für 2024 von 4,13 EUR nicht unterschreitet.

Hinweis: Hätte der Arbeitnehmer eine Zuzahlung in Höhe des Sachbezugswertes von 4,13 EUR geleistet, wäre ebenfalls kein geldwerter Vorteil zu versteuern.

19.2 Kantinenmahlzeiten, Zuzahlung unterschreitet den Sachbezugswert

Sachverhalt: In der Kantine des Arbeitgebers werden im Februar insgesamt 2.300 Mittagsmahlzeiten kostenpflichtig ausgegeben. Es wurde ein einheitlicher Preis festgelegt. Die Arbeitnehmer zahlen pro Mahlzeit 2,50 EUR.

Wie ist der geldwerte Vorteil zu abzurechnen?

Ergebnis: Da dieser Preis den Sachbezugswert von 4,13 EUR für 2024 unterschreitet, ist ein geldwerter Vorteil pro Mahlzeit von 1,63 EUR anzusetzen.

- Geldwerter Vorteil insgesamt: 2.300 Portionen x 1,63 EUR=3.749 EUR.

Die Versteuerung kann als geldwerter Vorteil über die Entgeltabrechnung nach den ELStAM erfolgen oder mit 25% pauschaler Lohnsteuer. Für den pauschalierten Betrag fallen keine Sozialversicherungsbeträge an.

Die Belastung für den Arbeitgeber beträgt in diesem Fall:

Geldwerter Vorteil	3.749,00 EUR
Pauschale Lohnsteuer (25%)	937,25 EUR
Zzgl. pauschaler Solidaritätszuschlag (5,5%)	+ 51,54 EUR
Zzgl. pauschaler Kirchensteuer nach Bundesland (angenommen 5%)	*+ 46,86 EUR*
Pauschalsteuer gesamt	1.035,65 EUR

19.3 Kantinenessen zu unterschiedlichen Preisen

Sachverhalt: Der Arbeitgeber bietet seinen Mitarbeitern ein arbeitstägliches Mittagessen zu verbilligten Preisen zwischen 2 EUR und 3 EUR in der eigenen Kantine an. Im Monat Januar wurden insgesamt 2.000 Essen in der Kantine verkauft. Für diese Essen haben die Arbeitnehmer insgesamt 5.000 EUR entrichtet.

Wie müssen die verbilligten Kantinenmahlzeiten lohnsteuerlich behandelt werden und welche sozialversicherungsrechtlichen Folgen ergeben sich?

Ergebnis: Die Gestellung von verbilligten Mahlzeiten für die Mitarbeiter ist steuer- und sozialversicherungspflichtiger Arbeitslohn. Es handelt sich um einen Sachbezug. Der Wert der arbeitstäglichen Mahlzeiten ist für lohnsteuerliche Zwecke mit dem amtlichen Sachbezugswert (2024: 4,13 EUR) anzusetzen.

Die evtl. anfallende Lohnsteuer kann für die Mahlzeiten pauschal mit 25% erhoben werden. Dies führt gleichzeitig zur Sozialversicherungsfreiheit. Bemessungsgrundlage für die Pauschalierung ist der Unterschiedsbetrag zwischen dem amtlichen Sachbezugswert und dem niedrigeren Entgelt, das die Mitarbeiter für die Mahlzeit entrichten.

Weil in der Kantine des Arbeitgebers unterschiedliche Mahlzeiten zu unterschiedlichen Preisen verbilligt an die Arbeitnehmer abgegeben werden, kann der Pauschalbesteuerung zur Vereinfachung ein Durchschnittswert zugrunde gelegt werden. Dabei reicht es aus, wenn die Durchschnittsberechnung für den jeweiligen Entgeltzahlungszeitraum, also hier für den gesamten Monat Januar, durchgeführt wird.

Berechnung des zu versteuernden Vorteils	
Sachbezugswert je Mahlzeit	4,13 EUR
Durchschnittliche Zuzahlung je Arbeitnehmer und Essen (5.000 EUR : 2.000 Essen)	*2,50 EUR*
Geldwerter Vorteil je Essen	1,63 EUR
Pauschal zu versteuern gesamt (1,63 EUR × 2.000 Essen)	3.260,00 EUR
Pauschalsteuer (3.260 EUR × 25%)	815,00 EUR

Die pauschale Lohnsteuer für die Kantinenmahlzeiten von 815 EUR monatlich trägt vereinbarungsgemäß der Arbeitgeber. Zusätzlich werden auf den Betrag noch pauschale Kirchensteuer (abhängig vom Bundesland) sowie 5,5% Solidaritätszuschlag erhoben.

Praxistipp: Ist die Ermittlung des Durchschnittswertes wegen der Menge der zu erfassenden Daten besonders aufwändig, kann diese auf einen repräsentativen Zeitraum beschränkt werden.

Verfügt die Firma über eine Vielzahl von Kantinen, kann die Ermittlung des Durchschnittswerts auch auf eine repräsentative Auswahl der Kantinen beschränkt werden.

19.4 Kantinenessen, verpachtete Kantine

Sachverhalt: Ein Unternehmen hat die Kantine an einen externen Caterer verpachtet. Die Räumlichkeiten werden der Fremdfirma mietfrei überlassen. Sie bietet dafür den Mitarbeitern täglich 3 verschiedene Essen zu verbilligten Preisen von 3,00 EUR, 4,10 EUR und 5,30 EUR an.

Im März wurden insgesamt 3.000 Essen in der Kantine verkauft:

- 1.000-mal das Menü für 3,00 EUR,
- 1.000-mal das Menü für 4,10 EUR und
- 1.000-mal das Menü für 5,30 EUR.

Wie müssen die verbilligten Kantinenmahlzeiten lohnsteuerlich behandelt werden und welche sozialversicherungsrechtlichen Folgen ergeben sich?

Ergebnis: Die Gestellung von verbilligten Mahlzeiten für die Mitarbeiter ist steuer- und sozialversicherungspflichtiger Arbeitslohn. Es handelt sich um einen Sachbezug. Der Wert der Kantinenmahlzeiten ist für lohnsteuerliche Zwecke mit dem amtlichen Sachbezugswert (2024: 4,13 EUR) anzusetzen. Dies gilt auch in diesem Fall, obwohl die Kantine nicht vom Arbeitgeber betrieben wird. Durch die mietfreie Überlassung von Räumen trägt er zur Verbilligung der Mahlzeiten bei.

Weil in der Kantine unterschiedliche Mahlzeiten zu unterschiedlichen Preisen an die Arbeitnehmer abgegeben werden, kann der steuerlichen Ermittlung zur Vereinfachung ein Durchschnittswert zugrunde gelegt werden. Dabei reicht es, wenn die Durchschnittsberechnung für den jeweiligen Entgeltzahlungszeitraum durchgeführt wird, hier also für den Monat März. Andernfalls müssen für jeden Mitarbeiter die von ihm eingenommen Mahlzeiten bzw. das dafür entrichtete Entgelt einzeln erhoben werden, was gerade bei einer größeren Firma kaum durchführbar ist.

Ermittlung des Durchschnittspreises je Essen

1.000 Essen zum Preis von 3,00 EUR	3.000 EUR
1.000 Essen zum Preis von 4,15 EUR	4.100 EUR
1.000 Essen zum Preis von 5,30 EUR	*5.300 EUR*
Gesamteinnahmen der Kantine	12.400 EUR
Durchschnittspreis je Essen (12.450 EUR : 3.000 Essen)	4,13 EUR

Der Durchschnittspreis je Essen liegt genau beim steuerlichen Sachbezugswert von 4,13 EUR (2024) je Mahlzeit. Es verleibt somit kein geldwerter Vorteil. Obwohl zumindest für das preiswerteste Essen der Sachbezugswert unterschritten wird, fallen aufgrund der Durchschnittsbetrachtung keine lohnsteuer- oder sozialversicherungspflichtigen Vorteile an.

Die mietfreie Überlassung der Kantine und die dadurch mögliche Verbilligung des Essens haben hier also keinerlei Abgabenbelastung zur Folge.

Hinweis: Wenn der Sachbezugswert vom Durchschnittspreis unterschritten würde, wäre der Restbetrag steuer- und somit auch sozialversicherungspflichtig – mit der Möglichkeit zur Pauschalbesteuerung in Höhe von 25% und daraus resultierender SV-Freiheit.

19.5 Essenszuschuss, digitaler Essensgutschein

Sachverhalt: Ein Arbeitgeber ohne eigene Kantine hat mit dem Pächter der Nachbarkantine eine Vereinbarung getroffen, nach der jeder Mitarbeiter täglich einen (digitalen) Essensgutschein für ein Mittagessen in der dortigen Kantine im Wert von 2 EUR erhält. Der Durchschnittspreis der dort angebotenen Essen – Menü 1 zum Preis von 3,50 EUR bzw. Menü 2 zum Preis von 4,50 EUR – liegt bei 4 EUR. Die Essensauswahl bleibt den Mitarbeitern überlassen. Sie müssen bei der Einlösung der Essensgutscheine eine entsprechende Zuzahlung leisten.

Bei der Abgabe der Mahlzeiten kann täglich nur ein Essensgutschein in Zahlung genommen werden. Die Ausgabe erfolgt nicht an Mitarbeiter, die eine Dienstreise durchführen oder eine Auswärtstätigkeit ausüben. Die Gestellung der Essenszuschüsse erfolgt zusätzlich zum Arbeitslohn. Daraus resultierende Abgaben sollen vom Arbeitgeber übernommen werden.

Wie müssen die Essenszuschüsse lohnsteuerlich behandelt werden und welche sozialversicherungsrechtlichen Folgen ergeben sich?

Ergebnis: Die Gestellung von Essenszuschüssen für die Mitarbeiter ist steuer- und sozialversicherungspflichtiger Arbeitslohn. Es handelt sich um einen Sachbezug. Bestehen die Leistungen des Arbeitgebers in einem arbeitsvertraglich vereinbarten Anspruch der Mitarbeiter auf arbeitstägliche Zuschüsse zu Mahlzeiten, ist als Arbeitslohn nicht der Zuschuss, sondern die Mahlzeit mit dem Sachbezugswert anzusetzen. Der Wert der Mahlzeiten ist mit dem amtlichen Sachbezugswert (2024: 4,13 EUR) anzusetzen, weil alle formalen Voraussetzungen erfüllt sind.

Berechnung des geldwerten Vorteils je Arbeitnehmer	
Durchschnittlicher Wert der Mahlzeit	4,00 EUR
Abzgl. Wert Essenszuschuss	*- 2,00 EUR*
Durchschnittliche Zuzahlung der Arbeitnehmer	2,00 EUR
Anzusetzender Sachbezugswert	4,13 EUR
Abzgl. durchschnittliche Zuzahlung der Arbeitnehmer	*- 2,00 EUR*
Verbleibender Sachbezug pro Tag	2,13 EUR
Sachbezug Monat (durchschnittlich 20 Arbeitstage x 2,13 EUR)	42,60 EUR
Pauschalsteuer je Arbeitnehmer monatlich (42,60 EUR x 25%)	10,65 EUR

Die pauschale Lohnsteuer i. H. v. 10,65 EUR je Arbeitnehmer trägt vereinbarungsgemäß der Arbeitgeber. Zusätzlich werden auf den Betrag noch pauschale Kirchensteuer (abhängig vom Bundesland) sowie 5,5% Solidaritätszuschlag erhoben. SV-Beiträge fallen nicht an.

Hinweis: Der Arbeitgeber muss die Abrechnungen des Kantinenpächters aufbewahren, aus denen sich ergeben muss, wie viele Essenszuschüsse mit welchen Verrechnungswerten eingelöst worden sind.

Voraussetzung für die vorstehende Verwendung digitaler Essenszuschüsse ist, dass dem Arbeitgeber monatliche Abrechnungen zur Verfügung gestellt werden, aus denen sich wie bei Einzelbelegnachweisen die erforderlichen Erkenntnisse für das Vorliegen der steuerlichen Anforderungen ergeben. Der Arbeitgeber muss die Monatsabrechnungen als Beleg zum Lohnkonto nehmen.

19.6 Barlohnumwandlung für Essenszuschüsse

Sachverhalt: Ein Unternehmen hat keine eigene Kantine. Allerdings befindet sich in unmittelbarer Nähe zur Firma eine Gaststätte, in der viele der Mitarbeiter zu Mittag essen. Zur weiteren Umsatzsteigerung hat der Gastwirt angeboten, die Mitarbeiter zu einem Pauschalpreis von 5,50 EUR je Mittagessen zu verköstigen. Seitdem können die Mitarbeiter auf Wunsch Essenszuschüsse für die Gaststätte erhalten. Nehmen die

Arbeitnehmer die Essenszuschüsse in Anspruch, wird der Bruttolohn um 100 EUR im Monat gekürzt.

Nun soll die Entgeltabrechnung für einen Mitarbeiter durchgeführt werden, der im letzten Monat (20 Arbeitstage) erstmalig das Essenszuschuss-Programm in Anspruch genommen hat. Die Abrechnung dieser Zuschüsse erfolgt digital und erfüllt die verwaltungsseitigen Voraussetzungen. Bisher hatte der Mitarbeiter einen lohnsteuer- und sozialversicherungspflichtigen Bruttolohn von 3.500 EUR. Gemäß seinem geänderten Arbeitsvertrag verzichtet er auf 100 EUR Barlohn zugunsten der Zuschüsse. Wie hoch ist der neue, maßgebende Bruttolohn?

Ergebnis: Die vorgenommene Gehaltsumwandlung wird steuerlich voll anerkannt, sodass sich der steuerlich zu berücksichtigende Barlohn um 100 EUR auf 3.400 EUR verringert.

Zusätzlich sind die Essenmarken als Sachbezug zu versteuern. Im vorliegenden Fall darf dafür der amtliche Sachbezugswert von 4,13 EUR (2024) statt des tatsächlichen Werts von 5,50 EUR je Essenzuschuss angesetzt werden. Die Differenz zum tatsächlichen Wert beträgt hier 1,37 EUR. Ab einer Differenz von mehr als 3,10 EUR muss der tatsächliche Wert angesetzt werden, sodass die Gehaltsumwandlung keine steuerlichen Vorteile mehr hätte.

Hier sind 20 Mahlzeiten mit dem Sachbezugswert von 4,13 EUR und damit insgesamt 82,60 EUR als Sachbezug anzusetzen.

Insgesamt beträgt der neue lohnsteuer- und sozialversicherungspflichtige Arbeitslohn 3.482,60 EUR.

Eine Pauschalbesteuerung ist für die Essenszuschüsse hier nicht möglich, weil sie als Lohnbestandteile vereinbart sind.

Praxistipp: Ohne Änderung des Arbeitsvertrags führt der Austausch von Barlohn durch Essenszuschüsse nicht zu einer Herabsetzung des steuer- und beitragspflichtigen Barlohns. In diesem Fall ist der Betrag, um den sich der ausgezahlte Barlohn verringert, als Entgelt für die Essenszuschüsse anzusehen und von deren Wert abzuziehen. Im vorliegenden Fall bedeutet das: 20 Essenszuschüsse im Gesamtwert von 110 EUR abzüglich Zuzahlung von 100 EUR, verbleiben 10 EUR. Es würde sogar zu einer Erhöhung des steuer- und sozialversicherungspflichtigen Arbeitslohns auf 3.510 EUR kommen.

20 Fahrten Wohnung – erste Tätigkeitsstätte

Marcus Spahn

20.1 Fahrtkostenzuschuss ohne Nachweis der Fahrtage

Sachverhalt: Nach der firmeninternen Regelung erhält ein Mitarbeiter (Vollzeit) einen zusätzlich zum Arbeitslohn zu zahlenden Fahrtkostenzuschuss i. H. v. 300 EUR monatlich. Der Arbeitgeber hat dem Mitarbeiter zugesagt, evtl. Lohnsteuer- und Sozialversicherungsbeiträge, die auf den Zuschuss entfallen, zu übernehmen. Der Mitarbeiter wohnt 60 km von der ersten Tätigkeitsstätte entfernt, arbeitet nur vereinzelt im Homeoffice und fährt mit seinem Privatwagen ins Büro.

Wie können die Zuschüsse für die Fahrten zwischen Wohnung und erster Tätigkeitsstätte lohnsteuerlich behandelt werden und welche sozialversicherungsrechtlichen Folgen ergeben sich?

Ergebnis: Der Ersatz der Kosten für die Fahrten zwischen Wohnung und erster Tätigkeitsstätte mit dem eigenen Pkw stellt grundsätzlich steuerpflichtigen Arbeitslohn dar. Die Lohnsteuer für zusätzlich zum ohnehin geschuldeten Arbeitslohn geleistete Zuschüsse zu den Aufwendungen des Arbeitnehmers für Fahrten zwischen Wohnung und erster Tätigkeitsstätte (Barzuschüsse) kann mit 15% pauschal erhoben werden. Diese Pauschalversteuerung führt auch zur Sozialversicherungsfreiheit.

Die Pauschalversteuerung ist aber nur bis zu dem Betrag zulässig, den der Mitarbeiter als Werbungskosten geltend machen könnte, wenn die Bezüge nicht pauschal besteuert würden.

Aus Vereinfachungsgründen kann der Arbeitgeber von 15 Tagen monatlich bzw. 180 Tagen im Jahr ausgehen.

Es ergibt sich folgende Berechnung:

Entfernungspauschale		
180 Arbeitstage x 20 km x 0,30 EUR	1.080 EUR	
180 Arbeitstage x 40 km x 0,38 EUR	*+ 2.736 EUR*	3.816 EUR
Fahrtkostenzuschüsse durch den Arbeitgeber		3.600 EUR

Die Lohnsteuer für den Fahrtkostenzuschuss kann mit 15% erhoben werden, da der dafür zulässige Betrag nicht überschritten wird. Es fallen keine Beträge zur Sozialversicherung an.

Der pauschal besteuerte Arbeitslohn ist in der Lohnsteuerbescheinigung unter Nr. 18 einzutragen und wird auf die als Werbungskosten abzugsfähigen Ausgaben des Mitarbeiters angerechnet.

Die pauschale Lohnsteuer zuzüglich Solidaritätszuschlag und ggf. Kirchensteuer trägt vereinbarungsgemäß der Arbeitgeber.

Achtung: Die zur Vereinfachung angenommenen 180 Tage pro Jahr bzw. 15 Tage pro Monat gehen von einer 5-Tage-Woche mit Fahrten zur ersten Tätigkeitsstätte aus. Seit 2022 mindert sich die Anzahl der Fahrten verhältnismäßig, wenn der Mitarbeiter bei einer in die Zukunft gerichteten Prognose an der ersten Tätigkeitsstätte typischerweise an weniger als 5 Arbeitstagen in der Kalenderwoche nach den dienst- oder arbeitsrechtlichen Festlegungen beruflich tätig werden soll.[10] Aufgrund der Vollzeitbeschäftigung und der nur vereinzelten Homeoffice-Tätigkeit ergeben sich im vorstehenden Beispiel keine Änderungen.

20.2 Fahrtkostenzuschuss bei planmäßigem Homeoffice oder Teilzeit

Sachverhalt: Ein Mitarbeiter soll laut Arbeitsvertrag an 3 Tagen pro Woche im Homeoffice und einen Tag pro Woche an der ersten Tätigkeitsstätte beruflich tätig werden. Die einfache Entfernung von 30 km zur ersten Tätigkeitsstätte legt er mit seinem privaten Auto zurück. Der Arbeitgeber leistet für diese Fahrten zusätzlich zum ohnehin geschuldeten Arbeitslohn einen Zuschuss von 150 EUR pro Monat.

Ergebnis: Der Arbeitgeber kann bei einem Tag pro Woche beruflicher Tätigkeit an der ersten Tätigkeitsstätte im Lohnsteuerabzugsverfahren nur noch davon ausgehen, dass an 1/5 von 15 Tagen (= 3 Tage/Monat) Fahrten zwischen Wohnung und erster Tätigkeitsstätte erfolgen.

Die abziehbare Entfernungspauschale pro Monat beträgt somit

20 km x 0,30 EUR x 3 Tage + 10 km x 0,38 EUR x 3 Tage = 29,40 EUR. Der Arbeitgeber kann den Zuschuss folglich i. H. v. 29,40 EUR mit 15 % pauschal besteuern.

Der übersteigende Betrag des Zuschusses von 120,60 EUR pro Monat erhöht den (mit dem individuellen Steuersatz zu versteuernden) Bruttoarbeitslohn. Die pauschal besteuerten Bezüge sind im Lohnkonto aufzuzeichnen und in Nr. 18 der Lohnsteuerbescheinigung auszuweisen.

10 BMF, Schreiben v. 18.11.2021, IV C 5 – S 2351/20/10001 :002, BStBl 2021 I S. 2315, Rz. 41.

20.3 Pauschaler Fahrtkostenzuschuss mit Nachweis der Fahrtage

Sachverhalt: Nach der firmeninternen Regelung erhält ein Arbeitnehmer einen zusätzlich zum Arbeitslohn zu zahlenden Fahrtkostenzuschuss von 50 EUR monatlich für die Fahrten zwischen Wohnung und erster Tätigkeitsstätte. Der Arbeitgeber hat dem Mitarbeiter zugesagt, evtl. Lohnsteuer- und Sozialversicherungsbeiträge, die auf den Zuschuss entfallen, zu übernehmen. Der Arbeitnehmer wohnt 20 km von der ersten Tätigkeitsstätte entfernt und fährt nachweislich an 200 Tagen mit seinem Pkw ins Büro.

Wie müssen die Zuschüsse für die Fahrten zwischen Wohnung und erster Tätigkeitsstätte lohnsteuerlich behandelt werden und welche sozialversicherungsrechtlichen Folgen ergeben sich?

Ergebnis: Der Ersatz der Kosten für die Fahrten zwischen Wohnung und erster Tätigkeitsstätte mit dem eigenen Pkw stellt steuerpflichtigen Arbeitslohn dar. Die Lohnsteuer für zusätzlich zum ohnehin geschuldeten Arbeitslohn geleistete Zuschüsse zu den Aufwendungen des Arbeitnehmers für Fahrten zwischen Wohnung und erster Tätigkeitsstätte (Barzuschüsse) kann mit 15 % pauschal erhoben werden. Diese Pauschalversteuerung führt auch zur Sozialversicherungsfreiheit.

Die Pauschalversteuerung ist aber nur bis zu dem Betrag zulässig, den der Mitarbeiter als Werbungskosten geltend machen könnte, wenn die Bezüge nicht pauschal besteuert würden. Hier sind 200 Fahrtage nachgewiesen. Es ergibt sich folgende Berechnung:

Pauschalierungsfähig insgesamt (200 Tage × 20 km × 0,30 EUR)	1.200 EUR
Zuschüsse vom Arbeitgeber	600 EUR

Der Fahrtkostenzuschuss von monatlich 50 EUR kann pauschal mit 15 % versteuert werden und bleibt beitragsfrei zur Sozialversicherung.

Die pauschale Lohnsteuer von 50 EUR × 15 % = 7,50 EUR im Monat bzw. 90 EUR im Jahr trägt vereinbarungsgemäß der Arbeitgeber.

Der pauschal besteuerte Arbeitslohn ist in der Lohnsteuerbescheinigung unter Nr. 18 einzutragen und wird auf die als Werbungskosten abzugsfähigen Ausgaben des Mitarbeiters angerechnet.

Im Beispielsfall verbleiben dem Arbeitnehmer im Rahmen seiner Einkommensteuererklärung noch abzugsfähige Kosten von 600 EUR für die Fahrten zwischen Wohnung und erster Tätigkeitsstätte. Falls der Arbeitnehmer keine anderen Werbungskosten nachweisen kann, wäre bei ihm der Arbeitnehmer-Pauschbetrag von 1.230 EUR anzusetzen.

20.4 Erstattung der Bahnfahrkarte

Sachverhalt: Eine Arbeitnehmerin wohnt 30 km von der ersten Tätigkeitsstätte entfernt und fährt an 200 Tagen mit der S-Bahn ins Büro. Nach der firmeninternen Regelung erhält sie die Monatskarte, die sie zum Preis von 80 EUR monatlich selbst erwirbt, in voller Höhe zusätzlich zum ohnehin geschuldeten Arbeitslohn erstattet.

Wie muss die Fahrkartenerstattung lohnsteuerlich behandelt werden und welche sozialversicherungsrechtlichen Folgen ergeben sich?

Ergebnis: Die Erstattung von Fahrtkosten für öffentliche Verkehrsmittel für die Fahrten zwischen Wohnung und erster Tätigkeitsstätte bleibt steuerfrei, wenn sie zusätzlich gewährt wird. Diese Steuerbefreiung führt auch zur Sozialversicherungsfreiheit. Eine private Nutzungsmöglichkeit der Bahnfahrkarte für den Nahverkehr ist unschädlich.

Die Zuschüsse werden bei der Einkommensteuererklärung der Mitarbeiterin auf die verkehrsmittelunabhängige Entfernungspauschale angerechnet. Es ergibt sich folgende Berechnung:

200 Arbeitstage x 20 km x 0,30 EUR	1.200 EUR	
200 Arbeitstage x 10 km x 0,38 EUR	*+ 760 EUR*	1.960 EUR
Abzgl. pauschalversteuerte Zuschüsse		*- 960 EUR*
Verbleibende Werbungskosten		1.000 EUR

Hinweis: Das gleiche Ergebnis ergibt sich auch bei Zurverfügungstellung eines Jobtickets durch den Arbeitgeber (ggf. mit Zuzahlung der Arbeitnehmerin).

20.5 Jobticket

Sachverhalt: Ein Arbeitgeber mit 400 Mitarbeitern möchte den Arbeitnehmern ein Jobticket zusätzlich zum geschuldeten Arbeitslohn zur Verfügung stellen. Die Mitarbeiter wohnen in einem Umkreis von maximal 20 km Entfernung zum Betrieb. Beim örtlichen Verkehrsverbund kostet eine Fahrkarte für derartige Strecken derzeit regulär 55 EUR.

Bei Abnahme von mehr als 200 Jobtickets erhält der Arbeitgeber die Karten zu einem monatlichen Preis von 40 EUR je Karte.

Wie können die Jobtickets für die Wege zwischen Wohnung und erster Tätigkeitsstätte möglichst steuergünstig behandelt werden und welche sozialversicherungsrechtlichen Folgen ergeben sich?

Ergebnis: Die zusätzliche Gestellung von Fahrkarten für öffentliche Verkehrsmittel für die Fahrten zwischen Wohnung und erster Tätigkeitsstätte in Form eines Jobtickets bleibt steuerfrei. Aus der Steuerbefreiung folgt auch die Sozialversicherungsfreiheit. Eine private Nutzungsmöglichkeit im Nahverkehr ist unschädlich.

Der steuerfrei belassene Vorteil ist in der Lohnsteuerbescheinigung unter Nr. 17 einzutragen. Bescheinigt werden dabei die Aufwendungen des Arbeitgebers von 40 EUR je Karte monatlich. Der Jahresbetrag von 480 EUR wird in der Steuererklärung auf die beim Mitarbeiter evtl. abzugsfähigen Kosten (Entfernungspauschale) angerechnet.

Hinweis: Alternativ besteht die Möglichkeit zur Pauschalbesteuerung von Jobtickets *ohne* Anrechnung auf die Entfernungspauschale. Es erfolgt in diesen Fällen keine Eintragung auf der Lohnsteuerbescheinigung. Die Pauschalbesteuerung mit 25 % ist zudem auch bei Entgeltumwandlung zulässig.

20.6 BahnCard als Jobticket

Sachverhalt: Der Arbeitgeber überlässt einer Mitarbeiterin eine BahnCard 100, die er zum Preis von 3.900 EUR erworben hat. Nach der Prognose des Arbeitgebers betragen die ersparten Kosten der Einzelfahrscheine für Dienstreisen im Gültigkeitszeitraum 3.000 EUR. Der reguläre Preis der Jahresfahrkarte für die Strecke zwischen Wohnung und erster Tätigkeitsstätte hätte 1.200 EUR betragen.

Kann die BahnCard trotz der privaten Nutzungsmöglichkeit steuerfrei überlassen werden?

Ergebnis: Erstattungen für Reisekosten anlässlich von Auswärtstätigkeiten bleiben steuerfrei. Ebenso bleibt die Gestellung eines Jobtickets für die Fahrten zur ersten Tätigkeitsstätte steuerfrei. Die Nutzung des öffentlichen Personennahverkehrs ist unabhängig von der Art der Fahrten begünstigt, also auch bei Privatfahrten. Schwieriger wird es, wenn auch die Privatnutzung im Fernverkehr möglich ist. Nur wenn die Privatnutzung nicht zu Zusatzkosten für den Arbeitgeber führt, ergibt sich hier kein steuerpflichtiger Vorteil.

Rechnen sich für den Arbeitgeber die Aufwendungen für die BahnCard bereits durch die ersparten Kosten für Dienstreisen (=Vollamortisation), ergibt sich kein geldwerter Vorteil. Tritt eine Vollamortisation erst unter Berücksichtigung der Fahrten zur ersten Tätigkeitsstätte ein, bleibt die Gestellung ebenfalls vollständig steuerfrei. Maßgebend ist dabei jeweils eine Nutzungsprognose durch den Arbeitgeber zum Zeitpunkt der Hingabe.

Danach übersteigen im Sachverhalt die insgesamt ersparten Kosten des Arbeitgebers die Kosten der BahnCard 100. Die BahnCard 100 ist i. H. v. 3.000 EUR steuerfreier Reisekostenersatz und der verbleibende Betrag von 900 EUR bleibt als Jobticket steuerfrei (und ist auch nur in dieser Höhe auf der Lohnsteuerbescheinigung auszuweisen). Auf den Umfang der tatsächlichen Nutzung sowie die private Nutzungsmöglichkeit kommt es nicht an.

20.7 Dienstwagen (ohne Pauschalierung)

Sachverhalt: Einem Vertriebsmitarbeiter wird vom Arbeitgeber ein Firmenwagen (mit Verbrennungsmotor) mit einem Listenpreis von 30.000 EUR für die Privatnutzung sowie für die Fahrten zwischen Wohnung und erster Tätigkeitsstätte zur Verfügung gestellt.

Der Mitarbeiter wohnt 15 km vom Unternehmen entfernt und kommt an 200 Tagen jährlich in die Firma. Die Privatnutzung des Firmenwagens wird bereits seit Jahren nach der 1-%-Regelung versteuert. Eine Pauschalversteuerung geldwerter Vorteile lehnt die Firma ab.

Wie muss die Nutzung des Dienstwagens für die Fahrten zwischen Wohnung und erster Tätigkeitsstätte behandelt werden und welche sozialversicherungsrechtlichen Folgen ergeben sich?

Ergebnis: Die Gestellung eines Dienstwagens für diese Fahrten stellt grundsätzlich steuerpflichtigen Arbeitslohn dar. Bei Anwendung der 1-%-Regelung für die Privatnutzung ist diese Nutzungsmöglichkeit zusätzlich monatlich mit 0,03 % des inländischen Listenpreises des Fahrzeugs für jeden Kilometer der Entfernung zwischen Wohnung und erster Tätigkeitsstätte zu bewerten und dem Arbeitslohn zuzurechnen:

Geldwerter Vorteil für die Fahrten zwischen Wohnung und erster Tätigkeitsstätte:
0,03 % von 30.000 EUR × 15 km × 12 Monate = 1.620 EUR

Da eine Pauschalbesteuerung nicht gewünscht wird, sind die vollen 1.620 EUR individuell zu versteuern und unterliegen der Sozialversicherung.

Bei seiner Einkommensteuererklärung kann der Mitarbeiter die Aufwendungen für die Fahrten zwischen Wohnung und erster Tätigkeitsstätte in Höhe der Entfernungspauschale von 0,30 EUR je Entfernungskilometer geltend machen.

Praxistipp: Statt der 0,03% ist auch eine tageweise Versteuerung der Fahrten zwischen Wohnung und erster Tätigkeitsstätte mit 0,002% möglich. Dies ist jedoch nur bei weniger als 180 Arbeitstagen im Betrieb vorteilhaft und kommt deshalb hier nicht in Betracht.

Bei Anwendung der Fahrtenbuchmethode sind statt der 0,03-%-Regelung die anteiligen Aufwendungen als geldwerter Vorteil anzusetzen, die auf die Fahrten zwischen Wohnung und erster Tätigkeitsstätte entfallen.

20.8 Dienstwagen (mit Pauschalierung)

Sachverhalt: Der Arbeitgeber stellt einem Mitarbeiter (Vollzeit, kein Homeoffice) einen Dienstwagen (mit Verbrennungsmotor) mit einem Listenpreis von 40.089 EUR für die Privatnutzung sowie für die Fahrten zwischen Wohnung und erster Tätigkeitsstätte zur Verfügung. Der Mitarbeiter wohnt 35 km vom Betrieb entfernt. Die Privatnutzung des Dienstwagens wird bereits seit Jahren nach der 1-%-Regelung versteuert.

Wie muss die Nutzung des Dienstwagens für die Fahrten zwischen Wohnung und erster Tätigkeitsstätte behandelt werden und welche sozialversicherungsrechtlichen Folgen ergeben sich?

Ergebnis: Die Gestellung eines Dienstwagens für diese Fahrten stellt grundsätzlich steuerpflichtigen Arbeitslohn dar. Bei Anwendung der 1-%-Regelung für die Privatnutzung ist diese Nutzungsmöglichkeit zusätzlich monatlich mit 0,03% des inländischen Listenpreises des Fahrzeugs für jeden Kilometer der Entfernung zwischen Wohnung und erster Tätigkeitsstätte zu bewerten und dem Arbeitslohn zuzurechnen.

Der für den Vorteil aus der Gestellung des Dienstwagens für Fahrten zwischen Wohnung und erster Tätigkeitsstätte anzusetzende Arbeitslohn kann mit 15% pauschaliert werden. Dieser pauschalierte Arbeitslohn ist zudem sozialversicherungsfrei. Allerdings ist die Pauschalierung nur bis zur Höhe der Entfernungspauschale möglich. Es ergibt sich folgende Berechnung:

Geldwerter Vorteil Fahrten Wohnung – erste Tätigkeitsstätte (0,03 % von 40.000 EUR × 35 km × 12 Monate)		5.040 EUR
Ohne Einzelnachweis sind bei der Pauschalversteuerung mit 15 % 180 Arbeitstage zu berücksichtigen		
Entfernungspauschale:		
180 Arbeitstage × 20 km × 0,30 EUR	1.080 EUR	
180 Arbeitstage x 15 km x 0,38 EUR	*1.026 EUR*	2.106 EUR
Differenz, nach den ELStAM zu versteuern		2.934 EUR

Auf diesen Arbeitslohn sind auch Sozialversicherungsbeiträge zu zahlen.

Der pauschal besteuerte Anteil von 2.106 EUR ist in der Lohnsteuerbescheinigung unter Nr. 18 einzutragen und wird auf die Abzugsmöglichkeiten des Mitarbeiters angerechnet.

Die pauschale Lohnsteuer von 2.106 EUR × 15 % = 315,90 EUR trägt grundsätzlich der Arbeitgeber. Er kann aber diesen Betrag auch im Innenverhältnis auf den Mitarbeiter abwälzen.

Praxistipp: Auf die Pauschalierung kann verzichtet werden. Der Mitarbeiter kann dann entsprechende Kosten in seiner Einkommensteuererklärung geltend machen. Allerdings unterliegt der Arbeitslohn dann auch der vollen Sozialversicherungspflicht. Die Vereinfachung auf Seiten des Arbeitgebers führt deshalb regelmäßig zu Nachteilen für den Mitarbeiter.

Achtung: Die 180-Tage-Regelung gilt auch beim Dienstwagen nur noch bei einer 5-Tage-Woche ohne feste Homeoffice-Tage. Andernfalls mindert sich die Anzahl der Fahrten verhältnismäßig, wenn der Mitarbeiter bei einer in die Zukunft gerichteten Prognose an der ersten Tätigkeitsstätte typischerweise an weniger als 5 Arbeitstagen in der Kalenderwoche nach den dienst- oder arbeitsrechtlichen Festlegungen beruflich tätig werden soll. Im vorstehenden Beispiel ergeben sich keine Änderungen.

20.9 Maßgebliche Straßenverbindung für Entfernungspauschale

Sachverhalt: Nach der firmeninternen Regelung erhält jeder Mitarbeiter einen zusätzlich zum Arbeitslohn zu zahlenden Fahrtkostenzuschuss in Höhe der gesetzlichen Entfernungspauschale für die Fahrten zwischen Wohnung und erster Tätigkeitsstätte. Bei einem neu eingestellten Mitarbeiter verläuft die kürzeste Strecke zwischen Wohnung und erster Tätigkeitsstätte durch einen mautpflichtigen Tunnel. Deshalb benutzt der Mitarbeiter für die Fahrten mit seinem Pkw arbeitstäglich eine mautfreie Bundesstraße. Die Strecke zwischen Wohnung und erster Tätigkeitsstätte beträgt durch den Tunnel 10 km, über die Bundesstraße 20 km. Er fährt nachweislich an 180 Tagen zum Betrieb.

In welcher Höhe können Arbeitgeberzuschüsse pauschal besteuert werden?

Ergebnis: Der Ersatz der Kosten für die Fahrten zwischen Wohnung und erster Tätigkeitsstätte mit dem eigenen Pkw stellt steuerpflichtigen Arbeitslohn dar. Die Lohnsteuer für zusätzlich zum ohnehin geschuldeten Arbeitslohn geleistete Zuschüsse zu den Aufwendungen des Arbeitnehmers für Fahrten zwischen Wohnung und erster Tätigkeitsstätte (sog. Barzuschüsse) kann mit 15 % pauschal erhoben werden.

Die Pauschalversteuerung ist aber nur bis zu dem Betrag zulässig, den der Mitarbeiter als Werbungskosten geltend machen könnte, wenn die Bezüge nicht pauschal besteuert würden, also in Höhe der Entfernungspauschale. Maßgebend ist dabei die kürzeste Straßenverbindung. Das ist nach der Rechtsprechung die kürzeste Strecke zwischen Wohnung und erster Tätigkeitsstätte auf öffentlichen Straßen, die dem allgemeinen Kraftfahrzeugverkehr dienen. Für die Entfernungspauschale ist die kürzeste Straßenverbindung auch dann maßgeblich, wenn diese mautpflichtig ist oder mit dem vom Arbeitnehmer tatsächlich verwendeten Verkehrsmittel straßenverkehrsrechtlich nicht benutzt werden darf. Gebühren für die Benutzung eines Straßentunnels oder einer mautpflichtigen Straße dürfen dagegen nicht neben der Entfernungspauschale berücksichtigt werden.

Anzusetzen ist also im Beispiel die Entfernungspauschale für eine Entfernung von 10 km. Es ergibt sich folgender pauschalierungsfähiger Fahrtkostenzuschuss:

Entfernungspauschale (180 Arbeitstage × 10 km × 0,30 EUR)	540 EUR
Pauschalierbare Fahrtkostenzuschüsse durch den Arbeitgeber im Jahr	540 EUR
Pauschalierbarer Fahrtkostenzuschuss pro Monat (540 EUR : 12 Monate)	45 EUR

Die Lohnsteuer für den Fahrtkostenzuschuss kann mit 15 % erhoben werden. Die pauschale Lohnsteuer trägt grundsätzlich der Arbeitgeber, er kann sie jedoch auf den Mitarbeiter abwälzen. Der pauschal besteuerte Arbeitslohn ist in der Lohnsteuerbescheinigung einzutragen. Es fallen keine Beträge zur Sozialversicherung an.

Hinweis: Benutzt der Mitarbeiter für die Strecken zur ersten Tätigkeitsstätte – wie im Urteilsfall – ausschließlich ein Motorrad oder Moped ergibt sich im Ergebnis das gleiche Ergebnis. Zwar können hier die tatsächlich entstandenen Aufwendungen angesetzt werden bzw. alternativ pauschale Kilometersätze, allerdings maximal die Entfernungspauschale. Bei einem Kilometersatz von 0,20 EUR je Kilometer für motorbetriebene Fahrzeuge ergibt sich für Hin- und Rückfahrt ein Satz von 0,40 EUR. Anzusetzen ist deshalb die geringere Entfernungspauschale von 0,30 EUR wiederum für 10 km Entfernung.

Praxistipp: Grundsätzlich kann die Entfernungspauschale nur für die kürzeste Entfernung beansprucht werden. Etwas anderes gilt aber, wenn eine andere Verbindung »offensichtlich verkehrsgünstiger« ist und vom Arbeitnehmer regelmäßig benutzt wird. Die vom Mitarbeiter tatsächlich benutzte Straßenverbindung ist dann verkehrsgünstiger als die kürzeste Straßenverbindung, wenn damit eine Zeitersparnis oder sonstige Vorteile aufgrund von Streckenführung, Schaltung von Ampeln o.Ä. verbunden sind. In diesen Fällen kann die günstigere Strecke auch der Pauschalierung zugrunde gelegt werden.

21 Freibetrag

Carola Hausen

21.1 ELStAM-Datenbank

Sachverhalt: Für einen Arbeitnehmer mit einem monatlichen Bruttolohn von 1.885,50 EUR ist in der ELStAM-Datenbank ein Freibetrag i. H. v. 1.200 EUR jährlich bzw. 100 EUR monatlich eingetragen.

Wie wirkt sich dieser Freibetrag bei der Entgeltabrechnung aus?

Ergebnis: Lohnsteuerfreibeträge, die in der ELStAM-Datenbank eingetragen wurden, sind immer persönliche Freibeträge des Arbeitnehmers. Der Arbeitnehmer muss den Freibetrag selbst beim Finanzamt beantragen; der Arbeitgeber muss sich nicht um die Gründe für die Eintragung kümmern.

Berücksichtigung bei der Entgeltabrechnung	
Bruttolohn	1.885,50 EUR
Abzgl. monatl. Steuerfreibetrag	*- 100,00 EUR*
Steuerpflichtiger Bruttolohn	1.785,50 EUR
Sozialversicherungspflichtiges Entgelt	1.885,50 EUR

Die Lohnsteuer, der Solidaritätszuschlag und die Kirchensteuer werden bei einem Betrag von 1.785,50 EUR aus der Lohnsteuertabelle abgelesen. Der Steuerfreibetrag wirkt sich monatlich steuermindernd für den Arbeitnehmer aus. Der Freibetrag von 100 EUR gilt nur für den Lohnsteuerabzug und wird daher nicht bei der Berechnung der Sozialversicherungsbeiträge berücksichtigt.

Hinweis: Der Jahresfreibetrag muss mindestens 600 EUR betragen. Persönliche Freibeträge können sein:

- Behinderten-Pauschbetrag und Pflege-Pauschbetrag,
- Freibetrag für Werbungskosten, die über dem Arbeitnehmer-Pauschbetrag i. H. v. 1.230 EUR liegen,
- Freibetrag für Verluste aus anderen Einkunftsarten (z. B. Vermietung und Verpachtung).

Die Eintragung eines Freibetrags in der ELStAM-Datenbank zieht – außer bei einem Behinderten-Pauschbetrag – immer die Pflicht zur Abgabe einer Einkommensteuererklärung des Arbeitnehmers nach sich.

Praxistipp: Antragsabhängige Lohnsteuerfreibeträge können für 2 aufeinanderfolgende Kalenderjahre beantragt werden. Freibeträge für Menschen mit Behinderungen und Hinterbliebene bleiben von der gesetzlichen Änderung unberührt.

21.2 Fehlender Kinderfreibetrag

Sachverhalt: Ein Arbeitnehmer erklärt seinem Arbeitgeber, dass er ab Februar von seiner Ehefrau getrennt lebt und deshalb ab sofort die Steuerklasse I und 0,5 Kinderfreibeträge zu berücksichtigen sind.

Darf der Arbeitgeber die ELStAM daraufhin ändern?

Ergebnis: Der Arbeitgeber muss den Arbeitslohn nach den ELStAM versteuern. Er darf nicht eigenmächtig nach anderen Merkmalen abrechnen, auch wenn er von deren Richtigkeit überzeugt ist. Der Arbeitnehmer selbst ist verpflichtet, seine ELStAM beim Wohnsitzfinanzamt ändern zu lassen. Er kann den Antrag auf Korrektur der ELStAM persönlich oder schriftlich stellen.

Hinweis: Erhält der Arbeitgeber geänderte ELStAM, muss er auf das Änderungsdatum achten. Gilt die Änderung rückwirkend ab 1.1. des laufenden Jahres, können die zurückliegenden Monate korrigiert und neu berechnet werden. Das erfolgt i.d.R. programmgesteuert in den Lohnprogrammen. Ansonsten gelten die Änderungen erst ab dem Monat der Übermittlung der ELStAM.

21.3 Nachträgliche Eintragung

Sachverhalt: Ein Arbeitnehmer beantragt im Oktober beim Finanzamt einen Lohnsteuerfreibetrag von 2.800 EUR im Jahr. Der Freibetrag wird in der ELStAM-Datenbank gespeichert und steht dem Arbeitgeber beim nächsten Abruf zur Verfügung.

Wie wird der Freibetrag für den Rest des laufenden Jahres berücksichtigt?

Ergebnis: Der Jahresfreibetrag von 2.800 EUR wird vom Finanzamt ab November eingetragen. Er wird auf die beiden verbleibenden Monate aufgeteilt, d.h. monatlich 1.400 EUR. Wenn dieser Freibetrag in den Monaten November und Dezember gar nicht mehr aufgebraucht werden kann, erfolgt die Berücksichtigung erst i.R.d. Einkommensteuerveranlagung. Die Lohnsteuer würde dann in den beiden Monaten 0 EUR betragen; eine rückwirkende Korrektur der Lohnsteuer für die vergangenen Monate erfolgt nicht.

Für die Sozialversicherungsbeiträge wird der Freibetrag nicht berücksichtigt.

Hinweis: Die Eintragung eines Freibetrags in den ELStAM zieht immer die Pflicht zur Abgabe einer Einkommensteuererklärung des Arbeitnehmers nach sich – außer bei einem Behinderten-Pauschbetrag.

21.4 Übungsleiter, neben Hauptbeschäftigung

Sachverhalt: Ein Leiter einer gemeinnützigen Einrichtung, die Freizeitangebote wie Sportgemeinschaften und künstlerische Arbeitsgemeinschaften für Kinder anbietet, ist auf die Mitarbeit von freiwilligen Helfern angewiesen. Diese Helfer arbeiten üblicherweise neben einer Hauptbeschäftigung einige Stunden nachmittags oder am Wochenende.

Wie können diese Mitarbeiter für ihre Tätigkeit entlohnt werden?

Ergebnis: Für Personen, die nebenberuflich als Übungsleiter, Ausbilder, Erzieher oder Betreuer tätig sind, kann der Übungsleiterfreibetrag von 3.000 EUR jährlich genutzt werden.

Der Betrag kann en bloc oder monatlich mit je 250 EUR lohnsteuer- und sozialversicherungsfrei an die Mitarbeiter ausbezahlt werden. Dieser Freibetrag ist ein Jahresbetrag. Ist der Arbeitseinsatz in den einzelnen Monaten unterschiedlich hoch und wird nach Stunden abgerechnet, ist das unproblematisch, sofern die 3.000 EUR im Jahr nicht überschritten werden.

Wird der Freibetrag überschritten, ist nur der übersteigende Teil lohnsteuer- und sozialversicherungspflichtig. Ggf. kann der übersteigende Teil als Minijob abgerechnet werden.

Praxistipp: Auch für Rentner, Studenten, Arbeitslose, Schüler und Hausfrauen bzw. Hausmänner kann der Übungsleiterfreibetrag infrage kommen. Für die Ermittlung des regelmäßigen monatlichen Entgelts wird der pro Jahr zur Verfügung stehende Steuerfreibetrag i. H. v. 3.000 EUR immer als erstes in voller Höhe vom zu erwartenden Gesamtverdienst abgezogen. Ergibt sich danach ein Verdienst bis 538 EUR (bis 31.12.2023: 520 EUR), liegt ein Minijob vor.

21.5 Übungsleiterpauschale

Sachverhalt: Ein Arbeitnehmer ist hauptberuflich Angestellter. In seiner Freizeit trainiert er die Jugendmannschaft eines Sportvereins. Dafür erhält er ein monatliches Entgelt von 200 EUR.

Ergebnis: Die 200 EUR bleiben lohnsteuer- und sozialversicherungsfrei.

Eine Arbeitgeberbelastung besteht nur bei der Unfallumlage. Die lohnsteuerfreien Einnahmen gehören nicht zum Arbeitsentgelt in der Sozialversicherung und sind somit beitragsfrei.

21.6 Übungsleiter, Minijobber

Sachverhalt: Ein Arbeitnehmer ist hauptberuflich Angestellter. In seiner Freizeit betreut er in einer Behinderteneinrichtung eine künstlerische Arbeitsgemeinschaft. Er bekommt dafür ein monatliches Entgelt von 650 EUR.

Ergebnis: 250 EUR bleiben durch die Übungsleiterpauschale lohnsteuer- und sozialversicherungsfrei. Die restlichen 400 EUR können als Minijob abgerechnet werden.

Auszahlungsbetrag des Arbeitnehmers	
Steuerfreie Übungsleiterpauschale	250,00 EUR
Entgelt für geringfügig Beschäftigte	400,00 EUR
Abzgl. Abzüge (ohne Aufstockung in der Rentenversicherung; Opt-out-Regelung)	*– 0,00 EUR*
Auszahlungsbetrag	650,00 EUR

Arbeitgeberbelastung durch Minijob	
Rentenversicherung (15 %)	60,00 EUR
Krankenversicherung (13 %)	52,00 EUR
Pauschalsteuer (2 %)	*8,00 EUR*
Gesamtbelastung (30 %)	120,00 EUR
	+ ggf. Umlagen

Hinweis: Für die Ermittlung des regelmäßigen monatlichen Entgelts wird der pro Jahr zur Verfügung stehende Steuerfreibetrag i. H. v. 3.000 EUR immer als erstes in voller Höhe vom zu erwartenden Gesamtverdienst abgezogen. Ergibt sich danach ein Verdienst bis 538 EUR (bis 31.12.2023: 520 EUR), liegt ein Minijob vor.

21.7 Übungsleiter, arbeitsuchend

Sachverhalt: Ein bei der Agentur für Arbeit gemeldeter Arbeitsuchender betreut in seiner Freizeit die Sportgruppe in einem Seniorenheim. Er bekommt dafür ein monatliches Entgelt von 365 EUR.

Ergebnis: 250 EUR bleiben durch die Übungsleiterpauschale lohnsteuer- und sozialversicherungsfrei. Die restlichen 115 EUR können als Minijob abgerechnet werden. Auch bei arbeitslos gemeldeten Personen gilt die Tätigkeit als nebenberuflich.

Auszahlungsbetrag des Arbeitnehmers	
Steuerfreie Übungsleiterpauschale	250,00 EUR
Entgelt für geringfügig Beschäftigte	115,00 EUR
Abzgl. Abzüge (ohne Beitragspflicht in der Rentenversicherung; Opt-out-Regelung)	*- 0,00 EUR*
Auszahlbetrag	365,00 EUR

Arbeitgeberbelastung durch Minijob	
Rentenversicherung (15 %)	17,25 EUR
Krankenversicherung (13 %)	14,95 EUR
Pauschalsteuer (2 %)	*2,30 EUR*
Gesamtbelastung (30 %)	34,50 EUR
	+ ggf. Umlagen

22 Geringfügig entlohnte Beschäftigung

Christel Onwuasoanya

22.1 Versicherungsrechtliche Beurteilung nach Personengruppen

22.1.1 Gesetzlich Krankenversicherte

Sachverhalt: Eine geringfügig beschäftigte Arbeitnehmerin ist gesetzlich krankenversichert und erhält für ihre Tätigkeit 300 EUR monatlich. Darüber hinaus hat sie keine weiteren Beschäftigungen.

Wie ist die Beschäftigung lohnsteuer- und sozialversicherungsrechtlich zu behandeln?

Ergebnis: Die Beschäftigung ist als geringfügig entlohnte Beschäftigung abzurechnen, da das regelmäßige monatliche Arbeitsentgelt die Geringfügigkeitsgrenze i. H. v. 538 EUR nicht übersteigt. Es sind Pauschalbeiträge i. H. v. 13 % zur Krankenversicherung sowie i. H. v. 15 % zur Rentenversicherung – sofern die Arbeitnehmerin die Befreiung von der Rentenversicherungspflicht beantragt – an die Minijob-Zentrale abzuführen. Ansonsten ist die geringfügige Beschäftigung rentenversicherungspflichtig, die Arbeitnehmerin trägt 3,6 % und der Arbeitgeber 15 % des Rentenversicherungsbeitrags. Darüber hinaus ist die einheitliche Pauschalsteuer von 2 % abzuführen.

22.1.2 Privat Krankenversicherte

Sachverhalt: Eine Aushilfe erhält für ihre Tätigkeit ein monatliches Entgelt von 420 EUR. Die Tätigkeit wird neben einer Haupttätigkeit ausgeübt. Die Aushilfe ist privat krankenversichert und beantragt die Befreiung von der Rentenversicherungspflicht.

Wie ist die Aushilfsbeschäftigung lohnsteuer- und sozialversicherungsrechtlich zu behandeln?

Ergebnis: Die Beschäftigung ist als geringfügig entlohnte Beschäftigung abzurechnen, da das regelmäßige monatliche Arbeitsentgelt die Geringfügigkeitsgrenze i. H. v. 538 EUR nicht übersteigt. Da die Aushilfe in der Hauptbeschäftigung privat krankenversichert ist, sind keine pauschalen Beiträge zur Krankenversicherung fällig. Grundsätzlich ist die Aushilfe versicherungspflichtig in der Rentenversicherung, sodass der Arbeitnehmer 3,6 % und der Arbeitgeber 15 % des Rentenversicherungsbeitrags trägt.

Beantragt der Arbeitnehmer die Befreiung von der Rentenversicherungspflicht sind 15% als Pauschalbeitrag zur Rentenversicherung sowie 2% Pauschalsteuern an die Minijob-Zentrale weiterzuleiten.

22.1.3 Studenten

Sachverhalt: Eine Studentin wird ab 1.1. befristet für 1 Jahr als Aushilfe eingestellt. Der Stundenlohn beträgt 15 EUR und die Arbeitszeit 20 Stunden pro Monat. Pro Arbeitstag sind in der Regel 2 Arbeitsstunden abzuleisten. Es ergibt sich ein monatliches Entgelt von 300 EUR. Im November erhält die Aushilfskraft Weihnachtsgeld i. H. v. 120 EUR. Die Mitarbeiterin legt eine Immatrikulationsbescheinigung der örtlichen Universität vor. Die Aushilfe hat keine weiteren Beschäftigungen. Sie ist über ihre Eltern privat krankenversichert.

Handelt es sich um eine kurzfristige oder eine geringfügige Beschäftigung?

Ergebnis: Die Studentin muss als geringfügig entlohnte Beschäftigte bei der Minijob-Zentrale angemeldet werden. Im vorliegenden Fall ist eine geringfügig entlohnte Beschäftigung gegeben, da das regelmäßige monatliche Arbeitsentgelt die Geringfügigkeitsgrenze i. H. v. 538 EUR nicht übersteigt. Bei einem monatlichen Entgelt von 300 EUR ergibt sich ein Jahresbetrag von 3.600 EUR. Hinzu kommt ein Weihnachtsgeld i. H. v. 120 EUR, sodass das Jahresarbeitsentgelt 3.720 EUR beträgt, umgerechnet monatlich 310 EUR. Damit ist die Beschäftigung geringfügig, der Studentenstatus der Beschäftigten ändert daran nichts.

Für geringfügige Beschäftigungen fallen Pflichtbeiträge zur Rentenversicherung an, wovon der Arbeitgeber 15% und die Studentin 3,6% trägt. Auch für Studenten besteht die Möglichkeit der Befreiung von der Rentenversicherungspflicht. Pauschalbeiträge zur Krankenversicherung fallen in diesem Fall nicht an, da die Studentin über ihre Eltern privat krankenversichert ist.

Praxistipp: Die Versteuerung des Arbeitsentgelts kann über die einheitliche Pauschalsteuer von 2% erfolgen. Im Beispiel ist eine individuelle Besteuerung nach ELStAM sinnvoll, da die Studentin keine weitere Beschäftigung ausübt und damit Steuerklasse I hat. Bei dem geringfügigen Arbeitsentgelt fällt bei Lohnsteuerklasse I noch keine Lohnsteuer an, sodass die Arbeitnehmerin den Lohn in voller Höhe ausbezahlt bekommt (ggf. abzüglich des Rentenversicherungsbeitrags).

Bei der Beschäftigung von Studenten ist es aus Sicht des Arbeitgebers in der Regel sinnvoller, die Grenzen der geringfügigen Beschäftigung zu überschreiten. Die Lohnnebenkosten bei der geringfügigen Beschäftigung, können bis knapp über 30%

betragen (15% pauschale Rentenversicherung, 13% pauschale Krankenversicherung, 2% einheitliche Pauschalsteuer). Studenten, deren regelmäßiges monatliches Arbeitsentgelt über der Geringfügigkeitsgrenze liegt, sind zwar vom Prinzip her sozialversicherungspflichtig beschäftigt, aber in der Kranken-, Pflege- und Arbeitslosenversicherung versicherungsfrei, wenn ihre wöchentliche Arbeitszeit 20 Stunden nicht überschreitet (Werkstudentenprivileg).

22.1.4 Trainertätigkeit

Sachverhalt: Ein Mitglied eines gemeinnützigen Sportvereins trainiert ab 1.1. die Beachvolleyballmannschaft des Vereins. Für seine Trainertätigkeit erhält er pro Monat 650 EUR. Der Trainer ist hauptberuflich sozialversicherungspflichtig beschäftigt, andere Nebenjobs übt er nicht aus. Er ist in der gesetzlichen Krankenversicherung pflichtversichert.

Handelt es sich bei der Trainertätigkeit um eine geringfügig entlohnte Beschäftigung und wie wird diese angemeldet?

Ergebnis: Die Vergütung für die Trainertätigkeit kann als geringfügig entlohnte Beschäftigung abgerechnet werden.

Entscheidendes Kriterium für die Beurteilung ist die Höhe des regelmäßigen Arbeitsentgelts. Der Trainer erhält von seinem Verein zwar auf das Jahr gesehen 7.800 EUR (12 x 650 EUR). Da die Tätigkeit als Trainer nebenberuflich für einen gemeinnützigen Verein ausgeübt wird, steht dem Trainer steuerlich der Freibetrag für nebenberufliche Tätigkeiten (Übungsleiterfreibetrag) von 3.000 EUR pro Jahr zu. Bis zu diesem Betrag bleiben Einnahmen aus nebenberuflichen Tätigkeiten als Trainer oder Übungsleiter steuerfrei. Gleichzeitig gelten sie aufgrund dieser Steuerfreistellung sozialversicherungsrechtlich nicht als Arbeitsentgelt.

Damit vermindert sich das sozialversicherungsrechtliche Arbeitsentgelt von den tatsächlich ausbezahlten 7.800 EUR auf 4.800 EUR (7.800 EUR – 3.000 EUR). Da eine ganzjährige Beschäftigung vorliegt, wird das Jahresarbeitsentgelt von 4.800 EUR monatlich mit $^{1}/_{12}$ angesetzt. Dies ergibt einen Betrag von monatlich 400 EUR. Damit unterschreitet das regelmäßige monatliche Arbeitsentgelt die Geringfügigkeitsgrenze i. H. v. 538 EUR. Die Beschäftigung gilt somit als geringfügig entlohnte Beschäftigung.

Vom Verein wird der Mitarbeiter mit Personengruppe 109 (geringfügig entlohnte Beschäftigte) angemeldet. Die Beitragsgruppe lautet:

- 6 (Pauschalbeitrag zur Krankenversicherung für geringfügig Beschäftigte)
- 1 (Pflichtbeitrag zur Rentenversicherung für geringfügig Beschäftigte)

- 0 (kein Beitrag zur Arbeitslosenversicherung)
- 0 (kein Beitrag zur Pflegeversicherung)

Die Besteuerung erfolgt über den einheitlichen Pauschalsteuersatz von 2%. Der Betrag wird zusammen mit den Pauschalbeiträgen zur Kranken- und Pflegeversicherung an die Minijob-Zentrale in Essen abgeführt.

Hinweis: Das Beispiel zeigt, dass es für die Frage, ob eine geringfügig entlohnte Beschäftigung vorliegt, nicht auf das tatsächlich monatlich gezahlte, sondern auf das regelmäßige Entgelt ankommt. Gelten steuerfreie Entgeltbestandteile sozialversicherungsrechtlich nicht als Arbeitsentgelt (z.B. Übungsleiterfreibetrag, Rabattfreibetrag, steuerfreie Zuschläge für Sonntags-, Feiertags- oder Nachtarbeit), werden diese nicht auf die Geringfügigkeitsgrenze angerechnet.

22.1.5 Beamte

Sachverhalt: Ein Beamter ist privat krankenversichert. In seinem Beamtenverhältnis hat er im Krankheitsfall Anspruch auf Fortzahlung der Bezüge und auf Beihilfe oder Heilfürsorge. Der Beamte hat folgende Nebenjobs:

- seit 8 Jahren als Hausmeister für 400 EUR monatlich und
- seit 1.1. als Pförtner für 250 EUR monatlich.

Wie sind die Beschäftigungen lohnsteuer- und sozialversicherungsrechtlich zu behandeln?

Ergebnis: Im Gegensatz zu Arbeitnehmern, die sozialversicherungspflichtig beschäftigt sind, erfolgt bei Beamten in keinem Fall eine Zusammenrechnung der geringfügig entlohnten Beschäftigungen mit der Hauptbeschäftigung als Beamter.

Die Entgelte aus den Beschäftigungen als Hausmeister (400 EUR) und als Pförtner (250 EUR) werden hingegen zusammengerechnet.

Beide Beschäftigungen sind ab 1.1. nicht mehr geringfügig, da das Gesamtentgelt monatlich die Geringfügigkeitsgrenze i.H.v. 538 EUR übersteigt. Da das Gesamtentgelt 650 EUR beträgt, ist für beide Beschäftigungen die Regelung des Übergangsbereichs anzuwenden. Die Beschäftigungen werden nicht bei der Minijob-Zentrale angemeldet, sondern bei einer Krankenkasse. Zuständig ist die Krankenkasse, bei der der Beamte zuletzt versichert war, ansonsten suchen Arbeitgeber und Arbeitnehmer eine Krankenkasse aus.

- Da der Beamte im Krankheitsfall Anspruch auf Fortzahlung der Bezüge und auf Beihilfe oder Heilfürsorge aus seinem Beamtenverhältnis hat, bleibt er in beiden

Nebenbeschäftigungen versicherungsfrei in der Kranken- und Pflegeversicherung. Es müssen Beiträge zur Renten- und Arbeitslosenversicherung abgeführt werden.
- Angemeldet werden die Beschäftigungen wie folgt:
  Personengruppenschlüssel 101 (sozialversicherungspflichtige Beschäftigung)
  Beitragsgruppenschlüssel 0110.

Lohnsteuerrechtliche Beurteilung: Die Besteuerung der beiden Beschäftigungen erfolgt entweder nach ELStAM mit der Steuerklasse VI oder mit 20% pauschaler Lohnsteuer.

Will der Arbeitgeber die pauschale Lohnsteuer von 20% nicht übernehmen, kann sie auf den Arbeitnehmer abgewälzt werden. In diesem Fall sollte geprüft werden, ob die Lohnsteuerpauschalierung mit 20% (zzgl. ggf. Kirchensteuer) günstiger ist als eine Besteuerung über die ELStAM.

22.2 Arbeitsentgelt

22.2.1 Weihnachtsgeld

Sachverhalt: Eine angestellte Aushilfe erhält neben dem monatlichen Arbeitsentgelt von 480 EUR im Juli ein vertraglich zugesichertes Urlaubsgeld i.H.v. 660 EUR und im Dezember ein vertraglich zugesichertes Weihnachtsgeld i.H.v. 480 EUR.

Entsteht durch die Zahlung des Urlaubs- und Weihnachtsgeldes ein sozialversicherungspflichtiges Beschäftigungsverhältnis?

Ergebnis: Urlaubs- und Weihnachtsgeld sind bei der Beurteilung der Beschäftigung zu berücksichtigen.

Arbeitsentgelt jährlich (480 EUR x 12 Monate + 660 EUR + 480 EUR)	6.900 EUR
Durchschnittliches monatliches Arbeitsentgelt (6.900 EUR : 12 Monate)	575 EUR

Durch die Zahlung des Urlaubs- und Weihnachtsgeldes wird die Geringfügigkeitsgrenze von 6.456 EUR pro Jahr überschritten. $^{1}/_{12}$ dieses Betrags beläuft sich auf 575 EUR und überschreitet die monatliche Geringfügigkeitsgrenze i.H.v. 538 EUR. Es entsteht Sozialversicherungspflicht ab Beginn der Beschäftigung. Die Beiträge sind an die Krankenkasse abzuführen. Arbeitgeber müssen bei Beginn einer Beschäftigung und später laufend jährlich vorausschauend den sozialversicherungsrechtlichen Status einer Beschäftigung beurteilen. Hierbei sind auch mögliche Einmalzahlungen zu berücksichtigen.

Lohnsteuerrechtliche Beurteilung: Da keine geringfügig entlohnte Beschäftigung vorliegt, ist auch die Pauschalierung i. H. v. 2% nicht mehr möglich. Die Besteuerung hat nach den ELStAM zu erfolgen. Werden keine Lohnunterlagen vorgelegt, ist die Besteuerung nach Lohnsteuerklasse VI vorzunehmen.

22.2.2 Schwankendes Arbeitsentgelt, unvorhersehbarer Einsatz

Sachverhalt: Ein Pflegedienst hat neben 16 Mitarbeitern, die sozialversicherungspflichtig beschäftigt sind, zum 1.1. die beiden Aushilfen A und B angestellt. Laut Arbeitsvertrag erhalten diese einen Stundenlohn von 15 EUR. Üblicherweise liegt der Arbeitsaufwand der beiden Aushilfen bei jeweils 35 Stunden pro Monat. Daher sind die Aushilfen als geringfügig entlohnte Beschäftigte bei der Minijob-Zentrale gemeldet. Beide Aushilfen haben die Befreiung von der Rentenversicherungspflicht beantragt.

Im Oktober erkranken 3 der hauptamtlichen Arbeitnehmer und fallen unvorhergesehen aus. Da auch einige der zu betreuenden Patienten erkrankt sind, ergibt sich gleichzeitig ein erhöhter Pflegebedarf. Die Aushilfen arbeiten daher im Oktober 70 bzw. 100 Stunden. Dementsprechend beträgt das Entgelt 1.050 EUR bzw. 1.500 EUR. Ab November liegt die Arbeitsbelastung der Aushilfen wieder im üblichen Rahmen (bei jeweils 35 Stunden pro Monat).

Werden die Aushilfen durch die erhöhte Arbeitszeit sozialversicherungspflichtig?

Ergebnis: Die Beschäftigung der Aushilfe A wird auch im Oktober als geringfügig entlohnt angesehen. Ein nur gelegentliches und nicht vorhersehbares Überschreiten bis zu dem Doppelten der Geringfügigkeitsgrenze (1.076 EUR) ist unschädlich. Als gelegentlich ist ein Zeitraum von bis zu 2 Kalendermonaten innerhalb eines Zeitjahres anzusehen. Das Arbeitsentgelt i. H. v. 1.050 EUR wird wie das Arbeitsentgelt normaler Minijobs abgerechnet. Der Arbeitgeber führt pauschale Beiträge zur Rentenversicherung (15%) und zur Krankenversicherung (13%) sowie die einheitliche Pauschalsteuer i. H. v. 2% an die Minijob-Zentrale ab. Arbeitnehmer A hat die Befreiung von der Rentenversicherungspflicht beantragt. Bei bestehender Rentenversicherungspflicht würde der Arbeitnehmer zusätzlich 3,6% zum Rentenversicherungsbeitrag beitragen.

Auch für die Aushilfe B liegt ein nur gelegentliches und nicht vorhersehbares Überschreiten vor. Jedoch übersteigt das Arbeitsentgelt i. H. v. 1.500 EUR das Doppelte der Geringfügigkeitsgrenze. Die geringfügig entlohnte Beschäftigung endet somit zum 30.9. Im Oktober unterliegt die Aushilfe der Versicherungspflicht in der Kranken-, Renten-, Arbeitslosen- und Pflegeversicherung.

Die Beiträge sind an die Krankenkasse abzuführen. Ab November liegt wieder eine geringfügig entlohnte Beschäftigung vor, weil das regelmäßige monatliche Arbeitsentgelt die Geringfügigkeitsgrenze i. H. v. 538 EUR nicht übersteigt.

Hinweis: Bei der Jahresmeldung von Aushilfe A liegt das gemeldete Jahresarbeitsentgelt über dem »Grenzbetrag« von 6.456 EUR jährlich. Trotzdem bleibt es bei der geringfügig entlohnten Beschäftigung. Bei evtl. Nachfragen des Lohnsteuerprüfers sollte darauf hingewiesen werden, dass sich die einheitliche Pauschalsteuer von 2% ausschließlich an der sozialversicherungsrechtlichen Eingruppierung der Beschäftigten orientiert. Eine eigenständige, monatliche Höchstgrenze i. H. d. Geringfügigkeitsgrenze für das Steuerrecht gibt es seit der Angleichung der steuerrechtlichen Regelung an die der Sozialversicherung nicht mehr.

Aus Nachweisgründen empfiehlt es sich den Entgeltunterlagen der beiden Aushilfen einen schriftlichen Nachweis bezüglich der Krankheitsvertretung (z. B. Kopien der Arbeitsunfähigkeitsbescheinigungen) beizufügen.

Praxistipp: Derartige unvorhersehbare Überschreitungen der Geringfügigkeitsgrenze sind unproblematisch, wenn sie sich auf Ausnahmefälle beschränken. Schwierigkeiten ergeben sich immer dann, wenn sich Überschreitungen jährlich wiederholen. Die Prüfer der Sozialversicherungsträger verweisen in derartigen Fällen darauf, dass der Personalbestand insgesamt zu niedrig ist und damit mit einem krankheitsbedingten Mehreinsatz der Aushilfskräfte gerechnet werden muss. Insoweit ist die Überschreitung dann nicht mehr unvorhersehbar. Sie muss am Jahresanfang bei der sozialversicherungsrechtlichen Beurteilung der Aushilfsbeschäftigungen mitberücksichtigt werden. Kommt es zu Überschreitungen der Geringfügigkeitsgrenze bei Aushilfskräften, sollten der Arbeitgeber den Anlass der notwendigen Mehrarbeit in den Personalunterlagen notieren und anhand geeigneter Belege (z. B. Arbeitsunfähigkeitsbescheinigungen) nachweisen können.

22.2.3 Mindestbeitragsbemessungsgrundlage bei Option zur vollen Rentenversicherungspflicht

Sachverhalt: Eine Reinigungskraft ist seit 2009 geringfügig entlohnt für monatlich 160 EUR beschäftigt. Sie erhält weder Urlaubs- noch Weihnachtsgeld. Die Arbeitnehmerin übt daneben keine weiteren Beschäftigungen aus.

Um sich die Riester-Zulage zu sichern, hat sie im Rahmen der geringfügigen Beschäftigung zur Rentenversicherungspflicht optiert. Sie stockt demnach aus eigenen Mitteln den Rentenversicherungsbeitrag auf den aktuellen Satz auf.

Wie hoch ist der Aufstockungsbetrag zur Rentenversicherung, den die Mitarbeiterin selbst tragen muss?

Ergebnis: Die Beiträge zur Rentenversicherung sind mindestens von einem Betrag von 175 EUR zu berechnen, auch wenn das tatsächliche Arbeitsentgelt unter diesem Betrag liegt.

Monatlicher Aufstockungsbetrag	
Beitragssatz zur Rentenversicherung	18,6%
Pauschaler Beitragssatz zur Rentenversicherung (übernimmt Arbeitgeber)	15%
Differenz	3,6%
Monatslohn	160,00 EUR
Mindestbeitragsbemessungsgrundlage Rentenversicherung 175 EUR	
Mindestbeitrag 175 EUR x 18,6%	32,55 EUR
Arbeitgeberanteil 160 EUR x 15%	24,00 EUR
Beitragsanteil der Mitarbeiterin (32,55 EUR abzgl. 24 EUR)	8,55 EUR

Hinweis: Eine Optierung zur Versicherungspflicht war bei der Rentenversicherung bis zum 31.12.2012 möglich. Bei einem Beschäftigungsbeginn ab 1.1.2013 unterliegt der Arbeitnehmer grundsätzlich der Rentenversicherungspflicht, sofern er nicht die Befreiung hiervon beantragt. In der Regel wird die Prüfung des Mindestbetrags zur Rentenversicherung vom Entgeltabrechnungsprogramm vorgenommen. Voraussetzung ist jedoch, dass die Abmeldung zeitlich richtig eingegeben wird, und nur die anteiligen Sozialversicherungstage vom Programm eingerechnet werden.

Praxistipp: Bei der Option zur Rentenversicherungspflicht bei vor dem 1.1.2013 aufgenommenen geringfügig entlohnten Beschäftigungen bleibt der Personengruppenschlüssel 109 unverändert, der Beitragsgruppenschlüssel lautet 6100 bzw. 0100, wenn keine Versicherung in der gesetzlichen Krankenversicherung besteht.

22.2.4 Entgeltumwandlung

Sachverhalt: Mit Beschäftigungsbeginn vereinbart eine Arbeitnehmerin mit ihrem Arbeitgeber eine Entgeltumwandlung i.H.v. 150 EUR zugunsten einer betrieblichen Altersversorgung. Das monatliche Bruttoarbeitsentgelt beträgt 680 EUR.

Wie ist die Beschäftigung sozialversicherungsrechtlich zu beurteilen?

Ergebnis: Die zugunsten der betrieblichen Altersversorgung umgewandelten Entgeltbestandteile sind dem Arbeitsentgelt nicht zuzurechnen. Nach der Entgeltumwandlung übersteigt das regelmäßige monatliche Arbeitsentgelt (530 EUR = 680 EUR – 150 EUR) die Geringfügigkeitsgrenze nicht. Es handelt sich daher ab Beschäftigungsbeginn um eine geringfügig entlohnte Beschäftigung. Diese ist versicherungsfrei in der Kranken- und Arbeitslosenversicherung und nicht versicherungspflichtig in der Pflegeversicherung. Von der bestehenden Versicherungspflicht in der Rentenversicherung kann sich die Arbeitnehmerin auf Antrag befreien lassen.

22.2.5 Sachbezüge

Sachverhalt: Ein Arbeitnehmer nimmt am 1.4. eine Beschäftigung mit einem monatlichen Bruttoarbeitsentgelt i. H. v. 530 EUR auf. Im Rahmen des Mitarbeiter-PC-Programms (MPP) überlässt der Arbeitgeber dem Arbeitnehmer ab Beschäftigungsbeginn ein Tablet, welches dieser auch privat nutzen darf. Während der Leasingdauer verzichtet der Arbeitnehmer auf 60 EUR seines monatlichen Bruttoarbeitsentgelts. Die monatliche Leasingrate beträgt 50 EUR. Die Beschäftigung wird individuell nach den Lohnsteuerabzugsmerkmalen besteuert.

Wie ist die Beschäftigung sozialversicherungs- und steuerrechtlich zu beurteilen?

Ergebnis: Der geldwerte Vorteil aus der privaten Nutzung des vom Arbeitgeber überlassenen betrieblichen Tablets zählt als Sachbezug zum Arbeitsentgelt. Als geldwerter Vorteil ist dabei die vereinbarte Leasingrate anzusetzen.

Ermittlung der monatlichen Beitragsbemessungsgrundlage:

monatlicher Barlohnanspruch (530 EUR – 60 EUR):	470 EUR
+ monatlicher Sachbezug für Tablet-Überlassung:	50 EUR
= monatliche Beitragsbemessungsgrundlage:	520 EUR

Das der Beitragsbemessung zugrunde liegende Arbeitsentgelt überschreitet die Geringfügigkeitsgrenze i. H. v. 538 EUR nicht. Es handelt sich somit ab dem 1.4. um eine geringfügig entlohnte Beschäftigung.

Bei dem geldwerten Vorteil aus der privaten Nutzung des betrieblichen Tablets handelt es sich um eine steuerfreie Einnahme.

22.3 Monatliche Arbeitsentgeltgrenze

Sachverhalt: Eine Arbeitnehmerin übt seit 2017 eine geringfügig entlohnte Beschäftigung mit einem monatlichen Arbeitsentgelt von 390 EUR aus. Die Beschäftigung endet am 15.11. dieses Jahres. Im November erhält die Arbeitnehmerin das Entgelt in voller Höhe. Weitere Beschäftigungen werden nicht ausgeübt.

Wie ist die Beschäftigung im November sozialversicherungsrechtlich zu beurteilen?

Ergebnis: Bei der Geringfügigkeitsgrenze handelt es sich um einen Monatsbetrag, der auch dann gilt, wenn die Beschäftigung im Laufe eines Kalendermonats beginnt oder endet.

Bei einer geringfügig entlohnten Beschäftigung entfällt damit die Berechnung einer anteiligen Entgeltgrenze, selbst wenn diese nur in einem Teilmonat ausgeübt wird.

Das erzielte Arbeitsentgelt i. H. v. 390 EUR übersteigt die Geringfügigkeitsgrenze i. H. v. 538 EUR nicht. Somit steht die Arbeitnehmerin auch im November in einem geringfügig entlohnten Beschäftigungsverhältnis.

22.4 Mehrere geringfügig entlohnte Beschäftigungen

22.4.1 Berücksichtigung der Arbeitsentgeltgrenze

Sachverhalt: Die seit 2016 ausgeübte geringfügig entlohnte Beschäftigung einer Arbeitnehmerin endet zum 14.11. dieses Jahres. Im November erzielt sie aus dieser Beschäftigung ein Arbeitsentgelt i. H. v. 230 EUR.

Am 18.11. nimmt die Arbeitnehmerin eine neue geringfügig entlohnte Beschäftigung auf, die bis Dezember fortbesteht. Für die Zeit vom 18.11. bis 30.11. beträgt das Arbeitsentgelt 370 EUR.

Werden die Entgelte aus beiden Beschäftigungen für die Prüfung der Arbeitsentgeltgrenze zusammengerechnet? Wie sind die beiden Beschäftigungen im November sozialversicherungsrechtlich zu beurteilen?

Ergebnis: Endet eine geringfügig entlohnte Beschäftigung im Laufe eines Kalendermonats und beginnt danach in dem gleichen Kalendermonat eine neue geringfügig entlohnte Beschäftigung bei einem anderen Arbeitgeber, ist jede Beschäftigung für sich zu beurteilen. Die im November erzielten Arbeitsentgelte aus beiden Beschäftigungen sind daher nicht zusammenzurechnen.

Die Arbeitsentgelte aus beiden Beschäftigungen überschreiten für sich betrachtet die Geringfügigkeitsgrenze i. H. v. 538 EUR nicht. Insoweit sind beide Beschäftigungen im November als geringfügig entlohnt zu beurteilen.

22.4.2 Beginn und Ende innerhalb eines Kalendermonats

Sachverhalt: Eine Arbeitnehmerin ist in der Zeit vom 1.12. bis 8.12. gegen ein Arbeitsentgelt i.H.v. 220 EUR als Krankheitsvertretung in einem Supermarkt beschäftigt. Anschließend arbeitet sie vom 11.12. bis 23.12. auf dem Weihnachtsmarkt. In dieser Beschäftigung erzielt sie ein Arbeitsentgelt i.H.v. 390 EUR. Der diesbezügliche Arbeitsvertrag wurde bereits im November geschlossen. Beide Beschäftigungen können nicht als kurzfristig beurteilt werden, da die Zeitgrenzen für eine kurzfristige Beschäftigung im laufenden Kalenderjahr bereits ausgeschöpft sind.

Werden die Entgelte aus beiden Beschäftigungen für die Prüfung der Arbeitsentgeltgrenze zusammengerechnet? Wie sind die beiden Beschäftigungen im Dezember sozialversicherungsrechtlich zu beurteilen?

Ergebnis: Für sich betrachtet sind die beiden aufeinander folgenden Beschäftigungen als geringfügig entlohnt zu beurteilen.

Allerdings sind die erzielten Arbeitsentgelte zusammenzurechnen, da die Beschäftigungen in demselben Kalendermonat beginnen und enden. Die Arbeitsentgelte überschreiten in Summe (610 EUR=220 EUR+390 EUR) die Geringfügigkeitsgrenze i.H.v. 538 EUR.

Zu Beginn der zuerst aufgenommenen Beschäftigung ist bereits bekannt, dass in demselben Kalendermonat eine weitere befristete geringfügig entlohnte Beschäftigung folgen soll, durch die die Geringfügigkeitsgrenze überschritten wird. In der Beschäftigung vom 1.12. bis 8.12. unterliegt die Arbeitnehmerin der Versicherungspflicht in der Kranken-, Renten-, Arbeitslosen- und Pflegeversicherung.

Bei der zuletzt aufgenommenen Beschäftigung vom 11.12. bis 23.12. führt die Zusammenrechnung der Arbeitsentgelte zum Überschreiten der Geringfügigkeitsgrenze und damit ebenfalls zur Versicherungspflicht in der Kranken-, Renten-, Arbeitslosen- und Pflegeversicherung.

22.4.3 Antrag auf Befreiung von der Rentenversicherungspflicht

Sachverhalt: Ein Arbeitnehmer übt seit dem 12.1. eine geringfügig entlohnte Beschäftigung mit einem monatlichen Arbeitsentgelt i.H.v. 330 EUR aus. Die Befreiung von der Rentenversicherungspflicht hat er in dieser Beschäftigung nicht beantragt.

Am 1.4. nimmt er eine weitere geringfügig entlohnte Beschäftigung mit einem monatlichen Arbeitsentgelt i. H. v. 190 EUR auf. Der Antrag auf die Befreiung von der Rentenversicherungspflicht wird wirksam ab Beschäftigungsbeginn gestellt.

Weitere Beschäftigungen werden seit dem 12.1. nicht ausgeübt.

Wie sind die beiden Beschäftigungen rentenversicherungsrechtlich zu beurteilen?

Ergebnis: Die Arbeitsentgelte aus beiden Beschäftigungen sind zusammenzurechnen (520 EUR = 330 EUR + 190 EUR). Eine geringfügig entlohnte Beschäftigung ist gegeben, weil das regelmäßige monatliche Arbeitsentgelt aus beiden Beschäftigungen die Geringfügigkeitsgrenze i. H. v. 538 EUR nicht überschreitet.

Die Befreiung von der Rentenversicherungspflicht kann bei mehreren zeitgleich ausgeübten geringfügig entlohnten Beschäftigungen, deren Arbeitsentgelt zusammen die Geringfügigkeitsgrenze nicht übersteigt, nur einheitlich beantragt werden. Er wirkt vom Zeitpunkt seiner Abgabe für alle bereits bestehenden und in Zukunft aufgenommenen geringfügig entlohnten Beschäftigungen und verliert seine Wirkung erst dann, wenn keine geringfügig entlohnte Beschäftigung mehr ausgeübt wird.

In der zuerst aufgenommenen Beschäftigung besteht Rentenversicherungspflicht in der Zeit vom 12.1. bis 31.3.

Ab 1.4. greift in beiden Beschäftigungen die Befreiung von der Rentenversicherungspflicht. Beide Arbeitgeber zahlen die Pauschalbeiträge zur Rentenversicherung auf der Grundlage der jeweils erzielten Arbeitsentgelte.

Die Minijob-Zentrale informiert den Arbeitgeber, bei dem die Beschäftigung seit 12.1. ausgeübt wird, über die Befreiung von der Rentenversicherungspflicht ab 1.4. Er hat die erforderlichen Meldungen zu veranlassen und die Pauschalbeiträge zur Rentenversicherung ab dem Beitragsnachweis April in der Beitragsgruppe 0500 nachzuweisen.

22.5 »Arbeit auf Abruf« und Phantomlohn

Sachverhalt: Mehrere geringfügig entlohnte Beschäftigte werden zum 1.4. in einem Freizeitpark angestellt. Das Geschäft ist stark von den Witterungsbedingungen und den damit einhergehenden schwankenden Besucherzahlen abhängig. Daher vereinbart der Arbeitgeber mit allen Beschäftigten »Arbeit auf Abruf« und zudem einen Stundenlohn i. H. d. gesetzlichen Mindestlohns.

Darüber hinaus ist mit Arbeitnehmer A eine wöchentliche Mindestarbeitszeit von 10 Stunden und mit Arbeitnehmer B eine wöchentliche Höchstarbeitszeit von 10 Stunden vereinbart. Der Arbeitsvertrag von Arbeitnehmer C enthält keine Aussagen zur wöchentlichen Arbeitszeit.

Wie sind die Beschäftigungen von Arbeitnehmer A, B und C sozialversicherungsrechtlich zu beurteilen?

Ergebnis

Arbeitnehmer A: Ist eine wöchentliche Mindestarbeitszeit vereinbart, darf der Arbeitgeber bis zu 25% der wöchentlichen Arbeitszeit – bei Arbeitnehmer A 2,5 Stunden pro Woche – zusätzlich abrufen. Die wöchentliche Arbeitszeit kann sich dabei auf bis zu 12,5 Stunden erhöhen.

Aufgrund des erzielten Mindestlohns und der vereinbarten wöchentlichen Mindestarbeitszeit ist grundsätzlich von einer geringfügig entlohnten Beschäftigung auszugehen. Werden gelegentlich bis zu 25% der wöchentlichen Arbeitszeit zusätzlich abgerufen, ist ein unvorhersehbares Überschreiten der Geringfügigkeitsgrenze i. H. v. 538 EUR von nicht mehr als 2 Monaten innerhalb eines Zeitjahres bis zu dem Doppelten der Geringfügigkeitsgrenze (1.076 EUR) unschädlich. Ein weiteres Überschreiten führt zur Sozialversicherungspflicht. Gleiches gilt, wenn zu Beschäftigungsbeginn abzusehen ist, dass die zusätzliche wöchentliche Arbeitszeit von 25% dauerhaft abgerufen und die Geringfügigkeitsgrenze regelmäßig überschritten wird. Sozialversicherungspflicht besteht dann bereits ab 1.4.

Arbeitnehmer B: Ist eine wöchentliche Höchstarbeitszeit vereinbart, darf der Arbeitgeber bis zu 20% der wöchentlichen Arbeitszeit weniger abrufen. Dabei wird die entfallene Arbeitszeit nicht vergütet.

Bei Arbeitnehmer B kann sich die wöchentliche Arbeitszeit somit um 2 Stunden auf 8 Stunden verringern. Da der Arbeitnehmer den Mindestlohn verdient, ist im Rahmen einer vorausschauenden versicherungsrechtlichen Beurteilung unter Berücksichtigung der wöchentlichen Höchstarbeitszeit von einer geringfügig entlohnten Beschäftigung auszugehen.

Arbeitnehmer C: Aufgrund einer fehlenden Vereinbarung wird eine wöchentliche Arbeitszeit von 20 Stunden zugrunde gelegt. Unterschreitet die abgerufene wöchentliche Arbeitszeit den gesetzlichen vorgegebenen Wert, besteht dennoch ein Entgeltanspruch und damit ein Beitragsanspruch der Sozialversicherungsträger für volle 20 Wochenstunden (»fiktive« Entgeltzahlungen, sog. Phantomlohn). In diesen Fällen wird die Geringfügigkeitsgrenze bereits mit dem Mindestlohnanspruch überschritten. Ab Beschäftigungsbeginn besteht damit Sozialversicherungspflicht.

Liegt eine wirksame Lohnverzichtserklärung des Arbeitnehmers vor, werden keine Beiträge aus dem Phantomlohn berechnet.

Hinweis: Der Arbeitgeber kann entweder eine wöchentliche Höchst- oder eine Mindestarbeitszeit mit dem Arbeitnehmer vereinbaren. Unzulässig ist die Kombination von Mindest- und Höchstarbeitszeit.

Wichtig: Wird eine geringfügig entlohnte Beschäftigung als »Arbeit auf Abruf« ausgeübt, ist zwingend eine wöchentliche Arbeitszeit zu vereinbaren. Nur so kann der unmittelbare Eintritt von Sozialversicherungspflicht zu Beschäftigungsbeginn vermieden werden.

23 Jahresarbeitsentgelt

Manfred Geiken

23.1 Urlaubsgeld

Sachverhalt: Ein Arbeitnehmer in einem Großunternehmen erhält jährlich im Juli ein volles Monatsentgelt als Urlaubsgeld. Dies ist im Haustarifvertrag des Unternehmens festgelegt.

Handelt es sich um eine regelmäßige Einnahme?

Ergebnis: Der Arbeitnehmer erzielt hier eine regelmäßige Einnahme. Das Urlaubsgeld wird regelmäßig, d.h. mit hinreichender Sicherheit einmal jährlich gezahlt, da es im Haustarifvertrag verankert ist. Das Urlaubsgeld wird bei der Berechnung des Jahresarbeitsentgelts berücksichtigt.

23.2 Überstundenvergütung, tatsächliche Überstunden

Sachverhalt: Ein Arbeitnehmer leistet fast jeden Monat Überstunden. Dafür erhält er neben seinem normalen Entgelt eine zusätzliche Überstundenvergütung. Diese Vergütung wird monatlich für die tatsächlich geleisteten Überstunden gezahlt. In Monaten ohne Überstunden erhält er keine Überstundenvergütung.

Handelt es sich um eine regelmäßige Einnahme?

Ergebnis: Bei der Überstundenvergütung handelt es sich nicht um eine regelmäßige Einnahme. Selbst wenn über längere Zeit monatlich Überstunden anfielen, kann nicht dauerhaft davon ausgegangen werden, dass dies mit hinreichender Sicherheit auch in Zukunft so sein wird. Die Überstundenvergütungen werden nicht auf das regelmäßige Jahresarbeitsentgelt angerechnet.

23.3 Überstundenvergütung, dauernd pauschal

Sachverhalt: Ein Arbeitnehmer erhält neben dem Monatsentgelt eine Überstundenvergütung. In seinem Betrieb wird ein monatlich gleichbleibender Betrag gezahlt, unabhängig von der tatsächlich im Monat erzielten Anzahl von Überstunden. Hierdurch sind sämtliche geleisteten Überstunden abgegolten – völlig unabhängig davon, ob und in welchem Ausmaß sie tatsächlich anfielen.

Handelt es sich um eine regelmäßige Einnahme?

Ergebnis: Bei der Überstundenvergütung handelt es sich um eine regelmäßige Einnahme. Da sie unabhängig vom tatsächlichen Anfall von Überstunden monatlich gezahlt wird, liegt hier eine Regelmäßigkeit vor. Die Überstundenvergütungen werden auf das regelmäßige Jahresarbeitsentgelt angerechnet.

23.4 Jubiläumszuwendung

Sachverhalt: Ein Arbeitnehmer ist seit seiner Ausbildung bei seinem Arbeitgeber beschäftigt. In diesem Jahr feiert er sein 40. Dienstjubiläum. Sein Arbeitgeber lässt ihm daher ein volles Monatsgehalt als Jubiläumszuwendung extra zukommen. Dies ist im Haustarifvertrag so geregelt.

Handelt es sich um eine regelmäßige Einnahme?

Ergebnis: Die Jubiläumszuwendung ist keine regelmäßige Einnahme, da diese Zuwendung nicht mindestens einmal jährlich gewährt wird. Die Zuwendung ist zwar beitragspflichtig, wird aber nicht auf das regelmäßige Jahresarbeitsentgelt angerechnet.

23.5 Geburtsbeihilfe

Sachverhalt: Eine Arbeitnehmerin bekommt laut geltendem Tarifvertrag vom Arbeitgeber eine Geburtsbeihilfe anlässlich der Entbindung ihres Kindes ausgezahlt.

Handelt es sich um eine regelmäßige Einnahme?

Ergebnis: Die Arbeitnehmerin bekommt durch die beitragspflichtige Geburtsbeihilfe keine regelmäßige Einnahme. Naturgemäß kann eine Zahlung wegen einer Kindesgeburt nicht ohne weiteres nochmals erwartet werden. Somit kann eine solche Zahlung niemals regelmäßig sein.

23.6 Bereitschaftsdienstzulage

Sachverhalt: Ein Arbeitnehmer ist für die Beaufsichtigung der Schaltwarte einer technischen Großanlage zuständig. Bei ihm fällt daher regelmäßig, d. h. in jedem Monat, unter anderem ein Bereitschaftsdienst an. Dies ist für diese Tätigkeit typisch und arbeitsvertraglich entsprechend verankert.

Handelt es sich um eine regelmäßige Einnahme?

Ergebnis: Der Arbeitnehmer erzielt regelmäßige Einnahmen durch den monatlich zu leistenden Bereitschaftsdienst, an welchen er arbeitsvertraglich gebunden ist. Die Bereitschaftsdienstzulage wird auf das regelmäßige Jahresarbeitsentgelt angerechnet.

23.7 Werkswohnung

Sachverhalt: Eine Arbeitnehmerin erhält von ihrem Arbeitgeber eine stark verbilligte Werkswohnung. Daraus erwächst ihr ein monatlicher finanzieller Vorteil, der steuer- und beitragspflichtig ist.

Handelt es sich um eine regelmäßige Einnahme?

Ergebnis: Die Arbeitnehmerin hat eine regelmäßige Einnahme. Sie hat die Wohnung bis auf Weiteres angemietet und einen entsprechenden Mietvertrag. Der beitragspflichtige finanzielle Vorteil wird auf das regelmäßige Jahresarbeitsentgelt angerechnet.

23.8 Jahreswagen

Sachverhalt: Eine Arbeitnehmerin ist Werksangehörige eines großen Automobilherstellers. 2x im Jahr hat sie das Recht, ein Auto mit Personalrabatt zu erwerben.

Handelt es sich um eine regelmäßige Einnahme?

Ergebnis: Die Arbeitnehmerin hat keine regelmäßige Einnahme. Niemand vermag sicher zu sagen, ob sie das Recht, ein Auto mit Personalrabatt zu erwerben, tatsächlich jedes Mal nutzen möchte bzw. nutzen wird.

23.9 Vermögenswirksame Leistungen

Sachverhalt: Eine Arbeitnehmerin erhält laut Tarifvertrag vom Arbeitgeber vermögenswirksame Leistungen in bestimmter Höhe monatlich ausgezahlt. Sie hat dafür einen entsprechenden Bausparvertrag abgeschlossen.

Handelt es sich um eine regelmäßige Einnahme?

Ergebnis: Die Arbeitnehmerin erhält regelmäßige Einnahmen durch die vom Arbeitgeber monatlich gezahlten vermögenswirksamen Leistungen. Die vermögenswirksamen Leistungen werden auf das regelmäßige Jahresarbeitsentgelt angerechnet.

23.10 Provision

Sachverhalt: Eine Vertriebsleiterin erhält monatlich ein vereinbartes Fixum sowie eine erfolgsabhängige Provision. Die Höhe der Provision ergibt sich aus den abgeschlossenen Kaufverträgen. Das Unternehmen erwartet für die kommenden 12 Monate nun eine Steigerung der Verkaufszahlen um 30%.

Stellt die Provision eine regelmäßige Einnahme dar?

Ergebnis: Die Arbeitnehmerin erzielt durch die Provision eine regelmäßige Einnahme, da sie Bestandteil des monatlichen Arbeitsentgelts ist. Da eine Steigerung der Verkaufszahlen erwartet wird, ist das regelmäßige Jahresarbeitsentgelt unter Berücksichtigung der Steigerung neu zu berechnen.

23.11 Erfolgsbeteiligung

Sachverhalt: Eine Arbeitnehmerin ist Angestellte eines börsennotierten Großkonzerns. In guten Geschäftsjahren, was seit Jahren der Fall ist, zahlt ihr das Unternehmen im Dezember zusätzlich zum Gehalt und zum Weihnachtsgeld eine Erfolgsbeteiligung aus. Deren Höhe ist abhängig vom Geschäftsverlauf, sie kann also in manchen Jahren auch völlig entfallen.

Handelt es sich um eine regelmäßige Einnahme?

Ergebnis: Die Arbeitnehmerin erzielt durch die Erfolgsbeteiligung keine regelmäßige Einnahme. Ob diese Zahlung im Dezember tatsächlich wieder gezahlt wird, entscheidet sich jedes Jahr aufs Neue und ist somit zunächst jährlich unsicher. Eine Anrechnung auf das regelmäßige Jahresarbeitsentgelt erfolgt nicht.

24 Jahresarbeitsentgeltgrenze

Manfred Geiken

24.1 Erstmalige Arbeitsaufnahme nach dem 31.12.2002

Sachverhalt: Ein Arbeitnehmer nimmt am 1.6.2024 erstmals eine Beschäftigung auf.

Gilt für den Arbeitnehmer die allgemeine oder die besondere Jahresarbeitsentgeltgrenze?

Ergebnis: Für den Arbeitnehmer gilt die allgemeine Jahresarbeitsentgeltgrenze, er war am Stichtag 31.12.2002 noch nicht als Arbeitnehmer beschäftigt.

24.2 Erstmalige Arbeitsaufnahme und Übergrenzer vor/am Stichtag 31.12.2002

Sachverhalt: Ein Arbeitnehmer nimmt zum 1.6.2024 eine neue Beschäftigung auf. Zuvor war er vom 1.12.2002 bis 31.5.2024 abhängig beschäftigt. Am gesetzlichen Stichtag 31.12.2002 hatte sein regelmäßiges Jahresarbeitsentgelt die Jahresarbeitsentgeltgrenze 2002 i.H.v. 40.500 EUR überschritten. Er ist bereits seit 2000 privat krankenversichert.

Gilt für den Arbeitnehmer die allgemeine oder die besondere Jahresarbeitsentgeltgrenze?

Ergebnis: Für den Arbeitnehmer gilt die besondere Jahresarbeitsentgeltgrenze, da er

- am gesetzlichen Stichtag 31.12.2002 wegen Überschreitens der damals geltenden Jahresarbeitsentgeltgrenze (40.500 EUR) versicherungsfrei war **und**
- bei einem privaten Krankenversicherungsunternehmen in einer substitutiven (der gesetzlichen Krankenversicherung im Umfang entsprechenden, nicht in einer Zusatzversicherung) versichert war.

24.3 Erstmalige Arbeitsaufnahme aber kein Übergrenzer vor/am Stichtag 31.12.2002

Sachverhalt: Ein Arbeitnehmer ist seit dem 1.1.2002 abhängig beschäftigt. Er war am 31.12.2002 krankenversicherungspflichtig.

Gilt für den Arbeitnehmer die allgemeine oder die besondere Jahresarbeitsentgeltgrenze?

Ergebnis: Für den Arbeitnehmer gilt die allgemeine Jahresarbeitsentgeltgrenze, da er am gesetzlichen Stichtag 31.12.2002 nicht die erforderlichen Voraussetzungen für eine Anwendung der besonderen Jahresarbeitsentgeltgrenze (private Krankenversicherung, Entgelt oberhalb der damaligen Jahresarbeitsentgeltgrenze) erfüllt hat.

24.4 Feste Bezüge und laufende und einmalige Einnahmen

Sachverhalt: Am 1.4.2024 nimmt ein Arbeitnehmer, für den die allgemeine Jahresarbeitsentgeltgrenze gilt, eine neue Beschäftigung auf.

Er hat folgende Einnahmen:

- Monatslohn 5.050 EUR
- Pauschale Überstundenvergütung 200 EUR monatlich
- Steuer- und beitragsfreie Nachtarbeitszuschläge 50 EUR monatlich
- Vertraglich zugesichertes Weihnachtsgeld 3.000 EUR jeweils im November

Vertraglich zugesichertes Urlaubsgeld 1.000 EUR jeweils im Juni Unterliegt der Arbeitnehmer der Krankenversicherungspflicht?

Ergebnis

Berechnungsstufen regelmäßiges Jahresarbeitsentgelt

Jahreseinnahmen (aller Einnahmen aus der Beschäftigung für ein fiktives Jahr)
- Bezüge, die kein Arbeitsentgelt im Sinne der Sozialversicherung sind
- Unregelmäßige Bezüge
- Zuschläge, die mit Rücksicht auf den Familienstand gezahlt werden
= Regelmäßiges Jahresarbeitsentgelt

Berechnung regelmäßiges Jahresarbeitsentgelt

Arbeitsentgelt (5.050 EUR × 12 Monate)	60.600 EUR
Pauschale Überstundenvergütung (200 EUR × 12 Monate)	+ 2.400 EUR
Nachtzuschläge (50 EUR × 12 Monate)	+ 600 EUR
Weihnachtsgeld	+ 3.000 EUR
Urlaubsgeld	+ 1.000 EUR
Jahresarbeitsentgelt gesamt	67.600 EUR
Abzgl. Nachtzuschläge (50 EUR × 12 Monate)	- 600 EUR
Regelmäßiges Jahresarbeitsentgelt	67.000 EUR

Das regelmäßige Jahresarbeitsentgelt des Arbeitnehmers (67.000 EUR) überschreitet die allgemeine Jahresarbeitsentgeltgrenze (2024: 69.300 EUR) nicht. Der Arbeitnehmer ist krankenversicherungspflichtig.

24.5 Feste Bezüge und variable Entgelte

Sachverhalt: Am 1.4.2024 nimmt ein Arbeitnehmer, für den die allgemeine Jahresarbeitsentgeltgrenze gilt, eine neue Beschäftigung auf.

Er hat folgende Einnahmen:

- Monatslohn 5.300 EUR, einschließlich 150 EUR Kinderzuschlag und 50 EUR Nachtzuschlag (steuerfrei)
- Firmenwagen, auch zur privaten Nutzung, geldwerter Vorteil monatlich 250 EUR
- Vertraglich zugesichertes Weihnachtsgeld 3.000 EUR (jeweils im November)
- Vertraglich zugesicherte Gewinnbeteiligung, mindestens 1.000 EUR, sie steigert sich als nicht garantierte Gewinnbeteiligung auf bis zu 3.000 EUR (jeweils im Juni)

Unterliegt der Arbeitnehmer der Krankenversicherungspflicht?

Berechnung regelmäßiges Jahresarbeitsentgelt	
Arbeitsentgelt (5.300 EUR × 12 Monate)	63.600 EUR
Geldwerter Vorteil Firmenwagen (250 EUR × 12 Monate)	+ 3.000 EUR
Weihnachtsgeld	+ 3.000 EUR
Gewinnbeteiligung	+ 3.000 EUR
Jahresarbeitsentgelt gesamt	72.600 EUR
Abzgl. Nachtzuschläge (50 EUR × 12 Monate)	– 600 EUR
Abzgl. unregelmäßige Gewinnbeteiligung	– 2.000 EUR
Abzgl. Kinderzuschlag (150 EUR x 12 Monate)	– 1.800 EUR
Regelmäßiges Jahresarbeitsentgelt	68.200 EUR

Ergebnis: Die Gewinnbeteiligung als variabler Entgeltbestandteil zählt grundsätzlich nicht zum regelmäßigen Jahresarbeitsentgelt. Lediglich der Anspruch auf den Mindestbetrag (hier: 1.000 EUR) ist beim regelmäßigen Jahresarbeitsentgelt zu berücksichtigen.

Das regelmäßige Jahresarbeitsentgelt (68.200 EUR) des Arbeitnehmers überschreitet die allgemeine Jahresarbeitsentgeltgrenze (2024: 69.300 EUR) nicht. Der Arbeitnehmer ist krankenversicherungspflichtig.

24.6 Schwankende Bezüge, Stundenlohn

Sachverhalt: Am 1.4.2024 nimmt ein Arbeitnehmer eine Beschäftigung als Mitarbeiter in der Produktion auf. Es handelt sich um die erste Beschäftigung des Arbeitnehmers im Inland. Die Arbeitszeit beträgt 38 Stunden in der Woche.

Er hat folgende Einnahmen:

- Stundenlohn: 33,27 EUR
- Überstunden: 41,59 EUR je Stunde (in der Vergangenheit ca. 2 Stunden/Woche)
- Steuer- und beitragsfreie Nachtarbeitszuschläge: monatlich 50 EUR
- Vertraglich zugesichertes Weihnachtsgeld: ein durchschnittlicher Monatslohn ohne Überstunden (jeweils im November)
- Vertraglich zugesichertes Urlaubsgeld: 1.000 EUR (jeweils im Juni)

Ist der Arbeitnehmer krankenversicherungspflichtig oder krankenversicherungsfrei?

Ergebnis

Umrechnung Stundenlohn in durchschnittlichen Monatslohn

(Grundregel: 13 Wochen entsprechen stets 3 Monaten)

Arbeitsentgelt (33,27 EUR x 38 Std. x 13 Wochen : 3 Monate)	5.478,46 EUR
Überstunden (41,59 EUR × 2 Std. x 13 Wochen : 3 Monate)	*360,45 EUR*
Monatlich gesamt	5.838,91 EUR

Berechnung regelmäßiges Jahresarbeitsentgelt

Arbeitslohn (5.478,46 EUR × 12 Monate)	65.741,52 EUR
Überstunden (360,45 EUR × 12 Monate)	+ 4.325,40 EUR
Nachtzuschläge (50 EUR × 12 Monate)	+ 600,00 EUR
Weihnachtsgeld	+ 5.478,46 EUR
Urlaubsgeld	*+ 1.000,00 EUR*
Jahresarbeitsentgelt gesamt	77.145,38 EUR
Abzgl. Nachtzuschläge	– 600,00 EUR
Abzgl. Überstundenvergütung	*– 4.325,40 EUR*
Regelmäßiges Jahresarbeitsentgelt	72.219,98 EUR

Das regelmäßige Jahresarbeitsentgelt (72.219,98 EUR) des Arbeitnehmers überschreitet die allgemeine Jahresarbeitsentgeltgrenze (2024: 69.300 EUR). Er ist ab Beschäftigungsbeginn krankenversicherungsfrei. Wegen der erstmaligen Beschäftigungsaufnahme im Inland besteht ein einmaliges Wahlrecht, einer gesetzlichen Krankenkasse freiwillig beizutreten (Beitrittsfrist 3 Monate, hier bis 1.7.2024). Nutzt der Arbeitnehmer diese Frist nicht, bleibt ihm nur die Wahl, eine private Krankenversicherung abzuschließen. Schließt er keine private Krankenversicherung ab, kommt kraft Gesetzes eine »Auffangversicherung« (Versicherungspflicht für zuletzt Nichtversicherte) zustande. Dabei entscheidet sich die Zuordnung zur gesetzlichen oder privaten Krankenversicherung danach, wo der Beschäftigte zuletzt versichert war.

24.7 Schwankende Bezüge, vorausschauende Betrachtung

Sachverhalt: Am 1.6.2024 nimmt ein Arbeitnehmer als Vertreter im Außendienst seine Beschäftigung auf. Für die krankenversicherungsrechtliche Beurteilung gilt die allgemeine Jahresarbeitsentgeltgrenze.

Er hat folgende Einnahmen:

- Monatliches Fixum: 2.250 EUR
- Provision: 2.850 EUR monatlich (Vorgänger erzielte im gleichen Bezirk und vergleichbarer Produktpalette diesen Betrag über mehrere Jahre hinweg)
- Firmenwagen (auch zur privaten Nutzung): 250 EUR monatlicher steuerpflichtiger geldwerter Vorteil
- Vertraglich zugesichertes Weihnachtsgeld: monatliches Fixum zzgl. durchschnittliche monatliche Provision (im November)
- Vertraglich zugesichertes Urlaubsgeld: 2.000 EUR (im Juni)

Ist der Arbeitnehmer krankenversicherungspflichtig oder -frei?

Ergebnis: Bei schwankenden Bezügen (z. B. Akkord, Provisionsbasis) und vorausschauender Betrachtung ist eine Schätzung anhand der Einkünfte des Vorgängers oder eines gleichartigen Arbeitnehmers vorzunehmen.

Hier ist die Provision aufgrund der Angaben des Vorgängers als hinreichend sichere Einnahme zu betrachten.

Berechnung regelmäßiges Jahresarbeitsentgelt	
Fixum (2.250 EUR × 12 Monate)	27.000 EUR
Provision (2.850 EUR × 12 Monate)	+ 34.200 EUR
Geldwerter Vorteil Firmenwagen (250 EUR × 12 Monate)	+ 3.000 EUR
Weihnachtsgeld	+ 5.100 EUR
Urlaubsgeld	*+ 2.000 EUR*
Regelmäßiges Jahresarbeitsentgelt	71.300 EUR

Das regelmäßige Jahresarbeitsentgelt (71.300 EUR) des Arbeitnehmers überschreitet die allgemeine Jahresarbeitsentgeltgrenze (2024: 69.300 EUR). Er ist ab Beschäftigungsbeginn krankenversicherungsfrei.

Achtung: Soweit das regelmäßige Jahresarbeitsentgelt im Wege der Schätzung ermittelt wurde, ist eine neue Beurteilung unverzüglich zu dem Zeitpunkt vorzunehmen, zu dem sich die erste Schätzung als unzutreffend erweist oder spätestens nach einem Jahr. Falls sich daraus eine abweichende versicherungsrechtliche Beurteilung ergibt, so entfaltet diese jedoch nur für die Zukunft entsprechende Auswirkungen. Die Konsequenzen aufgrund der ersten Beurteilung bleiben für den zurückliegenden Zeitraum unangetastet.

24.8 Zeitpunkt der Ermittlung

Sachverhalt: Eine Arbeitnehmerin, für die die allgemeine Jahresarbeitsentgeltgrenze gilt, nimmt zum 1.3.2024 eine Beschäftigung auf.

Bereits zu Beschäftigungsbeginn wurde ihr eine Entgelterhöhung zum 1.8.2024 vertraglich zugesichert.

Am 4.11.2024 wird ein Verzicht auf das im Dezember 2024 zustehende Weihnachtsgeld schriftlich fixiert.

Zu welchen Zeitpunkten muss die Jahresarbeitsentgeltgrenze durch die Veränderungen neu geprüft werden?

Ergebnis: Zur Feststellung der Krankenversicherungspflicht ist jeweils zu Beginn eines Beschäftigungsverhältnisses und darüber hinaus bei jeder Entgeltänderung das Jahresarbeitsentgelt zu berechnen.

- Deshalb ist bei der Arbeitnehmerin zum 1.3.2024 das Jahresarbeitsentgelt mit dem zu diesem Zeitpunkt feststehenden Entgelt (noch ohne die vorab vereinbarte Erhöhung) zu berechnen.
- Zum 1.8.2024 ist eine Neuberechnung des regelmäßigen Jahresarbeitsentgelts vorzunehmen. Zukünftige Änderungen des laufenden Entgelts sind stets erst zu dem Zeitpunkt zu berücksichtigen, in dem das erhöhte Entgelt zusteht. Dies gilt auch dann, wenn die Vereinbarung weit vorher getroffen wurde.
- Am 4.11.2024 ist durch den Verzicht auf das Weihnachtsgeld eine weitere Neuberechnung des regelmäßigen Jahresarbeitsentgelts vorzunehmen.

Die unterjährigen Berechnungen dienen der perspektivischen Betrachtung, ob jeweils künftig die Jahresarbeitsentgeltgrenze noch überschritten wird (vorausschauende Betrachtung).

Ist das bei Beschäftigungsbeginn der Fall, besteht vom Beschäftigungsbeginn an Krankenversicherungsfreiheit. Wird die Grenze bei Beschäftigungsbeginn nicht überschritten, besteht zunächst Krankenversicherungspflicht.

Überschreitet das regelmäßige Jahresarbeitsentgelt die Grenze erst im Laufe des Jahres 2024 (dabei ist die letzte Berechnung maßgebend – hier am 4.11.2024) und am 1.1.2025 die Grenze für 2025, tritt am 1.1.2025 Krankenversicherungsfreiheit ein.

24.9 Berücksichtigung künftiger Entgeltänderungen

24.9.1 Gehaltserhöhung

Sachverhalt: Eine pflichtversicherte Arbeitnehmerin erhält seit 2022 ein monatliches Gehalt i. H. v. 5.300 EUR. Ab dem 1.7.2023 erfolgt aufgrund einer Höhergruppierung eine Entgelterhöhung auf 5.700 EUR monatlich. Im Dezember 2023 wird eine Entgelterhöhung ab 1.3.2024 auf 6.200 EUR monatlich vereinbart.

Für welche Zeiträume besteht in den Jahren 2023 und 2024 Versicherungspflicht bzw. Versicherungsfreiheit zur Krankenversicherung?

Ergebnis: Das regelmäßige Jahresarbeitsentgelt beträgt seit 2022 (5.300 EUR x 12 =) 63.600 EUR. Daher besteht sowohl im Kalenderjahr 2022 (Jahresarbeitsentgeltgrenze: 64.350 EUR) als auch im Kalenderjahr 2023 (Jahresarbeitsentgeltgrenze: 66.600 EUR) Krankenversicherungspflicht.

Durch die Höhergruppierung erhöht sich vom 1.7.2023 an das regelmäßige Jahresarbeitsentgelt auf (5.700 EUR x 12 =) 68.400 EUR und überschreitet die Jahresarbeitsentgeltgrenze für 2023.

In Fällen, in denen es um das Ausscheiden aus der Versicherungspflicht mit Ablauf des laufenden Kalenderjahres wegen Überschreitens der Jahresarbeitsentgeltgrenze geht, ist eine abweichende Verfahrensweise zur Feststellung des regelmäßigen Jahresarbeitsentgelts im Rahmen einer Prognose für das nächste Kalenderjahr zu beachten. Für diese Prognose sind feststehende zukünftige Veränderungen des Arbeitsentgelts zu berücksichtigen.

Die bereits im Dezember 2023 vereinbarte – zum 1.3.2024 wirksam werdende – Entgelterhöhung wird also bei der Beurteilung für das Kalenderjahr 2024 berücksichtigt.

Für das Jahr 2024 ergibt sich ein Jahresarbeitsentgelt i. H. v. (5.700 EUR x 2 + 6.200 EUR x 10 =) 73.400 EUR. Das Jahresarbeitsentgelt überschreitet damit auch die Jahresarbeitsentgeltgrenze von 2024 i. H. v. 69.300 EUR. Daher besteht ab 1.1.2024 Krankenversicherungsfreiheit.

24.9.2 Reduzierung der Wochenarbeitszeit

Sachverhalt: Eine pflichtversicherte Arbeitnehmerin erhält seit 2022 ein monatliches Gehalt i. H. v. 5.300 EUR. Zum 1.7.2023 erfolgt eine Entgelterhöhung auf 5.800 EUR monatlich.

Im Dezember 2023 wird eine Reduzierung der Arbeitszeit mit Wirkung vom 1.4.2024 an und ein monatliches Arbeitsentgelt von 3.600 EUR vereinbart.

Für welche Zeiträume besteht in den Jahren 2023 und 2024 Versicherungspflicht bzw. Versicherungsfreiheit zur Krankenversicherung?

Ergebnis: Das regelmäßige Jahresarbeitsentgelt beträgt seit 2022 (5.300 EUR x 12 =) 63.600 EUR. Daher besteht sowohl im Kalenderjahr 2022 (Jahresarbeitsentgeltgrenze: 64.350 EUR) als auch im Kalenderjahr 2023 (Jahresarbeitsentgeltgrenze: 66.600 EUR) Krankenversicherungspflicht.

Durch die Entgelterhöhung ergibt sich vom 1.7.2023 an ein regelmäßiges Jahresarbeitsentgelt von (5.800 EUR x 12 =) 69.600 EUR. Dies überschreitet die Jahresarbeitsentgeltgrenze 2023.

In den Fällen, in denen es um das Ausscheiden aus der Versicherungspflicht mit Ablauf des laufenden Kalenderjahres wegen Überschreitens der Jahresarbeitsentgeltgrenze geht, ist eine abweichende Verfahrensweise zur Feststellung des regelmäßigen Jahresarbeitsentgelts im Rahmen einer Prognose für das nächste Kalenderjahr zu beachten. Für diese Prognose sind feststehende zukünftige Veränderungen des Arbeitsentgelts zu berücksichtigen.

Die bereits im Dezember 2023 – vom 1.4.2024 an wirkende – vereinbarte Reduzierung der Arbeitszeit und die damit verbundene Entgeltminderung wird also berücksichtigt.

Für das Jahr 2024 ergibt sich ein Jahresarbeitsentgelt i. H. v. (5.800 EUR x 3 + 3.600 EUR x 9 =) 49.800 EUR. Das Jahresarbeitsentgelt überschreitet die Jahresarbeitsentgeltgrenze von 2024 i. H. v. 69.300 EUR nicht. Daher besteht weiterhin Krankenversicherungspflicht.

24.9.3 Schwangerschaft

Sachverhalt: Eine pflichtversicherte Arbeitnehmerin erhält seit 2022 ein monatliches Gehalt i. H. v. 5.300 EUR. Zum 1.7.2023 erfolgt eine Entgelterhöhung auf 5.800 EUR monatlich.

Im Dezember 2023 ist die Schwangerschaft der Arbeitnehmerin bekannt. Die Mutterschutzfrist beginnt am 1.4.2024 (mit Bezug von Mutterschaftsleistungen).

Für welche Zeiträume besteht in den Jahren 2023 und 2024 Versicherungspflicht bzw. Versicherungsfreiheit zur Krankenversicherung?

Ergebnis: Das regelmäßige Jahresarbeitsentgelt beträgt seit 2022 (5.300 EUR x 12 =) 63.600 EUR. Daher besteht sowohl im Kalenderjahr 2022 (Jahresarbeitsentgeltgrenze: 64.350 EUR) als auch im Kalenderjahr 2023 (Jahresarbeitsentgeltgrenze: 66.600 EUR) Krankenversicherungspflicht.

Durch die Gehaltserhöhung erhöht sich das regelmäßige Jahresarbeitsentgelt vom 1.7.2023 an auf (5.800 EUR x 12 =) 69.600 EUR und überschreitet die Jahresarbeitsentgeltgrenze für 2023.

In Fällen, in denen es um das Ausscheiden aus der Versicherungspflicht mit Ablauf des laufenden Kalenderjahres wegen Überschreitens der Jahresarbeitsentgeltgrenze geht, ist die eine abweichende Verfahrensweise zur Feststellung des regelmäßigen Jahresarbeitsentgelts im Rahmen einer Prognose für das nächste Kalenderjahr zu beachten. Für diese Prognose sind feststehende zukünftige Veränderungen des Arbeitsentgelts zu berücksichtigen.

Dabei sind mit hinreichender Sicherheit absehbare zukünftige Veränderungen des Arbeitsentgelts zu berücksichtigen. Der aufgrund der Schutzfristen des Mutterschutzgesetzes zu erwartende Entgeltausfall ist daher zu berücksichtigen.

Für das Jahr 2024 ergibt sich also ein Jahresarbeitsentgelt i. H. v. (5.800 EUR x 3 =) 17.400 EUR. Dies überschreitet das Jahresarbeitsentgelt die Jahresarbeitsentgeltgrenze von 2024 i. H. v. 69.300 EUR nicht. Daher besteht weiterhin Krankenversicherungspflicht.

24.9.4 Unbezahlter Urlaub

Sachverhalt: Ein pflichtversicherter Arbeitnehmer erhält seit 2022 ein monatliches Gehalt i. H. v. 5.300 EUR. Zum 1.7.2023 erfolgt eine Entgelterhöhung auf 5.700 EUR monatlich.

Im Dezember 2023 wird ein unbezahlter Urlaub vom 1.6. bis 31.7.2024 vereinbart.

Für welche Zeiträume besteht in den Jahren 2023 und 2024 Versicherungspflicht bzw. Versicherungsfreiheit zur Krankenversicherung?

Ergebnis: Das regelmäßige Jahresarbeitsentgelt beträgt seit 2022 (5.300 EUR x 12 =) 63.600 EUR. Daher besteht sowohl im Kalenderjahr 2022 (Jahresarbeitsentgeltgrenze: 64.350 EUR) als auch im Kalenderjahr 2023 (Jahresarbeitsentgeltgrenze: 66.600 EUR) Krankenversicherungspflicht.

Durch die Entgelterhöhung erhöht sich das regelmäßige Jahresarbeitsentgelt vom 1.7.2023 an auf (5.700 EUR x 12 =) 68.400 EUR und überschreitet die Jahresarbeitsentgeltgrenze für 2023.

In Fällen, in denen es um das Ausscheiden aus der Versicherungspflicht mit Ablauf des laufenden Kalenderjahres wegen Überschreitens der Jahresarbeitsentgeltgrenze geht, ist die eine abweichende Verfahrensweise zur Feststellung des regelmäßigen Jahresarbeitsentgelts im Rahmen einer Prognose für das nächste Kalenderjahr zu beachten. Für diese Prognose sind feststehende zukünftige Veränderungen des Arbeitsentgelts zu berücksichtigen.

Der im Dezember 2023 vereinbarte unbezahlte Urlaub vom 1.6. bis 31.7.2024 wird bei der Prognose für 2024 berücksichtigt. Der unbezahlte Urlaub überschreitet die Dauer eines Monats; das Beschäftigungsverhältnis endet also zum 30.6.2024.

Obwohl das Beschäftigungsverhältnis nicht für das gesamte Jahr 2024 besteht, ist das regelmäßige Jahresarbeitsentgelt für einen – fiktiven – Zeitraum von 12 Monaten zu ermitteln. Allerdings ist die Multiplikation des Arbeitsentgelts – nicht wie sonst üblich mit 12 – sondern mit 11 vorzunehmen. Daraus ergibt sich ein Jahresarbeitsentgelt i. H. v. (5.700 EUR x 11 =) 62.700 EUR. Da die Jahresarbeitsentgeltgrenze 2024 nicht überschritten wird, besteht weiterhin Krankenversicherungspflicht.

24.10 Keine unmittelbare Berücksichtigung künftiger Entgeltänderungen

Sachverhalt: Das monatliche Arbeitsentgelt des Arbeitnehmers beträgt ab Beginn der Beschäftigung am 1.7.2023 4.966 EUR; zusätzlich wird eine garantierte jährliche Einmalzahlung i.H.v. 4.600 EUR geleistet.

Bereits bei Beginn der Beschäftigung ist bekannt, dass ab November 2023 eine Tariferhöhung erfolgt und das monatliche Entgelt vom 1.11.2023 an bei 5.400 EUR liegt; die Einmalzahlung bleibt unverändert.

Für welche Zeiträume besteht in den Jahren 2023 und 2024 Versicherungspflicht bzw. Versicherungsfreiheit zur Krankenversicherung?

Ergebnis: Das regelmäßige Jahresarbeitsentgelt beträgt am 1.7.2023 (4.966 EUR x 12+4.600 EUR =) 64.192 EUR. Daher besteht bei Beginn der Beschäftigung Krankenversicherungspflicht (Jahresarbeitsentgeltgrenze: 66.600 EUR). Obwohl bei Beschäftigungsbeginn die vom 1.11.2023 an eintretende Tariferhöhung bereits bekannt ist, darf diese bei Beginn der Beschäftigung nicht berücksichtigt werden.

Besteht zunächst Krankenversicherungspflicht, weil die Jahresarbeitsentgeltgrenze nicht überschritten wird, endet diese im Falle einer Entgelterhöhung mit Ablauf des Kalenderjahres des Überschreitens. Dies gilt allerdings nur dann, wenn das Jahresarbeitsentgelt auch die Jahresarbeitsentgeltgrenze des Folgejahres übersteigt.

Durch die Tariferhöhung erhöht sich das regelmäßige Jahresarbeitsentgelt vom 1.11.2023 an auf (5.400 EUR x 12+4.600 EUR =) 69.400 EUR und überschreitet die Jahresarbeitsentgeltgrenzen der Jahre 2023 und 2024.

Daher besteht vom 1.7.2023 bis 31.12.2023 Krankenversicherungspflicht und ab dem 1.1.2024 Krankenversicherungsfreiheit.

Der Versicherungsschutz in der Krankenversicherung endet im laufenden Beschäftigungsverhältnis nicht automatisch zum Jahresende. Er wird vielmehr von einer Pflichtversicherung in eine freiwillige Krankenversicherung umgewandelt. Die Krankenkasse muss ihn darauf und auf sein Kündigungsrecht aufmerksam machen (zugunsten einer privaten Krankenvollversicherung). Die Versicherung endet bei Kündigung innerhalb von 2 Wochen nach Hinweis der Krankenkasse und Wahl einer privaten Krankenversicherung zum Ende der Versicherungspflicht (31.12.2023).

24.11 Rückwirkende Gehaltserhöhung

Sachverhalt: Ein bisher krankenversicherungspflichtiger Arbeitnehmer erhält am 15.2.2024 eine rückwirkende tarifliche Entgelterhöhung für die Zeit ab 1.12.2023. Durch die Entgelterhöhung werden die Jahresarbeitsentgeltgrenzen der Jahre 2023 und 2024 überschritten.

Hat die tarifliche Entgelterhöhung – ggf. von welchem Zeitpunkt an – Einfluss auf die versicherungsrechtliche Beurteilung in der Krankenversicherung?

Ergebnis: Der Tarifvertrag wird im Jahr 2024 abgeschlossen. Bei rückwirkender Entgelterhöhung gilt für die Überschreitung der Jahresarbeitsentgeltgrenze das Kalenderjahr, in dem der Anspruch auf das erhöhte Entgelt entstanden ist, in diesem Fall also das Jahr 2024. Maßgebend ist das Datum des Abschlusses der entsprechenden Vereinbarung. Es erfolgt keine (erneute) Prüfung rückwirkend für das Jahr 2023.

Das regelmäßige Jahresarbeitsentgelt des Arbeitnehmers überschreitet die Grenze des Jahres 2024. Um zum 31.12.2024 aus der Krankenversicherungspflicht ausscheiden zu können, muss am 1.1.2025 auch die Grenze von 2025 überschritten werden. Im Jahr 2024 ist der Arbeitnehmer nach wie vor krankenversicherungspflichtig.

24.12 Kurzarbeit

Sachverhalt: Ein Arbeitnehmer ist in einem Betriebsteil beschäftigt, der ab 1.4.2024 für 6 Monate Kurzarbeit durchführt. Er hat 50 % Arbeitsausfall, sein Entgelt halbiert sich, er erhält jedoch Kurzarbeitergeld.

Der Arbeitnehmer ist vor Beginn der Kurzarbeit wegen Überschreitens der Jahresarbeitsentgeltgrenze versicherungsfrei und privat versichert.

Wirkt sich die durch die Kurzarbeit verursachte Entgeltminderung auf die Krankenversicherungsfreiheit aus?

Ergebnis: Bei Kurzarbeit kommt es zu einer lediglich vorübergehenden Entgeltminderung, die bei der Ermittlung des regelmäßigen Jahresarbeitsentgelts nicht berücksichtigt wird. Es ist also am 1.4.2024 keine Neuberechnung des regelmäßigen Jahresarbeitsentgelts vorzunehmen.

Der Beschäftigte bleibt durchgehend krankenversicherungsfrei.

24.13 Unbezahlter Urlaub

Sachverhalt: Ein wegen Überschreitens der Jahresarbeitsentgeltgrenze krankenversicherungsfreier, freiwillig versicherter Arbeitnehmer hat unbezahlten Urlaub vom 1.6. bis 31.7.2024. Die Zahlung der freiwilligen Beiträge erfolgt im Firmenzahlverfahren.

Nach dem unbezahlten Urlaub wird die Beschäftigung am 1.8.2024 wieder aufgenommen.

Wirkt sich – ggf. in welcher Weise – der unbezahlte Urlaub auf die krankenversicherungsrechtliche Beurteilung aus?

Ergebnis: Wird die Beschäftigung eines wegen Überschreitens der Jahresarbeitsentgeltgrenze versicherungsfreien Arbeitnehmers ohne Entgeltzahlung unterbrochen, gilt die Beschäftigung gegen Arbeitsentgelt längstens für einen Monat als fortbestehend.

Die Krankenversicherungsfreiheit endet in diesem Fall also zum 30.6.2024. Damit verbunden ist die Pflicht des Arbeitgebers zur Abgabe einer Abmeldung (Beitragsgruppe 9111, Abgabegrund »34«) zum 30.6.2024 zur Renten- und Arbeitslosenversicherung.

Nach (Wieder-)Aufnahme der Beschäftigung ist – bei unverändertem Arbeitsverhältnis – zum 1.8.2024 eine Anmeldung mit dem Abgabegrund »13« (Beitragsgruppe 9111) zu erstellen.

Achtung: Für die Zeit des unbezahlten Urlaubs besteht kein Anspruch auf Beitragszuschuss. Dem Arbeitnehmer ist zu empfehlen, hinsichtlich der Beitragszahlung zu seiner freiwilligen Versicherung Kontakt mit seiner Krankenkasse aufzunehmen.

24.14 Elternzeit

Sachverhalt: Ein krankenversicherungsfreier, privat krankenversicherter Arbeitnehmer nimmt vom 1.8. bis 30.9.2024 Elternzeit. Während der gesamten Elternzeit wird eine zulässige Teilzeitbeschäftigung mit einem unter der Jahresarbeitsentgeltgrenze liegenden Jahresarbeitsentgelt bei dem Arbeitgeber, der auch die Elternzeit gewährt, durchgeführt. Von der Möglichkeit der Befreiung von der Krankenversicherungspflicht wird kein Gebrauch gemacht. Nach dem Ende der Elternzeit wird die Jahresarbeitsentgeltgrenze wieder überschritten.

Wie wirkt sich die während der Elternzeit ausgeübte Beschäftigung in der Krankenversicherung aus?

Ergebnis: Während der Elternzeit besteht Krankenversicherungspflicht. Diese Krankenversicherungspflicht endet nicht mit dem Ende der Elternzeit. Sie endet zum Ablauf des Kalenderjahres 2024, wenn auch die vom 1.1.2025 an geltende Jahresarbeitsentgeltgrenze ebenfalls überschritten wird.

24.15 Arbeitszeitreduzierung, Befreiung von der Krankenversicherungspflicht

Sachverhalt: Ein Arbeitnehmer ist 48 Jahre alt und bereits 10 Jahre wegen Überschreitens der Jahresarbeitsentgeltgrenze versicherungsfrei. Er verringert seine wöchentliche Arbeitszeit ab 1.2.2024 um 50%. Durch die Teilzeittätigkeit verringert sich das regelmäßige Jahresarbeitsentgelt, sodass die aktuelle Jahresarbeitsentgeltgrenze unterschritten wird. Durch das Unterschreiten der Jahresarbeitsentgeltgrenze tritt ab dem 1.2.2024 Versicherungspflicht ein. Da er seit Jahren privat krankenversichert ist, stellt er im April 2024 einen Befreiungsantrag bei einer Krankenkasse.

Wie ist der Arbeitnehmer ab 1.2.2024 versichert?

Ergebnis: Grundsätzlich wird der Beschäftigte ab 1.2.2024 kranken- und pflegeversicherungspflichtig. Kranken- und Pflegeversicherungspflicht tritt nur deshalb nicht ein, weil der Arbeitnehmer von seinem Befreiungsrecht Gebrauch macht.

Dies ist möglich, weil
- die Unterschreitung zurückzuführen ist auf die Reduzierung der Arbeitszeit auf die Hälfte oder weniger als die Hälfte,
- der Arbeitnehmer seit mindestens 5 Jahren wegen Überschreitens der Jahresarbeitsentgeltgrenze versicherungsfrei war und
- den Antrag fristgerecht binnen 3 Monaten nach Beginn der Versicherungspflicht bei der zuständigen Kasse (letzte gesetzliche Krankenkasse des Arbeitnehmers) gestellt hat.

24.16 Jahresarbeitsentgeltgrenze holt Arbeitsentgelt ein

Sachverhalt: Ein Arbeitnehmer ist am 1.1.2024 54 Jahre alt und seit mehr als 25 Jahren wegen Überschreitens der Jahresarbeitsentgeltgrenze privat krankenversichert. Sein regelmäßiges Jahresarbeitsentgelt (60.200 EUR) wird am 1.1.2024 durch die Erhöhung der besonderen Jahresarbeitsentgeltgrenze (2024: 62.100 EUR) vom Grenzwert »eingeholt«.

Tritt für den Arbeitnehmer Kranken- und Pflegeversicherungspflicht ein?

Ergebnis: Die besondere Jahresarbeitsentgeltgrenze gilt für Arbeitnehmer, die am 31.12.2002 wegen Überschreitens der Jahresarbeitsentgeltgrenze versicherungsfrei und zu diesem Zeitpunkt mit einer privaten Krankenkostenvollversicherung abgesichert waren. Grundsätzlich wird der Arbeitnehmer ab dem 1.1.2024 kranken- und pflegeversicherungspflichtig. Er könnte sich jedoch innerhalb einer Frist von 3 Monaten (bis 2.4.2024) von der Versicherungspflicht auf Antrag befreien lassen. Stellt er keinen solchen Antrag, wird er Mitglied einer gesetzlichen Krankenkasse.

Achtung: Hätte der Arbeitnehmer am 1.1.2024 (dem Zeitpunkt der Unterschreitung der Jahresarbeitsentgeltgrenze) das 55. Lebensjahr bereits vollendet, hätte dies nicht zum Eintritt von Kranken- und Pflegeversicherungspflicht geführt, weil der Arbeitnehmer in den letzten 5 Jahren nicht gesetzlich krankenversichert war und somit nicht in die gesetzliche Krankenversicherung zurückkehren kann.

25 Kindergartenzuschuss

Carola Hausen

25.1 Kindergarten, Zuschuss zur Unterbringung

Sachverhalt: Eine Arbeitnehmerin nimmt nach Ablauf der Elternzeit eine Teilzeitbeschäftigung auf, Gehalt monatlich 1.000 EUR. Der Arbeitgeber übernimmt zusätzlich die Kosten von 180 EUR für die Unterbringung des Kindes in einem städtischen Kindergarten.

Wie ist dieser Zuschuss für die Kosten des Kindergartens zu behandeln?

Ergebnis: Übernimmt der Arbeitgeber zusätzlich zum ohnehin geschuldeten Arbeitslohn die Kosten für die Unterbringung (Betreuung, Unterkunft und Verpflegung) von nicht schulpflichtigen Kindern seiner Arbeitnehmerin, bleibt dieser gewährte Vorteil lohnsteuerfrei und damit auch sozialversicherungsfrei.

Es ist unerheblich, ob es sich dabei um eine betriebliche, städtische oder private Kindereinrichtung handelt. Auch die Unterbringung bei Tagesmüttern ist möglich.

Hinweis: Dem Arbeitgeber soll der Originalbeleg über die Unterbringung von der Arbeitnehmerin vorgelegt werden. Dieser bewahrt den Beleg in den Lohnunterlagen auf. Damit wird gewährleistet, dass nur ein Elternteil den lohnsteuer- und sozialversicherungsfreien Zuschuss in Anspruch nehmen kann.

25.2 Mutter/Haushaltshilfe, Erstattung der Aufwendungen

Sachverhalt: Eine teilzeitbeschäftigte Arbeitnehmerin lässt ihr nicht schulpflichtiges Kind tageweise von ihrer Mutter bzw. ihrer Haushaltshilfe betreuen. Die Fahrtkosten zum Wohnort ihrer Mutter bzw. die anteiligen Kosten für die Haushaltshilfe möchte der Arbeitgeber steuerfrei erstatten.

Kann der Arbeitgeber die Fahrtkosten lohnsteuer- und sozialversicherungsfrei erstatten?

Ergebnis: Diese Leistungen werden nicht vom § 3 Nr. 33 EStG erfasst und stellen daher steuerpflichtigen Arbeitslohn und sozialversicherungspflichtiges Arbeitsentgelt dar.

25.3 Kindertagesstätte, Übernahme der Gebühr inkl. Verpflegungskosten

Sachverhalt: Der Arbeitgeber übernimmt bei Vorlage der entsprechenden Original-Belege der Kita für seine Arbeitnehmer die Gebühr inklusive Verpflegungskosten für die Kita.

Kann der Arbeitgeber die Gebühren sowie die Verpflegungskosten lohnsteuer- und sozialversicherungsfrei übernehmen?

Ergebnis: Übernimmt der Arbeitgeber zusätzlich zum ohnehin geschuldeten Arbeitslohn die Kosten für die Unterbringung von nicht schulpflichtigen Kindern seiner Arbeitnehmer, bleibt dieser gewährte Vorteil lohnsteuerfrei und damit auch sozialversicherungsfrei. Dies gilt für die Kostenübernahme bzw. ein Zuschuss zu den Kosten der Betreuung, Unterkunft und für die Verpflegung in der Kita.

26 Krankengeldzuschuss

26.1 Auswirkungen eines Krankengeldzuschusses

Sachverhalt: Ein Arbeitgeber zahlt seinen Arbeitnehmern finanzielle Leistungen, während diese gleichzeitig Sozialleistungen erhalten. Je nach Position des Arbeitnehmers im Betrieb (Vergütungsgruppe) erhalten die Mitarbeiter einzelne oder alle der folgenden Leistungen:

- Zuschuss zum Krankengeld, Verletztengeld, Übergangsgeld,
- Zuschuss zum Mutterschaftsgeld,
- Zuschuss zum Krankentagegeld privat Versicherter,
- weiter gewährte Sachbezüge (z.B. Kost, Wohnung und private Nutzung von Geschäftsfahrzeugen),
- weiter gewährte Firmen- und Belegschaftsrabatte,
- weiter gezahlte vermögenswirksame Leistungen,
- weiter gewährte Kontoführungsgebühren,
- weiter gewährte Zinsersparnisse aus verbilligten Arbeitgeberdarlehen,
- weiter gezahlte Telefonzuschüsse und
- weiter gewährte Beiträge und Zuwendungen zur betrieblichen Altersvorsorge.

Wie wirken sich diese Zahlungen beitragsrechtlich aus?

Ergebnis: Soweit eine der im Sachverhalt genannten laufend gezahlten arbeitgeberseitigen Leistungen auf eine der folgenden Sozialleistungen (in Klammern ist jeweils der zuständige Träger genannt) trifft, ist die arbeitgeberseitige Leistung unter den abschließend genannten Voraussetzungen beitragsfrei:

- Krankengeld und Krankengeld bei Erkrankung des Kindes (Krankenkassen),
- Verletztengeld und Verletztengeld bei Verletzung des Kindes (Unfallversicherungsträger),
- Übergangsgeld (Rentenversicherungsträger, Bundesagentur für Arbeit, Unfallversicherungsträger, Kriegsopferfürsorge),
- Versorgungskrankengeld (Träger der Kriegsopferversorgung),
- Mutterschaftsgeld (Krankenkassen, Bund),
- Krankentagegeld (private Krankenversicherungsunternehmen),
- Erziehungsgeld, Elterngeld (Bundesländer, auf Kosten des Bundes).

Voraussetzungen für die Beitragsfreiheit:

Alle arbeitgeberseitigen Leistungen, die für die Zeit des Bezugs der o.g. Sozialleistungen laufend gezahlt werden, sind bis zur Freigrenze von 50 EUR monatlich nicht beitragspflichtig. Alle darüber hinausgehenden Beträge werden hingegen in voller Höhe als beitragspflichtige Einnahmen berücksichtigt (kein Freibetrag).

26.2 Grenze der Beitragsfreiheit

Sachverhalt: Arbeitnehmer A und B sind infolge Krankheit arbeitsunfähig und beziehen seit 1.3. Krankengeld von einer gesetzlichen Krankenkasse.

Beide erzielten im letzten vor Beginn der Arbeitsunfähigkeit abgerechneten Entgeltabrechnungszeitraum, Dezember (Bemessungszeitraum), ein laufendes Bruttoarbeitsentgelt von 3.000 EUR sowie 1.000 EUR Weihnachtsgeld; Nettolohn 2.100 EUR bzw. 2.700 EUR mit Weihnachtsgeld. Diese Werte hat der Arbeitgeber in die Entgeltbescheinigungen für die Krankenkasse eingetragen.

Arbeitnehmer A erhält während der Arbeitsunfähigkeit seine vermögenswirksamen Leistungen in Höhe von 52 EUR monatlich weitergezahlt.

Arbeitnehmer B bewohnt mietfrei eine Werkswohnung, deren ortsüblicher Mietpreis 600 EUR monatlich beträgt.

Beide erhalten jeweils ein Nettokrankengeld in Höhe von 1.628,10 EUR monatlich.

Besteht für die Arbeitnehmer während des Krankengeldbezugs Beitragsfreiheit?

Ergebnis: Zur Feststellung des Sozialversicherungs-Freibetrags werden benötigt:

- Das zu vergleichende Nettoarbeitsentgelt (Vergleichs-Nettoarbeitsentgelt), es entspricht dem Nettoarbeitsentgelt, das der Arbeitgeber dem gesetzlichen Sozialleistungsträger (hier der Krankenkasse) in der Entgeltbescheinigung mitteilt. Einmalzahlungen im Bemessungszeitraum für die Sozialleistung bleiben außer Ansatz.
- Der höchstmögliche Sozialversicherungs-Freibetrag, er ergibt sich aus der Differenz zwischen dem Vergleichs-Nettoarbeitsentgelt und der Netto-Sozialleistung.

Berechnung des Freibetrags für Arbeitnehmer A und B

Nettoarbeitsentgelt Dezember	2.100 EUR
SV-Freibetrag monatlich (2.100 EUR – 1.628,10 EUR)	471,90 EUR
Zzgl. SV-Freigrenze	50 EUR
Freibetrag	521,90 EUR

Folgen Arbeitnehmer A: In der Zeit des Krankengeldbezugs ist auch die weitergewährte Zahlung des Arbeitgebers beitragsfrei.

Der Sozialversicherungs-Freibetrag von Arbeitnehmer A wird durch die Vermögenswirksamen Leistungen in Höhe von 52 EUR monatlich nicht überschritten; es liegt deshalb keine beitragspflichtige Einnahme vor.

Folgen Arbeitnehmer B: Die Brutto-Zahlung des Arbeitgebers in Höhe von 600 EUR monatlich (Sachbezug) übersteigt den maximal beitragsfreien Betrag von 521,90 EUR. Die 50 EUR SV-Freigrenze darf daher nicht angewendet werden.

Es bleibt nur der SV-Freibetrag von 471,90 EUR beitragsfrei. Die Beiträge zur Sozialversicherung werden monatlich aus 128,10 EUR (600 EUR – 471,90 EUR) berechnet.

26.3 Einmalzahlung während Krankengeldbezugs

Sachverhalt: Arbeitnehmer A und B sind sozialversicherungspflichtig beschäftigt. Beide beziehen seit dem 1.4. Krankengeld.

Arbeitnehmer A erhält daneben vermögenswirksame Leistungen in Höhe von 26 EUR monatlich, die als Zuschuss zum Krankengeld beitragsfrei sind.

Arbeitnehmer B nutzt während des Krankengeldbezugs seinen Dienstwagen weiterhin privat. Dieser Sachbezug übersteigt die Differenz zwischen Netto-Krankengeld und Vergleichs-Nettoentgelt um 100 EUR monatlich. Die 100 EUR stellen beitragspflichtiges Arbeitsentgelt dar. Die Freigrenze von 50 EUR bleibt wegen Überschreitens ohne Auswirkung.

Im Juli erhalten beide Arbeitnehmer jeweils 1.500 EUR Urlaubsgeld.

Wie wird die anteilige Beitragsbemessungsgrenze für die Beitragspflicht der Einmalzahlungen errechnet?

Ergebnis: Eine Behandlung von Einmalzahlungen als Krankengeldzuschuss scheidet aus. Dies – und dadurch eine evtl. Beitragsfreiheit – kommt lediglich für laufende Bezüge in Betracht, die neben einer Sozialleistung, z. B. Krankengeld, zur Auszahlung kommen. Die Einmalzahlungen sind dem Monat Juli zuzurechnen und sind grundsätzlich beitragspflichtig.

Für Arbeitnehmer A sind 90 SV-Tage zu berücksichtigen (Januar bis März, 3 × 30 SV-Tage). Ab 1.4. besteht Beitragsfreiheit.

Für Arbeitnehmer B sind 210 SV-Tage anzurechnen (Januar bis Juli, 7 × 30 SV-Tage). Ab 1.4. besteht weiter Beitragspflicht.

Für beide Arbeitnehmer gelten also unterschiedliche anteilige Jahres-Beitragsbemessungsgrenzen. Da bei Arbeitnehmer B in den Monaten April bis Juli nur jeweils 50 EUR laufendes beitragspflichtiges Entgelt anfallen, wird seine Einmalzahlung in weit höherem Maße der Beitragspflicht unterworfen.

27 Kurzarbeitergeld

27.1 Arbeitnehmer ist verheiratet und hat ein Kind

Sachverhalt: Ein Arbeitnehmer, Steuerklasse III, mit einem Kind (15 Jahre), erzielt im April 2024 infolge von Kurzarbeit ein Bruttoentgelt von 1.835 EUR. Ohne Kurzarbeit hätte er 2.455 EUR brutto verdient.

Wie werden das Kurzarbeitergeld und die Beiträge zur Sozialversicherung berechnet?

Ergebnis: Das Kurzarbeitergeld errechnet sich nach einem Leistungssatz von 67%. Der Leistungsbetrag ergibt sich nach der Tabelle der BA als Differenzbetrag zwischen den maßgeblichen rechnerischen Leistungssatzen des pauschalierten monatlichen Sollentgelts und des pauschalieren monatlichen Istentgelts.

Gerundetes Sollentgelt	2.460,00 EUR	
Rechnerischer Leistungssatz aus dem Sollentgelt		1.318,56 EUR
Gerundetes Istentgelt	1.840,00 EUR	
Rechnerischer Leistungssatz aus dem Istentgelt		986,24 EUR
Differenz der rechnerischen Leistungssätze =Kurzarbeitergeld (Leistungssatz aus dem Sollentgelt – Leistungssatz aus dem Istentgelt)		332,32 EUR

Berechnung der Beiträge zur Sozialversicherung: Für die Berechnung der SV-Beiträge ist zwischen dem tatsächlich erzielten Entgelt und dem Kurzarbeitergeld zu unterscheiden:

- Für die SV-Beiträge aus dem tatsächlich erzielten Entgelt gelten die allgemeinen Regelungen zur Berechnung, Tragung und Zahlung der Beiträge in allen Zweigen der Sozialversicherung.
- SV-Beiträge aus dem Kurzarbeitergeld sind zur Kranken-, Pflege- und Rentenversicherung zu entrichten, nicht jedoch zur Arbeitslosenversicherung. Als beitragspflichtige Einnahme ist ein fiktives Entgelt i.H.v. 80% des Unterschiedsbetrags zwischen dem ungerundeten Soll- und Istentgelt zugrunde zu legen.
- Die auf das Kurzarbeitergeld entfallenden SV-Beiträge (einschließlich des Zusatzbeitrags zur Krankenversicherung) sind allein vom Arbeitgeber zu tragen.

Abrechnungsmonat April 2024	
Brutto-Sollentgelt	2.455,00 EUR
Abzgl. Brutto-Istentgelt	*– 1.835,00 EUR*
Differenz	620,00 EUR
Fiktives Entgelt für Beitragsberechnung Kurzarbeitergeld (620 EUR x 80%)	496,00 EUR

Beitragspflichtige Einnahmen

	KV / PV	RV	ALV
SV Entgelt	1.835,00 EUR	1.835,00 EUR	1.835,00 EUR
SV Fiktives Entgelt	496,00 EUR	496,00 EUR	0,00 EUR
SV Gesamt	2.331,00 EUR	2.331,00 EUR	1.835,00 EUR

Lohnsteuerrechtliche Beurteilung: Das Kurzarbeitergeld ist steuerfrei. Als Entgeltersatzleistung unterliegt es jedoch dem steuerlichen Progressionsvorbehalt, d.h. es wird als Einkommen bei der Ermittlung des Steuersatzes berücksichtigt.

Hinweis: Im Falle einer späteren Arbeitslosigkeit entstehen dem Arbeitnehmer durch die für Zeiten des Kurzarbeitergeldbezugs nicht zu entrichtenden Beiträge zur Arbeitslosenversicherung keine Nachteile bei der Bemessung des Arbeitslosengeldes. Soweit Zeiten der Kurzarbeit in die Arbeitslosengeldberechnung einfließen, ist für diese Zeiten – unabhängig von der Höhe der Beiträge – das Bruttoarbeitsentgelt zugrunde zu legen, das der Arbeitnehmer ohne die Kurzarbeit erzielt hätte.

27.2 Arbeitnehmer ist verheiratet und hat 2 Kinder

Sachverhalt: Ein Mitarbeiter einer Speditionsfirma, Steuerklasse IV, mit 2 minderjährigen Kindern, erzielt im Juli 2024 infolge von Kurzarbeit ein Bruttoentgelt von 1.205 EUR. Ohne Kurzarbeit hätte er 3.381 EUR brutto verdient.

Wie werden das Kurzarbeitergeld und die Beiträge zur Sozialversicherung berechnet?

Ergebnis: Das Kurzarbeitergeld errechnet sich nach einem Leistungssatz von 67%. Der Leistungsbetrag ergibt sich nach der Tabelle der BA als Differenzbetrag zwischen den maßgeblichen rechnerischen Leistungssätzen des pauschalierten monatlichen Sollentgelts und des pauschalierten monatlichen Istentgelts.

Gerundetes Sollentgelt	3.380,00 EUR	
Rechnerischer Leistungssatz aus dem Sollentgelt		1.536,81 EUR
Gerundetes Istentgelt	1.200,00 EUR	
Rechnerischer Leistungssatz aus dem Istentgelt		643,20 EUR
Differenz der rechnerischen Leistungssätze = Kurzarbeitergeld		893,61 EUR

Berechnung der Beiträge zur Sozialversicherung: Für die Berechnung der SV-Beiträge ist zwischen dem tatsächlich erzielten Entgelt und dem Kurzarbeitergeld zu unterscheiden:

- Für die SV-Beiträge aus dem tatsächlich erzielten Entgelt gelten die allgemeinen Regelungen zur Berechnung, Tragung und Zahlung der Beiträge in allen Zweigen der Sozialversicherung.
- SV-Beiträge aus dem Kurzarbeitergeld sind zur Kranken-, Pflege- und Rentenversicherung zu entrichten, nicht jedoch zur Arbeitslosenversicherung. Als beitragspflichtige Einnahme ist ein fiktives Entgelt i.H.v. 80% des Unterschiedsbetrags zwischen dem ungerundeten Soll- und Istentgelt zugrunde zu legen.
- Die auf das Kurzarbeitergeld entfallenden SV-Beiträge (einschließlich des Zusatzbeitrags zu Krankenversicherung) sind allein vom Arbeitgeber zu tragen.

Abrechnungsmonat Juli 2024

Brutto-Sollentgelt	3.381,00 EUR
Abzgl. Brutto-Istentgelt	*– 1.205,00 EUR*
Differenz	2.176,00 EUR
Fiktives Entgelt für Beitragsberechnung Kurzarbeitergeld (2.176 EUR x 80%)	1.740,80 EUR

Beitragspflichtige Einnahmen

	KV / PV	RV	ALV
SV Entgelt	1.205,00 EUR	1.205,00 EUR	1.205,00 EUR
SV Fiktives Entgelt	1.740,80 EUR	1.740,80 EUR	0,00 EUR
SV Gesamt	2.945,80 EUR	2.945,80 EUR	1.205,00 EUR

Lohnsteuerrechtliche Beurteilung: Das Kurzarbeitergeld ist steuerfrei. Es unterliegt als Entgeltersatzleistung aber dem steuerlichen Progressionsvorbehalt, d.h. es wird als Einkommen bei der Ermittlung des Steuersatzes berücksichtigt.

Hinweis: Im Fall einer späteren Arbeitslosigkeit entstehen dem Arbeitnehmer durch die für Zeiten des Kurzarbeitergeldbezugs nicht zu entrichtenden Beiträge zur Arbeitslosenversicherung keine Nachteile bei der Bemessung des Arbeitslosengeldes. Soweit Zeiten der Kurzarbeit in die Arbeitslosengeldberechnung einfließen, ist für diese Zeiten – unabhängig von der Höhe der Beiträge – das Bruttoentgelt zugrunde zu legen, das der Arbeitnehmer ohne die Kurzarbeit erzielt hätte.

27.3 Arbeitnehmer ist ledig und hat kein Kind

Sachverhalt: Ein Schreiner, Steuerklasse I, keine Kinder, kann aufgrund der Einführung von Kurzarbeit im August 2024 nur noch die Hälfte seiner Arbeitszeit leisten und erzielt ein Bruttoentgelt von 1.487 EUR. Der Bruttoverdienst ohne Kurzarbeit hätte 2.974 EUR betragen.

Wie werden das Kurzarbeitergeld und die Beiträge zur Sozialversicherung berechnet?

Ergebnis: Das Kurzarbeitergeld errechnet sich nach einem Leistungssatz von 60%. Der Leistungsbetrag ergibt sich nach der Tabelle der BA als Differenzbetrag zwischen den maßgeblichen rechnerischen Leistungssätzen des pauschalierten monatlichen Sollentgelts und des pauschalierten monatlichen Istentgelts.

Gerundetes Sollentgelt	2.980,00 EUR	
Rechnerischer Leistungssatz aus dem Sollentgelt		1.239,90 EUR
Gerundetes Istentgelt	1.480,00 EUR	
Rechnerischer Leistungssatz aus dem Istentgelt		700,25 EUR
Differenz der rechnerischen Leistungssätze=Kurzarbeitergeld		539,65 EUR

Berechnung der Beiträge zur Sozialversicherung:

Für die Berechnung der SV-Beiträge ist zwischen dem tatsächlich erzielten Entgelt und dem Kurzarbeitergeld zu unterscheiden:

- Für die SV-Beiträge aus dem tatsächlich erzielten Entgelt gelten die allgemeinen Regelungen zur Berechnung, Tragung und Zahlung der Beiträge in allen Zweigen der Sozialversicherung.
- SV-Beiträge aus dem Kurzarbeitergeld sind zur Kranken-, Pflege- und Rentenversicherung zu entrichten, nicht jedoch zur Arbeitslosenversicherung. Als beitragspflichtige Einnahme ist ein fiktives Entgelt i.H.v. 80% des Unterschiedsbetrags zwischen dem ungerundeten Soll- und Istentgelt zugrunde zu legen.
- Die auf das Kurzarbeitergeld entfallenden SV-Beiträge (einschließlich des Zusatzbeitrags zu Krankenversicherung) sind allein vom Arbeitgeber zu tragen.

Abrechnungsmonat August 2024	
Brutto-Sollentgelt	2.974,00 EUR
Abzgl. Brutto-Istentgelt	*– 1.487,00 EUR*
Differenz	1.487,00 EUR
Fiktives Entgelt für Beitragsberechnung Kurzarbeitergeld (1.487 EUR x 80%)	1.189,60 EUR

Beitragspflichtige Einnahmen

	KV / PV	RV	ALV
SV Entgelt	1.487,00 EUR	1.487,00 EUR	1.487,00 EUR
SV Fiktives Entgelt	1.189,60 EUR	1.189,60 EUR	0,00 EUR
SV Gesamt	2.676,60 EUR	2.676,60 EUR	1.487,00 EUR

Lohnsteuerrechtliche Beurteilung: Das Kurzarbeitergeld ist steuerfrei. Es unterliegt als Entgeltersatzleistung aber dem steuerlichen Progressionsvorbehalt, d.h. es wird als Einkommen bei der Ermittlung des Steuersatzes berücksichtigt.

Hinweis: Im Fall einer späteren Arbeitslosigkeit entstehen dem Arbeitnehmer durch die für Zeiten des Kurzarbeitergeldbezugs nicht zu entrichtenden Beiträge zur Arbeitslosenversicherung keine Nachteile bei der Bemessung des Arbeitslosengeldes. Soweit Zeiten der Kurzarbeit in die Arbeitslosengeldberechnung einfließen, ist für diese Zeiten – unabhängig von der Höhe der Beiträge – das Bruttoentgelt zugrunde zu legen, das der Arbeitnehmer ohne die Kurzarbeit erzielt hätte.

27.4 Kompletter Arbeitsausfall, Arbeitnehmer ist ledig und hat kein Kind

Sachverhalt: Ein Angestellter in einer Möbelfirma, Steuerklasse I, keine Kinder, hat im Mai 2024 wegen Kurzarbeit nicht gearbeitet (kompletter Arbeitsausfall). Bei Vollarbeit hätte er ein Bruttoentgelt von 3.275 EUR erzielt.

Wie werden das Kurzarbeitergeld und die Beiträge zur Sozialversicherung berechnet?

Ergebnis: Das Kurzarbeitergeld errechnet sich nach einem Leistungssatz von 60%. Der Leistungsbetrag ergibt sich nach der Tabelle der BA als Differenzbetrag zwischen den maßgeblichen rechnerischen Leistungssätzen des pauschalierten monatlichen Sollentgelts und des pauschalierten monatlichen Istentgelts.

Gerundetes Sollentgelt	3.280,00 EUR	
Rechnerischer Leistungssatz aus dem Sollentgelt		1.342,40 EUR
Gerundetes Istentgelt	0,00 EUR	
Rechnerischer Leistungssatz aus dem Istentgelt		0,00 EUR
Differenz der rechnerischen Leistungssätze = Kurzarbeitergeld		1.342,40 EUR

Berechnung der Beiträge zur Sozialversicherung: Aus dem Kurzarbeitergeld sind Beiträge zur Krankenversicherung (einschließlich des Zusatzbeitrags), zur Pflegeversicherung und zur Rentenversicherung zu entrichten, nicht jedoch zur Arbeitslosenversicherung. Als beitragspflichtige Einnahme ist ein fiktives Entgelt i.H.v. 80% des ungerundeten Sollentgelts zugrunde zu legen. Die SV-Beiträge sind allein vom Arbeitgeber zu tragen.

Abrechnungsmonat Mai 2024

Brutto-Sollentgelt	3.275,00 EUR
Abzgl. Brutto-Istentgelt	*- 0,00 EUR*
Differenz	3.275,00 EUR
Fiktives Entgelt für Beitragsberechnung Kurzarbeitergeld (3.275 EUR x 80 %)	2.620,00 EUR

Beitragspflichtige Einnahmen

	KV / PV	RV	ALV
SV Entgelt	0,00 EUR	0,00 EUR	0,00 EUR
SV Fiktives Entgelt	2.620,00 EUR	2.620,00 EUR	0,00 EUR
SV Gesamt	2.620,00 EUR	2.620,00 EUR	0,00 EUR

Lohnsteuerrechtliche Beurteilung: Das Kurzarbeitergeld ist steuerfrei. Es unterliegt als Entgeltersatzleistung aber dem steuerlichen Progressionsvorbehalt, d.h. es wird als Einkommen bei der Ermittlung des Steuersatzes berücksichtigt.

Hinweis: Im Fall einer späteren Arbeitslosigkeit entstehen dem Arbeitnehmer keine Nachteile. Trotz des völligen Arbeitsausfalls wird der Monat Mai 2024 als Versicherungszeit für die Erfüllung der Anwartschaftszeit des Arbeitslosengeldes berücksichtigt. Nachteile sind auch bei der Bemessung des Arbeitslosengeldes ausgeschlossen. Soweit Zeiten der Kurzarbeit in die Arbeitslosengeldberechnung einfließen, ist für diese Zeiten – unabhängig von der Höhe der Beiträge – das Bruttoentgelt zugrunde zu legen, das der Arbeitnehmer ohne die Kurzarbeit erzielt hätte.

27.5 Arbeitnehmer ist freiwillig gesetzlich krankenversichert, verheiratet und hat ein Kind

Sachverhalt: Ein Abteilungsleiter in einem Großhandel, Steuerklasse III, ein Kind unter 18 Jahre, hat ein fest vereinbartes Bruttoentgelt von 5.660 EUR. Infolge von Kurzarbeit erzielt er im September 2024 lediglich 3.500 EUR brutto.

Wie werden das Kurzarbeitergeld und die Beiträge zur Sozialversicherung berechnet?

Ergebnis: Das Kurzarbeitergeld errechnet sich nach einem Leistungssatz von 67 %. Der Leistungsbetrag ergibt sich nach der Tabelle der BA als Differenzbetrag zwischen den maßgeblichen rechnerischen Leistungssätzen des pauschalierten monatlichen Sollentgelts und des pauschalierten monatlichen Istentgelts.

Gerundetes Sollentgelt	5.660,00 EUR	
Rechnerischer Leistungssatz aus dem Sollentgelt		2.625,29 EUR
Gerundetes Istentgelt	3.500,00 EUR	
Rechnerischer Leistungssatz aus dem Istentgelt		1.777,18 EUR
Differenz der rechnerischen Leistungssätze		
=Kurzarbeitergeld		848,11 EUR

Berechnung der Beiträge zur Sozialversicherung: Für die Berechnung der SV-Beiträge ist zwischen dem tatsächlich erzielten Entgelt und dem Kurzarbeitergeld zu unterscheiden:

- Für die SV-Beiträge aus dem tatsächlich erzielten Entgelt gelten die allgemeinen Regelungen zur Berechnung, Tragung und Zahlung der Beiträge in allen Zweigen der Sozialversicherung.
- SV-Beiträge aus dem Kurzarbeitergeld sind zur Kranken-, Pflege- und Rentenversicherung zu entrichten, nicht jedoch zur Arbeitslosenversicherung. Als beitragspflichtige Einnahme ist ein fiktives Entgelt i.H.v. 80% des Unterschiedsbetrags zwischen dem ungerundeten Soll- und Istentgelt zugrunde zu legen.

Abrechnungsmonat September 2024

Brutto-Sollentgelt	5.660,00 EUR
Abzgl. Brutto-Istentgelt	*– 3.500,00 EUR*
Differenz	2.160,00 EUR
Fiktives Entgelt für Beitragsberechnung Kurzarbeitergeld (2.160 EUR x 80%)	1.728,00 EUR

Beitragspflichtige Einnahmen

	KV / PV	RV	ALV
SV Entgelt	3.500,00 EUR	3.500,00 EUR	3.500,00 EUR
SV Fiktives Entgelt	1.728,00 EUR	1.728,00 EUR	0,00 EUR
SV Gesamt	5.175,00 EUR (begrenzt auf BBG KV)	5.228,00 EUR	3.500,00 EUR

Lohnsteuerrechtliche Beurteilung: Das Kurzarbeitergeld ist steuerfrei. Es unterliegt als Entgeltersatzleistung aber dem steuerlichen Progressionsvorbehalt, d.h. es wird als Einkommen bei der Ermittlung des Steuersatzes berücksichtigt.

Hinweis: In der Kranken- und Pflegeversicherung werden Beiträge höchstens aus der beitragspflichtigen Einnahme bis zur Beitragsbemessungsgrenze (2024: 5.175 EUR/mtl.) berücksichtigt.

Im Fall einer späteren Arbeitslosigkeit entstehen dem Arbeitnehmer durch die für Zeiten des Kurzarbeitergeldbezugs nicht zu entrichtenden Beiträge zur Arbeitslosenversicherung keine Nachteile bei der Bemessung des Arbeitslosengeldes. Soweit Zeiten der Kurzarbeit in die Arbeitslosengeldberechnung einfließen, ist für diese Zeiten – unabhängig von der Höhe der Beiträge – das Bruttoentgelt zugrunde zu legen, das der Arbeitnehmer ohne die Kurzarbeit erzielt hätte.

27.6 Arbeitnehmerin ist privat kranken-/pflegeversichert, verheiratet und hat 3 Kinder

Sachverhalt: Eine Architektin, Steuerklasse III, 3 minderjährige Kinder, beschäftigt im Bundesgebiet West, verdient grundsätzlich 7.800 EUR brutto pro Monat. Im Oktober 2024 reduziert sich das Entgelt wegen Kurzarbeit auf 3.600 EUR brutto. Die Arbeitnehmerin ist privat krankenversichert.

Wie werden das Kurzarbeitergeld und die Beiträge zur Sozialversicherung berechnet?

Ergebnis: Das Kurzarbeitergeld errechnet sich nach einem Leistungssatz von 67%. Der Leistungsbetrag ergibt sich nach der Tabelle der BA als Differenzbetrag zwischen den maßgeblichen rechnerischen Leistungssätzen des pauschalierten monatlichen Sollentgelts und des pauschalierten monatlichen Istentgelts.

Gerundetes Sollentgelt	7.550,00 EUR	
Rechnerischer Leistungssatz aus dem Sollentgelt		3.302,43 EUR
Gerundetes Istentgelt	3.600,00 EUR	
Rechnerischer Leistungssatz aus dem Istentgelt		1.818,05 EUR
Differenz der rechnerischen Leistungssätze = Kurzarbeitergeld		1.484,38 EUR

Hinweis: Als Sollentgelt ist maximal ein Entgelt in Höhe der Beitragsbemessungsgrenze (BBG) der Arbeitslosenversicherung im Bundesgebiet West (2024: 7.550 EUR/mtl.) zugrunde zu legen.

Berechnung der Beiträge zur Sozialversicherung: Für die Berechnung der SV-Beiträge ist zwischen dem tatsächlich erzielten Arbeitsentgelt und dem Kurzarbeitergeld zu unterscheiden:

- Für die SV-Beiträge aus dem tatsächlich erzielten Entgelt gelten die allgemeinen Regelungen zur Berechnung, Tragung und Zahlung der Beiträge in allen Zweigen der Sozialversicherung.
- SV-Beiträge aus dem Kurzarbeitergeld sind zur Kranken-, Pflege- und Rentenversicherung zu entrichten, nicht jedoch zur Arbeitslosenversicherung. Als beitragspflich-

tige Einnahme ist ein fiktives Arbeitsentgelt i.H.v. 80% des Unterschiedsbetrags zwischen dem ungerundeten Soll- und Istentgelt zugrunde zu legen.
- Die auf das Kurzarbeitergeld entfallenden Beiträge sind allein vom Arbeitgeber zu tragen.

Abrechnungsmonat Oktober 2024	
Brutto-Sollentgelt (maximal in Höhe der BBG)	7.550,00 EUR
Abzgl. Brutto-Istentgelt	*– 3.600,00 EUR*
Differenz	3.950,00 EUR
Fiktives Entgelt für Beitragsberechnung Kurzarbeitergeld (3.950 EUR x 80%)	3.160,00 EUR

Beitragspflichtige Einnahmen

	KV / PV	RV	ALV
SV Entgelt	Beitragszuschuss	3.600,00 EUR	3.600,00 EUR
SV Fiktives Entgelt	Beitragszuschuss	3.160,00 EUR	0,00 EUR
SV Gesamt	Beitragszuschuss	6.760,00 EUR	3.600,00 EUR

Lohnsteuerrechtliche Beurteilung: Das Kurzarbeitergeld ist steuerfrei. Es unterliegt als Entgeltersatzleistung aber dem steuerlichen Progressionsvorbehalt, d.h. es wird als Einkommen bei der Ermittlung des Steuersatzes berücksichtigt.

Hinweis: Da die Arbeitnehmerin privat kranken- und pflegeversichert ist, sind keine Pflichtbeiträge zur gesetzlichen Kranken- und Pflegeversicherung zu entrichten. Sie erhält vom Arbeitgeber weiterhin einen Beitragszuschuss zum Beitrag der privaten Kranken- und Pflegeversicherung. Für die Höhe des Beitragszuschusses ist wiederum zwischen dem tatsächlich erzielten Entgelt und dem durch Kurzarbeitergeld ersetzten Entgelt zu unterscheiden.
- Bezogen auf das tatsächlich erzielte Entgelt erhält die Arbeitnehmerin einen Beitragszuschuss grundsätzlich in Höhe des Betrags, der sich als Beitrag bei Versicherungspflicht für den Arbeitgeber ergeben hätte, begrenzt auf die Hälfte des Beitrags für die private Versicherung.
- Soweit Kurzarbeitergeld bezogen wird, ist der Beitragszuschuss in Höhe des Betrags zu zahlen, den der Arbeitgeber als Beitrag bei gesetzlich Versicherten zu tragen hätte, d.h. insoweit übernimmt der Arbeitgeber auch bei privat Versicherten den Arbeitnehmeranteil. Der Beitragszuschuss wird maximal jedoch in Höhe des Betrags geleistet, den die Beschäftigte für ihre Krankenversicherung zu zahlen hätte.

Für einen späteren Fall der Arbeitslosigkeit entstehen der Arbeitnehmerin durch die für Zeiten des Kurzarbeitergeldbezugs nicht zu entrichtenden Beiträge zur Arbeitslosenversicherung keine Nachteile bei der Bemessung des Arbeitslosengeldes. Soweit Zeiten der

Kurzarbeit in die Arbeitslosengeldberechnung einfließen, ist für diese Zeiten – unabhängig von der Höhe der Beiträge – das Bruttoentgelt zugrunde zu legen, das die Arbeitnehmerin ohne die Kurzarbeit (bis zur Beitragsbemessungsgrenze) erzielt hätte.

27.7 Einmalzahlung im Abrechnungsmonat, Arbeitnehmer ist privat kranken-/pflegeversichert, ledig und hat kein Kind

Sachverhalt: Ein Elektroingenieur, Steuerklasse I, keine Kinder, erhält ein regelmäßiges Bruttoentgelt von 5.900 EUR. Im Dezember 2024 verdient er wegen Kurzarbeit nur 4.500 EUR brutto. Er erhält zusätzlich eine Einmalzahlung (Weihnachtsgeld) i. H. v. 4.000 EUR. Der Arbeitnehmer ist privat kranken-/pflegeversichert.

Wie werden das Kurzarbeitergeld und die Beiträge zur Sozialversicherung berechnet?

Ergebnis: Das Kurzarbeitergeld errechnet sich nach einem Leistungssatz von 60%. Der Leistungsbetrag ergibt sich nach der Tabelle der BA als Differenzbetrag zwischen den maßgeblichen rechnerischen Leistungssätzen des pauschalierten monatlichen Sollentgelts und des pauschalierten monatlichen Istentgelts.

Gerundetes Sollentgelt	5.900,00 EUR	
Rechnerischer Leistungssatz aus dem Sollentgelt		2.156,15 EUR
Gerundetes Istentgelt	4.500,00 EUR	
Rechnerischer Leistungssatz aus dem Istentgelt		1.743,40 EUR
Differenz der rechnerischen Leistungssätze = Kurzarbeitergeld		412,75 EUR

Hinweis: Die Einmalzahlung im Dezember ist weder beim Sollentgelt noch beim Istentgelt zu berücksichtigen. Dies wirkt sich bei den Beispieldaten zum Vorteil des Arbeitnehmers aus: Da das Kurzarbeitergeld maximal einen Entgeltausfall bis zur Beitragsbemessungsgrenze (BBG) der Arbeitslosenversicherung (2024: 7.550 EUR/mtl. im Bundesgebiet West) absichert, ergäbe sich bei Einbeziehung der Einmalzahlung kein Anspruch auf Kurzarbeitergeld, da das Istentgelt zzgl. der Einmalzahlung (4.500 EUR + 4.000 EUR = 8.500 EUR) die BBG übersteigen würde. Indem die Einmalzahlung außer Betracht bleibt, ergibt sich ein zu ersetzender Bruttoentgeltausfall (unterhalb der BBG) und damit ein Anspruch auf Kurzarbeitergeld.

Berechnung der Beiträge zur Sozialversicherung: Für die Berechnung der SV-Beiträge ist zwischen dem tatsächlich erzielten Arbeitsentgelt und dem Kurzarbeitergeld zu unterscheiden:

- Für die SV-Beiträge aus dem tatsächlich erzielten Entgelt gelten die allgemeinen Regelungen zur Berechnung, Tragung und Zahlung der Beiträge in allen Zweigen der Sozialversicherung.
- SV-Beiträge aus dem Kurzarbeitergeld sind zur Kranken-, Pflege- und Rentenversicherung zu entrichten, nicht jedoch zur Arbeitslosenversicherung. Als beitragspflichtige Einnahme ist ein fiktives Arbeitsentgelt i. H. v. 80 % des Unterschiedsbetrags zwischen dem ungerundeten Soll- und Istentgelt zugrunde zu legen.
- Die auf das Kurzarbeitergeld entfallenden Beiträge sind allein vom Arbeitgeber zu tragen.

Wegen der privaten Versicherung in der gesetzlichen Krankenversicherung/sozialen Pflegeversicherung sind keine Pflichtbeiträge zu entrichten. Der Arbeitnehmer erhält vom Arbeitgeber einen Beitragszuschuss. Für die Höhe des Beitragszuschusses ist wiederum zwischen dem tatsächlich erzielten Entgelt und dem durch Kurzarbeitergeld ersetzten Entgelt zu unterscheiden.

- Bezogen auf das tatsächlich erzielte Entgelt erhält der Arbeitnehmer einen Zuschuss in Höhe des Betrags, den der Arbeitgeber bei Versicherungspflicht zu tragen hätte.
- Soweit Kurzarbeitergeld bezogen wird, ist der Beitragszuschuss in Höhe des Betrags zu zahlen, den der Arbeitgeber als Beitrag bei gesetzlich Versicherten zu tragen hätte. Der Beitragszuschuss wird maximal jedoch in Höhe des Betrags geleistet, den die Beschäftigte für ihre Krankenversicherung zu zahlen hätte.

Abrechnungsmonat Dezember 2024

Brutto-Sollentgelt	5.900,00 EUR
Abzgl. Brutto-Istentgelt	*– 4.500,00 EUR*
Differenz	1.400,00 EUR
Fiktives Entgelt für Beitragsberechnung Kurzarbeitergeld (1.400 EUR x 80 %)	1.120,00 EUR

Beitragspflichtige Einnahmen (ohne Einmalzahlung)

	KV / PV	RV	ALV
SV Entgelt	Beitragszuschuss	4.500,00 EUR	4.500,00 EUR
SV Fiktives Entgelt	Beitragszuschuss	1.120,00 EUR	0,00 EUR
SV Gesamt	Beitragszuschuss	5.620,00 EUR	4.500,00 EUR

Lohnsteuerrechtliche Beurteilung: Das Kurzarbeitergeld ist steuerfrei. Es unterliegt als Entgeltersatzleistung aber dem steuerlichen Progressionsvorbehalt, d. h. es wird als Einkommen bei der Ermittlung des Steuersatzes berücksichtigt.

Hinweis: Im Fall der späteren Arbeitslosigkeit entstehen dem Arbeitnehmer durch die für Zeiten des Kurzarbeitergeldbezugs nicht zu entrichtenden Beiträge zur Arbeitslosenversicherung keine Nachteile bei der Bemessung des Arbeitslosengeldes. Soweit Zeiten der Kurzarbeit in die Arbeitslosengeldberechnung einfließen, ist für diese Zeiten – unabhängig von der Höhe der Beiträge – das Bruttoentgelt zugrunde zu legen, das der Arbeitnehmer ohne die Kurzarbeit erzielt hätte.

27.8 Kurzarbeitergeld, Grenzgänger ist verheiratet und hat kein Kind

Sachverhalt: Ein Mitarbeiter arbeitet bei einer Firma in Saarbrücken, wohnt aber in Frankreich und pendelt jede Woche zu seinem Wohnsitz (sog. Grenzgänger). Er ist verheiratet, hat keine Kinder. Wegen Kurzarbeit erzielt er im Januar 2024 ein Bruttoarbeitsentgelt i. H. v. 1.240 EUR. Ohne Kurzarbeit hätte er in diesem Monat 3.585 EUR brutto verdient.

Wie werden das Kurzarbeitergeld und die Beiträge zur Sozialversicherung berechnet?

Ergebnis: Das Kurzarbeitergeld errechnet sich nach einem Leistungssatz von 60 %. Der Leistungsbetrag ergibt sich als Differenzbetrag zwischen den maßgeblichen rechnerischen Leistungssätzen des pauschalierten monatlichen Sollentgelts und des pauschalierten monatlichen Istentgelts.

Gerundetes Sollentgelt	3.580,00 EUR	
Rechnerischer Leistungssatz aus dem Sollentgelt		1.718,40 EUR
Gerundetes Istentgelt	1.240,00 EUR	
Rechnerischer Leistungssatz aus dem Istentgelt		595,20 EUR
Differenz der rechnerischen Leistungssätze		
=Kurzarbeitergeld		1.123,20 EUR

Ermittlung des Soll- und Istentgelts ohne Lohnsteuer: Der Arbeitnehmer ist als Grenzgänger zwar in Deutschland sozialversicherungspflichtig beschäftigt, infolge des geltenden Doppelbesteuerungsabkommens mit Frankreich aber von der Lohnsteuerpflicht in Deutschland befreit.

Seit 1.1.2023 gilt, dass bei der Berechnung des Kurzarbeitergeldes für Grenzgänger, deren Wohnsitzstaat aufgrund eines Doppelbesteuerungsabkommens das Kurzarbeitergeld besteuert (z. B. Frankreich), kein Abzug der Lohnsteuer und des Solidaritätszuschlags erfolgt. Es wird damit lediglich die Sozialversicherungspauschale i. H. v. 20 % abgezogen.

Berechnung der Beiträge zur Sozialversicherung: Für die Berechnung der SV-Beiträge ist zwischen dem tatsächlich erzielten Arbeitsentgelt und dem Kurzarbeitergeld zu unterscheiden:

- Für die SV-Beiträge aus dem tatsächlich erzielten Entgelt gelten die allgemeinen Regelungen zur Berechnung, Tragung und Zahlung der Beiträge in allen Zweigen der Sozialversicherung.
- SV-Beiträge aus dem Kurzarbeitergeld sind zur Kranken-, Pflege- und Rentenversicherung zu entrichten, nicht jedoch zur Arbeitslosenversicherung. Als beitragspflichtige Einnahme ist ein fiktives Arbeitsentgelt i. H. v. 80% des Unterschiedsbetrags zwischen dem ungerundeten Soll- und Istentgelt zugrunde zu legen.
- Die auf das Kurzarbeitergeld entfallenden Beiträge (einschließlich eines eventuellen Zusatzbeitrags zu Krankenversicherung) sind allein vom Arbeitgeber zu tragen.

Dass der Arbeitnehmer als Grenzgänger beschäftigt ist, hat keine Auswirkungen auf die Sozialversicherungspflicht in Deutschland bzw. auf die Berechnung der SV-Beiträge.

Abrechnungsmonat Januar 2024	
Brutto-Sollentgelt	3.585,00 EUR
Abzgl. Brutto-Istentgelt	*- 1.240,00 EUR*
Differenz	2.345,00 EUR
Fiktives Entgelt für Beitragsberechnung Kurzarbeitergeld (2.345 EUR x 80%)	1.876,00 EUR

Beitragspflichtige Einnahmen

	KV / PV	RV	ALV
SV Entgelt	1.240,00 EUR	1.240,00 EUR	1.240,00 EUR
SV Fiktives Entgelt	1.876,00 EUR	1.876,00 EUR	0,00 EUR
SV Gesamt	3.116,00 EUR	3.116,00 EUR	1.240,00 EUR

27.9 Arbeitnehmer ist ledig, hat kein Kind und arbeitet am Feiertag

Sachverhalt: Ein Tischler, Steuerklasse I, keine Kinder, arbeitet ab April 2024 in Kurzarbeit. Seine wöchentliche Arbeitszeit beträgt 38,5 Stunden (montags bis freitags jeweils 7,7 Stunden). Sein Stundenlohn beträgt 15,35 EUR. Die Arbeit fällt in dem Betrieb wegen der Kurzarbeit jeweils montags komplett aus. Aufgrund eines wichtigen Termins arbeitet er auch am Ostermontag, obwohl es sich um einen bundesweiten Feiertag handelt. Für die Arbeit an diesem Tag erhält er einen Feiertagszuschlag i. H. v. 236,39 EUR. Davon sind 147,74 EUR steuerfrei und 88,65 EUR steuerpflichtig.

Wie wirkt sich die Arbeit an einem Feiertag auf das Kurzarbeitergeld aus?

Ergebnis: Das Kurzarbeitergeld errechnet sich nach einem Leistungssatz von 60%. Der Leistungsbetrag ergibt sich nach der Tabelle der BA als Differenzbetrag zwischen den maßgeblichen rechnerischen Leistungssätzen des pauschalierten monatlichen Sollentgelts und des pauschalierten monatlichen Istentgelts.

Abrechnungsmonat April 2024		
Sollentgelt (22 Arbeitstage inkl. Feiertag x 7,7 Stunden x 15,35 EUR)	2.600,29 EUR	
Gerundetes Sollentgelt	2.600,00 EUR	
Rechnerischer Leistungssatz aus dem Sollentgelt		1.107,80 EUR
Istentgelt		
18 Arbeitstage inkl. Feiertag x 7,7 Stunden x 15,35 EUR	2.127,51 EUR	
Zuzüglich 1 Tag steuerpflichtiger Feiertagszuschlag (88,65 EUR x 1 =)	88,65 EUR	
Istentgelt insgesamt	2.216,16 EUR	
Gerundetes Istentgelt	2.220,00 EUR	
Rechnerischer Leistungssatz aus dem Istentgelt		973,25 EUR
Differenz der rechnerischen Leistungssätze=Kurzarbeitergeld		134,55 EUR

Hinweis: Die steuerfreien Feiertagszuschläge werden bei der Ermittlung des Kurzarbeitergeldes nicht berücksichtigt. Die steuerpflichtigen Feiertagszuschläge erhöhen das Istentgelt, nicht aber das Sollentgelt.

Lohnsteuerrechtliche Beurteilung: Das Kurzarbeitergeld ist steuerfrei. Es unterliegt als Entgeltersatzleistung aber dem steuerlichen Progressionsvorbehalt, d.h. es wird als Einkommen bei der Ermittlung des Steuersatzes berücksichtigt.

Berechnung der Beiträge zur Sozialversicherung: Für die Berechnung der SV-Beiträge ist zwischen dem tatsächlich erzielten Entgelt und dem Kurzarbeitergeld zu unterscheiden:

- Für die SV-Beiträge aus dem tatsächlich erzielten Entgelt (2.216,16 EUR) gelten die allgemeinen Regelungen zur Berechnung, Tragung und Zahlung der Beiträge in allen Zweigen der Sozialversicherung.
- SV-Beiträge aus dem Kurzarbeitergeld sind zur Kranken-, Pflege- und Rentenversicherung zu entrichten, nicht jedoch zur Arbeitslosenversicherung. Als beitragspflichtige Einnahme ist ein fiktives Entgelt i.H.v. 80% des Unterschiedsbetrags zwischen dem ungerundeten Soll- und Istentgelt zugrunde zu legen.

- Die auf das Kurzarbeitergeld entfallenden SV-Beiträge (einschließlich des Zusatzbeitrags zu Krankenversicherung) sind allein vom Arbeitgeber zu tragen.

Brutto-Sollentgelt	2.600,29 EUR
Abzgl. Brutto-Istentgelt	*– 2.216,16 EUR*
Differenz	384,13 EUR
Fiktives Entgelt für Beitragsberechnung Kurzarbeitergeld (384,13 EUR x 80%)	307,30 EUR

Beitragspflichtige Einnahmen

	KV / PV	RV	ALV
SV Entgelt	2.216,16 EUR	2.216,16 EUR	2.216,16 EUR
SV Fiktives Entgelt	307,30 EUR	307,30 EUR	0,00 EUR
SV Gesamt	2.523,46 EUR	2.523,46 EUR	2.216,16 EUR

27.10 Arbeitnehmer ist ledig, hat kein Kind und arbeitet am Feiertag nicht bei komplettem Arbeitsausfall

Sachverhalt: Ein Büroangestellter, Steuerklasse I, keine Kinder, arbeitet ab April 2024 in Kurzarbeit. Seine wöchentliche Arbeitszeit beträgt 40 Stunden (montags bis freitags jeweils 8 Stunden). Sein monatliches Gehalt beträgt 3.600 EUR. Die Arbeit fällt komplett aus, sodass der Arbeitnehmer auch am bundesweiten Feiertag Ostermontag nicht arbeitet.

Wie wirkt sich der Feiertag auf das Kurzarbeitergeld aus?

Ergebnis: Das Kurzarbeitergeld errechnet sich nach einem Leistungssatz von 60%. Der Leistungsbetrag ergibt sich nach der Tabelle der BA als Differenzbetrag zwischen den maßgeblichen rechnerischen Leistungssätzen des pauschalierten monatlichen Sollentgelts und des pauschalierten monatlichen Istentgelts.

Für Ostermontag erhält der Arbeitnehmer Feiertagsvergütung zulasten des Arbeitgebers. Die Vergütung wird nicht von der Arbeitsagentur erstattet. Allerdings wird die Vergütung für diesen Tag nur in Höhe des Kurzarbeitergeldes gezahlt.

Für die Ermittlung der Vergütung für den Feiertag wird zunächst das Kurzarbeitergeld so ermittelt, als gäbe es gar keinen Feiertag.

Gerundetes Sollentgelt	3.600,00 EUR	
Rechnerischer Leistungssatz aus dem Sollentgelt		1.450,05 EUR
Gerundetes Istentgelt	0,00 EUR	
Rechnerischer Leistungssatz aus dem Istentgelt		0,00 EUR
Differenz der rechnerischen Leistungssätze=fiktives Kurzarbeitergeld		1.450,05 EUR

Hinweis: Der April 2024 umfasst inkl. des Feiertags 22 Arbeitstage. Auf den Feiertag entfällt von dem fiktiven Kurzarbeitergeld (1.450,05 EUR : 22 x 1 =) 65,91 EUR. In dieser Höhe ist der Arbeitgeber zur Zahlung der Feiertagsvergütung verpflichtet. Dafür erhält er keine Erstattung von der Arbeitsagentur.

Lohnsteuerrechtliche Beurteilung: Die Feiertagsvergütung stellt steuerpflichtigen Arbeitslohn dar.

Berechnung der Beiträge zur Sozialversicherung: Die Feiertagsvergütung ist beitragspflichtiges Arbeitsentgelt in allen Sozialversicherungszweigen. Der Arbeitgeber entrichtet dafür die Beiträge jedoch in voller Höhe allein. Er erhält dafür keine Erstattung der Beiträge von der Arbeitsagentur.

Im nächsten Schritt wird das tatsächliche Kurzarbeitergeld ermittelt. Dabei wird als Istentgelt die »normale« Vergütung für den Feiertag angesetzt.

Gerundetes Sollentgelt	3.600,00 EUR	
Rechnerischer Leistungssatz aus dem Sollentgelt		1.450,05 EUR
Gerundetes Istentgelt (3.600 EUR : 22 Arbeitstage x 1 Feiertag=163,64 EUR)	160,00 EUR	
Rechnerischer Leistungssatz aus dem Istentgelt		76,80 EUR
Differenz der rechnerischen Leistungssätze =Kurzarbeitergeld		1.373,25 EUR

Lohnsteuerrechtliche Beurteilung: Das Kurzarbeitergeld ist steuerfrei. Es unterliegt als Entgeltersatzleistung aber dem steuerlichen Progressionsvorbehalt, d.h. es wird als Einkommen bei der Ermittlung des Steuersatzes berücksichtigt.

Berechnung der Beiträge zur Sozialversicherung

- SV-Beiträge aus dem Kurzarbeitergeld sind zur Kranken-, Pflege- und Rentenversicherung zu entrichten, nicht jedoch zur Arbeitslosenversicherung. Als beitragspflichtige Einnahme ist ein fiktives Entgelt i.H.v. 80% des Unterschiedsbetrags zwischen dem ungerundeten Soll- und Istentgelt zugrunde zu legen.

- Die auf das Kurzarbeitergeld entfallenden SV-Beiträge (einschließlich des Zusatzbeitrags zu Krankenversicherung) sind allein vom Arbeitgeber zu tragen.

Brutto-Sollentgelt	3.600,00 EUR
Abzgl. fiktives Brutto-Istentgelt	*– 160,00 EUR*
Differenz	3.440,00 EUR
Fiktives Entgelt für Beitragsberechnung Kurzarbeitergeld (3.440 EUR x 80%)	2.752,00 EUR

Beitragspflichtige Einnahmen

	KV / PV	RV	ALV
SV Entgelt	65,91 EUR	65,91 EUR	65,91 EUR
SV Fiktives Entgelt	2.752,00 EUR	2.752,00 EUR	0,00 EUR
SV Gesamt	2.817,91 EUR	2.817,91 EUR	65,91 EUR

27.11 Arbeitnehmer ist ledig, hat kein Kind und arbeitet am Feiertag nicht, bei teilweisem Arbeitsausfall

Sachverhalt: Ein Tischler, Steuerklasse I, keine Kinder, arbeitet ab März 2024 in Kurzarbeit. Seine wöchentliche Arbeitszeit beträgt 38,5 Stunden (montags bis freitags jeweils 7,7 Stunden). Sein Stundenlohn beträgt 15,35 EUR. Die Arbeit fällt in dem Betrieb wegen der Kurzarbeit jeweils montags komplett aus. An den gesetzlichen Feiertagen im Mai 2024 arbeitet er nicht.

Wie werden das Kurzarbeitergeld und die Beiträge zur Sozialversicherung im Mai berechnet?

Ergebnis: Das Kurzarbeitergeld errechnet sich nach einem Leistungssatz von 60%. Der Leistungsbetrag ergibt sich nach der Tabelle der BA als Differenzbetrag zwischen den maßgeblichen rechnerischen Leistungssätzen des pauschalierten monatlichen Sollentgelts und des pauschalierten monatlichen Istentgelts.

Für Pfingstmontag erhält der Arbeitnehmer Feiertagsvergütung zulasten des Arbeitgebers. Für Pfingstmontag erhält der Arbeitnehmer die Feiertagsvergütung nur in Höhe des Kurzarbeitergeldes gezahlt. Die Vergütung wird nicht von der Arbeitsagentur erstattet. Zunächst erfolgt die Ermittlung eines fiktiven Kurzarbeitergeldes. Bei der Berechnung wird der Feiertag wie ein »normaler« Ausfalltag behandelt.

Abrechnungsmonat Mai 2024		
Sollentgelt (23 Arbeitstage inkl. Feiertage x 7,7 Stunden x 15,35 EUR)	2.718,49 EUR	
Gerundetes Sollentgelt	2.720,00 EUR	
Rechnerischer Leistungssatz aus dem Sollentgelt		1.149,75 EUR
Istentgelt		
Istentgelt (19 Arbeitstage inkl. Feiertage, außer Pfingstmontag x 7,7 Stunden x 15,35 EUR)	2.245,71 EUR	
Gerundetes Istentgelt	2.240,00 EUR	
Rechnerischer Leistungssatz aus dem Istentgelt		980,35 EUR
Differenz der rechnerischen Leistungssätze =fiktives Kurzarbeitergeld		169,40 EUR

Hinweis: Der Mai umfasst inkl. Pfingstmontag 4 Ausfalltage (30,8 Stunden). Auf Pfingstmontag entfallen von dem fiktiven Kurzarbeitergeld (169,40 EUR : 30,8 Stunden x 7,7 Stunden =) 42,35 EUR. In dieser Höhe ist der Arbeitgeber zur Zahlung der Feiertagsvergütung verpflichtet. Dafür erhält er keine Erstattung von der Arbeitsagentur.

Lohnsteuerrechtliche Beurteilung: Die Feiertagsvergütung stellt steuerpflichtigen Arbeitslohn dar.

Berechnung der Beiträge zur Sozialversicherung: Die Feiertagsvergütung ist beitragspflichtiges Arbeitsentgelt in allen Sozialversicherungszweigen. Der Arbeitgeber entrichtet dafür die Beiträge jedoch in voller Höhe allein. Er erhält dafür keine Erstattung der Beiträge von der Arbeitsagentur.

Im nächsten Schritt wird das tatsächliche Kurzarbeitergeld ermittelt. Dabei wird als Istentgelt die »normale« Vergütung auch für den Pfingstmontag angesetzt.

Gerundetes Sollentgelt	2.720,00 EUR	
Rechnerischer Leistungssatz aus dem Sollentgelt		1.149,75 EUR
Gerundetes Istentgelt (20 Arbeitstage x 7,7 Stunden x 15,35 EUR=2.363,90 EUR)	2.360,00 EUR	
Rechnerischer Leistungssatz aus dem Istentgelt		1.023,10 EUR
Differenz der rechnerischen Leistungssätz =Kurzarbeitergeld		126,65 EUR

Lohnsteuerrechtliche Beurteilung: Das Kurzarbeitergeld ist steuerfrei. Es unterliegt als Entgeltersatzleistung aber dem steuerlichen Progressionsvorbehalt, d. h. es wird als Einkommen bei der Ermittlung des Steuersatzes berücksichtigt.

Berechnung der Beiträge zur Sozialversicherung

- SV-Beiträge aus dem Kurzarbeitergeld sind zur Kranken-, Pflege- und Rentenversicherung zu entrichten, nicht jedoch zur Arbeitslosenversicherung. Als beitragspflichtige Einnahme ist ein fiktives Entgelt i. H. v. 80% des Unterschiedsbetrags zwischen dem ungerundeten Soll- und Istentgelt zugrunde zu legen.
- Die auf das Kurzarbeitergeld entfallenden SV-Beiträge (einschließlich des Zusatzbeitrags zu Krankenversicherung) sind allein vom Arbeitgeber zu tragen.

Brutto-Sollentgelt	2.718,49 EUR
Abzgl. fiktives Brutto-Istentgelt	*– 2.363,90 EUR*
Differenz	354,59 EUR
Fiktives Entgelt für Beitragsberechnung Kurzarbeitergeld (354,59 EUR x 80%)	283,67 EUR

Beitragspflichtige Einnahmen

	KV / PV	RV	ALV
SV Entgelt (normale Beitragsverteilung)	2.245,71 EUR	2.245,71 EUR	2.245,71 EUR
SV Entgelt (AG trägt Beiträge allein – keine Erstattung)	42,35 EUR	42,35 EUR	42,35 EUR
SV Fiktives Entgelt (AG trägt Beiträge allein – erstattungsfähig)	283,67 EUR	283,67 EUR	0,00 EUR
SV Gesamt	2.571,73 EUR	2.571,73 EUR	2.288,06 EUR

27.12 Arbeitnehmer ist ledig und hat kein Kind und Eintritt einer Arbeitsfähigkeit während der Kurzarbeit

Sachverhalt: Ein Schreiner, Steuerklasse I, keine Kinder, kann aufgrund der Einführung von Kurzarbeit im Juli 2024 nur noch die Hälfte seiner Arbeitszeit leisten und erzielt ein Bruttoentgelt von 1.487 EUR. Der Bruttoverdienst ohne Kurzarbeit hätte 2.974 EUR betragen. Die tägliche Arbeitszeit halbiert sich. Vom 15. bis 19.7.2024 ist der Arbeitnehmer arbeitsunfähig.

Wie werden das Kurzarbeitergeld und die Beiträge zur Sozialversicherung berechnet?

Ergebnis: Die Arbeitsunfähigkeit ist während des Bezuges von Kurzarbeitergeld eingetreten. Der Arbeitnehmer erhält für die Stunden, für die er trotz Kurzarbeit gearbeitet hätte, Entgeltfortzahlung. Für die während der Arbeitsunfähigkeit wegen Kurzarbeit ausgefallenen Stunden wird Kurzarbeitergeld zulasten der Arbeitsagentur gewährt. Die Arbeitsunfähigkeit hat keine Auswirkungen auf die Berechnung des Kurzarbeitergeldes und die steuer- und sozialversicherungsrechtliche Behandlung. Die Lösung entspricht damit dem Beispiel 3.

27.13 Arbeitnehmer ist ledig und hat kein Kind und Beginn einer Arbeitsunfähigkeit vor Beginn der Kurzarbeit

Sachverhalt: Ein Tischler, Steuerklasse I, keine Kinder, arbeitet ab März 2024 in Kurzarbeit. Seine wöchentliche Arbeitszeit beträgt 38,5 Stunden (montags bis freitags jeweils 7,7 Stunden). Sein Stundenlohn beträgt 15,35 EUR. Die Arbeit fällt in dem Betrieb wegen der Kurzarbeit jeweils montags komplett aus. Für ihn besteht eine Arbeitsunfähigkeit vom 20.2. bis 24.3.2024 mit grundsätzlichem Anspruch auf Entgeltfortzahlung.

Wie werden das Kurzarbeitergeld und die Beiträge zur Sozialversicherung berechnet?

Ergebnis: Die Arbeitsunfähigkeit ist vor dem Beginn der Kurzarbeit eingetreten. Für die Ausfallstunden von dienstags bis freitags erhält der Arbeitnehmer seine normale Vergütung als Entgeltfortzahlung. Für die Ausfallstunden am Montag hat der Arbeitnehmer Anspruch auf Krankengeld in Höhe des Kurzarbeitergeldes zulasten seiner Krankenkasse.

Diese Leistung wird berechnet wie Kurzarbeitergeld und ist vom Arbeitgeber auftragsweise auszuzahlen. Die Leistung rechnet der Arbeitgeber nicht mit der Arbeitsagentur, sondern mit der Krankenkasse des Arbeitnehmers ab. Das Krankengeld errechnet sich nach einem Leistungssatz von 60%. Der Leistungsbetrag ergibt sich nach der Tabelle der BA als Differenzbetrag zwischen den maßgeblichen rechnerischen Leistungssätzen des pauschalierten monatlichen Sollentgelts und des pauschalierten monatlichen Istentgelts.

Abrechnungsmonat März 2024		
Sollentgelt (21 Arbeitstage x 7,7 Stunden x 15,35 EUR)	2.482,10 EUR	
Gerundetes Sollentgelt	2.480,00 EUR	
Rechnerischer Leistungssatz aus dem Sollentgelt		1.065,55 EUR
Istentgelt		
Istentgelt (17 Arbeitstage x 7,7 Stunden x 15,35 EUR)	2.009,32 EUR	
Gerundetes Istentgelt	2.000,00 EUR	
Rechnerischer Leistungssatz aus dem Istentgelt		894,20 EUR
Differenz der rechnerischen Leistungssätze		
=Krankengeld in Höhe des Kurzarbeitergeldes		171,35 EUR

Berechnung der Beiträge zur Sozialversicherung

- Für die SV-Beiträge aus dem tatsächlich erzielten Entgelt gelten die allgemeinen Regelungen zur Berechnung, Tragung und Zahlung der Beiträge in allen Zweigen der Sozialversicherung.
- SV-Beiträge aus dem Krankengeld in Höhe des Kurzarbeitergeldes sind vom Arbeitgeber nicht zu entrichten.
- Die SV-Tage mindern sich um die 4 Ausfalltage, für die ausschließlich Krankengeld gezahlt wird. Für März 2024 verbleiben (31 – 38 =) 27 SV-Tage.

Beitragspflichtige Einnahmen

	KV / PV	RV	ALV
SV Entgelt	2.009,32 EUR	2.009,32 EUR	2.009,32 EUR

Hinweis: Das Krankengeld in Höhe Kurzarbeitergeld ist steuerfrei. Es unterliegt als Entgeltersatzleistung aber dem steuerlichen Progressionsvorbehalt, d. h. es wird als Einkommen bei der Ermittlung des Steuersatzes berücksichtigt. Die Leistung ist nicht in die Lohnsteuerbescheinigung aufzunehmen. Die Meldung an das Finanzamt erfolgt durch die Krankenkasse. Diese entrichtet für den Arbeitnehmer auch Beiträge zur Renten- und Arbeitslosenversicherung und zur Pflegeversicherung.

27.14 Arbeitnehmer ist ledig und hat kein Kind und Zusammentreffen von Kurzarbeitergeld und Krankengeld in Höhe des Kurzarbeitergeldes

Sachverhalt: Ein Tischler, Steuerklasse I, keine Kinder, arbeitet ab März 2024 in Kurzarbeit. Seine wöchentliche Arbeitszeit beträgt 38,5 Stunden (montags bis freitags jeweils 7,7 Stunden). Sein Stundenlohn beträgt 15,35 EUR. Die Arbeit fällt in dem Betrieb wegen der Kurzarbeit jeweils montags komplett aus. Für ihn besteht eine Arbeitsunfähigkeit vom 20.2. bis 10.3.2024 mit grundsätzlichem Anspruch auf Entgeltfortzahlung.

Wie werden das Kurzarbeitergeld und die Beiträge zur Sozialversicherung berechnet?

Ergebnis: Die Arbeitsunfähigkeit ist vor dem Beginn der Kurzarbeit eingetreten. Für die Ausfallstunden von montags bis donnerstags erhält der Arbeitnehmer seine normale Vergütung als Entgeltfortzahlung. Für die Ausfallstunden am Freitag während der Arbeitsunfähigkeit hat der Arbeitnehmer Anspruch auf Krankengeld in Höhe des Kurzarbeitergeldes zulasten seiner Krankenkasse. Für die Ausfallstunden nach dem Ende der Arbeitsunfähigkeit erhält er Kurzarbeitergeld.

Die beiden Leistungen werden insgesamt berechnet und dann im Verhältnis aufgeteilt. Die Auszahlung erfolgt für beide Leistungen durch den Arbeitgeber. Die Leistung Krankengeld in Höhe des Kurzarbeitergeldes rechnet der Arbeitgeber nicht mit der Arbeitsagentur, sondern mit der Krankenkasse des Arbeitnehmers ab. Beide Leistungen errechnen sich nach einem Leistungssatz von 60%. Der Leistungsbetrag ergibt sich nach der Tabelle der BA als Differenzbetrag zwischen den maßgeblichen rechnerischen Leistungssätzen des pauschalierten monatlichen Sollentgelts und des pauschalierten monatlichen Istentgelts.

Abrechnungsmonat März 2024		
Sollentgelt (21 Arbeitstage x 7,7 Stunden x 15,35 EUR)	2.482,10 EUR	
Gerundetes Sollentgelt	2.480,00 EUR	
Rechnerischer Leistungssatz aus dem Sollentgelt		1.065,55 EUR
Istentgelt		
Istentgelt (17 Arbeitstage x 7,7 Stunden x 15,35 EUR)	2.009,32 EUR	
Gerundetes Istentgelt	2.000,00 EUR	
Rechnerischer Leistungssatz aus dem Istentgelt		894,20 EUR
Differenz der rechnerischen Leistungssätze		171,35 EUR

Hinweis: Der Gesamtbetrag teilt sich wie folgt auf:
Krankengeld in Höhe des Kurzarbeitergeldes für den 4.3.2024:
171,35 EUR : 30,8 Stunden x 7,7 Stunden = 42,84 EUR

Kurzarbeitergeld für den 11., 18. und 25.3.2024:
171,35 EUR : 30,8 Stunden x 23,1 Stunden = 128,51 EUR

Lohnsteuerrechtliche Beurteilung: Das Kurzarbeitergeld und das Krankengeld in Höhe des Kurzarbeitergeldes sind steuerfrei. Beide Leistungen unterliegen als Entgeltersatzleistung aber dem steuerlichen Progressionsvorbehalt, d.h. es wird als Einkommen bei der Ermittlung des Steuersatzes berücksichtigt. Das Kurzarbeitergeld bescheinigt der Arbeitgeber auf der Lohnsteuerbescheinigung. Das Krankengeld in Höhe des Kurzarbeitergeldes wird durch die Krankenkasse an das Finanzamt gemeldet.

Berechnung der Beiträge zur Sozialversicherung

- Für die SV-Beiträge aus dem tatsächlich erzielten Entgelt (2.009,32 EUR) gelten die allgemeinen Regelungen zur Berechnung, Tragung und Zahlung der Beiträge in allen Zweigen der Sozialversicherung.
- SV-Beiträge aus dem Kurzarbeitergeld sind zur Kranken-, Pflege- und Rentenversicherung zu entrichten, nicht jedoch zur Arbeitslosenversicherung. Als beitrags-

pflichtige Einnahme ist ein fiktives Entgelt i.H.v. 80% des Unterschiedsbetrags zwischen dem ungerundeten Soll- und Istentgelt zugrunde zu legen.

- SV-Beiträge aus dem Krankengeld in Höhe des Kurzarbeitergeldes sind vom Arbeitgeber nicht zu entrichten. Die fiktive Berechnungsgrundlage ist entsprechend der Aufteilung der beiden Leistungen zu ermitteln.
- Die auf das Kurzarbeitergeld entfallenden SV-Beiträge (einschließlich des Zusatzbeitrags zu Krankenversicherung) sind allein vom Arbeitgeber zu tragen.
- Da für den 4.3.2024 ausschließlich Krankengeld gezahlt wird, handelt es sich um einen beitragsfreien Tag. Da der März 31 Kalendertage umfasst, bleibt es trotz der Minderung um einen Tag bei 30 SV-Tagen.

Brutto-Sollentgelt	2.482,10 EUR
Abzgl. fiktives Brutto-Istentgelt	*– 2.009,32 EUR*
Differenz	472,78 EUR
Fiktives Entgelt für Beitragsberechnung (472,78 EUR x 80%)	378,22 EUR
Aufteilung für Kurzarbeitergeld: (378,22 EUR : 30,8 Stunden x 23,1 Stunden =)	283,66 EUR

Beitragspflichtige Einnahmen

	KV / PV	RV	ALV
SV Entgelt (normale Beitragsverteilung)	2.009,32 EUR	2.009,32 EUR	2.009,32 EUR
SV Fiktives Entgelt (AG trägt Beiträge allein)	283,66 EUR	283,66 EUR	0,00 EUR
SV Gesamt	2.292,98 EUR	2.292,98 EUR	2.009,32 EUR

Hinweis: Die Krankenkasse entrichtet für den Arbeitnehmer Beiträge zur Renten- und Arbeitslosenversicherung und zur Pflegeversicherung.

27.15 Arbeitnehmer ist ledig und hat kein Kind und Zusammentreffen von Kurzarbeitergeld und Krankengeld

Sachverhalt: Ein Tischler, Steuerklasse I, keine Kinder, arbeitet ab März 2024 in Kurzarbeit. Seine wöchentliche Arbeitszeit beträgt 38,5 Stunden (montags bis freitags jeweils 7,7 Stunden). Sein Stundenlohn beträgt 15,35 EUR. Die Arbeit fällt in dem Betrieb wegen der Kurzarbeit jeweils dienstags komplett aus. Für ihn besteht eine Arbeitsunfähigkeit vom 9.1. bis 10.3.2024. Seit dem 20.2.2024 erhält der Arbeitnehmer Krankengeld. Am 11.3.2024 nimmt er die Arbeit wieder auf.

Wie werden das Kurzarbeitergeld und die Beiträge zur Sozialversicherung berechnet?

Ergebnis: Das Kurzarbeitergeld errechnet sich nach einem Leistungssatz von 60%. Der Leistungsbetrag ergibt sich nach der Tabelle der BA als Differenzbetrag zwischen den maßgeblichen rechnerischen Leistungssätzen des pauschalierten monatlichen Sollentgelts und des pauschalierten monatlichen Istentgelts.

Für den Zeitraum der Krankengeldzahlung bis zum 10.3.2024 wird ein fiktives Entgelt als Istentgelt angesetzt.

Abrechnungsmonat März 2024		
Sollentgelt (21 Arbeitstage x 7,7 Stunden x 15,35 EUR)	2.482,10 EUR	
Gerundetes Sollentgelt	2.480,00 EUR	
Rechnerischer Leistungssatz aus dem Sollentgelt		1.065,55 EUR
Istentgelt		
Istentgelt vom 11. bis 31.3.2024 (12 Arbeitstage x 7,7 Stunden x 15,35 EUR)	1.418,34 EUR	
Fiktives Istentgelt vom 1. bis 10.3.2024 (5 Arbeitstage x 7,7 Stunden x 15,35 EUR)	590,98 EUR	
Gerundetes Istentgelt (1.418,34 EUR +590,98 EUR= 2.009,32 EUR)	2.000,00 EUR	
Rechnerischer Leistungssatz aus dem Istentgelt		894,20 EUR
Differenz der rechnerischen Leistungssätze=Kurzarbeitergeld		171,35 EUR

Lohnsteuerrechtliche Beurteilung: Das Kurzarbeitergeld ist steuerfrei. Die Leistung unterliegt als Entgeltersatzleistung aber dem steuerlichen Progressionsvorbehalt, d.h. es wird als Einkommen bei der Ermittlung des Steuersatzes berücksichtigt.

Berechnung der Beiträge zur Sozialversicherung

- Für die SV-Beiträge aus dem tatsächlich erzielten Entgelt (1.418,34 EUR) gelten die allgemeinen Regelungen zur Berechnung, Tragung und Zahlung der Beiträge in allen Zweigen der Sozialversicherung.
- SV-Beiträge aus dem Kurzarbeitergeld sind zur Kranken-, Pflege- und Rentenversicherung zu entrichten, nicht jedoch zur Arbeitslosenversicherung. Als beitragspflichtige Einnahme ist ein fiktives Entgelt i.H.v. 80% des Unterschiedsbetrags zwischen dem ungerundeten Soll- und Istentgelt zugrunde zu legen.
- Die auf das Kurzarbeitergeld entfallenden SV-Beiträge (einschließlich des Zusatzbeitrags zu Krankenversicherung) sind allein vom Arbeitgeber zu tragen.
- Da bis zum 10.3.2024 Krankengeld gezahlt wird, handelt es sich um eine beitragsfreie Zeit. Die SV-Tage mindern sich um 10 Tage auf (31 – 10 =) 21 Tage.

Brutto-Sollentgelt	2.482,10 EUR
Abzgl. fiktives Brutto-Istentgelt	*- 2.009,32 EUR*
Differenz	472,78 EUR
Fiktives Entgelt für Beitragsberechnung (472,78 EUR x 80 %)	378,22 EUR

Beitragspflichtige Einnahmen

	KV / PV	**RV**	**ALV**
SV Entgelt (normale Beitragsverteilung)	1.418,34 EUR	1.418,34 EUR	1.418,34 EUR
SV Fiktives Entgelt (AG trägt Beiträge allein)	378,22 EUR	378,22 EUR	0,00 EUR
SV Gesamt	1.796,56 EUR	1.796,56 EUR	1.418,34 EUR

28 Kurzfristige Beschäftigung

Christel Onwuasoanya

28.1 Zeitgrenzen überschritten

Sachverhalt: Eine Hausfrau übernimmt Krankheits- oder Urlaubsvertretungen für verschiedene Pflegedienste, die jeweils nur von kurzfristiger Dauer sind.

Pflegedienst C: Beim Pflegedienst C macht sie Urlaubsvertretung befristet vom 1.8. bis 30.9. (60 Kalendertage). Die Beteiligten gehen von monatlich 18 Arbeitstagen aus. Es ist ein monatliches Arbeitsentgelt von 1.800 EUR vereinbart.

Sie hat nach eigenen Angaben im Kalenderjahr folgende Vorbeschäftigungszeiten:

Pflegedienst A: Beim Pflegedienst A vom 2.1. bis 25.2. (54 Kalendertage/39 Arbeitstage).

Pflegedienst B: Beim Pflegedienst B vom 31.3. bis 15.4. (16 Kalendertage/12 Arbeitstage).

Wie ist die Tätigkeit beim Pflegedienst C lohnsteuer- und sozialversicherungsrechtlich zu behandeln?

Ergebnis: Die Aushilfsbeschäftigung beim Pflegedienst C ist keine sozialversicherungsfreie kurzfristige Beschäftigung, da die maximale Beschäftigungsdauer aufgrund der Vorbeschäftigungszeiten für dieses Kalenderjahr überschritten wird. Bei Beginn der Beschäftigung beim Pflegedienst C steht fest, dass die Beschäftigungsdauer insgesamt 60 Kalendertage bzw. 36 Arbeitstage (= 18 Arbeitstage x 2 Monate) umfasst. Zusammen mit den 54 Kalendertagen (der Zeitraum vom 2.1. bis 1.2. entspricht einem Zeitmonat und ist deshalb mit 30 Kalendertagen anzurechnen, für die Zeit vom 2.2. bis 25.2. kommen noch 24 Kalendertage hinzu) bzw. 39 Arbeitstagen beim Pflegedienst A und den 16 Kalendertagen bzw. 12 Arbeitstagen beim Pflegedienst B ergeben sich 130 Kalendertage bzw. 87 Arbeitstage. Maßgebend ist eine Zeitgrenze von 3 Monaten (90 Kalendertagen) bzw. 70 Arbeitstagen pro Kalenderjahr. Auch eine geringfügig entlohnte Beschäftigung scheidet wegen der monatlichen Entgelthöhe über der Geringfügigkeitsgrenze aus. Damit ist die Beschäftigung beim Pflegedienst C von vornherein als sozialversicherungspflichtige Beschäftigung anzusehen. Die Arbeitnehmerin ist bei der zuständigen Krankenkasse als sozialversicherungspflichtige Beschäftigte anzumelden, der Personengruppenschlüssel lautet 101, der Beitragsgruppenschlüssel 1111.

Lohnsteuerliche Beurteilung: Die Besteuerung hat zwingend nach den ELStAM zu erfolgen. Eine Pauschalbesteuerung ist nicht möglich, da die steuerlichen Voraussetzungen für eine kurzfristige Beschäftigung (nicht mehr als 18 zusammenhängende Arbeitstage, max. 150 EUR Tageslohn, max. 19 EUR Stundenlohn) nicht erfüllt sind.

Hinweis: Seit dem 1.1.2022 meldet die Minijob-Zentrale bei Eingang der Anmeldung an den Arbeitgeber zurück, ob zum Anmeldezeitpunkt weitere kurzfristige Beschäftigungen bei anderen Arbeitgebern bestehen oder in vorausgegangenen Zeiträumen im Kalenderjahr bestanden haben. Die Rückmeldung bildet die Verhältnisse zum Zeitpunkt des Eingangs der Anmeldung ab und kann bei einer Änderung des Meldebestands nicht korrigiert werden. Die Rückmeldung der Minijob-Zentrale dient daher lediglich zur Kontrolle der Angaben des Arbeitnehmers. Der Arbeitgeber ist weiterhin stets verpflichtet nach Vorbeschäftigungen im laufenden Kalenderjahr zu fragen. Die schriftliche Abfrage ist hierbei vom Arbeitgeber als Nachweis zu den Entgeltunterlagen der Aushilfsbeschäftigten zu nehmen. Kommt der Arbeitgeber seiner Pflicht nicht im gesetzlich vorgeschriebenen Maß nach, können vom Arbeitgeber Sozialversicherungsbeiträge ab Beginn der Beschäftigung nachgefordert werden. Die anfallenden Sozialversicherungsbeiträge werden in diesem Fall in voller Höhe vom Arbeitgeber nacherhoben, da dieser Schuldner des Gesamtsozialversicherungsbeitrags ist.

28.2 Kurzfristige Beschäftigungen bei demselben Arbeitgeber vor und nach dem Jahreswechsel

Sachverhalt: Eine Aushilfe nimmt eine Beschäftigung in der Adventszeit vom 1.11. bis 20.12.2024 (insgesamt 50 Kalendertage bzw. 35 Arbeitstage) auf. Im Jahr 2024 gab es keine Vorbeschäftigungen. Bei demselben Arbeitgeber wird am 2.1.2025 erneut eine bis zum 31.3.2025 befristete Beschäftigung aufgenommen (insgesamt 90 Kalendertage bzw. 63 Arbeitstage). Handelt es sich um 2 kurzfristige Beschäftigungen?

Ergebnis: Die Aushilfe ist sowohl im Jahr 2024 als auch im Jahr 2025 kurzfristig beschäftigt. Die jeweils bei Beschäftigungsbeginn für das Kalenderjahr zulässige Zeitgrenze von 3 Monaten (90 Kalendertagen) bzw. 70 Arbeitstagen wird nicht überschritten.

Hinweis: Dies gilt allerdings nicht, wenn bereits bei Beschäftigungsaufnahme im Jahr 2024 feststeht, dass weitere Einsätze im Jahr 2025 folgen werden. Denn in diesen Fällen müsste der Arbeitgeber im Rahmen der vorausschauenden Beurteilung zum Zeitpunkt der ersten Beschäftigungsaufnahme 2024 bereits erkennen, dass keine gelegentliche, sondern eine regelmäßig wiederkehrende Beschäftigung vorliegt. Das spricht gegen die Annahme einer kurzfristigen Beschäftigung.

28.3 Kurzfristige Beschäftigung über den Jahreswechsel

Sachverhalt: Eine Hausfrau wird für 6 Tage in der Woche (jeweils 4 Stunden) für Reinigungsarbeiten eingestellt, das Entgelt beträgt 650 EUR monatlich. Die Beschäftigung ist von vornherein befristet vom 15.11.2024 bis 28.2.2025 (insgesamt 106 Kalendertage bzw. 72 Arbeitstage). Eine Wiederholungsabsicht besteht nicht. Die eingestellte Mitarbeiterin war zuvor noch nicht kurzfristig beschäftigt und wird auch im Jahr 2025 voraussichtlich keine weitere kurzfristige Beschäftigung aufnehmen. Liegt hier eine sozialversicherungsfreie kurzfristige Beschäftigung vor?

Ergebnis: Maßgebend ist eine Zeitgrenze von 3 Monaten (90 Kalendertagen) bzw. 70 Arbeitstagen pro Kalenderjahr, die im Grunde bei der vorliegenden Beschäftigung sowohl für das Jahr 2024 als auch für das Folgejahr 2025 eingehalten wäre.

Dennoch liegt keine sozialversicherungsfreie kurzfristige Beschäftigung vor, denn

- bei einer Beschäftigung über den Jahreswechsel müssen die Beschäftigungszeiten in beiden Kalenderjahren zusammengerechnet werden bzw. die Beschäftigung wird im Ganzen betrachtet.
- Die Voraussetzungen einer sozialversicherungsfreien kurzfristigen Beschäftigung sind nur gegeben, wenn die Beschäftigung von vornherein auf nicht mehr als 3 Monate oder 70 Arbeitstage (auch kalenderjahrüberschreitend) befristet ist und nicht berufsmäßig ausgeübt wird.

Die Beschäftigung der Reinigungskraft erfüllt auch nicht die Voraussetzungen für eine geringfügig entlohnte Beschäftigung, da das regelmäßige Arbeitsentgelt die Geringfügigkeitsgrenze übersteigt. Der Arbeitgeber muss die Reinigungskraft daher als sozialversicherungspflichtig Beschäftigte (im Übergangsbereich) bei der zuständigen Krankenkasse anmelden und Sozialversicherungsbeiträge abführen:

- Personengruppenschlüssel 101
- Beitragsgruppenschlüssel 1111

Lohnsteuerliche Beurteilung: Die Besteuerung muss nach den ELStAM erfolgen. Eine Lohnsteuerpauschalierung scheidet grundsätzlich aus, da der steuerlich relevante Zeitrahmen von 18 zusammenhängenden Arbeitstagen sowohl im Jahr 2024 als auch im Jahr 2025 überschritten ist. Die Anwendung der einheitlichen Pauschalsteuer von 2% scheidet von vornherein aus, da sozialversicherungsrechtlich keine geringfügig entlohnte Beschäftigung vorliegt. Die Lohnsteuerpauschalierung mit 20% für geringfügig entlohnte Beschäftigungen ist wegen der Entgelthöhe und der gegebenen Rentenversicherungspflicht nicht möglich.

28.4 Vorbeschäftigungszeiten verschweigen

Sachverhalt: Vom 15.11. bis 31.12. wird eine Aushilfskraft als Urlaubsvertretung eingestellt. Insgesamt sind 30 Arbeitstage vereinbart. Das monatliche Entgelt beträgt 330 EUR. Die Aushilfskraft teilt dem Arbeitgeber auf einem Fragebogen mit, dass sie im laufenden Jahr keine Vorbeschäftigungen hatte. Der Arbeitgeber meldet die Aushilfe daraufhin als kurzfristig Beschäftigte mit dem Personengruppenschlüssel 110 und Beitragsgruppenschlüssel 0000 an. Zum Zeitpunkt des Eingangs der Anmeldung liegen der Minijob-Zentrale noch keine Meldungen über Vorbeschäftigungszeiten vor. Eine dementsprechende Rückmeldung erfolgt an den Arbeitgeber. Im Rahmen einer Sozialversicherungsprüfung stellt sich später heraus, dass die Aushilfe entgegen den Aussagen im Fragebogen im maßgebenden Jahr bei einem anderen Arbeitgeber bereits an 58 Arbeitstagen beschäftigt war und dabei ein Monatsentgelt von 720 EUR bezogen hat. Der Sozialversicherungsprüfer verweigert die Anerkennung der kurzfristigen Beschäftigung. Ist das richtig?

Ergebnis: Die Beschäftigung der Aushilfe vom 15.11. bis 31.12. erfüllt nicht die Voraussetzungen einer sozialversicherungsfreien kurzfristigen Beschäftigung. Zusammen mit der Vorbeschäftigung von 58 Arbeitstagen und der aktuellen Beschäftigung von 30 Arbeitstagen ist die maßgebliche Zeitgrenze von 70 Arbeitstagen deutlich überschritten. Da der Arbeitgeber jedoch seiner Pflicht nachgekommen ist, das Beschäftigungsverhältnis korrekt zu beurteilen (Nachfrage nach Vorbeschäftigungen und Dokumentation in einem Fragebogen), kann der Prüfer Sozialversicherungspflicht lediglich für die Zukunft, aber nicht rückwirkend feststellen. Wegen des geringen Entgelts unterhalb der Geringfügigkeitsgrenze erfüllt die Beschäftigung jedoch die Voraussetzungen einer geringfügig entlohnten Beschäftigung. Dadurch spielen Vorbeschäftigungszeiten im maßgebenden Jahr keine Rolle; es erfolgt auch keine Zusammenrechnung einer geringfügig entlohnten Beschäftigung mit der vorher ausgeübten kurzfristigen Beschäftigung. Die Beschäftigung kann deshalb als geringfügig entlohnte Beschäftigung sozialversicherungsfrei bleiben. Der Arbeitgeber hat ab dem Zeitpunkt der Feststellung der geringfügigen Beschäftigung (also nicht für die Vergangenheit) die pauschalen Sozialversicherungsbeiträge i. H. v. 15% zur Rentenversicherung und 13% pauschale Krankenversicherungsbeiträge sowie 2% einheitliche Pauschalsteuer an die Minijob-Zentrale abzuführen.

28.5 Arbeitsuchende

Sachverhalt: Ein junger Mann, bei der Agentur für Arbeit arbeitsuchend gemeldet, arbeitet ein Wochenende (Samstag und Sonntag für jeweils 50 EUR) als Aushilfe in einem Restaurant. Er war im laufenden Kalenderjahr noch nicht kurzfristig beschäftigt. Die Beschäftigung meldet er ordnungsgemäß bei der Bundesagentur für Arbeit. Der Arbeitgeber geht von einer abgabenfreien kurzfristigen Beschäftigung aus.

Handelt es sich tatsächlich um eine kurzfristige Beschäftigung?

Ergebnis: Personen, die bei der Bundesagentur für Arbeit arbeitsuchend gemeldet sind, üben eine Beschäftigung berufsmäßig aus, wenn das Entgelt aus der Beschäftigung die Geringfügigkeitsgrenze i.H.v. 538 EUR übersteigt. Die Berufsmäßigkeit schließt für diesen Fall eine kurzfristige Beschäftigung aus. Der junge Mann verdient insgesamt jedoch nur 100 EUR, also weniger als die Geringfügigkeitsgrenze. Die Beschäftigung ist versicherungsfrei zur Renten-, Kranken-, Pflege- und Arbeitslosenversicherung. Im Lohnprogramm wird die Beschäftigung mit dem Personengruppenschlüssel 110, Beitragsgruppenschlüssel 0000 angelegt.

Lohnsteuerliche Beurteilung: Die Besteuerung kann entweder über die ELStAM oder pauschal mit 25% (steuerlich kurzfristige Beschäftigung) erfolgen. Steuerrechtlich liegt eine kurzfristige Beschäftigung vor, wenn der Arbeitnehmer bei dem Arbeitgeber gelegentlich, nicht regelmäßig wiederkehrend beschäftigt wird. Die Dauer der Beschäftigung darf 18 zusammenhängende Arbeitstage nicht übersteigen und der Tageslohn nicht über 150 EUR liegen. Der maximal zulässige Stundenlohn ist auf 19 EUR beschränkt. Die pauschale Lohnsteuer von 25%, ggf. zzgl. Kirchensteuer, kann auf den Mitarbeiter abgewälzt werden.

28.6 Pauschalbesteuerung im steuerrechtlichen Sinn

Sachverhalt: Ein Arbeitnehmer wird kurzfristig für knapp 3 Wochen vom 5.1. bis 24.1., nicht regelmäßig wiederkehrend, bei einer Spedition als Ladehilfe beschäftigt. Er arbeitet an 6 Tagen in der Woche jeweils 5 Stunden (wöchentlich 30 Stunden). Das Entgelt beträgt wöchentlich 400 EUR, für die gesamte Beschäftigungszeit 1.200 EUR (3 Wochen x 400 EUR).

Kann diese Beschäftigung steuerlich als kurzfristig behandelt werden?

Ergebnis: Eine Pauschalierung der Lohnsteuer mit 25% ist im vorliegenden Fall möglich, da die Beschäftigungszeit vom 5.1. bis 24.1. lediglich 17 Arbeitstage beträgt. Der Arbeitslohn übersteigt nicht 150 EUR je Arbeitstag (1.200 EUR : 18=66,67 EUR). Der Stundenlohn übersteigt nicht 19 EUR (30 Stunden x 3 Wochen=90 Stunden insgesamt; 1.200 EUR : 90 Std.=13,33 EUR/Std.).

Hinweis: Die Pauschalsteuer i.H.v. 25% für kurzfristige Beschäftigungen sowie die darauf ggf. entfallende pauschale Kirchensteuer sind bei dem zuständigen Betriebsstättenfinanzamt mit einer Lohnsteuer-Anmeldung und nicht bei der Minijob-Zentrale anzumelden.

28.7 Ermittlung des Arbeitsentgelts bei Teilmonaten zur Prüfung der Berufsmäßigkeit

Sachverhalt: Eine Arbeitnehmerin nimmt in ihrer Hauptbeschäftigung vom 15.4. bis zum 30.4. unbezahlten Urlaub. Im selben Zeitraum nimmt sie eine Beschäftigung in einer Rechtsanwaltskanzlei auf. Sie erhält im Monat April ein Arbeitsentgelt i. H. v. 538 EUR.

Kann diese Beschäftigung sozialversicherungsrechtlich als kurzfristig behandelt werden?

Ergebnis: In diesem Fall liegt eine kurzfristige Beschäftigung vor. Die Zeitgrenzen von 3 Monaten bzw. 70 Arbeitstagen werden eingehalten und da die Geringfügigkeitsgrenze i. H. v. 538 EUR nicht überschritten wird, muss die Berufsmäßigkeit der Tätigkeit nicht überprüft werden.

Achtung: Auch wenn die Arbeitnehmerin nicht einen kompletten Monat beschäftigt war, kann sie ein Arbeitsentgelt i. H. d. Geringfügigkeitsgrenze erhalten. Hierbei handelt es sich um einen Monatswert, der auch dann gilt, wenn die Beschäftigung nicht während des gesamten Beschäftigungsmonats besteht.

29 Lohnabrechnungszeitraum

Marcus Spahn

29.1 Neueinstellung im laufenden Monat

Sachverhalt: Zum 17.1.2024 hat ein neuer Mitarbeiter angefangen, für den nun erstmalig die Gehaltsabrechnung durchgeführt werden soll. Der Arbeitnehmer hat ein Bruttogehalt von 3.000 EUR monatlich. Für den Januar erhält er dieses Gehalt zur Hälfte, also 1.500 EUR. Er bezieht keine sonstigen Vorteile vom Arbeitgeber.

Bis zur Einstellung hat er bei einer anderen Firma gearbeitet. Vom 1.1.-16.1.2024 hat er dafür einen Arbeitslohn von 1.000 EUR erhalten. Der Arbeitnehmer hat Lohnsteuerklasse I und ist konfessionslos.

Wie hoch ist die Lohnsteuer für den Monat Januar, wie ist sie zu ermitteln und welche Lohnsteuertabelle ist anzuwenden?

Ergebnis: Regulärer Lohnzahlungszeitraum für den neuen Mitarbeiter ist der Monat. Ab Februar kann die Lohnsteuer aus der Monatstabelle für einen Arbeitslohn von 3.000 EUR ermittelt werden.

Für Januar gilt ein verkürzter Lohnzahlungszeitraum, weil das Arbeitsverhältnis erst im Laufe des üblichen Lohnzahlungszeitraums beginnt. Die Lohnsteuer kann deshalb nicht nach der Monatstabelle erhoben werden (diese wäre zu niedrig, weil der Mitarbeiter in »normalen« Monaten nicht nur 1.500 EUR, sondern 3.000 EUR verdient).

Die Lohnsteuer kann hilfsweise nach der Tagestabelle ermittelt werden. Vom 17.-31.1.2024 sind es insgesamt 15 Kalendertage (die tatsächlichen Arbeitstage sind ohne Bedeutung).

Berechnung der Lohnsteuer

Arbeitslohn je Kalendertag (1.500 EUR : 15 Kalendertage)	100,00 EUR
Lohnsteuer je Kalendertag	10,80 EUR
Gesamtlohnsteuer Januar (15 Kalendertage x 11,59 EUR)	162,00 EUR

Der bisherige Arbeitslohn ist für die Lohnsteuerermittlung auf den laufenden Arbeitslohn ohne Bedeutung. Im Beispiel ist der Lohnsteuerabzug der Firma tendenziell etwas zu hoch, weil der Mitarbeiter vorher weniger verdient hat. Die Differenz wird ihm erst im Rahmen seiner Einkommensteuerveranlagung erstattet.

Praxistipp: Die Monats-, Wochen- und Tageslohnsteuertabelle sind aus der Jahreslohnsteuertabelle abgeleitet, indem sowohl die Beträge des Arbeitslohns als auch die Steuerbeträge anteilig angesetzt werden. In der Monatslohnsteuertabelle erfolgt die Umrechnung mit 1/12, in der Wochenlohnsteuertabelle mit 7/360 und in der Tagestabelle mit 1/360 der Jahresbeträge. Durch die Nutzung elektronischer Lohnabrechnungsprogramme können leichte Rundungsdifferenzen auftreten.

29.2 Unterbrechung

Sachverhalt: Ein Arbeitgeber aus Schwerin (Baunebengewerbe) beschäftigt Bauarbeiter, die ihren Arbeitslohn wochenweise erhalten.

Am Abend des 26.11.2024 kommt es zu einem Wintereinbruch. Deshalb wird der Mitarbeiter in dieser Woche nur am 25. und 26.11. eingesetzt, ab 27.11. bezieht er Winterausfallgeld vom Arbeitgeber.

Der Arbeitnehmer hat für die Tage vom 27.-29.11. Anspruch auf Winterausfallgeld i. H. v. 180 EUR. Sein regulärer Wochenlohn liegt bei 600 EUR brutto und wird bei schlechtem Wetter anteilig gekürzt.

Welche Lohnzahlungszeiträume sind hier maßgebend?

Ergebnis: Für welchen Zeitraum jeweils der laufende Arbeitslohn gezahlt wird, bestimmt sich aus den arbeitsrechtlichen Vereinbarungen. Im vorliegenden Fall ist eine wöchentliche Lohnzahlung vorgesehen. Arbeitstage, an denen kein Anspruch auf Lohn besteht, lassen den bisherigen Zeitraum unberührt, wenn das Dienstverhältnis fortbesteht und dem Arbeitgeber die ELStAM vorliegen. Dies gilt auch für den Bauarbeiter, der wegen schlechten Wetters Winterausfallgeld bezieht. Für den Mitarbeiter bleibt also für den gesamten Zeitraum die Woche der maßgebliche Lohnzahlungszeitraum. Die Lohnsteuer ist deshalb aus der Wochenlohnsteuertabelle abzulesen.

25.-26.11.2024: Der Mitarbeiter konnte nur an 2 Tagen tätig werden, er erhält deshalb nur einen Bruttolohn von 240 EUR (2/5 von 600 EUR). Die Lohnsteuer darauf ist aus der Wochenlohnsteuertabelle abzulesen.

27.-29.11.2024: Das zusätzlich gezahlte Winterausfallgeld von 180 EUR bleibt steuerfrei. Es unterliegt allerdings dem Progressionsvorbehalt. Der Mitarbeiter ist in diesen Fällen zur Abgabe einer Einkommensteuererklärung verpflichtet. Das Winterausfallgeld bleibt zwar auch bei der Veranlagung steuerfrei, erhöht aber den Steuersatz für die steuerpflichtigen Einkünfte und kann deshalb zu einer Nachzahlung führen.

Hinweis: Winterausfallgeld ist bei jeder Auszahlung im Lohnkonto aufzuzeichnen und auch im Rahmen der elektronischen Lohnsteuerbescheinigung dem Finanzamt zu übermitteln.

30 Lohnsteuer-Anmeldung

Marcus Spahn

30.1 Monatliche Anmeldung

Sachverhalt: Eine Firma führt die Lohnsteuer-Anmeldung für Januar durch. Insgesamt wurden den 10 Mitarbeitern für Januar Arbeitslöhne von 30.000 EUR ausgezahlt. Es wurden 10.000 EUR an Lohnsteuer und 700 EUR an Kirchensteuer einbehalten. Solidaritätszuschlag ist nicht angefallen. Von der Kirchensteuer entfallen 300 EUR auf evangelische Mitarbeiter und 400 EUR auf römisch-katholische.

Die Firma verfügt über kein elektronisches Lohnabrechnungsprogramm.

Wie muss die Lohnsteuer-Anmeldung erstellt werden?

Ergebnis: Obwohl die Firma kein elektronisches Lohnabrechnungsprogramm hat, ist sie verpflichtet, die Lohnsteuer-Anmeldung für die Firma monatlich zu erstellen und dem zuständigen Finanzamt elektronisch zu übermitteln. Die entsprechende Möglichkeit stellt die Finanzverwaltung unter www.elster.dekostenlos zur Verfügung. Steueranmeldungen müssen zudem zwingend authentifiziert übermittelt werden. Für die authentifizierte Übermittlung wird ein elektronisches Zertifikat benötigt. Dieses erhält man durch eine Registrierung im Online-Portal der Finanzverwaltung.

Nach erfolgreicher Registrierung muss der Vordruck Lohnsteuer-Anmeldung geöffnet und ausgefüllt werden.

Dazu sind oben
- die Steuernummer der Firma sowie die Anschrift einzugeben und
- auf der rechten Seite anzukreuzen, dass es sich um die Anmeldung für den Monat Januar handelt.

Jeweils rechts neben den entsprechenden Kennziffern sind folgende Eintragungen vorzunehmen (ohne Tausenderpunkt und Währungsangaben; die Nachkommastellen müssen immer mit eingegeben werden):
- Kennziffer 86: Zahl der Arbeitnehmer: 10
- Kennziffer 42: Summe der einzubehaltenden Lohnsteuer: 10000,00
- Kennziffer 48: Verbleiben: 10000,00 (diese Kennziffer füllt das Programm automatisch aus)
- Kennziffer 61: Evangelische Kirchensteuer: 300,00

- Kennziffer 62: Römisch-katholische Kirchensteuer: 400,00
- Kennziffer 83: Gesamtbetrag: 10.700,00 (diese Kennziffer füllt das Programm automatisch aus)

Die Lohnsteuer-Anmeldung muss dem Finanzamt grundsätzlich bis spätestens 10.2. übermittelt werden. Weil dieser Tag im Jahr 2024 auf einen Samstag fällt, verlängert sich die Frist auf Montag, den 12.2.2024. Bis zum 12.2.2024 ist auch der Betrag von 10.700 EUR an das Finanzamt abzuführen.

Hinweis: Bei Scheckzahlung gilt die Zahlung erst 3 Tage nach Eingang bei der Finanzbehörde als geleistet. Ein Verrechnungsscheck muss also schon 3 Tage vor dem eigentlichen Fälligkeitszeitpunkt beim Finanzamt eintreffen. In dem obigen Beispiel müsste der Scheck also am 9.2.2024 beim Finanzamt eingehen, damit er am Fälligkeitstag, dem 12.2.2024, als bezahlt gilt.

30.2 Pauschale Lohnsteuer

Sachverhalt: Ein Unternehmen erstellt die Lohnsteuer-Anmeldung an das Finanzamt. Für Januar sind bei den 100 fest angestellten Mitarbeitern folgende Steuerabzüge vorgenommen worden:

- Lohnsteuer 94.000 EUR, darin sind 4.000 EUR pauschale Lohnsteuer enthalten,
- Kirchensteuer 6.280 EUR, davon entfallen 4.000 EUR auf evangelische Mitarbeiter, 2.000 EUR auf römisch-katholische Mitarbeiter und 280 EUR auf pauschal besteuerte Lohnbestandteile,
- einbehaltener Solidaritätszuschlag 760 EUR, davon entfallen 220 EUR auf pauschal besteuerte Lohnbestandteile.

Wegen des großen Arbeitsanfalls beschäftigt der Arbeitgeber seit einigen Monaten zusätzlich 10 geringfügig entlohnte Beschäftigte. Alle Minijobber haben die Befreiung von der Rentenversicherungspflicht beantragt.

Wie muss die elektronische Lohnsteuer-Anmeldung anhand dieser Angaben erstellt werden?

Ergebnis: Die Steuerabzüge für Januar müssen grundsätzlich bis zum 10.2. angemeldet und an das für den Arbeitgeber zuständige Finanzamt abgeführt werden. Weil dieser Tag im Jahr 2024 auf einen Samstag fällt, verlängert sich die Frist auf Montag, den 12.2.2024. Die pauschale Lohnsteuer ist gesondert anzumelden.

Es sind folgende Eintragungen vorzunehmen (ohne Tausenderpunkt und Währungsangaben; die Nachkommastellen müssen immer mit eingegeben werden):

- Kennziffer 86: Arbeitnehmerzahl der Firma: 110 (die Minijobber sind bei der Berechnung der Mitarbeiterzahl mitzurechnen)
- Kennziffer 42: Summe der einzubehaltenden Lohnsteuer: 90000,00
- Kennziffer 41: Summe der pauschalen Lohnsteuer: 4000,00
- Kennziffer 49: Solidaritätszuschlag: 760,00 (eine gesonderte Eintragung des auf die Pauschalsteuer entfallenden Solidaritätszuschlags ist nicht erforderlich)
- Kennziffer 47: Pauschale Kirchensteuer im vereinfachten Verfahren: 280,00 (die Aufteilung der pauschalen Kirchensteuer auf die erhebungsberechtigten Religionsgemeinschaften wird vom Finanzamt vorgenommen)
- Kennziffer 61: Evangelische Kirchensteuer: 4000,00
- Kennziffer 62: Römisch-katholische Kirchensteuer: 2000,00

Die Pauschalsteuer von 2% ist nicht in die anzumeldende und abzuführende Lohnsteuer einzubeziehen. Insgesamt werden für die Minijobber Pauschalabgaben von 30% erhoben. Die Pauschalabgaben sind nicht in der Lohnsteuer-Anmeldung einzutragen, sondern bei der Minijob-Zentrale anzumelden. An diese müssen auch die Zahlungen abgeführt werden.

30.3 Korrektur

Sachverhalt: Die Lohnsteuer für März wurde für 50 Mitarbeiter einer Firma zum 10.4.2024 angemeldet und abgeführt. In der Meldung waren folgende Beträge enthalten:

- Summe der einzubehaltenden Lohnsteuer: 50.000 EUR
- Evangelische Kirchensteuer: 2.400 EUR
- Römisch-katholische Kirchensteuer: 2.100 EUR

Es wird festgestellt, dass die abgeführten Steuerabzugsbeträge zu gering waren. Bei der Lohnsteuer-Anmeldung wurden die geldwerten Vorteile eines Mitarbeiters von insgesamt 5.000 EUR übersehen. Die darauf entfallende Lohnsteuer von 1.500 EUR wurde zwar einbehalten, aber nicht abgeführt. Der Mitarbeiter gehört keiner Kirche an.

Wie wird eine entsprechende Korrektur vorgenommen?

Ergebnis: Für März muss eine berichtigte Lohnsteuer-Anmeldung abgegeben werden. Auch diese erfolgt elektronisch. Weil es sich um eine geänderte Anmeldung handelt, muss in der

- Kennziffer 10 »Berichtigte Anmeldung« eine »1« eingetragen werden. Dadurch kann das Finanzamt erkennen, dass es sich um eine Korrektur handelt.

Bei der Korrektur müssen Eintragungen auch in den Zeilen vorgenommen werden, in denen sich keine Änderungen ergeben. Die vorherige Lohnsteuer-Anmeldung ist also in diesen Punkten zu übertragen und um die Änderungen zu ergänzen.

Es sind deshalb folgende Eintragungen zusätzlich vorzunehmen (ohne Tausenderpunkt und Währungsangaben; die Nachkommastellen müssen immer mit eingegeben werden):

- Kennziffer 86: Zahl der Arbeitnehmer: 50
- Kennziffer 42: Summe der einzubehaltenden Lohnsteuer: 51500,00
- Kennziffer 61: Evangelische Kirchensteuer: 2400,00
- Kennziffer 62: Römisch-katholische Kirchensteuer: 2100,00

Hinweis: Eine Änderung kommt nur solange in Betracht, wie das Steuerabzugsverfahren für den Mitarbeiter noch nicht abgeschlossen ist. Spätestens mit der Erstellung der elektronischen Lohnsteuerbescheinigung bleibt eine Korrektur ausschließlich dem Finanzamt vorbehalten. Um in diesen Fällen einer Haftung zu entgehen, muss der unzutreffende Lohnsteuerabzug unverzüglich dem Betriebsstättenfinanzamt mitgeteilt werden. Eine Steuernachforderung ist damit nur noch beim Mitarbeiter im Rahmen seiner Einkommensteuerveranlagung möglich.

30.4 BAV-Förderbetrag

Sachverhalt: Der Arbeitgeber hat für seine Mitarbeiter eine betriebliche Altersversorgung abgeschlossen, für die er jeweils 30 EUR monatlich entrichtet. Von den 100 Mitarbeitern verdienen 80 Mitarbeiter unter 2.575 EUR monatlich und erfüllen damit die Voraussetzungen für einen BAV-Förderbetrag.

Welche zusätzlichen Eintragungen sind nötig, damit der Arbeitgeber die staatliche Förderung erhält?

Ergebnis: Es sind folgende Eintragungen vorzunehmen (ohne Tausenderpunkt und Währungsangaben; die Nachkommastellen müssen immer mit eingegeben werden):

- Kennziffer 90: Zahl der Arbeitnehmer mit BAV-Förderbetrag: 80
- Kennziffer 45: Förderbetrag zur betrieblichen Altersversorgung nach § 100 EStG (BAV-Förderbetrag): 720,00 EUR

Der Betrag von 720 EUR (30 EUR Beitrag x 30 % Förderung x 80 begünstige Arbeitnehmer) wird von der abzuführenden Lohnsteuer abgezogen.

31 Lohnsteuer-Jahresausgleich

Jean Bramburger

31.1 Überprüfung des Lohnsteuereinbehalts

Sachverhalt: Ein Mitarbeiter mit Steuerklasse I, keine Kinder, ev. (Kirchensteuer 8 %), Zusatzbeitrag zur Krankenversicherung 1,6 %, erhält monatlich 3.500 EUR brutto. Im Juli zahlt der Arbeitgeber eine Erfolgsprämie von 2.500 EUR, die als sonstiger Bezug versteuert wird. Zum 1.10. erhöht sich sein Gehalt auf 4.250 EUR im Monat. Der Jahresbruttolohn des Arbeitnehmers beträgt damit 46.750 EUR.

Der Arbeitgeber hat 30 Mitarbeiter, das Entgeltabrechnungsprogramm führt automatisch einen Lohnsteuer-Jahresausgleich für den Arbeitgeber durch.

Ist der Lohnsteuer-Jahresausgleich durch den Arbeitgeber zulässig und wie sieht der Vergleich zwischen den einbehaltenen Steuerbeträgen und der tatsächlichen Jahreslohnsteuer aus?

Ergebnis: Der Arbeitgeber ist verpflichtet, einen Lohnsteuer-Jahresausgleich durchzuführen, wenn er am 31.12. des Ausgleichsjahres mindestens 10 Mitarbeiter beschäftigt. Ein Ausschlussgrund, der den Lohnsteuer-Jahresausgleich verbieten würde, liegt im vorgenannten Sachverhalt nicht vor.

Zur Berechnung der Lohnsteuer auf den sonstigen Bezug wird im Juli die Jahreslohnsteuer aus 42.000 EUR (3.500 EUR × 12) und aus 44.500 EUR (42.000 EUR + 2.500 EUR) ermittelt.

Jahreslohnsteuer aus 44.500 EUR	5.804 EUR
Abzgl. Jahreslohnsteuer aus 42.000 EUR	*– 5.200 EUR*
Lohnsteuer für den sonstigen Bezug	604 EUR

Zusätzlich muss der Arbeitgeber für den Einmalbezug 48,32 EUR Kirchensteuer einbehalten.

Tatsächlich liegt der Jahresarbeitslohn jedoch bei 46.750 EUR (9 × 3.500 EUR + 2.500 EUR + 3 × 4.250 EUR).

Die Lohnerhöhung ab Oktober führt wegen des progressiven Steuertarifs zu einer deutlich höheren Jahreslohnsteuer. Die monatlichen Lohnsteuerabzüge:

- bei 3.500 EUR: 433,33 EUR
- bei 4.250 EUR: 620,25 EUR

Dieser erhöhte Lohnsteuerabzug reicht aus, um die zusätzliche Lohnsteuer aufzuholen.

Für den Arbeitnehmer wurden in 2024 folgende Steuerabzugsbeträge einbehalten:

Monat	*Bruttolohn*	*Lohnsteuer*	*Kirchensteuer*
1–9	31.500,00 EUR	3.899,97 EUR	312,00 EUR
Sonderzahlung	2.500,00 EUR	604,00 EUR	48,32 EUR
10–12	12.750,00 EUR	1.860,75 EUR	148,86 EUR
Gesamtsumme	46.750,00 EUR	6.364,72 EUR	509,18 EUR

Die Berechnung des Lohnsteuer-Jahresausgleichs ergibt sich aus folgender Tabelle:

Für 2024	*Tatsächlich einbehaltene Steuerbeträge*	*Steuerbeträge laut Jahreslohnsteuer-Berechnung*	*Mehrbetrag / Minderbetrag (–)*
Arbeitslohn/Jahr	46.750,00 EUR	46.750,00 EUR	
Lohnsteuer	6.364,72 EUR	6.360,00 EUR	– 4,72 EUR
Kirchensteuer	509,12 EUR	508,80 EUR	– 0,32 EUR

Der Vergleich der zutreffend einbehaltenen Lohnsteuer mit der tatsächlichen Jahreslohnsteuer zeigt, dass bei diesem Arbeitnehmer während des Jahres zu viel Lohnsteuer einbehalten wurde. Die »Erstattung« der Steuerbeträge ergibt sich aus der Kombination der Lohnerhöhung von 3.500 EUR auf 4.250 EUR ab Oktober und der Abrechnung eines sonstigen Bezugs von 2.500 EUR im Juli.

Im Beispiel beträgt die Erstattung für die Lohnsteuer 4,72 EUR und für die Kirchensteuer 0,32 EUR. Die Erstattung der Lohnsteuer und der Annexsteuern i. H. v. insgesamt 5,04 EUR muss der Arbeitgeber in der Dezember-Abrechnung vornehmen.

Wurde zu wenig Lohnsteuer einbehalten, muss der Arbeitgeber prüfen, woher die Differenz stammt:

- Hat der Arbeitgeber den Lohnsteuerabzug *nicht zutreffend* vorgenommen, d. h. der Fehler liegt beim Arbeitgeber, muss die Lohnsteuer mit der nächstmöglichen Entgeltabrechnung beim Arbeitnehmer nachgefordert werden. Ist dies nicht möglich, weil der Arbeitnehmer z. B. ausgeschieden ist, oder das Lohnsteuerverfahren für das laufende Jahr bereits abgeschlossen wurde (die Lohnsteuerbescheinigung wurde bereits ausgestellt), muss der Arbeitgeber den Fehler beim Lohnsteuerabzug unverzüglich dem Betriebsstättenfinanzamt anzeigen. Hierdurch schließt der Arbeitgeber eine drohende Haftung aus. Das Finanzamt kann Beträge über 10 EUR vom Arbeitnehmer nachfordern.

- Wurde der Lohnsteuerabzug *zutreffend* vorgenommen, besteht für den Arbeitgeber keine Verpflichtung zur Nacherhebung der Lohn- und ggf. Annexsteuern (Kirchensteuer und Solidaritätszuschlag). Auch braucht er das Betriebsstättenfinanzamt hierüber nicht zu unterrichten. In diesem Fall wird die Lohnsteuer im Rahmen der Einkommensteuerveranlagung des Arbeitnehmers nacherhoben, sofern der Arbeitnehmer zur Abgabe einer Einkommensteuererklärung verpflichtet ist bzw. freiwillig eine Einkommensteuererklärung abgibt. Es kann sogar zu einem endgültigen Ausfall der Lohnsteuer kommen, wenn der Arbeitnehmer im Rahmen der Antragsveranlagung nicht zur Abgabe einer Einkommensteuererklärung verpflichtet ist.

Bei einer korrekten Entgeltabrechnung sind Steuernachzahlungen in der Praxis selten. Sie sind denkbar, wenn sonstige Bezüge auf einem »niedrigen« Lohnniveau versteuert wurden, und später der laufende monatliche Arbeitslohn stark erhöht wird. Werden nach einer Lohnerhöhung nochmals sonstige Bezüge wie z. B. Weihnachtsgeld gezahlt, wird die Lohnsteuer durch eine höhere Besteuerung der sonstigen Bezüge automatisch nacherhoben.

Wichtig: Der Lohnsteuer-Jahresausgleich dient nicht dazu Steuerbeträge vom Arbeitnehmer nachzufordern, wenn der monatliche Lohnsteuerabzug *zutreffend* vorgenommen wurde.

31.2 Ausschluss bei eingetragenem Frei- oder Hinzurechnungsbetrag

Sachverhalt: Ein Arbeitnehmer mit Steuerklasse I, einem Zusatzbeitrag zur Krankenversicherung von 1,6 % und einem Monatslohn von 2.500 EUR erhält im Dezember ein Weihnachtsgeld von 2.500 EUR. Aus der Vermietung einer Eigentumswohnung erzielt er einen steuerlichen Verlust von rund 7.500 EUR pro Jahr.

Im November beantragt er bei seinem zuständigen Finanzamt die Eintragung eines Freibetrags in den ELStAM für den Verlust aus Vermietung und Verpachtung. Das Finanzamt genehmigt diesen für den verbleibenden vollen Monat (Dezember), sodass für diesen ein monatlicher Freibetrag von 7.500 EUR in den ELStAM hinterlegt wird.

Ist der Lohnsteuer-Jahresausgleich durch den Arbeitgeber zulässig?

Ergebnis: Für diesen Mitarbeiter darf der Arbeitgeber *keinen* Lohnsteuer-Jahresausgleich durchführen. Wird bei der Lohnsteuerberechnung ein Freibetrag bzw. ein Hinzurechnungsbetrag berücksichtigt, schließt dies einen Lohnsteuer-Jahresausgleich aus.

Der Freibetrag von 7.500 EUR wirkt sich nur bei der Entgeltabrechnung Dezember steuermindernd aus. Dort führt der Freibetrag zu einer Lohnsteuer von 0 EUR, jedoch kann er nicht in voller Höhe ausgenutzt werden, da er 2.500 EUR über dem tatsächlichen Arbeitslohn (Monatsbrutto 2.500 EUR+Weihnachtsgeld 2.500 EUR=5.000 EUR) liegt. Das führt dazu, dass der Freibetrag i. H. v. 2.500 EUR ungenutzt bleibt.

In diesem Fall ist der Ausschluss des Lohnsteuer-Jahresausgleichs für den Arbeitnehmer steuerlich nachteilig. Die Erfassung des gesamten Freibetrags für den Monat Dezember führt dazu, dass zwar nur für die Monate Januar bis November Lohnsteuer i. H. v. insgesamt 2.296,25 EUR (208,75 EUR/Monat) einbehalten wird, der Freibetrag aber nicht vollständig aufgebraucht wird.

Hätte der Arbeitnehmer sich den Freibetrag bereits zum Anfang des Jahres eintragen lassen, wäre der Vermietungsverlust von 7.500 EUR mit monatlich 625 EUR auf 12 Monate verteilt worden. Durch die gleichmäßige Verteilung des Freibetrags hätte sich die Jahreslohnsteuer auf 991,92 EUR (82,66 EUR/Monat) vermindert.

Selbst bei gleichmäßiger Verteilung des Freibetrags ergäbe sich bei Nichtanwendung des Lohnsteuer-Jahresausgleichs ein Nachteil: Arbeitslohnschwankungen im laufenden Jahr können am Jahresende nicht ausgeglichen werden. Durch den Lohnsteuer-Jahresausgleich wird dieser Nachteil behoben: Der Jahresbruttoarbeitslohn wird rechnerisch gleichmäßig auf 12 Monate verteilt; die Lohnsteuer wird dann für einen Monat ermittelt und mit 12 multipliziert. Das Ergebnis entspricht der Lohnsteuer laut Jahreslohnsteuertabelle. In der Praxis übernimmt dies das Entgeltabrechnungsprogramm.

Hinweis: Der Arbeitgeber hat keinen Einfluss auf diese Verschiebungen beim Lohnsteuerabzug. Für ihn ist der Lohnsteuer-Jahresausgleich ausgeschlossen, wenn der Arbeitnehmer einen Freibetrag eintragen lässt. Gleichzeitig besteht dann für den Arbeitnehmer die Verpflichtung, eine Einkommensteuererklärung abzugeben. Im Rahmen der Einkommensteuerveranlagung gleicht sich der ggf. zu hohe Lohnsteuerabzug aus, sodass dem Arbeitnehmer steuerlich kein Nachteil entsteht.

31.3 Ausschluss bei Anwendung des Faktorverfahrens

Sachverhalt: Ein rentenversicherungspflichtiges Ehepaar ist bei unterschiedlichen Arbeitgebern beschäftigt. Ihre bisherige Lohnsteuerklassenkombination lautete IV/IV. Im Februar beantragen die beiden Ehepartner bei ihrem Wohnsitzfinanzamt die Steuerklassenkombination IV/IV mit Faktor.

Ergebnis: Da für beide Ehegatten das Faktorverfahren anzuwenden ist, dürfen beide Arbeitgeber keinen Lohnsteuer-Jahresausgleich für den jeweiligen Arbeitnehmer durchführen. Erst nach Ablauf des Kalenderjahres kann die zutreffende Jahreseinkommensteuer ermittelt werden. Die Ehepartner sind zur Abgabe einer Einkommensteuererklärung verpflichtet, da im Lohnsteuerabzugsverfahren das Faktorverfahren berücksichtigt wurde.

32 Lohnsteuerklassen

Carola Hausen

32.1 Heirat, beide Steuerklasse I

Sachverhalt: Ein Arbeitnehmer heiratet im September und möchte seine Steuerklasse wechseln. Er erhält ein Gehalt von 3.030 EUR und hatte bisher Steuerklasse I, keine Kinder, 9% Kirchensteuer. Seine Ehepartnerin verdient 2.970 EUR brutto und hatte bisher ebenfalls die Steuerklasse I, keine Kinder, keine Kirchensteuer. Für beide wird zur Ermittlung der Lohnsteuer ein Zusatzbeitrag von 1,7% zur gesetzlichen Krankenversicherung zugrunde gelegt.

Lohnsteuer Ehemann bisher (I/0)

Bruttolohn	3.030,00 EUR
Lohnsteuer	323,75 EUR
Solidaritätszuschlag	+ 0,00 EUR
Kirchensteuer	*+ 29,13 EUR*
Gesamt	352,88 EUR

Lohnsteuer Ehefrau bisher (I/0)

Bruttolohn	2.970,00 EUR
Lohnsteuer	310,33 EUR
Solidaritätszuschlag	+ 0,00 EUR
Kirchensteuer	*+ 0,00 EUR*
Gesamt	310,33 EUR

Die lohnsteuerliche Gesamtbelastung der Ehepartner beträgt 663,21 EUR.

Welche Lohnsteuerklasse sollte der Arbeitnehmer wählen und wäre ein Wechsel für ihn vorteilhaft?

Ergebnis: Ändert sich der Familienstand des Arbeitnehmers durch Heirat, führt dies automatisch dazu, dass die nach Landesrecht für das Meldewesen zuständigen Behörden die melderechtlichen Änderungen des Familienstandes an die Finanzverwaltung übermitteln. Dadurch werden Ehepartner programmgesteuert ab dem Heiratsmonat in die Steuerklassen IV/IV eingereiht. Der Wechsel in Steuerklasse IV/IV bringt allerdings keine steuerlichen Veränderungen in der monatlichen Entgeltabrechnung. Bei der Wahl der Steuerklasse IV wird man lohnsteuerlich behandelt wie ein Alleinstehender, d. h. die Versteuerung erfolgt nach der Grundtabelle.

Der Wechsel in die Steuerklassen III und V muss von den Ehepartnern gemeinsam beim Finanzamt beantragt werden und bringt folgende Veränderung:

Lohnsteuer Ehemann Steuerklasse (III/0)

Bruttolohn	3.030,00 EUR
Lohnsteuer	65,00 EUR
Solidaritätszuschlag	+ 0,00 EUR
Kirchensteuer	*+ 5,85 EUR*
Gesamt	70,85 EUR

Lohnsteuer Ehefrau Steuerklasse V

Bruttolohn	2.970,00 EUR
Lohnsteuer	634,66 EUR
Solidaritätszuschlag	+ 0,00 EUR
Kirchensteuer	*+ 0,00 EUR*
Gesamt	634,66 EUR

Die steuerliche Gesamtbelastung der Ehepartner bei Steuerklassenwahl III/V beträgt 705,51 EUR.

Ein Wechsel der Steuerklassen ist nicht empfehlenswert. Steuererstattungen, die sich durch unterschiedlichen Arbeitsverdienst beider Ehepartner ergeben, können dann erst im Rahmen der Einkommensteuerveranlagung geltend gemacht werden.

Hinweis: Die Ehepartner können sich bei Steuerklasse IV/IV auch für das Faktorverfahren entscheiden.

32.2 Zusammenzug, dann Heirat

Sachverhalt: Eine Arbeitnehmerin ist alleinstehend mit einem Kind und verdient 2.800 EUR brutto. Sie hat Steuerklasse II, 0,5 Kinderfreibetrag, 1 PV-Kind, keine Kirchensteuer und der Zusatzbeitrag zur Krankenversicherung beträgt 1,7%. Im März zieht sie mit dem Vater ihres Kindes in eine gemeinsame Wohnung. Damit erlischt ihr Anspruch auf die Steuerklasse II und sie bekommt die Lohnsteuerklasse I/0,5.

Im September heiratet sie den Vater ihres Kindes. Die Eheleute haben jetzt die Möglichkeit, zwischen verschiedenen Steuerklassen-Kombinationen zu wählen: IV/IV (wird von den Meldebehörden automatisch vergeben), IV/IV mit Faktor oder III/V. Verdient der Ehepartner über 20% mehr, empfiehlt sich im Allgemeinen die Steuerklassen-Kombination III/V.

Der Ehemann verdient 4.030 EUR Brutto, 9% Kirchensteuer, KV-Zusatzbeitrag 1,7%.

Wie hoch ist für die Arbeitnehmerin die Mehrbelastung nach dem Zusammenzug mit dem Vater ihres Kindes?

Welche Lohnsteuerklasse sollte nach der Heirat gewählt werden um die günstigste Besteuerung für das Ehepaar zu erreichen?

Ergebnis

Lohnsteuerklasse II/0,5 vor dem Zusammenzug	
Bruttolohn	2.800,00 EUR
Lohnsteuer	183,33 EUR
Solidaritätszuschlag	+ 0,00 EUR
Kirchensteuer	*+ 0,00 EUR*
Gesamt	183,33 EUR
Lohnsteuerklasse I/0,5 nach dem Zusammenzug	
Bruttolohn	2.800,00 EUR
Lohnsteuer	277,33 EUR
Solidaritätszuschlag	+ 0,00 EUR
Kirchensteuer	*+ 0,00 EUR*
Gesamt	277,33 EUR

Die steuerliche Mehrbelastung für die Arbeitnehmerin in Lohnsteuerklasse I/0,5 beträgt 94,00 EUR.

Steuerklassenwahl nach der Heirat: Der Wechsel in Steuerklasse IV/IV bringt keine Veränderung bei der Lohnsteuer. Bei der Wahl der Steuerklasse IV wird man lohnsteuerlich behandelt wie ein Alleinstehender, d.h. die Versteuerung erfolgt nach der Grundtabelle. Die Kinderfreibeträge werden auf beide Ehegatten verteilt:

Berechnung Steuerklasse IV/IV

Lohnsteuer Ehemann Steuerklasse IV/1,0/ev.	
Bruttolohn	4.030,00 EUR
Lohnsteuer	570,75 EUR
Solidaritätszuschlag	+ 0,00 EUR
Kirchensteuer 9%	*+ 40,63 EUR*
Gesamt	611,38 EUR
Lohnsteuer Ehefrau Steuerklasse IV/1,0	
Bruttolohn	2.800,00 EUR
Lohnsteuer	277,33 EUR
Solidaritätszuschlag	+ 0,00 EUR

Kirchensteuer	*+ 0,00 EUR*
Gesamt	277,33 EUR

Die steuerliche Gesamtbelastung des Ehepaars beträgt bei Steuerklassenwahl IV/IV 888,71 EUR.

Bei Wechsel in die Steuerklassen III und V wird der Kinderfreibetrag grundsätzlich dem Partner mit der Steuerklasse III zugeordnet, selbst dann, wenn es sich nicht um sein eigenes Kind handelt. Dieser Wechsel bringt folgende Veränderung:

Berechnung Steuerklasse III/V

Lohnsteuer Ehemann Steuerklasse III/1,0/ev.

Bruttolohn	4.030,00 EUR
Lohnsteuer	251,33 EUR
Solidaritätszuschlag	+ 0,00 EUR
Kirchensteuer	*+ 6,75 EUR*
Gesamt	258,08 EUR

Lohnsteuer Ehefrau Steuerklasse V/0,0

Bruttolohn	2.800,00 EUR
Lohnsteuer	590,00 EUR
Solidaritätszuschlag	+ 0,00 EUR
Kirchensteuer	*+ 0,00 EUR*
Gesamt	590,00 EUR

Die steuerliche Gesamtbelastung des Ehepaars beträgt bei Steuerklassenwahl III/V 848,08 EUR.

Beim Faktorverfahren wird die voraussichtliche Einkommensteuer des Ehepaars von 10.043 EUR (wird vom Finanzamt ausgerechnet) durch die Summe der Jahreslohnsteuer beider Ehegatten in der Steuerklasse IV von 10.177 EUR geteilt. In diesem Fall ergibt sich ein Faktor von 0,987 (10.043 : 10.177), der in beiden ELStAM der Ehegatten im Zusammenhang mit der Steuerklasse IV eingetragen wird.

Berechnung Steuerklasse IV/IV mit Faktor

Lohnsteuer Ehemann Steuerklasse IV (0,987)/1,0/ev.

Bruttolohn	4.030,00 EUR
Lohnsteuer	563,25 EUR
Solidaritätszuschlag	+ 0,00 EUR
Kirchensteuer	*+ 40,10 EUR*
Gesamt	603,35 EUR

Lohnsteuer Ehefrau Steuerklasse IV (0,987)/1,0

Bruttolohn	2.800,00 EUR
Lohnsteuer	273,66 EUR
Solidaritätszuschlag	+ 0,00 EUR

Kirchensteuer	*+ 0,00 EUR*
Gesamt	273,66 EUR

Die steuerliche Gesamtbelastung des Ehepaars beträgt bei Steuerklassenwahl IV/IV mit Faktor (0,987) 877,01 EUR.

Durch die Wahl des Faktorverfahrens wird eine gleichmäßige Verteilung der Lohnsteuer auf beide Ehepartner entsprechend ihres voraussichtlichen Jahresarbeitslohns erreicht.

Praxistipp: Im Hinblick auf die Gewährung von Lohnersatzleistungen, die sich nach dem Nettoentgelt des Arbeitnehmers richten (z. B. Krankengeld, Zuschuss zum Mutterschaftsgeld, Elterngeld oder Kurzarbeitergeld) kann das Faktorverfahren vorteilhaft sein. Für die Ehefrau mit der Steuerklasse V würden der Zuschuss zum Mutterschaftsgeld und das Elterngeld wesentlich niedriger ausfallen.

Hinweis: Bei Steuerklassenwahl III/V sowie bei IV/IV mit Faktor besteht die Verpflichtung zur Abgabe einer Einkommensteuererklärung.

32.3 Hauptbeschäftigung mit Nebenbeschäftigung

Sachverhalt: Eine Arbeitnehmerin verdient in einer Teilzeitstelle 2.500 EUR brutto. Sie hat Steuerklasse II, 0,5 Kinderfreibetrag, 1 PV-Kind, keine Kirchensteuer. Der Zusatzbeitrag zu ihrer Krankenversicherung beträgt 1,3 %. Im März nimmt sie zusätzlich einen Minijob an, bei dem sie 200 EUR monatlich verdient. Im September erhält sie die Gelegenheit, einen weiteren Minijob für 338 EUR Monatsverdienst anzunehmen.

Wie sind diese Arbeitsverhältnisse steuer- und sozialversicherungsrechtlich zu behandeln?

Ergebnis: Im ersten Arbeitsverhältnis ist die Arbeitnehmerin voll sozialversicherungspflichtig, sie wird nach den ELStAM besteuert.

Das zweite Arbeitsverhältnis kann als Minijob bei der Deutschen Rentenversicherung Knappschaft-Bahn-See abgerechnet werden. Die Arbeitnehmerin ist in diesem Arbeitsverhältnis nur rentenversicherungspflichtig, davon kann sie sich auf Antrag befreien lassen; die Pauschalsteuer von 2 % kann angewandt werden.

Das dritte Arbeitsverhältnis muss sv-rechtlich mit dem ersten Arbeitsverhältnis zusammengerechnet werden, obwohl die Arbeitnehmerin in den beiden Nebenjobs insgesamt nicht mehr als bis zur Geringfügigkeitsgrenze für geringfügig entlohnte

Beschäftigungen (538 EUR) verdient. Neben einer Hauptbeschäftigung darf jeweils nur eine Nebenbeschäftigung mit einem Verdienst bis zur Geringfügigkeitsgrenze als Minijob abgerechnet werden. Weitere geringfügig entlohnte Beschäftigungsverhältnisse sind nicht sozialversicherungsfrei, sie dürfen auch nicht mit 2% Pauschalsteuer versteuert werden. Die Arbeitnehmerin hat die Wahl zwischen Steuerklasse VI oder der Pauschalierung mit 20% zzgl. 5,5% Solidaritätszuschlag und ggf. 8% bzw. 9% Kirchensteuer. Die pauschale Lohnsteuer darf auf die Arbeitnehmerin abgewälzt werden.

Erstes Arbeitsverhältnis, Lohnsteuersteuerklasse II/0,5/-	
Bruttolohn	2.500,00 EUR
Lohnsteuer	123,33 EUR
Solidaritätszuschlag	0,00 EUR
Kirchensteuer	0,00 EUR

Zweites Arbeitsverhältnis	
Bruttolohn	200,00 EUR
2% Pauschalsteuer	4,00 EUR

Die Pauschalsteuer darf der Arbeitgeber auf die Arbeitnehmerin abwälzen.

Drittes Arbeitsverhältnis, Wahl der Lohnsteuerklasse VI Arbeitnehmerin	
Bruttolohn	338,00 EUR
Lohnsteuer	37,16 EUR
Solidaritätszuschlag	0,00 EUR

Bei der Veranlagung zur Einkommensteuer bleibt das zweite Arbeitsverhältnis unberücksichtigt.

Das erste und das dritte Arbeitsverhältnis werden zusammengerechnet und unterliegen insgesamt der Einkommensteuer. Eventuell zu viel gezahlte Lohnsteuer wird vom Finanzamt erstattet.

33 Mehrfachbeschäftigung

Jürgen Heidenreich

33.1 Kurzfristige neben geringfügiger Beschäftigung

Sachverhalt: Eine Arbeitnehmerin übt folgende Aushilfstätigkeiten aus:

- 4.4.2024-31.5.2024, 6 Tage in der Woche für 700 EUR monatlich in einem Einzelhandelsgeschäft.
- 1.7.2024-31.7.2024, 3 Vormittage in der Woche in einer Bäckerei für 320 EUR monatlich.
- Die Arbeitnehmerin ist bei ihrem Mann in der gesetzlichen Krankenversicherung mitversichert.
- Sie ist nicht arbeitslos gemeldet, nicht in Elternzeit und hat die Lohnsteuerklasse V.

Wie sind die Beschäftigungen lohnsteuer- und sozialversicherungsrechtlich zu behandeln?

Ergebnis

Beschäftigung vom 4.4.-31.5.2024: Es handelt es sich um eine kurzfristige sozialversicherungsfreie Beschäftigung, da die zeitliche Begrenzung auf max. 3 Monate eingehalten ist.

Der Arbeitgeber muss die Mitarbeiterin bei der Minijob-Zentrale der Deutschen Rentenversicherung Knappschaft-Bahn-See als kurzfristig Beschäftigte anmelden:

Personengruppenschlüssel 110,

Beitragsgruppenschlüssel 0000.

Lohnsteuerliche Beurteilung: Die Besteuerung erfolgt nach den ELStAM mit Steuerklasse V. Eine Lohnsteuerpauschalierung für eine kurzfristige Beschäftigung mit 25 % ist nicht möglich, da das Arbeitsverhältnis 18 zusammenhängende Arbeitstage übersteigt.

Beschäftigung vom 1.7.-31.7.2024: Es handelt sich aufgrund der geringen Entgelthöhe (monatlich 320 EUR) um eine geringfügig entlohnte Beschäftigung, obwohl sie ebenfalls zeitlich begrenzt ist. Es erfolgt keine Zusammenrechnung mit der kurzfristigen Beschäftigung.

- Der Arbeitgeber muss die Mitarbeiterin bei der Minijob-Zentrale als geringfügig entlohnte Beschäftigte anmelden:
  Personengruppenschlüssel 109.
  Der Beitragsgruppenschlüssel lautet 6100 oder 6500 im Falle einer Befreiung von der Rentenversicherungspflicht auf Antrag der Arbeitnehmerin.
- Der Arbeitgeber muss Pflichtbeiträge (18,6%) oder pauschale Rentenversicherungsbeiträge (15%) und pauschale Krankenversicherungsbeiträge (13%) abführen, zzgl. Umlagen und Pauschalsteuer (2%).

Praxistipp: Bei Arbeitnehmern mit einer geringfügig entlohnten Beschäftigung ist die Besteuerung mit der einheitlichen Pauschalsteuer von 2% i.d.R. die verwaltungsärmere Alternative. Sofern der Arbeitgeber die zusätzliche Belastung mit 2% vermeiden will, ist auch eine Abwälzung der Pauschalsteuer auf den Arbeitnehmer steuerlich zulässig.

33.2 Hauptbeschäftigung und 2 geringfügig entlohnte Beschäftigungen

Sachverhalt: Ein Arbeitnehmer übt eine lohnsteuer- und sozialversicherungspflichtige Hauptbeschäftigung (Entgelt 2.000 EUR monatlich) bei Arbeitgeber A aus. Daneben ist er zusätzlich bei Arbeitgeber B für 250 EUR monatlich beschäftigt. Ab 1.6.2024 wird er zusätzlich bei Arbeitgeber C für 100 EUR monatlich tätig.

Wie sind die Beschäftigungen lohnsteuer- und sozialversicherungsrechtlich zu behandeln?

Ergebnis

Beschäftigung bei Arbeitgeber A: Arbeitgeber A meldet die Mitarbeiterin mit dem Personengruppenschlüssel 101 und dem Beitragsgruppenschlüssel 1111 bei der Krankenkasse an.

Beschäftigung bei Arbeitgeber B: Neben einer Hauptbeschäftigung kann nur eine geringfügig entlohnte Beschäftigung sozialversicherungsfrei behandelt werden. Sozialversicherungsfrei ist die zeitlich zuerst begonnene Tätigkeit bei Arbeitgeber B. In der Rentenversicherung besteht Versicherungspflicht, wenn kein Antrag auf Befreiung gestellt wird, wovon jedoch regelmäßig auszugehen ist.

Arbeitgeber B meldet die Mitarbeiterin mit dem Personengruppenschlüssel 109 und dem Beitragsgruppenschlüssel 6500 bei der Minijob-Zentrale der Deutschen Rentenversicherung Knappschaft-Bahn-See an. Er muss für die Beschäftigung pauschale

Beiträge zur Rentenversicherung (15%) und zur Krankenversicherung (13%) sowie Pauschalsteuer (2%) an die Minijob-Zentrale abführen.

Lohnsteuerliche Beurteilung: Eine Abwälzung der einheitlichen Pauschalsteuer auf die Arbeitnehmerin ist zulässig.

Beschäftigung bei Arbeitgeber C: Die später aufgenommene Nebentätigkeit (Arbeitgeber C) ist mit der Hauptbeschäftigung zusammenzurechnen und wird – mit Ausnahme der Arbeitslosenversicherung versicherungspflichtig.

Arbeitgeber C meldet die Mitarbeiterin mit dem Personengruppenschlüssel 101 und dem Beitragsgruppenschlüssel 1101 bei der Krankenkasse an.

Lohnsteuerliche Beurteilung: Da für die Beschäftigung bei Arbeitgeber C keine pauschalen Rentenversicherungsbeiträge abgeführt werden, kommt auch keine Pauschalsteuer i.H.v. 2% infrage. Die Versteuerung kann entweder nach den ELStAM (Steuerklasse VI) oder mit 20% pauschaler Lohnsteuer zzgl. Solidaritätszuschlag und ggf. pauschaler Kirchensteuer erfolgen.

33.3 Hauptbeschäftigung eines freiwillig Versicherten mit 2 Nebenbeschäftigungen

Sachverhalt: Ein Arbeitnehmer ist bei Arbeitgeber A gegen ein Entgelt von 6.000 EUR monatlich beschäftigt. Er ist wegen Überschreitens der Jahresarbeitsentgeltgrenze freiwillig krankenversichert in der gesetzlichen Krankenversicherung.

Ab 1.1.2024 nimmt er bei Arbeitgeber B eine Beschäftigung für monatlich 200 EUR auf.

Ab 1.2.2024 nimmt er zusätzlich eine weitere Beschäftigung bei Firma C für monatlich 150 EUR.

Wie sind die beiden Beschäftigungen lohnsteuer- und sozialversicherungsrechtlich zu behandeln?

Ergebnis: Die Frage, ob eine geringfügig entlohnte Beschäftigung vorliegt, ist für die Renten- und Arbeitslosenversicherung einerseits und die Kranken- und Pflegeversicherung andererseits getrennt zu prüfen.

Renten- und Arbeitslosenversicherung: Der Arbeitnehmer ist bei Arbeitgeber A für die Renten- und Arbeitslosenversicherung versicherungspflichtig beschäftigt.

Neben dieser (sozialversicherungspflichtigen) Hauptbeschäftigung darf er eine geringfügige Beschäftigung ausüben, die nicht mit der Hauptbeschäftigung zusammengerechnet wird. Das ist die zum 1.1. beim Arbeitgeber B zeitlich zuerst aufgenommene geringfügig entlohnte Beschäftigung. Der Arbeitnehmer ist bereits aufgrund der Hauptbeschäftigung rentenversicherungspflichtig. Deshalb hat er die Befreiung von der Rentenversicherungspflicht im Minijob beantragt und Arbeitgeber B muss pauschale Beiträge zur Rentenversicherung i. H. v. 15% abführen.

Die später aufgenommene Beschäftigung bei Arbeitgeber C wird mit der Hauptbeschäftigung bei Arbeitgeber A zusammengerechnet und ist daher nicht geringfügig entlohnt, sondern »normal« versicherungspflichtig in der Rentenversicherung. Eine Befreiung ist nicht möglich.

Für die Arbeitslosenversicherung greift jedoch eine Ausnahme: Neben einer sozialversicherungspflichtigen Hauptbeschäftigung ausgeübte Beschäftigungen werden in der Arbeitslosenversicherung nicht versicherungspflichtig, wenn das Entgelt aus den Nebenjobs jeweils 538 EUR nicht überschreiten.

Kranken- und Pflegeversicherung: In der Hauptbeschäftigung bei Arbeitgeber A ist der Arbeitnehmer wegen der Höhe seines Jahresarbeitsentgelts in der Krankenversicherung nicht versicherungspflichtig. Eine Zusammenrechnung der Nebenjobs mit der Beschäftigung bei Arbeitgeber A im Bereich der Kranken- und Pflegeversicherung scheidet von vornherein aus, da bei Arbeitgeber A keine Versicherungspflicht in der Kranken- und Pflegeversicherung besteht. Allerdings muss bei den Nebenjobs bei Arbeitgeber B und C für die Kranken- und Pflegeversicherung geprüft werden, ob das Entgelt insgesamt 538 EUR nicht übersteigt. Da dies nicht der Fall ist, erfüllen die beiden Beschäftigungen insgesamt für die Kranken- und Pflegeversicherung die Voraussetzungen einer geringfügig entlohnten Beschäftigung. Da der Mitarbeiter freiwillig in der gesetzlichen Krankenversicherung versichert ist, fallen für die beiden Nebenjobs Pauschalbeiträge zur gesetzlichen Krankenversicherung an.

Meldungen

Arbeitgeber A	Personengruppenschlüssel 101 Beitragsgruppenschlüssel 0111 Bei Firmenzahlern (der Arbeitgeber führt die freiwilligen Krankenversicherungsbeiträge an die gesetzliche Krankenkasse ab), lautet der Beitragsgruppenschlüssel 9111.
Arbeitgeber B	Personengruppenschlüssel 109, geringfügige Beschäftigung Beitragsgruppenschlüssel 6500

Arbeitgeber C	Für die Rentenversicherung erfolgt eine Zusammenrechnung mit der sozialversicherungspflichtigen Hauptbeschäftigung, sodass aus der Nebentätigkeit Beiträge zur Rentenversicherung abgeführt werden müssen. Der Arbeitnehmer wird bei der zuständigen Krankenkasse wie folgt angemeldet: Personengruppenschlüssel 101 der Beitragsgruppenschlüssel 0100 Für die Krankenversicherung gilt die Besonderheit, dass hier auch bei Arbeitgeber B eine geringfügige Beschäftigung vorliegt. Der Arbeitnehmer muss also gleichzeitig – und zwar nur bezüglich der Krankenversicherung – bei der Minijob-Zentrale angemeldet werden: Personengruppenschlüssel 101 Beitragsgruppenschlüssel 6000

Lohnsteuerliche Beurteilung: Für die einheitliche Pauschalsteuer von 2% ist allein maßgebend, ob pauschale Beiträge zur gesetzlichen Rentenversicherung im Rahmen der geringfügigen Beschäftigung abgeführt werden. Dies ist bei Arbeitgeber B der Fall, sodass gleichzeitig die einheitliche Pauschalsteuer mit 2% an die Minijob-Zentrale der Deutsche Rentenversicherung Knappschaft-Bahn-See abgeführt werden kann. Für die Beschäftigung bei Arbeitgeber C werden keine pauschalen Beiträge an die gesetzliche Rentenversicherung abgeführt.

Daher muss diese Beschäftigung nach den ELStAM mit der Steuerklasse VI abgerechnet werden, möglich ist aber auch eine pauschale Besteuerung mit 20%. Voraussetzung für die Pauschalsteuer von 20% ist, dass das monatliche Entgelt nicht mehr als 538 EUR beträgt. Da das Entgelt 150 EUR beträgt, ist statt Steuerklasse VI auch eine Pauschalbesteuerung mit 20% zzgl. Solidaritätszuschlag und ggf. pauschaler Kirchensteuer möglich. Eine Abwälzung der pauschalen Lohnsteuer auf den Arbeitnehmer ist möglich, sodass es zu keiner zusätzlichen Arbeitgeberbelastung bei der Beschäftigung C kommt.

33.4 Hauptbeschäftigung, geringfügig entlohnte und kurzfristige Beschäftigung

Sachverhalt

Arbeitgeber A: Eine alleinerziehende Mutter arbeitet halbtags für 750 EUR im Monat. Sie erhält kein Urlaubsgeld und kein Weihnachtsgeld.

Arbeitgeber B: Daneben erstellt sie in Heimarbeit Schreibarbeiten und erhält dafür ein festes monatliches Entgelt von 300 EUR, ebenfalls kein Urlaubs- und kein Weihnachtsgeld.

Arbeitgeber C: Im Sommer arbeitet sie befristet vom 1.8.2024-15.9.2024 samstags und sonntags als Aushilfe in einer Gaststätte. Sie arbeitet 12 Stunden pro Wochenende für pauschal 150 EUR (6 Wochenenden x 150 EUR pauschal=900 EUR).

Wie sind die Beschäftigungen lohnsteuer- und sozialversicherungsrechtlich zu behandeln?

Ergebnis

Beschäftigung bei Arbeitgeber A: Die Beschäftigung ist beitragspflichtig in allen Zweigen der Sozialversicherung. Es gelten die Regelungen für den sozialversicherungsrechtlichen Übergangsbereich mit ermäßigten Arbeitnehmerbeiträgen zur Sozialversicherung, da das Entgelt regelmäßig weniger als 2.000 EUR beträgt.

Lohnsteuerliche Beurteilung: Die Arbeitnehmerin wird nach den ELStAM (Steuerklasse II) besteuert.

Beschäftigung bei Arbeitgeber B: Es handelt sich um eine geringfügig entlohnte Beschäftigung. Sie ist auf Dauer angelegt und das regelmäßige Arbeitsentgelt beträgt nicht mehr als 538 EUR. Neben einer sozialversicherungspflichtigen Hauptbeschäftigung – hierzu zählt auch eine Beschäftigung im sozialversicherungsrechtlichen Übergangsbereich – ist eine geringfügig entlohnte Beschäftigung sozialversicherungsfrei. Da bereits in der Hauptbeschäftigung Rentenversicherungspflicht vorliegt, beantragt die Arbeitnehmerin die Befreiung von der Rentenversicherungspflicht im Minijob. Der Minijob bei Arbeitgeber B wird nicht mit der Hauptbeschäftigung bei Arbeitgeber A zusammengerechnet.

Arbeitgeber B meldet die Mitarbeiterin mit dem Personengruppenschlüssel 109 und dem Beitragsgruppenschlüssel 6500 bei der Minijob-Zentrale der Deutschen Rentenversicherung Knappschaft-Bahn-See an. Er muss für die Beschäftigung pauschale Beiträge zur Rentenversicherung (15%) und zur Krankenversicherung (13%) sowie Pauschalsteuer (2%) an die Minijob-Zentrale abführen.

Lohnsteuerliche Beurteilung: Eine Abwälzung der einheitlichen Pauschalsteuer auf die Arbeitnehmerin ist zulässig.

Beschäftigung bei Arbeitgeber C: Diese Beschäftigung erfüllt die Voraussetzungen einer kurzfristigen Beschäftigung. Sie wird nicht berufsmäßig ausgeübt und ist von vornherein auf weniger als 70 Arbeitstage begrenzt. Vom 1.8.-15.9. ergeben sich 12 Arbeitstage (6 Wochenenden). Die kurzfristige Beschäftigung wird weder mit der sozialversicherungspflichtigen Hauptbeschäftigung bei Arbeitgeber A noch mit der geringfügig entlohnten Beschäftigung bei Arbeitgeber B zusammengerechnet.

Die Aushilfstätigkeit wird bei der Minijob-Zentrale der Deutschen Rentenversicherung Knappschaft-Bahn-See mit dem Personengruppenschlüssel 110 und dem Beitragsgruppenschlüssel 0000 angemeldet.

Lohnsteuerliche Beurteilung: Die Beschäftigung kann nach den ELStAM (Steuerklasse VI) besteuert werden. Alternativ kommt auch eine Pauschalbesteuerung mit 25% zzgl. Solidaritätszuschlag und ggf. pauschaler Kirchensteuer in Betracht, da die Aushilfsbeschäftigung gleichzeitig die Voraussetzungen einer steuerlichen kurzfristigen Beschäftigung (maximal 18 zusammenhängende Arbeitstage, Tageslohngrenze unter 150 EUR und Stundenlohngrenze unter 19 EUR (§ 40a Abs. 1 Satz 2 Nr. 1 und Abs. 4 Nr. 1 EStG) erfüllt. Die pauschale Lohnsteuer kann auf die Arbeitnehmerin abgewälzt werden.

Praxistipp: Mit den Jahresentgelten aus der Beschäftigung bei Arbeitgeber A (9.000 EUR) und in der Gaststätte (900 EUR) fällt in der Lohnsteuerklasse II noch keine Lohnsteuer an. Unter Umständen ist es daher sinnvoll, die Aushilfsbeschäftigung in der Gaststätte über die individuelle Besteuerung abzuwickeln. Die über ELStAM mit der Steuerklasse VI einbehaltene Lohnsteuer kann im Rahmen der Einkommensteuererklärung vom Finanzamt (anteilig) erstattet werden. Zudem kann sich die Arbeitnehmerin wegen ihres geringen Entgelts bei Arbeitgeber A in den ELStAM einen Freibetrag im Falle der Steuerklasse VI und in gleicher Höhe einen Hinzurechnungsbetrag im Falle der Steuerklasse I eintragen lassen. Damit kann der Lohnsteuerabzug bei der Steuerklasse VI deutlich verringert werden.

33.5 Mehrere geringfügige Beschäftigungen unter der Geringfügigkeitsgrenze

Sachverhalt: Eine familienversicherte Bedienung übt 2 geringfügig entlohnte Beschäftigungen mit je 150 EUR monatlich aus. Die Bedienung hat bei beiden Arbeitgebern die Befreiung von der Rentenversicherungspflicht beantragt.

Wie sind die Beschäftigungen sozialversicherungsrechtlich zu behandeln?

Ergebnis: Die Entgelte beider Beschäftigungen sind zusammenzurechnen. Die Zusammenrechnung ergibt ein Gesamtentgelt i. H. v. 300 EUR monatlich. Der Grenzwert von 538 EUR pro Monat wird nicht überschritten. Beide Beschäftigungen sind geringfügig und für die Bedienung sozialversicherungsfrei.

Beide Arbeitgeber müssen pauschale Beiträge zur Rentenversicherung (15%) und zur Krankenversicherung (13%) sowie Pauschalsteuer (2%) an die Minijob-Zentrale der Deutschen Rentenversicherung Knappschaft-Bahn-See abführen.

Lohnsteuerliche Beurteilung: Eine Abwälzung der einheitlichen Pauschalsteuer auf die Arbeitnehmerin ist zulässig.

33.6 Mehrere geringfügige Beschäftigungen über der Geringfügigkeitsgrenze

Sachverhalt: Eine familienversicherte Bedienung übt gleichzeitig 2 geringfügig entlohnte Beschäftigungen bei unterschiedlichen Arbeitgebern mit einem Arbeitsentgelt von je 300 EUR im Monat aus. Weitere Beschäftigungen bestehen nicht.

Wie sind die Beschäftigungen lohnsteuer- und sozialversicherungsrechtlich zu behandeln?

Ergebnis: Die Entgelte der beiden – für sich getrachtet geringfügig entlohnten – Beschäftigungen müssen zusammengerechnet werden. Daraus ergibt sich ein Gesamtentgelt von 600 EUR pro Monat. Die Geringfügigkeitsgrenze von 538 EUR pro Monat für Minijobs wird überschritten. Es handelt sich nicht um geringfügige Beschäftigungen; es entsteht Sozialversicherungspflicht in beiden Beschäftigungen. Für beide Beschäftigungen ist die besondere Beitragsberechnung im Übergangsbereich anzuwenden, da das Gesamtentgelt innerhalb des Übergangsbereichs von 538,01 EUR bis 2.000 EUR liegt.

Lohnsteuerliche Beurteilung: Die Pauschalierung der Lohnsteuer mit 2% ist nicht möglich, da keine Pauschalbeiträge zur Rentenversicherung gezahlt werden. Die Versteuerung kann nach den ELStAM oder mit 20% pauschaler Lohnsteuer zzgl. Solidaritätszuschlag und ggf. pauschaler Kirchensteuer erfolgen.

34 Mindestlohn

Reinhard Carsten

34.1 Akkordlohn

Sachverhalt: Arbeitnehmer A erhält pro Stunde einen Grundlohn von 12 EUR zuzüglich eines Akkordzuschlags von 1,50 EUR pro gearbeiteter Stunde, also einen Gesamtstundenlohn von 13,50 EUR.

Ergebnis: Die Vereinbarung eines Akkordlohns ist nur zulässig, wenn gewährleistet ist, dass der Mindestlohn für die tatsächlich geleisteten Arbeitsstunden erreicht wird. Der Akkordzuschlag darf auf den Mindestlohnanspruch angerechnet werden.

Der Gesamtstundenlohn für die Akkordarbeit übersteigt mit 13,50 EUR den Mindestlohnanspruch von 12,41 EUR.

34.2 Aufwandsentschädigungen

Sachverhalt: Arbeitnehmer A erhält eine Aufwandsentschädigung i. H. v. 250 EUR pro Monat für die durch Dienstreisen entstandenen Fahrkosten neben einer Grundvergütung von 1.300 EUR pro Monat bei einer monatlichen Arbeitszeit von 160 Stunden.

Ergebnis: Aufwandsentschädigungen sind nach Auffassung des BAG keine Gegenleistung für geleistete Arbeit und zählen bei der Berechnung des Mindestlohns nicht mit. Da das gezahlte Arbeitsentgelt von 1.300 EUR den geschuldeten Mindestlohn von 1.985,60 EUR (160 Stunden x 12,41 EUR/Stunde) unterschreitet, hat A noch einen Anspruch auf die Differenz von 685,60 EUR.

34.3 Bereitschaftsdienst

Sachverhalt: Der Arbeitnehmer A hat eine reguläre monatliche Arbeitszeit von 160 Stunden. Zusätzlich leistet er 10 Stunden Bereitschaftsdienst. Für die reguläre Arbeitszeit erhält er 10 EUR je Stunde, für den Bereitschaftsdienst 5 EUR je Stunde.

Ergebnis: Bereitschaftsdienst ist die Arbeitszeit, in der sich der Arbeitnehmer an einem vom Arbeitgeber bestimmten Ort innerhalb oder außerhalb des Betriebs bereitzuhalten hat, um im Bedarfsfall die Arbeit auf Anforderung des Arbeitgebers aufzunehmen. Da die Vergütungspflicht des MiLoG nicht nach dem Grad der tatsächlichen Inanspruchnahme differenziert, ist auch der Bereitschaftsdienst mit dem Mindestlohn zu vergüten.

A hat für seine Arbeitszeit von insgesamt 170 Stunden einen Mindestlohnanspruch von 2.109,70 EUR (170 Stunden x 12,41 EUR). Da er lediglich 1.650 EUR erhält (160 Stunden x 10 EUR/Stunde+10 Stunden x 5 EUR/Stunde), ist der Mindestlohn unterschritten.

34.4 Dienstkleidungszuschuss

Sachverhalt: Arbeitnehmer A erhält einen Stundenlohn von 10 EUR bei einer Arbeitszeit von 160 Stunden zuzüglich 100 EUR monatlich für Dienstkleidung.

Ergebnis: Zuschüsse für Dienstkleidung dürfen nach dem Gegenleistungsprinzip des BAG nicht angerechnet werden, da sie kein Gegenwert für geleistete Arbeit sind. Der gesetzliche Mindestlohn wird daher nicht erreicht. Arbeitnehmer A hat Anspruch auf einen Mindestlohn von 12,41 EUR pro Stunde.

34.5 Dienstwagen

Sachverhalt: Der Arbeitnehmer A erhält monatlich eine Bruttovergütung von 1.350 EUR bei einer monatlichen Arbeitszeit von 160 Stunden. Zusätzlich wird ihm ein Dienstwagen auch zur privaten Nutzung gestellt, dessen geldwerter Vorteil monatlich mit 200 EUR bewertet wird.

Ergebnis: Bei dem Mindestlohn handelt es sich um einen Bruttolohn je Zeitstunde. Dieser ist wegen des zwingenden Charakters der §§ 1 und 20 MiLoG grundsätzlich als Geldleistung zu berechnen und auszuzahlen. Die Entlohnung im Wege der Gewährung von Sachbezügen wie z.B. der Zurverfügungstellung eines Dienstwagens zur privaten Nutzung soll nicht zulässig sein. Dieser Rechtsauffassung zugrunde gelegt, wird der Mindestlohnanspruch von 1.985,60 EUR (160 Stunden x 12,41 EUR/Stunde) unterschritten.

34.6 Entgeltumwandlung

Sachverhalt: Arbeitnehmer A erhält für 160 Arbeitsstunden eine Monatsvergütung von 1.550 EUR brutto, die nicht auf einem Tarifvertrag beruht. Im Wege der Entgeltumwandlung werden 200 EUR pro Monat für eine Direktversicherung einbehalten und abgeführt.

Ergebnis: Nach § 1a Abs. 1 BetrAVG finanziert der Arbeitnehmer die Altersversorgung selbst, indem er auf die Auszahlung eines Teils seines Arbeitsentgelts zugunsten einer Altersvorsorgezusage verzichtet. Von seinem Arbeitgeber kann er verlangen, dass dieser von den künftigen Entgeltansprüchen bis zu 4 vom Hundert der jeweiligen Beitragsbemessungsgrenze in der allgemeinen Rentenversicherung durch Entgeltumwandlung für seine betriebliche Altersversorgung verwendet.

In 2024 betragen 4 vom Hundert der Beitragsbemessungsgrenze in der allgemeinen Rentenversicherung 302 EUR pro Monat. Der Betrag, den A umwandelt, ist mit 200 EUR niedriger. Damit wird das mindestlohnrelevante Brutto-Arbeitsentgelt nicht unterschritten.

Abwandlung 1
Sachverhalt: Die Arbeitnehmerin B, die für 160 Arbeitsstunden eine Monatsvergütung von 1.550 EUR brutto erhält, das nicht auf einem Tarifvertrag beruht, will für ihre Altersversorgung im Wege der Entgeltumwandlung 350 EUR pro Monat verwenden.

Ergebnis: Ein über die 4-vom-Hundert-Grenze hinausgehender Betrag darf nicht auf den Mindestlohn angerechnet werden. B darf nur 302 EUR für ihre Altersversorgung umwandeln. Die Umwandlung eines höheren Betrages würde zu einer Unterschreitung des Mindestlohns führen.

Abwandlung 2
Sachverhalt: Arbeitnehmer A erhält für 160 Arbeitsstunden eine Monatsvergütung von 1.550 EUR brutto. Die Vergütung ist in einem Tarifvertrag geregelt, der die Entgeltumwandlung weder vorsieht, noch zulässt. Im Wege der Entgeltumwandlung sollen 200 EUR pro Monat für eine Direktversicherung einbehalten und abgeführt werden.

Ergebnis: Nach § 20 Abs. 1 BetrAVG darf für Entgeltansprüche, die auf einem Tarifvertrag beruhen, eine Entgeltumwandlung nur vorgenommen werden, soweit dies der Tarifvertrag vorsieht oder zulässt. Eine Entgeltumwandlung kann in einem Tarifvertrag auch ausdrücklich ausgeschlossen werden.

Bei dem Mindestlohnanspruch nach dem MiLoG handelt es sich zwar um einen gesetzlichen Lohnanspruch. Gleichwohl ist es strittig, ob eine Entgeltumwandlung zulässig ist, wenn der Lohnanspruch auf einem Tarifvertrag beruht, der eine Entgeltumwandlung weder vorsieht, noch zulässt. Eine höchstrichterliche Entscheidung steht noch aus.

34.7 Entsendezulage – als Differenzierung zum Mindestlohn

Hinweis: Das Thema Entsendung ist nicht nur für Arbeitgeber, die selbst Arbeitnehmer ins Ausland entsenden, von Bedeutung, sondern auch für Unternehmer, die ein Unternehmen mit Sitz im Ausland mit der Ausführung von Werk- oder Dienstleistungen beauftragen. Arbeitgeber mit Sitz im In- oder Ausland sind nach § 20 MiLoG verpflichtet, ihren im Inland beschäftigten Arbeitnehmern mindestens ein Entgelt in Höhe des jeweils geltenden Mindestlohns zu zahlen. Nach § 13 MiLoG, der auf § 14 AEntG verweist, haftet ein Unternehmer, der einen anderen Unternehmer mit der Erbringung von Werk- oder Dienstleistungen beauftragt, für die Verpflichtung des Auftragnehmers zu Zahlung des Mindestentgelts an Arbeitnehmer wie ein Bürge, der auf die Einrede der Vorausklage verzichtet hat. Da die Mindestlohnvorschriften des MiLoG die Entlohnung als Arbeitsbedingung i. S. v. § 2 Abs. 1 Nr. 1 AEntG regeln, findet § 2b AEntG auch auf den allgemeinen Mindestlohn des MiLoG Anwendung.

Der neu eingeführte § 2b AEntG regelt die Anrechenbarkeit von Entsendezulagen auf alle Mindestlöhne, die von § 2 Abs. 1 Nr. 1 AEntG erfasst werden. Dazu zählen neben dem allgemeinen Mindestlohn nach dem MiLoG, den Branchemindestlöhnen aufgrund des AEntG auch die Lohnuntergrenze nach dem AÜG.

Sachverhalt: Der Arbeitgeber A mit Sitz im Ausland zahlt seinen Arbeitnehmern, die er im Rahmen der Ausführung eines durch ein Unternehmen mit Sitz in Deutschland erteilten Auftrags beschäftigt, eine Entsendezulage. Der nach dem auf das Arbeitsverhältnis anzuwendenden Recht zu zahlende Stundenlohn ist niedriger als der nach deutschem Recht geschuldete Mindestlohn. Diese Entsendezulage dient dem Zweck, die Differenz zwischen heimischen Stundenlohn und dem nach deutschem Recht geschuldeten Mindestlohn auszugleichen.

Ergebnis: Nach § 2b Abs. 1 Satz 1 AEntG kann diese Entsendezulage auf den Mindestlohnanspruch angerechnet werden.

34.8 Entsendezulage – als Differenzzahlung zum Mindestlohn und zur Erstattung der Entsendekosten

Sachverhalt: Der Arbeitgeber A mit Sitz im Ausland zahlt seinen Arbeitnehmern, die er im Rahmen der Ausführung eines durch ein Unternehmen mit Sitz in Deutschland erteilten Auftrags beschäftigt, eine Entsendezulage. Der nach dem auf das Arbeitsverhältnis anzuwendenden Recht zu zahlende Stundenlohn ist niedriger als der nach deutschem Recht geschuldete Mindestlohn. Ausweislich der Lohnabrechnung zahlt A mit der Entsendezulage den Differenzbetrag zum Mindestlohn und erstattet außerdem die durch die Entsendung entstandenen Kosten.

Ergebnis: Die Entsendezulage darf, soweit mit ihr die Differenz zum Mindestlohn ausgeglichen werden soll, auf den Mindestlohn angerechnet werden, soweit sie der Erstattung der Entsendekosten dient, jedoch nicht.

34.9 Entsendezulage – ohne Zweckbestimmung

Sachverhalt: Der Arbeitgeber A mit Sitz im Ausland zahlt seinen Arbeitnehmern, die er im Rahmen der Ausführung eines durch ein Unternehmen mit Sitz in Deutschland erteilten Auftrags beschäftigt, eine Entsendezulage, ohne deren Zweck ausdrücklich zu bestimmen.

Ergebnis: Wenn sich aus den auf das Arbeitsverhältnis anwendbaren Arbeitsbedingungen nicht ergibt, welchem Zweck die Entsendezulage dient, wird nach § 2b Abs. 2 AEntG unwiderleglich vermutet, dass die gesamte Entsendezulage als Erstattung von Entsendekosten (insbesondere Reise-, Unterbringungs- und Verpflegungskosten) gezahlt wird. Dies hat zur Konsequenz, dass die Entsendezulage nicht auf die nach deutschem Recht zu gewährende Entlohnung angerechnet werden kann.

34.10 Entsendezulage – zur Erstattung der Entsendekosten

Sachverhalt: Der Arbeitgeber A mit Sitz im Ausland zahlt seinen Arbeitnehmern, die er im Rahmen der Ausführung eines durch ein Unternehmen mit Sitz in Deutschland erteilten Auftrags beschäftigt, eine Entsendezulage. Der nach dem auf das Arbeitsverhältnis anzuwendenden Recht zu zahlende Stundenlohn ist niedriger als der nach deutschem Recht geschuldete Mindestlohn. A zahlt die Entsendezulage, um die durch die Entsendung tatsächlich entstandenen Kosten seiner Arbeitnehmer zu erstatten. Die Entsendezulage dient nicht dem Zweck, die Differenz zum Mindestlohn auszugleichen.

Ergebnis: Nach § 2b Abs. 1 Satz 2 AEntG dürfen Entsendezulagen, die der Erstattung von Kosten gezahlt werden, die infolge der Entsendung tatsächlich entstanden sind, nicht auf den Mindestlohn angerechnet werden. Als Entsendekosten gelten insbesondere Reise-, Unterbringungs- und Verpflegungskosten.

34.11 Erschwerniszulagen

Sachverhalt: Arbeitnehmer A erhält eine Monatsvergütung von 1.700 EUR brutto bei einer monatlichen Arbeitszeit von 160 Stunden sowie eine Erschwerniszulage von

300 EUR monatlich wegen der besonderen, monatlich tatsächlich anfallenden erschwerten Arbeitsbedingungen.

Ergebnis: Das Arbeitsentgelt setzt sich aus der vereinbarten Monatsvergütung von 1.700 EUR und der Erschwerniszulage von 300 EUR zusammen. Auch die Erschwerniszulage ist eine Gegenleistung für die tatsächlich geleistete Arbeit. Sie kann daher auf den Mindestlohnanspruch angerechnet werden. Dabei ist nicht von Bedeutung, in welchem Umfang eine Erschwer eintritt. Erschwerniszulagen können Schmutzzulagen, Gefahrenzulagen, Spätschicht- oder Wechselzulagen sein.

A hat einen Stundenlohn von 12,50 EUR brutto, der damit den Mindestlohn übersteigt.

34.12 Fahrtkostenzuschuss

Sachverhalt: Der Arbeitnehmer hat Anspruch auf einen Stundenlohn von 9 EUR bei einer Arbeitszeit von 160 Stunden. Zusätzlich dazu erhält er monatlich einen Fahrtkostenzuschuss für die Fahrten zwischen Wohnung und Betrieb von 100 EUR. Der Betrieb liegt in einer verkehrsmäßig schlecht erschlossenen Region. Der Fahrkostenzuschuss soll ein Anreiz sein, den ungünstigen Weg zum Betrieb in Kauf zu nehmen.

Ergebnis: Der Fahrtkostenzuschuss darf nicht angerechnet werden, er stellt keinen Gegenwert für die geleistete Arbeit dar.[11] Mit dem Fahrkostenzuschuss verfolgt der Arbeitgeber den Zweck, Arbeitnehmer zu motivieren, trotz der ungünstigen Anfahrt in seinem Betrieb zu arbeiten. Der gesetzliche Mindestlohn von 12,41 EUR wird daher nicht erreicht.

34.13 Freiwillige einmalige Leistungen

Sachverhalt: Arbeitnehmer A hat Anspruch auf einen Stundenlohn von 9 EUR bei einer monatlichen Arbeitszeit von 160 Stunden. Für besondere Leistungen zahlt der Arbeitgeber gelegentlich eine Prämie von 100 EUR/Monat. Ein Rechtsanspruch besteht hierauf nicht.

Ergebnis: A erhält ohne Prämie einen Arbeitslohn von 1.440 EUR (160 Stunden x 9 EUR/Stunde). Der ihm zustehende Mindestlohn von 12,41 EUR/Stunde wird um 545.60 EUR unterschritten (160 Stunden x 9 EUR/Stunde – 1.985,60 EUR).

11 LAG Hamburg, Urteil v. 26.8.2014, 2 Sa 70/13.

Die gelegentliche Zahlung der Prämie führt nicht dazu, dass Arbeitnehmer A regelmäßig den Mindestlohn erhält. Die freiwillige Leistung kann jedoch dann, wenn mit dieser die tatsächlich geleistete Arbeitsleistung vergütet werden soll, im Auszahlungsmonat auf den Mindestlohn angerechnet werden, wenn sie vorbehaltlos und unwiderruflich gezahlt wird.

Hinweis: Wird mit der freiwilligen Leistung ein über die Vergütung der tatsächlichen Arbeitsleistung hinausgehender Zweck verfolgt wie z.B. mit einer Gratifikation aus Anlass langjähriger Betriebszugehörigkeit oder eines Betriebsjubiläums, scheidet eine Anrechnung auf den Mindestlohn aus.

34.14 Kost und Logis

Sachverhalt: Arbeitnehmer A ist Saisonarbeitnehmer und erhält einen Bruttolohn von 12 EUR pro Stunde. Von seinem Arbeitgeber erhält er als weitere Leistungen für seine Arbeit Frühstück, Mittag- und Abendessen sowie eine Unterkunft.

Ergebnis: Auf den Mindestlohnanspruch dürfen neben dem Arbeitslohn in Geld **ausschließlich bei Saisonarbeitern** Sachleistungen des Arbeitgebers angerechnet werden. Dabei darf der gesetzliche Mindestlohn nicht unterschritten werden und die Anrechnung der Sachleistungen die Höhe des pfändbaren Teils des Arbeitsentgelts nicht übersteigen (entsprechend § 107 Abs. 2 Satz 5 GewO i.V.m. § 394 BGB (Pfändungsfreigrenze)). Es wird der für eine ledige, nicht unterhaltspflichtige Person maßgebliche Betrag zugrunde gelegt. Unterkunft und Verpflegung sind mit den Werten nach § 2 SvEV zu berücksichtigen.

Ob ein Arbeitnehmer unter Berücksichtigung von Sachleistungen seinen Mindestlohn erhält, ist in jedem Einzelfall unter Beachtung der Pfändungsfreigrenze zu prüfen.

34.15 Mankogeld

Sachverhalt: Der Arbeitnehmer hat Anspruch auf eine Festvergütung von 10 EUR pro Stunde bei einer Arbeitszeit von 160 Stunden. Zusätzlich erhält er monatlich ein Mankogeld i.H.v. 100 EUR.

Ergebnis: Mankogeld darf nicht angerechnet werden, da es keinen Gegenwert zur geleisteten Arbeit darstellt, sondern eine besondere Entschädigung vorwiegend für Arbeitnehmer im Kassen- oder Zähldienst zum Ausgleich von Kassenverlusten, die auch bei Anwendung der gebotenen Sorgfalt auftreten können. Der gesetzliche Mindestlohn wird daher in diesem Fall nicht erreicht.

34.16 Nachtzuschlag – keine Anrechnung auf den Mindestlohn

Sachverhalt: Der Arbeitnehmer A arbeitet in Wechselschicht und erhält für die Nachtarbeit einen Zuschlag[12] von 25% auf seinen Bruttostundenlohn, der 50 Cent unter dem maßgeblichen Mindestlohn liegt. Sein Arbeitgeber B ist der Meinung, mit dem Nachtzuschlag den tatsächlich gezahlten Stundenlohn auf den Mindestlohn aufstocken zu können.

Ergebnis: Mit der Zahlung des Nachtzuschlags kann B den Mindestlohnanspruch nicht erfüllen. Von den im arbeitsvertraglichen Austauschverhältnis erbrachten Entgeltzahlungen des Arbeitgebers fehlt nach der Rechtsprechung des BAG solchen Zahlungen die Erfüllungswirkung, die – wie z.B. der Nachtzuschlag nach § 6 Abs. 5 ArbZG – auf einer besonderen gesetzlichen Zweckbestimmung beruhen.[13] B muss daher die Differenz zwischen dem gezahlten Stundenlohn und dem geschuldeten Mindestlohn nachzahlen und den Nachtzuschlag auf Grundlage des Mindestlohns berechnen.

34.17 Nachtzuschlag – kein Nachtzuschlag trotz entsprechender Bezeichnung

Sachverhalt: Der Arbeitnehmer A arbeitet regelmäßig von 16–24 Uhr in einem Logistikzentrum. Für die Arbeit während der Nachtzeit i.S.v. § 2 Abs. 3 ArbZG, d.h. für eine Stunde, zahlt sein Arbeitgeber freiwillig einen als Nachtzuschlag bezeichneten Zuschlag von 20% auf den Bruttostundenlohn, der einen Euro unter dem Mindestlohn liegt. Der Arbeitgeber B ist der Auffassung, dass der Zuschlag auf den Mindestlohnanspruch angerechnet werden kann.

Ergebnis: Der Zuschlag kann auf den Mindestlohnanspruch angerechnet werden.

Erreicht die vom Arbeitgeber tatsächlich gezahlte Vergütung den gesetzlichen Mindestlohn nicht, begründet dies von Gesetzes wegen einen Anspruch auf Differenzvergütung, wenn der Arbeitnehmer in der Abrechnungsperiode für die geleisteten Arbeitsstunden im Ergebnis nicht mindestens den geltenden Mindestlohn erhält. Grundsätzlich sind alle im Synallagma stehenden Geldleistungen des Arbeitgebers geeignet, den Mindestlohnanspruch des Arbeitnehmers zu erfüllen. Von den im arbeitsvertraglichen Austauschverhältnis erbrachten Entgeltzahlungen des Arbeitgebers

12 Die nachfolgenden Fallbeispiele gelten für den gesetzlichen Anspruch auf Nachtzuschlag nach § 6 Abs. 5 ArbZG. Anstelle eines Nachtzuschlags kann als Ausgleich für die während der Nacht geleisteten Arbeitsstunden eine angemessene Zahl bezahlter freier Tage gewährt werden. Tarifverträge können nach § 6 Abs. 5 ArbZG abweichende Ausgleichsregelungen vorsehen.

13 BAG, Urteil v. 25.6.2016, 5 AZR 135/16.

fehlt nur solchen Zahlungen die Erfüllungswirkung, die auf einer besonderen gesetzlichen Zweckbestimmung wie der Nachtzuschlag beruhen.[14]

A ist kein Nachtarbeitnehmer, da er weder aufgrund seiner Arbeitszeitgestaltung normalerweise Nachtarbeit in Wechselschicht zu leisten hat, noch Nachtarbeit an mindestens 48 Tagen im Kalenderjahr leistet. Nachtarbeit setzt nach § 2 Abs. 4 ArbZG Arbeit voraus, die mehr als 2 Stunden der Nachtzeit umfasst. Diese Mindestarbeitszeit zur Nachtzeit wird von A mit nur einer Arbeitsstunde während der Nachtzeit unterschritten. Es ist ohne Bedeutung, dass der Arbeitgeber B diesen Zuschlag als Nachtzuschlag bezeichnet. Auf die Bezeichnung einer Arbeitgeberleistung kommt es nicht an.[15]

34.18 Ortszulage

Sachverhalt: Arbeitnehmer A hat Anspruch auf einen Stundenlohn von 10 EUR/Stunde bei einer Arbeitszeit von 160 Stunden. Ergänzend dazu erhält er monatlich 100 EUR als Ortszulage, weil der Betrieb in einer Stadt liegt, in der die Wohnungsmieten sehr hoch sind.

Ergebnis: Es kommt auf den Zweck der Leistung des Arbeitgebers an. Die Ortszulage wird hier nicht für die tatsächliche Arbeitsleistung gezahlt, sondern um Arbeitnehmer zu bewegen, trotz höherer Mieten in den Ort zu ziehen, in dem der Betrieb seinen Sitz hat.

Mit dem Stundenlohn von 10 EUR wird der Mindestlohn von 12,41 EUR unterschritten.

34.19 Praktikum – Abgrenzung zur Einarbeitung

Sachverhalt: Der Arbeitnehmer A hat sich beim Arbeitgeber B um eine Stelle als Helfer an einem Produktionsband beworben. B will den A, bevor er ihn einstellt, »testen«. B schließt mit A einen als Praktikumsvertrag bezeichneten Vertrag. Dieser sieht kein Entgelt für die geleistete Arbeit vor. Nach einer betrieblichen Einarbeitung von 2 Tagen arbeitet A wie alle anderen Arbeitnehmer am Band mit.

Ergebnis: A hat Anspruch zumindest auf den allgemeinen Mindestlohn für alle von ihm geleisteten Arbeitsstunden, da er kein Praktikant ist. Praktikant ist nach § 22 Abs. 1 Satz 3 MiLoG unabhängig von der Bezeichnung des Rechtsverhältnisses, wer sich

14 BAG, Urteil v. 25.6.2016, 5 AZR 135/16.

15 S. BAG, Urteil v. 12.10.2010, 9 AZR 522/09, Rz. 23, für eine als Urlaubsgeld bezeichnete Sonderzahlung.

nach der tatsächlichen Ausgestaltung und Durchführung des Vertragsverhältnisses für eine begrenzte Dauer zum Erwerb praktischer Kenntnisse und Erfahrungen einer bestimmten betrieblichen Tätigkeit zur Vorbereitung auf eine berufliche Tätigkeit unterzieht, ohne dass es sich dabei um eine Berufsausbildung i. S. d. BBiG oder um eine damit vergleichbare praktische Ausbildung handelt. Abgesehen von der kurzen betriebsüblichen Einarbeitung von 2 Tagen sind dem A keine praktischen Kenntnisse vermittelt worden. Vielmehr arbeitet er wie jeder andere Arbeitnehmer am Band im Produktionsprozess mit.

34.20 Praktikum – berufsbegleitendes Praktikum vor Berufsausbildung

Sachverhalt: Der zukünftige Auszubildende A schließt im August mit dem Betrieb B einen Ausbildungsvertrag über eine Berufsausbildung i. S. d. BBiG. Die Ausbildung beginnt im Oktober. Vorher, im September, macht A bei B noch ein Praktikum. Eine Betriebsvereinbarung sieht vor, dass ein solches Praktikum unentgeltlich ist.

Ergebnis: Unterstellt, dass das Praktikum einen inhaltlichen Bezug zur Berufsausbildung hat (ein zeitlicher Bezug besteht), handelt es sich dabei um ein berufsbegleitendes Praktikum i. S. v. § 22 Abs. 1 Satz 2 Nr. 3 MiLoG. A hat daher keinen Anspruch auf den allgemeinen Mindestlohn. Er hat jedoch Anspruch auf eine angemessene Vergütung nach § 26 i. V. m. § 17 Abs. 1 BBiG. Die Betriebsvereinbarung ist nach § 25 BBiG nichtig, da sie zuungunsten von Praktikanten von § 17 Abs. 1 BBiG abweicht.

34.21 Praktikum – Unterbrechung eines Orientierungspraktikums

Sachverhalt: Die Praktikantin P vereinbarte mit dem B, Betreiber einer Reitanlage, ein dreimonatiges Praktikum zur Orientierung für eine Berufsausbildung als Pferdewirtin. Das Praktikum begann am 6.8. Vom 3.–6.9. war P arbeitsunfähig krank. Vom 20.10. bis zum 11.11. machte sie in Absprache mit B zunächst Urlaub, anschließend verbrachte sie »Schnuppertage« auf anderen Pferdehöfen. B zahlte der P während des Praktikums keine Vergütung. P forderte von B eine Vergütung in Höhe des gesetzlichen Mindestlohns. Sie ist der Auffassung, die gesetzlich festgelegte Höchstdauer eines Orientierungspraktikums von 3 Monaten sei überschritten.

Ergebnis: P hat keinen Anspruch auf den allgemeinen Mindestlohn. Nach § 22 Abs. 1 Satz 2 MiLoG gelten Praktikanten i. S. v. § 26 BBiG in mindestlohnrechtlicher Hinsicht grundsätzlich als Arbeitnehmer. Etwas anderes gilt nach § 22 Abs. 1 Satz 2 Nr. 2 MiLoG, wenn sie ein Praktikum von bis zu 3 Monaten zur Orientierung für eine Berufsausbildung oder für die Aufnahme eines Studiums leisten. In diesem Fall haben sie keinen Anspruch auf den allgemeinen Mindestlohn. Das Praktikum der P in der Zeit vom 6.8. bis zum 11.11. hat die maßgebliche Höchstdauer von 3 Monaten nicht überschritten. Ein Orientierungspraktikum, das aus Gründen, die in der Person des Praktikanten liegen, rechtlich oder tatsächlich unterbrochen wird (z. B. wegen Arbeitsunfähigkeit oder auf eigenen Wunsch des Praktikanten), kann um die Zeit der Unterbrechung verlängert werden, wenn zwischen den einzelnen Praktikumsabschnitten ein sachlicher und zeitlicher Zusammenhang besteht und die tatsächliche Praktikantentätigkeit die Höchstdauer von insgesamt 3 Monaten nicht überschreitet.[16]

34.22 Praktikum – Vergütung eines Orientierungspraktikums

Sachverhalt: Die Praktikantin P macht ein freiwilliges dreimonatiges Praktikum zur Orientierung auf eine Berufsausbildung im Betrieb B. B zahlt ihr eine Vergütung in Höhe von 400 EUR je Monat. P ist dies zu wenig. Sie ist der Meinung, sie habe einen Anspruch auf eine höhere Vergütung.

Ergebnis: Ein Anspruch auf eine Vergütung in Höhe des allgemeinen Mindestlohns scheidet aus, da P ein dreimonatiges Orientierungspraktikum zur Berufsausbildung i. S. v. § 22 Abs. 1 Satz 2 Nr. 2 MiLoG leistet. Sie hat auch keinen Anspruch auf eine Mindestvergütung für Auszubildende nach § 17 Abs. 2 BBiG. Für andere Vertragsverhältnisse i. S. d. § 26 BBiG, zu denen nach § 22 Abs. 1 Satz 2 MiLoG auch Praktika zählen, gilt § 17 Abs. 2 BBiG wegen des fehlenden Verweises nicht. P hat daher nur Anspruch auf eine angemessene Vergütung. Welche Vergütung angemessen ist, kann nicht generell beantwortet werden, sondern ist abhängig von der Branche, in der das Praktikum geleistet wird. Bei fehlender Tarifbindung ist es Aufgabe der Vertragsparteien, die Höhe der Vergütung zu vereinbaren. Sie haben dabei einen Spielraum unter Abwägung ihrer Interessen und unter Berücksichtigung der besonderen Umstände des Einzelfalls.[17]

34.23 Provision mit Vorschusszusage

Sachverhalt: Arbeitnehmer A erhält neben der vereinbarten Grundvergütung von 1.500 EUR eine Provision. Die Provision beträgt im Durchschnitt 1.500 EUR. Unwiderruflich zugesagt ist ihm die Auszahlung eines Provisionsvorschusses von 500 EUR pro Monat.

---

16 BAG, Urteil v. 30.1.2019, 5 AZR 556/17.

17 BAG, Urteil v. 29.4.2015, 9 AZR 78/14.

Ergebnis: Arbeitnehmer A erhält pro Monat zumindest 2.000 EUR und damit mehr als 12,41 EUR pro Stunde (2.000 EUR / 160 Stunden = 12,50 EUR pro Stunde).

34.24 Provision ohne Vorschusszusage

Sachverhalt: Arbeitnehmer A erhält neben der vereinbarten Grundvergütung von 1.200 EUR bei einer monatlichen Arbeitszeit von 160 Stunden eine umsatzabhängige Provision. Die Provision betrug im Durchschnitt der letzten 12 Monate rund 1.500 EUR monatlich. Ein Vorschuss ist nicht zugesagt, die Abrechnung erfolgt monatlich nachträglich.

Ergebnis: Eine auf einen vertraglichen Provisionsanspruch beruhende Zahlung des Arbeitgebers kann nur dann auf den Mindestlohnanspruch angerechnet werden, wenn der Anspruch auf die Provision in demselben Monat wie der Mindestlohnanspruch für die geleisteten Arbeitsstunden entsteht. So muss der z. B. im Januar entstandene Provisionsanspruch zusammen mit den im Januar geleisteten Arbeitsstunden spätestens an dem nach § 2 Abs. 1 MiLoG maßgeblichen Fälligkeitstermin im Februar vorbehaltlos und unwiderruflich abgerechnet und gezahlt werden.

34.25 Rufbereitschaft

Sachverhalt: Arbeitnehmer A hat Anspruch auf eine Festvergütung von 10 EUR pro Stunde bei einer Arbeitszeit von 160 Stunden. Zuzüglich erhält er eine Zulage für Rufbereitschaft in Höhe von 200 EUR monatlich.

Ergebnis: Rufbereitschaft setzt in Abgrenzung zum Bereitschaftsdienst voraus, dass der Arbeitnehmer nicht gezwungen ist, sich am Arbeitsplatz oder einer anderen vom Arbeitgeber bestimmten Stelle aufzuhalten, sondern – unter freier Wahl des Aufenthaltsortes – lediglich jederzeit erreichbar sein muss, um auf Abruf des Arbeitgebers die Arbeit alsbald aufnehmen zu können. Ob ein Anspruch auf den Mindestlohn für Zeiten der Rufbereitschaft besteht, ist strittig. Eine höchstrichterliche Entscheidung steht noch aus. Fällt während der Rufbereitschaft Arbeit an, muss der Arbeitgeber diese immer zumindest mit dem Mindestlohn vergüten.

Unabhängig von der Antwort auf die Frage, ob Rufbereitschaft mit dem Mindestlohn zu vergüten ist, handelt es sich bei der Zulage für die Rufbereitschaft um eine Leistung des Arbeitgebers, mit der dieser eine – wenn auch weniger intensive – Arbeitsleistung des Arbeitnehmers vergüten will. Sie kann daher auf den Mindestlohn angerechnet werden.

34.26 Sonn- und Feiertagszulagen

Sachverhalt: Arbeitnehmer A arbeitet aufgrund vertraglicher Vereinbarung regelmäßig an Sonn- und Feiertagen. Zu seiner Grundvergütung von 1.700 EUR bei einer monatlichen Arbeitszeit von 160 Stunden erhält er an Sonn- und Feiertagszulagen durchschnittlich 300 EUR.

Ergebnis: Die Sonn- und Feiertagszulagen sind Gegenleistung für die reguläre Arbeitsleistung und dürfen daher bei der Berechnung des Mindestlohns berücksichtigt werden.

34.27 Stücklohn

Sachverhalt: Arbeitnehmer A, der 160 Stunden im Monat arbeitet, erhält zusätzlich zu einem festen Grundgehalt von 1.000 EUR pro Monat einen Stücklohn von 0,20 EUR pro gefertigtem Produkt. Im Schnitt erreicht er damit regelmäßig eine Gesamtbruttomonatsvergütung von 2.000 EUR.

Ergebnis: Stücklöhne sind zulässig, wenn sichergestellt ist, dass der Arbeitnehmer je tatsächlich geleisteter Arbeitsstunde den Mindestlohn erhält.

Die monatliche Gesamtvergütung von 2.000 EUR brutto übersteigt den Mindestlohnanspruch von 1.985,60 EUR (160 Stunden x 12,41 EUR pro Stunde).

34.28 Überstundenzuschläge

Sachverhalt: Ein Arbeitnehmer hat Anspruch auf eine Festvergütung von 10 EUR pro Stunde bei einer vertraglich vereinbarten Arbeitszeit von 160 Arbeitsstunden im Monat. Er erhält außerdem regelmäßig im Durchschnitt pro Monat für geleistete Überstunden 300 EUR.

Ergebnis: Jede Überstunde muss wie jede andere Arbeitsstunde mit dem Mindestlohn vergütet werden. Zahlt der Arbeitgeber für jede Überstunde einen Überstundenzuschlag, kann dieser auf den Mindestlohnanspruch im Abrechnungszeitraum angerechnet werden. Der Mindestlohnanspruch ist nicht von den mit der Arbeitsleistung verbundenen Umständen abhängig.[18]

18 BAG, Urteil v. 25.5.2016, 5 AZR 135/16, Rz. 30.

Ob im Ausgangsfall der Mindestlohn erreicht wird, hängt von der Zahl der geleisteten Überstunden ab, die den regulären Arbeitsstunden hinzuzurechnen sind.

34.29 Urlaubsgeld, Einmalzahlung

Sachverhalt: Vertraglich vereinbart sind 8,30 EUR/Stunde sowie ein Urlaubsgeld in Höhe einer halben Monatsvergütung, ausgezahlt mit dem Juli-Gehalt des Jahres bei einer monatlichen Arbeitszeit von 160 Stunden.

Ergebnis: Bei einer als Urlaubsgeld bezeichneten Sonderzahlung des Arbeitgebers ist für die Anrechenbarkeit auf den Mindestlohn der vom Arbeitgeber verfolgte Zweck der Leistung maßgeblich. Allein aus der Bezeichnung »Urlaubsgeld« kann nicht zwingend auf einen Zusammenhang mit der Urlaubsgewährung geschlossen werden. Wird die Zuwendung in einer Summe unabhängig von der Urlaubsgewährung geleistet, kann sie im Monat der Auszahlung auf den Mindestlohn angerechnet werden.

Im Juli erhält der Arbeitnehmer für die geleistete Arbeitszeit 1.328 EUR (160 Stunden x 8,30 EUR pro Stunde) sowie ein »Urlaubsgeld« von 664 EUR (1.328 EUR ./. 2), also insgesamt 1.992 EUR. Damit ist der Mindestlohnanspruch von 1.985,60, EUR (160 Stunden x 12,41 EUR/Stunde) erfüllt.

34.30 Urlaubsgeld, ratierliche Zahlung

Sachverhalt: Vertraglich vereinbart sind 12 EUR pro Stunde sowie ein Urlaubsgeld in Höhe einer halben Monatsvergütung, zahlbar jeweils $^{1}/_{12}$ pro Monat bei einer monatlichen Arbeitszeit von 160 Stunden.

Ergebnis: Die als Urlaubsgeld bezeichnete Zuwendung des Arbeitgebers wird nicht akzessorisch zur Urlaubsgewährung, sondern in monatlichen gleichbleibenden Raten gezahlt. Sie kann daher auf den Mindestlohn angerechnet werden.

Das Urlaubsgeld beträgt 160 Stunden x 12 EUR ./. 2=960 EUR. Pro Monat werden 80 EUR bzw. pro Stunde 0,50 EUR ausbezahlt. Der Stundenlohn pro Monat beträgt daher 12 EUR+0,50 EUR=12,50 EUR und liegt damit über dem gesetzlichen Mindestlohn von 12,41 EUR.

34.31 Vermögenswirksame Leistungen

Sachverhalt: Arbeitnehmer A hat Anspruch auf eine Festvergütung von 10 EUR pro Stunde bei einer Arbeitszeit von 160 Stunden zuzüglich 45 EUR vermögenswirksame Leistungen pro Monat.

Ergebnis: Vermögenswirksame Leistungen dürfen nicht angerechnet werden, da sie dem Vermögensaufbau dienen und damit keine Gegenleistung für die normale Arbeitsleistung darstellen.[19] Der gesetzliche Mindestlohn wird daher nicht erreicht, Arbeitnehmer A hat seit 1.1.2024 Anspruch auf 12,41 EUR pro Stunde.

34.32 Verstetigtes Arbeitsentgelt

Sachverhalt: Die Arbeitnehmerin B arbeitet arbeitsvertraglich 38,5 Stunden je Woche. Dafür erhält sie ein verstetigtes Arbeitsentgelt von 2.100 EUR.

Ergebnis: Ein verstetigtes Arbeitsentgelt, d. h. ein Arbeitsentgelt, das unabhängig von der Zahl der Arbeitstage im Monat jeden Monat gleich hoch ist, muss mindestens in der Höhe gezahlt werden, die sich unter Anwendung der Formel

»Zahl der Arbeitsstunden je Woche multipliziert mit 13 Wochen geteilt durch 3 Monate multipliziert mit dem Mindestlohn je Stunde«

errechnet.

Das verstetigte monatliche Arbeitsentgelt von 2.100 EUR übersteigt den Mindestlohnanspruch von 2.070,40 EUR (38,5 Stunden/Woche x 13 Wochen ./. 3 Monate x 12,41 EUR/Stunde).

34.33 Weihnachtsgeld, Einmalzahlung

Sachverhalt: Vertraglich vereinbart sind 10 EUR pro Stunde bei einer monatlichen Arbeitszeit von 160 Stunden sowie ein Weihnachtsgeld in Höhe einer halben Monatsvergütung, zahlbar im Dezember eines Jahres.

---

19 BAG, Urteil v. 18.4.2012, 4 AZR 168/10: Danach sind vom Arbeitgeber erbrachte vermögenswirksame Leistungen nicht auf Mindestlohnansprüche anzurechnen, da ihr Zweck der langfristigen Vermögensbildung in Arbeitnehmerhand nicht funktional gleichwertig mit dem Zweck des Mindestlohns ist.

Ergebnis: Ob die als Weihnachtsgeld bezeichnete Leistung auf den Mindestlohn angerechnet werden kann, hängt von dem Zweck ab, den der Arbeitgeber mit der Leistung verfolgt. Die Bezeichnung ist in der Regel rechtlich unerheblich. Entscheidend sind die Ausgestaltung der Leistung und der vom Arbeitgeber mit ihr verfolgte Zweck. Eine Anrechnung auf den Mindestlohn scheidet aus, wenn mit der Zahlung andere Ziele als die Vergütung von Arbeitsleistung verfolgt werden. Dies können z. B. die Honorierung von im abgelaufenen Jahr erwiesener oder Motivation für künftige Betriebstreue oder ein Beitrag zu den oft erhöhten Aufwendungen aus Anlass des Weihnachtsfestes sein.

34.34 Weihnachtsgeld, ratierliche Zahlung

Sachverhalt: Vertraglich vereinbart sind 10 EUR pro Stunde bei einer vertraglich vereinbarten Arbeitszeit von 160 Stunden/Monat sowie ein Weihnachtsgeld in Höhe einer halben Monatsvergütung, zahlbar jeweils $^{1}/_{12}$ pro Monat.

Ergebnis: Ein anteilig auf den Monat aufgeteiltes so genanntes Weihnachtsgeld dürfte in der Regel seinen Gratifikationscharakter verloren haben und im Zweifel auf den Mindestlohn anrechenbar sein. Eine höchstrichterliche Rechtsprechung steht noch aus.

34.35 Werkzeuggeld

Sachverhalt: Der Arbeitnehmer hat Anspruch auf eine Festvergütung von 10 EUR pro Stunde bei einer Arbeitszeit von 160 Stunden, zzgl. 100 EUR monatlich Werkzeuggeld.

Ergebnis: Werkzeuggeld wird nicht als Gegenleistung für die Arbeitsleistung gezahlt und darf daher nicht angerechnet werden. Der gesetzliche Mindestlohn von 12,41 EUR je Stunde wird nicht erreicht.

35 Mutterschutz

Carola Hausen

35.1 Geburt zum errechneten Termin

Sachverhalt: Eine Arbeitnehmerin ist schwanger. Nach ärztlicher Bescheinigung ist der voraussichtliche Entbindungstermin der 28.12.
Das Kind wird am 28.12. geboren.

Wann sind Beginn und Ende der Mutterschutzfrist?

Ergebnis: Die Mutterschutzfrist beträgt mindestens 14 Wochen und einen Tag (6 Wochen vor dem errechneten Geburtstermin und 8 Wochen nach der Geburt).

Da das Kind zum errechneten Termin zur Welt kommt, beträgt die Mutterschutzfrist in diesem Fall genau 14 Wochen plus 1 Tag.

Sie beginnt am 16.11., 6 Wochen vor dem errechneten Geburtstermin, und endet 8 Wochen nach der Geburt am 22.2. des Folgejahres.

35.2 Geburt 3 Tage nach errechnetem Termin

Sachverhalt: Eine Arbeitnehmerin ist schwanger. Nach ärztlicher Bescheinigung ist der voraussichtliche Entbindungstermin der 28.12.

Die Geburt erfolgt am 31.12.

Wann endet die Mutterschutzfrist?

Ergebnis: Die Mutterschutzfrist beträgt 14 Wochen und 4 Tage (6 Wochen vor dem errechneten Geburtstermin und 8 Wochen nach der Geburt).

Da das Kind 3 Tage nach dem errechneten Termin zur Welt kommt, beträgt die Mutterschutzfrist in diesem Fall 14 Wochen plus 4 Tage (28.12., 29.12., 30.12. und 31.12.). Sie beginnt am 16.11., 6 Wochen vor dem errechneten Termin, und endet 8 Wochen nach der Geburt am 25.2. des Folgejahres.

35.3 Geburt 9 Tage vor errechnetem Termin

Sachverhalt: Eine Arbeitnehmerin ist schwanger. Nach ärztlicher Bescheinigung ist der voraussichtliche Entbindungstermin der 28.12.
Das Kind wird bereits am 19.12. geboren.

Wann endet die Mutterschutzfrist?

Ergebnis: Die Mutterschutzfrist beträgt mindestens 14 Wochen und einen Tag (6 Wochen vor dem errechneten Geburtstermin und 8 Wochen nach der Geburt).

Die Mutterschutzfrist beginnt am 16.11., 6 Wochen vor dem errechneten Termin. Die nicht in Anspruch genommenen 9 Tage wegen vorzeitiger Entbindung gehen jedoch nicht verloren.

Die 8-Wochenfrist nach der Geburt beginnt am 20.12. und reicht bis zum 13.2. des Folgejahres. Die nicht in Anspruch genommenen Tage zwischen Geburt und errechnetem Termin werden jedoch an diesen Zeitraum angehängt.

Die Mutterschutzfrist endet somit 8 Wochen nach dem errechneten Termin am 22.2. des Folgejahres.

35.4 Mehrlingsgeburt

Sachverhalt: Eine Arbeitnehmerin ist schwanger. Nach ärztlicher Bescheinigung ist der voraussichtliche Entbindungstermin der 28.12.
Am 6.12. kommen Zwillinge zur Welt.

Wann endet die Mutterschutzfrist?

Ergebnis: Die Mutterschutzfrist verlängert sich aufgrund der Mehrlingsgeburt um 4 Wochen von 14 Wochen auf 18 Wochen (6 Wochen vor dem errechneten Geburtstermin und 12 Wochen nach der Geburt).

Die Mutterschutzfrist beträgt in diesem Fall 18 Wochen plus 1 Tag. Sie beginnt am 16.11., 6 Wochen vor dem errechneten Termin.

Die 12-Wochenfrist nach der Geburt beginnt am 7.12. und reicht bis zum 28.2. des Folgejahres. Die nicht in Anspruch genommenen 22 Tage zwischen Geburt und errechnetem Termin werden an diesen Zeitraum angehängt.

Die Mutterschutzfrist endet somit am 22.3. des Folgejahres.

Hinweis: Bei Drillingen verlängert sich die 12-Wochen-Frist nicht zusätzlich.

35.5 Frühgeburt

Sachverhalt: Eine Arbeitnehmerin ist schwanger. Nach ärztlicher Bescheinigung ist der voraussichtliche Entbindungstermin der 28.12.
Das Kind wird am 13.11. geboren. Der Arzt bescheinigt eine Frühgeburt.

Wann endet die Mutterschutzfrist?

Ergebnis: Die Mutterschutzfrist beginnt nach dem Tag der Geburt am 14.11., Mutterschaftsgeld erhält die Arbeitnehmerin ab 13.11., dem Tag der Entbindung.

Die 6 Wochen, auf die sie vor der Geburt Anspruch gehabt hätte, gehen ihr nicht verloren. Anschließend erhält sie weitere 12 Wochen wegen der Frühgeburt.

Die Mutterschutzfrist endet am 19.3. des Folgejahres

35.6 Geburt eines Kindes mit Behinderung

Sachverhalt: Eine Arbeitnehmerin ist schwanger. Nach ärztlicher Bescheinigung ist der 28.12. der voraussichtliche Entbindungstermin. Am 6.12. kommt ein Kind mit Behinderung zur Welt. Sie legt darüber eine ärztliche Bescheinigung vor.

Wann endet die Mutterschutzfrist?

Ergebnis: Die Mutterschutzfrist verlängert sich aufgrund der Geburt des Kindes mit Behinderung um 4 Wochen von 14 Wochen auf 18 Wochen (6 Wochen vor dem errechneten Geburtstermin und 12 Wochen nach der Geburt).

Die Mutterschutzfrist beträgt in diesem Fall 18 Wochen plus 1 Tag. Sie beginnt am 16.11., 6 Wochen vor dem errechneten Termin. Die 12-Wochenfrist nach der Geburt beginnt am 7.12. und reicht bis zum 28.2. des Folgejahres. Die nicht in Anspruch genommenen 22 Tage zwischen Geburt und errechnetem Termin werden jedoch an diesen Zeitraum angehängt.

Die Mutterschutzfrist endet somit am 22.3. des Folgejahres.

36 Nachzahlung

Marcus Spahn

36.1 Gehaltserhöhung laufendes Jahr, rückwirkend

Sachverhalt: Eine Arbeitnehmerin mit einem monatlichen Bruttolohn von 3.000 EUR erhält im April eine Lohnerhöhung von monatlich 100 EUR, rückwirkend ab Januar.

Wie wird die rückwirkende Lohnerhöhung für die Monate Januar bis März abgerechnet?

Ergebnis: Im April erhält die Mitarbeiterin für die Monate Januar bis März korrigierte Gehaltsabrechnungen mit einer Erhöhung des laufenden Bruttolohns um 100 EUR. Sowohl steuerrechtlich als auch in der Sozialversicherung handelt es sich bei der Lohnerhöhung um laufenden Arbeitslohn.

Aus Vereinfachungsgründen kann die Nachzahlung i. H. v. 300 EUR allerdings auch wie eine Einmalzahlung behandelt und als solche dem Monat der Auszahlung (April) zugeordnet werden.

36.2 Vorjahr

Sachverhalt: Seit Oktober 2023 übernimmt eine Sachbearbeiterin zusätzliche Aufgaben im Unternehmen. Im März 2024 wird ihr Gehalt rückwirkend um monatlich 200 EUR für die Monate Oktober 2023 bis Februar 2024 erhöht (= 1.000 EUR). Ihr bisheriger monatlicher Bruttolohn beträgt 2.300 EUR und erhöht sich ab März 2024 auf 2.500 EUR.

Wie wird die rückwirkende Lohnerhöhung abgerechnet?

Ergebnis: Im März 2024 erhält die Mitarbeiterin für die Monate Oktober bis Dezember 2023 sowie für Januar und Februar 2024 korrigierte Gehaltsabrechnungen mit einer Erhöhung des laufenden Arbeitslohns um 200 EUR. Der lohnsteuer- und sozialversicherungspflichtige Bruttolohn erhöht sich um diesen Betrag auf 2.500 EUR.

Aus Vereinfachungsgründen können die Nachzahlungen wie eine Einmalzahlung behandelt werden. Um den Charakter des laufenden Arbeitsentgelts dabei nicht zu berühren, ist als Beitragsbemessungsgrenze diejenige des Nachzahlungszeitraums heranzuziehen. Daraus folgt, dass die Nachzahlung für die Monate Oktober bis Dezember 2023 mit einem Gesamtbetrag von 600 EUR dem Dezember 2023 zugeordnet und als Beitragsbemessungsgrenze der Zeitraum vom 1.10.-31.12.2023 herangezogen werden kann. Der laufende Arbeitslohn für den März 2024 beträgt 2.500 EUR zuzüglich 400 EUR Einmalzahlung für den Nachzahlungszeitraum Januar und Februar 2024.

36.3 Rückwirkende Lohnerhöhung, nach Tarifvertrag mit Ausschlussfrist

Sachverhalt: Gemäß Tarifvertrag stand einer Sekretärin für das 5. Beschäftigungsjahr ab Januar des Jahres eine Gehaltserhöhung von monatlich 75 EUR zu. Dies wurde im August des Jahres bemerkt. Aufgrund der Ausschlussfrist von 3 Monaten nach Entstehen des Anspruchs im Tarifvertrag erhält die Mitarbeiterin im August eine Gehaltserhöhung von 75 EUR rückwirkend ab Mai. Der laufende monatliche Arbeitslohn beträgt 1.900 EUR.

Wann bekommt die Mitarbeiterin die Lohnerhöhung gezahlt?

Ergebnis: Im August erhält die Mitarbeiterin für die Monate Mai bis Juli korrigierte Gehaltsabrechnungen, in denen der laufende Arbeitslohn um 75 EUR erhöht wurde. Das laufende Gehalt für den August beträgt 1.975 EUR. Sowohl bei der Berechnung der Lohnsteuer als auch bei der Sozialversicherung wird der Arbeitslohn dem Monat zugeordnet, in dem er entstanden ist.

36.4 Mehrarbeitsvergütung für 8 Monate

Sachverhalt: Ein Arbeitnehmer beantragt im März 2024 die Auszahlung von 100 Überstunden für den Zeitraum September 2023 bis Februar 2024. Die Überstunden wurden zur Flexibilisierung der wöchentlichen Arbeitszeit auf einem Gleitzeitkonto angesammelt. Die Auftragslage ließ einen Freizeitausgleich allerdings nicht zu. Laut Arbeitszeitnachweis entfallen von den 100 Überstunden 60 Stunden auf den Zeitraum September bis Dezember 2023 und 40 Stunden auf den Zeitraum Januar bis Februar 2024. Der Arbeitnehmer hat einen Stundenlohn von 17 EUR.

Wie wird die Überstundenvergütung abgerechnet?

Ergebnis: Entgelt aus Arbeitszeitguthaben wird sozialversicherungsrechtlich wie eine Einmalzahlung behandelt. Im März 2024 werden dem Mitarbeiter 1.700 EUR vergütet. Hierbei handelt es sich um die – laut Arbeitszeitnachweis – entstandenen Überstunden für die Monate September bis Dezember 2023 (60 x 17 EUR) sowie für die Monate Januar bis Februar 2024 (40 x 17 EUR). Dies führt in der Abrechnung März 2024 zu einem sonstigen Bezug von 1.700 EUR (100 x 17 EUR).

36.5 Weihnachtsgeld im März des Folgejahres, Beitragsbemessungsgrenze nicht überschritten

Sachverhalt: Ein Unternehmen zahlt seinem Mitarbeiter im März 2024 das Weihnachtsgeld des Vorjahres von 2.850 EUR aus. Der Bruttolohn des Arbeitnehmers beträgt monatlich 2.850 EUR.

Welchem Zeitraum wird die Einmalzahlung sozialversicherungsrechtlich zugeordnet?

Ergebnis: Bei Einmalzahlungen in den ersten 3 Monaten des Jahres greift ggf. die Märzklausel. Diese Zahlungen werden grundsätzlich dem Zahlungsmonat des laufenden Kalenderjahres zugeordnet. Reicht die anteilige Jahresbeitragsbemessungsgrenze allerdings nicht aus, um den gesamten Betrag der Einmalzahlung zu verbeitragen, ist er in allen Sozialversicherungszweigen dem letzten Entgeltabrechnungszeitraum des Vorjahres zuzuordnen. Dies gilt selbst dann, wenn die anteiligen Jahresbeitragsbemessungsgrenzen nicht in allen Sozialversicherungszweigen überschritten werden.

Kranken- und Pflegeversicherung	
Anteilige Jahresbeitragsbemessungsgrenze 2024 (5.175 EUR x 3 Monate)	15.525 EUR
Beitragspflichtiges Arbeitsentgelt 2024 (2.850 EUR x 3 Monate)	*– 8.550 EUR*
Differenz	6.975 EUR
Renten- und Arbeitslosenversicherung	
Anteilige Jahresbeitragsbemessungsgrenze 2024 (7.550 EUR x 3 Monate)	22.650 EUR
Beitragspflichtiges Arbeitsentgelt 2024 (2.850 x 3 Monate)	*– 8.550 EUR*
Differenz	14.100 EUR

Durch das Weihnachtsgeld von 2.850 EUR werden die anteiligen Beitragsbemessungsgrenzen nicht überschritten, die Einmalzahlung ist dem März 2024 zuzuordnen.

36.6 Prämie im März des Folgejahres, Beitragsbemessungsgrenze wird überschritten

Sachverhalt: Ein Mitarbeiter mit einem monatlichen Gehalt von 4.000 EUR erhält im März 2024 eine Prämie von 4.000 EUR, die er durch besondere Erfolge im Vorjahr erzielt hatte.

Welchem Zeitraum wird die Einmalzahlung sozialversicherungsrechtlich zugeordnet?

Ergebnis: Bei Einmalzahlungen in den ersten 3 Monaten des Jahres greift ggf. die Märzklausel. Diese Zahlungen werden grundsätzlich dem Zahlungsmonat des laufenden Kalenderjahres zugeordnet. Reicht die anteilige Jahresbeitragsbemessungsgrenze allerdings nicht aus, um den gesamten Betrag der Einmalzahlung zu verbeitragen, ist er in allen Sozialversicherungszweigen dem letzten Entgeltabrechnungszeitraum des Vorjahres zuzuordnen. Dies gilt selbst dann, wenn die anteiligen Jahresbeitragsbemessungsgrenzen nicht in allen SV-Zweigen überschritten wird.

Kranken- und Pflegeversicherung	
Anteilige Jahresbeitragsbemessungsgrenze bis März 2024	
(5.175 EUR x 3 Monate)	15.525 EUR
Beitragspflichtiges Arbeitsentgelt bis März 2024	
(4.000 EUR x 3 Monate)	*- 12.000 EUR*
Differenz	3.525 EUR
Renten- und Arbeitslosenversicherung	
Anteilige Jahresbeitragsbemessungsgrenze bis März 2024	
(7.550 EUR x 3 Monate)	22.650 EUR
Beitragspflichtiges Arbeitsentgelt bis März 2024	
(4.000 EUR x 3 Monate)	*- 12.000 EUR*
Differenz	10.650 EUR

Die Einmalzahlung übersteigt die Differenz zwischen der anteiligen Jahresbeitragsbemessungsgrenze in der Kranken- und Pflegeversicherung und dem bisher beitragspflichtigen Arbeitsentgelt (Sonderzahlung: 4.000 EUR > 3.525 EUR). Die Einmalzahlung ist sowohl in der Kranken- und Pflegeversicherung als auch in der Renten- und Arbeitslosenversicherung dem Vorjahr zuzuordnen.

36.7 Prämie im Juni des Folgejahres

Sachverhalt: Im Juni 2024 erhält ein Angestellter eine Prämie in Höhe eines Monatsgehalts für das Jahr 2023. Sein regelmäßiges monatliches Gehalt beträgt 4.750 EUR.

Wie wird die Einmalzahlung sozialversicherungsrechtlich behandelt?

Ergebnis

Kranken- und Pflegeversicherung	
Anteilige Jahresbeitragsbemessungsgrenze bis Juni 2024	
(5.175 EUR x 6 Monate)	31.050 EUR
Beitragspflichtiges Arbeitsentgelt bis Juni 2024	
(4.750 EUR x 6 Monate)	*- 28.500 EUR*
Differenz	2.550 EUR

Von der Einmalzahlung i.H.v. 4.750 EUR sind 2.550 EUR beitragspflichtig in der Kranken- und Pflegeversicherung.

Renten- und Arbeitslosenversicherung

Anteilige Beitragsbemessungsgrenze bis Juni 2024 (7.550 EUR x 6 Monate)	45.300 EUR
Beitragspflichtiges Arbeitsentgelt bis Juni 2024 (4.750 EUR x 6 Monate)	*– 28.500 EUR*
Differenz	16.800 EUR

In der Renten- und Arbeitslosenversicherung wird die Einmalzahlung in voller Höhe verbeitragt, da sie die Differenz zwischen dem bisher gezahlten Arbeitsentgelt und der anteiligen Beitragsbemessungsgrenze (16.800 EUR) nicht überschreitet.

36.8 Lohnsteuerbescheinigung, Nachzahlung im Folgejahr

Sachverhalt: Nachdem die Lohn- und Gehaltsabrechnungen für das vergangene Jahr komplett abgeschlossen sind, führt die Lohnbuchhaltung den Jahresabschluss durch. In diesem Zusammenhang werden die Lohnsteuerbescheinigungen bis Ende Februar elektronisch an die Finanzverwaltung übermittelt.

In der ersten Märzwoche fällt auf, dass ein Mitarbeiter im Dezember des Vorjahres eine Provision von 500 EUR erhalten hat, die bisher nicht dem Lohnsteuerabzug unterworfen wurde.

Kann eine nachträgliche Korrektur der Entgeltabrechnung für den Dezember erfolgen?

Ergebnis: Eine Korrektur der Entgeltabrechnungen für Dezember ist nicht mehr möglich, da die Lohnsteuerbescheinigung für das vergangene Jahr bereits elektronisch übermittelt wurde. Eine Änderung des durchgeführten Lohnsteuerabzugs ist nach Absendung der Lohnsteuerbescheinigung nicht mehr zulässig.

Wenn der Arbeitgeber die Lohnsteuer nicht nachträglich einbehalten kann, weil er die Lohnsteuerbescheinigung bereits übermittelt hat, so muss er diese Fälle dem Betriebsstättenfinanzamt unverzüglich anzeigen.

Hinweis: Die Korrektur einer bereits an das Finanzamt übermittelten Lohnsteuerbescheinigung ist nur ausnahmsweise möglich, wenn es sich um eine bloße Berichtigung eines zunächst unrichtig übermittelten Datensatzes handelt.

36.9 Lohnsteuerbescheinigung, Nachzahlung nach Beschäftigungsende

Sachverhalt: Ein Mitarbeiter mit Steuerklasse III und einem Monatsgehalt von 2.500 EUR beendet sein Arbeitsverhältnis zum 31.3. Zum 1.4. nimmt er eine Tätigkeit bei einem anderen Arbeitgeber auf.

Am 1.4. wird das Lohnkonto des ehemaligen Mitarbeiters abgeschlossen. Die Lohnsteuerbescheinigung wird elektronisch an die Finanzverwaltung übermittelt. Ein Ausdruck hiervon, die Entgeltabrechnung für März und die weiteren Arbeitspapiere werden dem ehemaligen Mitarbeiter zugesandt.

Mitte April stellt der mittlerweile ausgeschiedene Mitarbeiter fest, dass bei der letzten Entgeltabrechnung für März seine Überstundenvergütung von insgesamt 1.500 EUR nicht abgerechnet wurde. Der Anspruch des Arbeitnehmers auf die Überstundenvergütung besteht zu Recht, die Auszahlung soll nachgeholt werden.

Wie und in welchem Entgeltzahlungszeitraum müssen die 1.500 EUR abgerechnet werden?

Ergebnis: Das Lohnkonto für den Mitarbeiter ist bereits abgeschlossen und die Lohnsteuerbescheinigung an die Finanzverwaltung übermittelt. Eine Korrektur des Lohnsteuerabzugs ist nach der erstmaligen Übermittlung der Lohnsteuerbescheinigung nicht mehr möglich. Da der Mitarbeiter bereits aus dem Arbeitsverhältnis ausgeschieden ist und bei einem anderen Arbeitgeber die Tätigkeit aufgenommen hat, kann die Berechnung der Nachzahlung nicht mit der bisherigen Steuerklasse III erfolgen. Die Überstundenvergütung muss als sonstiger Bezug zwingend nach der Steuerklasse VI versteuert werden.

Die Nachzahlung i. H. v. 1.500 EUR wird nach der Steuerklasse VI als sonstiger Bezug abgerechnet. Als Bemessungsgrundlage für das voraussichtliche Jahresentgelt gilt in diesem Fall das bisherige Gehalt des Mitarbeiters. Daraus ergibt sich ein voraussichtliches Jahresentgelt von 30.000 EUR (12 x 2.500 EUR).

Die Lohnsteuerbescheinigung mit der Nachzahlung i. H. v. 1.500 EUR sowie die fälligen Steuerbeträge müssen unter der Steueridentifikationsnummer des Mitarbeiters elektronisch an die Finanzverwaltung gemeldet werden.

Praxistipp: Können zum Zeitpunkt der Nachberechnung (hier April) die ELStAM mit der eingetragenen Steuerklasse III abgerufen werden, kann der Nachzahlungsbetrag nach der Steuerklasse III besteuert werden, wenn der Arbeitnehmer

- im Zeitpunkt der Zahlung von keinem anderen Arbeitgeber Arbeitslohn bezieht oder
- in die Selbstständigkeit wechselt oder
- Rente bezieht.

In solchen Fällen kann das voraussichtliche Jahresentgelt nach den Angaben des Arbeitnehmers geschätzt werden bzw. es kann auf die ELStAM zurückgegriffen werden.

Außerdem ist bei unterjähriger Beendigung eines Arbeitsverhältnisses die Meldung der Lohnsteuerbescheinigung bis zum letzten Tag des Februars des Folgejahres zulässig. Um eventuelle weitere Nachmeldungen zu vermeiden, sollten solche Fälle so spät wie möglich elektronisch an die Finanzverwaltung gemeldet werden. Eine vorzeitige Meldung wird aber ausdrücklich zugelassen.

37 Nebenbeschäftigung

Peter Schmitz

37.1 Minijob

Sachverhalt: Eine Servicekraft arbeitet wöchentlich 30 Stunden für ein Arbeitsentgelt von 1.950 EUR monatlich. Sie ist gesetzlich krankenversichert. An 4 Samstagen im Monat arbeitet sie zusätzlich je 8 Stunden in einem Baumarkt für 12,50 EUR in der Stunde. Auf die Rentenversicherungspflicht hat sie bei dieser Tätigkeit verzichtet.

Wie werden die Beschäftigungen lohnsteuer- und sozialversicherungsrechtlich behandelt?

Ergebnis: Für die Hauptbeschäftigung als Servicekraft besteht Sozialversicherungspflicht in allen Zweigen. Die Lohnsteuer und die Annexsteuern (Solidaritätszuschlag und Kirchensteuer) werden nach den ELStAM einbehalten.

Die Nebenbeschäftigung im Baumarkt mit 400 EUR monatlich ist eine geringfügig entlohnte Beschäftigung, für die der Arbeitgeber Pauschalabgaben zur Sozialversicherung von 28% (15% RV, 13% KV) abführt. Die Übernahme der Pauschalsteuer durch den Arbeitgeber ist arbeitsvertraglich ausgeschlossen. Die Mitarbeiterin muss deshalb die 2% Pauschalsteuer von 400 EUR (8 EUR) selbst tragen. Der Auszahlungsbetrag reduziert sich auf 392 EUR.

Der Arbeitgeber muss folgende Beträge an die Minijob-Zentrale abführen:

Rentenversicherung: 15% v. 400 EUR	60,00 EUR
Krankenversicherung: 13% v. 400 EUR	+ 52,00 EUR
U1 (Ausgleich der Arbeitgeberaufwendungen bei Krankheit): 1,1% v. 400 EUR	+ 4,40 EUR
U2 (Ausgleich der Arbeitgeberaufwendungen bei Schwangerschaft und Mutterschaft): 0,24% v. 400 EUR	+ 0,96 EUR
Insolvenzgeldumlage: 0,06% v. 400 EUR	+ 0,24 EUR
Pauschale Lohnsteuer: 2% v. 400 EUR	*+ 8,00 EUR*
Gesamt	125,60 EUR

Die Beitragshöhe zur gesetzlichen Unfallversicherung (Berufsgenossenschaft) ist von der Branche des Betriebes abhängig.

Abrechnung für den Arbeitnehmer

Bruttoarbeitslohn	400,00 EUR
2% pauschale Lohnsteuer	*- 8,00 EUR*
Auszuzahlender Betrag	392,00 EUR

Lohnsteuerliche Beurteilung: Obwohl die Arbeitnehmerin die pauschale Lohnsteuer selbst trägt, ist der Arbeitgeber für den Einbehalt vom Bruttobetrag und die Abführung verantwortlich. Die Abwälzung der pauschalen Lohnsteuer auf den Arbeitnehmer führt nicht zu einer Minderung der Bruttobezüge.

Hinweis: Die pauschale Lohnsteuer von 2% kann in der persönlichen Einkommensteuererklärung der Arbeitnehmerin nicht angerechnet werden.

37.2 Minijob ohne Krankenversicherungspflicht

Sachverhalt: Ein Beamter arbeitet bei der Stadtverwaltung. Er ist privat krankenversichert.

Zusätzlich arbeitet er samstags in einem Büro und erledigt dort allgemeine Schreibarbeiten. Der vereinbarte Stundenlohn beträgt 12,50 EUR pro Stunde, bei einer monatlichen Arbeitszeit von 22 Stunden. Auf die Rentenversicherungspflicht hat der Arbeitnehmer bei der Nebentätigkeit verzichtet. Vereinbarungsgemäß übernimmt der Arbeitgeber die pauschale Lohnsteuer.

Wie wird die Nebentätigkeit lohnsteuer- und sozialversicherungsrechtlich behandelt?

Ergebnis: Für die Haupttätigkeit als Beamter bei der Stadtverwaltung besteht in allen Zweigen keine Sozialversicherungspflicht. Die Lohnsteuer und die ggf. anfallenden Annexsteuern (Solidaritätszuschlag und Kirchensteuer) werden nach den ELStAM einbehalten.

Die Nebenbeschäftigung im Büro mit 275 EUR monatlich ist eine geringfügig entlohnte Beschäftigung, für die der Arbeitgeber Pauschalabgaben zur Sozialversicherung von 15% (15% RV, 0% KV) zzgl. Pauschalsteuern von 2% abführt.

Der Arbeitgeber muss folgende Beträge an die Minijob-Zentrale abführen:

Rentenversicherung: 15% v. 275 EUR	41,25 EUR
Krankenversicherung: 0% v. 275 EUR	+ 0,00 EUR
U1 (Ausgleich der Arbeitgeberaufwendungen bei Krankheit):	
1,1% v. 275 EUR	+ 3,02 EUR

U2 (Ausgleich der Arbeitgeberaufwendungen bei Schwangerschaft und Mutterschaft): 0,24% v. 275 EUR + 0,66 EUR
Insolvenzgeldumlage: 0,06% v. 275 EUR + 0,17 EUR
Pauschale Lohnsteuer: 2% v. 275 EUR *+ 5,50 EUR*
Gesamt 50,60 EUR
Die Beitragshöhe zur gesetzlichen Unfallversicherung (Berufsgenossenschaft) ist von der Branche des Betriebes abhängig.

Die Pflicht zur Abführung von pauschalen Krankenversicherungsbeiträgen besteht nur für Personen, die gesetzlich krankenversichert sind. Hierzu zählt auch die freiwillige Krankenversicherung.

Für Personen, die nicht gesetzlich oder freiwillig krankenversichert sind, müssen durch den Arbeitgeber keine pauschalen Beiträge zur Krankenversicherung abgeführt werden. Bei 275 EUR Arbeitslohn spart der Arbeitgeber monatlich 35,75 EUR Beiträge.

37.3 Minijob, einmalig über 538 EUR

Sachverhalt: Eine Arbeitnehmerin übt neben ihrer Hauptbeschäftigung im Büro eine Nebentätigkeit an einer Tankstelle aus. Sie ist in der gesetzlichen Krankenversicherung pflichtversichert. An der Tankstelle arbeitet sie regelmäßig 8 Stunden pro Woche für 12,50 EUR in der Stunde (8 x 4,35 x 12,50 EUR=435 EUR monatliches Entgelt).

Im Juni übernimmt sie noch zusätzlich 10 Stunden an der Tankstelle, da eine Kollegin erkrankt ist. Ihr Entgelt im Juni beträgt 560 EUR. Die Arbeitnehmerin hat für den Minijob die Befreiung von der Rentenversicherungspflicht beantragt.

Wie wird die Nebentätigkeit an der Tankstelle lohnsteuer- und sozialversicherungsrechtlich behandelt?

Ergebnis: Die Hauptbeschäftigung im Büro ist in allen Zweigen der Sozialversicherung sozialversicherungspflichtig und gem. den ELStAM zu besteuern.

Die Nebenbeschäftigung an der Tankstelle mit einem regelmäßigen Entgelt von 435 EUR ist eine geringfügig entlohnte Beschäftigung. Der Arbeitgeber muss pauschale Abgaben zur Sozialversicherung von 28% (15% RV, 13% KV) zzgl. 2% Pauschalsteuer an die Deutsche Rentenversicherung Knappschaft-Bahn-See (Minijob-Zentrale) entrichten.

Im Juni wird die 538-EUR-Grenze überschritten. Da die Überschreitung durch ein unvorhersehbares Ereignis bedingt ist, bleibt die Beschäftigung weiterhin versicherungsfrei und wird entsprechend den Bestimmungen der geringfügigen Beschäftigung abgerechnet.

Der Arbeitgeber muss für Juni folgende Beträge an die Minijob-Zentrale abführen:

Rentenversicherung: 15% v. 560 EUR	84,00 EUR
Krankenversicherung: 13% v. 560 EUR	+ 72,80 EUR
U1 (Ausgleich der Arbeitgeberaufwendungen bei Krankheit): 1,1% v. 560 EUR	+ 6,16 EUR
U2 (Ausgleich der Arbeitgeberaufwendungen bei Schwangerschaft und Mutterschaft): 0,24% v. 560 EUR	+ 1,34 EUR
Insolvenzgeldumlage: 0,06% v. 560 EUR	+ 0,34 EUR
Pauschale Lohnsteuer: 2% v. 560 EUR	*+ 11,20 EUR*
Gesamt	175,84 EUR

Die Beitragshöhe zur gesetzlichen Unfallversicherung (Berufsgenossenschaft) ist von der Branche des Betriebs abhängig.

Praxistipp: Derartige Überschreitungen der Höchst-Grenze sind unproblematisch, wenn sie sich auf Ausnahmefälle beschränken. Es muss ein unvorhersehbares Ereignis vorliegen und die Höchst-Grenze darf max. 2-mal pro Zeitjahr überschritten werden. Außerdem darf das Entgelt in diesen Monaten max. das Doppelte der Geringfügigkeitsgrenze betragen. Aus Nachweisgründen empfiehlt es sich den Entgeltunterlagen einen schriftlichen Nachweis bezüglich der Krankheitsvertretung (z. B. Kopien der Arbeitsunfähigkeitsbescheinigungen) beizufügen.

37.4 2 Nebenjobs

Sachverhalt: Eine Sekretärin hat eine wöchentliche Arbeitszeit von 25 Stunden bei einem Stundenlohn von 14 EUR. Sie ist gesetzlich krankenversichert.

Seit Mai arbeitet sie zusätzlich regelmäßig an 2 Tagen pro Woche jeweils 2 Stunden in einem Immobilienbüro für 13,50 EUR je Stunde, monatlich 234,90 EUR. Die Arbeitnehmerin hat für den Minijob die Befreiung von der Rentenversicherungspflicht beantragt. Laut Arbeitsvertrag trägt sie die Lohnsteuer von 2%.

Zusätzlich arbeitet sie seit Juli an 2 Samstagen im Monat für jeweils 6 Stunden auf dem Wochenmarkt. Hier erhält sie einen Stundenlohn von 12,50 EUR, monatlich 150 EUR.

Wie werden die Nebentätigkeiten lohnsteuer- und sozialversicherungsrechtlich behandelt?

Ergebnis: Die Hauptbeschäftigung als Sekretärin ist in allen Zweigen sozialversicherungspflichtig. Die Lohnsteuer und die Annexsteuern werden nach den ELStAM einbehalten

Die erste (älteste) Nebentätigkeit im Immobilienbüro entspricht den Bedingungen der geringfügig entlohnten Beschäftigung. Die Pauschalabgaben von 28 % (15 % RV, 13 % KV) aus 234,90 EUR trägt der Immobilienmakler. Die Übernahme der Pauschalsteuer durch den Arbeitgeber ist arbeitsvertraglich ausgeschlossen. Somit fallen für die Sekretärin noch 2 % Pauschalsteuer an.

Die Nebentätigkeit auf dem Wochenmarkt wird mit der Hauptbeschäftigung zusammengerechnet, da es sich um die 2. geringfügige Beschäftigung handelt. Auch diese Vergütung ist in allen Zweigen der Sozialversicherung (außer Arbeitslosenversicherung) beitragspflichtig. Die Versteuerung erfolgt nach den ELStAM mit Steuerklasse VI.

Der Arbeitgeber der ersten Nebentätigkeit (Immobilienbüro) muss folgende Beträge an die Deutsche Rentenversicherung Knappschaft-Bahn-See abführen:

Rentenversicherung: 15 % v. 234,90 EUR	35,23 EUR
Krankenversicherung: 13 % v. 234,90 EUR	+ 30,54 EUR
U1 (Ausgleich der Arbeitgeberaufwendungen bei Krankheit): 1,1 % v. 234,90 EUR	+ 2,58 EUR
U2 (Ausgleich der Arbeitgeberaufwendungen bei Schwangerschaft und Mutterschaft): 0,24 % v. 234,90 EUR	+ 0,56 EUR
Insolvenzgeldumlage: 0,06 % v. 234,90 EUR	+ 0,14 EUR
Pauschale Lohnsteuer: 2 % v. 234,90 EUR	*+ 4,69 EUR*
Gesamt	73,74 EUR

Die Beitragshöhe zur gesetzlichen Unfallversicherung (Berufsgenossenschaft) ist von der Branche des Betriebs abhängig.

Abrechnung für den Arbeitnehmer

Bruttoarbeitslohn	234,90 EUR
2 % pauschale Lohnsteuer	*– 4,69 EUR*
Auszuzahlender Betrag	230,21 EUR

Hinweis: Die pauschale Lohnsteuer von 2 % kann in der persönlichen Einkommensteuererklärung der Arbeitnehmerin nicht angerechnet werden.

37.5 Hinzuverdienst bei ALG

Sachverhalt: Ein Bezieher von Arbeitslosengeld, gesetzlich krankenversichert, arbeitet 5 Stunden wöchentlich als Aushilfe für 12,50 EUR in der Stunde. Das monatliche Gehalt beträgt 271,88 EUR. Nach Abzug der 2%igen Pauschalsteuer überweist der Arbeitgeber 266,44 EUR (271,88 EUR – 5,43 EUR). Auf die Rentenversicherungspflicht hat der Arbeitslosengeldbezieher in dieser Tätigkeit verzichtet.

Welcher Betrag wird auf das Arbeitslosengeld angerechnet?

Ergebnis: Bei der Aushilfstätigkeit handelt es sich um eine geringfügig entlohnte Beschäftigung. Der Arbeitgeber trägt die Pauschalabgaben zur Sozialversicherung von 28% (15% RV, 13% KV). Der Arbeitnehmer übernimmt die pauschale Lohnsteuer von 2%.

Der monatliche Freibetrag für Nebeneinkommen bei Arbeitslosengeld beträgt 165 EUR.

Berechnung für die Aushilfe

Netto-Entgelt (271,88 EUR – 2% pauschale Lohnsteuer = 5,43 EUR)	266,45 EUR
Freibetrag (ALG)	*– 165,00 EUR*
Anrechnungsbetrag auf das Arbeitslosengeld	101,45 EUR

Das Netto-Nebeneinkommen übersteigt den Freibetrag um 101,45 EUR. Das Arbeitslosengeld wird um diesen Betrag gekürzt.

Der Arbeitgeber muss für die Tätigkeit folgende Beträge an die Deutsche Rentenversicherung Knappschaft-Bahn-See abführen:

Rentenversicherung: 15% v. 271,88 EUR	40,78 EUR
Krankenversicherung: 13% v. 271,88 EUR	+ 35,34 EUR
U1 (Ausgleich der Arbeitgeberaufwendungen bei Krankheit): 1,1% v. 271,88 EUR	+ 2,99 EUR
U2 (Ausgleich der Arbeitgeberaufwendungen bei Schwangerschaft und Mutterschaft): 0,24% v. 271,88 EUR	+ 0,65 EUR
Insolvenzgeldumlage: 0,06% v. 271,88 EUR	+ 0,16 EUR
Pauschale Lohnsteuer: 2% v. 271,88 EUR	*+ 5,43 EUR*
Gesamt	85,35 EUR

Die Beitragshöhe zur gesetzlichen Unfallversicherung (Berufsgenossenschaft) ist von der Branche des Betriebs abhängig.

Lohnabrechnung des Arbeitgebers

Bruttolohn	271,88 EUR

Pauschale Lohnsteuer: 2% v. 271,88 EUR	*– 5,43 EUR*
Nettolohn	266,45 EUR

Hinweis: Die Aushilfskraft ist verpflichtet die Nebentätigkeit umgehend der Agentur für Arbeit zu melden. Hierfür muss der Arbeitgeber eine Bescheinigung über Nebeneinkommen ausfüllen und der Aushilfe aushändigen bzw. direkt an die Agentur für Arbeit übermitteln.

Der Freibetrag von 165 EUR erhöht sich um Werbungskosten für

- Beiträge zu Berufsverbänden,
- Aufwendungen für Arbeitsmittel,
- Reisekosten,
- Aufwendungen für Fahrten zwischen Wohnung und erster Tätigkeitsstätte ab dem ersten Entfernungskilometer.

Leistet der Arbeitgeber zu den Werbungskosten Erstattungen, mindern diese den Freibetrag bis auf max. 165 EUR.

Achtung: Sozialversicherungsfalle: Die Nebenbeschäftigung darf einen zeitlichen Umfang von 15 Stunden wöchentlich nicht erreichen. Erreicht oder überschreitet die wöchentliche Arbeitszeit 15 Stunden, besteht kein Anspruch mehr auf Arbeitslosengeld. Bei einer Nebenbeschäftigung von 15 Stunden liegt keine Arbeitslosigkeit mehr vor.

37.6 Hinzuverdienst bei ALG, vorheriger Minijob

Sachverhalt: Eine Arbeitnehmerin wird arbeitslos in ihrer Hauptbeschäftigung. Bereits 18 Monate vor Beginn der Arbeitslosigkeit hat sie eine Nebentätigkeit auf Basis einer geringfügig entlohnten Beschäftigung angenommen. Sie arbeitet regelmäßig 8 tunden pro Woche und hat sich von der Rentenversicherungspflicht befreien lassen. Aufgrund der Arbeitslosigkeit ist sie gesetzlich krankenversichert.

Der monatliche Bruttoarbeitslohn hieraus beträgt 435 EUR (8 Std. x 4,35 x 12,50 EUR) und netto 426,30 EUR (435 EUR – 8,70 EUR), nach Abzug der 2%igen Pauschalsteuer. Die Übernahme der Pauschalsteuer durch den Arbeitgeber ist arbeitsvertraglich ausgeschlossen. Als Aushilfskraft entscheidet sie sich für die Pauschalversteuerung von 2%.

Wie ist das Einkommen aus der Nebentätigkeit lohnsteuer- und sozialversicherungsrechtlich zu behandeln und wird das Nettogehalt auf das Arbeitslosengeld angerechnet?

Ergebnis: Der Arbeitgeber trägt die Pauschalabgaben zur Sozialversicherung von 28% (15% RV, 13% KV).

Da die Arbeitnehmerin bereits 18 Monate vor Beginn der Arbeitslosigkeit regelmäßig ein Nebeneinkommen von monatlich 426,30 EUR erzielt hat und die wöchentliche Arbeitszeit unter 15 Stunden liegt, erhöht sich hier der zu berücksichtigende Freibetrag von 165 EUR auf 426,30 EUR. Der Minijob hat damit keine Auswirkungen auf das ausgezahlte Arbeitslosengeld.

Der Arbeitgeber muss für die Tätigkeit folgende Beträge an die Deutsche Rentenversicherung Knappschaft-Bahn-See abführen:

Rentenversicherung: 15% v. 435 EUR	65,25 EUR
Krankenversicherung: 13% v. 435 EUR	+ 56,55 EUR
U1 (Ausgleich der Arbeitgeberaufwendungen bei Krankheit): 1,1% v. 435 EUR	+ 4,79 EUR
U2 (Ausgleich der Arbeitgeberaufwendungen bei Schwangerschaft und Mutterschaft): 0,24% v. 435 EUR	+1,04 EUR
Insolvenzgeldumlage: 0,06% v. 435 EUR	+ 0,26 EUR
Pauschale Lohnsteuer: 2% v. 435 EUR	*+ 8,70 EUR*
Gesamt	136,59 EUR

Die Beitragshöhe zur gesetzlichen Unfallversicherung (Berufsgenossenschaft) ist von der Branche des Betriebs abhängig.

Lohnabrechnung des Arbeitgebers

Bruttolohn	435,00 EUR
Pauschale Lohnsteuer: 2% v. 417,60 EUR	*- 8,70 EUR*
Nettolohn	426,30 EUR

Hinweis: Die Aushilfskraft ist verpflichtet, die Nebentätigkeit umgehend der Agentur für Arbeit zu melden. Hierfür muss der Arbeitgeber eine Bescheinigung über Nebeneinkommen ausfüllen und der Aushilfe aushändigen bzw. direkt an die Agentur für Arbeit übermitteln.

37.7 Versorgungsbezüge und Minijob beim gleichen Arbeitgeber

Sachverhalt: Ein Arbeitnehmer war bei einer GmbH beschäftigt. Seit 2022 erhält er aus diesem Arbeitsverhältnis Versorgungsbezüge und bezieht zusätzlich noch eine Sozialversicherungsrente. Beide Zahlungen unterliegen der Krankenversicherungspflicht.

Seit Januar ist er bei seinem früheren Arbeitgeber für monatlich 445,44 EUR (8 Std. x 4,35 EUR x 12,80 EUR) als Aushilfe beschäftigt. Die pauschale Lohnsteuer wird vom Arbeitgeber übernommen. Auf die Rentenversicherungspflicht hat der Minijobber verzichtet.

Liegen ein oder zwei Arbeitsverhältnisse vor?

Ergebnis
Ein aktives Beschäftigungsverhältnis kann **grundsätzlich nicht** in ein Pauschalierungsarbeitsverhältnis (Minijob) einerseits und ein dem normalen Lohnsteuerabzug nach den ELStAM zu unterwerfendes Arbeitsverhältnis andererseits geteilt werden. Der Arbeitslohn ist einheitlich dem Lohnsteuerabzug zu unterwerfen.

Von diesem **Grundsatz abweichend** fließen hier Versorgungsbezüge und Arbeitslohn nicht aus einem einheitlichen Beschäftigungsverhältnis zu. Die Versorgungsbezüge stammen aus einer früheren, nicht mehr tatsächlich ausgeübten Beschäftigung. Der Arbeitslohn fließt hingegen aus der gegenwärtigen Teilzeitbeschäftigung zu.

Der Arbeitgeber trägt die Pauschalabgaben zur Sozialversicherung von 28% (15% RV, 13% KV).

Der Arbeitgeber muss für die Tätigkeit folgende Beträge an die Deutsche Rentenversicherung Knappschaft-Bahn-See abführen:

Rentenversicherung: 15% v. 445,44 EUR	66,82 EUR
Krankenversicherung: 13% v. 445,44 EUR	+ 57,91 EUR
U1 (Ausgleich der Arbeitgeberaufwendungen bei Krankheit): 1,1% v. 445,44 EUR	+ 4,90 EUR
U2 (Ausgleich der Arbeitgeberaufwendungen bei Schwangerschaft und Mutterschaft): 0,24% v. 445,44 EUR	+ 1,07 EUR
Insolvenzgeldumlage: 0,06% v. 445,44 EUR	+ 0,27 EUR
Pauschale Lohnsteuer: 2% v. 445,44 EUR	*+ 8,90 EUR*
Gesamt	139,87 EUR

Die Beitragshöhe zur gesetzlichen Unfallversicherung (Berufsgenossenschaft) ist von der Branche des Betriebs abhängig.

38 Pauschalierte Lohnsteuer

Carola Hausen

38.1 Sachzuwendungen

Sachverhalt: Ausgewählte Mitarbeiter eines Handelsunternehmens erhalten als Anerkennung für den erfolgreichen Verkauf im zurückliegenden Wirtschaftsjahr eine Belohnungsreise (Incentivereise). Der Arbeitgeber hat für die Reise aufgrund eines Großkundenrabatts pro Person 2.500 EUR bezahlt. Eine vergleichbare Reise würde im Reisebüro 3.500 EUR kosten. Im Reisepreis sind Flug, Transfer, Übernachtung, Verpflegung und Kosten für Ausflüge enthalten. Während der Reise finden keine beruflichen Termine statt.

Wie sind die Kosten der Incentivereise abzurechnen?

Ergebnis: Es handelt sich um einen geldwerten Vorteil, der entweder individuell nach den ELStAM des jeweiligen Mitarbeiters oder pauschal versteuert werden muss.

Eine Pauschalierung von Sachzuwendungen nach § 37b EStG ist möglich. Der Pauschalsteuersatz beträgt 30% (zzgl. Solidaritätszuschlag und ggf. Kirchensteuer). Hinzu kommt bei eigenen Arbeitnehmern eine Belastung mit Sozialversicherungsbeiträgen.

Berechnungsgrundlage für die pauschale Lohnsteuer sind die dem Arbeitgeber entstandenen Aufwendungen.

Belastung für den Arbeitgeber	
Aufwendungen für die Reise	2.500,00 EUR
Pauschalierte Einkommensteuer (30% v. 2.500 EUR)	+ 750,00 EUR
Solidaritätszuschlag (5,5% v. 750 EUR)	+ 41,25 EUR
Kirchensteuer (angenommen 9%[20])	+ 67,50 EUR

Sozialversicherungsrechtliche Beurteilung: Der Arbeitgeber kann den Beitrag zur Sozialversicherung der Arbeitnehmer neben seinem eigenen Arbeitgeberanteil übernehmen. Diese Übernahme stellt eine Nettozuwendung dar, die auf einen Bruttobetrag hochgerechnet werden muss.

20 Auch möglich: Kirchensteuer im vereinfachten Verfahren, z. B. 5%.

Es sind zunächst die übernommenen Arbeitnehmeranteile hochzurechnen. Diese wiederum dürfen nicht mit 30% pauschaliert werden, da es sich um eine Geldzuwendung handelt. Wenn der Arbeitgeber die individuelle Steuerbelastung des Arbeitnehmers darauf übernimmt, ist der dann hochgerechnete Bruttobetrag beitragspflichtig.

Die Sozialversicherungsfreiheit besteht für pauschal besteuerte Sachzuwendungen nur für Leistungen an Arbeitnehmer eines Dritten.

38.2 Kurzfristige Beschäftigung

Sachverhalt: Für die Urlaubszeit wird eine Altersrentnerin vom 10.10.-28.10. für 15 Arbeitstage als Aushilfskraft eingesetzt. Die Aushilfe erhält 12,41 EUR Stundenlohn bei einer täglichen Arbeitszeit von 7 Stunden. Sie gehört keiner kirchensteuererhebenden Religionsgemeinschaft an. Die pauschale Lohnsteuer übernimmt der Arbeitgeber, diese dürfte auch auf die Arbeitnehmerin abgewälzt werden.

Wie hoch ist die Gesamtbelastung für den Arbeitgeber?

Ergebnis: Die pauschale Besteuerung mit 25% Lohnsteuer zzgl. 5,5% Solidaritätszuschlag und ggf. Kirchensteuer ist in diesem Fall zulässig, da der Beschäftigungszeitraum 18 zusammenhängende Arbeitstage nicht überschreitet. Ebenso wird der durchschnittliche Arbeitslohn von 150 EUR pro Tag sowie der durchschnittliche Stundenlohn von 19 EUR nicht überschritten.

Abrechnung pauschale Lohnsteuer	
Aushilfslohn (12,41 EUR × 7 Std. × 15 Tage)	1.303,05 EUR
Pauschale Lohnsteuer (25%)	+ 325,76 EUR
Pauschaler Solidaritätszuschlag (5,5% v. 325,76 EUR)	*+ 17,91 EUR*
Gesamtbelastung Arbeitgeber	1.646,72 EUR

Hinweis: Weist die Arbeitnehmerin nach, dass sie keiner kirchensteuererhebenden Religionsgemeinschaft angehört (z. B. durch eidesstattliche Erklärung), kann die pauschale Kirchensteuer entfallen.

38.3 Dienstwagen, Privatnutzung

Sachverhalt: Ein Arbeitnehmer erhält einen Dienstwagen, den er auch privat nutzen darf. Die Versteuerung soll nach der 1-%-Regelung erfolgen. Der Pkw wird vom Arbeitnehmer auch für die Fahrten zwischen Wohnung und erster Tätigkeitsstätte genutzt. Die einfache Entfernung beträgt 30 km. Der inländische Brutto-Listenpreis zum Tag der Erstzulassung zzgl. werksseitig eingebauter Sonderausstattung wurde mit 34.709 EUR ermittelt.

Wie hoch ist der Anteil des geldwerten Vorteils, der pauschal versteuert werden kann?

Ergebnis

Berechnung geldwerter Vorteil		
Bemessungsgrundlage		34.709,00 EUR
Abzurunden auf volle 100 EUR		34.700,00 EUR
Davon 1%	347,00 EUR	
Zzgl. Fahrten Wohnung – erste Tätigkeitsstätte (0,03% v. 34.700 EUR × 30 km)	*+ 312,30 EUR*	
Geldwerter Vorteil gesamt	659,30 EUR	659,30 EUR
Davon pauschal mit 15% versteuert ([20 km × 0,30 EUR + 10 km × 0,38 EUR] × 15 Arbeitstage)		*- 147,00 EUR*
Pauschale Lohnsteuer (15% v. 147,00 EUR)	22,05 EUR	
Pauschaler Solidaritätszuschlag (5,5% v. 21,38 EUR)	1,21 EUR	
Pauschale Kirchensteuer (angenommen 5% v. 21,38 EUR)	1,10 EUR	
Individuell nach Lohnsteuertabelle zu versteuern		512,30 EUR

Schuldner der pauschalen Lohnsteuer ist der Arbeitgeber. Er kann aber die pauschale Lohnsteuer im Innenverhältnis auf den Arbeitnehmer abwälzen.

In der Entgeltabrechnung werden neben der individuellen Lohnsteuer in einer extra Zeile die pauschale Lohnsteuer, der pauschale Solidaritätszuschlag und ggf. die pauschale Kirchensteuer getrennt voneinander ausgewiesen.

Sozialversicherungsrechtliche Beurteilung: Während der individuell besteuerte Sachbezug auch der Sozialversicherungspflicht unterliegt, ist der pauschal besteuerte Anteil sozialversicherungsfrei.

Praxistipp: Bei Abwälzung auf den Arbeitnehmer sollte die Kirchensteuer immer individuell nach den ELStAM des Arbeitnehmers ermittelt werden (Nachweisverfahren). In diesem Fall ist die Kirchensteuer bei Arbeitnehmern, die nicht in der Kirche sind, nicht zu erheben. Wird das vereinfachte Verfahren angewendet, ist der ermäßigte Kirchensteuersatz (hier 5%) auf alle Arbeitnehmer anzuwenden.

Da der pauschal besteuerte Sachbezug sozialversicherungsfrei ist, entfällt für den Arbeitgeber auch der Arbeitgeberanteil zur Sozialversicherung. Die Übernahme der pauschalen Lohnsteuer stellt für ihn daher keine zusätzliche finanzielle Belastung dar, wenn der Arbeitnehmer noch innerhalb der Beitragsbemessungsgrenzen liegt.

Hinweis: Aus Vereinfachungsgründen kann im Lohnsteuerabzugsverfahren von monatlich 15 Arbeitstagen ausgegangen werden. Von dieser Regelung muss abgewichen werden, wenn der Arbeitnehmer typischerweise an weniger als 15 Arbeitstagen zur Arbeit fährt, z. B. bei Teilzeit, Homeoffice oder Telearbeit.

38.4 Weihnachtsfeier

Sachverhalt: An der Weihnachtsfeier eines Unternehmens nehmen 50 Arbeitnehmer teil. Jeder Teilnehmer erhält im Rahmen der betrieblichen Weihnachtsfeier ein Weihnachtspäckchen im Wert von 60 EUR. Die übrigen Aufwendungen für die Betriebsveranstaltung belaufen sich pro Arbeitnehmer auf 95 EUR. Damit liegen die Gesamtkosten je Teilnehmer bei 155 EUR.

Wie müssen die Aufwendungen für die Betriebsveranstaltung lohnsteuer- und sozialversicherungsrechtlich behandelt werden?

Ergebnis: Der Freibetrag von 110 EUR pro Arbeitnehmer wurde um 45 EUR überschritten. Der Arbeitgeber kann die Mitarbeiter von der Lohnsteuerbelastung freistellen, indem er von der Möglichkeit der Pauschalbesteuerung Gebrauch macht.

Steuerpflichtiger Anteil (50 Teilnehmer × 45 EUR)	2.250,00 EUR
Pauschale Lohnsteuer (25 % v. 2.250 EUR)	562,50 EUR
Pauschaler Solidaritätszuschlag (5,5 % v. 562,50 EUR)	30,93 EUR
Pauschale Kirchensteuer (angenommen 5 % v. 562,50 EUR)	28,12 EUR

Sozialversicherungsrechtliche Beurteilung: In diesem Fall sind die Arbeitgeberleistungen ebenfalls beitragsfrei.

Praxistipp: Lohnsteuerpflichtige Leistungen des Arbeitgebers müssen über die Lohnbuchhaltung separat im Entgeltabrechnungssystem abgerechnet werden (z. B. vereinfachend als Lohnsteuer aus Nebenbuchhaltung – es muss nicht jedem einzelnen Mitarbeiter zugeordnet werden). Nur so wird die Erfassung der pauschalen Lohnsteuer in der Lohnsteuer-Anmeldung gewährleistet.

Wichtig: Der pauschal versteuerte Betrag ist beitragsfrei. Dies gilt aber nur, wenn die Pauschalversteuerung für den jeweiligen Entgeltabrechnungszeitraum vorgenommen wurde. Das ist normalerweise der Monat des Zuflusses. Da die Entscheidung über die Art der Versteuerung – auch nachträglich – bis zur Aushändigung der Lohnsteuerbescheinigungen an die Arbeitnehmer getroffen werden kann, muss die Pauschalversteuerung bis zum 28.2. bzw. 29.2. des Folgejahres vorgenommen worden sein.

38.5 Fahrtkostenzuschuss für Fahrten mit öffentlichen Verkehrsmitteln

Sachverhalt: Der Arbeitnehmer erhält zusätzlich zu seinem Gehalt die Kosten für die Anschaffung seiner Monatsfahrkarte i. H. v. 110 EUR von seinem Arbeitgeber erstattet. Der Arbeitnehmer möchte die Anrechnung auf die Werbungskosten vermeiden, damit er seine Werbungskosten in seiner Einkommensteuererklärung in voller Höhe geltend machen kann.

Ergebnis: Der Zuschuss i. H. v. 110 EUR kann mit 25% pauschaler Lohnsteuer zzgl. Solidaritätszuschlag und ggf. Kirchensteuer versteuert werden. Dann entfällt der Ausweis des Zuschusses in der Lohnsteuerbescheinigung. Die Pauschalsteuer kann vom Arbeitgeber getragen oder auf den Arbeitnehmer abgewälzt werden. Für den pauschal versteuerten Betrag fallen keine Sozialversicherungsbeiträge an.

Abrechnung Zuschuss	
Zuschuss	110,00 EUR
25% pauschale Lohnsteuer	27,50 EUR
Zzgl. 5,5% Solidaritätszuschlag	+ 1,51 EUR
Ggf. zzgl. Kirchensteuer (angenommen 9%)	+ 2,47 EUR

38.6 Fahrtkostenzuschuss bei Nutzung des eigenen Kraftfahrzeugs

Sachverhalt: Der Arbeitnehmer erhält zusätzlich zu seinem Gehalt einen Fahrtkostenzuschuss in Höhe der zulässigen Entfernungspauschale erstattet. Seine Entfernung zur ersten Tätigkeitsstätte beträgt 10 km.

Ergebnis: Der Zuschuss beträgt monatlich 45 EUR (= 10 km x 0,30 EUR x 15 Arbeitstage[21]). Dieser Betrag kann mit 15% pauschaler Lohnsteuer – unter Anrechnung auf die Entfernungspauschale – versteuert werden. Die Pauschalsteuer kann vom Arbeitgeber getragen werden oder auf den Arbeitnehmer abgewälzt werden. Für den pauschal versteuerten Betrag fallen keine Sozialversicherungsbeiträge an.

21 Aus Vereinfachungsgründen kann von monatlich 15 Arbeitstagen ausgegangen werden.

Abrechnung Zuschuss

Zuschuss	45,00 EUR
Pauschalversteuerung mit 15% pauschaler Lohnsteuer	6,75 EUR
Zzgl. 5,5% Solidaritätszuschlag	+ 0,37 EUR
Zzgl. ggf. Kirchensteuer (angenommen 9%)	+ 0,60 EUR

Achtung: Von der Vereinfachungsregelung im Lohnsteuerabzugsverfahren von monatlich 15 Arbeitstagen muss abgewichen werden, wenn der Arbeitnehmer typischerweise an weniger als 15 Arbeitstagen zur ersten Tätigkeitsstätte fährt, z. B. bei Teilzeit oder Homeoffice.

38.7 Jobticket, Wahlrecht zwischen Steuerfreiheit und Pauschalierung

Sachverhalt: Der Arbeitnehmer bekommt zu seinem Gehalt von 3.000 EUR zusätzlich vom Arbeitgeber ein Jobticket im Wert von 60 EUR monatlich. Seine Entfernung zur ersten Tätigkeitsstätte beträgt 20 km. Der Arbeitgeber hat die Wahl zwischen 2 Besteuerungsmöglichkeiten:

1. Der Arbeitgeber kann das Jobticket steuerfrei gewähren.
2. Der Arbeitnehmer kann das Jobticket alternativ mit 25% pauschalieren.

Welche Unterschiede gibt es bei den beiden Varianten der Besteuerung?

Ergebnis 1

Gehalt	3.000 EUR
Zzgl. Jobticket	*+ 60 EUR*
Gesamtbrutto	3.060 EUR
Steuer- und SV-Brutto	3.000 EUR

Das Jobticket wird als verrechneter Sachbezug wieder vom Nettolohn abgezogen.

Der Betrag von 60 EUR wird auf die Entfernungspauschale angerechnet und muss in der Lohnsteuerbescheinigung unter Zeile 17 ausgewiesen werden.

Als Werbungskosten können geltend gemacht werden:

0,30 EUR x 20 km x 220 Arbeitstage (angenommen) = 1.320 EUR, abzgl. der darauf anzurechnenden vom Arbeitgeber gezahlten Jobtickets: 60 EUR x 12 Monate = 720 EUR.

Ergebnis 2

Gehalt	3.000,00 EUR
Zzgl. Jobticket	*+ 60,00 EUR*
Gesamtbrutto	3.060,00 EUR
Steuer- und SV-Brutto	3.000,00 EUR
Das Jobticket wird als verrechneter Sachbezug wieder vom Nettolohn abgezogen.	

Pauschalversteuerung mit 25 % pauschaler Lohnsteuer	15,00 EUR
Zzgl. 5,5 % Solidaritätszuschlag	+ 0,82 EUR
Zzgl. ggf. Kirchensteuer (angenommen 9 %)	*+ 1,35 EUR*
Zusätzliche Belastung monatlich	17,17 EUR
Zusätzliche Belastung jährlich	206,04 EUR

Der Betrag von 60 EUR wird **nicht** auf die Entfernungspauschale angerechnet und muss **nicht** in der Lohnsteuerbescheinigung ausgewiesen werden. So kann der Arbeitnehmer seine Werbungskosten in der Steuererklärung in voller Höhe geltend machen.

Als Werbungskosten können geltend gemacht werden:

0,30 EUR x 20 km x 220 Arbeitstage (angenommen) = 1.320 EUR.

Die Pauschalsteuer kann vom Arbeitgeber auf den Arbeitnehmer abgewälzt werden.

Praxistipp: Wenn der Arbeitnehmer sich für die Pauschalversteuerung entscheidet, muss er abwägen, ob die Steuererstattung durch den Werbungskostenabzug höher ist als die Steuerbelastung durch die Pauschalsteuer i. H. v. 206,04 EUR. Das kann jeweils nur individuell entsprechend der persönlichen Situation des Arbeitnehmers entschieden werden.

Wenn der Arbeitgeber die Pauschalsteuer übernimmt, ist diese Variante immer am günstigsten für den Arbeitnehmer, da er keine zusätzliche Belastung und trotzdem den vollen Werbungskostenabzug hat.

39 Pfändung

Bernhard Steuerer

Achtung: Lohnpfändungstabelle ändert sich zum 1.7.2024!

Die folgenden Berechnungen basieren auf der derzeit gültigen Lohnpfändungstabelle. Zur Jahresmitte wird eine neue Pfändungstabelle veröffentlicht, die dann ab Juli gültig sein wird!

Die aktualisierten Berechnungsbeispiele finden Sie zeitnah in den digitalen Extras dieses Buches.

39.1 Pfändbare und pfändungsfreie Beträge bei Nettovergütung

Sachverhalt: Ein Arbeitgeber erhält im November 2023 einen gerichtlichen Pfändungs- und Überweisungsbeschluss über 1.000 EUR für den Mitarbeiter A. A hat eine Nettovergütung von 2.100 EUR monatlich. Er ist ledig und hat ein minderjähriges Kind. In diesem Monat bekommt er zusätzlich:

- tarifliches zusätzliches Urlaubsgeld: 300 EUR brutto,
- Jubiläumszuwendung für seine 20-jährige Betriebszugehörigkeit: 1.000 EUR brutto sowie
- freiwilliges Weihnachtsgeld mit ausdrücklichem Freiwilligkeitsvorbehalt: 300 EUR brutto.

Welcher Verdienst ist der Pfändung zugrunde zu legen und wie hoch ist der an den Gläubiger abzuführende Betrag?

Ergebnis

- Das tarifliche zusätzliche Urlaubsgeld ist unpfändbar.[22]
- Die Jubiläumszuwendung (Treuegeld) ist unpfändbar.[23]
- Das Weihnachtsgeld übersteigt nicht die Betragsgrenze des § 850a Nr. 4 ZPO und ist somit unpfändbar.

Es bleibt damit bei der Nettovergütung von 1.850 EUR.

Nettolohn	2.100,00 EUR
Der Pfändung zugrunde zu legender Netto-Verdienst	2.100,00 EUR
Entspricht nach der Tabelle bei einer Unterhaltspflicht für 1 Person einem pfändbaren Betrag von	84,98 EUR

22 § 850a Nr. 2 ZPO.
23 § 850a Nr. 2 ZPO.

An den Gläubiger sind damit für den Dezember 2023 und die Folgemonate jeweils 84,98 EUR abzuführen.

Hinweis: Ein Gläubiger kann Lohn-und Gehaltsansprüche des Schuldners nach § 832 ZPO pfänden. Dessen Arbeitgeber muss, wenn ihm eine solche Pfändungsverfügung (oder Pfändungs- und Überweisungsbeschluss) zugestellt wird, allerdings den besonderen Pfändungsschutz für Arbeitsentgelt i. S. d. §§ 850 ff. ZPO beachten. Damit steht das Arbeitseinkommen dem Gläubiger nur begrenzt zur Verfügung. Dabei handelt es sich um ein differenziertes, abgestuftes System. Seit dem 1.7.2023 gelten neue Höchstbeträge: der unpfändbare Grundbetrag beträgt 1.402,28 EUR monatlich. Soweit gesetzliche Unterhaltsverpflichtungen vorliegen, erhöht sich dieser Betrag monatlich in Abhängigkeit von der Anzahl der unterhaltsberechtigten Personen. Die genauen Beträge sind aus der Pfändungstabelle zu ermitteln. Nach der zum 8.5.2021 in Kraft getretenen Neufassung des § 850c Abs. 4 ZPO ändern sich die Pfändungsfreigrenzen jährlich, jeweils zum 1.7. Die nächste Anpassung findet dann wieder zum 1.7.2024 statt.[24]

Manche Einkommensteile sind
- der Pfändung völlig entzogen[25] oder
- nur bedingt pfändbar.[26]

Zudem wird die Pfändbarkeit des verbleibenden Einkommens begrenzt.[27] In bestimmten Fällen wird nur Pfändungsschutz auf Antrag gewährt.[28] Der Schuldner kann auf den Pfändungsschutz weder generell noch im Einzelfall verzichten.

Hinweis: Pfändbar ist auch ein Anspruch des Arbeitnehmers auf Lohnsteuererstattung. Ein solcher entsteht jedoch erst mit Ablauf des Kalenderjahres, in dem der zugrunde liegende Arbeitslohn zugeflossen ist. Folglich kann die Pfändung erst mit Ablauf dieses Kalenderjahres erfolgen.

39.2 Lohnpfändung bei tariflicher Sonderzahlung mit Mischcharakter

Sachverhalt: Ein Arbeitgeber erhält einen gerichtlichen Pfändungs- und Überweisungsbeschluss über 1.000 EUR für einen Mitarbeiter. Es gilt ein Tarifvertrag, der regelmäßig für November eine Jahressonderzahlung (JSZ) für geleistete Arbeit und

24 Pfändungsfreigrenzenbekanntmachung 2021 v. 10.5.2021, BGBl . 2021 I S. 1099.
25 § 850a ZPO.
26 § 850b ZPO.
27 §§ 850c f. ZPO.
28 § 850f ff. ZPO.

Betriebstreue vorsieht (Mischcharakter). Der Arbeitgeber ermittelt für die Pfändung die JSZ anteilig pro Kalendermonat und führt die nach seiner Auffassung gepfändeten Beträge an den Gläubiger ab.

Der Arbeitnehmer meint, der pfändbare Betrag der Arbeitsvergütung sei für November fehlerhaft berechnet. Die JSZ sei pfändungsfreies Urlaubsgeld gemäß § 850a Nr. 2 ZPO, da die Höhe auf Basis des tariflichen Urlaubsentgelts ermittelt werde. Jedenfalls bestehe für den ihm November ausgezahlten Teil der JSZ Pfändungsschutz nach § 850c ZPO.

Die Arbeitgeberin meinte, die JSZ falle nicht unter den Pfändungsschutz nach § 850a Nr. 2 oder 4 ZPO, da es sich hier um eine zusätzliche Arbeitsvergütung handle.

Ergebnis: Die JSZ ist weder nach § 850a Nr. 2 ZPO (Urlaubsgeld) noch nach § 850a Nr. 4 ZPO (Weihnachtsvergütung) pfändbar, weil sie auch Vergütungscharakter (Mischcharakter) hat.

Aber sie unterliegt nicht in vollem Umfang der Pfändung. Vielmehr bestimmt sich die Pfändbarkeit nach § 850c ZPO.

§ 850i ZPO (nicht wiederkehrend zahlbare Vergütung) greift nicht, weil der Arbeitgeber die Leistung nach Tarifvertrag regelmäßig, nämlich einmal pro Jahr erbringen muss.

Damit ist die JSZ pfändungsrechtlich jeweils nur dem November zuzuordnen. Eine fiktive Aufteilung ist nicht sachgerecht. Der Anspruch hängt von weiteren stichtagsbezogenen Voraussetzungen, insbesondere von der im Kalenderjahr erbrachten Arbeitsleistung, ab und wurde nicht anlässlich eines konkreten Urlaubs geleistet.[29]

39.3 Nettomethode: Pfändbare und pfändungsfreie Beträge bei Bruttovergütung

Sachverhalt: Ein Arbeitgeber erhält einen gerichtlichen Pfändungs- und Überweisungsbeschluss über 1.000 EUR für einen Mitarbeiter. Der betroffene Arbeitnehmer hat einen Bruttoverdienst von 4.000 EUR monatlich. Er ist ledig und hat ein minderjähriges Kind. In diesem Monat hat er zusätzlich ausnahmsweise noch verdient:

- Überstundenzuschläge: 500 EUR brutto
- Tarifliches zusätzliches Urlaubsgeld: 400 EUR brutto
- Jubiläumsgeld für seine 20-jährige Betriebszugehörigkeit: 2.000 EUR brutto sowie
- Freiwilliges Weihnachtsgeld mit ausdrücklichem Freiwilligkeitsvorbehalt: 1.000 EUR brutto

29 LAG Sachsen-Anhalt, Urteil v. 17.1.2019, 2 Sa 354/16.

Wie ist der für die Pfändung anzusetzende Verdienst zu ermitteln und wie ist der an den Gläubiger abzuführende Betrag für das Jahr 2023 zu ermitteln?

Ergebnis: Früher wurde die sog. Bruttomethode angewandt, nach der dem Gesamtbruttoeinkommen des Arbeitnehmers zunächst die nach § 850a ZPO unpfändbaren Bezüge mit dem Bruttobetrag addiert und dann die auf das Gesamtbruttoeinkommen (d. h. einschließlich der unpfändbaren Bezüge) zu zahlenden Steuern und Sozialversicherungsbeiträge abgezogen wurden. Die Steuern und Sozialversicherungsbeiträge wurden damit 2-mal in Abzug gebracht. Das führte dazu, dass das pfändbare Einkommen umso niedriger ausfiel, je höher die unpfändbaren Bezüge i. S. d. § 850a ZPO waren. Damit konnte das pfändbare Einkommen des Arbeitnehmers allein wegen der zusätzlichen unpfändbaren Bezüge unter die Pfändungsfreigrenze des § 850c ZPO fallen und eine Pfändung ausschließen oder vermindern.

Das **BAG hat jedoch am 17.4.2013**[30] entschieden, dass bei der Berechnung des pfändbaren Einkommens die sog. »**Nettomethode**« zugrunde zu legen ist.

Das geschieht wie folgt:

1. Ermittlung des Bruttoarbeitseinkommens:	**7.900 EUR**
2. Abzug der unpfändbaren Bezüge nach § 850a ZPO:	
bei Vergütung für Mehrarbeit (§ 850a Nr. 1 ZPO): die Hälfte	250 EUR
Aufwandsentschädigungen, Auslösungsgelder und sonstige soziale Zulagen für auswärtige Beschäftigungen	
Entgelt für selbstgestelltes Arbeitsmaterial, Gefahrenzulagen, Schmutz- und Erschwerniszulagen (§ 850a Nr. 3 ZPO)	
andere nach § 850a ZPO unpfändbare Bezüge	
• Urlaubszuschuss/-geld	400 EUR
• Jubiläumszuwendungen	2.000 EUR
• Treuegelder	
• Weihnachtsvergütungen seit 1.1.2022: bis zu der Hälfte des Betrags, dessen Höhe sich nach Aufrundung des monatlichen Freibetrags nach § 850c Abs. 1 ZPO in Verbindung mit Abs. 4 auf den nächsten vollen 10-Euro-Betrag ergibt, hierzu im nächsten Fall (bis 31.12.2021: bis zur Hälfte des monatlichen Bruttoeinkommens)	705 EUR
• Heirats- und Geburtsbeihilfen (§ 850a Nr. 5 ZPO)	
• Erziehungsgelder und Studienbeihilfe (§ 850a Nr. 6 ZPO)	
• Sterbegelder/Gnadenbezüge (§ 850a Nr. 7 ZPO)	
• Blindenzulage (§ 850a Nr. 8 ZPO)	
Zwischenergebnis:	**4.525 EUR**

30 BAG, Urteil v. 17.4.2013, 10 AZR 59/12.

3. Abzug der sich hieraus ergebenden »fiktiven« Steuer (§ 850e Nr. 1 ZPO): ... EUR

4. Abzug der sich hieraus ergebenden »fiktiven« Sozialversicherungsbeiträge (§ 850e Nr. 1 ZPO): ... EUR

Dann wird aus dem sich hieraus ergebenden Nettoeinkommen (Pfändungsnetto) anhand der Pfändungstabelle der pfändbare Betrag entnommen und an den Gläubiger abgeführt.

Hinweis: Für die Berechnung des pfändbaren Teils des Arbeitseinkommens ist immer der Nettolohn entscheidend. Der zu berücksichtigende pfändbare Teil des Nettolohns ist dann in der Tabelle zu § 850c ZPO abzulesen.

Nachforderungen sind möglich, wenn die Bruttomethode fehlerhaft angewandt wurde.

Die Berechnungsmethode, die das BAG verlangt, erfordert eine »fiktive« Zwischenberechnung, die nach Auffassung des BAG elektronisch zu bewerkstelligen ist.

39.4 Pfändung bei Überlassung eines Dienstwagens auch zur Privatnutzung

Sachverhalt: Ein Arbeitnehmer erhält ein Bruttogehalt von 5.477,60 EUR und einen Dienstwagen, dessen geldwerter Vorteil (1% des Listenpreises zzgl. Sonderausstattung und USt. im Zeitpunkt der Erstzulassung) 445 EUR beträgt. Bei der Entgeltabrechnung ist zudem zu berücksichtigen der geldwerte Vorteil für die Nutzung des PKW auf dem Weg von der Wohnung des Arbeitnehmers zum Betrieb i. H. v. 0,03% des Listenpreises je Entfernungskilometer, der hier mit 747,60 EUR bei der Entgeltabrechnung zu berücksichtigen war.

Es stellte sich nun die Frage, ob die 0,03% des Listenpreises je Entfernungskilometer, die bei der Entgeltabrechnung dem Bruttoverdienst nach § 850e Nr. 3 Satz 1 ZPO hinzuzurechnen sind, auch bei der Berechnung des pfändbaren Betrages berücksichtigt werden müssen, wie bislang in den Entgeltabrechnungsprogrammen vorgegangen wurde.

Ergebnis: Das BAG hat das – für viele Entgeltabrechner überraschend – verneint.[31]

31 BAG, Urteil v. 31.5.2023, 5 AZR 273/22.

Es begründete dies wie folgt:

Die vereinbarte Überlassung eines Dienstwagens zur privaten Nutzung ist regelmäßig eine Gegenleistung für die geschuldete Arbeitsleistung und damit ein Sachbezug i. S. v. § 107 Abs. 2 Satz 1 GewO. Der Wert dieses Sachbezugs beläuft sich grundsätzlich auf 1% des Listenpreises des PKW zzgl. Sonderausstattungen und USt. im Zeitpunkt der Erstzulassung. Zur Ermittlung des pfändbaren Teils des Einkommens sind Geld- und Sachleistungen nach den vollstreckungsrechtlichen Vorschriften zusammenzurechnen.

Nicht einbezogen wird dabei aber der steuerlich zu berücksichtigende geldwerte Vorteil für die Nutzung des PKW auf dem Weg von der Wohnung zum Betrieb i. H. v. monatlich 0,03% des Listenpreises für jeden Entfernungskilometer (sog. 0,03%-Regelung). Hierbei handelt es sich nicht um einen Sachbezug, sondern um einen steuerrechtlich relevanten Korrekturposten für den pauschalen Werbungskostenabzug.

Wichtig: Der geldwerte Vorteil für Fahrten zwischen Wohnung und 1. Tätigkeitsstätte (0,03%-Regelung) ist nicht mehr bei der Berechnung des pfändbaren Betrages einzuberechnen. Insoweit gibt es hier einen Unterschied zur Entgeltabrechnung.

Praxistipp: Nicht alle Abrechnungsprogramme haben diese Entscheidung schon integriert. Deshalb ist zurzeit eine gesonderte Prüfung nötig. Sonst droht die Gefahr, dass die Gläubiger zu viel Geld und die gepfändeten Arbeitnehmer zu wenig Geld erhalten.

Ist dies in der Vergangenheit versehentlich geschehen, sollte das Problem ab Beginn des Jahres 2024 korrigiert werden.

Macht der Arbeitnehmer die Auszahlung der zu wenig erhaltenen Nettobeträge geltend, sollte die Überzahlung vom Gläubiger mit Hinweis auf die BAG-Entscheidung zurückgefordert werden. Geschieht dies nicht, wäre ein an den Arbeitnehmer ausgezahlter Nettobetrag erneut zu versteuern und zu verbeitragen.

39.5 Pfändung, Mehrarbeitsvergütung, Weihnachtsgeld bzw. 13. Monatsgehalt

Sachverhalt: Ein Arbeitgeber erhält im November 2023 einen gerichtlichen Pfändungs- und Überweisungsbeschluss über 2.000 EUR für einen Mitarbeiter. Der betroffene Arbeitnehmer hat einen Bruttolohn von 3.500 EUR monatlich. Er ist 3 Personen zum Unterhalt verpflichtet. Mit der Abrechnung für November erhält er noch Überstundenvergütung i. H. v. 600 EUR brutto sowie Weihnachtsgeld bzw. ein 13. Monatsgehalt von 3.500 EUR brutto.

Wie ist zu rechnen?

Ergebnis: Gemäß § 850a Nr. 1 ZPO sind die für die Leistung von Mehrarbeitsstunden gezahlten Teile des Arbeitseinkommens zur Hälfte unpfändbar.

Weihnachtsvergütungen sind bis zur Hälfte des monatlichen Freibetrags aus § 850c Abs. 1 Nr. 3 ZPO i.V.m. § 850c Abs. 4 Nr. 1 ZPO, aber höchstens bis zum Betrag von 705 EUR unpfändbar. Die Bezeichnung als 13. Monatsgehalt ist bedeutungslos, soweit die Leistung im zeitlichen und sachlichen Zusammenhang mit Weihnachten erfolgt und eine entsprechende Zwecksetzung erfolgt. Bei einer Sonderzahlung zwischen dem 1.11. und dem 15.1. kann regelmäßig von dieser Zwecksetzung ausgegangen werden. Privilegiert ist der halbe Betrag des monatlichen Bruttoeinkommens, maximal aber 500 EUR. Diese Summe ist vom Einkommen abzusetzen.

1. Ermittlung des Bruttoeinkommens	7.600 EUR
2. Abzug der unpfändbaren Beträge:	
Bei Mehrarbeitsvergütung die Hälfte (§ 850a Nr. 1 ZPO)	300 EUR
Weihnachtsgeld bis zur Hälfte des monatlichen Bruttoeinkommens, höchstens 705 EUR	705 EUR
Zwischenergebnis:	**6.595 EUR brutto**
3.+4. Abzug der sich hieraus ergebenden »fiktiven« Steuer- und Sozialversicherungsbeiträge[32]:	... EUR

Aus dem sich hieraus ergebenden **Nettoeinkommen (Pfändungsnetto)** muss anhand der **Pfändungstabelle** der pfändbare Betrag bei einer Unterhaltspflicht für 3 Personen entnommen und an den Gläubiger abgeführt werden. In den folgenden Monaten entfällt das Weihnachtsgeld. Auch bei der Arbeitsvergütung können sich Änderungen ergeben. Die pfändbaren Beträge sind an den Gläubiger abzuführen, bis der Pfändungs- und Überweisungsbeschluss über 2.000 EUR bedient ist.

Hinweis: Weihnachtsgeld ist unabhängig von der Anspruchsgrundlage teilweise unpfändbar. Die Weihnachtsgratifikation ist eine Sonderleistung, die vom Arbeitgeber anlässlich des Weihnachtsfestes zusätzlich zur Vergütung gezahlt wird. Die Rechtsgrundlage ist unerheblich, solange ein Anspruch darauf besteht. Eine Forderung i. S. d. § 850a Nr. 4 ZPO liegt auch vor, wenn die Anspruchsbegründung freiwillig unter Widerrufsvorbehalt für die Zukunft erfolgt.

Für das Weihnachtsgeld seit 2022 gibt es eine Änderung: Hiernach sind nach § 850a Nr. 4 ZPO die Weihnachtsvergütungen bis zu der Hälfte des Betrags, dessen Höhe sich

32 **§ 850e Nr. 1 ZPO.**

nach Aufrundung des monatlichen Freibetrags nach § 850c Abs. 1 in Verbindung mit Abs. 4 auf den nächsten vollen 10-Euro-Betrag ergibt, unpfändbar. Hier ist zunächst einmal der monatliche Netto-Freibetrag zu ermitteln, dieser muss dann auf den nächsten 10-Euro-Betrag aufgerundet werden. Das Zwischenergebnis muss durch 2 geteilt werden. Das Ergebnis ergibt den unpfändbaren Freibetrag des Weihnachtsgeldes. **Für das Weihnachtsgeld im Jahr 2023 bleibt der Betrag bis zu 705 EUR pfändungsfrei.**

Mehrarbeitsvergütung i. S. d. § 850a Nr. 1 ZPO ist die Vergütung für über die regelmäßige Arbeitszeit hinaus geleistete Arbeit. Grund für die Regelung ist, dem Schuldner einen Anreiz zu geben, Mehrarbeit zu erbringen und dadurch zugunsten der Gläubiger Mehreinnahmen zu erwirtschaften. Deshalb greift § 850a Nr. 1 ZPO nicht, wenn der Arbeitnehmer durch die geleistete Mehrarbeit keine Mehreinnahmen erwirtschaftet hat, sondern die Mehrarbeit durch Freizeitausgleich abgegolten wird.[33]

Mehrarbeit kann auch in Form von Reisezeiten erbracht werden. Es spielt keine Rolle, ob sie bei denselben oder bei einem anderen Arbeitgeber als Nebentätigkeit außerhalb der üblichen Arbeitszeit geleistet wird.

Bei nur gelegentlicher Nebenbeschäftigung ist das Nebeneinkommen jedoch nicht als Arbeitseinkommen anzusehen und demnach unbeschränkt pfändbar.[34] Soweit der Schuldner einer regelmäßigen Nebentätigkeit bei einem weiteren Arbeitgeber nachgeht, liegt darin auch eine Mehrarbeit nach Nr. 1, wenn diese Nebentätigkeit außerhalb der üblichen Vollbeschäftigungszeit (ca. 40-Stunden-Woche) verrichtet wird.

Bezieht der Arbeitnehmer Altersrente und ist daneben zur Aufbesserung seiner Rente tätig, kann der Bezug der Altersrente einem Einkommen aus einer Tätigkeit gleichgesetzt werden, die die Arbeitskraft des Schuldners umfänglich in Anspruch nimmt. Damit kann er hinsichtlich des Zusatzverdienstes von § 850a ZPO profitieren. Dies entspricht dem Sinn der Vorschrift, den Schuldner zu motivieren, über seine eigentlichen Einnahmen hinaus Einkünfte zu erzielen.[35]

39.6 Pfändung, Wechselschichtzulage, Zuschläge für ungünstige Zeiten (Nachtarbeit, Sonntags- und Feiertagsarbeit)

Sachverhalt: Eine Arbeitnehmerin arbeitet als Hauspflegerin bei einer Arbeitgeberin, die Sozialstationen betreibt. Nach einem Insolvenzverfahren war sie in einer sogenannten Wohlverhaltensphase, in der sie ihre pfändbare Vergütung an einen Treu-

33 BGH, Beschluss v. 26.6.2014, IX ZB 87/13, Rz. 8.

34 § 850 Abs. 2 ZPO.

35 Vgl. hierzu BGH, Beschluss v. 26.6.2014, IX ZB 87/13, Rz. 12.

händer abgetreten hatte. Die Arbeitgeberin führte den – aus ihrer Sicht – pfändbaren Teil der Vergütung an den Treuhänder ab, wobei sie die tarifvertraglich geschuldeten Zuschläge für Sonntags-, Feiertags-, Nacht-, Wechselschicht-, Samstags- und Vorfestarbeit als pfändbar betrachtete. Die Arbeitnehmerin war aber der Ansicht, dass diese Zuschläge unpfändbare Erschwerniszulagen nach § 850a Nr. 3 ZPO seien und klagte diese von ihrer Arbeitgeberin ein.

Ergebnis: Nach § 850a Nr. 3 ZPO sind Aufwandsentschädigungen, Auslösungsgelder und sonstige soziale Zulagen für auswärtige Beschäftigungen, das Entgelt für selbstgestelltes Arbeitsmaterial, Gefahrenzulagen sowie Schmutz- und Erschwerniszulagen unpfändbar, soweit diese Bezüge den Rahmen des Üblichen nicht übersteigen. Als »üblich« i. S. d. § 850a Nr. 3 ZPO sind Ersatzleistungen dann anzusehen, wenn sie den Gepflogenheiten des Berufszweiges bzw. den Örtlichkeiten entsprechen. Auch die von den Steuerbehörden als steuerfrei anerkannten Sätze können als Maßstab für das »Übliche« herangezogen werden. Demgemäß ist die Üblichkeit nach allgemeiner Auffassung anhand der Verhältnisse in gleichartigen Unternehmen zu prüfen. Von diesen Verhältnissen und dem insoweit in der Branche Üblichen wird ein Branchentarifvertrag regelmäßig ein verlässliches Bild liefern.[36] Das kann ein Haustarifvertrag nicht.

Der Bundesgerichtshof hielt Nachtarbeitszuschläge nur dann für unpfändbar i. S. v. § 850a Nr. 3 ZPO, wenn sie dem Arbeitnehmer nach § 3b EStG steuerfrei gewährt werden.[37]

Das Bundesarbeitsgericht hat zudem entschieden, dass Zulagen für Sonntags-, Feiertags- und Nachtarbeit (= »SFN-Zuschläge«) unpfändbare Erschwerniszulagen i. S. v. § 850a Nr. 3 ZPO sind. Der Gesetzgeber habe in § 6 Abs. 5 ArbZG die Ausgleichspflicht für Nachtarbeit geregelt, die er als besonders erschwerend bewertet habe. Sonntage und gesetzliche Feiertage stünden kraft Verfassung[38] unter besonderem Schutz. Nach § 9 Abs. 1 ArbZG sei an diesen Tagen ein grundsätzliches Beschäftigungsverbot angeordnet. Wenn an diesen Tagen gearbeitet werde, gehe folglich der Gesetzgeber auch hier von einer Erschwernis aus. Zulagen für Schicht-, Samstags- oder Vorfestarbeit sind dagegen der Pfändung nicht entzogen.[39]

Mit dem Urteil des BAG endete ein jahrelanger Streit der Gerichte über die Pfändbarkeit von Sonntags-, Feiertags- und Nachtzulagen.

36 BGH, Beschluss v. 26.4.2012, IX ZB 239/10.
37 BGH, Urteil v. 29.6.2016, VII ZB 4/15.
38 Art. 140 GG i. V. m. Art. 139 WRV.
39 BAG, Urteil v. 23.8.2017, 10 AZR 859/16.

Hinweis

- Zulagen für Sonntags-, Feiertags- und Nachtarbeit sind im Rahmen des »Üblichen« unpfändbar.[40] Bei der Frage, was »üblich« ist, kann an die Regelung in § 3b EStG angeknüpft werden.
- Zulagen für Schicht-, Samstags- oder Vorfestarbeit sind dagegen pfändbar.

39.7 Pfändbarkeit der Corona-Prämie für Pflegeeinrichtungen

Sachverhalt: Eine Arbeitnehmerin arbeitet als Altenpflegerin in einer Seniorenresidenz. Sie erhält vom Arbeitgeber aufgrund der coronabedingten Belastungen eine steuerfreie und sozialversicherungsfreie Corona-Prämie i. H. v. 1.500 EUR. Der Arbeitgeber erhält einen Pfändung- und Überweisungsbeschluss. Ist auch diese Prämie von der Pfändung erfasst?

Ergebnis: Nach § 150a SGB XI sind Pflegeeinrichtungen aufgrund der besonderen Anforderungen während der Corona-Pandemie verpflichtet, ihren Beschäftigten im Jahr 2020 eine einmalige Sonderleistung zu zahlen (Corona-Prämie). Gleiches gilt für Arbeitgeber, deren Arbeitnehmerinnen oder Arbeitnehmer in Einrichtungen nach Satz 1 im Rahmen einer Arbeitnehmerüberlassung oder eines Werk- oder Dienstleistungsvertrags eingesetzt werden.

Nach § 150a Abs. 8 Satz 4 SGB XI ist diese Corona-Prämie unpfändbar.

39.8 Pfändbarkeit der Corona-Sonderzahlung außerhalb von Pflegeeinrichtungen

Sachverhalt: Eine Arbeitnehmerin arbeitet in einer Fabrik in der Montage. Sie erhält vom Arbeitgeber aufgrund der coronabedingten Belastungen eine steuerfreie und sozialversicherungsfreie Corona-Sonderzahlung i. H. v. 1.500 EUR. Der Arbeitgeber erhält einen Pfändung- und Überweisungsbeschluss. Ist diese Sonderzahlung von der Pfändung erfasst?

Ergebnis: Für andere als den in § 150a SGB XI erfassten Fällen gibt es keine konkrete Regelung über die Pfändbarkeit einer Corona-Sonderzahlung.

Ob diese gemäß § 850a Nr. 3 ZPO als Erschwerniszulage unpfändbar ist, soweit sie den Rahmen des Üblichen nicht übersteigt, ist streitig. Einerseits wird dies bejaht. Es be-

40 § 850a Nr. 3 ZPO.

steht zurzeit eine vorsichtige Tendenz, dass sich die Rechtsprechung in diese Richtung entwickeln wird.[41] Andere vertreten jedoch die Auffassung, es handle sich um Bezüge, die nicht nach § 850a ZPO unpfändbar seien.[42] Auf Antrag des Schuldners auf besonderen Pfändungsschutz hat das Amtsgericht die Unpfändbarkeit der Zahlung festgestellt und ausgeführt, eine Pfändung der Corona-Sonderzahlung stelle eine sittenwidrige Härte für den Schuldner da und liefe dem gesetzgeberischen Ziel dieser Sonderzahlung entgegen. Den Beschäftigten solle mit der Sonderzahlung eine ungekürzte Anerkennung der Leistungen während der Corona-Pandemie zukommen. Überwiegende Belange der Gläubigerin stünden im zu entscheidenden Fall nicht entgegen.[43]

Es lässt sich auch die Auffassung vertreten, dass es sich um eine nicht wiederkehrende Zahlung i.S.d. § 850i ZPO handelt, die vollumfänglich pfändbar ist, aber auf Antrag des Schuldners beim Amtsgericht von der Pfändung je nach den Umständen ausgenommen werden kann. Auf diese Möglichkeit kann der Arbeitgeber den Arbeitnehmer auch hinweisen.

Das Arbeitsgericht Bautzen hat dagegen die Unpfändbarkeit verneint und ausgeführt, die Corona-Sonderzahlung an einen Dachdecker sei nicht analog der Vorgaben des Sozialgesetzbuches zu Corona-Prämien unpfändbar. § 150a Abs. 8 Satz 4 SGB XI, nachdem Corona-Prämien unpfändbar sind, beziehe sich nur auf Corona-Prämien für Beschäftigte in der Pflege. Für eine Corona-Sonderzahlung des Arbeitgebers an einen angestellten Dachdecker könne die Vorschrift mangels Vergleichbarkeit und Regelungslücke nicht übertragen werden. Auch § 850 a Nr. 3 ZPO (Erschwerniszulage) greife nicht. Der Arbeitgeber habe die Corona-Sonderzahlung an alle Beschäftigten gezahlt – unabhängig davon, wo und unter welchen Belastungen diese tatsächlich tätig gewesen seien. Zudem unterliege die Zahlung nicht dem Pfändungsschutz für sonstige Einkünfte nach § 850i Abs. 1 ZPO, da sie zwar eine Beihilfe und Unterstützungsleistungen des Arbeitgebers in der Coronakrise und damit kein Arbeitsentgelt sei. Sie werde jedoch Teil des Vergütungsanspruchs gegen den Arbeitgeber, mit diesem pfändbar und damit auch abtretbar.[44]

Entscheidung des BAG: Mit seiner Entscheidung im August 2022 hat das BAG die Corona-Sonderzahlung für unpfändbar erklärt, sofern der Zweck in der Kompensation einer tatsächlichen Erschwernis bei der Arbeitsleistung liegt und soweit die Prämie den Rahmen des Üblichen nicht übersteigt.

Praxistipp: Im Hinblick auf die unklare Rechtslage sollte der Arbeitgeber folgende Überlegungen anstellen:

---

41 BeckOK ZPO, Vorwerk/Wolf, 38. Edition, Stand 1.9.2020.
42 AG Zeitz Beschluss v. 10.8.2020, 5 M 837/19.
43 AG Zeitz Beschluss v. 10.8.2020, 5 M 837/19, Rz. 10.
44 ArbG Bautzen, Urteil v. 17.3.2021, 3 Ca 3145/20.

- Kontaktaufnahme mit dem Gläubiger, um zu klären, ob dieser einverstanden ist, die Corona-Sonderzahlung bei der Pfändung als unpfändbar zu betrachten.
- Wird keine Einigung erzielt: Hinweis an den Arbeitnehmer, dass dieser beim Amtsgericht einen Antrag nach § 850i ZPO auf Pfändungsschutz der Zahlung stellen kann.
- Ggf. Hinterlegung des Betrags beim Amtsgericht.[45]
- Zahlt der Arbeitgeber an den Gläubiger statt an den (verschuldeten) Arbeitnehmer, ist die Chance – bei festgestellter Unpfändbarkeit – den Betrag zurückzubekommen, größer als bei Zahlung an den Arbeitnehmer.

Hinweis: Pfändbarkeit der Inflationsausgleichsprämie. Für die Pfändbarkeit der Inflationsausgleichsprämie gibt es keine gesetzliche Regelung. Jedenfalls stellt die Inflationsausgleichsprämie keine Erschwerniszulage nach § 850a ZPO dar, denn diese wird unabhängig von der konkreten Arbeitsleistung ausbezahlt. Andere Ausnahmen sind ebenfalls nicht einschlägig. Somit wird die Inflationsprämie zunächst für pfändbar gehalten.

39.9 Pfändbarkeit Kurzarbeitergeld

Sachverhalt: Am 10.1. erhält ein Arbeitgeber, bei dem Kurzarbeit 0 eingeführt ist, einen gerichtliche Pfändungs- und Überweisungsbeschluss über 1.000 EUR für eine Mitarbeiterin.

- a) Wird von der Pfändung auch das Kurzarbeitergeld erfasst?
- b) Was ist, wenn der Arbeitgeber einen Zuschuss zum Kurzarbeitergeld gewährt?

Ergebnis: Kurzarbeitergeld ist eine laufende Geldleistung nach §§ 95 ff. SGB III. Anspruchsinhaber ist der Arbeitnehmer, der hier gleichzeitig Schuldner ist. Ein Pfändungsausschluss nach § 54 Abs. 3 SGB I oder nach spezialgesetzlichen Regelungen besteht nicht. Deshalb ist der Anspruch auf Kurzarbeitergeld wie Arbeitseinkommen pfändbar.[46]

Kurzarbeitergeld wird von der Bundesagentur für Arbeit geleistet[47], jedoch fingiert § 108 Abs. 2 Satz 1 SGB III die Drittschuldnerstellung des Arbeitgebers. Grund dafür ist, dass der Arbeitgeber die Zahlung des Kurzarbeitergelds vornehmen muss.[48] Eine Pfändung des Kurzarbeitergeldes bei der Bundesagentur geht daher ins Leere, selbst

45 § 268 Abs. 2 BGB.
46 § 54 Abs. 4 SGB I.
47 § 104 Abs. 1 Satz 1 SGB III.
48 § 320 Abs. 1 Satz 2 SGB III.

wenn diese den Pfändung- und Überweisungsbeschluss an den Abend Arbeitgeber weiterleitet.[49]

Nach herrschender Meinung wird das Kurzarbeitergeld als Sozialleistung von der Pfändung des Arbeitseinkommens nicht direkt erfasst. Es muss daher ausdrücklich benannt werden. Dafür gibt es ein Freitextfeld zum »Anspruch A (an Arbeitgeber)« auf Seite 5 der Anlage 3 ZVFV, wenn das Kurzarbeitergeld zusammen mit dem Arbeitseinkommen gepfändet werden soll.

Erhält der Arbeitnehmer von seinem Arbeitgeber zusätzlich noch Zuschüsse, die das Kurzarbeitergeld aufstocken, sind das vom Lohn getrennte zusätzliche Leistungen. Diese werden jedoch ohne weiteres von der Pfändung des Arbeitseinkommens erfasst. Denn die Pfändung erstreckt sich auf alle Vergütungsbestandteile, die dem Schuldner aus der Arbeitsleistung zustehen, ohne Rücksicht auf die Benennung oder Berechnung.[50] Daher muss sich die Pfändung nicht ausdrücklich auf diese Zuschüsse erstrecken.[51]

39.10 Pfändung und Entgeltumwandlungsvereinbarung bei der betrieblichen Altersversorgung

Sachverhalt: Eine Arbeitnehmerin wurde verurteilt, an ihren geschiedenen Ehemann 22.000 EUR zu zahlen. Dieser erwirkte einen Pfändungs- und Überweisungsbeschluss, der dem Arbeitgeber im November zugestellt wurde. Der Arbeitgeber führte den pfändbaren Lohnanteil ab. Im Mai des nächsten Jahres gab es eine Entgeltumwandlungsvereinbarung zwischen der Arbeitnehmerin und ihrem Arbeitgeber. Diese hatte eine betriebliche Altersversorgung im Wege der Direktversicherung zum Gegenstand. Nach dem Versicherungsvertrag ist Versicherungsnehmer der Arbeitgeber. Begünstigt ist die Arbeitnehmerin. Der Arbeitgeber zahlte hiernach in die Direktversicherung 248 EUR/Monat ein. Die Summe entsprach § 1a Abs. 1 Satz 1 BetrAVG. In der Folgezeit ließ der Arbeitgeber diesen Betrag bei der Ermittlung des pfändbaren Einkommens unberücksichtigt und führte entsprechend weniger an den geschiedenen Ehemann ab. Dieser verklagte den Arbeitgeber. Er war der Auffassung, die Entgeltumwandlung reduziere das pfändbare Einkommen der Arbeitnehmerin nicht. Dieser habe mit Zustellung des Pfändungs- und Überweisungsbeschlusses die Verwertungszuständigkeit über ihre Forderung gegen den Arbeitgeber verloren. Zudem gelte der Rechtsgedanke des § 850h ZPO (verschleiertes Arbeitseinkommen).

49 Bieback in Gagel, SGB II/SGB III, § 108 Rz. 13.
50 § 850 Abs. 4 ZPO.
51 Stöber/Rellermeyer, Forderungspfändung D. Rz. 142; Benner NZF am 2020, 385).

Ergebnis: Das Bundesarbeitsgericht entschied, dass der Arbeitgeber zu Recht von einem verringerten pfändbaren Arbeitseinkommen ausgegangen sei. Vereinbaren die Arbeitsvertragsparteien, dass der Arbeitgeber für den Arbeitnehmer eine Direktversicherung abschließe und werde ein Teil der künftigen Entgeltansprüche durch Entgeltumwandlung für dessen betriebliche Altersversorgung verwendet, liege insoweit grundsätzlich kein pfändbares Einkommen i. S. v. § 850 Abs. 2 ZPO mehr vor. Daran ändere der Umstand, dass die Entgeltumwandlungsvereinbarung erst nach Zustellung des Pfändungs- und Überweisungsbeschlusses getroffen worden sei, jedenfalls vorliegend nichts. Denn die Klägerin habe mit der Entgeltumwandlungsvereinbarung von ihrem Recht aus § 1a Abs. 1 Satz 1 BetrAVG (Entgeltumwandlung bis zu 4% der Beitragsbemessungsgrenze) auf betriebliche Altersversorgung durch Entgeltumwandlung Gebrauch gemacht. Im vorliegenden Fall war wichtig, dass der in § 1a Abs. 1 Satz 1 BetrAVG vorgesehene Betrag nicht überschritten wurde. Nach Auffassung des Bundesarbeitsgerichts stellt die Entgeltumwandlungsvereinbarung bei einer an § 1a Abs. 1 Satz 1 BetrAVG orientierten normativen Betrachtung keine den Kläger als Gläubiger benachteiligende Verfügung i. S. v. § 829 Abs. 1 Satz 2 ZPO dar. In einem solchen Fall scheidet zudem ein Rückgriff auf § 850h ZPO aus.

Hinweis: Das Bundesarbeitsgericht hat in der Entscheidung ausdrücklich offengelassen, ob eine andere Bewertung geboten ist, wenn ein höherer Betrag als der in § 1a Abs. 1 Satz 1 BetrAVG vorgesehene umgewandelt wird.

39.11 Mehrere Pfändungen gleichzeitig

Sachverhalt: Am 10.1. erhält ein Arbeitgeber 2 gerichtliche Pfändungs- und Überweisungsbeschlüsse über 1.000 EUR und 2.000 EUR für eine Mitarbeiterin. Die betroffene Arbeitnehmerin hat einen Nettolohn von 1.800 EUR monatlich. Sie ist ledig und hat ein minderjähriges Kind. Am 15.1. erhält der Arbeitgeber einen weiteren Pfändungs- und Überweisungsbeschluss über 2.200 EUR.

In welcher Reihenfolge und Höhe sind die Forderungen zu bedienen?

Ergebnis: Nach dem **Grundsatz der Priorität** geht der zuerst zugestellte Pfändungs- und Überweisungsbeschluss dem späteren vor. Der am 15.1. zugestellte Beschluss greift also erst, wenn die anderen Forderungen vollständig bedient sind.

Zwischen den beiden am 10.1. zugestellten Pfändungen herrscht **Gleichrang**. Hier ist nach dem Verhältnis der vollstreckbaren Beträge aufzuteilen. Dieses Verhältnis beträgt vorliegend 2/3 zu 1/3 (2.000 zu 1.000).

Pfändbarer Betrag lt. Pfändungstabelle bei Nettomonatsvergütung von 1.800 EUR und Unterhaltspflicht für eine Person	37,96 EUR
Davon 1/3	12,65 EUR
Davon 2/3	25,31 EUR

Beginnend ab Februar ist die am 10.1. zugestellte Pfändung über 1.000 EUR mit 12,65 EUR monatlich zu bedienen, die am selben Tag zugestellte Pfändung über 2.000 EUR mit 25,31 EUR monatlich. Erst wenn beide Pfändungen vollständig bedient sind, ist die zuletzt am 15.1. zugestellte an der Reihe.

39.12 Vorausabtretung

Sachverhalt: Ein Arbeitgeber erhält am 10.1. einen gerichtlichen Pfändungs- und Überweisungsbeschluss über 1.000 EUR für eine Mitarbeiterin. Die betroffene Arbeitnehmerin hat einen Nettolohn von 1.800 EUR monatlich. Sie ist ledig und hat ein minderjähriges Kind. Ein weiterer Gläubiger übersendet dem Arbeitgeber eine auf den 5.1. datierte Abtretungserklärung, mit der die künftigen pfändbaren Bezüge auf Arbeitslohn für eine Schuld von 10.000 EUR an ihn abgetreten wird.

Wie geht der Arbeitgeber in diesem Fall vor?

Ergebnis: Die auf den 5.1. datierte Abtretung geht vor. Es ist möglich, auch künftiges pfändbares Arbeitseinkommen nach § 398 BGB abzutreten (Vorausabtretung). Die Abtretung ist mit Vertragsschluss wirksam.

Hinweis: Nach § 399 BGB kann die Abtretung im Arbeitsvertrag oder einem Ergänzungsvertrag mit dem Arbeitnehmer ausgeschlossen werden.

39.13 Bearbeitungskosten Arbeitgeber

Sachverhalt: Arbeitgeber und Betriebsrat haben eine Betriebsvereinbarung abgeschlossen, wonach der Arbeitgeber für die Bearbeitungskosten bei Pfändungen von dem gepfändeten Betrag 3 % Bearbeitungsgebühren einbehalten und mit der Vergütung des Arbeitnehmers verrechnen kann.

Ist diese Vereinbarung wirksam?

Ergebnis: Diese Bestimmung ist unwirksam. Es besteht weder ein entsprechendes Mitbestimmungsrecht des Betriebsrats noch können die Betriebsparteien einen Erstattungsanspruch zugunsten des Arbeitgebers durch freiwillige Betriebsvereinbarung regeln.

40 Pflegezeit

Stephan Wilcken

40.1 Anspruch auf Pflegezeit

Sachverhalt: Eine Mitarbeiterin hat bei ihrem Arbeitgeber 9 Kollegen. Sie beantragt bei ihrem Arbeitgeber eine Freistellung zur Pflege ihrer kranken Mutter.

Hat die Mitarbeiterin Anspruch auf Freistellung zur Pflege?

Ergebnis: Der Anspruch auf Pflegezeit (§ 3 PflegeZG) besteht gegenüber Arbeitgebern, die mehr als 15 Arbeitnehmer beschäftigen. In diesem Fall sind nur 10 Mitarbeiter beschäftigt, sodass ein Anspruch nicht besteht. Der Arbeitgeber kann den Antrag ablehnen.

Praxistipp: Bei Unternehmen mit 15 oder weniger Beschäftigten können Arbeitnehmer zwar Pflegezeit beantragen. Der Arbeitgeber muss einen solchen Antrag - innerhalb einer Frist von 4 Wochen – beantworten und bei Ablehnung des Antrags diese Entscheidung begründen. Dabei sind keine hohen Anforderungen an die Ablehnungsbegründung zu stellen.

Wird die Frist nicht eingehalten und oder wird die Ablehnung nicht begründet, hat dies nicht zur Folge, dass eine Genehmigung als erteilt gilt: der Mitarbeiter ist nicht freigestellt.

Hinweis: Wird einem solchen Antrag stattgegeben, hat der Mitarbeiter einen Kündigungsschutz, ihm darf grundsätzlich nicht gekündigt werden.

40.2 Antragsfrist

Sachverhalt: Ein Mitarbeiter teilt seinem Arbeitgeber am 5.6. mit, dass er in der Zeit vom 10.6. bis 23.8. eines Jahres seine pflegebedürftige Mutter bei sich zu Hause betreuen müsse. Er verlangt deshalb Freistellung von der Arbeit für diesen Zeitraum.

Hat der Mitarbeiter Anspruch auf Freistellung?

Ergebnis: Der Mitarbeiter hat nach dem Pflegezeitgesetz grundsätzlich einen Anspruch auf Freistellung für die Betreuung pflegebedürftiger Angehöriger, soweit er nicht schon einen entsprechenden Anspruch in der Vergangenheit hatte.

Er muss eine Antragsfrist von 10 Arbeitstagen einhalten und den Antrag schriftlich stellen.

Da der Mitarbeiter die Frist nicht eingehalten hat, besteht der Anspruch auf Pflegezeit erst ab 20.6. (ohne Berücksichtigung der Wochenenden).

Praxistipp: Der Eingang des Antrags auf Pflegezeit muss dokumentiert werden, damit festgestellt werden kann, ab wann die Pflegezeit frühestens beginnen kann. Bei der Berechnung werden die regelmäßigen Arbeitstage des Betriebs zugrunde gelegt.

Der Mitarbeiter kann selbstverständlich den Antrag auch schon frühzeitiger stellen, die gesetzliche Frist von 10 Arbeitstagen ist eine Mindestfrist. Das Gesetz stellt auf Arbeits- und nicht auf Wochentage ab bei der Berechnung des Ankündigungsfrist: Das Wochenende wird also nicht mit eingerechnet.

Hinweis: Auf einen mündlichen Antrag auf Pflegezeit muss der Arbeitgeber nicht reagieren, das Pflegezeitgesetz schreibt vor, dass der Mitarbeiter den Antrag schriftlich stellt. Hat der Arbeitgeber allerdings auf einen mündlichen Antrag positiv reagiert und die Pflegezeit zugesagt, kann er sich aber nicht nachträglich auf die fehlende Schrift- oder Textform berufen.

40.3 Verlängerung

Sachverhalt: Ein Mitarbeiter hat in der Zeit vom 10.6. bis 23.8. Pflegezeit zur Betreuung seiner pflegebedürftigen Mutter.

Er will die Pflegezeit ab 30.8. verlängern, weil zu diesem Zeitpunkt die andere Person, die die Pflege ab 24.8. übernimmt, selbst in ärztliche Behandlung geht.

Kann der Mitarbeiter die Pflegezeit verlängern?

Ergebnis: Der Mitarbeiter hat nach dem Pflegezeitgesetz einen Anspruch auf eine Pflegezeit von maximal 6 Monaten. Wird zunächst ein kürzerer Zeitraum beantragt, kann der Arbeitnehmer eine Verlängerung verlangen, wenn der Arbeitgeber dem zustimmt.

Verlängerung des ursprünglichen Zeitraums bedeutet aber den »nahtlosen« Ansatz daran. Im vorliegenden Fall ist jedoch eine Unterbrechung sogar von mehreren Tagen gegeben. Der Mitarbeiter verlangt also keine Verlängerung der Pflegezeit, sondern eine weitere, 2. Pflegezeit für dieselbe pflegebedürftige Person. Hierauf hat der Mitarbeiter aber keinen Anspruch.

Praxistipp: Das Pflegezeitgesetz enthält Mindestbedingungen. Der Arbeitgeber kann auf freiwilliger Basis weitere Pflegezeiten durchaus zulassen, muss aber darauf achten, dass daraus kein für ihn verpflichtender Rechtsanspruch wird entweder durch die sogenannte betriebliche Übung oder aus dem Grundsatz der Gleichbehandlung heraus. Deshalb sollte der Grund der Ausnahme von den Voraussetzungen des Pflegezeitgesetzes dokumentiert werden, um dann gegebenenfalls gegenüber anderen Beschäftigten rechtssicher argumentieren zu können, warum in dem einen Fall abweichend vom Pflegezeitgesetz gehandelt wurde und in dem anderen Falle nicht.

Will der Arbeitgeber dem Mitarbeiter eine weitere, gesetzlich nicht geregelte »Pflegezeit« gewähren, kann er mit dem Arbeitnehmer unabhängig vom Pflegezeitgesetz für den entsprechenden Zeitraum eine unbezahlte Freistellung von der Arbeit vereinbaren mit der Folge, dass das Arbeitsverhältnis während dieser Zeit ruht.

40.4 Zweite Freistellung

Sachverhalt: Ein Mitarbeiter hatte in der Zeit vom 10.6. bis 23.8. eines Jahres Pflegezeit in Anspruch genommen für die Pflege seiner Mutter.

Er beantragt eine weitere Pflegezeit für den Zeitraum vom 23.12. des Jahres bis 6.1. des Folgejahres und verlangt für diesen Zeitraum die Freistellung von der Arbeit.

Hat der Arbeitnehmer Anspruch auf eine 2. Pflegezeit?

Ergebnis: Der Mitarbeiter hat nach dem Pflegezeitgesetz für den 2. Zeitraum keinen Anspruch auf Freistellung. Das Pflegezeitgesetz gewährt den Beschäftigten einen einmaligen Anspruch auf Freistellung zur Pflege pro zu pflegendem Angehörigen von maximal 6 Monaten. Selbst wenn bei der »1.« Pflegezeit der Zeitraum von 6 Monaten nicht ausgeschöpft wurde, kann der Mitarbeiter nicht verlangen, dass die nicht verbrauchte Zeit später genommen wird. Der Anspruch kann abgelehnt werden.

Praxistipp: Der Arbeitgeber sollte dokumentieren, wann welcher Mitarbeiter für welche pflegebedürftige Personen Pflegezeit geltend gemacht hat. Dieser Hinweis wird dann auch in die Personalakte aufgenommen, am besten zusammen mit der entsprechenden ärztlichen Bescheinigung über die Pflegebedürftigkeit des nahen Angehörigen.

Hinweis: Der Arbeitgeber kann mit dem Mitarbeiter für den 2. Zeitraum eine unbezahlte Freistellung von der Arbeit (unbezahlten Urlaub) vereinbaren. Dabei handelt es sich dann aber nicht um eine Pflegezeit im Sinne des Pflegezeitgesetzes.

Dies sollte aber nicht regelmäßig geschehen, da sonst andere Arbeitnehmer sich über den Anspruch auf Gleichbehandlung gegebenenfalls darauf berufen könnten. In einem solchen Fall sollte der Arbeitgeber mit dem Mitarbeiter vereinbaren, dass für diesen Zeitraum das Arbeitsverhältnis ruht. In diesem Fall muss für diese Zeit weder Urlaub gewährt werden noch eventuell bei einer Erkrankung des Mitarbeiters während dieser Zeit Entgeltfortzahlung leisten.

40.5 Kürzung des Erholungsurlaubs

Sachverhalt: Ein Mitarbeiter hatte in der Zeit vom 10.6. bis 23.8. eines Jahres für die Pflege seiner Mutter Pflegezeit in Anspruch genommen. Er macht für das gesamte Jahr den vollständigen Urlaub vom 24 Urlaubstagen geltend.

Hat der Arbeitnehmer Anspruch auf den gesamten Jahresurlaub?

Ergebnis: Nein. Der Arbeitgeber kann nach § 4 Abs. 4 PflegeZG den Erholungsurlaub für jeden vollen Kalendermonat der vollständigen Freistellung von der Arbeitsleistung um ein Zwölftel kürzen. Im vorliegenden Fall war der Mitarbeiter den vollständigen Monat Juli freigestellt, sodass der Urlaubsanspruch um ein Zwölftel, also 2 Urlaubstage gekürzt werden kann.

Hinweis: Das PflegeZG spricht von Kalendermonaten. Der Mitarbeiter hat zwar mehr als 2 Monate gefehlt, aber nur einen vollständigen Kalendermonat. Es kommt also nicht auf die Dauer der Fehlzeit alleine an, sondern ausschließlich auf die vollständigen Kalendermonate.

41 Private Krankenversicherung

41.1 Beitragszuschuss, Anspruchsvoraussetzungen

Sachverhalt: Ein Arbeitnehmer ist wegen Überschreitung der Jahresarbeitsentgeltgrenze krankenversicherungsfrei. Er ist privat krankenversichert und beantragt beim Arbeitgeber einen Beitragszuschuss. Der Versicherungsvertrag des Arbeitnehmers beinhaltet grundsätzlich die Leistungen, die der Art nach ein gesetzlich Versicherter beanspruchen kann; Zahnersatz ist jedoch nicht mitversichert. Bei anderen Leistungen, z. B. Krankenhausbehandlung, besteht pro Jahr eine Eigenbeteiligung von 1.000 EUR.

Eine Bescheinigung des Versicherungsunternehmens, dass die Versicherung nach bestimmten gesetzlich vorgesehenen Regelungen durchgeführt wird, kann der Arbeitnehmer nicht vorlegen.

Hat der Arbeitnehmer Anspruch auf einen Beitragszuschuss zur privaten Krankenversicherung?

Ergebnis: Der Arbeitnehmer kann keinen Beitragszuschuss beanspruchen, weil er keine Bescheinigung vorgelegt hat.

Die gesetzlich geforderte Bescheinigung des Versicherungsunternehmens in der die Aufsichtsbehörde dem privaten Krankenversicherungsunternehmen bestätigt hat, dass der Versicherungsvertrag entsprechend den im Gesetz genannten Regeln durchgeführt wird, ist unabdingbar. Diese Bescheinigung muss jeweils nach Ablauf von 3 Jahren erneuert werden.

Der Umfang der privaten Versicherung des Arbeitnehmers schließt den Anspruch auf Beitragszuschuss nicht aus, da er Leistungen beinhaltet, die der Art nach denen der gesetzlichen Krankenversicherung entsprechen. Es müssen weder alle Leistungen der gesetzlichen Krankenversicherung eingeschlossen sein noch muss der Umfang der jeweiligen Leistung, der Leistung der gesetzlichen Krankenversicherung genau entsprechen.

Achtung: Vergleichbare Bestimmungen sind durch die private Pflegeversicherung einzuhalten (allerdings ohne Standardtarife) und zu belegen (Bescheinigung des Versicherers), wenn für die Pflegeversicherung ein Beitragszuschuss beansprucht werden soll.

41.2 Beitragszuschuss, Höhe und Anspruchsdauer

Sachverhalt: Eine Arbeitnehmerin, 1 Kind, ist von der Versicherungspflicht zur gesetzlichen Krankenversicherung befreit und seit Jahren privat kranken- und pflegeversichert. Ihre Versicherungen sind zuschussberechtigt, die erforderlichen Bescheinigungen liegen dem Arbeitgeber vor. Der Beschäftigungsort liegt nicht in Sachsen.

Die Arbeitnehmerin wendet für ihre private Krankenversicherung monatlich 860 EUR und für ihre private Pflegeversicherung monatlich 120 EUR auf.

Vom 1.3.2024 an ist sie infolge Krankheit arbeitsunfähig. Nach Ablauf der Entgeltfortzahlung am 14.4.2024 erhält sie Krankentagegeld von der Privatversicherung.

Wie hoch sind Beitragszuschuss und Anspruchsdauer des Arbeitgebers zur Kranken- und Pflegeversicherung im Monat März?

Ergebnis: Der Beitragszuschuss zur Kranken- und Pflegeversicherung beträgt grundsätzlich die Hälfte der aufgewendeten Prämie, hier also 430 EUR zur Krankenversicherung und 60 EUR zur Pflegeversicherung.

Der Beitragszuschuss zur Krankenversicherung ist allerdings auf den gesetzlichen Höchstzuschuss begrenzt.

Berechnung Höchstzuschuss zur Krankenversicherung

Beitragsbemessungsgrenze 2024 monatlich	5.175 EUR
Halber allgemeiner Beitragssatz (14,6%)	7,3%
Halber durchschnittlicher Zusatzbeitragssatz (1,7%)	0,85%
Gesamtbeitragssatz	8,15%
Monatlicher Höchstzuschuss (5.175 EUR x 8,15%)	421,76 EUR

Die Arbeitnehmerin kann maximal 421,76 EUR monatlich als Beitragszuschuss zur Krankenversicherung erhalten.

Berechnung Höchstzuschuss zur Pflegeversicherung

Beitragsbemessungsgrenze 2024 monatlich	5.175 EUR
Halber Beitragssatz (3,4%)	1,7%
Monatlicher Höchstzuschuss (5.175 EUR x 1,7%)	87,989 EUR

Die Arbeitnehmerin kann den vollen Beitragszuschuss von monatlich 60 EUR (Hälfte v. 120 EUR) zur Pflegeversicherung erhalten.

Höhe und Anspruchsdauer des Zuschusses für April 2024: Der Beitragszuschuss ist ausschließlich für Tage zu bezahlen, an denen Anspruch auf Arbeitsentgelt aus der Beschäftigung besteht. Für die Ermittlung von Zuschüssen für Teil-Monate ist stets $^{1}/_{30}$ des Monatszuschusses je Kalendertag anzusetzen.

Die Arbeitnehmerin erhält im April nur bis 14.4.2024 Arbeitsentgelt. Der Zuschuss beträgt:

- Krankenversicherung: 421,76 EUR : 30 Tage × 14 zuschusspflichtige Tage = 196,82 EUR
- Pflegeversicherung: 60 EUR : 30 Tage × 14 zuschusspflichtige Tage = 28 EUR

Hinweis 1: In Sachsen ist der Arbeitnehmeranteil zur Pflegeversicherung höher, da dort kein Feiertag zur Kompensation der Arbeitgeberaufwendungen abgeschafft wurde. Der für Sachsen maßgebende Arbeitgeberanteil beträgt seit 1.7.2023 1,2 % und damit ergibt sich seit 1.1.2024 ein Höchstzuschuss zur privaten Pflegeversicherung von 62,10 EUR monatlich.

Hinweis 2: Soweit der Zuschuss während einer Arbeitsunfähigkeit nach Ablauf des Entgeltfortzahlungsanspruchs weitergezahlt wird, geschieht dies ohne gesetzliche Verpflichtung. Solche freiwillig gezahlten Beitragszuschüsse sind nicht vom gesetzlichen Anspruchsrahmen abgedeckt, weshalb sie steuer- und sozialversicherungspflichtiges Arbeitsentgelt darstellen.

41.3 Beitragszuschuss, Berücksichtigung Beiträge Angehöriger

Sachverhalt: Eine Arbeitnehmerin, verheiratet, 2 Kinder, ist in Nordrhein-Westfalen beschäftigt. Sie ist wegen Überschreitung der Jahresarbeitsentgeltgrenze krankenversicherungsfrei und seit Jahren privat kranken- und pflegeversichert. Die erforderlichen Bescheinigungen liegen vor.

Die Arbeitnehmerin und ihre Angehörigen sind im Juli 2024 wie folgt versichert:

Person	**Versicherung**	**monatliche(r) Prämie/Beitrag**
Arbeitnehmerin	Private Krankenversicherung inkl. Wahlleistung Krankenhaus und 100 % Zahnersatz:	300,00 EUR
	Sterbegeldversicherung:	25,00 EUR
	Private Pflegeversicherung:	44,00 EUR

Ehemann, beschäftigt bei Arbeitgeber B, 20 Std. pro Woche, Entgelt 1.200 EUR monatlich	Gesetzliche Krankenversicherung, Arbeitnehmeranteil zur Kranken- und Pflegeversicherung:	105,90 EUR
	Private Zusatzversicherung für Zahnersatz:	40,00 EUR
Sohn, 24 Jahre alt	Gesetzliche Krankenversicherung als Student:	66,33 EUR
	Pflegeversicherung (mit Beitragszuschlag für Kinderlose):	21,42 EUR
Tochter, Schülerin, 17 Jahre alt	Private Krankenversicherung inkl. Wahlleistung Krankenhaus und 100% Zahnersatz:	75,00 EUR
	Private Pflegeversicherung:	8,00 EUR

Wie hoch ist der Beitragszuschuss der Arbeitnehmerin im Monat?

Ergebnis

Zuschuss zur Krankenversicherung

Private Krankenversicherung Arbeitnehmerin	300,00 EUR
Private Krankenversicherung Tochter	*+ 75,00 EUR*
Beiträge gesamt	375,00 EUR
Beitragszuschuss (375 EUR : 2)	187,50 EUR

187,50 EUR überschreitet nicht den Höchstzuschuss von 421,76 EUR zur Krankenversicherung (2024). Daher kann der Betrag von 187,50 EUR als Beitragszuschuss gezahlt werden.

- Die private Krankenversicherung der Arbeitnehmerin ist zuschussfähig, selbst wenn sie bei Leistungen, die auch gesetzliche Krankenkassen bieten, mehr leistet.
- Die Sterbegeldversicherung ist generell nicht zuschussfähig da sie eine Leistung darstellt, die die gesetzliche Krankenversicherung nicht kennt.
- Die Beiträge zur gesetzlichen Krankenversicherung und die Zusatzversicherung des Ehemanns sind nicht zuschussfähig. Private Zusatzversicherungen werden nicht bezuschusst. In einer privaten Krankenversicherung versicherte Arbeitnehmer können von ihrem Arbeitgeber für die in der gesetzlichen Krankenversicherung freiwillig versicherten Angehörigen keinen Beitragszuschuss verlangen.
- Sohn und Tochter haben keine eigenen Einkünfte und wären bei der Krankenkasse der Arbeitnehmerin familienversichert, wenn diese bei einer gesetzlichen Krankenkasse versichert wäre. Die Beiträge der Tochter sind zuschussberechtigt, da sie privat krankenversichert ist, die Beiträge des Sohnes nicht, da er einer gesetzlichen Krankenkasse angehört. Eine Familienversicherung über den Vater ist für beide Kinder ausgeschlossen, weil die Mutter infolge der Überschreitung der Jahresarbeitsentgeltgrenze krankenversicherungsfrei ist und keiner gesetzlichen Krankenkasse angehört.

Zuschuss zur Pflegeversicherung	
Private Pflegeversicherung Arbeitnehmerin	44 EUR
Private Pflegeversicherung Tochter	*+ 8 EUR*
Beiträge gesamt	52 EUR
Beitragszuschuss (52 EUR : 2)	26 EUR

26 EUR überschreitet nicht den Höchstzuschuss von 87,98 EUR zur Pflegeversicherung (seit 1.1.2024). Daher kann der Betrag von 26 EUR als Beitragszuschuss gezahlt werden.

- Die Beiträge zur gesetzlichen Pflegeversicherung des Ehemanns sind nicht zuschussfähig, da sie bereits zur Hälfte von seinem Arbeitgeber getragen werden.
- Sohn und Tochter haben keine eigenen Einkünfte und wären bei der Arbeitnehmerin familienversichert, falls diese bei einer gesetzlichen Pflegeversicherung versichert wäre. Die PV-Beiträge der Tochter sind zuschussberechtigt, allerdings nicht der Beitrag zur Studenten-Pflegeversicherung des Sohnes.

42 Rabattfreibetrag

Peter Schmitz

42.1 Belegschaftsrabatt

Sachverhalt: Ein Möbelhändler überlässt seiner Mitarbeiterin eine Schrankwand zum Preis von 3.000 EUR. Der angegebene offizielle Verkaufspreis der Schrankwand beträgt laut Preisauszeichnung 4.500 EUR.

Wie hoch ist der lohnsteuer- und sozialversicherungspflichtige geldwerte Vorteil aus dem Rabatt?

Ergebnis: Belegschaftsrabatte und Vorteile aus der unentgeltlichen Überlassung von Waren oder Dienstleistungen des eigenen Unternehmens gehören zum steuerpflichtigen Arbeitslohn. Jedoch kann der Arbeitgeber hiervon den Rabattfreibetrag i. H. v. 1.080 EUR pro Jahr abziehen. Der Rabattfreibetrag von 1.080 EUR gilt jedoch nur für Waren und Dienstleistungen, die der Arbeitgeber den Kunden seines Unternehmens entgeltlich zur Verfügung stellt und nicht überwiegend seinen Arbeitnehmern anbietet.

Die an Angestellte überlassenen Waren und Dienstleistungen müssen vor Anwendung des Rabattfreibetrags mit 96 % des »Abgabepreises an Letztverbraucher im allgemeinen Geschäftsverkehr« bewertet werden.

Abgabepreis ist der Wert, mit dem die Ware an Endverbraucher abgegeben wird. Zuzahlungen des Arbeitnehmers reduzieren den steuer- und sozialversicherungsrechtlichen geldwerten Vorteil. Auf den verbleibenden Betrag wird der Rabattfreibetrag i. H. v. 1.080 EUR berücksichtigt. Der Rabattfreibetrag ist ein Jahresbetrag und darf nicht für jede einzelne Warenlieferung oder jede einzelne Dienstleistung abgezogen werden.

Geldwerter Vorteil	
Preis für Endverbraucher	4.500 EUR
Abzgl. pauschaler Bewertungsabschlag (4 %)	*- 180 EUR*
Zwischensumme	4.320 EUR
Zuzahlung des Arbeitnehmers	*- 3.000 EUR*
Geldwerter Vorteil insgesamt	1.320 EUR
Abzgl. Rabattfreibetrag	*- 1.080 EUR*
Geldwerter Vorteil	240 EUR

Es verbleibt ein Betrag von 240 EUR. Dieser führt bei der Arbeitnehmerin zu lohnsteuerpflichtigem Arbeitslohn (sonstiger Bezug) und zu sozialversicherungspflichtigem Arbeitsentgelt. Durch diesen verbilligten Einkauf ist der Rabattfreibetrag der Arbeitnehmerin für dieses Kalenderjahr ausgeschöpft.

42.2 Produkte des Arbeitgebers

Sachverhalt: Ein Arbeitnehmer erwirbt im Juli von seinem Arbeitgeber, einem Küchenhersteller, eine Küche zum Preis von 10.000 EUR. Im Einzelhandel wird diese Küche für 18.000 EUR an Endverbraucher verkauft.

Wie hoch ist der geldwerte Vorteil für den Arbeitnehmer?

Ergebnis

Geldwerter Vorteil	
Preis für Endverbraucher	18.000 EUR
Abzgl. pauschaler Bewertungsabschlag (4 %)	*- 720 EUR*
Zwischensumme	17.280 EUR
Zuzahlung des Arbeitnehmers	*- 10.000 EUR*
Geldwerter Vorteil insgesamt	7.280 EUR
Abzgl. Rabattfreibetrag	*- 1.080 EUR*
Steuer- und sozialversicherungspflichtiger geldwerter Vorteil	6.200 EUR

Dieser Betrag ist als einmalig gewährter geldwerter Vorteil (sonstiger Bezug) für den Juli neben dem laufenden Gehalt zu versteuern. Gleichzeitig ist der Vorteil als Einmalzahlung sozialversicherungspflichtig.

Hinweis: Der Rabattfreibetrag von jährlich 1.080 EUR kann grundsätzlich nur auf Personalrabatte für Waren oder Dienstleistungen des eigenen Unternehmens angewendet werden. Voraussetzung ist, dass der Preisnachlass vom eigenen Arbeitgeber eingeräumt wird (nicht von einem Dritten) und das Unternehmen mit diesen Waren Handel treibt oder Dienstleistungen erbringt und diese **nicht** überwiegend seinen Arbeitnehmern anbietet.

42.3 Eigene Waren oder Dienstleistungen

Sachverhalt: Ein Transportunternehmen nutzt zur Betankung seines Fuhrparks eine betriebseigene Tankstelle. Arbeitnehmer des Unternehmens können hier auch ihre privaten Pkw verbilligt betanken.

Kann der Rabattfreibetrag zur Anwendung kommen?

Ergebnis: Der Rabattfreibetrag nach § 8 Abs. 3 Satz 2 EStG darf nicht berücksichtigt werden. Der gesamte geldwerte Vorteil führt zu steuer- und sozialversicherungsrechtlichem Arbeitslohn. Der Treibstoff wird nicht überwiegend an fremde Dritte, sondern nur an Arbeitnehmer abgegeben. Für die Anwendung des Rabattfreibetrags muss es sich um Waren handeln, die vom Arbeitgeber hergestellt oder vertrieben werden. Die dem Arbeitnehmer unentgeltlich oder verbilligt überlassenen Waren oder Dienstleistungen dürfen vom Arbeitgeber nicht nur für den Bedarf seiner Arbeitnehmer hergestellt bzw. angeschafft werden. Entscheidend ist, dass die Waren oder Dienstleistungen überwiegend fremden Dritten entgeltlich zur Verfügung gestellt werden.

42.4 Arbeitgeber erbringt gewichtigen Beitrag zur Herstellung

Sachverhalt: Eine Druckerei druckt eine Tageszeitung für einen Verlag. Alle Verlagsmitarbeiter können die Tageszeitung verbilligt abonnieren. Statt des üblichen Abonnementpreises von 600 EUR im Jahr erhalten die Mitarbeiter das Abo für 120 EUR.

Kommt der Rabattfreibetrag von bis zu 1.080 EUR hier zur Anwendung?

Ergebnis: Der Rabattfreibetrag gilt auch für Produkte, die ein Arbeitgeber im Auftrag und nach den Plänen und Vorgaben von einem Dritten produzieren lässt. Der Arbeitgeber übernimmt zwar den Druck der Zeitung, den Inhalt liefert jedoch die Redaktion.

Berechnung geldwerter Vorteil für die Verlagsmitarbeiter

Preis Endverbraucher	600 EUR
Abzgl. pauschaler Bewertungsabschlag (4 %)	*– 24 EUR*
Zwischensumme	576 EUR
Abzgl. Abo-Preis Arbeitnehmer	*– 120 EUR*
Geldwerter Vorteil insgesamt	456 EUR
Abzgl. Rabattfreibetrag (höchstens bis zu 1.080 EUR)	*– 456 EUR*
Lohnsteuer- und sozialversicherungspflichtiger geldwerter Vorteil	0 EUR

Den verbleibenden Rabattfreibetrag von 624 EUR (1.080 EUR – 456 EUR) kann der Verlag für sonstige Vergünstigungen (geldwerte Vorteile) der einzelnen Arbeitnehmer nutzen.

42.5 Zeitpunkt der Bewertung

Sachverhalt: Ein Möbelhaus ermöglicht allen Arbeitnehmern den Einkauf eigener Waren bis zur Höhe des Rabattfreibetrages von 1.080 EUR im Jahr. Ein Arbeitnehmer sucht sich aus der Produktpalette seines Arbeitgebers einen Schrank aus. Der im Möbelhaus angegebene Endpreis des Schranks beträgt 2.500 EUR. Arbeitgeber und Arbeitnehmer vereinbaren eine Zuzahlung von 1.000 EUR.

Was sind die lohnsteuer- und sozialversicherungsrechtlichen Folgen aus dem verbilligten Verkauf?

Ergebnis

Ermittlung des Sachbezugs

Endpreis des Schranks	2.500 EUR
Abzgl. pauschaler Bewertungsabschlag (4 %)	*- 100 EUR*
Zwischensumme	2.400 EUR
Zuzahlung des Arbeitnehmers	*- 1.000 EUR*
Geldwerter Vorteil insgesamt	1.400 EUR
Abzgl. Rabattfreibetrag	*- 1.080 EUR*
Steuer- und sozialversicherungspflichtiger geldwerter Vorteil	320 EUR

Da es sich bei dem Rabattfreibetrag um einen Freibetrag und nicht um eine Freigrenze handelt, ist der Betrag von 320 EUR beim Arbeitnehmer als steuer- und sozialversicherungspflichtiger Arbeitslohn anzusetzen. Dieser Arbeitslohn fließt dem Arbeitnehmer nicht bereits bei Einräumung des Anspruchs zu (Bestellung), sondern erst bei tatsächlicher Ausübung bzw. Inanspruchnahme des Rabattfreibetrags (d. h. mit Auslieferung des Schranks). Der geldwerte Vorteil von 320 EUR ist als sonstiger Bezug somit erst bei der Entgeltabrechnung für den Zeitpunkt der Auslieferung als steuer- und sozialversicherungspflichtiger Arbeitslohn beim Arbeitnehmer anzusetzen.

42.6 Zuzahlung über dem Rabattfreibetrag

Sachverhalt: Der Arbeitnehmer eines Zweiradhändlers möchte ein E-Bike kaufen, das vom Arbeitgeber für 6.399 EUR angeboten wird.

Welchen Betrag muss der Arbeitnehmer zahlen, um keine steuer- und sozialversicherungsrechtlichen Folgen zu befürchten?

Ergebnis

Ermittlung des Sachbezugs

Preis des E-Bikes	6.399,00 EUR
Abzgl. pauschaler Bewertungsabschlag (4 %)	*- 255,96 EUR*
Zwischensumme	6.143,04 EUR
Abzgl. Rabattfreibetrag	*- 1.080,00 EUR*
Steuer- und sozialversicherungspflichtiger geldwerter Vorteil	5.063,04 EUR

Wenn der Arbeitgeber dem Arbeitnehmer das E-Bike für 5.063,04 EUR überlässt, führt dies **nicht** zu einem geldwerten Vorteil, der lohnsteuer- und sozialversicherungsrechtlich zu beachten ist.

42.7 Sonderverkauf: Arbeitnehmer erhalten die üblichen Rabatte

Sachverhalt: Ein Einzelhändler führt aufgrund seines 25-jährigen Bestehens einen Sonderverkauf durch. Auf alle Waren im Sortiment wird den Kunden und Mitarbeitern ein Rabatt von 25 % gewährt.

Der ausgewiesene Rabatt für einzelne Mitarbeiter beträgt mehr als 1.080 EUR.

Ergeben sich aus dem Verkauf für die Arbeitnehmer lohnsteuer- und sozialversicherungsrechtlichen Folgen?

Ergebnis: Nein! Da den Kunden ebenfalls ein Rabatt von 25 % eingeräumt wird, entsteht für das Personal kein geldwerter Vorteil. Der von den Arbeitnehmern verlangte Preis ist der ortsübliche Verkaufspreis.

Praxistipp: Steuer- und Sozialversicherungspflichtiger Arbeitslohn entsteht erst, wenn der Arbeitgeberrabatt über das hinausgeht, was auch fremde Dritte im allgemeinen Geschäftsverkehr als Rabatt erhalten. D. h. ein üblicher Rabatt, der auch Dritten eingeräumt wird, kann für den Arbeitnehmer nicht zu steuer- und sozialversicherungspflichtigem Arbeitslohn führen. Ob der Arbeitgeber dem Arbeitnehmer tatsächlich einen geldwerten Vorteil einräumt, ist durch Vergleich mit dem um übliche Preisnachlässe geminderten üblichen Endpreis am Abgabeort zu bestimmen.

Bei der Bewertung von Sachbezügen besteht ein Wahlrecht zwischen der Rabattregelung und der Einzelbewertung. Zusätzlich besteht bei der Einzelbewertung von Sachbezügen ein Wahlrecht zwischen

- dem üblichen Endpreis am Abgabeort (96-%-Grenze bei Sachbezügen) und
- dem günstigsten Preis am Markt (z. B. Preis von Anbietern im Internet).

Liegt der vom Arbeitgeber bestimmte Endpreis weit über den tatsächlichen Marktverhältnissen, hat der Arbeitnehmer im Rahmen seiner Einkommensteuerveranlagung die Wahl, den geldwerten Vorteil mit dem um übliche Preisnachlässe geminderten üblichen Endpreis am Abgabeort zu bewerten – dann allerdings ohne Bewertungsabschlag und ohne Rabattfreibetrag. Die steuerrechtliche Behandlung beim Lohnsteuerabzug ist nicht bindend für die Berechnung der Einkommensteuer. Soll der

Bruttoarbeitslohn niedriger angesetzt werden, muss der Arbeitnehmer die entsprechenden Nachweise vorbringen.

42.8 Rabattfreibetrag für Pensionäre

Sachverhalt: Ein Rentner war während seiner aktiven Zeit bei einem Stromversorgungsunternehmen angestellt. Bei Rentenbeginn erzielt er neben der gesetzlichen Rente noch Versorgungsbezüge seines ehemaligen Arbeitgebers. Vereinbarungsgemäß wird er weiterhin von seinem früheren Arbeitgeber mit verbilligtem Strom beliefert.

Neben seinem Haushaltsstrom bezieht er auch Strom für die Elektronachtspeicherheizung. Der geldwerte Vorteil aus dem Stromdeputat beträgt jährlich 2.573,55 EUR.

Hat der ehemalige Arbeitnehmer Anspruch auf den Rabattfreibetrag? Und wie hoch ist der steuer- und beitragspflichtige geldwerte Vorteil?

Ergebnis: Der Rentner kommt als ehemaliger Arbeitnehmer in den Genuss des Rabattfreibetrags. Bei dem gewährten Rabatt für den Strombezug handelt es sich um steuer- und beitragspflichtigen Arbeitslohn, der aus seinem ehemaligen Dienstverhältnis herrührt.

Ermittlung des Sachbezugs	
Geldwerter Vorteil aus dem Stromdeputat	2.573,55 EUR
Abzgl. pauschaler Bewertungsabschlag (4 %)	*- 102,94 EUR*
Zwischensumme	2.470,61 EUR
Abzgl. Rabattfreibetrag	*- 1.080,00 EUR*
Steuer- und sozialversicherungspflichtiger geldwerter Vorteil	1.390,61 EUR

42.9 Personalrabatte im Konzern

Sachverhalt: Ein großer Energieversorger beliefert alle Mitarbeiter verbilligt Strom und Gas. Im Laufe des Jahres wird der Versorger in einen Konzern eingebracht. Die einzelnen Betriebszweige werden verselbstständigt in:

- ABC Stromversorgung GmbH
- ABC Gas GmbH
- ABC Netz und Versorgungsleitung AG
- ABC Holding AG

Der verbilligte Bezug von Strom und Gas gilt weiter für alle Mitarbeiter des Konzerns. Ein Mitarbeiter der ABC Stromversorgung GmbH nutzt einen Rabatt von 500 EUR beim Strom (Strombezug für 1.300 EUR abzüglich Zahlung von 800 EUR) und 400 EUR beim Gas (Gasbezug für 2.000 EUR abzüglich Zahlung von 1.600 EUR).

Wie sind die Vorteile steuerlich und sozialversicherungsrechtlich zu behandeln?

Ergebnis: Der Rabattfreibetrag gilt arbeitgeberbezogen: Bei der ABC Stromversorgung GmbH bleiben Rabatte beim Strombezug durch den Rabattfreibetrag begünstigt, nicht aber der verbilligte Bezug von Gas.

Strombezug mit Rabattfreibetrag	
Strompreis für Endverbraucher	1.300 EUR
Abzgl. pauschaler Bewertungsabschlag (4 %)	*- 52 EUR*
Zwischensumme	1.248 EUR
Abzgl. Zahlung Arbeitnehmer	*- 800 EUR*
Geldwerter Vorteil	448 EUR
Abzgl. Rabattfreibetrag 448 EUR (höchstens 1.080 EUR)	*- 448 EUR*
Steuer- und sozialversicherungspflichtiger geldwerter Vorteil	0 EUR

Den verbleibenden Rabattfreibetrag von 632 EUR (1.080 EUR – 448 EUR) kann der Arbeitgeber für sonstige Vergünstigungen (geldwerte Vorteile) an den Arbeitnehmer nutzen.

Gasbezug ohne Rabattfreibetrag	
Preis Endverbraucher	2.000 EUR
Abzgl. pauschaler Bewertungsabschlag (4 %)	*- 80 EUR*
Zwischensumme	1.920 EUR
Abzgl. Zahlung Arbeitnehmer	*- 1.600 EUR*
Geldwerter Vorteil	320 EUR
Ein Rabattfreibetrag darf nicht berücksichtigt werden, da der Arbeitgeber (ABC Stromversorgung GmbH) nicht mit Gas handelt.	
Steuer- und sozialversicherungspflichtiger geldwerter Vorteil	320 EUR

Benachteiligt sind die Mitarbeiter der ABC Netz und Versorgungsleitung AG sowie der Holding AG. Ihre tarifvertraglich festgeschriebenen Preisnachlässe beim Bezug von Strom und Gas sind nicht über den Rabattfreibetrag begünstigt, da ihr Arbeitgeber keine derartigen Leistungen überwiegend an Kunden erbringt.

Selbst wenn die Holding die Muttergesellschaft bilden würde und die einzelnen Betriebszweige selbstständige Tochtergesellschaften werden, verbleibt es bei dem Ergebnis. Die Mitarbeiter erhalten den Rabattfreibetrag lediglich für den eigenen Geschäftszweig des Arbeitgebers.

Die Holding-Mitarbeiter erhalten aus *keinem* Betriebszweig der Tochtergesellschaften einen Rabattfreibetrag. Diese stellt weder Waren her oder vertreibt diese, noch werden Dienstleistungen erbracht.

Hinweis: Eine »konzernweite« Anwendung des Rabattfreibetrags ist nicht möglich. Bei der Bewertung von Sachbezügen besteht ein Wahlrecht zwischen der Rabattregelung und der Einzelbewertung. Zusätzlich besteht bei der Einzelbewertung von Sachbezügen ein Wahlrecht zwischen

- dem üblichen Endpreis am Abgabeort (96-%-Grenze bei Sachbezügen) und
- dem günstigsten Preis am Markt (z. B. Preis von Anbietern im Internet).

42.10 Personalrabatt für Minijobber

Sachverhalt: Ein Arbeitgeber vertreibt Elektrogeräte. Kunden erhalten einen durchschnittlichen Rabatt von 20% auf den Listenpreis. Die angestellte Minijobberin bittet den Geschäftsführer um eine Gehaltserhöhung.

Der Arbeitgeber möchte die Aushilfe nicht verlieren und sucht nach einem Ergebnis. Eine Gehaltserhöhung ist nicht möglich, da dann die Höchstgrenze für geringfügige Beschäftigungsverhältnisse überschritten wird, was ein sozialversicherungspflichtiges Arbeitsverhältnis zur Folge hat.

Neben dem vereinbarten Arbeitslohn, bis zur Höchstgrenze für geringfügige Beschäftigte, erhält die Arbeitnehmerin zudem bereits monatlich Sachbezüge im Wert von 50 EUR, somit ist auch die monatliche Sachbezugsfreigrenze von 50 EUR bereits vollständig ausgeschöpft.

Gibt es eine Gestaltungsmöglichkeit um die Arbeitnehmerin und den Arbeitgeber zufriedenzustellen?

Ergebnis: Als Ergebnis für eine Gehaltserhöhung bietet sich der Rabattfreibetrag an. Überlässt der Arbeitgeber seinen Arbeitnehmern Wirtschaftsgüter verbilligt oder unentgeltlich, die er selbst herstellt oder vertreibt, kann der geldwerte Vorteil bis zum Freibetrag von 1.080 EUR steuer- und beitragsfrei gewährt werden.

Der Arbeitgeber kann der Mitarbeiterin jährlich Elektrogeräte im Wert von bis zu 1.125 EUR überlassen und so das monatliche Gehalt um 93,75 EUR erhöhen, ohne dass sich dies auf die geringfügige Beschäftigung auswirkt. Bei dem Wert von 1.125 EUR handelt es sich um den Preis, zu dem der Arbeitgeber die konkrete Ware fremden Letztverbrauchern im allgemeinen Geschäftsverkehr am Ende von Verkaufsverhandlungen durchschnittlich anbietet.

Warenwert (üblicher Abgabepreis des Händlers)	1.125 EUR
Abzgl. pauschaler Bewertungsabschlag (4 %)	*- 45 EUR*
Zwischensumme	1.080 EUR
Rabattfreibetrag	*- 1.080 EUR*
Geldwerter Vorteil	0 EUR

Hinweis: Den vollen Rabattfreibetrag von 1.080 EUR erhalten sowohl Aushilfskräfte als auch Teilzeitbeschäftigte. Hier erfolgt keine prozentuale Kürzung aufgrund der verkürzten Arbeitszeit. Zudem ist der Freibetrag arbeitgeberbezogen. Das bedeutet: Steht die Arbeitnehmerin in Dienstverhältnissen zu mehreren Arbeitgebern, kann sie den Rabattfreibetrag grundsätzlich mehrfach nutzen.

42.11 Reiseleistung/Vermittlungsprovision

Sachverhalt: Die Arbeitnehmerin eines Reisebüros kann eine vom Arbeitgeber vermittelte Pauschalreise, die im Katalog des Reiseveranstalters zum Preis von 2.000 EUR angeboten wird, zu einem Sonderpreis für 1.500 EUR buchen. Vom Preisnachlass (500 EUR) entfallen 200 EUR auf die Vermittlungsprovision des Arbeitgebers und 300 EUR auf die Reiseleistung des Veranstalters. Der Rabatt des Veranstalters soll zur Auslastungsoptimierung beitragen und die bestehenden Geschäftsverbindungen sichern und verbessern. Er ist an keine Gegenleistung geknüpft.

Wie sind die unterschiedlichen Rabatte für die Arbeitnehmerin steuerlich und sozialversicherungsrechtlich zu behandeln?

Ergebnis: Es liegen 2 »Rabatt-Arten« vor:

1. Der Arbeitgeber verzichtet zum Vorteil der Arbeitnehmerin auf seine Provision. Da der Arbeitgeber an seine Kunden ausschließlich Reisen vermittelt, ist dieser Provisionsvorteil (200 EUR) über den Rabattfreibetrag begünstigt.
2. Beim Preisnachlass vom Reiseveranstalter handelt es sich dem Grunde nach um eine Lohnzahlung Dritter. Der Rabatt steht zudem im Veranlassungszusammenhang mit dem Arbeitsverhältnis zum Reisebüro. Jedoch führt er nicht zu steuer- und beitragspflichtigem Arbeitslohn, da der Dritte (Reiseveranstalter) an der Rabattgewährung ein eigenwirtschaftliches Interesse hat.

Berechnung geldwerter Vorteil

Wert der Reise	2.000 EUR
Arbeitgeberverzicht auf einen Teil der Provision	200 EUR
Steuerlicher Wert 96 %	192 EUR
Begünstigt durch den Rabattfreibetrag (höchstens 192 EUR)	*-192 EUR*

Geldwerter Vorteil (lohnsteuer- und sozialversicherungspflichtig)	0 EUR
Verbleibender Rabattfreibetrag für das laufende Kalenderjahr (1.080 EUR – 192 EUR)	888 EUR

Praxistipp: Bei von Dritten gewährten Preisvorteilen liegt Arbeitslohn nur dann vor, wenn der Dritte den Vorteil im Interesse des Arbeitgebers gewährt. Nicht hingegen, wenn der Dritte ein eigenwirtschaftliches Interesse an der Rabattgewährung hat bzw. den Rabatt aus eigenwirtschaftlichen Gründen gewährt. Gewährt z.B. ein Reiseveranstalter den Reisebüroinhabern und deren Angestellten (Expedienten) zur Sicherung der Geschäftsverbindung hohe Rabatte gegenüber dem Katalogpreis, führt dies für die Angestellten nicht zu steuer- und beitragspflichtigem Arbeitslohn, da bei diesem Rabatt keine Zuwendung eines Dritten vorliegt. Ob eine Zuwendung eines Dritten durch das Dienstverhältnis veranlasst ist, entscheidet immer der Einzelfall.

42.12 Rabatte von Dritten

Sachverhalt: Die Mitarbeiter eines Industrieunternehmens erhalten beim Kauf eines Pkws bei einem bestimmten Hersteller einen Rabatt von 20% auf den Bruttolistenpreis, wenn diese nachweisen können, dass sie bei dem Industrieunternehmen angestellt sind. Der Preisnachlass beruht auf einem Rahmenabkommen zwischen dem Unternehmen und dem Pkw-Hersteller.

Im Januar erwirbt ein Mitarbeiter einen Pkw bei einem Vertragshändler und erhält auf den Bruttolistenpreis von 29.750 EUR einen Preisnachlass von 20%=5.950 EUR. Er bezahlt für das Fahrzeug bei Auslieferung 23.800 EUR. Zeitgleich wirbt der Pkw-Hersteller für alle Interessenten mit der Aktion: »Beim Kauf bis 31.1. schenken wir Ihnen die Mehrwertsteuer«.

Handelt es sich bei dem geldwerten Vorteil um lohnsteuer- und sozialversicherungspflichtigen Arbeitslohn?

Ergebnis: Es liegt hier eine Lohnzahlung Dritter vor, die der Arbeitgeber wie eigenen Arbeitslohn behandeln muss. Der Vorteil unterliegt dem Lohnsteuerabzug und ist sozialversicherungspflichtig. Der Arbeitgeber muss eine Lohnzahlung durch Dritte versteuern, wenn er weiß, dass derartiger Drittlohn vorliegt oder er erkennen kann, dass solche Leistungen erbracht werden. Diese Voraussetzung ist erfüllt, wenn der Arbeitgeber selbst an der Verschaffung des Preisvorteils durch Abschluss des Rahmenabkommens mitgewirkt hat.

Die Besteuerung des geldwerten Vorteils erfolgt mit dem individuellen Lohnsteuerabzug nach den ELStAM. Maßgebend ist der Endpreis am Abgabeort. Das ist der Preis, der im allgemeinen Geschäftsverkehr von Letztverbrauchern in der Mehrzahl der Fälle vor Ort tatsächlich gezahlt wird. Dies ist, entgegen der häufig von Außenprüfern des Finanzamtes geäußerten Meinung, nicht der Bruttolistenpreis des Herstellers, sondern der übliche Verkaufspreis nach Abzug üblicher Rabatte. Im Beispiel ist der Rabatt bereits vom Hersteller in Höhe der Umsatzsteuer ausgewiesen:

Bruttolistenpreis	29.750 EUR
Abzgl. »geschenkte« Mehrwertsteuer (19%)	*- 4.750 EUR*
Endpreis am Abgabeort	25.000 EUR
Davon 96%	24.000 EUR
Abzgl. tatsächlich vom Mitarbeiter gezahlt	*- 23.800 EUR*
Geldwerter Vorteil	200 EUR

Dieser Betrag muss in der Entgeltabrechnung lohnsteuerlich als sonstiger Bezug und sozialversicherungsrechtlich als Einmalzahlung behandelt werden. Eine Lohnsteuer-Pauschalierung ist nicht möglich.

Praxistipp: Die von einem Dritten gewährten Preisvorteile gehören nur zum steuer- und beitragspflichtigen Arbeitslohn, wenn der Arbeitgeber an der Verschaffung des Preisvorteils mitgewirkt hat. Eine Mitwirkung des Arbeitgebers an der Verschaffung des Preisvorteils ist *nicht* anzunehmen, wenn sich seine Beteiligung darauf beschränkt,

- Angebote Dritter in seinem Betrieb bekannt zu machen oder
- Angebote Dritter an die Arbeitnehmer seines Betriebs zu dulden oder
- die Betriebszugehörigkeit der Beschäftigten zu bescheinigen.

An einer Mitwirkung des Arbeitgebers fehlt es auch, wenn bei der Verschaffung von Preisvorteilen nur eine vom Arbeitgeber unabhängige Einrichtung der Arbeitnehmer mitwirkt, z. B. Gewerkschaft, Betriebs- oder Personalrat.

Achtung: Bei Lohnzahlung durch Dritte ist es erforderlich, dass der Arbeitgeber über die von einem Dritten gewährten Bezüge Kenntnis hatte. Der Arbeitgeber muss deshalb die Arbeitnehmer auf ihre gesetzliche Verpflichtung hinweisen. Sie sind verpflichtet, am Ende des jeweiligen Lohnzahlungszeitraums, die von Dritten gewährten Bezüge mitzuteilen.

42.13 Mitarbeiter-Vorteilsprogramm

Sachverhalt: Die Mitarbeiter eines Unternehmens erhalten aufgrund eines Mitarbeiter-Vorteilsprogramms Artikel aller Art von einem Zulieferer. Der Vorteil besteht in einem Nachlass von 10% auf den üblichen Endpreis. Das Mitarbeiter-Vorteilsprogramm wurde vom Zulieferer initiiert und den Mitarbeitern bekannt gemacht. Der Zulieferer verspricht sich dadurch die Steigerung des Umsatzes und den Ausbau der Marktpräsenz. Der Arbeitgeber hat nicht aktiv bei der Verschaffung des Preisvorteils mitgewirkt, er veröffentlicht die Angebote aber am schwarzen Brett und im Intranet. Die Bestellung erfolgt direkt beim Zulieferer.

Fließt den Mitarbeitern durch die Rabattgewährung Arbeitslohn in Form eines geldwerten Vorteils zu?

Ergebnis: Nein. Die von einem Dritten gewährten Preisvorteile gehören nur dann zum steuer- und beitragspflichtigen Arbeitslohn, wenn der Arbeitgeber an der Verschaffung des Preisvorteils mitgewirkt hat. Eine Mitwirkung des Arbeitgebers an der Verschaffung des Preisvorteils besteht nicht, wenn sich seine Beteiligung darauf beschränkt, Angebote Dritter in seinem Unternehmen bekannt zu machen.

Bei Lohnzahlung durch Dritte ist es erforderlich, dass der Arbeitgeber über die von einem Dritten gewährten Bezüge Kenntnis hatte. Im vorliegenden Beispiel hatte der Arbeitgeber von den tatsächlich gewährten Preisvorteilen keine Kenntnis und ist damit weder verpflichtet den Arbeitnehmer über Rabatte zu befragen, noch eine Lohnversteuerung vorzunehmen bzw. Sozialversicherungsbeiträge einzubehalten.

42.14 Bonuspunkte

Sachverhalt: Einem Außendienstmitarbeiter werden bei einer Hotelkette für jede berufliche Übernachtung Bonuspunkte gutgeschrieben. Im Laufe des Jahres sammelt er 100 Bonuspunkte, die für eine kostenlose Wochenendübernachtung mit der Familie eingesetzt werden können. Bei regulärer Buchung würde das Angebot 240 EUR kosten.

Darüber hinaus werden dem Arbeitnehmer für das Betanken seines Dienstwagens Bonuspunkte bei einer Tankstellenkette gutgeschrieben. Die Punkte können bei der Tankstellenkette zum Erwerb von Sachprämien (Koffer, Sportkleidung etc.) eingelöst werden. Der Wert der Gegenstände beträgt im laufenden Kalenderjahr rund 50 EUR.

Wie sind die durch die Bonuspunkte erlangten Vorteile und Sachgegenstände von 290 EUR lohnsteuer- und sozialversicherungsrechtlich zu behandeln?

Ergebnis: Die Vorteile aus den dienstlich erworbenen Bonuspunkten sind beim Arbeitnehmer aufgrund der Nutzung zu privaten Zwecken grundsätzlich steuer- und sozialversicherungspflichtig. Rabatte von Dritten führen immer zu steuerpflichtigem Arbeitslohn, wenn sie als Entlohnung für die individuelle Arbeitsleistung anzusehen sind. Dazu gehören alle Vorteile, Ersparnisse und Zuwendungen, die »für« eine Arbeitsleistung gewährt werden, unabhängig davon, ob die Leistungen vom eigenen Arbeitgeber oder aufgrund des Arbeitsverhältnisses von einem Dritten gewährt werden. Es reicht aus, dass der Arbeitnehmer Leistungen erhält, weil er beruflich unterwegs ist oder weil er bei diesem Arbeitgeber beschäftigt ist. Sowohl die kostenlose Übernachtung mit der Familie, als auch die von der Tankstellenkette erhaltenen Sachprämien sind steuer- und sozialversicherungspflichtig.

Auch Vorteile und Zahlungen, die nicht der Arbeitgeber selbst, sondern ein Dritter gewährt, müssen steuerlich erfasst und ggf. dem steuerpflichtigen Arbeitslohn des Arbeitnehmers hinzugerechnet werden. Der Arbeitgeber muss diesen sog. Drittlohn des Arbeitnehmers versteuern, wenn er weiß oder erkennen kann, dass solche Vorteile von dritter Seite an eigene Arbeitnehmer erbracht werden bzw. wurden.

Soweit der Arbeitgeber zum Lohnsteuerabzug verpflichtet ist, muss der Arbeitnehmer die gesamten Vorteile von Dritten dem Arbeitgeber anzeigen. Damit keine Missverständnisse auftreten, sollte dies schriftlich erfolgen. Hat der Arbeitgeber Zweifel an der Richtigkeit, ist er verpflichtet, dies dem Betriebsstättenfinanzamt mitzuteilen. In diesem Fall ermittelt das Finanzamt und fordert die u. U. zu wenig einbehaltene Lohnsteuer nach.

Sachzuwendungen aus allgemeinen Bonusprogrammen zur Kundenbindung sind bis zu 1.080 EUR pro Jahr beim Arbeitnehmer steuer- und sozialversicherungsfrei.

Der *Anbieter* muss hierfür bei seinem Betriebsstättenfinanzamt einen Pauschalierungsantrag stellen. Erst dann können die Sachprämien pauschal mit 2,25% versteuert werden. Wenn ein derartiger Antrag nicht gestellt wird, müssen diese Beträge individuell lohnversteuert werden und unterliegen der Sozialversicherung.

Im vorliegenden Sachverhalt ist die Erfassung und Bewertung der eingeräumten Vorteile nötig, ein steuerpflichtiger geldwerter Vorteil für den Arbeitnehmer ergibt sich jedoch nicht. Bei den Vorteilen handelt es sich um Sachprämien aus Kundenbindungsprogrammen. Hierauf kann der Freibetrag von 1.080 EUR pro Kalenderjahr angewendet werden.

Hinweis: Der Freibetrag von 1.080 EUR für Kundenbindungsprogramme (§ 3 Nr. 38 EStG) ist nicht zu verwechseln mit dem Rabattfreibetrag (§ 8 Abs. 3 Satz 2 EStG). Neben der Steuerbefreiung für Prämien unter 1.080 EUR können Prämien aus Kundenbindungsprogrammen vom Anbieter auch mit 2,25% pauschal besteuert werden, wenn die Grenze von 1.080 EUR überschritten wird. Bemessungsgrundlage sind die insgesamt ausgeschütteten Prämien. Durch die vorgenommene Pauschalbesteuerung unterliegen die eingeräumten Vorteile nicht dem Steuer- und Sozialversicherungsabzug beim Arbeitnehmer. Der Anbieter muss den Prämienempfänger über die Pauschalbesteuerung unterrichten. Liegt keine derartige Mitteilung vor, muss der Arbeitgeber davon ausgehen, dass eine Pauschalversteuerung nicht erfolgt ist und prüfen, ob eine steuerpflichtige Lohnzahlung Dritter vorliegt.

42.15 Mahlzeiten, Vergleich Rabattfreibetrag/Sachbezugswert

Sachverhalt: 10 Mitarbeiter einer Jugendherberge erhalten täglich Frühstück, Mittag- und Abendessen. Pro Mahlzeit müssen die Mitarbeiter 2 EUR zahlen. Der monatliche Betrag wird vom Nettogehalt einbehalten. Wie sich aus den Aufzeichnungen für das laufende Jahr ergibt, wurden die 10 Mitarbeiter wie folgt verpflegt:

- 2.200 Frühstücke,
- 2.250 Mittagessen,
- 1.800 Abendessen.

Die Durchschnittspreise, für welche die Mahlzeiten an die Gäste der Jugendherberge abgegeben werden, betragen:

- 5 EUR für ein Frühstück,
- 10 EUR für ein Mittagessen und
- 8 EUR für ein Abendessen.

Mit dem Betriebsrat wird vereinbart, die steuerlich günstigste Besteuerungsart zu wählen.

Ergebnis: Da es sich um arbeitstägliche Mahlzeiten handelt, gelten die amtlichen Sachbezugswerte nach der Sozialversicherungsentgeltverordnung. Diese betragen für 2024:

Frühstück: 2,17 EUR
Mittagessen: 4,13 EUR
Abendessen: 4,13 EUR
Verpflegung gesamt: 10,43 EUR

Berechnung Sachbezugswert	
Sachbezugswert je Frühstück	2,00 EUR
Abzgl. Zuzahlung je Mitarbeiter	*– 2,00 EUR*
Wert für 2.200 ausgegebene Frühstücke	0,00 EUR
Sachbezugswert je Mittag-/Abendessen	4,13 EUR
Abzgl. Zuzahlung je Mitarbeiter	*– 2,00 EUR*
Verbleiben	2,13 EUR

Wert Mittagessen (2.250 Essen x 2,13 EUR)	4.792,50 EUR
Wert Abendessen (1.800 Essen x 2,13 EUR)	*+ 3.834,00 EUR*
Summe geldwerte Vorteile	8.626,50 EUR
Geldwerter Vorteil je Arbeitnehmer (8.626,50 EUR : 10)	862,65 EUR

Da die Mehrzahl der Mahlzeiten an Gäste (und nicht an Arbeitnehmer) abgegeben wird, kann ggf. eine Berechnung des geldwerten Vorteils unter Berücksichtigung des Rabattfreibetrages von 1.080 EUR erfolgen. Allerdings werden die Mahlzeiten dann nicht mit dem Sachbezugswert, sondern mit dem tatsächlichen Endverbraucherpreis bewertet. Der geldwerte Vorteil der Mahlzeiten wird in diesem Fall wie folgt ermittelt:

Berechnung Rabattfreibetrag		
Fremdpreis Frühstück	5,00 EUR	
Davon 96%	4,80 EUR	
Abzgl. Zuzahlung Mitarbeiter	*- 2,00 EUR*	
Verbleiben	2,80 EUR	
Gesamtwert der Frühstücke (2.200 x 2,80 EUR)		6.160,00 EUR
Fremdpreis Mittagessen	10,00 EUR	
Davon 96%	9,60 EUR	
Abzgl. Zuzahlung Mitarbeiter	*- 2,00 EUR*	
Verbleiben	7,60 EUR	
Wert Mittagessen (2.250 x 7,60 EUR)		+ 17.100,00 EUR
Fremdpreis Abendessen	8,00 EUR	
Davon 96%	7,68 EUR	
Abzgl. Zuzahlung Mitarbeiter	*- 2,00 EUR*	
Verbleiben	5,68 EUR	
Wert Abendessen (1.800 x 5,68 EUR)		*+ 10.224,00 EUR*
Summe geldwerte Vorteile		33.484,00 EUR
Geldwerter Vorteil je Arbeitnehmer (33.484 EUR : 10)		3.348,40 EUR
Abzgl. Rabattfreibetrag (höchstens 1.080 EUR)		*- 1.080,00 EUR*
Verbleibender geldwerter Vorteil je Arbeitnehmer		2.268,40 EUR

In diesem Fall ist die Anwendung des Rabattfreibetrags von 1.080 EUR für den Arbeitnehmer ungünstiger als die Bewertung der Mahlzeiten nach den amtlichen Sachbezugswerten.

Die Lohnversteuerung und Verbeitragung des geldwerten Vorteils von durchschnittlich 862,65 EUR je Arbeitnehmer aufgrund der amtlichen Sachbezugswerte muss über die Entgeltabrechnung der einzelnen Arbeitnehmer erfolgen. Zulässig ist auch eine Lohnsteuerpauschalierung mit 25% durch den Arbeitgeber. Die Pauschalbesteuerung führt zur Beitragsfreiheit in der Sozialversicherung.

Ein zusätzlicher Vorteil besteht für den Arbeitnehmer darin, dass der Arbeitgeber in diesem Fall die pauschale Lohnsteuer übernehmen kann.

Praxistipp: Die Besteuerung kann bei Bewertung mit den amtlichen Sachbezugswerten vermieden werden, wenn die Zuzahlung der Arbeitnehmer für das Frühstück auf den für 2024 gültigen amtlichen Sachbezugswert von 2,17 EUR und für die gewährten Mittag- und Abendessen auf den amtlichen Sachbezugswert von 4,13 EUR je Mahlzeit erhöht wird.

42.16 50-EUR-Freigrenze und Versandkosten

Sachverhalt: Ein Arbeitgeber gewährt seinen Mitarbeitern unter bestimmten Voraussetzungen Sachprämien (insbesondere handelsübliche Verbrauchsgüter, u. a. Unterhaltungselektronik, Werkzeuge, Kosmetik, Kleidung, Lebensmittel, Haushaltsgeräte). Hierzu bedient er sich eines Dritten, der die Waren ordert und auch ausliefert. Der dem Arbeitgeber in Rechnung gestellte Bruttobetrag beträgt 49,99 EUR. Darüber hinaus muss der Arbeitgeber für jede Bestellung eine Versand- und Handlingpauschale von 6 EUR zahlen.

Fallen die monatlichen Sachprämien unter den sog. »kleinen Rabattfreibetrag« von 50 EUR für Sachbezüge?

Ergebnis: Die Bewertung des geldwerten Vorteils erfolgt mit dem um übliche Preisnachlässe geminderten üblichen Endpreis am Abgabeort, hier also 49,99 EUR (innerhalb der Freigrenze).

Liefert der Arbeitgeber jedoch die Ware in die Wohnung des Arbeitnehmers, kommt es zu einer zusätzlichen Leistung des Arbeitgebers an den Arbeitnehmer. Dies führt zu einem gesonderten Sachbezug, der auch gesondert zu bewerten ist. Wird die Versand- und Handlingpauschale als eigenständige Leistung in der Rechnung ausgewiesen und ist sie nicht bereits im Einzelhandelsverkaufspreis und damit im Endpreis enthalten, erhöht der geldwerte Vorteil aus der Lieferung »nach Hause« bei der Berechnung der Freigrenze von 50 EUR den Warenwert.

Der Warenwert von 49,99 EUR erhöht sich folglich um die Versand- und Handlingpauschale von 6 EUR. Damit ist die Freigrenze von 50 EUR überschritten und der gesamte Vorteil von 55,99 EUR ist sowohl steuer- als auch sozialversicherungspflichtig.

Hinweis: Der Endpreis ist der nachgewiesene günstigste Preis einschließlich sämtlicher Nebenkosten, zu dem eine Ware oder Dienstleistung mit vergleichbaren Bedingungen an Endverbraucher ohne individuelle Preisverhandlungen im Zeitpunkt des

Zuflusses am Markt angeboten wird. Dabei sind auch Versand- und Handlingkosten in die Bewertung der Sachbezüge und die Berechnung der Freigrenze einzubeziehen.

Dies gilt auch, wenn der günstigste Einzelhandelspreis des Sachbezugs am Markt im Versand- oder Online-Handel gefunden wird. Wird der Versand dort als eigenständige Leistung ausgewiesen und ist nicht bereits im Einzelhandelsverkaufspreis (und damit im Endpreis) enthalten, erhöht sich der geldwerte Vorteil.

43 Reisekosten Gestaltungshinweise

Carola Hausen

43.1 Verpflegungspauschalen verdoppeln

Sachverhalt: Arbeitnehmer Heiner Heilig ist Ingenieur für Brückenbauten. Am 1.1.2024 unternimmt er eine 6-monatige Dienstreise nach Brasilia (Hauptstadt Brasiliens). Die Verpflegungspauschale für Brasilia bei 24-stündiger Abwesenheit beträgt 51 EUR je Kalendertag.

Welche Möglichkeiten für die Reisekostenerstattung an den Arbeitnehmer gibt es?

Ergebnis Variante 1 – klassisches Ergebnis: Der Abzug der Verpflegungsmehraufwendungen ist auf die ersten 3 Monate einer längerfristigen beruflichen Tätigkeit an derselben Tätigkeitsstätte beschränkt (3-Monatsfrist).

Viele Unternehmen gewähren ihren Mitarbeitern den vollen Spesensatz von täglich 51 EUR für die gesamte Dauer der Dienstreise. Pro Monat wären dies 1.530 EUR (51 EUR x 30 Tage). Da die Verpflegungspauschalen bei einer längerfristigen Auswärtstätigkeit an derselben Tätigkeitsstätte nur für die ersten 3 Monate steuerfrei erstattet werden dürfen, führt dies dazu, dass die Spesenauszahlungen ab dem 4. Monat steuer- und beitragspflichtig sind.

Ausgehend von einem beispielhaften Durchschnittsteuersatz von 30% und einem Arbeitnehmeranteil zur Sozialversicherung i. H. v. 20% ergeben sich folgende Auszahlungswerte in EUR:

	Januar	Februar	März	April	Mai	Juni	Summe
Arbeitnehmerangaben							
Spesen	1.530	1.530	1.530	1.530	1.530	1.530	**9.180**
SV-Anteil AN (20%)	frei	frei	frei	– 306	– 306	– 306	– 918
Lohnsteuer (30%)	frei	frei	frei	– 459	– 459	– 459	– 1.377
AN-Auszahlung	1.530	1.530	1.530	765	765	765	**6.885**
Arbeitgeberbelastung							
Spesen	1.530	1.530	1.530	1.530	1.530	1.530	**9.180**
SV-Anteil AG (20%)	frei	frei	frei	+ 306	+ 306	+ 306	+ 918
AG-Belastung	1.530	1.530	1.530	1.836	1.836	1.836	**10.098**

Ergebnis Variante 2 – Lohnsteuer pauschalieren: Die Lohnsteuer kann mit einem Pauschsteuersatz von 25 % erhoben werden, wenn Vergütungen für Verpflegungsmehraufwendungen anlässlich einer Auswärtstätigkeit gezahlt werden, soweit diese die dem Arbeitnehmer zustehenden Pauschalen um nicht mehr als 100 % übersteigen.

Die Möglichkeit der Lohnsteuerpauschalierung scheidet aus, sobald die 3-Monatsfrist abgelaufen ist.

In den ersten 3 Monaten der Auslandstätigkeit werden die doppelten Verpflegungspauschalen gezahlt. Die pauschale Lohnsteuer übernimmt der Arbeitgeber.

Wählt der Arbeitgeber die Pauschalierungsvariante, können die steuerpflichtigen Verpflegungszuschüsse mit 25 % pauschal lohnsteuerversteuert werden, zzgl. 5,5 % Solidaritätszuschlag und ggf. Kirchensteuer (anstelle des 20 %igen SV-Arbeitgeberanteils). Für den Arbeitgeber entsteht eine Mehrbelastung von 292,59 EUR (ca. 3 %).

	Januar	Februar	März	April	Mai	Juni	Summe
Arbeitnehmerangaben							
Spesen	1.530,00	1.530,00	1.530,00	0,00	0,00	0,00	**4.590,00**
Spesenverdoppelung	1.530,00	1.530,00	1.530,00	0,00	0,00	0,00	**4.590,00**
SV-Anteil AN (20 %)	frei	frei	frei	0,00	0,00	0,00	0,00
Lohnsteuer (30 %)	frei	frei	frei	0,00	0,00	0,00	0,00
AN-Auszahlung	3.060,00	3.060,00	3.060,00	0,00	0,00	0,00	**9.180,00**
Arbeitgeberbelastung							
Spesen	3.060,00	3.060,00	3.060,00	0,00	0,00	0,00	**9.180,00**
Pauschale LSt (25 % v. 1.530 EUR)	382,50	382,50	382,50	0,00	0,00	0,00	1.147,50
davon 5,5 % SolZ	21,03	21,03	21,03	0,00	0,00	0,00	63,09
(zzgl. ggf. Kirchensteuer)							
AG-Belastung	3.463,53	3.463,53	3.463,53	0,00	0,00	0,00	**10.390,59**

Durch die Lohnsteuerpauschalierung erhält der Arbeitnehmer einen zusätzlichen Spesenbetrag von 2.295 EUR, der den Arbeitgeber 292,59 EUR mehr kostet.

Gestaltungshinweise: Vergleich der beiden Varianten

Vergleicht man die beiden Varianten, kommt man zu folgendem Ergebnis:

- **Höherer Auszahlungsbetrag für den Mitarbeiter:** Während in der ersten Variante (»klassisches Ergebnis«) ab dem 4. Monat Steuern und Abgaben zu zahlen sind, bleibt in der zweiten Variante (Lohnsteuerpauschalierung mit 25%) der komplette Spesenbetrag für den Arbeitnehmer steuer- und abgabenfrei: er erhält also statt 6.855 EUR die vollen 9.180 EUR ohne Abzüge. Vorteil für den Arbeitnehmer: 2.295 EUR.
- **Nur geringere Mehrkosten für den Arbeitgeber bei Variante 2:** Für die »normalen« Spesen während der ersten 3 Monate zahlt der Arbeitgeber in beiden Fällen keine Lohnnebenkosten. Allerdings werden bei dem »klassischen Ergebnis« ab dem 4. Monat für die dann steuer- und abgabepflichtigen Spesen Arbeitgeberbeiträge zur Sozialversicherung fällig. Diese wurden im ersten Szenario ab dem 4. Monat mit 20% geschätzt.

43.2 Verpflegungspauschalen für Mahlzeiten optimieren

Sachverhalt: Ein Mitarbeiter besucht aus beruflichem Anlass eine Fachmesse, die nur 3 km von seiner Privatwohnung entfernt stattfindet. Er reist mit dem eigenen Pkw direkt von seiner Wohnung an und kehrt auch unmittelbar nach dem Messebesuch dorthin zurück. Die Abwesenheitszeit beträgt 9 Stunden.

Nach den Reiserichtlinien des Unternehmens hat der Mitarbeiter wegen der kurzen Entfernung keinen Anspruch auf Erstattung der Verpflegungsmehraufwendungen. Zur Mittagszeit erhält der Arbeitnehmer einen vom Arbeitgeber veranlassten Imbiss im Wert von 5 EUR inkl. Getränke. Die Voraussetzungen für die Arbeitgeberveranlassung gelten als erfüllt.

Ergebnis: Die anzusetzende Verpflegungspauschale für den Tag der Fachmesse beträgt wegen der 9-stündigen Abwesenheitszeit 14 EUR. Dieser Betrag ist jedoch um 11,20 EUR für die gestellte Mahlzeit zu kürzen (40% aus 28 EUR=11,20 EUR).

Der Arbeitnehmer kann Verpflegungsmehraufwendungen von 14 EUR in seiner Einkommensteuererklärung geltend machen, muss diese allerdings um 11,20 EUR kürzen, unabhängig davon, wie hoch die Kosten der Verpflegung tatsächlich waren.

Bei üblichen Mahlzeiten, d.h. Mahlzeiten bis 60 EUR, die ein Arbeitgeber oder auf dessen Veranlassung ein Dritter einem Arbeitnehmer bei einer Auswärtstätigkeit zur Verfügung stellt, ist – im Hinblick auf den in § 8 Abs. 2 Satz 9 EStG geregelten Besteuerungsverzicht – die ermittelte Verpflegungspauschale typisierend für ein Frühstück, ein Mittagessen oder ein Abendessen zu kürzen.

Gestaltungshinweis: Arbeitnehmer kauft sich sein Brötchen selbst. Besser wäre es in diesem Fall, der Arbeitnehmer kauft sich den Imbiss im Wert von 5 EUR selbst, und der Arbeitgeber erstattet ihm die Verpflegungspauschale von 14 EUR. Kauft sich der Arbeitnehmer die Verpflegung selbst, ist keine Kürzung vorzunehmen, unabhängig davon, wie viel er tatsächlich für die Verpflegung bezahlt hat, da die Verpflegung nicht vom Arbeitgeber oder auf dessen Veranlassung von einem Dritten zur Verfügung gestellt wurde.

43.3 Sachbezug bei Dienstwagen optimieren

Sachverhalt: Ein in Bonn wohnender Filialleiter ist an 3 Tagen in der Woche in Köln und an 2 Tagen in der Woche in Bonn jeweils in einer Filiale seines Arbeitgebers tätig. Er legt die 30 km von Bonn nach Köln (einfache Entfernung) mit dem ihm zur Verfügung gestellten Dienstwagen zurück (inländischer Bruttolistenpreis 30.000 EUR). Von seiner Wohnung zur Filiale in Bonn sind es nur 2 km. Der Arbeitnehmer ist keiner ersten Tätigkeitsstätte zugeordnet.

Wie hoch ist der geldwerte Vorteil für die Dienstwagengestellung?

Ergebnis: Geht man nach den quantitativen Kriterien, ist die erste Tätigkeitsstätte der Ort, der am häufigsten bzw. längsten aufgesucht wird. Hier ist das die weiter entfernt gelegene Filiale in Köln.

Der geldwerte Vorteil für die Gestellung des Dienstwagens ermittelt sich wie folgt:

1 % v. 30.000 EUR (Bruttolistenpreis) für Privatnutzung	300 EUR
0,03 % für die Fahrten Wohnung – erste Tätigkeitsstätte (Bruttolistenpreis x 0,03 % x 30 km)	270 EUR
Geldwerter Vorteil gesamt	570 EUR

Gestaltungshinweis: Erste Tätigkeitsstätte festlegen. Die quantitativen Kriterien greifen nur, wenn der Arbeitgeber keine Zuordnung getroffen hat. Es kommt aber vorrangig auf die arbeitsrechtliche Zuordnung des Arbeitgebers an. Bestimmt der Arbeitgeber in unserem Beispiel Bonn als erste Tätigkeitsstätte, ändert sich die Berechnung der Dienstwagenbesteuerung – trotz der zeitlichen Unterlegenheit. Der geldwerte Vorteil bei der Gestellung des Dienstwagens bei einer arbeitsrechtlich festgelegten ersten Tätigkeitsstätte in Bonn ermittelt sich wie folgt:

1 % v. 30.000 EUR (Bruttolistenpreis) für Privatnutzung	300 EUR
0,03 % für die Fahrten Wohnung – erste Tätigkeitsstätte (Bruttolistenpreis x 0,03 % x 2 km)	18 EUR
Geldwerter Vorteil gesamt	318 EUR

Der geldwerte Vorteil aus der Gestellung des Dienstwagens vermindert sich durch die Festlegung der ersten Tätigkeitsstätte in Bonn um 3.024 EUR jährlich (252 EUR x 12 Monate).

43.4 Entfernungspauschale maximieren

Sachverhalt: Ein in Offenbach am Main wohnender EDV-Systembetreuer ist wöchentlich an 3 Tagen in einer Niederlassung seines Arbeitgebers in Aschaffenburg tätig, an 2 Tagen wöchentlich betreut er das EDV-System der Zweigniederlassung in Frankfurt a. M. Er fährt sämtliche Strecken mit seinem privaten Pkw. Die Strecke von Offenbach nach Aschaffenburg beträgt 45 km (einfache Entfernung). Von seiner Wohnung zur Zweigniederlassung in Frankfurt sind es 15 km (einfache Entfernung). Der Arbeitnehmer ist keiner ersten Tätigkeitsstätte zugeordnet.

Ergebnis: Geht man nach den quantitativen Kriterien, ist die erste Tätigkeitsstätte der Ort, der am häufigsten bzw. längsten aufgesucht wird. In diesem Fall ist dies die weiter entfernt gelegene Filiale in Aschaffenburg.

	Tätigkeitsstätte	**Fahrten/ Woche**	**Einfache Entfernung**	**Gesamt/Jahr**
Entfernungspauschale[52]	Aschaffenburg	3	45 km	2.139,00 EUR (= 3 Tage x 46 Wochen[53] x [20 km x 0,30 EUR + 25 km x 0,38 EUR])
Reisekosten[54]	Frankfurt a. M.	2	15 km	**828 EUR** (= 2 Tage x 46 Wochen[55] x 15 km x 0,30 EUR x 2)

Mit Aschaffenburg als erster Tätigkeitsstätte kann der Arbeitnehmer 828 EUR als Reisekosten vom Arbeitgeber steuerfrei erstattet bekommen.

Gestaltungshinweis: Erste Tätigkeitsstätte festlegen. Die quantitativen Kriterien greifen nur, wenn der Arbeitgeber keine Zuordnung getroffen hat. Es kommt aber vor-

52 Werbungskostenabzug oder steuerpflichtige Arbeitgebererstattung.
53 Angenommen.
54 Werbungskostenabzug oder steuerfreie Arbeitgebererstattung.
55 Angenommen.

rangig auf die arbeitsrechtliche Zuordnung des Arbeitgebers an. Nutzt der Arbeitgeber diesen Gestaltungsspielraum und bestimmt Frankfurt als erste Tätigkeitsstätte, ändert sich die Berechnung der Dienstwagenbesteuerung – trotz der zeitlichen Unterlegenheit – folgendermaßen:

	Tätigkeitsstätte	**Fahrten/ Woche**	**Einfache Entfernung**	**Gesamt/Jahr[56]**
Entfernungspauschale[57]	Frankfurt a. M.	2	15 km	414 EUR (= 15 km x 0,30 EUR x 2 Tage x 46 Wochen)
Reisekosten[58]	Aschaffenburg	3	45 km	**3.726 EUR** (= 45 km x 2 x 0,30 EUR x 3 Tage x 46 Wochen)

Mit Frankfurt als erster Tätigkeitsstätte, kann der Arbeitnehmer 3.726 EUR Reisekosten pro Jahr geltend machen. Das sind insgesamt 2.898 EUR mehr Reisekosten als bei Zuordnung nach den quantitativen Kriterien.

Achtung: Für den Arbeitgeber bedeutet dies eine Mehrbelastung von 2.898 EUR, wenn der Arbeitnehmer einen Anspruch auf Erstattung der Reisekosten hat.

56 Annahme: 46 Arbeitswochen pro Jahr.
57 Werbungskostenabzug oder steuerpflichtige Arbeitgebererstattung.
58 Werbungskostenabzug oder steuerfreie Arbeitgebererstattung.

44 Reisekostenabrechnung

Marcus Spahn

44.1 Auswärtstätigkeit unter 3 Monaten

Sachverhalt: Ein Arbeitnehmer betreut ein Großprojekt bei einem Kunden. Für einen Zeitraum von 2 Monaten ist er an 3 Tagen wöchentlich beim Kunden vor Ort. An diesen Tagen kommt er nicht wie üblich zum Firmensitz. Der Kunde hat seinen Sitz 50 Kilometer entfernt von der Wohnung des Mitarbeiters; die Entfernung von Firma zu Firma beträgt 40 Kilometer.

Der Arbeitnehmer fährt jeweils gegen 7.30 Uhr von seiner Wohnung zum Kunden und kehrt gegen 18:00 Uhr nach Hause zurück. Die Strecken fährt er mit dem eigenen Pkw. Übernachtungen finden nicht statt. Nach einer firmeninternen Regelung werden Reisekosten in der steuerlich zulässigen Höhe voll erstattet (Fahrtkosten mit Kilometerpauschalen).

In welcher Höhe können wöchentlich Reisekosten lohnsteuer- und sozialversicherungsfrei erstattet werden?

Ergebnis: Der Arbeitnehmer unternimmt beruflich veranlasste Auswärtstätigkeiten, weil er aus beruflichen Gründen außerhalb seiner ersten Tätigkeitsstätte und auch außerhalb seiner Wohnung tätig wird. Es dürfen ihm Reisekosten steuer- und sozialversicherungsfrei erstattet werden. Für den Arbeitnehmer fallen Fahrt- und Verpflegungskosten an.

Für Verpflegung werden im Inland steuerliche Pauschalen von 14 EUR für eintägige Reisen mit über 8 Stunden Abwesenheit gewährt. Maßgeblich ist die Abwesenheitszeit von Wohnung und erster Tätigkeitsstätte.

Für den Arbeitnehmer ergibt sich jeweils eine Abwesenheitszeit von 10,5 Stunden.

Verpflegungspauschale wöchentlich: 3 Tage x 14 EUR=42 EUR

Es können Verpflegungspauschalen von 42 EUR wöchentlich steuer- und sozialversicherungsfrei erstattet werden.

Die Fahrtkosten können in der tatsächlich nachgewiesenen Höhe steuerfrei ersetzt werden. Statt eines Einzelnachweises kann bei Fahrten mit dem eigenen Pkw eine

Kilometerpauschale von 0,30 EUR je gefahrenen Kilometer steuer- und sozialversicherungsfrei erstattet werden. Fahrten von der Wohnung zur auswärtigen Tätigkeitsstätte gehören zu den begünstigten Fahrten. Als maßgebende Entfernung können deshalb 50 Kilometer (und nicht nur die kürzere Entfernung zwischen den beiden Firmen) berücksichtigt werden.

Fahrtkosten wöchentlich: 2 × 50 Kilometer × 0,30 EUR = 30 EUR x 3 Tage (Woche) = 90 EUR

Es können Fahrtkosten von 90 EUR wöchentlich steuer- und sozialversicherungsfrei erstattet werden.

Dem Arbeitnehmer können wöchentliche Reisekosten von gesamt 132 EUR steuer- und sozialversicherungsfrei erstattet werden.

Praxistipp: Ein Einzelnachweis der tatsächlichen Verpflegungskosten ist nicht möglich. Die Fahrtkosten können hingegen auch in tatsächlicher Höhe erstattet werden, dazu ist ein Fahrtenbuch zu führen.

Hinweis: Steuerfreie Verpflegungszuschüsse bei Auswärtstätigkeiten müssen grundsätzlich auf der Lohnsteuerbescheinigung aufgeführt werden. Allerdings gilt dies nach einer Billigkeitsregelung nur dann, wenn sie im Lohnkonto aufgezeichnet worden sind.

44.2 Auswärtstätigkeit, 3-Monatsfrist

Sachverhalt: Ein Arbeitnehmer ist seit April vorübergehend in Mannheim eingesetzt (voraussichtlich bis zum Ende des Jahres). Er fährt täglich mit dem eigenen Pkw von seinem Wohnort zur 80 Kilometer entfernten Einsatzstelle. Übernachtungen finden nicht statt.

Der Arbeitnehmer fährt jeweils gegen 7:00 Uhr von seiner Wohnung zum Kunden und kehrt gegen 18:00 Uhr nach Hause zurück.

Nach einer firmeninternen Regelung erhält der Arbeitnehmer eine tägliche Verpflegungspauschale von 8 EUR während der gesamten Einsatzdauer. Fahrtkosten werden mit der Kilometerpauschale von 0,30 EUR erstattet.

Die Reisekosten für die Monate Juni und Juli sollen abgerechnet werden. Nach den Aufzeichnungen des Arbeitnehmers war er in beiden Monaten je 20 Tage in Mannheim.

In welcher Höhe müssen dem Mitarbeiter Kosten erstattet werden und welche lohnsteuer- und sozialversicherungsrechtlichen Folgen ergeben sich?

Ergebnis: Der Arbeitnehmer unternimmt eine beruflich veranlasste Auswärtstätigkeit, weil er aus beruflichen Gründen außerhalb seiner ersten Tätigkeitsstätte und auch außerhalb seiner Wohnung tätig wird. Dementsprechend dürfen ihm Reisekosten steuer- und sozialversicherungsfrei erstattet werden.

Für Verpflegung werden nach der firmeninternen Regelung 8 EUR täglich bei einer Abwesenheitszeit des Mitarbeiters von 11 Stunden erstattet. Steuerlich zulässig wäre eine Verpflegungspauschale von 14 EUR, sodass die steuerfreie Grenze unterschritten wird.

Verpflegungskosten monatlich: 20 Arbeitstage x 8 EUR = 160 EUR

Nach Ablauf von 3 Monaten der Tätigkeit am selben Ort dürfen keine Verpflegungspauschalen mehr steuerfrei erstattet werden.

Bei Fahrten mit dem eigenen Pkw wird steuerlich eine Kilometerpauschale von 0,30 EUR je gefahrenen Kilometer gewährt. Fahrten von der Wohnung zur auswärtigen Tätigkeitsstätte gehören in vollem Umfang zu den betrieblichen Fahrten. Für die einzelnen Hin- und Rückfahrten ergibt sich folgende Berechnung:

Fahrtkosten monatlich: 2 × 80 Kilometer × 0,30 EUR = 48 EUR x 20 Tage = 960 EUR

Die Fahrtkosten können ohne zeitliche Begrenzung steuerfrei erstattet werden.

Der Mitarbeiter erhält für Juni und Juli jeweils Reisekostenerstattungen i. H. v. 1.120 EUR.

Lohnsteuer und Sozialversicherung: Juni: Die Erstattung ist in voller Höhe lohnsteuer- und sozialversicherungsfrei.

Juli: Bei der Erstattung von Verpflegungspauschalen ist die 3-Monatsfrist zu beachten: Es handelt sich um steuer- und sozialversicherungspflichtigen Arbeitslohn i. H. v. 160 EUR.

Hinweis: Für die Monate bis einschließlich Juni kann der Arbeitnehmer die restlichen Spesen bis zum steuerlichen Höchstbetrag von 6 EUR/Tag (14 EUR – 8 EUR Arbeitgebererstattung) in seiner Einkommensteuererklärung geltend machen.

44.3 Übernachtungs- und Nebenkosten

Sachverhalt: Eine Vertriebsmitarbeiterin unternimmt mit der Bahn eine 2-tägige Dienstreise durch Norddeutschland. Die Fahrtkosten wurden bereits im Rahmen des Großkundenabonnements des Arbeitgebers mit der Bahn abgerechnet.

Die Mitarbeiterin legt mit ihrer Reisekostenabrechnung eine Hotelrechnung vor, die auf das Unternehmen ausgestellt ist.

- In der Rechnung ist neben einer Übernachtung zum Preis von 95 EUR ein Business-Package, das einen Internetzugang und das Frühstück beinhaltet, zum Preis von 20 EUR ausgewiesen. Der Anteil, der auf das Frühstück entfällt, ist nicht ersichtlich.
- Zudem legt die Mitarbeiterin Taxiquittungen über insgesamt 45 EUR vor.
- Laut Reisekostenabrechnung hat die Arbeitnehmerin ihre Wohnung am Donnerstag um 7:00 Uhr verlassen und ist am Freitag um 18:00 Uhr dorthin zurückgekehrt.

Nach einer firmeninternen Regelung werden Reisekosten in der steuerlich zulässigen Höhe voll erstattet. Kosten für Frühstück werden nicht erstattet.

Wie hoch ist die Reisekostenerstattung für die Mitarbeiterin und welche lohnsteuer- und sozialversicherungsrechtlichen Folgen ergeben sich?

Ergebnis: Die Mitarbeiterin unternimmt eine beruflich veranlasste Auswärtstätigkeit, weil sie aus beruflichen Gründen außerhalb ihrer ersten Tätigkeitsstätte und auch außerhalb ihrer Wohnung tätig wird. Dementsprechend können Reisekosten steuer- und sozialversicherungsfrei erstattet werden.

Die Fahrtkosten für öffentliche Verkehrsmittel dürfen dabei in voller Höhe erstattet werden. Die Übernahme der Kosten für die Bahnfahrt durch den Arbeitsgeber hat keine steuerlichen oder sozialversicherungsrechtlichen Folgen.

Kosten für Hotelübernachtungen können steuerlich in voller Höhe steuerfrei ersetzt werden. Aufgrund der firmeninternen Regelung ist der Betrag um die Kosten für das Frühstück zu mindern.

Übernachtung: Das Business-Package ist ein Sammelposten, für den der Frühstückspreis nicht einzeln angegeben werden muss. Der Wert des Frühstücks kann deshalb pauschal mit 5,60 EUR (20% der Tagespauschale von 28 EUR) geschätzt werden. Die verbleibenden Kosten von 89,40 EUR können steuer- und sozialversicherungsfrei erstattet werden.

Verpflegungskostenpauschalen: Für beide Tage der Reise kann die »kleine« Verpflegungspauschale i. H. v. 14 EUR erstattet werden. Es können Verpflegungskosten von gesamt 28 EUR steuer- und sozialversicherungsfrei erstattet werden. Eine Kürzung der Verpflegungspauschalen unterbleibt, weil der Arbeitgeber das Frühstück nicht übernommen hat.

Nebenkosten: Die Taxikosten können in der nachgewiesenen Höhe von 45 EUR steuer- und sozialversicherungsfrei erstattet werden.

Insgesamt sind 162,40 EUR steuer- und sozialversicherungsfrei zu erstatten.

Praxistipp: Steuerlich könnte der Arbeitgeber auch das Frühstück übernehmen, weil die Rechnung auf ihn ausgestellt ist. Allerdings wäre dann die Verpflegungspauschale um 5,60 EUR wegen Mahlzeitengestellung zu kürzen. Weil im obigen Fall die Höhe der Frühstückskosten geschätzt worden ist (mit 5,60 EUR) ergibt sich letztlich in beiden Varianten eine steuerfreie Gesamtspesenerstattung in gleicher Höhe.

44.4 Übernachtung vom Arbeitgeber veranlasst

Sachverhalt: Ein Arbeitnehmer unternimmt mit der Bahn eine 2-tägige Reise nach München. Die Übernachtung in München zum Preis von 90 EUR zuzüglich 20 EUR Frühstück hat er selbst gebucht. Der Mitarbeiter legt die Rechnung, die auf die Firma ausgestellt ist, zusammen mit den Bahnfahrkarten i. H. v. 196 EUR zur Erstattung vor. Die Reisekostenordnung des Unternehmens sieht eine Übernahme der Frühstückskosten bei Hotelübernachtungen vor.

Nach seiner Reisekostenabrechnung hat der Mitarbeiter seine Wohnung am ersten Reisetag um 5.30 Uhr verlassen und ist am Rückreisetag um 19.30 Uhr dorthin zurückgekehrt. Nach einer firmeninternen Regelung werden Reisekosten in der steuerlich zulässigen Höhe voll erstattet.

Wie hoch ist die Reisekostenerstattung für den Mitarbeiter und welche lohnsteuer- und sozialversicherungsrechtlichen Folgen ergeben sich?

Ergebnis: Der Mitarbeiter unternimmt eine beruflich veranlasste Auswärtstätigkeit, weil er aus beruflichen Gründen außerhalb seiner ersten Tätigkeitsstätte und auch außerhalb seiner Wohnung tätig wird. Dementsprechend dürfen ihm Reisekosten steuer- und sozialversicherungsfrei erstattet werden.

Fahrkosten: Die Fahrtkosten für Bahnfahrten dürfen in voller Höhe von 196 EUR steuer- und sozialversicherungsfrei erstattet werden.

Übernachtung: Die Übernachtungskosten können in voller Höhe erstattet werden. Das Frühstück wurde auf Veranlassung des Arbeitgebers abgegeben. Bei Mahlzeitengestellungen anlässlich von Auswärtstätigkeiten geht die Verwaltung bereits von einer Gewährung der Verpflegung auf Veranlassung des Arbeitgebers aus, wenn die Aufwendungen vom Arbeitgeber dienst- oder arbeitsrechtlich ersetzt werden und die Rechnung auf den Arbeitgeber ausgestellt ist. Ein Ansatz mit dem Sachbezugswert scheidet aber aus, wenn dem Mitarbeiter für die Tage Verpflegungsspesen zustehen; das ist hier der Fall.

Verpflegungspauschalen: Der Arbeitnehmer war an beiden Tagen mehr als 14 Stunden, aber weniger als 24 Stunden von der Wohnung und der ersten Tätigkeitsstätte abwesend. Er erhält deshalb die »kleine« Pauschale von jeweils 14 EUR steuerfrei gezahlt. Wegen der Frühstückgestellung ist diese jedoch i. H. v. 20% der vollen Tagespauschale von 28 EUR zu kürzen. Deshalb sind die Spesen um 5,60 EUR zu mindern. Es verbleiben noch steuerfreie Verpflegungspauschalen von 22,40 EUR.

Steuer- und sozialversicherungsfreie Erstattung gesamt

Fahrtkosten	196,00 EUR
Übernachtungskosten	+ 110,00 EUR
Verpflegungspauschalen	*+ 22,40 EUR*
Summe	328,40 EUR

44.5 Abweichende Reisekostenregelungen

Sachverhalt: Nach unternehmensinternen Regelungen erhalten Mitarbeiter bei Auswärtstätigkeiten für Fahrten mit dem eigenen Pkw einen Fahrtkostenersatz von 0,50 EUR je gefahrenen Kilometer. Verpflegungspauschalen werden hingegen nicht gewährt.

Es liegt eine Reisekostenabrechnung vor, nach der ein Mitarbeiter am Montag um 6:00 Uhr seine Wohnung verlassen hat und zu einer beruflichen Auswärtstätigkeit aufgebrochen ist. Dabei hat er bis zu seiner Rückkehr um 21:00 Uhr 600 Kilometer mit dem eigenen Pkw zurückgelegt.

Wie hoch ist die Reisekostenerstattung und welche steuer- und sozialversicherungsrechtlichen Folgen ergeben sich?

Ergebnis

Reisekostenerstattung nach firmeninterner Regelung

Fahrtkosten: 600 Kilometer × 0,50 EUR = 300 EUR

Steuerlich hat der Mitarbeiter eine beruflich veranlasste Auswärtstätigkeit ausgeübt, für die steuer- und sozialversicherungsfrei nachfolgende Reisekosten erstattet werden dürfen:

Bei Fahrten mit dem eigenen Pkw wird ohne Einzelnachweis steuerlich eine Kilometerpauschale von 0,30 EUR je gefahrenen Kilometer gewährt.

Zusätzlich können, steuer- und sozialversicherungsfreie Verpflegungspauschalen gewährt werden. Am Montag ist der Mitarbeiter mehr als 8 Stunden von der Wohnung und der ersten Tätigkeitsstätte abwesend und erhält dafür eine Pauschale von 14 EUR.

Reisekostenerstattung nach gesetzlicher Regelung	
Fahrtkosten (600 Kilometer × 0,30 EUR)	180 EUR
Verpflegungspauschale	14 EUR
Summe	194 EUR

Für die Fahrtkosten gehen die Erstattungen des Arbeitgebers über die steuerlich zulässigen Beträge hinaus. Die einzelnen Kostenarten dürfen jedoch miteinander saldiert werden. In diesem Fall können die Erstattungen deshalb teilweise mit der nicht gewährten Verpflegungspauschale verrechnet werden.

Letztlich bleibt aber immer noch eine Erstattung von 106 EUR (300 EUR abzüglich 194 EUR), die über die steuer- und sozialversicherungsrechtlichen Höchstgrenzen hinausgeht. Insoweit liegt steuerpflichtiger Arbeitslohn vor.

Neben der steuerfreien Verpflegungspauschale von 14 EUR können aber nochmals bis zur gleichen Höhe Verpflegungskostenerstattungen pauschal mit 25% versteuert werden. Wegen der Verrechnungsmöglichkeiten gilt dies auch in diesem Fall. Die Pauschalversteuerung des Teilbetrags von 14 EUR führt zur Sozialversicherungsfreiheit.

Insgesamt ergibt sich damit folgende Behandlung der Reisekostenerstattung	
Gesamterstattung	300 EUR
Davon steuer- und sozialversicherungsfrei	194 EUR
Davon mit 25% pauschal besteuert und sozialversicherungsfrei	14 EUR
Davon regulär steuer- und sozialversicherungspflichtig	92 EUR

44.6 Auswärtstätigkeit mit Anschlussaufenthalt

Sachverhalt: Ein Abteilungsleiter fliegt am Mittwoch zu einer Fachtagung nach Hamburg, bei der er selbst einen Vortrag hält. Die Tagung dauert bis Freitagnachmittag.

Am Samstag besucht er noch Freunde in Hamburg und fliegt am Sonntag zurück. Der Rückflug am Freitagnachmittag hätte dasselbe gekostet wie am Sonntag.

Er legt die Rechnung für den Flug über 400 EUR, die Hotelrechnung für vier Übernachtungen sowie einen Sammelposten für Internetnutzung und Frühstück i. H. v. insgesamt 400 EUR (100 EUR/Nacht) vor.

Der Abteilungsleiter hat am Mittwoch um 14:00 Uhr die Firma verlassen und ist am Sonntag gegen 18:00 Uhr nach Hause zurückgekehrt.

Der Arbeitgeber erstattet Reisekosten bis zu den steuerlichen Höchstgrenzen und Beschränkungen.

Wie hoch ist die Reisekostenerstattung für den Mitarbeiter und welche lohnsteuer- und sozialversicherungsrechtlichen Folgen ergeben sich?

Ergebnis: Der Mitarbeiter wird außerhalb seiner ersten Tätigkeitsstätte und seiner Wohnung tätig. Eine steuerlich zu berücksichtigende Auswärtstätigkeit liegt nur vor, wenn sie zum Zweck einer auswärtigen beruflichen Tätigkeit durchgeführt wird. Berufliche Gründe liegen vor, wenn der Reise offensichtlich ein unmittelbarer konkreter beruflicher Anlass zugrunde liegt. Diese Voraussetzung ist nur bis einschließlich Freitag erfüllt.

Ab Freitagnachmittag beginnt ein privat veranlasster Anschlussaufenthalt.

Bei den Übernachtungs- und Verpflegungskosten für diesen Zeitraum handelt es sich nicht mehr um Reisekosten.

Flugkosten: Die Flugkosten sind Reisekosten, da sie durch einen unmittelbaren (konkreten) betrieblichen Anlass bedingt sind. Sie dürfen in voller Höhe von 400 EUR steuer- und sozialversicherungsfrei erstattet werden.

Das gilt aber nur, wenn privat veranlasste Reisetage nicht zu einer unabgrenzbaren Erhöhung der Flugkosten führen (Rückflug am Sonntag darf nicht teurer sein als am Freitag).

Übernachtung: Die Erstattung der Hotelkosten für die 2 Übernachtungen Mittwoch und Donnerstag ist steuerfrei.

Verpflegungspauschalen: Der Mitarbeiter erhält – auch zur Abgeltung des Frühstücksbedarfs – steuer- und sozialversicherungsfreie Verpflegungspauschalen.

Mittwoch: Für An- und Abreisetage kann eine Pauschale von 14 EUR steuerfrei gewährt werden.

Donnerstag: Die Abwesenheit beträgt volle 24 Stunden und die Pauschale 28 EUR. Freitag: Die Abwesenheit beträgt zwar 24 Stunden, ab nachmittags ist sie jedoch nicht mehr beruflich veranlasst, deshalb sollten für den Freitag nur noch 14 EUR erstattet werden.

Frühstück: Da die Rechnung für den Sammelposten keine Einzelangaben zum Frühstück enthält, kann der Frühstückswert mit 20% der vollen Tagespauschale von 28 EUR geschätzt werden. Will der Arbeitgeber nur die reine Übernachtung erstatten, kann die Übernachtungskostenerstattung für die beiden Nächte jeweils um 5,60 EUR auf 94,40 EUR gekürzt werden. Steuerlich könnte der Arbeitgeber auch das Frühstück übernehmen, wenn die Rechnung auf ihn ausgestellt ist. Wegen Mahlzeitengestellung wären dann allerdings die Verpflegungspauschalen für beide Tage um 5,60 EUR zu kürzen. Letztlich ergibt sich in beiden Varianten eine steuerfreie Gesamtspesenerstattung in gleicher Höhe.

Steuer- und sozialversicherungsfreie Erstattung insgesamt

Fahrtkosten (Flug)	400,00 EUR
Übernachtungskosten (ungekürzt)	+ 200,00 EUR
Verpflegungspauschalen (ungekürzt)	+ 56,00 EUR
Kürzung für 2 Frühstücke	*- 11,20 EUR*
Gesamterstattung	644,80 EUR

44.7 Gemischt veranlasste Gruppenreise

Sachverhalt: Für Außendienstmitarbeiter einer Firma findet regelmäßig einmal jährlich ein einwöchiges Verkaufstraining an wechselnden Orten statt (5 Aufenthaltstage zzgl. An- und Abreisetag). Die Schulung findet mit 50 Teilnehmern an der kroatischen Küste statt.

Neben diversen Vorträgen an den Vormittagen besuchen die Mitarbeiter auch die Betriebe potenzieller Großabnehmer.

Nachmittags und abends nehmen die Mitarbeiter an touristischen und kulturellen Programmpunkten teil.

Die Gesamtkosten für die Reise betragen 100.000 EUR. Das Reisebüro, das mit der kompletten Organisation betraut ist, stellt folgende Rechnung auf:

Flugkosten	50.000 EUR
Übernachtungskosten	20.000 EUR
Verpflegung	10.000 EUR
Touristisches Programm	10.000 EUR
Vortragsveranstaltungen	5.000 EUR
Fahrtkosten vor Ort	5.000 EUR
Gesamtkosten	100.000 EUR

Wie sieht die Lohnabrechnung für die beteiligten Außendienstmitarbeiter aus und welche steuer- bzw. sozialversicherungsrechtlichen Folgen aus der Gruppenreise sind zu berücksichtigen?

Ergebnis: Zunächst werden die Kostenbestandteile der Reise ermittelt, die leicht und eindeutig dem betrieblichen Bereich zuzuordnen sind. Dazu gehören die Aufwendungen für die Vorträge.

Das touristische Programm stellt rein private Kosten dar, die auszuscheiden bzw. als Lohn zu behandeln sind.

Kosten gesamt	100.000 EUR
Abzgl. Aufwendungen Vorträge	– 5.000 EUR
Abzgl. private Kosten Arbeitnehmer	*– 10.000 EUR*
Restliche Kosten	85.000 EUR

Die restlichen Kosten für die Beförderung (Flug- bzw. Fahrtkosten, Transfers), die Hotelunterbringung und die Verpflegung sind im Wege der Schätzung aufzuteilen. Als Aufteilungsmaßstab ist grundsätzlich das Verhältnis der Zeitanteile heranzuziehen, in dem die Reise-Bestandteile mit privatem Charakter zu den aus betrieblichen Gründen durchgeführten Reise-Bestandteilen stehen. Hilfsweise ist nach der Rechtsprechung ein Maßstab von 50:50 zulässig.

Bei der Aufteilung der Verpflegungskosten ist zu beachten, dass Arbeitslohn in der Höhe vorliegt, in der die vom Arbeitgeber getragenen Verpflegungskosten 50 % des für Kroatien geltenden Höchstbetrags von 35 EUR bzw. 24 EUR für den An- und Abreisetag übersteigen. Danach ist bei den Verpflegungskosten ein Betrag von 5.575 EUR (35 EUR x 50 % x 5 Aufenthaltstage x 50 Mitarbeiter zzgl. 24 EUR x 50 % x 2 Tage x 50 Mitarbeiter) nicht als Arbeitslohn zu erfassen.

Nach Abzug der Verpflegungskosten von 10.000 EUR bleiben noch Kosten von 75.000 EUR, auf die der hälftige Aufteilungsmaßstab Anwendung findet.

Steuer- und sozialversicherungspflichtiger Arbeitslohn Arbeitnehmer	
Touristisches Programm	10.000,00 EUR
Anteil aufzuteilende Kosten (50 % v. 75.000 EUR)	+ 37.500,00 EUR
Verpflegungskosten (10.000 EUR – 5.575 EUR)	*+ 4.425,00 EUR*
Arbeitslohn gesamt	51.925,00 EUR
Arbeitslohn je Mitarbeiter (51.925 EUR : 50)	1.038,50 EUR

Hinweis: Grundsätzlich ist eine Aufteilung der Kosten nach objektiven Gesichtspunkten vorzunehmen bei einer Reise, die sowohl Elemente beinhaltet, bei denen die betriebliche Zielsetzung des Arbeitgebers im Vordergrund steht, als auch Bestandteile umfasst, deren Gewährung sich als geldwerter Vorteil darstellt (gemischt veranlasste Reise). Ist eine genaue Ermittlung oder Berechnung der Besteuerungsgrundlagen nicht möglich, sind sie zu schätzen.

Praxistipp: Auch auf Arbeitnehmerseite ist eine Aufteilung zulässig, wenn die Kosten nicht von der Firma ersetzt werden.

44.8 Auswärtstätigkeit mit vorgeschaltetem Urlaub

Sachverhalt: Ein Arbeitnehmer muss im August wegen Verkaufsverhandlungen zu einem Kunden nach Shanghai (China). Die Verhandlungen erstrecken sich über eine Woche. Der Arbeitgeber trägt die Aufwendungen für Flug, Unterkunft und Verpflegung.

Der Arbeitnehmer möchte vor den Verhandlungen einen 2-wöchigen Urlaub in China machen. Dabei will er eine Rundreise machen, die in Peking beginnt und in Shanghai endet.

Er möchte wissen, ob der Arbeitgeber auch einen Gabelflug erstatten würde und welche steuerlichen und sozialversicherungsrechtlichen Folgen sich daraus ergeben würden. Alle weiteren Kosten, die für seine Rundreise anfallen, übernimmt der Mitarbeiter selbst.

Ein Gabelflug Peking/Shanghai kostet 1.500 EUR, ein Flug nach Shanghai hin und wieder zurück 1.000 EUR. Dem Arbeitnehmer wird jedoch der gewünschte Gabelflug gewährt.

Welche steuerlichen und sozialversicherungsrechtlichen Folgen ergeben sich?

Ergebnis: Der Arbeitnehmer wird außerhalb seiner Wohnung und seiner ersten Tätigkeitsstätte tätig. Eine steuerlich zu berücksichtigende Auswärtstätigkeit liegt jedoch nur vor, wenn sie zum Zweck einer auswärtigen beruflichen Tätigkeit durchgeführt wird. Berufliche Gründe liegen vor, wenn der Reise offensichtlich ein unmittelbarer, konkreter beruflicher Anlass zugrunde liegt. Diese Voraussetzung ist für einen Kundenbesuch in China offensichtlich erfüllt.

Weil der Arbeitnehmer vor dem beruflichen Aufenthalt privat Urlaub macht, ist die Reise nach China jedoch nicht mehr ausschließlich beruflich veranlasst. Allerdings ist eine Aufteilung der meisten Kosten problemlos möglich.

Kosten Unterkunft und Verpflegung: Dem Arbeitnehmer dürfen nach seiner Ankunft in Shanghai für die beruflich veranlassten Tage Hotel- und Verpflegungskosten erstattet werden. Bei 24-stündiger Abwesenheit können für Shanghai Verpflegungspauschalen von 58 EUR steuer- und sozialversicherungsfrei erstattet werden.

Ohne Einzelnachweis können Hotelkosten bis zu 217 EUR je Nacht pauschal erstattet werden.

Flugkosten: Die Flugkosten sind Reisekosten, da sie durch einen unmittelbaren (konkreten) betrieblichen Anlass bedingt sind. Das gilt allerdings nicht, soweit die privat veranlassten Reisetage zu einer Erhöhung der Flugkosten führen, insbesondere wenn diese Erhöhung nicht eindeutig abgrenzbar ist. Dies ist jedoch in vorliegendem Fall möglich.

Der Gabelflug führt zu einer Verteuerung um 500 EUR. Diese Mehrkosten sind privat veranlasst und können nicht abgabenfrei ersetzt werden.

Steuer- und sozialversicherungsfrei dürfen dem Mitarbeiter nur die Flugkosten i. H. v. 1.000 EUR erstattet werden.

44.9 Urlaub zwischen dienstlichen Terminen

Sachverhalt: Ein Arbeitnehmer muss wegen Verkaufsverhandlungen zu mehreren Kunden in Bayern.

Er verlässt montags um 7:00 Uhr seine Wohnung und besucht noch am selben Tag einen Kunden in Nürnberg. Am Abend übernachtet er in einem nahe gelegenen Hotel zum Preis von 90 EUR ohne Frühstück.

Am Dienstag besucht er bis 15:00 Uhr einen Kunden in Erlangen. Statt sich danach auf die Heimreise zu machen, besucht er seine Schwester in Ulm und bleibt dort bis Donnerstagmorgen (Hotelkosten sind während dieser Zeit nicht angefallen).
Danach fährt er nach München weiter und absolviert dort am Freitagvormittag weitere Kundenbesuche. Die Übernachtung in einem Hotel kostet 100 EUR ohne Frühstück.

Am Freitagnachmittag fährt er wieder nach Hause und kommt dort gegen 20:00 Uhr an.

Verpflegungs- und Übernachtungskosten – mit Ausnahme von Frühstück – werden vom Arbeitgeber bis zu den steuerlichen Höchstgrenzen erstattet.

Für die Fahrten (insgesamt mehr als 1.500 Kilometer) benutzt der Mitarbeiter seinen Dienstwagen. Die Privatnutzung des Dienstwagens wird nach der 1-%-Regelung besteuert.

In welcher Höhe können dem Mitarbeiter Reisekosten erstattet werden?

Ergebnis: Der Arbeitnehmer wird außerhalb seiner ersten Tätigkeitsstätte und auch außerhalb seiner Wohnung tätig. Eine beruflich veranlasste Auswärtstätigkeit liegt jedoch nur vor, wenn sie zum Zwecke einer auswärtigen beruflichen Tätigkeit durchgeführt wird. Berufliche Gründe liegen vor, wenn der Reise offensichtlich ein unmittelbarer, konkreter beruflicher Anlass zugrunde liegt. Diese Voraussetzung ist für die Kundenbesuche offensichtlich erfüllt.

Weil der Arbeitnehmer zwischendurch aus privaten Gründen seine Schwester besucht, ist die Reise jedoch nicht mehr ausschließlich beruflich, sondern gemischt veranlasst. Dem Mitarbeiter dürfen nur für die beruflich veranlassten Tage Hotel- und Verpflegungskosten erstattet werden.

Übernachtung: Kosten für Hotelübernachtungen können in voller Höhe erstattet werden. U. E. sind im vorliegenden Fall beide Übernachtungen beruflich veranlasst (der Termin am Freitagmorgen hätte wohl auch bei einer »rein« beruflichen Reise nicht ohne Übernachtung wahrgenommen werden können). Die Hotelkosten von insgesamt 190 EUR sind ohne Frühstück und können dem Mitarbeiter in voller Höhe steuer- und sozialversicherungsfrei ausgezahlt werden.

Verpflegung

- Montag und Dienstag: Es ergibt sich jeweils eine Abwesenheit von weniger als 24 Stunden, sodass die »kleine« Pauschale von 14 EUR je Tag steuer- und sozialversicherungsfrei erstattet werden kann. (Dies gilt u. E. ebenso für den Dienstag, weil die Übernachtung an diesem Abend bei der Schwester stattfindet und die beruflich begründete Abwesenheit unter 24 Stunden liegt.)
- Mittwoch: Es darf keine Verpflegungspauschale gezahlt werden.
- Donnerstag: Der Tag ist nur teilweise beruflich veranlasst: Geht man davon aus, dass die beruflich bedingte Abwesenheit unter 8 Stunden beträgt, sind keine Verpflegungskosten zu erstatten.

- Freitag: Es ergibt sich eine Abwesenheit von weniger als 24 Stunden, es kann eine Pauschale von 14 EUR steuer- und sozialversicherungsfrei erstattet werden.

Insgesamt können für die Reise Verpflegungspauschalen von 42 EUR steuer- und sozialversicherungsfrei erstattet werden.

Die Fahrten mit dem Dienstwagen haben keine steuerlichen Auswirkungen. Auch die privaten Umwegstrecken sind mit der Versteuerung der Privatnutzung nach der 1-%-Regelung abgegolten.

Praxistipp: Bei Fahrten mit dem eigenen Kraftfahrzeug können nur die beruflich bedingten Strecken mit 0,30 EUR je gefahrenen Kilometer erstattet werden. Für privat veranlasste Umwegstrecken ist eine steuer- und sozialversicherungsfreie Erstattung nicht zulässig.

44.10 Mitnahme des Ehefrau

Sachverhalt: Ein Abteilungsleiter nimmt an einem 2-tägigen Kongress in Baden-Baden in Begleitung seiner Ehefrau teil. Die 300 Kilometer dorthin legt er mit seinem privaten Pkw zurück.

Er fährt am Mittwoch gegen 17:00 Uhr von zu Hause los.

Die 2 Übernachtungen kosten 400 EUR ohne Frühstück. Ein entsprechendes Einzelzimmer hätte für 2 Nächte 300 EUR ohne Frühstück gekostet.

Am Freitag fährt der Mitarbeiter nach Ende des Kongresses nach Hause und kommt dort gegen 21:00 Uhr an.

Er bittet den Arbeitgeber um Erstattung der angefallenen Reisekosten.

Auf Nachfrage erklärt der Abteilungsleiter, dass die Mitnahme seiner Frau zwingend notwendig war. Auch die anderen Kongressteilnehmer wurden von ihren jeweiligen Partnern begleitet. Insbesondere für die Abendveranstaltung waren die Partner ausdrücklich mit eingeladen. Zudem habe seine Ehefrau während der übrigen Zeit Kontakte mit Partnerinnen von potenziellen Kunden geknüpft. Aus diesen Kontakten verspreche er sich neue Absatzmöglichkeiten für die Firma.

Die Hotelkosten sollen dem Arbeitnehmer auch insoweit erstattet werden, wie sie auf die Ehefrau entfallen. Zudem werden vom Arbeitgeber Fahrt- und Verpflegungskosten in der steuerlich zulässigen Höhe ausgezahlt.

Welche steuer- und sozialversicherungsrechtlichen Folgen ergeben sich aus der Erstattung?

Ergebnis: Der Abteilungsleiter hat eine beruflich veranlasste Auswärtstätigkeit unternommen, weil er aus beruflichen Gründen außerhalb seiner ersten Tätigkeitsstätte und auch außerhalb seiner Wohnung tätig geworden ist. Dementsprechend dürfen ihm Reisekosten steuer- und sozialversicherungsfrei erstattet werden.

Fahrtkosten: Für die Fahrten mit dem Pkw kann ohne Einzelnachweis die Kilometerpauschale von 0,30 EUR je gefahrenen Kilometer erstattet werden. Die Erstattung i. H. v. 180 EUR (600 km x 0,30 EUR) bleibt steuer- und sozialversicherungsfrei.

Verpflegung: Mittwoch und Freitag: Für An- und Abreisetage kann jeweils eine Pauschale von je 14 EUR steuer- und sozialversicherungsfrei erstattet werden.

Donnerstag: Die Abwesenheitsdauer beträgt 24 Stunden, die Pauschale beträgt damit 28 EUR.

Übernachtung: Die durch die Mitnahme der Ehefrau entstandenen Kosten sind eine Folge der beruflichen und gesellschaftlichen Stellung des Mitarbeiters und gehören daher zu den Kosten der Lebensführung, auch wenn der Beruf dadurch gefördert wird. Die Mehrkosten betragen 100 EUR.

Die verbleibenden Hotelkosten von 300 EUR, die für ein Einzelzimmer angefallen wären, enthalten kein Frühstück und können dem Mitarbeiter steuer- und sozialversicherungsfrei ausgezahlt werden.

Die darüber hinausgehende Übernachtungskostenerstattung ist voll steuer- und sozialversicherungspflichtig.

Praxistipp: Etwas anderes kann gelten, wenn durch die Mitnahme des Partners eine andere Arbeitskraft ersetzt wird. Denkbar erscheint ein Einsatz des Partners z. B. auf einer Messe. Bei einer solchen Gestaltung wird das Finanzamt allerdings strenge Maßstäbe anlegen.

44.11 Mahlzeitengestellung

Sachverhalt: Anlässlich einer eintägigen Fortbildungsveranstaltung stellt der Arbeitgeber den teilnehmenden Mitarbeitern ein Mittagessen zur Verfügung. Der Wert der gestellten Mahlzeit beträgt 15 EUR. Die Abwesenheitsdauer der Mitarbeiter beträgt 9 Stunden.

Welche steuer- und sozialversicherungsrechtlichen Möglichkeiten ergeben sich, wenn

a) a) der Arbeitgeber Spesen in maximal steuerfreier Höhe gewähren will oder

b) b) die Firma keine Spesen gewährt?

Ergebnis: Das durch den Arbeitgeber bereitgestellte Mittagessen kann grundsätzlich mit dem Sachbezugswert von 4,13 EUR (2024) bewertet werden, weil der Preis unter 60 EUR liegt. Ein Ansatz mit dem Sachbezugswert als Arbeitslohn scheidet aber aus, wenn den Mitarbeitern für die Tage aus steuerlicher Sicht Verpflegungsspesen zustehen. Dies ist hier in beiden Fallkonstellationen der Fall.

Die Teilnehmer waren mehr als 8 Stunden von der Wohnung und der ersten Tätigkeitsstätte abwesend. Steuerlich steht ihnen damit eine Pauschale von 14 EUR zu. Wegen der Mahlzeitengestellung ist diese jedoch um 40% der vollen Tagespauschale von 28 EUR zu kürzen. Deshalb sind die Spesen um 11,20 EUR zu mindern. Es verbleibt noch eine Verpflegungspauschale von 2,80 EUR.

Diesen Betrag kann der Arbeitgeber steuerfrei erstatten (Variante a) oder der Mitarbeiter kann den Betrag in seiner Einkommensteuererklärung geltend machen (Variante b).

44.12 Verrechnung Sachbezugswert

Sachverhalt: Ein Mitarbeiter nimmt an einem halbtägigen auswärtigen Seminar mit Mittagessen teil und ist 6 Stunden von seiner Wohnung und der ersten Tätigkeitsstätte abwesend.

Für die Fahrt zum Seminar nutzt er seinen privaten Pkw und könnte für die entstandenen Fahrtkosten eine Erstattung i. H. v. 30 EUR (2 x 50 km x 0,30 EUR je Kilometer) von seinem Arbeitgeber beanspruchen.

Welche Möglichkeiten bestehen bei der Reisekostenabrechnung?

Ergebnis: Der Arbeitgeber kann einerseits die 30 EUR als Fahrtkosten erstatten. Er muss dann aber die von ihm im Rahmen des Seminars gestellte Mahlzeit mit dem Sachbezugswert von 4,13 EUR (2024) mit dem individuellen Steuersatz oder pauschal mit 25% versteuern.

Es wird von der Finanzverwaltung jedoch nicht beanstandet, wenn der Arbeitgeber in den Fällen, in denen steuerlich keine Verpflegungspauschale gezahlt werden darf (Auswärtstätigkeit bis zu 8 Stunden, Ablauf der 3-Monatsfrist, keine Aufzeichnung der Abwesenheitszeiten), eine Verrechnung des Sachbezugswerts für die Mahlzeitengestellung mit den zu erstattenden Fahrt- oder Reisenebenkosten vornimmt. Im vorliegenden Fall könnte er deshalb den Sachbezugswert von der Fahrtkostenerstattung abziehen. Die verbleibende Erstattung von 25,87 EUR wäre steuer- und sozialversicherungsfrei, Auswirkungen auf die Entgeltabrechnung könnten vermieden werden.

44.13 Mehrere Aufträge beim gleichen Kunden

Sachverhalt: Im Jahr 2023 hat ein Mitarbeiter 3 Aufträge für denselben Kunden ausgeführt. Die befristeten Verträge für die voneinander unabhängigen Aufträge wurden einzeln, im Abstand von mehreren Monaten und mit verschiedenen Vertretern des Auftraggebers geschlossen. Der letzte Auftrag wird voraussichtlich 2024 abgeschlossen sein. Der Arbeitgeber hat keine erste Tätigkeitsstätte bestimmt.

Bis auf seine Urlaubs- und Krankheitstage (2 x 3 Wochen Urlaub, 6 Krankheitstage) sowie vereinzelte Besuche am Firmensitz des Arbeitgebers war der Mitarbeiter ausschließlich in der Firma des Kunden eingesetzt, von der er täglich zu seinem Wohnsitz zurückgekehrt ist.

Welche Reisekosten können im Jahr 2024 lohnsteuer- und sozialversicherungsfrei erstattet werden?

Ergebnis: Der Arbeitnehmer unternimmt steuerlich zu berücksichtigende Auswärtstätigkeiten, weil er aus beruflichen Gründen außerhalb einer ersten Tätigkeitsstätte und auch außerhalb seiner Wohnung tätig wird. Eine erste Tätigkeitsstätte beim Kunden liegt nicht vor, weil der Arbeitnehmer nicht dauerhaft dort eingesetzt ist, sondern immer nur befristet.

Dem Mitarbeiter dürfen die Reisekosten steuer- und sozialversicherungsfrei erstattet werden. Es fallen hier Fahrt- und Verpflegungskosten an. Für Verpflegung auf eintägigen Reisen wird im Inland eine Pauschale von 14 EUR bei mehr als 8-stündiger Abwesenheitsdauer gewährt. Maßgeblich ist hier – mangels erster Tätigkeitsstätte – die Abwesenheitszeit von der Wohnung.

Bei derselben Auswärtstätigkeit können Verpflegungsmehraufwendungen aber nur für die ersten 3 Monate steuerfrei gewährt werden. Eine längerfristige vorübergehende Auswärtstätigkeit ist noch als dieselbe Auswärtstätigkeit zu beurteilen, wenn der Mitarbeiter nach einer Unterbrechung die Auswärtstätigkeit

- mit gleichem Inhalt,
- am gleichen Ort ausübt und
- ein zeitlicher Zusammenhang mit der bisherigen Tätigkeit besteht.

Unterbrechungen durch andere Tätigkeiten, Urlaub, Krankheit usw. führen nur dann zu einem Neubeginn der 3-Monatsfrist, wenn die Unterbrechung mindestens 4 Wochen gedauert hat. Diese Voraussetzungen sind hier nicht erfüllt.

Die Fahrtkosten können hingegen zeitlich unbegrenzt in der tatsächlich nachgewiesenen Höhe steuerfrei ersetzt werden. Statt eines Einzelnachweises kann bei Fahrten mit dem eigenen Pkw eine Kilometerpauschale von 0,30 EUR je gefahrenen Kilometer steuer- und sozialversicherungsfrei erstattet werden.

Praxistipp: In den ersten 3 Monaten können neben den steuerfreien Verpflegungspauschalen nochmals bis zur gleichen Höhe Verpflegungskostenerstattungen pauschal mit 25 % versteuert werden.

Hinweis: Steuerfreie Verpflegungszuschüsse bei Auswärtstätigkeiten müssen grundsätzlich auf der Lohnsteuerbescheinigung bescheinigt werden. Allerdings gilt dies nach einer Billigkeitsregelung nur dann, wenn sie im Lohnkonto aufgezeichnet worden sind.

45 Sachbezug

Jean Bramburger

45.1 Benzingutschein, steuerliche Voraussetzungen

Sachverhalt: Ein Arbeitnehmer erhält von seinem Arbeitgeber monatlich zusätzlich zum ohnehin geschuldeten Arbeitslohn einen von der Tankstelle A ausgestellten Gutschein mit folgenden Angaben:

- »Treibstoff (Benzin, Super oder Diesel) im Wert von 50 EUR, einzulösen bei der Tankstelle A.«
- Der Inhaber des Gutscheins ist nicht berechtigt, andere Waren anstelle des Treibstoffs auszusuchen.

Erfüllt der Gutschein die Voraussetzungen zur Abrechnung als Sachbezug und zur Anwendung der 50-EUR-Sachbezugsfreigrenze?

Ergebnis: Alle Voraussetzungen für einen steuer- und sozialversicherungsfreien Sachbezug sind erfüllt:

- Der Gutschein wird zusätzlich zum ohnehin geschuldeten Arbeitslohn gewährt.
- Der Arbeitnehmer kann eine genau bestimmte Sachleistung bei der Tankstelle (hier: Treibstoff) beanspruchen.
- Der Arbeitnehmer hat keinen Anspruch auf Geld.
- Dem Arbeitnehmer wird das Recht eingeräumt, bei der Tankstelle die Sachleistung zu ordern.
- Der auf dem Gutschein genannte Betrag übersteigt nicht die Freigrenze von 50 EUR.

Der Sachbezug bleibt bis zu 50 EUR monatlich steuerfrei. Durch die Steuerfreiheit bleibt der Sachbezug auch in der Sozialversicherung beitragsfrei.

Achtung: Benzingutscheine können immer dann als Sachbezug gewertet werden, wenn

1. sie zusätzlich zum ohnehin geschuldeten Arbeitslohn gewährt werden,
2. ausschließlich Waren und Dienstleistungen bezogen werden können und
3. es sich z.B. bei Tankkarten um sog. »Closed-Loop-Karten« (= Einkauf beim Aussteller des Gutscheins) oder »Controlled-Loop-Karten« (= Einkauf bei einem begrenzten Kreis von Akzeptanzstellen) handelt.

Eine Geldleistung liegt hingegen regelmäßig vor, wenn Gutscheine oder Geldkarten über überregionale Akzeptanz und keinerlei Einschränkung hinsichtlich der Produktpalette verfügen (z. B. Prepaid-Kreditkarten).

Hinweis 1: Auch die nachträgliche Erstattung der Tankkosten gegen Vorlage des Belegs zählt grundsätzlich zum Barlohn und ist damit von einer möglichen Berücksichtigung als steuerfreier Sachbezug ausgeschlossen.

Praxistipp: Grundsätzlich nicht zum Arbeitslohn des Arbeitnehmers gehören, vom Arbeitgeber getragene Gebühren für die Bereitstellung oder Aufladung von Gutscheinen oder Geldkarten. Hier liegt vielmehr eine notwendige Begleiterscheinung aus der Zurverfügungstellung der Gutscheine/Geldkarten vor.

Hinweis 2: Bei dem Betrag von 50 EUR handelt es sich um eine Freigrenze, nicht um einen Freibetrag. Würde die monatliche Freigrenze von 50 EUR auch nur um 1 Cent überschritten, wäre der gesamte Betrag und nicht nur der übersteigende Betrag steuer- und sozialversicherungspflichtig. In einem Monat nicht ausgenutzte Teile der Freigrenze dürfen nicht auf andere Zeiträume verteilt und nicht auf einen Jahresbetrag hochgerechnet werden.

45.2 Benzingutschein, selbst ausgestellt

Sachverhalt: Ein Arbeitnehmer erhält von seinem Arbeitgeber einen Gutschein zum Erwerb von Kraftstoff für seinen Privat-Pkw i. H. v. 45 EUR pro Monat. Der Gutschein ist durch den Arbeitgeber selbst ausgestellt und berechtigt zum Erwerb von Kraftstoff an der Tankstelle X in Musterhausen. Der Arbeitgeber hat mit der Tankstelle X einen entsprechenden Rahmenvertrag geschlossen, über welchen die Kosten direkt zwischen der Tankstelle X und dem Arbeitgeber abgerechnet werden.

Ergebnis: Hier liegt ein Sachbezug vor. Der Gutschein ist zwar durch den Arbeitgeber selbst ausgestellt. Über den Akzeptanzvertrag (Rahmenvertrag) erfolgt aber die direkte Abrechnung mit dem Arbeitgeber. Außerdem ist der Arbeitnehmer auf den Kraftstofferwerb bei der Tankstelle X beschränkt.

Hinweis: Stellt der Arbeitgeber hingegen einen Gutschein zum Kraftstofferwerb selbst aus, welchem kein Rahmenvertrag mit einer bestimmten Akzeptanzstelle (Tankstelle, Tankstellenkette) zugrunde liegt und erhält der Arbeitnehmer nach Erwerb des Kraftstoffs, gegen Vorlage des Gutscheins vielmehr seine getätigten Aufwendungen vom Arbeitgeber erstattet, liegt regelmäßig eine Geldleistung vor. Es handelt sich hier vielmehr um eine Form der nachträglichen Kostenerstattung, bei welcher der Arbeitnehmer zunächst in Vorleistung getreten ist.

45.3 Benzingutschein, 96-%-Regelung

Sachverhalt: Der Arbeitgeber räumt seinem Arbeitnehmer das Recht ein, einmalig zu einem beliebigen Zeitpunkt bei einer Tankstelle auf Kosten des Arbeitgebers gegen Vorlage einer Tankkarte bis zu einem Betrag von 50 EUR zu tanken. Der Arbeitnehmer tankt im Februar für 52 EUR; der Betrag wird vom Konto des Arbeitgebers abgebucht.

Sind die Voraussetzungen zur Anwendung der 50-EUR-Sachbezugsfreigrenze erfüllt? Und kann der Bewertungsabschlag von 4% in diesem Fall angewandt werden?

Ergebnis: Unter der Voraussetzung, dass der Arbeitnehmer von seinem Arbeitgeber nicht anstelle der ausgehändigten Tankkarte Barlohn verlangen kann, liegt im Februar ein Sachbezug vor. Dieser Sachbezug ist steuer- und beitragsfrei, wenn dem Arbeitnehmer in diesem Monat keine weiteren Sachbezüge gewährt werden und der Arbeitgeber die übersteigenden 2 EUR vom Arbeitnehmer einfordert.

Der Arbeitgeber darf keinen Bewertungsabschlag von 4% vornehmen, da der Sachbezug durch einen Warengutschein mit Betragsangabe ausgegeben wird.

Falls der Arbeitgeber den Betrag von 2 EUR nicht einfordert, ist der gesamte Sachbezug nicht steuerfrei, da die 50-EUR-Freigrenze für Sachbezüge überschritten wurde. Zudem fallen Sozialversicherungsbeiträge an.

Hinweis: Die Sachbezugsfreigrenze von 50 EUR im Monat ist ausschließlich auf solche Sachbezüge anwendbar, die nach § 8 Abs. 2 Satz 1 EStG zu bewerten sind (sog. 96-%-Regelung). Nicht unter die 50-EUR-Sachbezugsfreigrenze fallen geldwerte Vorteile, die sich aus der privaten Nutzung eines Dienstwagens ergeben und Sachbezüge, die nach der Sozialversicherungsentgeltverordnung (SvEV) mit amtlichen Sachbezugswerten anzusetzen sind (z.B. Verpflegung und Unterkunft) oder als sog. Belegschaftsrabatte unter den Rabattfreibetrag fallen.

45.4 Essenmarke

Sachverhalt: Die Mitarbeiter eines Unternehmens erhalten pro Arbeitstag eine Essenmarke im Wert von 6,20 EUR, die in einer externen Kantine eingelöst werden können. Die Arbeitnehmer zahlen pro Essenmarke jeweils den amtlichen Sachbezugswert 2024 von 4,13 EUR hinzu.

Wie hoch ist der geldwerte Vorteil für die Arbeitnehmer?

Ergebnis: Bei der gewählten Variante entsteht kein steuer- und beitragspflichtiger geldwerter Vorteil, da der Arbeitnehmer genau den Sachbezugswert für die Essenmarke bezahlt.

Wert der Essenmarke	5,90 EUR
abzgl. Zuzahlung des Arbeitnehmers	4,13 EUR
Anzusetzen ist höchstens der Sachbezugswert für die Mahlzeit	4,13 EUR
Geldwerter Vorteil	0,00 EUR

Durch die Zuzahlung der Arbeitnehmer in Höhe des amtlichen Sachbezugswerts für Verpflegung ergibt sich kein steuer- und beitragspflichtiger geldwerter Vorteil. Im Kalenderjahr 2024 muss die Zuzahlung also mindestens 4,13 EUR für eine Essenmarke betragen.

Hinweis: Durch die Regelungen zur Abgrenzung zwischen Sachlohn und Barlohn bleiben die Regelungen zur Gewährung von Papier-Essensmarken (Essensgutscheine, Restaurantchecks) und arbeitstäglichen Zuschüssen zu Mahlzeiten (sog. digitale Essensmarken) unberührt.

46 Sonstige Bezüge

Carola Hausen

46.1 Urlaubsgeld

Sachverhalt: Ein Arbeitgeber bezahlt seinen Mitarbeitern im Juli auf freiwilliger Basis ein Urlaubsgeld in Höhe eines halben Monatsgehalts. Er möchte sich die Möglichkeit offen halten, über die Zahlung in jedem Jahr neu entscheiden zu können.

Ein Mitarbeiter verdient monatlich 4.200 EUR. In seinen ELStAM ist die Steuerklasse I, 0,5 Kinderfreibetrag, ev., gespeichert. Der KV-Zusatzbeitrag beträgt 1,3 %.

Wie errechnet sich die Lohnsteuer auf den sonstigen Bezug und bis zu welchem Betrag ist die Einmalzahlung sozialversicherungspflichtig?

Ergebnis: Urlaubsgeld gehört sozialversicherungsrechtlich zu den Einmalzahlungen bzw. lohnsteuerrechtlich zu den sonstigen Bezügen. Für diese gelten besondere arbeits-, lohnsteuer- und sozialversicherungsrechtliche Regelungen.

Sonstige Bezüge müssen nach der Jahreslohnsteuertabelle versteuert werden.

Lohnsteuer		
Voraussichtlicher Jahresarbeitslohn ohne sonstigen Bezug (4.200 EUR × 12 Monate)	50.400,00 EUR	
Lohnsteuer darauf		7.409,00 EUR
Voraussichtlicher Jahresarbeitslohn mit sonstigem Bezug (50.400 EUR + 2.100 EUR)	52.500,00 EUR	
Lohnsteuer darauf		7.964,00 EUR
Lohnsteuer auf den sonstigen Bezug (7.964 EUR – 7.409 EUR)	555,00 EUR	
Solidaritätszuschlag	0,00 EUR	
Kirchensteuer darauf (555 EUR × 8 %)	44,40 EUR	

Sozialversicherung

Sozialversicherungsrechtlich ist die anteilige Beitragsbemessungsgrenze für den entsprechenden Zeitraum zu ermitteln:

Kranken- und Pflegeversicherung		
Anteilige Jahresbeitragsbemessungsgrenze Januar bis Juni 2024 (5.175 EUR × 6 Monate)		31.050,00 EUR

Beitragspflichtiges Entgelt (4.200 EUR × 6 Monate + 2.100 EUR)	*– 27.300,00 EUR*
Spielraum bis zur Beitragsbemessungsgrenze	3.750,00 EUR

Das gesamte Urlaubsgeld ist sozialversicherungspflichtig. Da die Beitragsbemessungsgrenze in der Renten- und Arbeitslosenversicherung in jedem Falle höher liegt, erübrigt sich im vorliegenden Fall die Prüfung.

Hinweis: Einmalzahlungen bleiben bei der Ermittlung der Umlage 1 (für Krankheitsaufwendungen) und der Umlage 2 (für Mutterschaftsaufwendungen) gemäß Aufwendungsausgleichsgesetz außer Ansatz.

Achtung: Sofern Urlaubsgeld ohne Vorbehalt 3-mal hintereinander gezahlt wird, entsteht eine betriebliche Übung. Die Arbeitnehmer können hieraus einen Rechtsanspruch ableiten. Dies kann verhindert werden, indem die Zahlung jeweils unter Vorbehalt gestellt wird bzw. dieser Vorbehalt bereits im Arbeitsvertrag ausdrücklich formuliert ist.

46.2 Jahresbonus

Sachverhalt: Ein Handelsunternehmen aus Rostock zahlt im Januar 2024 einen Umsatzbonus für das vergangene Jahr. Eine Mitarbeiterin (Steuerklasse I, 0,5 Kinderfreibetrag, ev., KV-Zusatzbeitrag 1,3 %) mit einem Gehalt von 4.200 EUR erhält einen Umsatzbonus von 9.000 EUR. Ihr Jahresbruttoentgelt im Vorjahr betrug 51.500 EUR.

Wie wird der Umsatzbonus lohnsteuer- und sozialversicherungsrechtlich behandelt?

Ergebnis: Der Umsatzbonus ist im Januar als sonstiger Bezug nach der Jahreslohnsteuertabelle zu versteuern. Im Steuerrecht gilt das Zuflussprinzip: Die Lohnsteuer fällt in dem Jahr an, in dem die Zahlung erfolgt.

Lohnsteuer		
Voraussichtlicher Jahresarbeitslohn ohne sonstigen Bezug (4.200 EUR × 12 Monate)	50.400,00 EUR	
Lohnsteuer darauf		7.409,00 EUR
Voraussichtlicher Jahresarbeitslohn mit sonstigem Bezug (50.400 EUR + 9.000 EUR)	59.400,00 EUR	
Lohnsteuer darauf		9.864,00 EUR
Lohnsteuer auf den sonstigen Bezug (9.864 EUR – 7.409 EUR)	2.455,00 EUR	
Solidaritätszuschlag	0,00 EUR	
Kirchensteuer darauf (2.455 EUR × 9 %)	220,95 EUR	

Sozialversicherungsrechtliche Beurteilung: In der Sozialversicherung ist die Anwendung der Märzklausel zu prüfen: Dazu ist die anteilige Jahresbeitragsbemessungsgrenze per 31.1.2024 bei krankenversicherungspflichtigen Arbeitnehmern in der Kranken- und Pflegeversicherung und bei krankenversicherungsfreien Arbeitnehmern in der Renten- und Arbeitslosenversicherung dem beitragsrechtlichen Entgelt per 31.1.2024 gegenüber zu stellen:

Kranken- und Pflegeversicherung

Anteilige Jahresbeitragsbemessungsgrenze bis 31.1.2024 (5.175 EUR × 1 Monat)	5.175,00 EUR
Beitragspflichtiges Entgelt per 31.1.2024 (4.200 EUR × 1 Monat+9.000 EUR)	13.200,00 EUR

Die Differenz von 8.025 EUR wäre im Januar 2024 kranken- und pflegeversicherungsfrei.

Als Folge wird die gesamte Einmalzahlung dem Vorjahr (= Anwendung der Märzklausel) zugeordnet.

Kranken- und Pflegeversicherung

Jahresbeitragsbemessungsgrenze 2023	59.850,00 EUR
Beitragspflichtiges Jahresarbeitsentgelt 2023	*– 51.500,00 EUR*
Noch nicht verbeitrag	8.350,00 EUR

Von der Einmalzahlung von 9.000 EUR im Januar 2024 sind 8.350 EUR kranken- und pflegeversicherungspflichtig.

Die restlichen 650 EUR (9.000 EUR – 8.350 EUR) aus der Einmalzahlung bleiben kranken- und pflegeversicherungsfrei.

Renten- und Arbeitslosenversicherung

Jahresbeitragsbemessungsgrenze 2023	85.200,00 EUR
Beitragspflichtiges Jahresarbeitsentgelt 2023	*– 51.500,00 EUR*
Noch nicht verbeitragt	33.700,00 EUR

Die gesamte Einmalzahlung von 9.000 EUR ist renten- und arbeitslosenversicherungspflichtig.

Hinweis: Bei krankenversicherungspflichtigen Arbeitnehmern ist in jedem Fall auf die Beitragsbemessungsgrenze in der Krankenversicherung abzustellen. Bei krankenversicherungsfreien (freiwillig oder privat versicherten) Arbeitnehmern ist nur die Beitragsbemessungsgrenze in der Rentenversicherung anzuwenden.

Praxistipp: Wird der Jahresbonus im Entgeltabrechnungsprogramm als Einmalzahlung gekennzeichnet, führt das Entgeltabrechnungsprogramm die Prüfung der März-klausel automatisch durch. Nur bei Wechsel des Entgeltabrechnungsprogramms müssen die Vorjahreswerte manuell vortragen werden, damit das Programm die Märzklausel anwenden kann.

47 Studentenjobs

Harald Janas, Haufe Redaktion

47.1 Unvorhersehbares Überschreiten der Arbeitsentgeltgrenze für Minijobs von 538 EUR

Seit dem 1.10.2022 knüpft die Minijob-Grenze an den gesetzlichen Mindestlohn an, sodass bei jeder Anhebung des Mindestlohns auch die Minijob-Grenze ansteigt. Durch die Mindestlohnfestsetzung auf 12,41 EUR zum 1.1.2024 erhöhte sich die monatliche Minijob-Grenze zum 1.1.2024 von 520 EUR auf 538 EUR.

Im Rahmen geringfügig entlohnter Beschäftigungen ist ein gelegentliches und nicht vorhersehbares Überschreiten der Arbeitsentgeltgrenze von 538 EUR im Monat unschädlich und führt trotz Überschreitung der jährlichen Entgeltgrenze von 6.456 EUR (bis 31.12.2023: 6.240 EUR) nicht zu einer sozialversicherungspflichtigen Beschäftigung. Ein gelegentliches Überschreiten liegt bei einem Zeitraum von bis zu 2 Monaten innerhalb eines Zeitjahres aber nur vor, wenn das Arbeitsentgelt im Monat des Überschreitens insgesamt nicht mehr als das Doppelte der monatlichen Geringfügigkeitsgrenze (1.076 EUR) beträgt. Sind die Voraussetzungen für ein zulässiges unvorhersehbares Überschreiten der Geringfügigkeitsgrenze nicht erfüllt, besteht in den Kalendermonaten des Überschreitens eine mehr als geringfügig entlohnte Beschäftigung.

47.2 Minijob

Sachverhalt: Ein eingeschriebener Student übt ab dem 1.2.2024 eine unbefristete Beschäftigung aus. Die wöchentliche Arbeitszeit beträgt 10 Stunden. Als monatliches Arbeitsentgelt sind gleichbleibend 530 EUR vereinbart. Ein Anspruch auf Sonderzahlungen besteht nicht.

Wie ist die Beschäftigung sozialversicherungsrechtlich zu beurteilen?

Ergebnis: Es handelt sich um eine geringfügig entlohnte Beschäftigung (Minijob), da das monatliche Arbeitsentgelt 538 EUR nicht überschreitet. Der Student ist in der Beschäftigung versicherungsfrei in der Kranken-, Pflege- und Arbeitslosenversicherung. In der Rentenversicherung besteht Versicherungspflicht. Allerdings kann der Student auf Antrag gegenüber dem Arbeitgeber von der Rentenversicherungspflicht befreit werden.

Es sind Pauschalbeiträge durch den Arbeitgeber i. H. v. 13% des Arbeitsentgelts zur Krankenversicherung zu entrichten, wenn der Student gesetzlich krankenversichert ist. Weitere 15% vom Arbeitsentgelt sind als Rentenversicherungsbeiträge vom Arbeitgeber zu entrichten. Bei verbleibender Rentenversicherungspflicht trägt der Student derzeit zusätzlich 3,6% des Arbeitsentgelts als seinen Anteil am Rentenversicherungsbeitrag.

Personengruppe: 109

Mögliche Beitragsgruppenschlüssel:

6100 bei gesetzlicher Krankenversicherung und Rentenversicherungspflicht
6500 bei gesetzlicher Krankenversicherung und Befreiung von der Rentenversicherungspflicht
0100 bei privater Krankenversicherung und Rentenversicherungspflicht
0500 bei privater Krankenversicherung und Befreiung von der Rentenversicherungspflicht

Zuständige Einzugsstelle: Minijob-Zentrale.

Hinweis: Die Versteuerung des Arbeitsentgelts kann über die einheitliche Pauschsteuer von 2% erfolgen. Bei Studenten ist im Regelfall eine individuelle Besteuerung nach ELStAM sinnvoll, da meist keine weitere Beschäftigung ausgeübt wird und damit bei unverheirateten Studenten die Steuerklasse I maßgebend ist. Bei dem geringfügigen Arbeitsentgelt fällt bei Lohnsteuerklasse I noch keine Lohnsteuer an und der Student bekommt das Arbeitsentgelt ohne Steuerabzug ausbezahlt.

47.3 Kurzfristige Beschäftigung

Sachverhalt: Ein eingeschriebener Student übt eine vom 1.2. bis zum 31.3. (= 2 Monate) befristete Beschäftigung aus. Die wöchentliche Arbeitszeit beträgt 40 Stunden (montags – freitags). Als monatliches Arbeitsentgelt sind 2.200 EUR vereinbart. Zuvor hat der Student noch keine Beschäftigung während des Studiums ausgeübt.

Wie ist die Beschäftigung sozialversicherungsrechtlich zu beurteilen?

Ergebnis: Es handelt sich um eine kurzfristige Beschäftigung, da das Beschäftigungsverhältnis auf nicht mehr als 3 Monate befristet ist. Die Höhe des Arbeitsentgelts ist unbedeutend. Der Student ist in der Beschäftigung versicherungsfrei in der Kranken-, Pflege-, Renten- und Arbeitslosenversicherung. Die Versicherungsfreiheit im Rahmen einer kurzfristigen Beschäftigung ist immer **vor** der Versicherungsfreiheit im Rahmen des Werkstudentenprivilegs zu prüfen.

Beiträge sind nicht zu entrichten, aber Umlagen (U1, U2 und Insolvenzgeld).

Personengruppenschlüssel:	110
Beitragsgruppenschlüssel:	0000
Zuständige Einzugsstelle:	Minijob-Zentrale

47.4 Beschäftigung mit wöchentlicher Arbeitszeit von nicht mehr als 20 Stunden

Sachverhalt: Ein eingeschriebener Student übt vom 1.3. an eine unbefristete Beschäftigung gegen ein monatliches Arbeitsentgelt von 900 EUR aus. Die wöchentliche Arbeitszeit beträgt 17 Stunden.

Wie ist die Beschäftigung sozialversicherungsrechtlich zu beurteilen?

Ergebnis: Da die wöchentliche Arbeitszeit 20 Stunden nicht überschreitet, besteht in der Beschäftigung im Rahmen des Werkstudentenprivilegs Versicherungsfreiheit in der Kranken-, Pflege- und Arbeitslosenversicherung. Zur Rentenversicherung besteht jedoch Versicherungspflicht.

Es sind individuelle Beiträge zur Rentenversicherung nach den Regelungen des Übergangsbereichs zu zahlen. Pauschale Beiträge zur Krankenversicherung sind nicht zu zahlen, da die Merkmale einer geringfügig entlohnten Beschäftigung nicht vorliegen.

Personengruppenschlüssel:	106
Beitragsgruppenschlüssel:	0100
Zuständige Einzugsstelle:	zuständige Krankenkasse

Praxistipp: Bei der Beschäftigung von Studenten ist es aus Sicht des Arbeitgebers finanziell sinnvoller, die Grenzen der geringfügigen Beschäftigung zu überschreiten. Die Pauschalbeiträge zur Kranken- und Rentenversicherung bei der geringfügigen Beschäftigung betragen 28% (15% Rentenversicherung, 13% Krankenversicherung). Studenten, deren regelmäßiges Arbeitsentgelt die Geringfügigkeitsgrenze übersteigt, deren wöchentliche Arbeitszeit aber 20 Stunden nicht überschreitet, sind nur rentenversicherungspflichtig. Daraus ergeben sich derzeit lediglich 9,3% zusätzliche Aufwendungen für den Arbeitgeber für den Rentenversicherungsbeitrag.

Für die Beiträge zur Rentenversicherung werden dabei bis zu einem regelmäßigen monatlichen Arbeitsentgelt i. H. v. 2.000 EUR die Regelungen des Übergangsbereichs angewendet. Dadurch ist der Beitrag des Studenten niedriger als 9,3 % seines tatsächlichen Arbeitsentgelts.

Ist der Student im Rahmen der für ihn kostenlosen Familienversicherung gesetzlich krankenversichert, darf sein monatliches Gesamteinkommen $^1/_7$ der monatlichen Bezugsgröße (2024: 505 EUR; 2023: 485 EUR) nicht überschreiten. Bei Ausübung eines Minijobs beträgt die Einkommensgrenze 538 EUR (bis 31.12.2023: 520 EUR). Da bei der Ermittlung des Gesamteinkommens die Werbungskosten bzw. die entsprechenden steuerlichen Pauschbeträge (derzeit 1.230 EUR/jährlich bzw. 102,50 EUR/monatlich) abzuziehen sind, ist eine Familienversicherung bei einer mehr als geringfügig entlohnten Beschäftigung bis zu einem monatlichen Arbeitsentgelt i. H. v. 640,50 EUR (2023: 622,50 EUR) möglich. Dabei dürfen allerdings keine weiteren anrechenbaren Einkünfte vorhanden sein.

47.5 Überschreitung der 20-Wochenstunden-Grenze, Arbeit in den Abend- und Nachtstunden und am Wochenende, befristete Beschäftigung

Sachverhalt: Ein eingeschriebener Student übt ab 1.2. eine bis zum 30.6. (= 5 Monate) befristete Beschäftigung an 24 Stunden wöchentlich aus. Davon arbeitet er von montags bis donnerstags jeweils am Vormittag 4 Stunden. Die verbleibenden 8 Stunden arbeitet er am Wochenende. Das monatliche Arbeitsentgelt beträgt 1.700 EUR. Der Student übt erstmalig einen Studentenjob aus.

Wie ist die Beschäftigung sozialversicherungsrechtlich zu beurteilen?

Ergebnis: Die Überschreitung der 20-Wochenstunden-Grenze ist nur auf die Beschäftigungszeiten am Wochenende zurückzuführen. Bei Beschäftigungen am Wochenende sowie in den Abend- und Nachtstunden kann Versicherungsfreiheit aufgrund des Werkstudentenprivilegs auch bei einer Wochenarbeitszeit von mehr als 20 Stunden in Betracht kommen. Voraussetzung dafür ist, dass Zeit und Arbeitskraft des Studenten überwiegend durch das Studium in Anspruch genommen werden. Vom Erscheinungsbild eines Studenten ist jedoch nicht mehr auszugehen, wenn

- eine derartige Beschäftigung mit einer Wochenarbeitszeit von mehr als 20 Stunden ohne zeitliche Befristung ausgeübt wird oder
- auf einen Zeitraum von mehr als 26 Wochen befristet ist.

In der vorliegenden Beschäftigung besteht im Rahmen des Werkstudentenprivilegs Versicherungsfreiheit in der Kranken-, Pflege- und Arbeitslosenversicherung, da

- die wöchentliche Arbeitszeit während der Vorlesungszeit die 20-Wochenstunden-Grenze nicht überschreitet,
- die Überschreitung der 20-Wochenstunden-Grenze nur auf die Arbeit am Wochenende zurückzuführen ist und
- die Dauer der Überschreitung 26 Wochen nicht überschreitet – auch nicht zusammen mit Vorbeschäftigungszeiten innerhalb des letzten Zeitjahres.

Zur Rentenversicherung besteht jedoch Versicherungspflicht.

Personengruppenschlüssel:	106
Beitragsgruppenschlüssel:	0100
Zuständige Einzugsstelle:	zuständige Krankenkasse

47.6 Überschreitung der 20-Wochenstunden-Grenze, Arbeit in den Abend- und Nachtstunden und am Wochenende, unbefristete Beschäftigung

Sachverhalt: Ein eingeschriebener Student übt ab 1.4. eine unbefristete Beschäftigung an 24 Stunden wöchentlich aus. Davon arbeitet er von montags bis donnerstags jeweils am Vormittag 4 Stunden. Die verbleibenden 8 Stunden arbeitet er am Wochenende. Das monatliche Arbeitsentgelt beträgt 1.800 EUR.

Wie ist die Beschäftigung sozialversicherungsrechtlich zu beurteilen?

Ergebnis: Die Überschreitung der 20-Wochenstunden-Grenze ist zwar auf die Beschäftigungszeiten am Wochenende zurückzuführen. Da die Beschäftigung aber unbefristet ausgeübt wird, besteht ab 1.4. Versicherungspflicht in der Kranken-, Pflege-, Renten- und Arbeitslosenversicherung.

Personengruppenschlüssel:	101
Beitragsgruppenschlüssel:	1111
Zuständige Einzugsstelle:	zuständige Krankenkasse

47.7 Befristete Überschreitung der 20-Wochenstunden-Grenze, Arbeit in den Abend- und Nachtstunden

Sachverhalt: Ein Student übt seit 1.4. eine unbefristete Beschäftigung an 20 Stunden wöchentlich aus. Er arbeitet von Montag bis Freitag tagsüber jeweils 4 Stunden täglich. Im Rahmen des Werkstudentenprivilegs besteht Versicherungsfreiheit in der Kranken-, Pflege- und Arbeitslosenversicherung. Er vereinbart mit seinem Arbeitgeber, vom 10.6. bis voraussichtlich 31.7. desselben Jahres an den Wochenenden jeweils zusätzlich 10 Stunden zu arbeiten. Vorher war der Student noch nie mehr als 20 Stunden in der Woche beschäftigt gewesen.

Wie ist die Beschäftigung ab 10.6. sozialversicherungsrechtlich zu beurteilen?

Ergebnis: Die Überschreitung der 20-Stunden-Grenze ist auf im Voraus zeitlich befristete Beschäftigungen an den Wochenenden zurückzuführen. Die Beschäftigungszeiten mit über 20 Wochenstunden während der maßgebenden Jahresfrist vom 31.7. des laufenden Jahres bis 1.8. des Vorjahres betragen insgesamt 52 Kalendertage (10.6. bis 31.7.) und damit nicht mehr als 26 Wochen (182 Kalendertage). Die Beschäftigung ist folglich im Rahmen des Werkstudentenprivilegs über den 10.6. hinaus weiterhin versicherungsfrei in der Kranken-, Pflege- und Arbeitslosenversicherung. Zur Rentenversicherung besteht Versicherungspflicht.

Personengruppenschlüssel:	106
Beitragsgruppenschlüssel:	0100
Zuständige Einzugsstelle:	zuständige Krankenkasse

47.8 Überschreitung der 20-Wochenstunden-Grenze in den Semesterferien

Sachverhalt: Ein eingeschriebener Student übt vom 1.1. an eine unbefristete Beschäftigung gegen ein monatliches Arbeitsentgelt i. H. v. 1.400 EUR aus. Die wöchentliche Arbeitszeit beträgt 20 Stunden. Während der Semesterferien beträgt die wöchentliche Arbeitszeit 40 Stunden, das Arbeitsentgelt 2.800 EUR. Semesterferien sind in der Zeit vom 11.2. bis 17.4. und vom 29.7. bis 8.10.

Wie ist die Beschäftigung sozialversicherungsrechtlich zu beurteilen?

Ergebnis: Wird eine Beschäftigung mit einer wöchentlichen Arbeitszeit von nicht mehr als 20 Stunden lediglich in der vorlesungsfreien Zeit (Semesterferien) auf mehr als 20 Stunden ausgeweitet, so bleibt auch für diese Zeit das studentische Erscheinungsbild erhalten. Es ist grundsätzlich Versicherungsfreiheit aufgrund des Werkstudentenprivilegs anzunehmen. Allerdings dürfen derartige Beschäftigungen mit mehr als 20 Wochenstunden im Laufe eines Jahres insgesamt nicht mehr als 26 Wochen ausmachen. Es besteht Versicherungsfreiheit in der Kranken-, Pflege- und Arbeitslosenversicherung. Zur Rentenversicherung besteht Versicherungspflicht.

Personengruppenschlüssel:	101
Beitragsgruppenschlüssel:	0100
Zuständige Einzugsstelle:	zuständige Krankenkasse

47.9 Befristete Beschäftigungen ausschließlich in den Semesterferien

Sachverhalt: Ein eingeschriebener Student übt während der Semesterferien vom 13.2. bis 13.4. und vom 5.8. bis 8.10. jeweils eine im Voraus auf diese Zeiträume befristete Beschäftigung gegen ein monatliches Arbeitsentgelt i. H. v. 2.200 EUR aus. Die wöchentliche Arbeitszeit beträgt 40 Stunden (montags – freitags jeweils 8 Stunden).

Wie ist die Beschäftigung sozialversicherungsrechtlich zu beurteilen?

Ergebnis

Beschäftigung vom 13.2. bis 13.4. – Es handelt sich um eine kurzfristige Beschäftigung, da die Beschäftigung auf nicht mehr als 3 Monate oder 70 Arbeitstage befristet ist. Die Höhe des Arbeitsentgelts ist unbedeutend. Der Student ist in der Beschäftigung versicherungsfrei in der Kranken-, Pflege-, Renten- und Arbeitslosenversicherung. Beiträge sind nicht zu entrichten, aber Umlagen (U1, U2 und Insolvenzgeld).

Personengruppenschlüssel:	110
Beitragsgruppenschlüssel:	0000
Zuständige Einzugsstelle:	Minijob-Zentrale

Beschäftigung vom 5.8. bis 8.10. –Die Beschäftigung ist auf nicht mehr als 3 Monate (= 90 Kalendertage) oder 70 Arbeitstage befristet. Für die Prüfung, ob es sich um eine kurzfristige Beschäftigung handelt, sind Vorbeschäftigungen innerhalb des Kalenderjahres anzurechnen (voller Monat ist mit 30 Kalendertagen anzusetzen):

Zusammenrechnung der Beschäftigungen vom 1.1. bis 31.12.:

13.2. bis 13.4. (kein Schaltjahr)	=	59 Kalendertage/44 Arbeitstage
5.8. bis 8.10.	=	*65 Kalendertage/45 Arbeitstage*
Insgesamt	=	124 Kalendertage/89 Arbeitstage

Da die Grenze von 90 Kalendertagen oder 70 Arbeitstagen überschritten wird, handelt es sich **nicht** um eine kurzfristige Beschäftigung.

Bei Beschäftigungen, die ausschließlich während der vorlesungsfreien Zeit (Semesterferien) ausgeübt werden, ist davon auszugehen, dass Zeit und Arbeitskraft in der

Gesamtbetrachtung überwiegend durch das Studium in Anspruch genommen werden. Unabhängig von der wöchentlichen Arbeitszeit und der Höhe des Arbeitsentgelts besteht unter der Voraussetzung, dass die Beschäftigung ausschließlich auf die vorlesungsfreie Zeit (Semesterferien) begrenzt ist, daher Versicherungsfreiheit aufgrund des Werkstudentenprivilegs.

Grundsätzlich ist – auch bei Studentenjobs in den Semesterferien – zu prüfen, ob die Beschäftigungszeiten mit einer wöchentlichen Arbeitszeit über 20 Stunden innerhalb eines Jahres (ausgehend vom Ende der zu beurteilenden Beschäftigung) die Grenze von 26 Wochen (182 Kalendertage) überschreiten. Da die vorlesungsfreien Zeiten aufgrund ihrer Dauer aber insgesamt diese Grenze – auch unter Berücksichtigung der Studentenjobs in anderen Semesterferien – nie überschreiten, ist diese zusätzliche Prüfung bei Beschäftigungen ausschließlich in den Semesterferien entbehrlich.

In der Beschäftigung besteht daher Versicherungsfreiheit in der Kranken-, Pflege- und Arbeitslosenversicherung. Zur Rentenversicherung besteht Versicherungspflicht, da das Werkstudentenprivileg hier nicht angewendet wird.

Personengruppenschlüssel: 106
Beitragsgruppenschlüssel: 0100
Zuständige Einzugsstelle: zuständige Krankenkasse

47.10 Befristete Beschäftigung mit Werkstudentenprivileg und Vorbeschäftigungen

Sachverhalt: Ein eingeschriebener Student übt folgende jeweils im Voraus befristete Beschäftigungen aus:

Zeitraum	Wöchentliche Arbeitszeit	Anmerkungen
13.2. bis 13.4.	40 Stunden (montags – freitags je 8 Stunden)	Semesterferien
8.5. bis 16.7.	25 Stunden (mittwochs – sonntags je 5 Stunden)	Vorlesungszeit
5.8. bis 8.10.	40 Stunden (montags – freitags je 8 Stunden)	Semesterferien

In allen Beschäftigungen liegt das monatliche Arbeitsentgelt über der Geringfügigkeitsgrenze.

Wie sind die Beschäftigungen sozialversicherungsrechtlich zu beurteilen?

Ergebnis

Beschäftigung vom 13.2. bis 13.4. – Es handelt sich um eine kurzfristige Beschäftigung, da die Beschäftigung auf nicht mehr als 3 Monate oder 70 Arbeitstage befristet ist. Die Höhe des Arbeitsentgelts ist unbedeutend. Der Student ist in der Beschäftigung versicherungsfrei in der Kranken-, Pflege-, Renten- und Arbeitslosenversicherung.

Beiträge sind nicht zu entrichten, aber Umlagen (U1, U2 und Insolvenzgeld).

Personengruppenschlüssel:	110
Beitragsgruppenschlüssel:	0000
Zuständige Einzugsstelle:	Minijob-Zentrale

Beschäftigung vom 8.5. bis 16.7. – Die Beschäftigung ist auf nicht mehr als 3 Monate (= 0 Kalendertage) oder 70 Arbeitstage befristet. Für die Prüfung, ob es sich um eine kurzfristige Beschäftigung handelt, sind Vorbeschäftigungen innerhalb des Kalenderjahres anzurechnen (voller Monat ist mit 30 Kalendertagen anzusetzen):

Zusammenrechnung der Beschäftigungen vom 1.1. bis 31.12.:

13.2. bis 13.4. (kein Schaltjahr)	=	59 Kalendertage/44 Arbeitstage
8.5. bis 16.7.	=	*70 Kalendertage/49 Arbeitstage*
Insgesamt	=	129 Kalendertage/93 Arbeitstage

Da die Grenze von 90 Kalendertagen oder 70 Arbeitstagen überschritten wird, handelt es sich **nicht** um eine kurzfristige Beschäftigung.

Bei Beschäftigungen, in denen die 20-Wochenstunden-Grenze nur durch die Beschäftigungszeit am Wochenende überschritten wird, ist vom Werkstudentenprivileg auszugehen. Etwas anderes gilt, wenn sich derartige Beschäftigungen mit mehr als 20 Wochenstunden im Laufe eines Zeitjahres (ausgehend vom Ende der zu beurteilenden Beschäftigung) wiederholen und insgesamt mehr als 26 Wochen ausmachen. Die dafür maßgebende Jahresfrist verläuft hier vom 17.7. des Vorjahres bis 16.7. des laufenden Jahres. Die Beschäftigungszeiten über 20 Wochenstunden überschreiten die Grenze von 26 Wochen (182 Kalendertagen) nicht. Daher besteht Versicherungsfreiheit in der Kranken-, Pflege- und Arbeitslosenversicherung aufgrund des Werkstudentenprivilegs. In der Rentenversicherung kann dies nicht angewendet werden. Deshalb besteht hier Versicherungspflicht.

Personengruppenschlüssel:	106
Beitragsgruppenschlüssel:	0100
Zuständige Einzugsstelle:	zuständige Krankenkasse

Beschäftigung vom 5.8. bis 8.10. – Die Beschäftigung ist zwar auf nicht mehr als 3 Monate oder 70 Arbeitstage befristet, aufgrund der anrechenbaren Vorbeschäftigungen wird jedoch die Grenze für die Versicherungsfreiheit im Rahmen einer kurzfristigen Beschäftigung von 90 Kalendertagen oder 70 Arbeitstagen innerhalb des Kalenderjahres überschritten.

Bei Beschäftigungen, die ausschließlich während der vorlesungsfreien Zeit (Semesterferien) ausgeübt werden, ist davon auszugehen, dass Zeit und Arbeitskraft in der Gesamtbetrachtung überwiegend durch das Studium in Anspruch genommen werden. Etwas anderes gilt allerdings auch bei Beschäftigungen in den Semesterferien, wenn innerhalb eines Jahres (ausgehend vom Ende der zu beurteilenden Beschäftigung) die Beschäftigungszeiten über 20 Wochenstunden die Grenze von 26 Wochen (182 Kalendertagen) überschreiten.

Zusammenrechnung der Beschäftigungen vom 9.10. des Vorjahres bis 8.10. des laufenden Jahres:

13.2. bis 13.4. (Schaltjahr)	=	60 Kalendertage
8.5. bis 16.7.	=	70 Kalendertage
5.8. bis 8.10.	=	*65 Kalendertage*
Insgesamt	=	195 Kalendertage

Da die Grenze von 26 Wochen (182 Kalendertagen) überschritten wird, wird das Werkstudentenprivileg bei dieser Beschäftigung nicht angewendet. Vom Beginn der Beschäftigung besteht Versicherungspflicht in der Kranken-, Pflege-, Renten- und Arbeitslosenversicherung.

Personengruppenschlüssel:	101
Beitragsgruppenschlüssel:	1111
Zuständige Einzugsstelle:	zuständige Krankenkasse

47.11 Befristete Beschäftigungen ohne Werkstudentenprivileg mit Vorbeschäftigungen

Sachverhalt: Ein eingeschriebener Student übt folgende jeweils im Voraus befristete Beschäftigungen aus:

Zeitraum	Wöchentliche Arbeitszeit	Anmerkungen
13.2. bis 13.4.	40 Stunden (montags – freitags je 8 Stunden)	Semesterferien
8.5. bis 30.6.	40 Stunden (montags – freitags je 8 Stunden)	Vorlesungszeit
5.8. bis 8.10.	40 Stunden (montags – freitags je 8 Stunden)	Semesterferien

In allen Beschäftigungen liegt das monatliche Arbeitsentgelt über der Geringfügigkeitsgrenze.

Wie sind die Beschäftigungen sozialversicherungsrechtlich zu beurteilen?

Ergebnis
Beschäftigung vom 13.2. bis 13.4. – Es handelt sich um eine kurzfristige Beschäftigung, da die Beschäftigung auf nicht mehr als 3 Monate oder 70 Arbeitstage befristet ist. Die Höhe des Arbeitsentgelts ist unbedeutend. Der Student ist in der Beschäftigung versicherungsfrei in der Kranken-, Pflege-, Renten- und Arbeitslosenversicherung.

Beiträge sind nicht zu entrichten, aber Umlagen (U1, U2 und Insolvenzgeld).

Personengruppenschlüssel:	110
Beitragsgruppenschlüssel:	0000
Zuständige Einzugsstelle:	Minijob-Zentrale

Beschäftigung vom 8.5. bis 30.6. – Die Beschäftigung ist auf nicht mehr als 3 Monate (= 90 Kalendertage) oder 70 Arbeitstage befristet. Für die Prüfung, ob es sich um eine kurzfristige Beschäftigung handelt, sind Vorbeschäftigungen innerhalb des Kalenderjahres anzurechnen (voller Monat ist mit 30 Kalendertagen anzusetzen):

Zusammenrechnung der Beschäftigungen vom 1.1. bis 31.12.:

13.2. bis 13.4. (kein Schaltjahr)	=	60 Kalendertage/44 Arbeitstage
8.5. bis 30.6.	=	*54 Kalendertage/39 Arbeitstage*
Insgesamt	=	114 Kalendertage/83 Arbeitstage

Da die Grenze von 90 Kalendertagen oder 70 Arbeitstagen überschritten wird, handelt es sich nicht um eine kurzfristige Beschäftigung.

Bei der Prüfung der Versicherungsfreiheit auf der Grundlage des Werkstudentenprivilegs muss bei Beschäftigungen, in denen die 20-Wochenstunden-Grenze überschritten wird, zunächst eine der beiden folgenden Grundvoraussetzungen für die Anwendung des Werkstudentenprivilegs erfüllt sein:

- Die Beschäftigung ist ausschließlich auf die vorlesungsfreie Zeit (Semesterferien) begrenzt.
- Die 20-Wochenstunden-Grenze der befristeten Beschäftigung wird nur durch Beschäftigungszeiten am Wochenende oder in den Abend- und Nachtstunden überschritten.

Da die Beschäftigung vom 8.5. bis 30.6. keine dieser Voraussetzungen erfüllt, besteht Versicherungspflicht in der Kranken-, Pflege-, Renten- und Arbeitslosenversicherung.

Wichtig: Hier ist es unerheblich, dass die Beschäftigungsdauer aller Beschäftigungen die Grenze von 26 Wochen innerhalb eines Jahres nicht überschreitet.

Personengruppenschlüssel:	101
Beitragsgruppenschlüssel:	1111
Zuständige Einzugsstelle:	zuständige Krankenkasse

Beschäftigung vom 5.8. bis 8.10. – Die Beschäftigung ist zwar auf nicht mehr als 3 Monate oder 70 Arbeitstage befristet. Aufgrund der anrechenbaren Vorbeschäftigungen wird jedoch die Grenze für die Versicherungsfreiheit im Rahmen einer kurzfristigen Beschäftigung von 90 Kalendertagen oder 70 Arbeitstagen innerhalb des Kalenderjahres überschritten.

Bei Beschäftigungen, die ausschließlich während der vorlesungsfreien Zeit (Semesterferien) ausgeübt werden, ist davon auszugehen, dass Zeit und Arbeitskraft in der Gesamtbetrachtung überwiegend durch das Studium in Anspruch genommen werden. Etwas anderes gilt dann, wenn innerhalb eines Zeitjahres (ausgehend vom Ende der zu beurteilenden Beschäftigung) die Beschäftigungszeiten über 20 Wochenstunden die Grenze von 26 Wochen (182 Kalendertagen) überschreiten.

Zusammenrechnung der Beschäftigungen vom 9.10. des Vorjahres bis 8.10. des laufenden Jahres (anders als bei der Prüfung der Kurzfristigkeit werden hier auch volle Monate mit den tatsächlichen Tagen gezählt):

13.2. bis 13.4. lfd. Jahr (kein Schaltjahr)	=	60 Kalendertage
8.5. bis 30.6. lfd. Jahr	=	54 Kalendertage
5.8. bis 8.10. lfd. Jahr	=	*65 Kalendertage*
Insgesamt	=	179 Kalendertage

Da die Grenze von 26 Wochen (182 Kalendertagen) nicht überschritten wird, besteht Versicherungsfreiheit in der Kranken-, Pflege- und Arbeitslosenversicherung. In der Rentenversicherung besteht Versicherungspflicht.

Personengruppenschlüssel:	106
Beitragsgruppenschlüssel:	0100
Zuständige Einzugsstelle:	zuständige Krankenkasse

48 Teilzeitbeschäftigung

Carola Hausen

48.1 Übergangsbereich

Sachverhalt: Eine Mitarbeiterin arbeitet im Juli an 15 Stunden in der Woche und erhält dafür 1.000 EUR brutto pro Monat. Sie hat Steuerklasse V, keine Kinder, keine Kirchensteuer und ist in einer gesetzlichen Krankenkasse (individueller Zusatzbeitrag 1,7%) versichert. Ein weiteres sozialversicherungspflichtiges Beschäftigungsverhältnis liegt nicht vor.

Wie werden für Arbeitgeber und Arbeitnehmer die Beiträge zur Sozialversicherung ermittelt?

Ergebnis: Das Arbeitsentgelt wird sozialversicherungsrechtlich nach den Regeln des Übergangsbereichs behandelt. Dabei wird für die Berechnung des Arbeitnehmeranteils zur Sozialversicherung ein ermäßigtes Arbeitsentgelt zugrunde gelegt. Der Arbeitgeberanteil wird auf das normale Entgelt ermittelt. Steuerrechtlich ergeben sich keine Besonderheiten.

Der Faktor für den Übergangsbereich ab 1.1.2024 lautet: 0,6846.

Die Übergangsbereichsformel für Bruttoentgelte zwischen 538,01 und 2.000 EUR lautet:

F x 538+[{2.000 : (2.000 – 538)} – {538 : (2.000 – 538)} x F] x (Arbeitsentgelt – 538).

0,6846 x 538+[{2.000 : (2.000 – 538)} – {538 : (2.000 – 538)} x 0,6846] x (1.000 – 538) =883,95 EUR.

Für den Arbeitnehmeranteil gibt es eine gesonderte Ermäßigungsformel:

2.000 : (2.000 – 538) x (Arbeitsentgelt – 538)=2.000 : 1.462 x 462=632,01 EUR

Beiträge zur Sozialversicherung

	Gesamtbeitrag	*Arbeitnehmeranteil*	*Arbeitgeberanteil*
Kranken-versicherung	144,08 EUR (883,95 EUR x 16,3%)	51,51 EUR (632,01 x 8,15%)	92,57 EUR (144,08 – 51,51)
Renten-versicherung	164,41 EUR (883,95 EUR x 18,6%)	58,78 EUR (632,01 x 9,3%)	105,63 EUR (164,41 – 58,78)
Arbeitslosen-versicherung	22,98 EUR (883,95 EUR x 2,6%)	8,22 EUR (632,01 x 1,3%)	14,76 EUR (22,98 – 8,22)
Pflege-versicherung (inkl. Zuschlag für Kinderlose)	35,36 EUR (883,95 EUR x 4%)	16,04 EUR (632,01 x 1,7%+883,95 x 0,6%)	19,27 EUR (35,67 – 16,09)

Abrechnung

Bruttolohn		1.000,00 EUR
Lohnsteuer (Stkl. V)	95,33 EUR	
Solidaritätszuschlag	0,00 EUR	
Kirchensteuer	*0,00 EUR*	– 95,33 EUR
Krankenversicherung	51,51 EUR	
Rentenversicherung	58,78 EUR	
Arbeitslosenversicherung	8,22 EUR	
Pflegeversicherung	*16,04 EUR*	*– 134,55 EUR*
Nettolohn		770,12 EUR

Die Arbeitnehmerin ist bei einem Verdienst von über 538 EUR monatlich versicherungspflichtig in allen Zweigen der Sozialversicherung. Der Beitragsgruppenschlüssel lautet 1 1 1 1 (wie bei anderen versicherungspflichtigen Arbeitnehmern). In der Meldung zur Sozialversicherung ist neben dem reduzierten Entgelt auch das volle Bruttoentgelt i. H. v. 1.000 EUR zu melden.

Tipp: In der Pflegeversicherung ist ein Zuschlag von 0,6% für die kinderlose Arbeitnehmerin anzusetzen. In Steuerklasse V werden keine Kinderfreibeträge ausgewiesen: Falls die Arbeitnehmerin mindestens ein Kind hat, muss sich der Arbeitgeber ein geeignetes Dokument (Geburtsurkunde) vorlegen lassen, das die Elterneigenschaft der Arbeitnehmerin nachweist, und im Lohnkonto als Kopie aufbewahren.

48.2 Urlaubs- und Gehaltsanspruch

Sachverhalt: In einem Unternehmen ist als regelmäßige Arbeitszeit die 39-Stunden-Woche festgelegt. Ein neuer Mitarbeiter soll als Teilzeitkraft eingestellt werden. Er soll 21 Stunden wöchentlich arbeiten: montags, mittwochs und freitags jeweils 7 Stunden.

Das Gehalt für eine Vollzeitstelle beträgt monatlich 2.200 EUR, der jährliche Urlaub 24 Arbeitstage, im Juni werden 50 % Urlaubsgeld gezahlt.

Wie hoch ist das Gehalt des Teilzeitmitarbeiters und wie viele Urlaubstage stehen ihm zu?

Ergebnis
Berechnung Gehalt: Das Gehalt wird anteilig entsprechend der im Arbeitsvertrag vereinbarten Stunden berechnet:

2.200 EUR : 39 Stunden x 21 Stunden = 1.184,62 EUR

Das Gehalt des Mitarbeiters beträgt bei einer wöchentlichen Arbeitszeit von 21 Stunden 1.184,62 EUR pro Monat.

Berechnung Urlaubstage: Der Urlaubsanspruch wird entsprechend der vereinbarten Arbeitszeit ermittelt:

24 Arbeitstage : 5 Tage x 3 Tage = 14,4 Tage; der Urlaubsanspruch darf nicht abgerundet werden. Bruchteile von Urlaubstagen, die mindestens einen halben Tag ergeben, sind auf volle Urlaubstage aufzurunden.

Der Mitarbeiter hat Anspruch auf 14,5 Tage Urlaub (auf halbe Tage aufgerundet) bzw. 15 Tage Urlaub (auf volle Tage aufgerundet).

Hinweis: Sind die 21 Stunden Arbeitszeit auf die ganze Woche (5 Arbeitstage pro Woche) verteilt, stehen dem Arbeitnehmer auch volle 24 Tage Urlaub zu.

48.3 Überstunden

Sachverhalt: In einem Unternehmen ist als regelmäßige Arbeitszeit die 39-Stunden-Woche festgelegt. Ein neuer Mitarbeiter soll als Teilzeitkraft eingestellt werden. Er soll 21 Stunden wöchentlich arbeiten: montags, mittwochs und freitags jeweils 7 Stunden. Das Gehalt für eine Vollzeitstelle beträgt monatlich 2.200 EUR, der Urlaub 24 Arbeitstage jährlich, im Juni werden 50 % Urlaubsgeld gezahlt.

Nach einiger Zeit stellt sich heraus, dass der Arbeitnehmer gelegentlich mehr als 21 Wochenstunden arbeiten muss. Der Arbeitnehmer ist nach gemeinsamer Absprache bereit, entsprechend mehr zu arbeiten.

Wie müssen die Überstunden bezahlt werden, müssen ihm dafür Überstundenzuschläge gezahlt werden und wie wirkt sich das auf seinen Urlaub aus?

Ergebnis: Das Gehalt wird anteilig entsprechend der im Arbeitsvertrag vereinbarten Stunden berechnet:

2.200 EUR : 39 Stunden = 56,41025 × 21 Stunden = 1.184,62 EUR.

Überstunden sind regelmäßig vergütungspflichtig, sofern sie angeordnet wurden. Sie entstehen erst, wenn über die regelmäßige betriebliche Arbeitszeit hinaus gearbeitet wird. In diesem Unternehmen ist also erst die 40. Wochenstunde als Überstunde zu betrachten. Nach Auffassung des BAG kann es eine Benachteiligung von Teilzeitbeschäftigten darstellen, wenn die Zahl der Arbeitsstunden, von der an ein Anspruch auf Mehrarbeitsvergütung entsteht, nicht proportional zu ihrer vereinbarten Arbeitszeit vermindert wird. Der Arbeitnehmer überschreitet zwar seine individuelle Arbeitszeit, leistet aber noch keine Überstunden. Demzufolge hat er zwar keinen gesetzlichen Anspruch auf Bezahlung von Überstundenzuschlägen, der Anspruch kann sich aber aus einer tarifvertraglichen Regelung oder Betriebsüblichkeit ergeben. Der Arbeitnehmer hat in jedem Fall Anspruch auf Bezahlung der über die individuelle Arbeitszeit hinausgehenden Stunden. Es können sich daher 2 verschiedene Lösungen ergeben: mit oder ohne Überstundenzuschlag.

Der Stundensatz wird wie folgt berechnet:

2.200 EUR : (39 × 4,35) = 12,97 EUR

Bzw. 1.184,62 EUR : (21 × 4,35) = 12,97 EUR.[59,60]

Hat der Arbeitnehmer im Juni 5 Überstunden geleistet, berechnet sich sein Bruttogehalt wie folgt:

Gehalt	1.184,62 EUR
Zzgl. 5 Überstunden (5 × 13,03 EUR)	+ 65,15 EUR
Zzgl. Urlaubsgeld (50 % v. 1.184,62 EUR)	*+ 592,31 EUR*
Gesamtbrutto (steuer- und sozialversicherungspflichtig)	1.842,08 EUR

Wenn es eine betriebliche Regelung gibt, die z. B. 25 % Überstundenzuschlag vorsieht, ergibt sich folgendes Ergebnis:

Gehalt	1.184,62 EUR
Zzgl. 5 Überstunden (5 x 13,03 EUR)	+ 65,15 EUR
Zzgl. 25 % Überstundenzuschlag von 65,15 EUR	+ 16,29 EUR
Zzgl. Urlaubsgeld (50 % v. 1.184,62 EUR)	*+ 592,31 EUR*
Gesamtbrutto (steuer- und sozialversicherungspflichtig)	1.858,37 EUR

59 Der Faktor 4,35 ist in R 3b Abs. 2 Nr. 3 LStR vorgegeben, es kann allerdings auch mit dem Faktor 4,33 (bzw. 13/3) gerechnet werden: 1.184,62 EUR : (21 x 4,33) = 13,03 EUR. Beide Berechnungen sind möglich und richtig.

60 Der Mindestlohnrechner beim BMAS verwendet die 4,33-Formel

Auf seinen Urlaubsanspruch und das Urlaubsgeld haben diese Überstunden zunächst keinen Einfluss.

Hinweis: Fallen die Überstunden mit einer gewissen Regelmäßigkeit an, kann das den Anspruch auf Urlaubsgeld erhöhen. Hierzu sind tarifliche Regelungen zu beachten.

49 Tod des Arbeitnehmers

Bernhard Steuerer

49.1 Tod im laufenden Arbeitsverhältnis und Auswirkung auf Urlaubsansprüche

Sachverhalt: Ein Arbeitnehmer verstirbt nach einem Unfall am 15.11. Bis einschließlich Oktober ist die Vergütung bereits bezahlt. Allerdings sind noch 4 Wochen Urlaub offen. Der Arbeitgeber überlegt, ob das Arbeitsverhältnis zu Ende gegangen ist und welche Ansprüche auf die Erben übergegangen sind.

Ergebnis: Das Arbeitsverhältnis endet aufgrund seines höchstpersönlichen Charakters[61] automatisch mit dem Tod des Arbeitnehmers. Zahlungsansprüche, die bis zu diesem Zeitpunkt entstanden sind, gehen nach § 1922 BGB auf die Erben über, auch wenn sie noch nicht zur Zahlung fällig[62] sind. Das bedeutet, dass noch offene Vergütungsansprüche für die Zeit vom 1.-15.11. auf die Erben übergegangen sind. Der Arbeitgeber muss also ganz normal abrechnen und die entsprechenden Nettobeträge an die Erben ausbezahlen.

Bei Tod noch nicht genommene Urlaubsansprüche waren nach früherer Rechtsprechung mit dem Tod des Arbeitnehmers untergegangen. Dies hatte das Bundesarbeitsgericht (BAG)[63] mit ihrem höchstpersönlichen Charakter begründet. Der Europäische Gerichtshof (EuGH) sah dies anders[64] und entschied, dass Art. 7 der Richtlinie 2003/88/EG vom 4.11.2003 einzelstaatlichen Rechtsvorschriften entgegensteht, die für den Fall des Todes des Arbeitnehmers die Abgeltung nicht genommenen Jahresurlaubs ausschließen. Nach Art. 7 der Richtlinie hat jeder Arbeitnehmer Anspruch auf einen bezahlten Mindestjahresurlaub von 4 Wochen, der außer bei Beendigung des Arbeitsverhältnisses nicht durch eine finanzielle Vergütung ersetzt werden kann. Jahresurlaub und Bezahlung während des Urlaubs seien zwei Aspekte eines einzigen Anspruchs, so der EuGH. Ein finanzieller Ausgleich bei Beendigung des Arbeitsverhältnisses durch Tod stelle die praktische Wirksamkeit des Urlaubsanspruchs sicher. Der unwägbare Eintritt des Todes dürfe nicht rückwirkend zum vollständigen Verlust des Anspruchs auf bezahlten Jahresurlaub führen. Es komme auch nicht darauf an, ob der Betroffene im Vorfeld einen Urlaubsantrag gestellt habe.

61 § 613 BGB.
62 § 614 BGB.
63 Vgl. noch BAG, Urteil v. 20.9.2011, 9 AZR 416/10.
64 EuGH, Urteil v. 12.6.2014, C-118/13 (Bollacke).

Das BAG hatte sich dieser Rechtsauffassung nicht angeschlossen und mit Beschluss vom 18.10.2016, 9 AZR 196/16 (A) dem Europäischen Gerichtshof (EuGH) die Frage vorgelegt, ob dieser bei seiner Auffassung bleibe, wenn das nationale Erbrecht ausschließe, dass ein Anspruch auf finanziellen Ausgleich des Urlaubs Teil der Erbmasse werde und wenn ja, dies auch gelte, wenn das Arbeitsverhältnis zwischen zwei Privatpersonen bestanden habe.

Darauf bestätigte der EuGH seine bisherige Auffassung am 6.11.2018[65]: Der Urlaubsanspruch eines Arbeitnehmers geht nach Unionsrecht nicht mit seinem Tod unter. *Die Erben des verstorbenen Arbeitnehmers können eine finanzielle Vergütung für den von ihm nicht genommenen bezahlten Jahresurlaub verlangen.* Sofern das nationale Recht eine solche Möglichkeit ausschließt und sich daher als mit dem Unionsrecht unvereinbar erweist, können sich die Erben unmittelbar auf das Unionsrecht berufen. Dies gilt sowohl gegenüber einem öffentlichen *als auch gegenüber einem privaten Arbeitgeber.* Der EuGH begründet dies, wie schon in seiner früheren Entscheidung damit, dass die Entspannungs- und Erholungszeiten nur eine der beiden Komponenten des Rechts auf bezahlten Jahresurlaub seien und dieses einen wesentlichen Grundsatz des Sozialrechts der Union darstellt. Dieses Grundrecht (Art. 31 Abs. 2 der Grundrechtscharta der Europäischen Union) umfasst auch einen Anspruch auf Bezahlung im Urlaub und den Anspruch auf eine finanzielle Vergütung für bei Beendigung des Arbeitsverhältnisses nicht genommenen Jahresurlaub. Diese finanzielle Komponente ist rein vermögensrechtlicher Natur und daher dazu bestimmt, in das Vermögen des Arbeitnehmers überzugehen und damit im Wege der Erbfolge auch auf die Erben.[66]

Dem hat sich das BAG angeschlossen.[67] Endet das Arbeitsverhältnis durch den Tod des Arbeitnehmers, haben dessen Erben somit nach §§ 1922 Abs. 1 BGB i. V. m. § 7 Abs. 4 BUrlG Anspruch auf Abgeltung des noch nicht genommenen Urlaubs des Erblassers.

Dies gilt zumindest für den gesetzlichen Mindesturlaub von 4 Wochen[68] und den Zusatzurlaub für Schwerbehinderte nach § 208 Abs. 1 SGB IX.

Praxistipp: Nachdem Art. 7 der Richtlinie 2003/88/EG, auf den sich der EuGH bezieht, lediglich einen Mindesturlaub von 4 Wochen einräumt, ist es möglich zu regeln, dass Urlaub, der über den gesetzlichen Mindesturlaub von 4 Wochen hinausgeht, verfällt, wenn der Arbeitnehmer stirbt. Eine solche Regelung kann tarifvertraglich oder einzelvertraglich erfolgen – soweit dem kein geltender Tarifvertrag entgegensteht.

---

65 EuGH, Urteil v. 6.11.2018, C-569/16, C-570/16 (Bauer und Wellmeroth).
66 Siehe EuGH Pressemitteilung Nr. 164/18 v. 6.11.2018.
67 BAG, Urteil v. 22.1.2019, 9 AZR 328/16, 9 AZR 45/16.
68 § 3 BUrlG.

Geschieht dies nicht, wird der übergesetzliche Urlaub wie der gesetzliche Mindesturlaub behandelt.

Auf diese an die Erben auszuzahlende Urlaubsabgeltung fallen Sozialversicherungsbeträge und Lohnsteuer an.

Praxistipp: Der Arbeitgeber sollte sich vor Auszahlung an einen vermeintlichen Erben von diesem einen Erbschein vorlegen lassen.

Hinweis: Unter Umständen besteht aufgrund des Todes noch ein tarifvertraglich oder arbeitsvertraglich geregelter Anspruch auf Sterbegeld. Zudem könnte eine tarifvertragliche Regelung festlegen, dass die Vergütung für den Sterbemonat voll zu zahlen ist.

49.2 Tod während der Altersteilzeit, Blockmodell

Sachverhalt: Ein Arbeitnehmer befindet sich in Altersteilzeit im Blockmodell, als er verstirbt. Haben die Erben Ansprüche auf das Wertguthaben?

Ergebnis: Ja. Verstirbt ein Arbeitnehmer, der sich in Altersteilzeit im Blockmodell befindet, während der Arbeitsphase oder während der arbeitsfreien Phase, geht das angesparte Wertguthaben als Arbeitsentgelt[69] auf die Erben über und ist auszubezahlen. Diese auszuzahlenden Beträge werden auch in der Hinterbliebenenrente berücksichtigt.[70]

49.3 Zeitguthaben

Sachverhalt: Ein Arbeitnehmer stirbt und hat ein Zeitguthaben.

Haben die Erben Ansprüche darauf?

Ergebnis: Ja. Stirbt ein Arbeitnehmer, hat der Erbe einen Anspruch auf Auszahlung der sich aus dem angesparten Zeitguthaben ergebenden Lohnbestandteile. Die Lohnsteuer wird nach den Besteuerungsmerkmalen des Erben berechnet.

69 § 23b SGB IV.
70 § 70 Abs. 3 SGB VI.

49.4 Gegenansprüche des Arbeitgebers

Hat der Arbeitgeber finanzielle Gegenansprüche gegen den Arbeitnehmer, kann er, sofern er an den Erben noch Auszahlungen leisten muss, nach §§ 387 ff. BGB unter Berücksichtigung der Pfändungsfreigrenzen aufrechnen. Erfolgt jedoch später die Anordnung der Nachlassverwaltung oder die Eröffnung eines Nachlassinsolvenzverfahrens, so gilt die Aufrechnung nach § 1977 Abs. 1 BGB als nicht erfolgt.

Hat der Arbeitgeber bereits seine Schuld getilgt, kann er eventuelle Gegenansprüche beim Erben geltend machen, weil dieser nach § 1967 Abs. 1 BGB für die Nachlassverbindlichkeiten haftet.

Ggf. sind die Ansprüche im Nachlassinsolvenzverfahren oder Nachlassverwaltungsverfahren anzumelden.

49.5 Tod nach Kündigung innerhalb der Kündigungsfrist, Abfindungsanspruch aus Sozialplan

Sachverhalt: In einem Unternehmen findet ein betriebsbedingter Personalabbau statt. Deshalb wird mit dem Betriebsrat ein Sozialplan vereinbart. Ein Arbeitnehmer erhält am 10.9. die ordentliche betriebsbedingte Kündigung zum 31.12. Laut Sozialplan stehen ihm 10.000 EUR Abfindung zu. Am 1.11. stirbt er.

Welche Ansprüche hat die Familie des Arbeitnehmers aus dem Arbeitsverhältnis?

Ergebnis: Das Arbeitsverhältnis ist am 1.11. mit dem Tod des Arbeitnehmers beendet. Damit entfallen Lohnansprüche für die Zeit vom 2.11. bis 31.12. Dagegen geht der Anspruch auf Vergütung bis einschließlich 1.11. nach § 1922 BGB auf die Erben über.

Siehe Praxisbeispiel 1: Stirbt ein Arbeitnehmer, wird nach der aktuellen Rechtsprechung der bei Beendigung des Arbeitsverhältnisses entstandene Anspruch auf Urlaubsabgeltung als reiner Geldanspruch vererbt.

Der Abfindungsanspruch aus dem Sozialplan ist ohne besondere Regelung im Sozialplan am 1.11. noch nicht entstanden und kann deshalb nicht vererbt werden. Folglich geht er unter.

Hinweis: Will man dieses Ergebnis verhindern, muss im Sozialplan geregelt werden, dass der Abfindungsanspruch aus dem Sozialplan entweder früher entsteht oder vererbbar ist, wenn der Arbeitnehmer in einem bestimmten Zeitraum vor Beendigung des Arbeitsverhältnisses verstirbt.

49.6 Tod nach Abschluss eines Aufhebungsvertrags

Sachverhalt: Ein Arbeitgeber hat mit einem Arbeitnehmer in einem Aufhebungsvertrag die Beendigung des Arbeitsverhältnisses unter Einhaltung der ordentlichen Kündigungsfrist und Zahlung einer Abfindung in Höhe von 10.000 EUR brutto, zahlbar bei Beendigung des Arbeitsverhältnisses vereinbart.

Während des Laufs der Kündigungsfrist verstirbt der Arbeitnehmer.

Geht der Abfindungsanspruch auf die Erben über?

Ergebnis: Der Aufhebungsvertrag ist auszulegen. Es ist zu fragen, ob der Anspruch bereits vor dem Tod entstanden ist, ohne dass er fällig war. Dabei spielt es eine Rolle, ob Anhaltspunkte dafür bestehen, dass die Parteien diesen Fall mitregeln wollten oder ihn in einer bestimmten Richtung gelöst hätten, wenn ihnen die Problematik bewusst gewesen wäre. Ergeben sich keine Anhaltspunkte, wird die Abfindungssumme nicht vererbt.

Praxistipp: Soll bei einer Abfindungsvereinbarung im Zusammenhang mit einem Aufhebungsvertrag oder einem Sozialplan die Vererbbarkeit des Anspruchs schon bei Todeseintritt vor dem Ende des Arbeitsverhältnisses erreicht werden, kann folgender Satz aufgenommen werden:

»Die Abfindung ist fällig zum Ende des Arbeitsverhältnisses, ist aber bereits jetzt schon entstanden und vererbbar.«

50 Überstundenvergütung

Carola Hausen

50.1 Gehaltsempfänger, 4,33 Wochen/Monat

Sachverhalt: Eine Angestellte erhält ein monatliches Gehalt von 2.950 EUR brutto bei einer wöchentlichen Arbeitszeit von 40 Stunden. Im Mai leistet sie insgesamt 12 Überstunden, die ihr mit der Gehaltsabrechnung Mai ausbezahlt werden. Im Unternehmen werden 30% Überstundenzuschlag gezahlt.

Wie hoch ist der Gesamtbruttolohn für Mai inkl. Überstunden und Überstundenzuschlag?

Ergebnis: Der Stundensatz für Gehaltsempfänger kann nach einer festen Formel ermittelt werden. Es wird dazu ein Quartal mit 4,33 Wochen/Monat wie folgt zugrunde gelegt:

13 Wochen/3 Monate=4,33 Wochen/Monat

Berechnung Stundensatz	
Stunden monatlich (40 Stunden × 4,33)	173,2 Std.
Stundenlohn (Bruttolohn 2.950 EUR : 173,2 Stunden)	17,03 EUR
Bruttolohn Mai	2.950,00 EUR
Zzgl. Überstunden (12 Überstunden × 17,03 EUR)	+ 204,36 EUR
Zzgl. Überstundenzuschlag (30% v. 204,36 EUR)	*+ 61,31 EUR*
Gesamtbruttolohn (lohnsteuer- und beitragspflichtig)	3.215,67 EUR

Hinweis: Für die Auszahlung der Überstunden muss bei Gehaltsempfängern zuerst der Stundenlohn ermittelt werden. Hierfür gibt es 3 verschiedene Möglichkeiten: 4,33-Formel, 4,35-Formel oder tatsächliche Arbeitsstunden. Nach welcher Methode gerechnet wird, ergibt sich entweder aus den betrieblichen Vorgaben oder unterliegt der Entscheidung des Arbeitgebers. Diese Methode sollte jedoch im Entgeltabrechnungsprogramm ausgewählt und dann für alle Arbeitnehmer angewendet werden.

50.2 Gehaltsempfänger, 4,35 Wochen/Monat

Sachverhalt: Eine Angestellte bezieht ein monatliches Gehalt von 2.950 EUR Brutto bei einer wöchentlichen Arbeitszeit von 40 Stunden. Im Mai leistet sie insgesamt 12 Überstunden, die ihr mit der Gehaltsabrechnung ausbezahlt werden. Im Unternehmen werden 30% Überstundenzuschlag gezahlt.

Wie hoch ist der Gesamtbruttolohn für Mai inkl. Überstunden und Überstundenzuschlag?

Ergebnis: Der Stundensatz für Gehaltsempfänger kann nach der 4,35-Formel (Ermittlung der tariflichen Normalzeit) ermittelt werden. Diese Methode bietet die Möglichkeit, auch bei Gehaltsempfängern mit einem festen Stundensatz (Gehaltsstundensatz) zu rechnen. Der 4,35-Formel liegt folgende Berechnung zugrunde:

Ein Jahr hat durchschnittlich 52,2 Wochen bei 12 Monaten. 52,2 Wochen : 12 Monate =4,35 Wochen/Monat

Der Monat wird bei dieser Methode grundsätzlich mit 4,35 Wochen angesetzt, unabhängig davon, wie viele Tage er tatsächlich hat. Multipliziert man die regelmäßige tarifliche Arbeitszeit mit 4,35, erhält man die tarifliche Normalzeit.

Berechnung Stundensatz	
Stunden monatlich (40 Stunden × 4,35)	174 Std.
Stundenlohn (Bruttolohn 2.950 EUR : 174 Stunden)	16,95 EUR
Bruttolohn Mai	2.950,00 EUR
Zzgl. Überstunden (12 Überstunden × 16,95 EUR)	+ 203,40 EUR
Zzgl. Überstundenzuschlag (30% v. 203,40 EUR)	*+ 61,02 EUR*
Gesamtbruttolohn (lohnsteuer- und beitragspflichtig)	3.214,42 EUR

Hinweis: Für die Auszahlung der Überstunden muss bei Gehaltsempfängern zuerst der Stundenlohn ermittelt werden. Hierfür gibt es 3 verschiedene Möglichkeiten: 4,33-Formel, 4,35-Formel oder tatsächliche Arbeitsstunden. Nach welcher Methode gerechnet wird, ergibt sich entweder aus den betrieblichen Vorgaben oder unterliegt der Entscheidung des Arbeitgebers. Diese Methode sollte jedoch im Entgeltabrechnungsprogramm ausgewählt und dann für alle Arbeitnehmer angewendet werden.

50.3 Gehaltsempfänger, Tatsächliche Stunden

Sachverhalt: Eine Angestellte bezieht ein monatliches Gehalt von 2.950 EUR Brutto bei einer wöchentlichen Arbeitszeit von 40 Stunden. Im Mai leistet sie insgesamt 12 Überstunden, die ihr mit der Gehaltsabrechnung ausbezahlt werden. Im Unternehmen werden 30% Überstundenzuschlag gezahlt.

Wie hoch ist der Gesamtbruttolohn für Mai inkl. Überstunden und Überstundenzuschlag?

Ergebnis: Der Stundensatz für Gehaltsempfänger kann auch nach den tatsächlichen Arbeitsstunden des jeweiligen Monats ermittelt werden. Dadurch ist der ermittelte Stundensatz in den einzelnen Monaten unterschiedlich hoch.

Berechnung Stundensatz	
Stunden monatlich (23 Arbeitstage × 8 Stunden)	184 Std.
Stundenlohn (Bruttolohn 2.950 EUR : 184 Stunden)	16,03 EUR

Bruttolohn Mai	2.950 EUR
Zzgl. Überstunden (12 Überstunden × 16,03 EUR)	+ 192,36 EUR
Zzgl. Überstundenzuschlag (30% v. 192,36 EUR)	*+ 57,71 EUR*
Gesamtbrutto (lohnsteuer- und beitragspflichtig)	3.200,07 EUR

Hinweis: Für die Auszahlung der Überstunden muss bei Gehaltsempfängern zuerst der Stundenlohn ermittelt werden. Hierfür gibt es 3 verschiedene Möglichkeiten: 4,33-Formel, 4,35-Formel oder tatsächliche Arbeitsstunden. Nach welcher Methode gerechnet wird, ergibt sich entweder aus den betrieblichen Vorgaben oder unterliegt der Entscheidung des Arbeitgebers. Diese Methode sollte jedoch im Entgeltabrechnungsprogramm ausgewählt und dann für alle Arbeitnehmer angewendet werden.

50.4 Gehaltsempfänger, Überstunden aus mehreren Monaten

Sachverhalt: Eine Angestellte bezieht ein monatliches Gehalt von 3.950 EUR brutto bei einer wöchentlichen Arbeitszeit von 40 Stunden. In den Monaten Januar bis Mai leistete sie ingesamt 62 Überstunden, die ihr mit der Gehaltsabrechnung Mai ausbezahlt werden. Im Unternehmen werden 30% Überstundenzuschlag gezahlt.

Wie hoch ist der Gesamtbruttolohn für Mai inkl. Überstunden und Überstundenzuschlag? Ist die Behandlung der Überstunden als Einmalzahlung im Mai zulässig?

Ergebnis: Der Stundensatz für Gehaltsempfänger kann auch nach den tatsächlichen Arbeitsstunden des jeweiligen Monats ermittelt werden. Dadurch ist der ermittelte Stundensatz in den einzelnen Monaten unterschiedlich hoch.

Überstunden sind als laufendes Entgelt grundsätzlich dem Monat zuzurechnen, in dem sie geleistet wurden.

Aus Vereinfachungsgründen können Arbeitgeber jedoch den Gesamtbetrag wie eine Einmalzahlung verbeitragen. Voraussetzung ist jedoch, dass die Auszahlung spätestens bis zum 31.3. des Folgejahres erfolgt.

Berechnung Stundensatz	
Stunden monatlich (23 Arbeitstage × 8 Stunden)	184 Std.
Stundenlohn (Bruttolohn 3.950 EUR : 184 Stunden)	21,47 EUR

Bruttolohn Mai	3.950,00 EUR
Zzgl. Überstunden (62 Überstunden × 21,47 EUR) als Einmalzahlung zu verbeitragen	+ 1.331,14 EUR
Zzgl. Überstundenzuschlag (30 % v. 1.331,14 EUR) als Einmalzahlung zu verbeitragen	*+ 399,34 EUR*
Gesamtbrutto (lohnsteuer- und beitragspflichtig)	5.680,48 EUR

Hinweis: Für die Auszahlung der Überstunden muss bei Gehaltsempfängern zuerst der Stundenlohn ermittelt werden. Hierfür gibt es 3 verschiedene Möglichkeiten: 4,33-Formel, 4,35-Formel oder tatsächliche Arbeitsstunden. Nach welcher Methode gerechnet wird, ergibt sich entweder aus den betrieblichen Vorgaben oder unterliegt der Entscheidung des Arbeitgebers. Diese Methode sollte jedoch im Entgeltabrechnungsprogramm ausgewählt und dann für alle Arbeitnehmer angewendet werden.

50.5 Gehaltsempfänger, Überstunden aus mehreren Jahren

Sachverhalt: Eine Angestellte bezieht ein monatliches Gehalt von 3.950 EUR brutto bei einer wöchentlichen Arbeitszeit von 40 Stunden. In den Monaten Januar 01 bis März 02 leistete sie ingesamt 162 Überstunden, die ihr mit der Gehaltsabrechnung März 02 ausbezahlt werden. Im Unternehmen werden 30 % Überstundenzuschlag gezahlt.

Wie hoch ist der Gesamtbruttolohn für März 02 inkl. Überstunden und Überstundenzuschlag? Ist die Behandlung der Überstunden als Einmalzahlung im März 02 zulässig und wie ist sie zu versteuern?

Ergebnis: Der Stundensatz für Gehaltsempfänger kann auch nach den tatsächlichen Arbeitsstunden des jeweiligen Monats ermittelt werden. Dadurch ist der ermittelte Stundensatz in den einzelnen Monaten unterschiedlich hoch.

Überstunden sind als laufendes Entgelt grundsätzlich dem Monat zuzurechnen, in dem sie geleistet wurden.

Aus Vereinfachungsgründen können Arbeitgeber jedoch den Gesamtbetrag wie eine Einmalzahlung verbeitragen. Voraussetzung ist jedoch, dass die Auszahlung spätestens bis zum 31.3. des Folgejahres erfolgt.

Lohnsteuerlich stellt die Nachzahlung »Arbeitslohn für mehrere Kalenderjahre« dar. Dieser darf bei Zusammenballung der Einkünfte ermäßigt nach der Fünftelregelung besteuert werden.

Berechnung Stundensatz	
Stunden monatlich (23 Arbeitstage × 8 Stunden)	184 Std.
Stundenlohn (Bruttolohn 3.950 EUR : 184 Stunden)	21,47 EUR

Bruttolohn März	3.950,00 EUR
Zzgl. Überstunden (162 Überstunden × 21,47 EUR) als Einmalzahlung zu verbeitragen	+ 3.478,14 EUR
Zzgl. Überstundenzuschlag (30 % v. 3.478,14 EUR) als Einmalzahlung zu verbeitragen	*+ 1.043,44 EUR*
Gesamtbrutto (lohnsteuer- und beitragspflichtig)	8.471,58 EUR

Hinweis: Für die Auszahlung der Überstunden muss bei Gehaltsempfängern zuerst der Stundenlohn ermittelt werden. Hierfür gibt es 3 verschiedene Möglichkeiten: 4,33-Formel, 4,35-Formel oder tatsächliche Arbeitsstunden. Nach welcher Methode gerechnet wird, ergibt sich entweder aus den betrieblichen Vorgaben oder unterliegt der Entscheidung des Arbeitgebers. Diese Methode sollte jedoch im Entgeltabrechnungsprogramm ausgewählt und dann für alle Arbeitnehmer angewendet werden.

51 Unbezahlter Urlaub

Michael Schulz, Bernhard Steuerer

51.1 Urlaubsanspruch während Auszeit

Sachverhalt: Ein Arbeitnehmer arbeitet an 5 Tagen in der Woche von Montag bis einschließlich Freitag und hat einen Anspruch auf 30 Urlaubstage/Jahr. Er beantragt unbezahlten Urlaub vom 13.3.2024 bis zum 29.9.2024, um eine Weltreise zu unternehmen. Ein Tarifvertrag findet keine Anwendung. Arbeitsvertraglich ist keine Regelung hierzu vorhanden.

1. Muss der Arbeitgeber den unbezahlten Urlaub gewähren?
2. Wirkt sich der unbezahlte Urlaub auf den bezahlten Jahresurlaub aus und wenn ja, wie?

Ergebnis

1. Die Vereinbarung zum unbezahlten Urlaub unterliegt der Vertragsfreiheit, sofern nichts anderes geregelt ist. Deshalb hat der Arbeitnehmer grundsätzlich keinen Anspruch auf unbezahlten Urlaub gegen den Arbeitgeber.
   Ausnahmen können sich aus Tarifverträgen oder aus der Fürsorgepflicht des Arbeitgebers in besonderen familiären Problemsituationen ergeben. Da in unserem Fall keine Sonderregelungen vorhanden sind, muss der Arbeitgeber den unbezahlten Urlaub nicht gewähren.
2. Das BAG hat mit Urteilen vom 19.3.2019[71] und vom 21.5.2019[72] entschieden, dass Zeiten eines unbezahlten Urlaubs bei der Berechnung des gesetzlichen Mindesturlaubs unberücksichtigt bleiben, weil in diesen Zeiten die Hauptleistungspflichten durch die Vereinbarung von Sonderurlaub vorübergehend ausgesetzt sind. Die Berechnung des verbleibenden Jahresurlaubs geschieht bei einer 5-Tage-Woche nach folgender Formel:

   $$\frac{\text{Urlaubstage x Anzahl der Tage mit Arbeitspflicht}}{\text{260 Arbeitstage (= 5 Arbeitstage/Woche x 52 Wochen/Jahr)}}$$

   In Zeiten unbezahlten Urlaubs besteht keine Arbeitspflicht, weshalb diese nicht zu den Tagen mit Arbeitspflicht hinzugerechnet werden.
   Folglich wirkt sich im vorliegenden Fall ein antragsgemäß bewilligter unbezahlter Urlaub wie folgt auf den Jahresurlaubsanspruch des Arbeitnehmers aus:

71 BAG, Urteil v. 19.3.2019, 9 AZR 315/17.
72 BAG, Urteil v. 21.5.2019, 9 AZR 259/18.

145 Arbeitstage will der Arbeitnehmer unbezahlten Urlaub haben. Wird dieser gewährt, vermindern sich für ihn die Tage mit Arbeitspflicht auf:
260 Arbeitstage – 145 Tage unbezahlten Urlaubs = 115 Tage mit Arbeitspflicht.
Somit errechnet sich sein Anspruch auf bezahlten Jahresurlaub für das Jahr 2024 wie folgt:

$$\frac{\text{30 Urlaubstage x 115 Tage mit Arbeitspflicht}}{\text{260 Arbeitstage (= 5 Arbeitstage/Woche x 52 Wochen/Jahr)}}$$

Das ergibt 13,27 Urlaubstage.
Damit wirkt sich der unbezahlte Sonderurlaub dahingehend auf den bezahlten Jahresurlaubsanspruch für das Jahr 2024 aus, dass sich dieser auf 13,27 Urlaubstage vermindert. Eine Abrundung des Urlaubsanspruchs findet nicht statt.[73]

Wird 6 Tage in der Woche gearbeitet, ist durch 312 (6 x 52) zu teilen, werden nur 2 Tage gearbeitet, durch 104 (2 x 52). Der über den gesetzlichen Mindesturlaub hinausgehende Mehrurlaub genauso wie der gesetzliche Mindesturlaub zu behandeln, wenn es für diese keine besonderen Regelungen gibt.

Meldungen zur Sozialversicherung: Bei einem unbezahlten Urlaub wird sozialversicherungsrechtlich eine Beschäftigung gegen Arbeitsentgelt bis zur Dauer eines Monats angenommen. Die Monatsfrist verläuft hier vom 13.3.2024 bis 12.4.2024. Dauert der unbezahlte Urlaub länger als einen Monat, endet die Versicherungspflicht in allen Versicherungszweigen zum Ende des Monatszeitraums.

Folgende Meldungen sind vom Arbeitgeber an die Krankenkasse/Einzugsstelle zu erstatten:

- Abmeldung: 1.1.2024 bis 12.4.2024, Grund der Abgabe »34«
- Anmeldung: 30.9.2024, Grund der Abgabe »13«.

Bei der Beitragsberechnung sind bis zum Abmeldedatum Sozialversicherungstage (SV-Tage) anzusetzen. Daher ergeben sich für März 30 SV-Tage (voller Monat) und für April 12 SV-Tage.

Unbezahlter Urlaub bis zu einem Monat: Ist der Zeitraum des unbezahlten Urlaubs nicht länger als ein Monat, ergeben sich keine Auswirkungen auf den Versicherungsschutz. Meldungen sind in diesem Zusammenhang nicht zu erstellen. Das gilt selbst dann, wenn der Zeitraum des unbezahlten Urlaubs genau einen Kalendermonat umfasst.

73 § 5 Abs. 2 BurlG.

Beitragsrechtliche Auswirkungen: Bei einem krankenversicherungspflichtigen Mitglied werden zwar für den Zeitraum des unbezahlten Urlaubs bis zu einem Monat Sozialversicherungstage angesetzt, mangels Arbeitsentgelt sind aber keine Beiträge zu entrichten. Bei einer späteren Einmalzahlung kann die für diesen Zeitraum gebildete SV-Luft zu einer höheren Beitragspflicht der Einmalzahlung führen, als dies ohne den unbezahlten Urlaub der Fall gewesen wäre.

Mit Ablauf der Monatsfrist endet die Pflichtmitgliedschaft. Ist der Arbeitnehmer verheiratet und der Ehegatte selber Mitglied einer gesetzlichen Krankenkasse, wird regelmäßig eine Familienversicherung für die weitere Dauer des unbezahlten Urlaubs möglich sein.

Andernfalls setzt sich die bisherige Pflichtversicherung grundsätzlich als dann beitragspflichtige freiwillige Krankenversicherung fort.

Auswirkungen bei freiwillig krankenversicherten Arbeitnehmern: Bei einem krankenversicherungsfreien höherverdienenden Arbeitnehmer, für den eine freiwillige Versicherung in der gesetzlichen Krankenversicherung besteht, setzt sich die freiwillige Versicherung bei einem unbezahlten Urlaub fort. Für den ersten Zeitmonat ist weiterhin der bisherige Beitrag zu entrichten. Da der Arbeitnehmer kein Arbeitsentgelt erhält, entfällt in dieser Zeit der Anspruch auf einen Beitragszuschuss durch den Arbeitgeber. Allerdings ist in dem Monat des Beginns der Monatsfrist der Beitragszuschuss nicht anteilig zu zahlen, sondern auf der Basis des Teilarbeitsentgelts neu zu ermitteln.

51.2 Beitragszuschuss für eine freiwillige Versicherung

Sachverhalt: Der Arbeitnehmer erhält ein monatliches Gehalt i. H. v. 8.000 EUR. Er ist freiwilliges Mitglied einer gesetzlichen Krankenkasse, deren Zusatzbeitrag 1,7% beträgt. Der Arbeitnehmer hat ein Kind.

Sein monatlich zu entrichtender Beitrag zur Krankenversicherung beträgt seit dem 1.1.2024 auf der Basis der monatlichen Beitragsbemessungsgrenze (2024: 5.175 EUR x 14,6%=755,55 EUR+5.175 EUR x 1,7%=87,98 EUR) 843,53 EUR und zur Pflegeversicherung (5.175 EUR x 3,4%) 175,95 EUR, insgesamt also 1.019,48 EUR. Dazu gewährt der Arbeitgeber einen Beitragzuschuss zur Krankenversicherung i. H. v. (5.175 EUR x 7,3%=377,78 EUR+5.175 EUR x 0,85%=43,99 EUR) 421,77 EUR und zur Pflegeversicherung i. H. v. (5.175 EUR x 1,7%) 87,98 EUR. Der Zuschuss beträgt insgesamt also 509,75 EUR.

Vom 16.7.2024 an vereinbart er mit seinem Arbeitgeber unbezahlten Urlaub bis zum 30.9.2024. Sein anteiliges Gehalt für Juli 2024 beträgt 4.000 EUR.

Ergebnis: Die freiwillige Krankenversicherung und die daraus resultierende Pflegeversicherungspflicht bleiben durch den unbezahlten Urlaub unberührt. Bis zum 15.8.2024 hat der Arbeitnehmer weiterhin den Höchstbeitrag zu entrichten. Für Juli 2024 sind dies 1.019,48 EUR und für August 2024 anteilig 509,74 EUR. Da sein monatliches Arbeitsentgelt im Juli 2024 die Beitragsbemessungsgrenze nicht überschreitet, wird der Beitragszuschuss auf der Basis von 4.000 EUR berechnet.

Daraus resultiert ein Beitragszuschuss für Juli zur Krankenversicherung i. H. v. (4.000 EUR x 7,3 % = 292 EUR + 4.000 EUR x 0,85 % = 34 EUR) 326 EUR und zur Pflegeversicherung i. H. v. (4.000 EUR x 1,7 %) 68 EUR. Da der Arbeitnehmer im August kein Arbeitsentgelt erhält, entfällt in diesem Monat der Beitragszuschuss.

Aus der Berücksichtigung der SV-Tage bis zum 15.8.2024 ergibt sich für den Beitragszuschuss eine SV-Luft i. H. v. 3.762,50 EUR (Juli [5.175 EUR/BBG – 4.000 EUR/Entgelt =] 1.175 EUR + August: [5.175 EUR/BBG : 30/Tage x 15 Beschäftigungstage =] 2.587,50 EUR). Erhält der Arbeitnehmer von Oktober bis Dezember 2024 neben seinem monatlichen Arbeitsentgelt eine Einmalzahlung, hat der Arbeitgeber zusätzlich zum monatlichen Beitragszuschuss einen zusätzlichen Beitragszuschuss auf der Basis der Einmalzahlung, höchstens jedoch von 3.762,50 EUR zu leisten. Dies gilt gleichermaßen, wenn eine Einmalzahlung in der Zeit vom 1.1. bis zum 31.3.2025 gezahlt wird, die im Rahmen der März-Klausel dem Vorjahr zuzuordnen ist.

Hinweis: Sofern der Beitrag des Arbeitnehmers zur Pflegeversicherung geringer ist, weil er mindestens 2 Kinder hat, die das 25. Lebensjahr noch nicht vollendet haben, ändert sich nichts an der Höhe des zuvor berechneten Beitragszuschusses.

Der Beitrag zur freiwilligen Krankenversicherung berechnet sich ab 16.8.2024 auf der Basis der Einnahmen des Arbeitnehmers außerhalb seiner Beschäftigung, unter Berücksichtigung der Mindestbeitragsbemessungsgrundlage für freiwillige Mitglieder (2024: 1.178,33 EUR monatlich). Eventuell ist ab 16.8.2024 aber eine kostenlose Familienversicherung möglich.

Hinweis: Für einen privat krankenversicherten Arbeitnehmer gelten die Regelungen zum Beitragszuschuss entsprechend.

51.3 Arbeitsunfähigkeit

Sachverhalt: Einem Arbeitnehmer wurde 3 Monate unbezahlter Urlaub gewährt. Dieser erkrankt in der Zeit des unbezahlten Urlaubs.

Hat er Anspruch auf Entgeltfortzahlung im Krankheitsfall durch den Arbeitgeber?

Ergebnis: Nein, der Arbeitnehmer hat keinen Anspruch auf Entgeltfortzahlung im Krankheitsfall durch den Arbeitgeber, sofern kein Zusammenhang mit bezahltem Urlaub während des unbezahlten Urlaubs besteht. Es gilt das Entgeltausfallprinzip: es ist zu fragen, ob der Arbeitnehmer, wäre er nicht krank gewesen, gearbeitet und einen Anspruch auf Entgeltzahlung erworben hätte. Das kann in Zeiten unbezahlten Urlaubs nicht bejaht werden. Erkrankt der Arbeitnehmer jedoch in der Zeit des bezahlten Urlaubs, gilt die Sonderregelung des § 9 BUrlG: Die durch ärztliches Zeugnis nachgewiesenen Tage der Arbeitsunfähigkeit werden auf den Jahresurlaub nicht angerechnet.

51.4 Feiertagsvergütung

Sachverhalt: Ein Arbeitgeber gewährt seinem Mitarbeiter unbezahlten Urlaub für 6 Monate. In diese Zeit fallen mehrere Feiertage.

Erwirbt der Mitarbeiter für diese Tage Anspruch auf Zahlung von Feiertagsvergütung?

Ergebnis: Es besteht kein Anspruch auf Feiertagsvergütung. Nach § 2 Abs. 1 EFZG entsteht nur dann ein Anspruch auf Entgeltfortzahlung für Arbeitszeit, die (nur) infolge eines gesetzlichen Feiertags ausfällt. Hier fällt die Arbeitszeit aber bereits wegen der unbezahlten Freistellungsvereinbarung aus.

51.5 Ausschluss von Doppelansprüchen

Sachverhalt: Ein Arbeitnehmer wird am 1.9. eingestellt. Er hatte in diesem Kalenderjahr beim vorherigen Arbeitgeber anteilig Urlaub für die Zeit vom 1.1. bis einschließlich 31.8. erhalten. Außerdem hatte er 4 Monate unbezahlten Urlaub.

Kann dem Mitarbeiter unter Berufung auf § 6 Abs. 1 BUrlG der anteilige Urlaub für die Zeit vom 1.9. bis 31.12. verweigert werden?

Ergebnis: Der Arbeitnehmer hat Anspruch auf den anteiligen Urlaub für die Zeit vom 1.9. bis 31.12. Im früheren Arbeitsverhältnis hat er nur anteiligen Urlaub erhalten.

Nach § 6 Abs. 1 BUrlG besteht ein Anspruch auf Urlaub nicht, soweit dem Arbeitnehmer für das laufende Kalenderjahr bereits von einem früheren Arbeitgeber Urlaub gewährt worden ist. Dabei meint das Gesetz jedoch nur den bezahlten und nicht den unbezahlten Urlaub. Damit greift vorliegend die Vorschrift nicht. Im früheren Arbeitsverhältnis hatte der Mitarbeiter nur anteiligen Urlaub erhalten.

51.6 Anschluss an Elternzeit

Sachverhalt: Eine Arbeitnehmerin ist seit Jahren versicherungspflichtig beschäftigt. Die Elternzeit endet am 15.7.2024. Im direkten Anschluss an die Elternzeit nimmt sie bis zum 30.9.2024 unbezahlten Urlaub. Die versicherungspflichtige Tätigkeit wird am 1.10.2024 wieder aufgenommen.

Der Arbeitgeber hatte zuletzt im Jahr 2021 eine Unterbrechungsmeldung erstellt.

Ergebnis: Im Anschluss an die Elternzeit bleibt die versicherungspflichtige Beschäftigung für einen Monat bis zum 15.8.2024 erhalten.

Folgende Meldungen sind vom Arbeitgeber an die Krankenkasse/Einzugsstelle zu erstatten:

- Abmeldung: 16.7.2024 bis 15.8.2024, Grund der Abgabe »34«
- Anmeldung: 1.10.2024, Grund der Abgabe »13«.

Für den Zeitraum des unbezahlten Urlaubs bis zum Ende der Monatsfrist sind SV-Tage anzusetzen. Für Juli sind daher 16 SV-Tage (16.7. bis 31.7.2024) und für August 15 SV-Tage (1.8. bis 15.8.2024) zu berücksichtigen. Dadurch können sich Auswirkungen auf den beitragspflichtigen Anteil einer späteren Einmalzahlung im Jahr 2024 oder in der Zeit vom 1.1. bis zum 31.3.2025 ergeben.

In den Fällen, in denen mehrere Unterbrechungstatbestände unterschiedlicher Art im zeitlichen Ablauf aufeinanderfolgen, sind die Zeiten der einzelnen Arbeitsunterbrechungen in Bezug auf das Überschreiten des Monatszeitraums nicht zusammenzurechnen. Beispielhaft trifft dies in Fällen des unbezahlten Urlaubs im Anschluss an die Elternzeit oder an den Bezug von Krankengeld zu.

51.7 Anschluss an Krankengeld

Sachverhalt: Eine Arbeitnehmerin erhält von ihrem Arbeitgeber Entgeltfortzahlung bis zum 6.4.2024. Krankengeld bezieht sie in der Zeit vom 7.4.2024 bis zum 10.5.2024.

Ab dem 11.5.2024 bis zum 17.6.2024 nimmt sie unbezahlten Urlaub in Anspruch. Am 18.6.2024 nimmt sie die Arbeit wieder auf.

Ergebnis: Im Anschluss an den Bezug von Krankengeld bleibt die versicherungspflichtige Beschäftigung bis zum 10.6.2024 erhalten.

Folgende Meldungen sind vom Arbeitgeber an die Krankenkasse/Einzugsstelle zu erstatten:
- Abmeldung: 1.1.2024 bis 10.6.2024, Grund der Abgabe »34«
- Anmeldung: 18.6.2024, Grund der Abgabe »13«.

Für den Zeitraum des unbezahlten Urlaubs sind bis zum Abmeldezeitraum SV-Tage anzusetzen. Für Mai sind daher 21 SV-Tage (11.5. bis 31.5.2024) zu berücksichtigen.

Im Juni sind vom 1.6. bis 10.6.2024 (10 SV-Tage) und vom 18.6. bis 30.6.2024 (13 SV-Tage) insgesamt 23 SV-Tage anzusetzen.

Da die versicherungspflichtige Beschäftigung aufgrund des unbezahlten Urlaubs endet und im selben Monat wieder beginnt, ist folgende Besonderheit bei der Beitragsberechnung für Juni 2024 zu beachten: Für die Berechnung der Beitragsbemessungsgrenze des laufenden Arbeitsentgelts werden lediglich 13 SV-Tage (= Zeitraum der Entgeltzahlung) angesetzt. Bei einer späteren Einmalzahlung im Jahr 2024 werden für Juni hingegen 23 Tage berücksichtigt.

Bei einem unbezahlten Urlaub bis zum 10.6.2024 wäre keine Meldung aus Anlass des unbezahlten Urlaubs zu erstatten. Bei Fortdauer der Beschäftigung beschränkt sich die Meldeverpflichtung dann auf die Jahresmeldung vom 1.1. bis 31.12.2024. Für Juni wären dann 30 SV-Tage anzusetzen und die zuvor beschriebene Besonderheit hinsichtlich der Beitragsberechnung für das laufende Arbeitsentgelt im Juni würde nicht angewendet werden.

52 Urlaub

Bernhard Steuerer

52.1 Urlaubsanspruch, gesetzlicher Mindesturlaub

Sachverhalt: Ein Arbeitgeber hat mit seinen Mitarbeitern vereinbart, dass diese den »gesetzlichen Urlaubsanspruch« haben. Ein Tarifvertrag gilt für sie nicht.

Wie hoch ist der gesetzliche Urlaubsanspruch bei Vollzeitbeschäftigten, die 5 Tage in der Woche arbeiten?

Ergebnis: Die Höhe des gesetzlichen Mindesturlaubsanspruchs beträgt 24 Werktage.[74]
Dabei geht das Gesetz von einer 6-Tage-Woche aus.[75]
Mitarbeiter, die an 5 Tagen in der Woche arbeiten, haben folgenden gesetzlichen Mindesturlaubsanspruch:
24 Urlaubstage : 6 Werktage x 5 Tage=20 Urlaubstage.

52.2 Vorgriff auf entstehende Urlaubsansprüche

Sachverhalt: Ein Arbeitnehmer hat bereits seinen vollen Jahresurlaub genommen. Dennoch möchte er in diesem Jahr noch eine Woche Urlaub haben und teilt mit, er nehme diese Woche im Vorgriff auf den Urlaub im nächsten Jahr. Ist das rechtlich möglich?

Ergebnis: Urlaubsjahr ist das Kalenderjahr.[76] Urlaub im Vorgriff auf die im nächsten Jahr entstehenden Urlaubsansprüche ist nicht möglich. Damit würden trotz Gewährung von einer weiteren Woche bezahlten Urlaubs im nächsten Jahr die vollen Urlaubsansprüche entstehen. Hierauf kann der Arbeitnehmer auch nicht wirksam verzichten, weil die Ansprüche unabdingbar sind.[77] Hat der Arbeitgeber dennoch den Urlaub gewährt, kann er nicht gegen den für das nächste Kalenderjahr zu gewährenden Urlaubsanspruch mit Rückforderungsansprüchen aus ungerechtfertigter Bereicherung[78] wegen zu viel gewährten Urlaubs aufrechnen.[79]

74 § 3 Abs. 1 BUrlG.
75 § 3 Abs. 2 BUrlG.
76 §§ 1, 7 Abs. 3 Satz 1 BUrlG.
77 § 13 Abs. 1 Satz 1 BUrlG.
78 § 812 BGB.
79 § 814 BGB.

Praxistipp: Der Arbeitgeber kann dem Arbeitnehmer eine Woche unbezahlten Urlaub anbieten.

52.3 Freistellung bei Beendigung des Arbeitsverhältnisses unter Fortzahlung der Vergütung und Anrechnung auf Urlaubsansprüche

Sachverhalt: Ein Arbeitgeber kündigt im Herbst eines Jahres unter Einhaltung der ordentlichen Kündigungsfrist dem Arbeitnehmer zum Ablauf des 31.3. des Folgejahres. Er stellt ihn bis zum Ablauf der Kündigungsfrist unter Fortzahlung der Vergütung und unter Anrechnung auf die Urlaubsansprüche von der Arbeitsleistung frei.

Sind auf diese Freistellung auch die im Folgejahr anteilig entstehenden Urlaubsansprüche zu verrechnen?

Ergebnis: Erfolgt eine unwiderrufliche Freistellung über das Jahresende, kann diese unter Anrechnung der aktuellen Urlaubsansprüche, aber auch der erst für das nächste Urlaubsjahr entstehenden anteiligen Urlaubsansprüche erfolgen. Allerdings muss die Erklärung des Arbeitgebers so deutlich sein, dass dies der Arbeitnehmer auch erkennen kann, sonst erlöschen die im nächsten Jahr anteilig entstehenden Urlaubsansprüche nicht.

Praxistipp: Die Freistellungserklärung könnte lauten:

»Hiermit stellen wir Sie bis zum Ablauf der Kündigungsfrist (z. B. 31.3.) unter Fortzahlung ihrer Vergütung unwiderruflich unter Verrechnung Ihrer aktuellen und anteilig für das Folgejahr noch entstehenden Urlaubsansprüche von der Arbeitsleistung frei.«

52.4 Urlaubsanspruch bei Beendigung des Arbeitsverhältnisses

Sachverhalt: Ein Arbeitgeber hat am 7.1. einen Arbeitnehmer eingestellt und ihm im gleichen Jahr gekündigt. Ein Tarifvertrag gilt nicht. Der Arbeitgeber gewährt seinen Mitarbeitern 30 Urlaubstage im Kalenderjahr. Der gekündigte Mitarbeiter hat noch keinen Urlaub genommen.

Wie viele Urlaubstage stehen dem Mitarbeiter zu bei Beendigung des Arbeitsverhältnisses zum

1. 15.6. oder
2. zum 31.7.?

Ergebnis

1. Da hier nicht ersichtlich ist, dass der über den gesetzlichen Mindesturlaub von 4 Wochen hinausgehende Urlaubsanspruch gesonderten Vorschriften unterliegt (d. h. vom Mindesturlaub abgekoppelt ist), ist auf den gesamten Urlaubsanspruch das BUrlG anzuwenden. Anders wäre es, wenn es für den übergesetzlichen Urlaub Sonderregelungen, z. B. in einem anzuwendenden Tarifvertrag oder im Arbeitsvertrag gäbe, dieser also vom Mindesturlaub »abgekoppelt« wäre, was zulässig ist. Nach § 5 Abs. 1 Buchst. a BUrlG entsteht der Urlaubsanspruch für jeden vollen Monat des Bestehens des Arbeitsverhältnisses anteilig. Da das Gesetz lediglich von »Monaten« und nicht von »Kalendermonaten« spricht, geht es um volle Beschäftigungsmonate. Hier wurde das Arbeitsverhältnis am 7.1. begründet, weshalb bei Beendigung des Arbeitsverhältnisses am 15.6. 5 Beschäftigungsmonate voll sind. Die 6-monatige Wartezeit des § 4 BUrlG ist nicht erfüllt. Damit ist zu zwölfteln: 30 Urlaubstage : 12 Monate × 5 Beschäftigungsmonate = 12,5 Urlaubstage.[80] Dieser Anspruch ist auf 13 Urlaubstage aufzurunden.[81]
2. Die Wartezeit des § 4 BUrlG ist erfüllt. Da das Arbeitsverhältnis aber nicht in der ersten Kalenderjahreshälfte, sondern in der zweiten zu Ende geht, wird nicht nach § 5 Abs. 1 Buchst. c BUrlG gezwölftelt. Der Arbeitnehmer hat folglich einen Anspruch auf 30 Urlaubstage.

Hinweis: Im Fall 1 kann sich der Arbeitnehmer den Urlaub auch nur anteilig gewähren lassen. Das ist seine Entscheidung. Nimmt er den vollen Urlaub im alten Arbeitsverhältnis bzw. lässt er sich den nicht genommenen vollen Urlaub gemäß § 7 Abs. 4 BUrlG abgelten, hat er allerdings in einem neuen Arbeitsverhältnis, das er im gleichen Kalenderjahr begründet, entsprechend den überproportional gewährten Urlaubstagen im alten Arbeitsverhältnis keine Urlaubsansprüche gegen seinen neuen Arbeitgeber.[82] Auf diese Rechtsfolge kann der alte Arbeitgeber hinweisen.

§ 6 Abs. 1 BUrlG ist eine sog. »negative Anspruchsvoraussetzung«. Der Arbeitnehmer muss gegenüber dem neuen Arbeitgeber darlegen und beweisen, dass ihm der frühere Arbeitgeber nicht bereits den Urlaub für das volle Kalenderjahr erteilt oder abgegolten hat.[83]

Der alte Arbeitgeber ist bei Beendigung des Arbeitsverhältnisses verpflichtet, dem Arbeitnehmer eine Bescheinigung über den im laufenden Kalenderjahr gewährten oder abgegoltenen Urlaub zu erteilen.[84]

80 § 5 Abs. 1 Buchst. a BUrlG.
81 § 5 Abs. 2 BUrlG.
82 § 6 Abs. 1 BUrlG.
83 BAG, Urteil v. 16.12.2014, 9 AZR 295/13.
84 § 6 Abs. 2 BUrlG.

Praxistipp: Bei Begründung eines Arbeitsverhältnisses im laufenden Kalenderjahr sollte der neue Arbeitgeber vom eingestellten Arbeitnehmer eine Bescheinigung des früheren Arbeitgebers nach § 6 Abs. 2 BUrlG über den genommenen oder abgegoltenen Urlaub verlangen.

52.5 Urlaubsanspruch bei Beendigung des Arbeitsverhältnisses, voller Urlaubsanspruch

Sachverhalt: Ein Arbeitsverhältnis begann am 1.7. und endete zum Ablauf des 2.1. des Folgejahres. Der Arbeitnehmer hatte keinen Urlaub. Sein Arbeitgeber zahlte Urlaubsabgeltung für die Hälfte der jährlichen Urlaubstage (6/12), der Arbeitnehmer meint jedoch, weil er die Wartezeit des § 4 BUrlG erfüllt habe, stehe ihm der komplette Jahresurlaub zu.

Steht dem Arbeitnehmer Urlaubsabgeltung für 6/12 oder für 12/12 Urlaubstage zu?

Ergebnis: Dem Arbeitnehmer steht nur Urlaubsabgeltung für 6/12 Urlaubstage zu. Nach § 4 BUrlG wird der volle Urlaubsanspruch erstmalig *nach* 6-monatigem Bestehen des Arbeitsverhältnisses erworben (Wartezeit). Nach dem BAG[85] zeigt die Formulierung »*nach* 6-monatigem Bestehen«, dass der volle Urlaubsanspruch nicht bereits »*mit* 6-monatigem Bestehen« erworben wird und der Ablauf der Wartezeit und das Entstehen des Vollurlaubsanspruchs damit nicht zusammenfallen. § 5 Abs. 1 Buchst. a BUrlG nimmt auf die Wartezeit des § 4 BUrlG Bezug und regelt, dass ein Teilurlaubsanspruch dann entsteht, wenn wegen der Nichterfüllung kein Vollurlaubsanspruch erworben wird. Da Urlaubsjahr jeweils das Kalenderjahr ist, können die 2 Tage Fortbestand des Arbeitsverhältnisses im Folgejahr keine Rolle spielen. Hinsichtlich des Urlaubsanspruchs im Folgejahr hat der Arbeitnehmer zwar die Wartezeit erfüllt. Nach § 5 Abs. 1 Buchst. c BUrlG schied er jedoch nach erfüllter Wartezeit in der ersten Hälfte dieses Kalenderjahres aus, weshalb ihm nur ein Anspruch auf 1/12 des Jahresurlaubs für jeden vollen Monat des Bestehens des Arbeitsverhältnisses in diesem Jahr zusteht. Da das Arbeitsverhältnis jedoch im Folgejahr keinen Monat bestand, erwarb der Arbeitnehmer hierfür nur 0/12, also keinen Urlaubsanspruch.

Folglich steht dem Arbeitnehmer nur Urlaubsabgeltung für 6/12 Urlaubstage zu.

Hinweis: Wird ein Arbeitsverhältnis mit Wirkung zum oder nach dem 1.7. eines Jahres begründet, kann der Arbeitnehmer in diesem Jahr nach § 4 BUrlG keinen vollen Urlaubsanspruch erwerben.

---

85 BAG, Urteil v. 17.11.2015, 9 AZR 179/15.

52.6 Urlaubsanspruch bei Arbeitsunfähigkeit

Sachverhalt: Ein Arbeitnehmer war vom 1.1. eines Jahres bis zum 20.3. des Folgejahres arbeitsunfähig erkrankt. Am 21.3. des Folgejahres fordert er den Jahresurlaub aus dem vergangenen Jahr. Ein Tarifvertrag gilt nicht.

Hat der Mitarbeiter den Anspruch?

Ergebnis: Der Arbeitnehmer hat im Vorjahr den vollen Jahresurlaubsanspruch erworben, obwohl er an keinem einzigen Tag gearbeitet hat. Denn für den Erwerb des Urlaubsanspruchs kommt es nicht auf die geleistete Arbeit, sondern lediglich auf den rechtlichen Bestand des Arbeitsverhältnisses an.[86] Urlaubsjahr ist das Kalenderjahr. Weil sich aber Krankheit und Urlaub ausschließen, konnte der Urlaub im Urlaubsjahr nicht genommen werden. Deshalb ist der Anspruch auf das neue Kalenderjahr vollständig übergegangen.[87] Er muss jedoch grundsätzlich in den ersten 3 Monaten des neuen Kalenderjahres (Übertragungszeitraum) genommen (nicht nur angetreten) werden. Sonderregelungen durch Tarifvertrag[88] oder Arbeitsvertrag[89] zugunsten der Arbeitnehmer sind möglich.

Kann ein Mitarbeiter wie hier seinen Urlaub wegen Krankheit nicht nehmen, verfällt der Urlaub, der bis 31.3. nicht genommen werden kann, nach der Rechtsprechung des EuGH und ihm folgend des BAG nicht und kann auch noch nach dem Ende des Übertragungszeitraums in diesem Kalenderjahr genommen werden.

Hinweis: Endet ein Arbeitsverhältnis und ist der Arbeitnehmer zu diesem Zeitpunkt arbeitsunfähig erkrankt, ist der Arbeitgeber verpflichtet, noch offene Urlaubsansprüche nach § 7 Abs. 4 BUrlG abzugelten. Es spielt dabei keine Rolle, ob der Arbeitnehmer noch arbeitsunfähig krank ist oder nicht, denn die Surrogatstheorie des BAG, die früher zu einem anderen Ergebnis führte, wurde mittlerweile aufgegeben. Damit ist der Abgeltungsanspruch ein reiner Zahlungsanspruch.

52.7 Übertragung des Anspruchs auf das Folgejahr nach Langzeiterkrankung

Sachverhalt: Ein Arbeitnehmer war am Stück 1,5 Jahre arbeitsunfähig krank. Seit Juli ist er wieder gesund. Aus dem Vorjahr und dem aktuellen Jahr sind jeweils noch 30 Urlaubstage offen.

86 §§ 1, 4 BUrlG.
87 § 7 Abs. 3 Satz 2 BUrlG.
88 § 13 Abs. 1 Sätze 1 und 2 BUrlG.
89 § 13 Abs. 1 Satz 3 BUrlG.

Muss er diese 60 Urlaubstage im aktuellen Jahr nehmen oder kann er auch Urlaubsansprüche ins nächste Jahr mitnehmen?

Ergebnis: Urlaubsjahr ist das Kalenderjahr.[90] Deshalb muss der Urlaub, auch wenn er aus Zeiten einer Langzeiterkrankung resultiert, im laufenden Kalenderjahr genommen werden, sofern dies möglich ist.[91] Dies ist dem Arbeitnehmer hier möglich, weil er rechtzeitig gesundet ist. Er muss seinen kompletten offenen Urlaub (60 Urlaubstage) also im aktuellen Jahr nehmen. Geschieht dies nicht, verfällt grundsätzlich der noch offene Resturlaub mit Ablauf des Urlaubsjahres.

Hinweis: Nur wenn ein Übertragungstatbestand nach § 7 Abs. 3 Satz 2 BUrlG vorliegt oder der Arbeitgeber seiner Hinweisobliegenheit nicht nachgekommen ist, wird ein Urlaubsanspruch nach den BUrlG auf das folgende Kalenderjahr übertragen. Hiervon zugunsten des Arbeitnehmers abweichende Sonderregelungen sind durch Tarifvertrag, teilweise auch durch Betriebsvereinbarung oder Arbeitsvertrag möglich.

52.8 Langzeiterkrankung, Verfall

Sachverhalt: Eine Arbeitnehmerin hat früher 5 Tage in der Woche gearbeitet und ist seit 1.1.2021 ununterbrochen arbeitsunfähig erkrankt.

Wie viele Urlaubstage kann sie nach dem BUrlG beanspruchen, wenn sie Anfang Januar 2024 wieder gesund wird?

Ergebnis: Nach dem Urteil des EuGH vom 22.11.2011[92] wird der Erholungszweck des Urlaubs durch eine Vervielfältigung des Urlaubsanspruchs nicht erhöht. Zudem besteht bei einer unbegrenzten Anhäufung von Urlaubsansprüchen und der Pflicht zu entsprechenden Rückstellungen in den Bilanzen die Gefahr eines Kündigungsanreizes für den Arbeitgeber. Deshalb sind nach der obigen Entscheidung Regelungen möglich, den Urlaub, der wegen Krankheit nicht genommen werden kann, auf 15 Monate nach Ablauf des Urlaubsjahres, für den der Urlaubsanspruch entstanden ist, zu begrenzen.

Nach dem Urteil des BAG vom 7.8.2012[93] ist § 7 Abs. 3 Satz 3 BUrlG europarechtskonform auszulegen mit dem Ergebnis, dass Urlaubsansprüche bei durchgehender Arbeitsunfähigkeit spätestens 15 Monate nach Ende des Urlaubsjahres untergehen.

90 § 1 BUrlG.
91 § 7 Abs. 3 Satz 1 BUrlG.
92 EuGH, Urteil v. 22.11.2011, C 214/10, Schulte.
93 BAG, Urteil v. 7.8.2012, 9 AZR 353/10.

Das bedeutet vorliegend: Die Arbeitnehmerin hat nach dem Bundesurlaubsgesetz pro Kalenderjahr folgenden Urlaubsanspruch: 24 Werktage: 6 Werktage : Woche x 5 Arbeitstage : Woche=20 Urlaubstage.

Der Urlaub aus dem Urlaubsjahr 2021 konnte wegen der Erkrankung nicht genommen werden und ging nach der Rechtsprechung mit Ablauf des 31.3.2023 unter (15 Monate nach Ablauf des Urlaubsjahres 2021), wenn der Arbeitgeber seiner Hinweisobliegenheit nachgekommen ist.

Der Anspruch auf 20 Urlaubstage für das Kalenderjahr 2022 ist bei Genesung der Arbeitnehmerin im Januar 2024 noch nicht verfallen, muss aber bis spätestens 31.3.2024 genommen sein, sonst geht der nicht genommene Teil unter, wenn der Arbeitgeber seiner Hinweisobliegenheit nachgekommen ist.

Den Urlaub für das Kalenderjahr 2023 kann die Arbeitnehmerin bis 31.3.2025 nehmen, den Urlaub für das Jahr 2024 das ganze Jahr 2024.

52.9 Urlaubsanspruch bei doppelter Elternzeit

Sachverhalt: Eine Arbeitnehmerin hat bei Beginn ihrer Elternzeit noch 10 Urlaubstage offen. Während ihrer Elternzeit bekommt sie ein zweites Kind und schließt mit einer zweiten Elternzeit direkt an die erste an.

Was geschieht mit ihrem bei Beginn der ersten Elternzeit noch offenen Urlaubsanspruch?

Ergebnis: Mit Urteil vom 20.5.2008[94] hat das BAG die frühere anderslautende Rechtsprechung geändert: Der vor Beginn der ersten Elternzeit noch offene Urlaub kann auch noch nach der zweiten Elternzeit im laufenden Jahr oder im nächsten Urlaubsjahr genommen werden.

52.10 Urlaubsanspruch bei vorzeitiger Beendigung der Elternzeit zur Inanspruchnahme der Schutzfristen und anschließender erneuter Elternzeit wegen eines weiteren Kindes

Sachverhalt: Eine Arbeitnehmerin befindet sich in Elternzeit. Sie teilt ihrem Arbeitgeber mit, sie beende diese Elternzeit vorzeitig mit Ablauf des 24.6., um ab 25.6. Schutz-

94 BAG, Urteil v. 20.5.2008, 9 AZR 219/07.

fristen wegen der Geburt eines weiteren Kindes nach § 3 MuSchG in Anspruch zu nehmen. Sie entbindet am 6.8. Die Schutzfrist nach § 3 Abs. 2 MuSchG endet am 2.10. Ab 3.10. nimmt sie erneut Elternzeit wegen des weiteren Kindes. Wie wirkt sich das auf ihren Urlaubsanspruch aus?

Ergebnis: Nach § 16 Abs. 3 Satz 3 BEEG kann die Elternzeit wegen der Inanspruchnahme der Schutzfristen vorzeitig beendet werden. Das hat Einfluss auf den Urlaubsanspruch der Arbeitnehmerin. Denn dieser entsteht nach Ablauf der Wartezeit des § 4 BUrlG bereits zu Beginn eines Jahres voll, kann aber nach § 17 Abs. 1 BEEG vom Arbeitgeber für jeden vollen Kalendermonat der Elternzeit um ein Zwölftel gekürzt werden. Durch die vorzeitige Beendigung der Elternzeit mit Ablauf des 24.6. kann der Urlaubsanspruch für dieses Jahr wegen der alten Elternzeit lediglich um 5/12 (Januar bis einschließlich Mai) und wegen der neuen Elternzeit nur um 2/12 (November und Dezember) gekürzt werden, was dazu führt, dass die Arbeitnehmerin 5/12 des Jahresurlaubs allein wegen der vorzeitigen Beendigung der Elternzeit behält. Diesen Urlaub kann sie dann, wie oben dargestellt, nach der weiteren Elternzeit in diesem oder im darauffolgenden Jahr nehmen.

Hinweis: Diese Vorgehensweise ist für eine Arbeitnehmerin attraktiv, weil durch die vorzeitige Beendigung der vorherigen Elternzeit die Kürzungsmöglichkeit des Urlaubs für den Arbeitgeber reduziert wird und die Arbeitnehmerin ihre Schutzfristen nebst den Ansprüchen auf Zuschuss zum Mutterschaftsgeld nach § 20 MuSchG voll in Anspruch nehmen kann. Zudem kann sie den nicht genommenen Teil der früheren Elternzeit später nehmen.

52.11 Urlaubsanspruch, erweiterter Zeitraum nach dem Mutterschutzgesetz, nachfolgende Elternzeit mit anschließender Arbeitsunfähigkeit

Sachverhalt: Eine Arbeitnehmerin war im Frühjahr 2021 arbeitsunfähig krank. Im Anschluss war sie schwanger. Es folgten Beschäftigungsverbote nach dem MuSchG. Nahtlos an die Schutzfrist nach der Geburt ihres Kindes hatte sie bis zum 10.12.2022 Elternzeit. Danach war sie bis 31.12.2023 arbeitsunfähig krank. Das Arbeitsverhältnis endete mit Ablauf des 8.1.2024. Anschließend stritten sich die Parteien um die Frage, ob die Klägerin für 2021 Urlaubsabgeltung beanspruchen kann oder dieser Anspruch verfallen sei.

Ergebnis: Nach § 24 Satz 2 MuSchG, § 17 Abs. 2 BEEG kann nicht genommener Urlaub nach Ablauf des Beschäftigungsverbots während der Schwangerschaft bzw. der Elternzeit im laufenden oder im Folgejahr genommen werden, hier also bis Ende 2023. Da die Arbeitnehmerin aber zu diesem Zeitpunkt arbeitsunfähig krank war, wurde der

Urlaub aus 2021 gemäß § 7 Abs. 3 Satz 2 BUrlG zumindest bis zum 31.3.2024 übertragen. Da das Arbeitsverhältnis aber bereits mit Ablauf des 8.1.2024 endete, war der zu diesem Zeitpunkt noch bestehende Urlaub nach § 7 Abs. 4 BUrlG abzugelten.[95]

52.12 Urlaubsanspruch Teilzeitbeschäftigte

Sachverhalt: Ein Arbeitgeber gewährt seinen Mitarbeitern, die 5 Tage in der Woche beschäftigt sind, 30 Arbeitstage Urlaub im Kalenderjahr. Eine teilzeitbeschäftigte Mitarbeiterin arbeitet 2 Tage in der Woche.

Wie hoch ist der Urlaubsanspruch, den die Mitarbeiterin jährlich erwirbt?

Ergebnis: Wenn Mitarbeiter, die 5 Tage in der Woche beschäftigt sind, 30 Urlaubstage im Kalenderjahr erwerben, lautet die Formel:

Formel
30 Urlaubstage: 5 Tage x 2 Arbeitstage = 12 Urlaubstage

52.13 Urlaubsanspruch bei Wechsel von Vollzeit in Teilzeit während des Urlaubsjahrs, vor dem Wechsel wurde noch kein Urlaub genommen

Sachverhalt: Ein Arbeitgeber gewährt seinen vollzeitbeschäftigten Arbeitnehmern, die 5 Tage in der Woche beschäftigt sind, 30 Arbeitstage Urlaub im Kalenderjahr. Eine vollzeitbeschäftigte Arbeitnehmerin wechselt zum 1.7. in eine Teilzeitbeschäftigung und

1. arbeitet weiter an 5 Tagen in der Woche, allerdings täglich nur noch 4 Stunden;
2. arbeitet 2 Tage in der Woche.

In beiden Fällen hat sie noch keinen Urlaub genommen. Im Herbst will sie Urlaub nehmen.

Auf wie viele Urlaubstage hat die Arbeitnehmerin dann Anspruch?

Ergebnis

1. Dieser Fall ist hinsichtlich der Urlaubsdauer unproblematisch (zum Urlaubsentgelt siehe unten). Die Arbeitnehmerin arbeitet nach wie vor mit einer 5-Tage-Woche und hat deshalb Anspruch auf 30 Arbeitstage Urlaub.

95 BAG, Urteil v. 15.12.2015, 9 AZR 52/15.

2. Für die Berechnung der Urlaubsdauer ist in diesem Fall die Zeit entscheidend, in der der Arbeitnehmer Urlaub nehmen will. Das ist der Herbst, in dem die Mitarbeiterin 2 Tage die Woche arbeitet. Wichtig ist zudem zu wissen, dass das Bundesurlaubsgesetz den Urlaub nicht nach Stunden berechnet, sondern nach Tagen, die aber im Verhältnis zur Woche gesetzt werden.[96] Da die Mitarbeiterin zuvor noch keinen Urlaub genommen hat und Mitarbeiter, die 5 Tage in der Woche beschäftigt sind, 30 Urlaubstage im Kalenderjahr – und damit 6 Wochen Urlaub – erwerben, würde die Formel lauten:
   30 Urlaubstage : 5 Tage x 2 Arbeitstage = 12 Arbeitstage Urlaub, was genau 6 Wochen Urlaub entspricht.
   Allerdings hat der Europäische Gerichtshof in 2 Entscheidungen, die in der Fachliteratur Tirol I und Tirol II genannt werden[97], entschieden, eine solche Umrechnung (Quotierung pro-rata-temporis) des noch nicht genommenen Urlaubsanspruchs aus der Vollzeittätigkeit sei mit dem Unionsrecht nicht vereinbar. Der pro-rata-temporis-Grundsatz dürfe zwar grundsätzlich bei Teilzeitbeschäftigten angewendet werden, aber nicht nachträglich auf einen Anspruch, der in der Zeit der Vollzeitbeschäftigung erworben worden sei. Dies gelte aber nur, wenn der Arbeitnehmer tatsächlich nicht die Möglichkeit gehabt habe, den Urlaub vor dem Wechsel zu nehmen. Dem ist das BAG gefolgt.[98]

Hinweis: Das BUrlG stammt aus dem Jahr 1963 und ist nicht mehr zeitgemäß. Für die heutigen Probleme bei Teilzeitbeschäftigten bietet es keine sachgerechten Ergebnisse. Im Endeffekt geht es hier darum, Arbeitnehmer nicht wegen Veränderungen der Arbeitstage zu benachteiligen.

Wichtig: Das BAG[99] berechnet den Jahresurlaub unter Berücksichtigung der einzelnen Zeitabschnitte der Beschäftigung als Summe mehrerer Teil-Urlaubs-Ansprüche und wendet folgende Formel an:

Urlaubstage bei einer 5-Tage Woche/Jahr x Anzahl der Tage mit Arbeitspflicht : 260 Arbeitstage (bei einer 5-Tage Woche und 52 Wochen/Jahr) = Urlaubsanspruch

- Tage, an denen der Arbeitnehmer tatsächlich gearbeitet hat, sowie
- Tage mit bloßen »punktuellen Arbeitsausfällen« wie gesetzliche Feiertage, krankheitsbedingte Arbeitsunfähigkeit i. S. d. § 1 EFZG, Freistellung zu Bildungsveranstaltungen, vorübergehende Verhinderung i. S. d. § 616 BGB, Suspendierungen nach §§ 2, 3 PflegeZG, Beschäftigungsverbot nach dem MuSchG[100] und selbstverständlich

96 § 3 Abs. 1 und 2 BUrlG.
97 EuGH, Urteil v. 22.4.2010, C-486/08, Tirol und EuGH, Urteil v. 13.6.2013, C 415/12, Brandes.
98 BAG, Urteil v. 10.2.2015, 9 AZR 53/14 (F).
99 Vgl. BAG, Urteil v. 19.3.1019, 9 AZR 406/17; BAG, Urteil v. 21.5.2019, 9 AZR 259/18.
100 BAG, Urteil v. 19.3.2019, 9 AZR 406/17, Rzn. 32, 37.

- Tage, an denen der Arbeitnehmer bezahlten Erholungsurlaub nimmt.

Das bedeutet im vorliegenden Fall, wenn er sich im Jahr 2024 abspielt:

30 Urlaubstage (bei einer 5-Tage Woche/Jahr x 182 Tage mit Arbeitspflicht (130 Tage vom 1.1. bis einschl. 30.6.+52 Arbeitstage ab 1.7. bis zum Jahresende) : 260 Arbeitstage bei einer 5-Tage Woche=21 Urlaubstage

52.14 Urlaubsanspruch bei Wechsel von Vollzeit in Teilzeit während des Urlaubsjahres mit weniger Arbeitstagen als zuvor, vor dem Wechsel wurde teilweise Urlaub genommen

Sachverhalt: Ein Arbeitgeber gewährt seinen vollzeitbeschäftigten Arbeitnehmern, die 5 Tage in der Woche beschäftigt sind, 30 Arbeitstage Urlaub im Kalenderjahr.

Eine vollzeitbeschäftigte Mitarbeiterin wechselt zum 1.7. in eine Teilzeitbeschäftigung und arbeitet 2 Tage in der Woche, ohne dass es auf die Stundenzahl ankommt. Sie hat zu diesem Zeitpunkt bereits 10 Arbeitstage Urlaub genommen. Im Herbst will sie Urlaub nehmen.

Auf wie viele Urlaubstage hat die Arbeitnehmerin Anspruch?

Ergebnis nach obiger Formel des BAG: 30 Urlaubstage (bei einer 5-Tage Woche/Jahr x 182 Tage mit Arbeitspflicht (130 Tage vom 1.1. bis einschl. 30.6.+52 Arbeitstage ab 1.7. bis zum Jahresende) : 260 Arbeitstage bei einer 5-Tage Woche=21 Urlaubstage

Davon sind 10 Urlaubstage genommen, es verbleiben folglich 11 Urlaubstage.

Hinweis: Wenn die Arbeitnehmerin bereits zu Beginn des Jahres 30 Urlaubstage genommen hätte, wäre eine Rückforderung von Urlaubsentgelt ausgeschieden.[101]

101 BAG, Urteil v. 30.11.2021, 9 AZR 225/21, Rz. 33.

52.15 Urlaubsanspruch im umgekehrten Fall Greenfield: Wechsel von Teilzeit in Vollzeit während des Urlaubsjahres mit mehr Arbeitstagen als zuvor, vor dem Wechsel wurde teilweise Urlaub genommen

Sachverhalt: Ein Arbeitgeber gewährt seinen vollzeitbeschäftigten Arbeitnehmern, die 5 Tage in der Woche beschäftigt sind, 30 Arbeitstage Urlaub im Kalenderjahr.

Eine mit einem Arbeitstag in der Woche teilzeitbeschäftigte Arbeitnehmerin wechselt zum 1.7. in eine Vollzeitbeschäftigung und arbeitet 5 Tage in der Woche, ohne dass es auf die Stundenzahl ankommt. Sie hat zu diesem Zeitpunkt bereits 6 Arbeitstage Urlaub genommen.

Im Herbst will sie Urlaub nehmen. Auf wie viele Urlaubstage hat sie Anspruch?

Bisheriges **Ergebnis:** Für die Berechnung der Urlaubsdauer war die Zeit entscheidend, in der die Arbeitnehmerin Urlaub nehmen will. Das ist der Herbst, in dem sie 5 Tage die Woche arbeitet. Allerdings hatte sie bereits vor dem Wechsel ihren 6-wöchigen Jahresurlaub. Nach dem BUrlG stünde ihr damit kein Urlaubsanspruch mehr zu.

Ergebnis nach der EuGH-Entscheidung »Greenfield«[102]: Die Arbeitnehmerin hat in Teilzeit für ein halbes Jahr anteilig 6 Wochen x 1 Tag : 2=3 Arbeitstage Urlaub erworben. In der zweiten Kalenderjahreshälfte hat sie 30 Arbeitstage bei einer 5-Tage-Woche : 2=15 Arbeitstage Urlaub erworben. Addiert ergeben sich somit für das Kalenderjahr 18 Urlaubstage. Hiervon hat die Arbeitnehmerin 6 Tage im Frühjahr genommen, weshalb ihr im Herbst noch 12 Urlaubstage übrig bleiben.

Ergebnis nach obiger Formel des BAG: 30 Urlaubstage (bei einer 5-Tage Woche/Jahr x 156 Tage mit Arbeitspflicht (26 Arbeitstage vom 1.1. bis einschl. 30.6.+130 Arbeitstage ab 1.7. bis zum Jahresende) : 260 Arbeitstage bei einer 5-Tage Woche=21 Urlaubstage

Davon sind bereits 6 Urlaubstage genommen. Damit verbleiben 15 Urlaubstage.

52.16 Urlaubsentgelt bei Wechsel von Vollzeit in Teilzeit mit gleich vielen Arbeitstagen wie zuvor, aber reduzierter Stundenzeit, während des Urlaubsjahres

Sachverhalt: Ein Arbeitgeber gewährt seinen vollzeitbeschäftigten Arbeitnehmern, die 5 Tage in der Woche beschäftigt sind, 30 Arbeitstage Urlaub im Kalenderjahr. Eine

102 EuGH, Urteil v. 11.11.2015, C 219/14.

vollzeitbeschäftigte Arbeitnehmerin wechselt zum 1.7. in eine Teilzeitbeschäftigung und arbeitet an 5 Tagen in der Woche jeweils nur halbtags. Im Herbst will sie Urlaub nehmen. Wie hoch ist ihr Urlaubsentgelt?

Bisheriges **Ergebnis:** Da die Mitarbeiterin im Herbst immer noch, wie früher, 5 Tage in der Woche arbeitet, hat sie 30 Arbeitstage Urlaub. Für die Berechnung des Urlaubsentgelts gilt § 11 BurlG, wenn keine tarifvertragliche Sondervorschrift besteht. Danach bemisst sich das Urlaubsentgelt nach dem durchschnittlichen Arbeitsverdienst der letzten 13 Wochen vor Beginn des Urlaubs mit Ausnahme des zusätzlich für Überstunden gezahlten Arbeitsverdienstes. In dieser Zeit hat die Arbeitnehmerin aber nur halbtags gearbeitet.

Deshalb das konsequente Ergebnis des BAG:[103] Das Urlaubsentgelt eines Arbeitnehmers, der nach der Verringerung seiner wöchentlichen Regelarbeitszeit seinen Urlaub antritt, ist auch in den Fällen nach dem Entgeltausfallprinzip zu bemessen, in denen der Urlaub aus der Zeit vor der Arbeitszeitreduzierung stammt.

Das bedeutet für den vorliegenden Fall: Das Urlaubsentgelt für den Urlaub aus der Vollzeit darf nicht auf Basis der reduzierten Teilzeitvergütung berechnet werden, sondern der Arbeitgeber muss für die Hälfte des Urlaubs (15 Arbeitstage) Vollzeitvergütung zahlen. Die diesem Ergebnis entgegenstehende tarifvertragliche Regelung[104] erklärte das BAG in der zitierten Entscheidung wegen mittelbarer Benachteiligung von Teilzeitkräften für nichtig.

52.17 Anspruch auf bezahlten Urlaub für die Zeit unbezahlten Sonderurlaubs, Sabbatical?

Sachverhalt: Ein Arbeitnehmer beantragt unbezahlten Sonderurlaub vom 11.3. bis zum 30.9., um eine Weltreise zu unternehmen. Ein Tarifvertrag findet keine Anwendung. Arbeitsvertraglich ist keine Regelung hierzu vorhanden.

Muss der Arbeitgeber den unbezahlten Urlaub gewähren und erwirbt der Arbeitnehmer während der »Auszeit« einen Urlaubsanspruch?

Ergebnis: Ein Arbeitgeber muss nur dann unbezahlten Urlaub gewähren, wenn es eine spezielle Regelung gibt, die dem Arbeitnehmer diesen Anspruch einräumt.

---

103 BAG, Urteil v. 20.3.2018, 9 AZR 486/17.
104 § 26 Abs. 1 Satz 1 und § 21 Satz 1 TV-L.

Eine solche kann sich allenfalls aus einem geltenden Tarifvertrag oder dem Arbeitsvertrag ergeben.

Ist dies – wie hier – nicht der Fall, gilt der Grundsatz der Vertragsfreiheit: Damit liegt es am Arbeitgeber, ob er mit dem »Angebot« des Arbeitnehmers, in der dargestellten Zeit unbezahlten Sonderurlaub nehmen zu wollen, einverstanden ist (»Annahme«). Wenn »ja«, kommt ein Vertrag über den unbezahlten Urlaub im vereinbarten Zeitraum zustande, wenn »nein«, nicht. Die Parteien können sich natürlich auch über einen unbezahlten Sonderurlaub von anderer Dauer und/oder anderer Zeit einigen, indem der Arbeitgeber einen anderen Vorschlag macht und der Arbeitnehmer diesen – u. U. nach längeren Verhandlungen – annimmt.

Nach dem Gesetzeswortlaut des BUrlG erwirbt ein Arbeitnehmer eigentlich auch während der unbezahlten »Auszeit« einen Anspruch auf (bezahlten, »normalen«) Urlaub, weil es für die Entstehung des Urlaubsanspruchs nicht darauf ankommt, ob tatsächlich gearbeitet wird. So hatte das BAG noch mit Urteil v. 6.5.2014[105] entschieden, dass auch für die Zeit des unbezahlten Urlaubs ein Anspruch auf gesetzlichen Erholungsurlaub entstehe.

Inzwischen sieht das BAG das jedoch anders und führt im Urteil vom 21.5.2019[106] aus:

Ist die Arbeitszeit nicht das gesamte Kalenderjahr über gleichmäßig auf weniger oder mehr als 6 Wochentage verteilt, ist für die Umrechnung der Zeitabschnitt heranzuziehen, in dem die regelmäßige wöchentliche Arbeitszeit im Durchschnitt erreicht wird. Bei einer über das Kalenderjahr ungleichmäßigen Verteilung der Arbeitszeit wird jahresbezogen die für den Arbeitnehmer maßgebliche Anzahl der Arbeitstage mit der Anzahl der Werktage ins Verhältnis gesetzt. Auch bei einer unterjährigen Änderung der Arbeitszeitregelung ist eine jahresbezogene Betrachtung anzustellen, die die Anzahl der in den einzelnen Zeitabschnitten vorgesehenen Arbeitstage berücksichtigt.[107] Die Umrechnung des nach § 3 Abs. 1 BUrlG in Werktagen bemessenen Urlaubs in Arbeitstage ist grundsätzlich auch dann vorzunehmen, wenn die Arbeitsvertragsparteien ihre Hauptleistungspflichten durch die Vereinbarung von Sonderurlaub suspendieren. Der Zeitraum des Sonderurlaubs ist bei der Berechnung des Urlaubsanspruchs mit »null« Arbeitstagen in Ansatz zu bringen.[108]

Dies führt zu folgender Formel bei einer 5-Tage Woche im Urlaubsjahr:

Urlaubstage bei einer 5-Tage Woche x Anzahl der Tage mit Arbeitspflicht : 260 Arbeitstage (entspricht 52 Wochen mit 5- Arbeitstagen) = Urlaubsanspruch

105 BAG, Urteil v. 6.5.2014, 9 AZR 678/12.
106 BAG, Urteil v. 21.5.2019, 9 AZR 259/18, Rz. 13.
107 BAG, Urteil v. 19.3.2019, 9 AZR 406/17, Rz. 29.
108 BAG, Urteil v. 19.3.2019, 9 AZR 406/17, Rz. 35.

Dabei werden die Tage des unbezahlten Urlaubs nicht als Tage mit Arbeitspflicht gesehen. Schließlich habe die Parteien die bisherige Arbeitszeitregelung einvernehmlich vorübergehend aufgehoben. Zudem besteht für die Dauer des Sonderurlaubs kein Erholungsbedarf. Tage mit Arbeitspflicht sind dagegen Tage, in denen der Arbeitnehmer tatsächlich gearbeitet hat sowie »punktuelle Arbeitsausfälle« wie Tage des bezahlten Erholungsurlaubs, gesetzliche Feiertage, krankheitsbedingte Arbeitsausfälle, Freistellung zu Bildungsveranstaltungen, vorübergehende Verhinderung nach § 616 BGB, Suspendierungen nach §§ 2, 3 PflegeZG, Beschäftigungsverbot nach dem MuSchG.[109]

Im vorliegenden Fall wirkt sich unter Anwendung der obigen Formel der unbezahlte Sonderurlaub vom 11.3. bis 30.9. wie folgt auf die (bezahlten) Urlaubsansprüche des Arbeitnehmers im entsprechenden Jahr aus, wenn dieser normalerweise im Jahr 30 Urlaubstage bei einer 5-Tage Woche hat:

30 Urlaubstage x 115 Anzahl der Tage mit Arbeitspflicht (260 Tage/Jahr – 145 Tage Sonderurlaub bei Arbeit Mo bis Fr) : 260 Arbeitstage (entspricht 52 Wochen mit 5- Arbeitstagen) = 13,27 Tage Urlaubsanspruch

Manche Tarifverträge enthalten Sonderregelungen zum unbezahlten Urlaub.

52.18 Urlaub bei »Kurzarbeit 0«

Sachverhalt: Eine Arbeitnehmerin arbeitete als Verkaufshilfe in einem Betrieb der Systemgastronomie 3 Tage in der Woche. Vertraglich stand ihr auf Grundlage einer 6-Tage-Woche ein Urlaubsanspruch von jährlich 28 Werktagen zu, also bei einer 3-Tage-Woche 14 Urlaubstage. In den Monaten Juni, Juli und Oktober 2020 arbeitete sie wegen der Corona-Pandemie nicht. Sie befand sich in dieser Zeit durchgehend in Kurzarbeit 0. Die Arbeitnehmerin meinte, das habe keinen Einfluss auf ihre Urlaubsansprüche, da die Kurzarbeit im Interesse der Arbeitgeberin erfolgt sei. Die Arbeitgeberin meinte, sie dürfe den Urlaubsanspruch entsprechend kürzen, weil während Kurzarbeit 0 keine Arbeitspflicht bestehe.

Ergebnis: Das LAG Düsseldorf[110] hatte die Berufung gegen die bereits erstinstanzlich erfolglose Klage zurückgewiesen und ausgeführt, für jeden vollen Monat der Kurzarbeit 0 sei der Urlaub um 1/12 zu kürzen. Das stehe in Einklang mit dem europäischen Recht, nach dem während der Kurzarbeit 0 der europäische Mindesturlaubsanspruch aus Art. 7 Abs. 1 der Richtlinie 2003/88/EG nicht entgegenstehe. Das deutsche Recht enthalte dazu keine günstigere Regelung.

109 BAG, Urteil v. 19.3.2019, 9 AZR 406/17, Rzn. 32, 37.
110 LAG Düsseldorf, Urteil v. 12.3.2021, 6 Sa 824/20.

Das BAG[111] ist dieser Auffassung gefolgt und hat ausgeführt, das Bestehen des Arbeitsverhältnisses genüge zwar »dem Grunde nach« für das Entstehen des gesetzlichen Urlaubsanspruchs gem. §§ 1, 3 Abs. 3 BUrlG. Der Umfang des Anspruchs sei aber gem. § 3 Abs. 1 BUrlG zu berechnen, wobei die Anzahl der Tage mit Arbeitspflicht und damit letztlich die regelmäßige Verteilung der Arbeitszeit auf die Wochentage maßgeblich sei. Der in § 3 Abs. 1 BUrlG festgelegte Urlaubsanspruch von 24 Tagen bei einer 6-Tage-Woche unterliege bei geringerem bzw. infolge der Änderung verringertem Umfang der Arbeitspflicht der Umrechnung. Abzustellen sei auf die tatsächliche Gesamtzahl der Tage mit Arbeitspflicht im Jahr, die mit den möglichen Gesamtarbeitstagen ins Verhältnis zu setzen seien. Freie Arbeitstage, d. h. Arbeitsausfälle führten damit rechnerisch zu einer Minderung der Urlaubstage.

Eine Umrechnung habe aber nicht im Hinblick auf alle denkbaren Fälle ausgefallener Arbeitstage zu erfolgen. Soweit keine gesetzlichen Regelungen bestünden (z. B. § 24 Satz 1 MuSchG, § 17 BEEG), seien Arbeitsausfälle, die auf punktuellen Umständen beruhten, von einzel- oder kollektivvertraglich vereinbarten Änderungen des regelmäßigen Arbeitsrhythmus zu unterscheiden. Punktuelle Arbeitsausfälle seien gerade nicht als mindernde Tage ohne Arbeitspflicht in die Berechnungsformel einzusetzen, sondern Tagen mit Arbeitspflicht gleichzustellen. Genannt werden vom BAG[112] gesetzliche Feiertage, deren rechtliche Behandlung in §§ 9 bis 13 ArbZG und in § 3 EFZG geregelt ist, Freistellungen für Bildungsveranstaltungen, vorübergehende Verhinderung nach § 616 BGB, krankheitsbedingte Arbeitsunfähigkeit nach § 1 EFZG oder Suspendierungen nach §§ 2, 3 PflegeZG. Diese punktuellen Arbeitsausfälle hätten keinen prägenden Einfluss auf die für das Arbeitsverhältnis maßgebliche – regelmäßige – Verteilung der Arbeitszeit. Der arbeitsvertragliche Arbeitsrhythmus werde dadurch nicht berührt.

Wegen Kurzarbeit ausgefallene – ganze – Arbeitstage seien – anders als Feier- oder Krankheitstage – nicht solchen mit Arbeitspflicht gleichzustellen, sodass sich durch sie die **Anzahl der Urlaubstage verringere**. Schließlich ergebe sich aus der Einführung von Kurzarbeit eine neue, die vertragliche Arbeitspflicht des Arbeitnehmers bestimmende Verteilung der Arbeitszeit, die eine Neuberechnung der Urlaubstage nach sich ziehe, wofür die Gesetzessystematik spreche.

Das Ergebnis sei mit dem Unionsrecht vereinbar und gelte – vorbehaltlich abweichender Abreden – auch für den Mehrurlaub. Schließlich könne der Arbeitnehmer sich in solchen Fällen ausruhen oder Freizeitaktivitäten nachgehen.[113]

111 BAG, Urteil v. 30.11.2021, 9 AZR 225/21.
112 BAG, Urteil v. 30.11.2021, 9 AZR 225/21, Rz. 13.
113 BAG, Urteil v. 30.11.2021, 9 AZR 225/21, Rz. 36 mit Verweis auf EUGH, Urteile v. 8.11.2021, C-229/11 und C-230/11, Heimann und Toltschin, Rz. 29.

Hinweis: Vor der in Kapitel 18 dargestellten Entscheidungen zum Sonderurlaub vom 19.3.2019 hatte das BAG das »bloße Bestehen eines Arbeitsverhältnisses« nach § 4 BUrlG für das Entstehen des Urlaubsanspruchs genügen lassen. Das wird nun deutlich relativiert, weil es inzwischen nur »dem Grunde nach« gilt.

Jetzt wird auch abgestellt auf den Umfang des Urlaubs, der nach § 3 Abs. 1 BUrlG von der »Zahl der Tage mit Arbeitspflicht« abhängt. Damit wird differenziert zwischen dem Anspruch »dem Grunde nach« und »der Höhe nach«.[114] Wie der EuGH[115] führt das BAG jetzt aus, der Zweck des Urlaubsanspruchs beruhe auf der »Prämisse, dass der Arbeitnehmer im Laufe des Bezugszeitraums tatsächlich gearbeitet hat«.

Damit hat sich das »Regel-Ausnahme-Verhältnis« geändert. Früher reichte der Bestand des Arbeitsverhältnisses für den vollen Urlaubsanspruch aus, jetzt ist es die Regel, dass eine **tatsächliche Arbeitsleistung** gefordert wird. Ändert sich der Arbeitsrhythmus aufgrund einer kollektivvertraglichen (Tarifvertrag oder Betriebsvereinbarung) oder einzelvertraglichen Regelung, hat dies grds. eine Umrechnung nach der in Fall 17 vom BAG entwickelten Formel zur Folge.[116]

Dies gilt nur dann nicht, wenn ein Ausnahmetatbestand vorliegt, der auf punktuellen Umständen beruht – wie z. B. krankheitsbedingter Arbeitsunfähigkeit, gesetzliche Feiertage, Freistellungen für Bildungsveranstaltungen, vorübergehender Verhinderung nach § 616 BGB oder Suspendierungen nach §§ 2, 3 PflegeZG, aber natürlich auch der genommene bezahlte Erholungsurlaub. Das BAG stellt hier die Frage, ob ausgefallene Arbeitstage »bei der Berechnung des Urlaubsumfangs Zeiten mit Arbeitspflicht gleichzustellen sind«.[117] Hierbei kommt es nach dem BAG darauf an, dass Arbeitsausfälle »keinen prägenden Einfluss auf die für das Arbeitsverhältnis maßgebliche – regelmäßige – Verteilung der Arbeitszeit« hatten. Solche Fälle liegen jedenfalls dann vor, wenn sie durch Ausübung des Direktionsrechts nach § 106 GewO vom Arbeitgeber herbeigeführt werden.

52.19 Fälligkeit des Urlaubsanspruchs

Sachverhalt: Ein seit 3 Monaten beschäftigter Arbeitnehmer beantragt Urlaub noch in diesem Kalendermonat. Muss der Urlaub gewährt werden?

Ergebnis: Der volle Urlaubsanspruch wird erstmalig nach 6-monatigem Bestehen des Arbeitsverhältnisses erworben (Wartezeit, § 4 BUrlG). Solange diese Wartezeit nicht

114 BAG, Urteil v. 30.11.2021, 9 AZR 225/21, Rz. 9.
115 EuGH, Urteil v. 4.10.2018, C-12/17, Rz. 28.
116 BAG, Urteil v. 30.11.2021, 9 AZR 225/21, Rz. 44; BAG, Urteil v. 19.3.2019, 9 AZR 406/17, Rz. 30.
117 BAG, Urteil v. 30.11.2021, 9 AZR 225/21, Rz. 14.

abgelaufen ist, ist der Urlaubsanspruch noch nicht fällig. Damit muss der Arbeitgeber den beantragten Urlaub nicht gewähren.

Praxistipp: Wenn der Arbeitgeber dennoch Urlaub gewähren will, sollte er darauf achten, lediglich den bereits erwachsenen Teil Urlaub für die 3 Monate des Arbeitsverhältnisses zu gewähren (3/12 des Jahresurlaubs).

52.20 Fälligkeit des Urlaubsanspruchs bei Kündigung in der Wartezeit

Sachverhalt: Ein seit 3 Monaten beschäftigter Arbeitnehmer, dem der Arbeitgeber zum Ablauf des nächsten Monats gekündigt hat, beantragt Urlaub noch in diesem Kalendermonat.

Muss der Urlaub gewährt werden?

Ergebnis: Der volle Urlaubsanspruch wird erstmalig nach 6-monatigem Bestehen des Arbeitsverhältnisses erworben.[118] Es entsteht ein Teilurlaubsanspruch in Höhe von 1/12 des Jahresurlaubs für jeden vollen Monat des Bestehens des Arbeitsverhältnisses, für Zeiten eines Kalenderjahres, für die der Arbeitnehmer wegen Nichterfüllung der Wartezeit keinen vollen Urlaubsanspruch erwirbt.[119]

Hier ist ersichtlich, dass das Arbeitsverhältnis bereits vor Ablauf der 6-monatigen Frist enden wird und deshalb ein Vollurlaub nicht entstehen kann. Deshalb ist der Anspruch auf Teilurlaub bereits entstanden und grundsätzlich zu gewähren.

52.21 Rückforderung durch Arbeitgeber, bei zu viel gewährtem Urlaub

Sachverhalt: Ein Arbeitnehmer, der einige Jahre beschäftigt ist, hat seinen vollen Jahresurlaub im Januar genommen und kündigt dann das Arbeitsverhältnis zum 31.3. des gleichen Jahres.

Kann der Arbeitgeber den zu viel gewährten Urlaub zurückfordern?

118 § 4 BUrlG.
119 § 5 Abs. 1 Buchst. a BUrlG.

Ergebnis: Eine Rückforderung zu viel gewährten Urlaubs ist ausgeschlossen.[120] Dies gilt selbst dann, wenn der Arbeitnehmer seinen Jahresurlaub im Januar im Hinblick auf sein Ausscheiden zum 31.3. genommen hat, ohne den Arbeitgeber davon in Kenntnis zu setzen.

52.22 Urlaubsentgelt, Berücksichtigung von Überstunden

Sachverhalt: Ein Mitarbeiter mit einer 5-Tage-Woche, erhält im Januar 3.000 EUR, im Februar ebenfalls 3.000 EUR und ab März wegen einer Lohnerhöhung 3.100 EUR brutto Grundvergütung. Zudem erhält er eine Schmutzzulage von 50 EUR. An Überstundenvergütung wurde im März 200 EUR brutto gezahlt. Er tritt nun 15 Tage Urlaub an. Ein Tarifvertrag gilt nicht.

Wie viel Urlaubsentgelt steht ihm zu?

Ergebnis: Wenn keine tarifvertragliche Regelung besteht, ist zur Berechnung des Urlaubsentgelts bei einer 5-Tage-Woche vom durchschnittlichen Arbeitsverdienst der letzten 13 Wochen (13 x 5=65 Arbeitstage) vor Antritt des Urlaubs auszugehen.[121]

Da der Mitarbeiter im März eine Lohnerhöhung bekommt, muss vom erhöhten Betrag von 3.100 EUR ausgegangen werden.[122] Das Brutto-Urlaubsentgelt berechnet sich wie folgt:

3.100 EUR x 3 Monate : 65 Arbeitstage x 15 Urlaubstage=2.146,15 EUR

Die Überstundenvergütung ist nicht zu berücksichtigen.[123] Gleiches gilt für die Schmutzzulage, weil sie kein Sachbezug ist.

52.23 Mitbestimmungsrechte des Betriebsrats

Sachverhalt: Eine Arbeitnehmerin hat bei ihrem Arbeitgeber Urlaub beantragt. Der Arbeitgeber lehnt diesen jedoch im vom Arbeitnehmer gewünschten Zeitraum ab. Im Betrieb gibt es einen Betriebsrat.

Hat der Betriebsrat in diesem Konflikt mitzubestimmen?

120 § 5 Abs. 3 BUrlG.
121 § 11 BUrlG.
122 § 13 Abs. 1 Satz 2 BUrlG.
123 § 13 Abs. 1 Satz 1 BUrlG.

Ergebnis: Der Betriebsrat hat ein Mitbestimmungsrecht über die Aufstellung allgemeiner Urlaubsgrundsätze und des Urlaubsplans sowie die Festsetzung der zeitlichen Lage des Urlaubs für einzelne Arbeitnehmer, wenn zwischen dem Arbeitgeber und den beteiligten Arbeitnehmern kein Einverständnis erzielt wird.[124] Damit hat in diesem Fall der Betriebsrat mitzubestimmen. Kommt eine Einigung zwischen dem Arbeitgeber und dem Betriebsrat nicht zustande, kann sogar der Betriebsrat (oder der Arbeitgeber) eine Einigungsstelle[125] anrufen, die verbindlich entscheidet.

52.24 Kein automatischer Verfall von Urlaubsansprüchen bei einem nicht gestellten Urlaubsantrag, Mitwirkungsobliegenheit des Arbeitgebers

Sachverhalt: Ein Wissenschaftler mit befristetem Arbeitsvertrag hatte bei Beendigung seines Arbeitsverhältnisses am 31.12. über 50 Urlaubstage nicht genommen.

Ergebnis: Das BAG legte diesen Fall dem EuGH vor und führte aus, nach deutschem Urlaubsrecht sei der Anspruch verfallen, weil der Arbeitnehmer nicht gehindert gewesen sei, den Urlaub im Urlaubsjahr zu beantragen und zu nehmen.

Der EuGH entschied am 6.11.2018[126], der Arbeitnehmer dürfe seinen Urlaubsanspruch nicht automatisch verlieren, weil er seinen Urlaub nicht beantragt habe. Die Urlaubsansprüche verfielen nur dann, wenn der Arbeitgeber beweise, dass der Arbeitnehmer freiwillig auf seinen Urlaub verzichtet habe, nachdem der Arbeitgeber ihn tatsächlich in die Lage versetzt habe, rechtzeitig Urlaub zu nehmen.

Das hat das BAG in seinem Urteil vom 19.2.2019[127] akzeptiert. Es hat sogar weiter ausgeführt, dass der Anspruch auf bezahlten Jahresurlaub nur dann erlösche, wenn der Arbeitgeber den Arbeitnehmer zuvor

- über den konkreten Urlaubsanspruch (bei schwerbehinderten Arbeitnehmern gehört der Zusatzurlaub nach § 208 SGB IX dazu) und
- die Verfallsfristen belehrt und
- der Arbeitnehmer den Urlaub dennoch
- aus freien Stücken nicht genommen habe.

Wichtig: Der Arbeitgeber sollte alle Arbeitnehmer (möglichst noch in der ersten Woche des Kalenderjahres, also des Urlaubsjahres)[128] ausdrücklich und nachweisbar auf

124 § 87 Abs. 1 Nr. 5 BetrVG.
125 §§ 87 Abs. 2, 76 BetrVG.
126 EuGH, Urteile v. 6.11.2018, C-619/16 und C-684/16.
127 BAG, Urteil v. 19.2.2019, 9 AZR 541/15.
128 BAG, Urteil v. 31.1.2023, 9 AZR 107/20.

ihre konkreten aktuellen Urlaubsansprüche hinweisen und ihnen mitteilen, dass der Urlaub grundsätzlich verfällt, wenn er nicht im Kalenderjahr in Anspruch genommen wird. Arbeitgeber müssen auch klarmachen, dass der Urlaub innerhalb des Kalenderjahres gewährt werden wird. Unterbleibt ein Hinweis, verfällt der Urlaub mit Ablauf des Kalenderjahres nach § 7 Abs. 3 BUrlG nicht, sondern wird zum neuen Urlaub hinzuaddiert, der am 1.1. des Folgejahres entsteht. Informiert der Arbeitgeber auch im neuen Jahr die Arbeitnehmer nicht, erfolgt eine erneute Addierung.

Der unterlassene Hinweis kann zu ganz beträchtlichen Problemen für einen Arbeitgeber führen, wenn dieser z. B. fälschlicherweise der Auffassung ist, geringfügige Beschäftigte hätten keinen Urlaubsanspruch oder er beschäftige freie Mitarbeiter.

Lehnt der Arbeitgeber nach entsprechendem Hinweis einen Urlaubsantrag ohne Ablehnungsgrund i. S. v. § 7 Abs. 1 Satz 1 BUrlG ab, setzt er sich in Widerspruch zu seiner Erklärung, weshalb nach Auffassung des BAG die mit der Erklärung begonnene Befristung des Urlaubsanspruchs nach § 7 Abs. 3 BUrlG wieder entfällt. Dann muss der Arbeitgeber erneut belehren, um eine Befristung des Urlaubsanspruchs nach § 7 Abs. 3 BUrlG zu erreichen.

52.25 Mitwirkungsobliegenheit auch bei Urlaubsansprüchen langzeiterkrankter Arbeitnehmer und Erwerbsunfähiger?

Sachverhalt 1: Eine Arbeitnehmerin erkrankte im Lauf des Kalenderjahres 2017. Zu diesem Zeitpunkt waren noch 14 Urlaubstage offen. Seitdem war sie arbeitsunfähig krank. Der Arbeitgeber hatte sie nicht darauf hingewiesen, dass Urlaubsansprüche verfallen könnten. Es entstand Streit, ob der Urlaubsanspruch aus dem Jahr 2017 mit Ablauf von 15 Monaten nach Ende dieses Kalenderjahres (also mit Ablauf des 31.3.2019) erlosch.

Hatte die Arbeitnehmerin noch Anspruch auf diesen Urlaub?

Ergebnis 1: Das BAG[129] legte den Fall dem EuGH vor mit der Frage:
Gestattet das Unionsrecht den Verfall nach Ablauf der 15-Monatsfrist (oder ggf. einer längeren Frist) auch dann, wenn der Arbeitgeber seine Mitwirkungsobliegenheiten nicht erfüllt hat, obwohl der Arbeitnehmer den Urlaub bis zum Eintritt der Arbeitsunfähigkeit zumindest teilweise hätte nehmen können?

Sachverhalt 2: Ein schwerbehinderter, als Frachtfahrer tätiger Arbeitnehmer bezog seit Dezember 2014 Rente wegen voller Erwerbsminderung, die zuletzt bis einschließ-

129 BAG, Urteil v. 7.7.2020, 9 AZR 401/19 (A).

lich August 2021 verlängert wurde. Er machte u.a. bei Gericht geltend, ihm stünden noch 34 Urlaubstage aus dem Jahr 2014 zu. Diese seien nicht verfallen, weil der Arbeitgeber seiner Mitwirkungsobliegenheit nicht nachgekommen sei. Der Arbeitgeber vertrat die Auffassung, diese Ansprüche seien spätestens am 31.3.2018 erloschen.

Ergebnis 2: Das BAG[130] legte den Fall ebenfalls dem EuGH vor und führte aus:
Für die Entscheidung bedarf es der Klärung durch den EuGH, ob Unionsrecht den Verfall des Urlaubsanspruchs nach Ablauf von 15 Monaten oder ggf. längerer Frist auch dann gestattet, wenn der Arbeitgeber im Urlaubsjahr seine Mitwirkungsobliegenheiten nicht erfüllt hat, obwohl der Arbeitnehmer Urlaub im Urlaubsjahr bis zum Zeitpunkt des Eintritts der vollen Erwerbsminderung zumindest teilweise hätte nehmen können.

Der EuGH[131] entschied am 22.9.2022 und führte aus: Unionsrecht[132] stünde einer nationalen Regelung entgegen, nach der der Anspruch auf bezahlten Jahresurlaub für einen Zeitraum, in dem tatsächlich gearbeitet worden sei, bevor die fortgesetzte Arbeitsunfähigkeit eingetreten sei, auch dann erlöschen könne, wenn der Arbeitgeber zuvor seiner Hinweisobliegenheit nicht genügt habe.

Dem ist das BAG gefolgt und hat am 20.12.2022[133] entschieden, dass auch bei Langzeiterkrankten die Befristung des Urlaubsanspruchs regelmäßig voraussetze, dass der Arbeitgeber den Arbeitnehmer vor Eintritt der Arbeitsunfähigkeit durch Erfüllung seiner Mitwirkungsobliegenheit in die Lage versetzt habe, den Urlaub auch tatsächlich zu nehmen.

Sachverhalt 3: Ein Monteur war das komplette Kalenderjahr (= Urlaubsjahr) arbeitsunfähig erkrankt und war der Ansicht, der dafür erworbene Urlaubsanspruch sei auch nach Ablauf von 15 Monaten nicht verfallen, weil der Arbeitgeber seiner Hinweisobliegenheit nicht nachgekommen sei.
Ergebnis 3: Hier entschied das BAG[134], der Anspruch auf Urlaub verfalle bei einem Langzeiterkrankten nach Ablauf von 15 Monaten jedenfalls dann, wenn der Arbeitnehmer das ganze Jahr ununterbrochen arbeitsunfähig sei und deshalb seinen Urlaub trotz unterlassener Hinweisobliegenheit ohnehin nicht hätte nehmen können.

Sachverhalt 4: Ein Arbeitnehmer war ab 18.1.2016 bis zum Ende des Arbeitsverhältnisses im Februar 2019 arbeitsunfähig krank. Er verlangte Urlaubsabgeltung für 2016, weil der Arbeitgeber seiner Mitwirkungsobliegenheit nicht genügt habe.

130 BAG, Urteil v. 7.7.2020, 9 AZR 245/19 (A).
131 EuGH, Urteile v. 22.9.2022, C-518/20 und C-727/20 – Fraport.
132 Art. 7 RL 2003/88 und Art. 31 Abs. 2 GRCh.
133 BAG, Urteile v. 20.12.2022, 9 AZR 245/19 und 9 AZR 401/19.
134 BAG, Urteil v. 7.9.2021, 9 AZR 3/21.

Ergebnis 4: Nach dem BAG war die Klage teilweise begründet. Die 15-monatige Verfallfrist bei Langzeiterkrankung könne ausnahmsweise unabhängig von der Mitwirkungsobliegenheit beginnen, wenn die Arbeitsunfähigkeit so früh im Jahr eintrete, dass es dem Arbeitgeber überhaupt nicht möglich sei, zuvor seinen Obliegenheiten nachzukommen. Der Arbeitgeber hat für den Hinweis die erste Woche des Kalenderjahres (= Urlaubsjahres) Zeit. Zudem kann nur erhalten bleiben, was auch hätte genommen werden können. Das bedeutet, dass im vorliegenden Fall der Arbeitnehmer für die Zeit bis einschließlich 17.1.2016 hätte Urlaub nehmen können, weshalb ihm diese Zeit wegen der unterlassenen Hinweisobliegenheit des Arbeitgebers abgegolten werden musste.[135]

Praxistipp: Diese Fälle zeigen, dass die Mitwirkungsobliegenheit innerhalb der ersten Kalenderwoche eines Urlaubsjahres auch wirklich ernst zu nehmen ist.

52.26 Fehlende Mitwirkungsobliegenheit des Arbeitgebers, Verjährung von Urlaubsansprüchen?

Sachverhalt: Eine Arbeitnehmerin hatte über Jahre nicht ihren vollen Urlaub genommen. Die Arbeitgeberin hatte sie nicht auf einen drohenden Verfall hingewiesen und auch nicht aufgefordert, den Urlaub zu nehmen. Die Arbeitnehmerin verlangte bei Beendigung des Arbeitsverhältnisses Urlaubsabgeltung für 101 nicht genommene Urlaubstage aus den Jahren 2013 bis 2017. Sie wies darauf hin, dass die Arbeitgeberin ihrer Mitwirkungsobliegenheit nicht nachgekommen sei. Die Arbeitgeberin erhob Verjährungseinrede.

Ergebnis: Nach § 7 Abs. 4 BUrlG sind bei Beendigung des Arbeitsverhältnisses offene Urlaubstage abzugelten. Das BAG[136] hatte den Fall dem EuGH vorgelegt.

Der EuGH hat am 22.9.2022 entschieden, Unionsrecht[137] sei so auszulegen, dass sie einer nationalen Regelung entgegenstünden, nach der der Anspruch auf bezahlten Jahresurlaub, den ein Arbeitnehmer für einen Bezugszeitraum erworben habe, verjähre, wenn der Arbeitgeber seine Hinweisobliegenheit nicht erfüllt habe. Er hat ausgeführt: »Ließe man zu, dass sich der Arbeitgeber auf Verjährung [...] berufen kann, ohne ihn (den Arbeitnehmer) tatsächlich in die Lage versetzt zu haben, diese Ansprüche wahrzunehmen, würde man unter diesen Umständen im Ergebnis ein Verhalten billigen, das zu einer unrechtmäßigen Bereicherung des Arbeitgebers führt.«

135 BAG, Urteil v. 31.1.2023, 9 AZR 107/20.
136 BAG, Urteil v. 29.9.2020, 9 AZR 266/20 (A).
137 Art. 7 RL 31 Abs. 2 GRCh.

Dem ist das BAG gefolgt. Es hat § 199 Abs. 1 BGB richtlinienkonform ausgelegt und ausgeführt, die (3-jährige) Verjährung beginne erst mit Schluss des Jahres, in dem er Arbeitgeber seiner Hinweisobliegenheit nachgekommen sei.[138]

Hinweis: Wiederum zeigt sich, wie wichtig es ist, die Mitwirkungsobliegenheit zu erfüllen. Sind Arbeitgeber in der Vergangenheit ihrer Mitwirkungsobliegenheit nicht nachgekommen, müssen sie nun damit rechnen, mit zahlreichen Klagen überzogen zu werden.

Deshalb sollten Arbeitgeber folgende Überlegungen anstellen:

- Sollen im laufenden Arbeitsverhältnis bei Vertragsänderungen die Klausel aufgenommen werden, das Urlaubsansprüche bis einschließlich des Vorjahres tatsächlich genommen sind (eine Vereinbarung, dass »keine Urlaubsansprüche für diesen Zeitraum bestehen«, hilft nicht, weil sie nach § 13 Abs. 1 Satz 3 BUrlG unwirksam ist)?
- Urlaubsdaten sollten grundsätzlich nicht gelöscht werden, weil der Arbeitgeber als Schuldner des Urlaubsanspruchs nach § 362 Abs. 1 BGB davon ausgehen muss, dass er die Erfüllung der Urlaubsansprüche u. U. für weit zurückliegende Jahre noch beweisen muss.
- Sollen in Abgeltungsklauseln in Formulararbeitsverträgen Urlaubsabgeltungsansprüche vom Verfall ausdrücklich ausgenommen werden, um dem Risiko der kompletten Nichtigkeit der Abgeltungsklauseln vorzubeugen?

52.27 Fehlende Mitwirkungsobliegenheit des Arbeitgebers, Verjährung von Urlaubsabgeltungsansprüchen?

Sachverhalt: Eine Flugschule (Beklagte) beschäftigte einen Ausbildungsleiter (Kläger) seit dem 9.6.2010, ohne diesem seinen jährlichen Urlaub von 30 Arbeitstagen zu gewähren und seiner Mitwirkungsobliegenheit nachzukommen. Am 19.10.2015 verständigten sich die Parteien auf die Beendigung des Arbeitsverhältnisses. Der Kläger war künftig selbständig für die Beklagte tätig. Mit seiner im August 2019 erhobenen Klage verlangte der Kläger u. a. Abgeltung von Urlaub für die Zeit vor der Vertragsänderung. Die beklagte Flugschule erhob die Verjährungseinrede.

Die Vorinstanzen hatten die Klage abgewiesen.

Ergebnis: Hinsichtlich der Urlaubsabgeltungsansprüche für die Jahre 2010 bis 2014 hatte die Revision des Klägers vor dem BAG Erfolg, bezüglich der Urlaubsabgeltung für 2015 dagegen nicht.[139]

138 BAG, Urteil v. 20.12.2022, 9 AZR 266/20.
139 BAG, Urteil v. 31.1.2023, 9 AZR 456/20.

Das BAG verweist auf die obige Entscheidung vom 20.12.2022 und führt aus, der Urlaubsabgeltungsanspruch unterliege der Verjährung. Die 3-jährige Verjährungsfrist beginne in der Regel am Ende des Jahres, in dem das Arbeitsverhältnis ende, ohne dass es auf die Erfüllung der Mitwirkungsobliegenheiten ankomme; denn der Urlaubsabgeltungsanspruch sei anders als der Urlaubsanspruch nicht auf Freistellung von der Arbeitsverpflichtung zu Erholungszwecken unter Fortzahlung der Vergütung gerichtet, sondern auf dessen **finanzielle Kompensation** beschränkt. Die strukturell schwächere Stellung des Arbeitnehmers, aus welcher der EuGH dessen Schutzbedürftigkeit bei der Inanspruchnahme von Urlaub ableite, ende mit der Beendigung des Arbeitsverhältnisses.

Die Verjährungsfrist könne jedoch nicht beginnen, solange eine Klageerhebung aufgrund einer gegenteiligen höchstrichterlichen Rechtsprechung nicht zumutbar sei. Das heißt, dass vom Kläger bei Beendigung des Arbeitsverhältnisses am 19.10.2015 nicht habe erwartet werden können, seinen Anspruch auf Urlaubsabgeltung für die Jahre 2010 bis 2014 gerichtlich durchzusetzen. Damals sei der Senat noch davon ausgegangen, dass Urlaubsansprüche mit Ablauf des Urlaubsjahres oder eines zulässigen Übertragungszeitraums unabhängig von der Erfüllung von Mitwirkungsobliegenheiten automatisch verfielen. Erst nachdem der EuGH mit Urteilen v. 6.11.2018[140] neue Regeln für den Verfall von Urlaub vorgenommen habe, sei der Kläger gehalten gewesen, die Abgeltung für die Urlaubsjahre von 2010 bis 2014 gerichtlich geltend zu machen. Allerdings sei der Anspruch auf Abgeltung von Urlaub aus dem Jahr 2015 verjährt.

Praxistipp: Weil nach dieser Entscheidung die Verjährungsfristen ab Schluss des Jahres 2018 in Lauf gesetzt wurden, kann es nur um Fälle gehen, die *bis zum 31.12.2021* geltend gemacht wurden oder anderweitig gehemmt wurden.

52.28 Urlaubsabgeltung, Verzicht

Sachverhalt: Im Rahmen eines Kündigungsschutzprozesses wird am 30.9. in einem Vergleich vereinbart, dass das Arbeitsverhältnis zum Ablauf des 30.6. endete. Der Arbeitnehmer hat zu diesem Zeitpunkt noch 10 Urlaubstage offen. Hierzu enthält der Vergleich lediglich die Formulierung: »Mit Erfüllung dieses Vergleichs sind zwischen den Parteien alle gegenseitigen Ansprüche aus dem Arbeitsverhältnis, gleich aus welchem Rechtsgrund erledigt.«

Hat der Arbeitnehmer noch Anspruch auf Urlaubsabgeltung?

140 EuGH, Urteile v. 6.11.2018, C-619/16 und C-684/16, vgl. hierzu Berechnungsbeispiel 52.24.

Ergebnis: Urlaubsansprüche sind nach § 13 Abs. 1 BUrlG unverzichtbar. Dies galt bisher auch für Urlaubsabgeltungsansprüche bei beendetem Arbeitsverhältnis.

Deshalb wurde früher bei Beendigungsvergleichen meist ein sog. »Tatsachenvergleich« geschlossen, in dem vereinbart wurde, dass der zustehende Urlaub bereits genommen sei. Das BAG hat entschieden, dass Arbeitnehmer bei beendetem Arbeitsverhältnis auch durch eine Abgeltungsklausel auf den Abgeltungsanspruch verzichten könnten. Damit bedarf es hier des »Tatsachenvergleichs« nicht mehr.[141]

Praxistipp: Der Verzicht auf Urlaubsabgeltungsansprüche im Aufhebungsvertrag ist zwischen den Parteien zwar jetzt möglich, aber nicht ohne Weiteres zu empfehlen:

Es können Probleme entstehen, wenn der Arbeitnehmer arbeitslos wird. Denn nach § 157 Abs. 2 Satz 1 SGB III ruht der Anspruch auf Arbeitslosengeld für die Zeit des abgegoltenen Urlaubs, wenn der Arbeitnehmer wegen Beendigung des Arbeitsverhältnisses eine Urlaubsabgeltung zu beanspruchen hat.

Nach § 157 Abs. 3 SGB III wird zwar auch Arbeitslosengeld bezahlt, wenn der Arbeitslose die Leistung tatsächlich nicht erhält. Allerdings geht nach § 115 SGB X der Anspruch dann auf die Arbeitsagentur über, die sich den Verzicht nicht entgegenhalten muss und deshalb den Arbeitgeber in Anspruch nehmen kann. Deshalb ergibt der frühere Tatsachenvergleich in vielen Fällen immer noch Sinn.

52.29 Corona-Absonderung während des Urlaubs

Sachverhalt: Ein Arbeitnehmer muss während seines Urlaubs in Absonderung (Quarantäne). Er wird nicht arbeitsunfähig krankgeschrieben, weil er keine Symptome hat.

Wird ihm für die Absonderungszeit der Urlaub gutgeschrieben?

Ergebnis: Das BAG ging davon aus, dass § 9 BUrlG nicht entsprechend angewandt werden könne und legte dem EuGH ein Vorabentscheidungsersuchen vor mit der Frage, ob sich aus Unionsrecht die Verpflichtung des Arbeitgebers ergebe, einem Arbeitnehmer bezahlten Erholungsurlaub nachzugewähren, wenn dieser während des Urlaubs nicht erkrankt ist, aber eine behördlich angeordnete häusliche Absonderung einzuhalten hatte.[142]

---

141 BAG, Urteil v. 14.5.2013, 9 AZR 844/11.

142 BAG, Beschluss v. 16.8.2022, 9 AZR 76/22 (A).

Achtung: Für die Fälle ab 17.9.2022 gibt es in § 59 Abs. 1 Infektionsschutzgesetz (IfSG) eine Neuregelung:

»Wird ein Beschäftigter während seines Urlaubs nach § 30, auch in Verbindung mit § 32, abgesondert oder hat er sich auf Grund einer nach § 36 Abs. 8 Satz 1 Nummer 1 erlassenen Rechtsverordnung abzusondern, so werden die Tage der Absonderung nicht auf den Jahresurlaub angerechnet.«

Diese gesetzliche Vorschrift bezieht sich jedoch ausdrücklich auf deutsches Recht und gilt somit nicht bei einer ausländischen Absonderung.

Findet oder fand eine Absonderung im Ausland, aber außerhalb der EU statt, besteht kein Anspruch.

Bei einer Absonderung im Ausland, aber innerhalb der EU, ist zu empfehlen, die Entscheidung des EuGH über den obigen Vorlagenbeschluss des BAG abzuwarten.

Wichtig: Aufgrund einer Vorlage durch das Arbeitsgericht Ludwigshafen hat der **EuGH** am 14.12.2023 entschieden[143]:

Wenn Beschäftigte einige Tage ihres Jahresurlaubs in Quarantäne verbringen müssen, müssen diese nicht gutgeschrieben werden. Dies sei mit dem Unionsrecht vereinbar. Mit dem bezahlten Jahresurlaub solle dem Arbeitnehmer ermöglicht werden, sich von der Arbeit zu erholen und über einen Zeitraum der Entspannung und Freizeit zu verfügen. Anders als eine Krankheit stehe ein Quarantänezeitraum als solcher der Verwirklichung dieser Zwecke nicht entgegen. Folglich sei der Arbeitgeber nicht verpflichtet, die Nachteile auszugleichen, die sich aus einem solchen unvorhersehbaren Ereignis ergeben, das seinen Arbeitnehmer daran hindern könne, seinen Anspruch auf bezahlten Jahresurlaub uneingeschränkt und wie gewünscht zu nutzen. Es liege in der Risikosphäre der Beschäftigten, wenn bestimmte Ereignisse den Urlaub störten. Arbeitgeber schuldeten die Freistellung von der Arbeit bei voller Entlohnung, aber keinen darüberhinausgehenden Urlaubserfolg.

Hinweis: So wie jetzt der EuGH hatten das auch der Generalanwalt am EuGH und die meisten Arbeits- und Landesarbeitsgerichte (LAG) gesehen.

Warum der EuGH das Vorabentscheidungsersuchen des BAG vom 16.8.2022[144] nicht mitentschieden hat, ist unklar.

143 EuGH, Urteil v. 14.12.2023, C-206/22 (Sparkasse Südpfalz).
144 BAG, Beschluss v. 16.8.2022, 9 AZR 76/22 (A), EuGH C-749/22.

52.30 Urlaubsabgeltung nach Tod

Sachverhalt: Ein Arbeitnehmer, der noch Urlaubsansprüche hat, stirbt. Haben die Erben gegen den Arbeitgeber Anspruch auf Urlaubsabgeltung?

Ergebnis: Das Arbeitsverhältnis endet aufgrund seines höchstpersönlichen Charakters[145] automatisch mit dem Tod des Arbeitnehmers. Zahlungsansprüche, die bis zu diesem Zeitpunkt entstanden sind, gehen nach § 1922 BGB auf die Erben über, auch wenn sie noch nicht zur Zahlung fällig[146] sind. Das bedeutet, dass noch offene Vergütungsansprüche auf die Erben übergegangen sind.

Hatte der Verstorbene Urlaubsansprüche, gingen diese bisher nach der Rechtsprechung des BAG[147] wegen ihres höchstpersönlichen Charakters unter. Der EuGH sah dies jedoch anders[148] und entschied, dass nach Art. 7 der Richtlinie 2003/88/EG vom 4.11.2003 – wonach jeder Arbeitnehmer Anspruch auf einen bezahlten Mindestjahresurlaub von 4 Wochen hat, der außer bei Beendigung des Arbeitsverhältnisses nicht durch eine finanzielle Vergütung ersetzt werden kann – einzelstaatlichen Rechtsvorschriften entgegenstehe, die für den Fall des Todes des Arbeitnehmers die Abgeltung nicht genommenen Jahresurlaubs ausschlössen.

Der Anspruch auf bezahlten Jahresurlaub sei ein besonders bedeutsamer Grundsatz des Sozialrechts. Jahresurlaub und Bezahlung während des Urlaubs seien 2 Aspekte eines einzigen Anspruchs. Bezahlter Jahresurlaub bedeute, dass für dessen Dauer das Entgelt fortzuzahlen sei. Ein finanzieller Ausgleich bei Beendigung des Arbeitsverhältnisses durch Tod stelle die praktische Wirksamkeit des Urlaubsanspruchs sicher. Der unwägbare Eintritt des Todes dürfe nicht rückwirkend zum vollständigen Verlust des Anspruchs auf bezahlten Jahresurlaub führen. Es komme auch nicht darauf an, ob der Betroffene im Vorfeld einen Urlaubsantrag gestellt habe.

Das BAG war jedoch nicht bereit, diese Auffassung zu übernehmen. Es legte mit Beschluss vom 18.10.2016[149] dem Europäischen Gerichtshof die Frage vor, ob Art. 7 der Richtlinie 2003/88/EG oder Art. 31 Abs. 2 der Charta der Grundrechte der Europäischen Union (GRC) dem Erben eines während des Arbeitsverhältnisses verstorbenen Arbeitnehmers einen Anspruch auf finanziellen Ausgleich für den dem Arbeitnehmer vor seinem Tod zustehenden Mindestjahresurlaub einräume und verwies darauf, dass dies in Deutschland nach § 7 Abs. 4 BUrlG i. V. m. § 1922 Abs. 1 BGB ausgeschlossen sei. Es ar-

---

145 § 613 BGB.
146 § 614 BGB.
147 Vgl. noch BAG, Urteil v. 20.9.2011, 9 AZR 416/10.
148 EuGH, Urteil v. 12.6.2014, C-118/13, Bollacke; LAG Hamm, Vorlagebeschluss v. 14.3.2014.
149 BAG, Beschluss v. 18.10.2016, 9 AZR 196/16 (A).

gumentierte, dass mit dem Tod des Arbeitnehmers **der Erholungszweck des Urlaubs nicht mehr verwirklicht werden** könne.

Das interessierte jedoch den Europäischen Gerichtshof wenig. Mit Entscheidungen vom 6.11.2018[150] stellte er fest, dass die Erben eines verstorbenen Arbeitnehmers von dessen ehemaligem Arbeitgeber eine finanzielle Vergütung für den nicht genommenen bezahlten Jahresurlaub verlangen könnten. Soweit das deutsche Erbrecht dem entgegenstehe, müsse es unangewendet bleiben. Die Erben könnten sich unmittelbar auf Unionsrecht berufen, dies gelte sowohl für öffentliche als auch für private Arbeitgeber. Das BAG hat dies nun mit Urteil vom 22.1.2019[151] akzeptiert.

Praxistipp: Der Arbeitgeber sollte sich in einem solchen Fall einen Erbschein vorlegen lassen. Für die Steuer sind die Einkommensverhältnisse des Erben maßgebend. Die Sozialversicherung muss abgeführt werden.

150 EuGH, Urteile v. 6.11.2018 C-569/16 und C-570/16.
151 BAG, Urteil v. 22.1.2019, 9 AZR 45/16.

53 Vermögenswirksame Leistungen

Carola Hausen

53.1 Förderarten, Anlageformen

Sachverhalt: Als Arbeitgeber möchten Sie wissen, wie vermögenswirksame Leistungen gezahlt werden und was Sie damit zu tun haben.

Ergebnis: Bei vermögenswirksamen Leistungen (VWL) handelt es sich um Geldleistungen, die der Arbeitgeber für den Arbeitnehmer in einer bestimmten Form nach dem 5. Vermögensbildungsgesetz anlegt. Zu einem Zuschuss ist der Arbeitgeber nur verpflichtet, wenn der für ihn gültige Tarifvertrag das vorsieht. Ansonsten ist der Zuschuss eine freiwillige Leistung des Arbeitgebers.

Es gibt 2 verschiedene Förderarten, die beide auch nebeneinander in Anspruch genommen werden können:

1. Anlage zum Wohnungsbau: Bausparkassenbeiträge oder Entschuldung von Wohnungseigentum.
   Die Sparzulage vom Staat bei dieser Förderart beträgt jährlich maximal 9% von 470 EUR. Anspruch auf Sparzulage besteht, wenn das zu versteuernde Einkommen bei Ledigen 40.000 EUR und bei Verheirateten in der Zusammenveranlagung 80.000 EUR nicht übersteigt.
2. Anlage in betriebliche oder außerbetriebliche Beteiligungen: Erwerb von Aktien, Anteilen an Aktienfonds, Beteiligung an Unternehmungen des Arbeitgebers durch stille Beteiligung oder Darlehen.
   Bei dieser Förderart werden jährlich maximal 20% von 400 EUR vom Staat gefördert. Die Einkommensgrenze beträgt für Ledige 40.000 EUR und für Verheiratete in der Zusammenveranlagung 80.000 EUR.

Bei Arbeitnehmern mit Kindern erhöhen sich diese Einkommensgrenzen um die Kinderfreibeträge.

Um die staatliche Förderung zu erhalten, muss der Arbeitnehmer dem Arbeitgeber einen Antrag auf Überweisung der vermögenswirksamen Leistungen von seinem Anlageinstitut mit folgenden Angaben vorlegen:

- Höhe des Betrags, der angelegt werden soll,
- Zeitpunkt, ab dem die Anlage erfolgen soll,
- Art der Anlage, Anlageinstitut, Kontonummer, Vertragsnummer.

Der Arbeitgeber ist verpflichtet, die Überweisung aus dem Nettolohn des Arbeitnehmers vorzunehmen.

Mit der Förderung selbst hat der Arbeitgeber nichts zu tun. Die Sparzulage wird dem Arbeitnehmer auf Antrag vom Finanzamt gewährt. Diese muss der Arbeitnehmer bei dem für ihn zuständigen Wohnsitzfinanzamt mit der »Anlage VL« jährlich selbst beantragen.

53.2 Zuschuss des Arbeitgebers

Sachverhalt: Eine Arbeitnehmerin (Steuerklasse IV, keine Kinder, 9% Kirchensteuer, 1,7% KV-Zusatzbeitrag) hat im März 2024 ein monatliches Gehalt von 3.500 EUR zzgl. 27 EUR Zuschuss zu den vermögenswirksamen Leistungen. Die Arbeitnehmerin lässt monatlich 40 EUR an eine Bausparkasse überweisen, um die volle staatliche Förderung für einen Bausparvertrag von 9% aus höchstens 470 EUR zu erhalten.

Wie werden die vermögenswirksame Leistung und der Zuschuss des Arbeitgebers abgerechnet?

Ergebnis: Der Zuschuss zu vermögenswirksamen Leistungen ist steuer- und beitragspflichtig.

Bruttogehalt		3.500,00 EUR
Vermögenswirksame Leistungen (Zuschuss)		27,00 EUR
Brutto gesamt		3.527,00 EUR
Lohnsteuer	439,16 EUR	
Solidaritätszuschlag	0,00 EUR	
Kirchensteuer	*39,52 EUR*	– 478,68 EUR
Krankenversicherung (7,3%+0,85%)	287,45 EUR	
Pflegeversicherung (2,3%)	81,12 EUR	
Rentenversicherung (9,3%)	328,01 EUR	
Arbeitslosenversicherung (1,3%)	*45,85 EUR*	*– 742,43 EUR*
Nettoverdienst		2.305,89 EUR
Abzgl. vermögenswirksame Leistungen		*– 40,00 EUR*
Auszahlungsbetrag		2.265,89 EUR

Der Arbeitgeber muss die 40 EUR einbehalten und direkt an die Bausparkasse überweisen.

Hinweis: Der Arbeitgeber ist zu einem Zuschuss zu den vermögenswirksamen Leistungen verpflichtet, wenn der Tarifvertrag dies vorsieht. Ansonsten geschieht die Zahlung auf freiwilliger Basis.

53.3 Überweisung durch Arbeitgeber ohne Zuschuss

Sachverhalt: Eine Arbeitnehmerin hat im März 2024 ein monatliches Gehalt von 3.800 EUR (Steuerklasse IV, 2,0 Kinderfreibeträge, 9% Kirchensteuer, 1,7% KV-Zusatzbeitrag). Sie legt dem Arbeitgeber einen Antrag auf Überweisung von vermögenswirksamen Leistungen ihrer Bausparkasse vor. Sie möchte monatlich 40 EUR sparen. Der Arbeitgeber ist laut Tarifvertrag nicht zu einem Zuschuss zu VWL verpflichtet.

Auch wenn der Arbeitgeber keinen Zuschuss zu den vermögenswirksamen Leistungen zahlt, ist er verpflichtet, die Überweisung für die Arbeitnehmerin vorzunehmen. Er zieht den Sparbetrag vom Nettoverdienst ab und überweist ihn direkt an die Bausparkasse.

Wie wird die vermögenswirksame Leistung abgerechnet?

Ergebnis

Bruttogehalt		3.800,00 EUR
Vermögenswirksame Leistungen (Zuschuss)		0,00 EUR
Brutto gesamt		3.800,00 EUR
Lohnsteuer	525,50 EUR	
Solidaritätszuschlag	0,00 EUR	
Kirchensteuer	*26,86 EUR*	– 552,36 EUR
Krankenversicherung (7,3%+0,85%)	277,40 EUR	
Pflegeversicherung (1,45%)	55,10 EUR	
Rentenversicherung (9,3%)	353,40 EUR	
Arbeitslosenversicherung (1,3%)	*49,40 EUR*	*– 735,30 EUR*
Nettoverdienst		2.512,34 EUR
Abzgl. vermögenswirksame Leistungen (Nettoabzug)		*– 40,00 EUR*
Auszahlungsbetrag		2.472,34 EUR

Der Arbeitgeber muss die 40 EUR einbehalten und direkt an die Bausparkasse überweisen.

53.4 Zuschuss bei mehreren Verträgen

Sachverhalt: Eine Arbeitnehmerin hat ein monatliches Gehalt von 3.800 EUR (Steuerklasse IV, 2,0 Kinderfreibeträge, 9% Kirchensteuer, 1,7% KV-Zusatzbeitrag). Sie legt dem Arbeitgeber im Januar einen Antrag auf Überweisung vermögenswirksamer Leistungen ihrer Bausparkasse vor. Sie möchte ab Januar monatlich 39,17 EUR sparen.

Am 1.4. schließt sie einen weiteren förderfähigen Fondssparvertrag über ihre Hausbank ab, in den sie monatlich 33,33 EUR einbezahlt. Der Tarifvertrag verpflichtet den Arbeitgeber zu einem Zuschuss von 6,65 EUR.

Muss für beide Verträge ein Zuschuss gezahlt werden und wie müssen beide Überweisungen vorgenommen werden?

Ergebnis: Der Zuschuss von 6,65 EUR muss nur einmal gezahlt werden. Welcher Betrag auf welche Anlageform überwiesen wird, entscheidet die Arbeitnehmerin. Sie muss dem Arbeitgeber die entsprechenden Anträge der Anlageinstitute mit den gewünschten Überweisungsbeträgen vorlegen.

Bruttogehalt		3.800,00 EUR
Vermögenswirksame Leistungen		6,65 EUR
Brutto gesamt		3.806,65 EUR
Lohnsteuer	527,16 EUR	
Solidaritätszuschlag	0,00 EUR	
Kirchensteuer	*26,99 EUR*	- 554,15 EUR
Krankenversicherung (7,3%+0,85%)	277,89 EUR	
Pflegeversicherung (1,45%)	55,19 EUR	
Rentenversicherung (9,3%)	354,02 EUR	
Arbeitslosenversicherung (1,3%)	*49,49 EUR*	*- 736,59 EUR*
Nettoverdienst		2.515,91 EUR
Vermögenswirksame Leistungen (Vertrag 1)		- 39,17 EUR
Vermögenswirksame Leistungen (Vertrag 2)		*- 33,33 EUR*
Auszahlungsbetrag		2.443,41 EUR

Der Arbeitgeber muss die Beträge einbehalten und direkt an die Anlageinstitute überweisen.

53.5 Arbeitgeberwechsel

Sachverhalt: Ein neu eingestellter Arbeitnehmer legt bei seiner Einstellung im Januar einen Antrag auf Überweisung von vermögenswirksamen Leistungen seiner Bausparkasse vor. Bisher hat er von seinem alten Arbeitgeber einen Zuschuss zu VWL von 40 EUR monatlich erhalten. Diese 40 EUR hat er auch monatlich an die Bausparkasse überweisen lassen.

Ist der neue Arbeitgeber verpflichtet, den Zuschuss weiterhin zu zahlen und die Überweisung vorzunehmen?

Ergebnis: Zur Zahlung eines Zuschusses ist der Arbeitgeber nur in der Höhe verpflichtet, in welcher der Tarifvertrag dies vorsieht. Ist der Arbeitgeber nicht tarifgebunden, ist seine Zahlung freiwillig. Es bestehen folgende Möglichkeiten:

- Der Arbeitgeber zahlt einen Zuschuss von 40 EUR: Es ändert sich nichts gegenüber dem vorigen Arbeitgeber.
- Der Arbeitgeber zahlt einen Zuschuss von weniger als 40 EUR: Der Arbeitnehmer kann entscheiden, ob er nur den vom Arbeitgeber gezahlten Zuschuss oder einen höheren Betrag an das Anlageinstitut überweisen lassen möchte.
- Der Arbeitgeber zahlt keinen Zuschuss: Auch hier kann der Arbeitnehmer verlangen, dass ein bestimmter Betrag – entweder weiterhin 40 EUR oder auch ein niedrigerer Betrag – an das Anlageinstitut überwiesen wird.

Der Arbeitgeber sollte bereits im Einstellungsgespräch mit dem Arbeitnehmer klären, ob er einen Zuschuss zahlen wird.

54 Zuschläge für Sonn-, Feiertags- und Nachtarbeit

Nico Herr

54.1 Bemessungsgrundlage für steuerfreie SFN-Zuschläge

Sachverhalt: In einem Unternehmen wird üblicherweise auch an Sonn- und Feiertagen im Mehrschichtsystem gearbeitet.

Ein Arbeitnehmer mit einer 40-Stunden-Woche hat einen Stundenlohn von 13,50 EUR. Er erhält eine Schichtzulage von 0,50 EUR pro Stunde und in dem entsprechenden Abrechnungszeitraum eine Erschwerniszulage von 0,60 EUR pro Stunde für 90 Arbeitsstunden. Zudem leistet der Arbeitgeber einen monatlichen Zuschuss zu den vermögenswirksamen Leistungen von 13 EUR.

Wie wird die Bemessungsgrundlage für die lohnsteuerfreien Zuschläge berechnet?

Ergebnis: Ob Zuschläge gezahlt werden müssen, richtet sich nach den Regelungen des Tarifvertrags, der Betriebsvereinbarung oder des Arbeitsvertrags und des Arbeitszeitgesetzes (für Nachtzuschläge). Eine gesetzliche Verpflichtung zur Zahlung von Zuschlägen an Sonn- und Feiertagen gibt es nicht. Werden in einem Unternehmen Zuschläge gezahlt, bleiben diese unter bestimmten Voraussetzungen lohnsteuerfrei.

Bemessungsgrundlage für die Zahlung der lohnsteuerfreien Sonntags-, Feiertags- und Nachtzuschläge ist der Grundlohn. Darunter ist der laufende Arbeitslohn zu verstehen: Hierzu zählen neben dem Gehalt bzw. Stundenlohn auch laufend gewährte Sachbezüge, vermögenswirksame Leistungen (VL) sowie laufende Zuschläge und Zulagen, die wegen der Besonderheit der Arbeit während der regelmäßigen Arbeitszeit gezahlt werden, z. B. Erschwernis- und Schichtzulagen. Nicht zum Grundlohn gehören Einmalzahlungen, Überstundenvergütungen, steuerfreie und pauschalbesteuerte Bezüge.

Zunächst wird der Basisgrundlohn ermittelt und anschließend die Grundlohnzusätze. Der Basisgrundlohn ist der für den jeweiligen Entgeltzahlungszeitraum vereinbarte Grundlohn. Er ändert sich erst, wenn eine Lohnerhöhung oder eine Veränderung in der regelmäßigen Arbeitszeit eintritt. Die Grundlohnzusätze sind die Teile des Grundlohns, die nicht im Voraus bestimmbar sind. Sie sind mit den Beträgen in den Grundlohn einzubeziehen, die für den jeweiligen Entgeltzahlungszeitraum tatsächlich zustehen.

Der Monatswert (Basisgrundlohn+Grundlohnzusätze) ist auf einen Stundenlohn umzurechnen. Dabei ist im Falle eines monatlichen Lohnzahlungszeitraums die regelmäßige wöchentliche Arbeitszeit mit dem 4,35-fachen anzusetzen.

Berechnungsgrundlage	
Grundlohn (13,50 EUR × 40 Stunden × 4,35)	2.349,00 EUR
Zzgl. Schichtzulage (0,50 EUR × 40 Stunden × 4,35)	+ 87,00 EUR
Zzgl. VL-Zuschuss	*+ 13,00 EUR*
Basisgrundlohn	2.449,00 EUR
Zzgl. Grundlohnzusätze (Erschwerniszulage 0,60 EUR × 90 Stunden)	*+ 54,00 EUR*
Gesamtsumme	2.503,00 EUR
Höchstmögliche Bemessungsgrundlage (Grundlohn)	
Stundenlohn [2.503 EUR : (40 Stunden × 4,35)]	14,39 EUR

Die Bemessungsgrundlage für die Berechnung der lohnsteuerfreien Zuschläge beträgt 14,39 EUR pro Stunde.

Diese Berechnung ist monatlich neu durchzuführen, wenn der Wert der Grundlohnzusätze von Monat zu Monat schwankt.

Praxistipp: Wenn die o.g. Berechnung zu »mühsam« erscheint und keine arbeitsrechtliche Regelung dem entgegensteht, können die Sonntags-, Feiertags- und Nachtzuschläge auch auf der Basis Stundenlohn (13,50 EUR) plus Schichtzulage (0,50 EUR) ermittelt werden. Mit 14 EUR wird dann allerdings nicht die höchstmögliche Bemessungsgrundlage für die Steuer- und Sozialversicherungsfreiheit herangezogen.

Hinweis: Die Höchstgrenze für die Lohnsteuerfreiheit der Sonn-, Feiertags- und Nachtzuschläge beträgt 50 EUR pro Stunde, die Höchstgrenze für die Sozialversicherungsfreiheit der Feiertagszuschläge beträgt 25 EUR pro Stunde. Wird an Sonntagen und Feiertagen Nachtarbeit geleistet, so können die Zuschläge addiert werden, soweit die Voraussetzungen vorliegen.

54.2 Sonntagszuschlag

Sachverhalt: In einem Unternehmen wird üblicherweise an Sonn- und Feiertagen gearbeitet. Ein Arbeitnehmer mit einem Stundenlohn von 15 EUR ist in der Spätschicht an 2 Sonntagen im Monat eingesetzt. Die Schicht beginnt jeweils um 12:00 Uhr und endet um 20:00 Uhr.

Wie hoch ist der steuer- und sozialversicherungsfreie Sonntagszuschlag im Monat?

Ergebnis: Dem Arbeitnehmer können folgende Zuschläge für geleistete Sonntagsarbeit lohnsteuer- und sozialversicherungsfrei gewährt werden, soweit diese auch tatsächlich gezahlt werden:

Höchstmöglicher Sonntagszuschlag für diesen Arbeitnehmer pro Stunde (15 EUR x 50%)	7,50 EUR
Höchstmöglicher Sonntagszuschlag für diesen Arbeitnehmer in diesem Monat insgesamt (7,50 EUR x 8 Std. x 2 Tage)	120,00 EUR

Ob Zuschläge gezahlt werden müssen, richtet sich nach den Regelungen des Tarifvertrags, der Betriebsvereinbarung oder des Arbeitsvertrags. Eine gesetzliche Verpflichtung gibt es nicht. Wenn im Unternehmen die Verpflichtung zur Zahlung besteht oder der Arbeitgeber diese Zuschläge auf freiwilliger Basis zahlt, bleiben diese ausschließlich im Rahmen des § 3b EStG steuerfrei. Die Lohnsteuerfreiheit der Zuschläge ist im Wesentlichen von folgenden Voraussetzungen abhängig:

- Der Arbeitnehmer muss während der begünstigten Zeit tatsächlich arbeiten.
- Die tatsächlich geleistete Sonn-, Feiertags- oder Nachtarbeit ist anhand von Einzelaufstellungen nachzuweisen. Schichtpläne, Stempelkarten bzw. Stundenzettel oder vergleichbare Aufzeichnungen als Nachweis für Prüfungszwecke sind aufzubewahren.
- Die Zuschläge müssen eindeutig als Zahlung neben dem Grundlohn vereinbart sein, weshalb dies durch Vorlage der Arbeitsverträge oder Vereinbarungen nachgewiesen werden muss (wenn nicht ohnehin im Tarifvertrag geregelt).
- Die in § 3b Abs. 1 und 3 EStG genannten lohnsteuerfreien Zuschlagssätze sind keine Freigrenzen. Der maximale Zuschlagssatz beträgt 50% vom Grundlohn für die Sonntagsarbeit von 0:00 Uhr bis 24:00 Uhr. Wird der Zuschlagssatz überschritten, ist der überschreitende Betrag steuerpflichtig.

Hinweis: Die Lohnsteuerfreiheit von Sonn-, Feiertags- und Nachtzuschlägen ist auf einen Grundlohn von 50 EUR pro Stunde beschränkt, für die Sozialversicherungsfreiheit beträgt der maximale Grundlohn 25 EUR pro Stunde. Der übersteigende Betrag unterliegt dem Lohnsteuerabzug und der Sozialversicherungspflicht. Wird an Sonn- und Feiertagen auch Nachtarbeit geleistet, können die Zuschläge addiert werden, soweit die Voraussetzungen hierfür vorliegen. Ist dagegen ein Sonntag zugleich auch Feiertag, kann ein Zuschlag nur bis zur Höhe des Feiertagzuschlags steuerfrei gezahlt werden.

54.3 Sonntagszuschlag, 50%

Sachverhalt: Ein Mitarbeiter erhält ein monatliches Gehalt von 9.600 EUR. Dies entspricht einem Stundenlohn von 60 EUR. Für zusätzliche Arbeit an Sonntagen erhält er einen Zuschlag von 50% auf den Grundlohn. In einem Monat fallen 30 Stunden Sonntagsarbeit an.

In welcher Höhe unterliegen die Zuschläge der Lohnsteuer bzw. der Sozialversicherung?

Ergebnis: Der lohnsteuerfreie Zuschlag für Sonntagsarbeit beträgt 50%. Während aus steuerlicher Sicht der Zuschlag aus einem Grundlohn von maximal 50 EUR pro Stunde lohnsteuerfrei bleibt, kann der Zuschlag für den Bereich der Sozialversicherung lediglich aus einem Grundlohn von 25 EUR je Stunde berechnet werden.

Die Abrechnung der Zuschläge erfolgt folgendermaßen:

Lohnsteuer

Gezahlter Zuschlag für Sonntagsarbeit (30 Std. x 60 EUR x 50%)	900 EUR
Davon lohnsteuerfrei (30 Std. x 50 EUR x 50%)	750 EUR
Lohnsteuerpflichtig	150 EUR

Die Sonntagszuschläge unterliegen i. H. v. 150 EUR dem Lohnsteuerabzug.

Sozialversicherung

Gezahlter Zuschlag für Sonntagsarbeit (30 Std. x 60 EUR x 50%)	900 EUR
Davon sozialversicherungsfrei (30 Std. x 25 EUR x 50%)	375 EUR
Sozialversicherungspflichtig	525 EUR

Die Beitragsbemessungsgrenzen sind in allen Zweigen der Sozialversicherung bereits überschritten. Für die gezahlten Zuschläge sind daher keine Sozialversicherungsbeiträge abzuführen.

54.4 Sonntagszuschlag, 100%

Sachverhalt: Ein Abteilungsleiter erhält ein monatliches Gehalt von 7.612 EUR, was einem Stundenlohn von 44 EUR entspricht. Er muss wegen eines Messeauftritts an 2 Sonntagen im Monat arbeiten. Die Arbeitszeit beträgt an den beiden Sonntagen jeweils 10 Stunden. Laut Arbeitsvertrag hat er Anspruch auf Sonntagszuschläge i. H. v. 100% des Grundlohns.

In welcher Höhe unterliegen die Zuschläge der Lohnsteuer bzw. der Sozialversicherung?

Ergebnis: Vom arbeitsrechtlich vereinbarten Sonntagszuschlag i. H. v. 100% können lohnsteuerrechtlich nur 50% des Zuschlags steuerfrei gewährt werden. Während das Lohnsteuerrecht die Lohnsteuerfreiheit auf einen Stundenlohn von höchstens 50 EUR je Stunde begrenzt, kann der Zuschlag zur Berechnung der Sozialversicherung nur aus einem Grundlohn von max. 25 EUR je Stunde sozialversicherungsfrei bleiben.

Die Abrechnung der Zuschläge gestaltet sich folgendermaßen:

Lohnsteuer

Gezahlter Zuschlag für Sonntagsarbeit (20 Std. x 44 EUR)	880 EUR
Davon lohnsteuerfrei (20 Std. x 44 EUR x 50 %)	*440 EUR*
Lohnsteuerpflichtig	440 EUR

Die Zuschläge unterliegen i. H. v. 440 EUR dem individuellen Lohnsteuerabzug.

Sozialversicherung

Gezahlter Zuschlag für Sonntagsarbeit (20 Std. x 44 EUR)	880 EUR
Davon sozialversicherungsfrei (20 Std. x 25 EUR x 50 %)	250 EUR
Sozialversicherungspflichtig	630 EUR

Vom Grundlohn i. H. v. 44 EUR sind lediglich 50 % (= 22 EUR) lohnsteuerfrei. In der Sozialversicherung sind dagegen nur 50 % v. 25 EUR (= 12,50 EUR) beitragsfrei. Das Sozialversicherungsrecht übernimmt die prozentualen Anteile aus dem Steuerrecht und wendet diese auf den begrenzten Stundenlohn von 25 EUR an.

Bei einem Bruttoverdienst von 7.612 EUR im Monat (91.344 EUR jährlich) sind die Beitragsbemessungsgrenzen in allen Zweigen der Sozialversicherung bereits überschritten. Für die gezahlten Sonntagszuschläge fallen keine Sozialversicherungsbeiträge an.

54.5 Nachtzuschläge, 25 % und 40 %

Sachverhalt: In einem Unternehmen wird üblicherweise im 3-Schicht-System gearbeitet. Ein Arbeitnehmer mit einem Stundenlohn von 13 EUR ist in der Nachtschicht an 5 Arbeitstagen von Montag bis Freitag eingesetzt. Die Schicht beginnt jeweils um 22:00 Uhr und endet um 6:00 Uhr des folgenden Tags.

In welcher Höhe dürfen lohnsteuerfreie Nachtzuschläge gezahlt werden?

Ergebnis: Ob Nachtzuschläge gezahlt werden müssen, richtet sich nach den Regelungen des Arbeitszeitgesetzes, des Tarifvertrags, der Betriebsvereinbarung oder des Arbeitsvertrags. Das Arbeitszeitgesetz nennt keine konkrete Höhe für die Nachtzuschläge, es spricht lediglich von »einer angemessenen Zahl bezahlter freier Tage oder einen angemessenen Zuschlag auf das ihm (dem Arbeitnehmer) hierfür zustehende Bruttoarbeitsentgelt«. Tarifvertragliche Regelungen sind in jedem Fall zu beachten.

Nachtzuschläge bleiben unter bestimmten Voraussetzungen steuerfrei:

- 25% vom Grundlohn für die Arbeit in der Zeit von 20:00 Uhr bis 6:00 Uhr,
- 40% vom Grundlohn für Nachtarbeit zwischen 0:00 Uhr und 4:00 Uhr, wenn die Nachtarbeit vor 0:00 Uhr aufgenommen wurde.

Berechnung der Zuschläge

Montag bis Freitag: 22:00-24:00 Uhr und 4:00-6:00 Uhr (25% v. 13 EUR=3,25 EUR x 20 Stunden)	65 EUR
Montag bis Freitag: 0:00-4:00 Uhr (40% v. 13 EUR=5,20 EUR x 20 Stunden)	*104 EUR*
Zuschläge für die gesamte Woche	169 EUR

Hinweis: Der Höchstbetrag des Grundlohns für die Lohnsteuerfreiheit der Nacht-, Sonn- und Feiertagszuschläge beträgt 50 EUR pro Stunde, der Höchstbetrag des Grundlohns für die Sozialversicherungsfreiheit der Nacht-, Sonn- und Feiertagszuschläge beträgt 25 EUR pro Stunde.

Nachtzuschläge sind mit Sonntags- bzw. Feiertagszuschlägen addierbar.

54.6 Gesetzlicher Feiertag, 125%

Sachverhalt: In einem Unternehmen wird üblicherweise an Sonn- und Feiertagen nicht gearbeitet. Ausnahmsweise wird in diesem Jahr am 3. Oktober (Tag der Deutschen Einheit) gearbeitet.

Ein Arbeitnehmer mit einem Stundenlohn von 13,95 EUR hat in der Arbeitswoche vor und nach dem Feiertag durchgängig in der Frühschicht von 6:00 Uhr bis 14:00 Uhr (8 Stunden) gearbeitet.

In welcher Höhe können dem Arbeitnehmer steuerfreie Zuschläge gezahlt werden?

Ergebnis: Der Zuschlag für Arbeit an einem gesetzlichen Feiertag von 0:00 Uhr bis 24:00 Uhr beträgt 125% vom Grundlohn.

Für die Schicht von 6:00 Uhr bis 14:00 Uhr darf unter Beachtung der steuerlichen Voraussetzungen (z.B. Aufzeichnungs- und Nachweispflicht) neben dem Grundlohn von 13,95 EUR ein steuer- und sozialversicherungsfreier Zuschlag von 125%=17,44 EUR pro Stunde gewährt werden.

Für die geleisteten Frühschichten an Wochentagen dürfen keine steuerfreien Zuschläge gezahlt werden, da Nachtarbeit die Arbeit in der Zeit von 20:00 Uhr bis 6:00 Uhr ist.

Der Arbeitnehmer erhält für die Feiertagsarbeit am 3. Oktober einen lohnsteuer- und sozialversicherungsfreien Feiertagszuschlag von:
8 Stunden x 17,44 EUR=139,52 EUR

Hinweis: Die Lohnsteuerfreiheit der Sonntags-, Feiertags- und Nachtzuschläge ist auf einen Grundlohn 50 EUR pro Stunde beschränkt, für die Sozialversicherungsfreiheit beträgt dieser 25 EUR pro Stunde. Der übersteigende Betrag unterliegt dann dem Lohnsteuerabzug und der Sozialversicherungspflicht.

54.7 Gesetzlicher Feiertag, 150 %

Sachverhalt: In einem Unternehmen wird üblicherweise an Sonn- und Feiertagen nicht gearbeitet. Es wird jedoch aufgrund eines kurzfristigen Auftrags eine Sonderschicht über Weihnachten eingelegt.

Ein Arbeitnehmer mit einem Stundenlohn von 15 EUR arbeitet am 25.12. und 26.12. jeweils in der Frühschicht von 6:00 Uhr bis 14:00 Uhr.

In welcher Höhe können dem Arbeitnehmer lohnsteuerfreie Feiertagszuschläge gezahlt werden?

Ergebnis: Die Höhe der lohnsteuerfreien (allgemeinen) Feiertagszuschläge ergibt sich grundsätzlich aus § 3b Abs. 1 Nr. 3 EStG. Darüber hinaus sind im Gesetz auch Sonderfälle der Feiertagsarbeit geregelt, z. B. besondere Zuschlagssätze für die Arbeit an Heiligabend, den Weihnachtsfeiertagen, Silvester und am 1. Mai.

Der Zuschlag an den besonderen Feiertagen beträgt 150 % vom Grundlohn. Da der Mitarbeiter an den beiden Weihnachtsfeiertagen arbeitet, darf für diese beiden Tage neben dem Grundlohn von 15 EUR ein steuer- und sozialversicherungsfreier Zuschlag i. H. v. 150 % = 22,50 EUR je Stunde gewährt werden.

Der Arbeitnehmer erhält für diese beiden Tage lohnsteuer- und sozialversicherungsfreie Feiertagszuschläge i. H. v. 16 Stunden x 22,50 EUR=360 EUR.

Hinweis: Wenn ein Sonntag zugleich Feiertag ist, kann der steuerfreie Zuschlag nicht mehrfach gewährt werden. Der Zuschlag richtet sich in diesem Fall nach dem Feiertagszuschlag.

Die Steuerfreiheit der Sonntags-, Feiertags- und Nachtzuschläge ist auf einen Grundlohn von 50 EUR pro Stunde beschränkt, für die Sozialversicherungsfreiheit beträgt dieser 25 EUR pro Stunde. Der übersteigende Betrag unterliegt dann jeweils dem Lohnsteuerabzug und der Sozialversicherungspflicht.

54.8 Kein bundeseinheitlicher Feiertag

Sachverhalt: Ein Arbeitgeber in Dresden (Sachsen) bittet seinen Arbeitnehmer am Buß- und Bettag von 8:00 Uhr bis 16:00 Uhr zu arbeiten, um einen Eilauftrag zu erledigen. Hierfür sagt der Arbeitgeber neben dem Stundenlohn von 15 EUR einen Zuschlag von 30 EUR je Arbeitsstunde zu. Für diesen Arbeitseinsatz erhält der Arbeitnehmer insgesamt 360 EUR.

Kann der Arbeitgeber den Zuschlag steuerfrei zahlen oder unterliegt er dem Lohnsteuerabzug und damit der Sozialversicherungspflicht?

Ergebnis: Ob ein Tag ein gesetzlicher Feiertag ist, bestimmt sich nach § 3b Abs. 2 Satz 4 EStG nach dem Ort der Arbeitsstätte. Im Bundesland Sachsen ist der Buß- und Bettag ein gesetzlicher Feiertag.

Der Arbeitgeber kann dem Arbeitnehmer für diesen Tag bei einem Arbeitseinsatz einen steuerfreien Zuschlag von 125% zum Grundlohn zahlen. Bezogen auf den Grundlohn von 15 EUR beträgt der steuerfreie Zuschlag 18,75 EUR.

Der Arbeitgeber muss den Arbeitslohn für diesen Arbeitseinsatz wie folgt abrechnen:

Lohnsteuer und Sozialversicherung		
Gezahlter Stundenlohn (8 Std. x 15 EUR)		120 EUR
Zusätzlicher Zuschlag (8 Std. x 30 EUR)		*+ 240 EUR*
Davon lohnsteuer- und sozialversicherungsfrei (8 Std. x 18,75 EUR)	150 EUR	
Davon lohnsteuer- und sozialversicherungspflichtig (8 Std. x 11,25 EUR)	90 EUR	
Insgesamt gezahlter Lohn		360 EUR
Davon insgesamt lohnsteuer- und sozialversicherungsfrei		*– 150 EUR*
Davon insgesamt lohnsteuer- und sozialversicherungspflichtig		210 EUR

Von dem gezahlten Zuschlag unterliegen 210 EUR dem Lohnsteuerabzug und der Sozialversicherungspflicht.

Hinweis: Wenn ein Sonntag zugleich Feiertag ist, kann der steuerfreie Zuschlag nicht mehrfach gewährt werden. Der Zuschlag richtet sich in diesem Fall nach dem Feiertagszuschlag.

54.9 Kein bundeseinheitlicher Feiertag mit Homeoffice

Sachverhalt: Ein Arbeitgeber in Köln (Nordrhein-Westfalen) bittet seinen Arbeitnehmer, der immer in Dresden (Sachsen) im Homeoffice arbeitet, am Reformationstag von 8:00-16:00 Uhr zu arbeiten, um einen Eilauftrag zu erledigen.

Kann der Arbeitgeber den Zuschlag steuerfrei zahlen oder unterliegt er dem Lohnsteuerabzug und damit der Sozialversicherungspflicht?

Ergebnis: Ob ein Tag ein gesetzlicher Feiertag ist, bestimmt sich nach § 3b Abs. 2 Satz 4 EStG nach dem Ort der Arbeitsstätte. Im Bundesland Nordrhein-Westfalen ist der Reformationstag zwar kein gesetzlicher Feiertag. Trotzdem kann der Arbeitgeber m. E. einen steuer- und sozialversicherungsfreien Zuschlag zahlen, weil die Verhältnisse an der regelmäßigen Arbeitsstätte, in diesem Fall das Homeoffice, ausschlaggebend sind. Der Gesetzeswortlaut bezieht sich ausdrücklich nicht auf den Begriff der ersten Tätigkeitsstätte. Trotzdem empfiehlt es sich in Zweifelsfällen eine Anrufungsauskunft zu beantragen.

54.10 Kein bundeseinheitlicher Feiertag mit Auswärtstätigkeit

Sachverhalt: Ein Arbeitgeber in Erfurt (Thüringen) entsendet einen Arbeitnehmer am Reformationstag nach Wiesbaden (Hessen), um einen Kundendienstauftrag zu erledigen. Der Reformationstag ist in Thüringen ein gesetzlicher Feiertag, in Hessen jedoch nicht. Die Tätigkeit beginnt um 8:00 Uhr und endet um 18:00 Uhr.

Kann der Arbeitgeber einen steuer- und sozialversicherungsfreien Zuschlag für Feiertagsarbeit zahlen?

Ergebnis: Ausschlaggebend für den Zuschlag ist das Feiertagsgesetz für den Ort der Arbeitsstätte. Der Arbeitnehmer hat seine erste Tätigkeitsstätte in Thüringen. Damit kann der Arbeitgeber für diesen Tag einen steuer- und sozialversicherungsfreien Zuschlag von 125 % des Grundstundenlohns zahlen, obwohl der Arbeitnehmer die Tätigkeit in einem Bundesland ausübt, in dem kein Feiertag ist.

54.11 Sonntagszuschlag, 50 % und Nachtzuschlag, 25 % und 40 %

Sachverhalt: In einem Unternehmen wird üblicherweise an Sonn- und Feiertagen gearbeitet. Ein Arbeitnehmer mit einem Stundenlohn von 17 EUR ist in der Spätschicht an 2 Sonntagen eingesetzt. Die Schicht beginnt jeweils um 16:00 Uhr und endete um 24:00 Uhr.

Müssen Zuschläge gezahlt werden und wenn ja, in welcher Höhe? Unter welchen Bedingungen sind diese steuerfrei?

Ergebnis: Ob Zuschläge gezahlt werden müssen, richtet sich nach den Regelungen des Tarifvertrags, der Betriebsvereinbarung oder des Arbeitsvertrags. Eine gesetzliche Verpflichtung besteht nicht.

Lediglich die Höhe der steuerfreien Zuschlagssätze ist gesetzlich geregelt. Folgende Zuschlagssätze sind zu beachten:

- Der Zuschlag für Sonntagsarbeit beträgt 50 % vom Grundlohn für die Zeit von 0:00 Uhr bis 24:00 Uhr.
- Zusätzlich darf für die Nachtarbeit von 20:00 Uhr bis 6:00 Uhr des Folgetages ein Zuschlag i. H. v. 25% steuer- und sozialversicherungsfrei zusätzlich bezahlt werden. Wird die Arbeit vor 0:00 Uhr aufgenommen, kann für die Zeit von 0:00 Uhr bis 4:00 Uhr ein erhöhter Zuschlag von 40% steuer- und sozialversicherungsfrei ausbezahlt werden.

Der Arbeitnehmer erhält für diesen Monat lohnsteuer- und sozialversicherungsfrei:

Höchstmöglicher Sonntagszuschlag pro Stunde (17 EUR x 50 %)	8,50 EUR	
Sonntagszuschläge für den laufenden Monat (8,50 EUR x 8 Std. x 2 Tage)		136 EUR
Höchstmöglicher Nachtzuschlag pro Stunde (17 EUR × 25 %)	4,25 EUR	
Nachtzuschläge für den laufenden Monat (4,25 EUR x 4 Std. x 2 Tage)		*+ 34 EUR*
Zuschläge gesamt lohnsteuer- und sozialversicherungsfrei		170 EUR

Es können Zuschläge i. H. v. 170 EUR steuer- und sozialversicherungsfrei gezahlt werden. Die für das Lohnsteuer- und Sozialversicherungsrecht zu beachtenden unterschiedlichen maximalen Stundenlohnsätze werden jeweils nicht erreicht.

Hinweis: Die Lohnsteuerfreiheit der Sonntags-, Feiertags- und Nachtzuschläge ist auf einen Grundlohn 50 EUR pro Stunde beschränkt, für die Sozialversicherungsfreiheit beträgt dieser 25 EUR pro Stunde. Der übersteigende Betrag unterliegt dann dem Lohnsteuerabzug und der Sozialversicherungspflicht.

Wird an Sonntagen und Feiertagen Nachtarbeit geleistet, so können die Zuschläge addiert werden, soweit die Voraussetzungen vorliegen.

54.12 Sonntagszuschlag, 50% und Nachtzuschlag, 25%

Sachverhalt: Eine Kellnerin arbeitet mehrmals wöchentlich von 18:00 Uhr bis 22:00 Uhr. Sie erhält einen Stundenlohn von 13 EUR. Laut Arbeitsvertrag erhält sie ab 20:00 Uhr einen Nachtarbeitszuschlag von 50% auf den Grundlohn. Am Sonntag arbeitet sie regelmäßig von 14:00 bis 20:00 Uhr, wofür ihr ein arbeitsvertraglicher Sonntagszuschlag von 100% des Grundlohns zusteht. In diesem Monat arbeitet sie an 4 Sonntagen sowie an 12 Wochentagen.

In welcher Höhe unterliegen die Zuschläge der Lohnsteuer bzw. der Sozialversicherung?

Ergebnis: Der maßgebliche Grundlohn je Stunde beträgt 13 EUR. Die für das Steuer- und Sozialversicherungsrecht zu beachtenden unterschiedlich hohen maximalen Stundenlohnsätze (50 EUR bzw. 25 EUR) werden jeweils nicht erreicht.

Die Zuschläge sind in folgender Höhe steuer- und sozialversicherungsfrei:

- Nachtarbeit (Arbeit von 20:00 Uhr bis 6:00 Uhr): 25% des Grundlohns

Sonntagsarbeit: 50% des Grundlohns Die Abrechnung der Zuschläge gestaltet sich folgendermaßen:

Lohnsteuer und Sozialversicherung		
Gezahlter Zuschlag für Nachtarbeit ab 20:00 Uhr		
(12 Tage × 2 Std. x 13 EUR x 50%)	156 EUR	
Davon lohnsteuer- und sozialversicherungsfrei		
(12 Tage × 2 Std. x 13 EUR x 25%)	*- 78 EUR*	
Lohnsteuer- und sozialversicherungspflichtig	78 EUR	78 EUR
Gezahlter Zuschlag für Sonntagsarbeit		
(4 Tage x 6 Std. x 13 EUR x 100%)	312 EUR	
Davon lohnsteuer- und sozialversicherungsfrei		
(4 Tage × 6 Std. x 13 EUR x 50%)	*- 156 EUR*	
Lohnsteuer- und sozialversicherungspflichtig	156 EUR	*+ 156 EUR*
Lohnsteuer- und sozialversicherungspflichtige		
Zuschläge gesamt		234 EUR

Die gezahlten Zuschläge für Sonntags- und Nachtarbeit unterliegen i.H.v. 234 EUR dem Lohnsteuerabzug und der Sozialversicherungspflicht.

54.13 Samstagsarbeit

Sachverhalt: Ein Mitarbeiter erhält für seine Tätigkeit ein monatliches Grundgehalt von 2.500 EUR. Für Sondereinsätze an 2 Samstagen in einem Monat werden ihm jeweils 150 EUR zusätzlich zum Grundgehalt gezahlt. Steuerfreie Bestandteile fallen keine an.

Ist der zusätzliche Betrag für die Sondereinsätze steuer- und beitragspflichtig?

Ergebnis: Zum steuerpflichtigen Bruttolohn des Arbeitnehmers zählen grundsätzlich auch Zulagen und Zuschläge, die zusätzlich zum vereinbarten Entgelt aufgrund tarifvertraglicher Regelung oder aufgrund einzelvertraglicher Abreden gezahlt werden. Eine Ausnahme besteht lediglich für steuerfreie Zuschläge für Sonntags-, Feiertags- oder Nachtarbeit.

Zuschläge für die Arbeit an einem Samstag sind nicht steuerbegünstigt. Die Sonderzahlungen unterliegen in voller Höhe dem Lohnsteuerabzug und der Sozialversicherungspflicht.

Die Berechnung des Bruttoentgelts gestaltet sich folgendermaßen:

Grundgehalt	2.500 EUR
2 Samstagseinsätze (2 x 150 EUR)	*300 EUR*
Bruttolohn	2.800 EUR

Die Lohnsteuer und die Sozialversicherungsbeiträge werden von einem Bruttoarbeitslohn von 2.800 EUR berechnet.

Hinweis: Ebenfalls zum steuerpflichtigen Bruttoarbeitslohn zählen Zulagen (Erschwerniszulagen, z.B. Gefahren-, Schmutz- und Hitzezulagen, sowie Funktionszulagen und besondere Leistungszulagen). Unbeachtlich ist, ob die Lohnzuschläge aufgrund eines gesetzlichen Anspruchs, eines Tarifvertrags, einer betrieblichen Vereinbarung, einer einzelvertraglichen Regelung oder vom Arbeitgeber freiwillig gezahlt werden.

54.14 Zuschläge im Krankheitsfall

Sachverhalt: In einem Unternehmen wird üblicherweise an Sonn- und Feiertagen gearbeitet. Ein Arbeitnehmer mit einem Stundenlohn von 15 EUR ist in der Spätschicht an 2 Sonntagen im Monat eingesetzt. Die Schicht beginnt jeweils um 12:00 Uhr und endet um 20:00 Uhr. Der Mitarbeiter kann wegen Krankheit an einem Sonntag nicht arbeiten.

Wie hoch ist der steuer- und sozialversicherungsfreie Sonntagszuschlag im Monat?

Ergebnis: Ob Zuschläge gezahlt werden müssen, richtet sich nach den Regelungen des Tarifvertrags, der Betriebsvereinbarung oder des Arbeitsvertrags. Im Fall der Entgeltfortzahlung ist der Arbeitgeber verpflichtet auch die Zuschläge auszuzahlen, die sich der Arbeitnehmer erarbeitet hätte. Diese können allerdings nicht steuer- und beitragsfrei bleiben, weil der Arbeitnehmer nicht, wie gesetzlich gefordert, gearbeitet hat.

Dem Arbeitnehmer können folgende Zuschläge für geleistete Sonntagsarbeit lohnsteuer- und sozialversicherungsfrei gewährt werden, soweit diese auch tatsächlich gezahlt werden:

Höchstmöglicher Sonntagszuschlag für diesen Arbeitnehmer pro Stunde (15 EUR x 50%)	7,50 EUR
Höchstmöglicher Sonntagszuschlag für diesen Arbeitnehmer in diesem Monat insgesamt (7,50 EUR x 8 Std. x 1 Tag)	60,00 EUR

Der Zuschlag i.H.v. 60 EUR für den Sonntag, an dem der Mitarbeiter krank war, ist steuer- und beitragspflichtiger Arbeitslohn.

Teil 2: Entgelt-ABC

1 A – Abfindung bis Autowerbung

1.1 Abfindung bei bestehender Beschäftigung

Erläuterung: Abfindung zur Vermeidung einer betriebsbedingten Kündigung, bei Umwandlung einer Vollzeitbeschäftigung in eine Teilzeitbeschäftigung, zum Ausgleich von Gehaltseinbußen durch tarifliche Eingruppierung oder aufgrund Herabsetzung von Einmalzahlungen.

Lohnsteuerpflicht	Ja	§ 24 Abs. 1 Buchst. a EStG
Beitragspflicht KV PV RV ALV	Ja	§ 14 Abs. 1 Satz 1 SGB IV, § 23a SGB IV
Beitragspflicht UV	Ja	§ 14 Abs. 1 Satz 1 SGB IV, § 23a SGB IV

Mindestlohnrelevanz: Nein
Entgeltart: Einmalzahlung
Entgeltzuordnung in der SV: Entgeltabrechnungsmonat, in dem die Abfindung ausgezahlt wird. Ausgleichzahlungen, die in den Monaten Januar bis März eines Jahres ausgezahlt werden, sind dem letzten Entgeltabrechnungsmonat des vergangenen Jahres (Vorjahres) zuzuordnen, wenn in dem vergangenen Jahr bei demselben Arbeitgeber ein versicherungspflichtiges Beschäftigungsverhältnis bestanden hat und die Abfindung zusammen mit den sonstigen für das laufende Kalenderjahr festgestellten beitragspflichtigen Einnahmen die anteilige Beitragsbemessungsgrenze des laufenden Kalenderjahres übersteigt (März-Klausel).

1.2 Abfindung für rückständiges Arbeitsentgelt

Erläuterung: Zahlung von rückständigem Arbeitsentgelt anlässlich einer einvernehmlichen Beendigung von Arbeitsverhältnissen oder deren gerichtlichen Auflösung im Kündigungsschutzprozess.

Lohnsteuerpflicht	Ja	§ 24 Abs. 1 Buchst. a EStG
Beitragspflicht KV PV RV ALV	Ja	§ 14 Abs. 1 Satz 1 SGB IV, § 23a SGB IV
Beitragspflicht UV	Ja	§ 14 Abs. 1 Satz 1 SGB IV, § 23a SGB IV

Mindestlohnrelevanz: Nein
Entgeltart: Laufendes Arbeitsentgelt
Entgeltzuordnung in der SV: Entgeltabrechnungsmonat, für den der Anspruch auf das rückständige Arbeitsentgelt besteht.

1.3 Abfindung für Verlust des Arbeitsplatzes

Erläuterung: Abfindung wegen einer vom Arbeitgeber veranlassten oder gerichtlich ausgesprochenen Auflösung des Arbeitsverhältnisses, die den Wegfall zukünftiger Verdienstmöglichkeiten wegen Verlusts des Arbeitsplatzes ausgleichen sollen.

Lohnsteuerpflicht	Ja	§ 24 Abs. 1 Buchst. a EStG
Beitragspflicht KV PV RV ALV	Nein	§ 14 Abs. 1 Satz 1 SGB IV
Beitragspflicht UV	Nein	§ 14 Abs. 1 Satz 1 SGB IV

Mindestlohnrelevanz: Nein
Entgeltart: Einmalzahlung
Entgeltzuordnung in der SV: Kein Arbeitsentgelt, da Zahlung als Entschädigung für Verlust des Arbeitsplatzes für Zeiten nach Ende des Beschäftigungsverhältnisses erfolgt. BSG, Urteil v. 21.02.1990, 12 RK 20/88

1.4 Abgeltung von Urlaubsanspruch

Erläuterung: Kann der Urlaub wegen Beendigung des Arbeitsverhältnisses ganz oder teilweise nicht mehr gewährt werden, so ist er abzugelten. § 7 Abs. 4 Bundesurlaubsgesetz.

Lohnsteuerpflicht	Ja	§ 19 EStG, § 39b Abs. 3 EStG, R 19.3 Abs. 1 Nr. 2 LStR
Beitragspflicht KV PV RV ALV	Ja	§ 14 Abs. 1 Satz 1 SGB IV, § 23a SGB IV
Beitragspflicht UV	Ja	§ 14 Abs. 1 Satz 1 SGB IV, § 23a SGB IV

Mindestlohnrelevanz: Nein
Entgeltart: Einmalzahlung
Entgeltzuordnung in der SV: Lohnsteuerabzug analog der Regelung bei Einmalzahlungen; SV-Pflicht besteht (Ausnahme: Zahlung an Hinterbliebene). Entgeltabrechnungsmonat, in dem die Abgeltung ausgezahlt wird bzw. Zuordnung zum letzten Entgeltabrechnungsmonat des Beschäftigungsverhältnisses.

1.5 Abgeltung von witterungsbedingtem Lohnausfall (Baugewerbe)

Erläuterung: Spezielle pauschale Abgeltung im Baugewerbe nach § 4 Punkt 6. BRTV Bau bei Arbeitsausfall aus Witterungs- oder wirtschaftlichen Gründen. Für alle übrigen witterungsbedingten und saisonbedingten Arbeitsausfälle s. Wintergeld.

Lohnsteuerpflicht	Ja	§ 19 Abs. 1 EStG
Beitragspflicht KV PV RV ALV	Ja	§ 14 Abs. 1 Satz 1 SGB IV
Beitragspflicht UV	Ja	§ 14 Abs. 1 Satz 1 SGB IV

Mindestlohnrelevanz: Ja
Entgeltart: Laufendes Arbeitsentgelt
Entgeltzuordnung in der SV: Entgeltabrechnungsmonat, für den der Anspruch auf die Abgeltung besteht.

1.6 Abnutzungsentschädigung für zivile Kleidung

Erläuterung: Abnutzungsentschädigung für das Tragen von Zivilkleidung im Dienst oder entsprechende Einkleidungsbeihilfe.

Lohnsteuerpflicht	Ja	R 3.31 LStR
Beitragspflicht KV PV RV ALV	Ja	§ 14 Abs. 1 Satz 1 SGB IV
Beitragspflicht UV	Ja	§ 14 Abs. 1 Satz 1 SGB IV

Mindestlohnrelevanz: Nein
Entgeltart: Laufendes Arbeitsentgelt
Entgeltzuordnung in der SV: Entgeltabrechnungsmonat, für den der Anspruch auf die Entschädigung besteht.

1.7 Abschiedsgeschenk als Geldleistung

Erläuterung: Abschiedsgeschenk in Geld s. Geschenk als Geldleistung.

1.8 Abschiedsgeschenk als Sachleistung

Erläuterung: S. Aufmerksamkeiten.

1.9 Abschlagszahlung

Erläuterung: Abschlagszahlung auf den Arbeitslohn. Es ist jedoch zulässig, Lohnsteuer für Abschlagszahlungen erst bei der Lohnabrechnung einzubehalten, wenn der Abrechnungszeitraum 5 Wochen nicht übersteigt und die Abrechnung innerhalb von 3 Wochen nach diesem Ablauf erfolgt.

Lohnsteuerpflicht	Ja	§ 39b Abs. 5 EStG
Beitragspflicht KV PV RV ALV	Ja	§ 14 Abs. 1 Satz 1 SGB IV
Beitragspflicht UV	Ja	§ 14 Abs. 1 Satz 1 SGB IV

Mindestlohnrelevanz: Ja
Entgeltart: Laufendes Arbeitsentgelt
Entgeltzuordnung in der SV: Entgeltabrechnungsmonat, für den der Anspruch auf die Abschlagszahlung besteht. Sofern variable Arbeitsentgeltbestandteile zeitversetzt gezahlt werden, können diese zur Beitragsberechnung unter bestimmten Voraussetzungen dem nächsten oder übernächsten Entgeltabrechnungszeitraum zugeordnet werden.

1.10 Abschlussprämie

Erläuterung: S. Einmalzahlung / Einmalige Bezüge. S. Gratifikationen und Tantiemen.

1.11 Abschussgeld

Erläuterung: Abschussgeld (Patronengeld, Schussgeld) ist als Aufwandsersatz des Arbeitgebers an Arbeitnehmer in privat forstwirtschaftlichen Betrieben lohnsteuerfrei, soweit die tatsächlichen Kosten für den Abschuss nicht überstiegen werden. Ist das Abschussgeld höher als die tatsächlichen Kosten, handelt es sich um steuerpflichtigen Laufendes Arbeitsentgelt Arbeitslohn.

Lohnsteuerpflicht	Ja	R 19.3 Abs. 1 LStR
Beitragspflicht KV PV RV ALV	Ja	§ 14 Abs. 1 Satz 1 SGB IV, jedoch beitragsfrei, soweit sie nur den tatsächlichen Aufwand decken
Beitragspflicht UV	Ja	§ 14 Abs. 1 Satz 1 SGB IV, jedoch beitragsfrei, soweit sie nur den tatsächlichen Aufwand decken

Mindestlohnrelevanz: Nein
Entgeltart: Laufendes Arbeitsentgelt

Entgeltzuordnung in der SV: Entgeltabrechnungsmonat, für den der Anspruch auf die Abschussgelder besteht.

1.12 Abstandsgeld (neu bewerten)

Erläuterung: S. Abfindung. S. Wohnungsbeschaffungszuschuss.

1.13 Abtretung

Erläuterung: Der Arbeitnehmer tritt sein Arbeitsentgelt (teilweise) gem. § 398 BGB an einen Dritten ab. Die Abfindung wird rglm. nicht von der pauschalen Lohnabtretung erfasst.

Lohnsteuerpflicht	Ja	§ 19 Abs. 1 EStG
Beitragspflicht KV PV RV ALV	Ja	§ 14 Abs. 1 Satz 1 SGB IV
Beitragspflicht UV	Ja	§ 14 Abs. 1 Satz 1 SGB IV

Mindestlohnrelevanz: Ja
Entgeltart: Laufendes Arbeitsentgelt
Entgeltzuordnung in der SV: Entgeltabrechnungsmonat, für den das laufende Arbeitsentgelt gezahlt werden muss.

1.14 Aktienüberlassung

Erläuterung: S. Optionsrecht und Vermögensbeteiligung.

1.15 Altersentlastungsbetrag

Erläuterung: Es handelt sich um einen lohnsteuerlichen Freibetrag i.F. eines Prozentsatzes vom Arbeitslohn zur Entlastung älterer Arbeitnehmer. Sozialversicherung: Ohne jegliche Auswirkungen, Beitragsberechnung in üblicher Weise.

Lohnsteuerpflicht	Nein	§ 24a EStG
Beitragspflicht KV PV RV ALV	Ja	§ 14 Abs. 1 Satz 1 SGB IV
Beitragspflicht UV	Ja	§ 14 Abs. 1 Satz 1 SGB IV

Mindestlohnrelevanz: Nein
Entgeltart: Laufendes Arbeitsentgelt
Entgeltzuordnung in der SV: Entgeltabrechnungsmonat, für den das Entgelt zu zahlen ist.

1.16 Altersrente

Erläuterung: Altersrente, die vom früheren Arbeitgeber oder aus einer betrieblichen Unterstützungskasse bezahlt wird. Bei Altersrente, wenn der Arbeitnehmer das 63. ebensjahr oder das 60. Lebensjahr (Schwerbehinderter) vollendet hat, Abzug des Versorgungsfreibetrags und der Zuschlag zum Versorgungsfreibetrag.

Lohnsteuerpflicht	Ja	§ 19 Abs. 1 Nr. 2 und Abs. 2 EStG; R 19.8 LStR
Beitragspflicht KV PV RV ALV	Ja (KV, PV), Nein (RV, ALV)	§ 226 Abs. 1 Nr. 3 SGB V
Beitragspflicht UV	Nein	Kein Arbeitsentgelt im Sinne von § 14 Abs. 1 Satz 1 SGB IV

Mindestlohnrelevanz: Nein
Entgeltart: Laufendes Arbeitsentgelt
Entgeltzuordnung in der SV: Beitragspflichtig nur in der Kranken- und Pflegeversicherung. Entgeltabrechnungsmonat, für den die betriebliche Rente ausgezahlt wird.

1.17 Altersteilzeit, Arbeitgeberbeitrag zur Höherversicherung

Erläuterung: Arbeitgeberbeitrag zur Höherversicherung älterer Arbeitnehmer in der gesetzlichen Rentenversicherung im Rahmen des AltTZG, auch soweit sie über den im AltTZG vorgesehenen Mindestbeitrag hinaus gehen.

Lohnsteuerpflicht	Nein	§ 3 Nr. 28 EStG; R 3.28 Abs. 3 LStR
Beitragspflicht KV PV RV ALV	Nein	§ 1 Abs. 1 SvEV
Beitragspflicht UV	Nein	§ 1 Abs. 1 SvEV

Mindestlohnrelevanz: Nein
Entgeltart: Laufendes Arbeitsentgelt
Entgeltzuordnung in der SV: Kein Arbeitsentgelt im Sinne der Sozialversicherung.

1.18 Altersteilzeit, Aufstockungsbetrag

Erläuterung: Aufstockungsbeträge von mind. 20% des Regelarbeitsentgelts, auch wenn sie über den im § 3 AltTZG genannten Mindestbetrag (20%) hinaus gehen. Auch dann, wenn der frei werdende Arbeitsplatz nicht wieder besetzt wird. Steuerrecht: Steuerfreie Aufstockungsbeträge unterliegen dem Progressionsvorbehalt!

Lohnsteuerpflicht	Nein	§ 3 Nr. 28 EStG; R 3.28 Abs. 3 LStR
Beitragspflicht KV PV RV ALV	Nein	§ 14 Abs. 1 SGB IV, § 1 SvEV
Beitragspflicht UV	Nein	§ 14 Abs. 1 SGB IV, § 1 SvEV

Mindestlohnrelevanz: Nein
Entgeltart: Laufendes Arbeitsentgelt
Entgeltzuordnung in der SV: Kein Arbeitsentgelt im Sinne der Sozialversicherung.

1.19 Altersteilzeit, zusätzliche beitragspflichtige Einnahme in der Rentenversicherung

Erläuterung: Als zusätzliche beitragspflichtige Einnahme in der Rentenversicherung gilt ein Betrag in Höhe von 80% des Regelarbeitsentgelts, ggf. begrenzt auf die Differenz zwischen 90% der monatlichen Beitragsbemessungsgrenze der Rentenversicherung und dem Regelarbeitsentgelt.

Lohnsteuerpflicht	Nein	§ 3 Nr. 28 EStG; R 3.28 Abs. 3 LStR
Beitragspflicht KV PV RV ALV	Ja (RV), Nein (KV, PV, ALV)	§ 163 Abs. 5 SGB VI
Beitragspflicht UV	Nein	§ 14 Abs. 1 SGB IV, § 1 SvEV

Mindestlohnrelevanz: Nein
Entgeltart: Laufendes Arbeitsentgelt
Entgeltzuordnung in der SV: Beitragspflicht besteht nur in der Rentenversicherung. Entgeltabrechnungsmonat, für den der Anspruch besteht.

1.20 Annehmlichkeit

Erläuterung: S. Aufmerksamkeit.

1.21 Antrittsgebühr

Erläuterung: Antrittsgebühr im grafischen Gewerbe für die Bereitschaft zur Sonn- und Feiertagsarbeit. Sie kann gleichgesetzt werden mit Sonn- und Feiertagszuschlägen und ist lohnsteuerfrei soweit sie im Rahmen der steuerfreien Sonntagszuschläge gezahlt wird und auf tatsächlicher Arbeitsleistung beruht. Darüber hinausgehende Zahlungen sowie die pauschale Zahlung einer Antrittsgebühr hingegen sind regelmäßig lohnsteuer- und sozialversicherungspflichtig.

Lohnsteuerpflicht	Nein	§ 3b EStG
Beitragspflicht KV PV RV ALV	Nein	§ 14 Abs. 1 SGB IV, § 1 Abs. 1 SvEV
Beitragspflicht UV	Ja	§ 1 Abs. 2 SvEV

Mindestlohnrelevanz: Ja
Entgeltart: Laufendes Arbeitsentgelt
Entgeltzuordnung in der SV: Kein Arbeitsentgelt in der Kranken-, Pflege-, Renten- und Arbeitslosenversicherung. Diese Zuschläge sind in der Unfallversicherung jedoch beitragspflichtig.

1.22 Anwesenheitsprämie

Erläuterung: Zuwendung des Arbeitgebers zum Zweck, der Motivation des Arbeitnehmers, die Zahl der Fehltage möglichst gering zu halten.

Lohnsteuerpflicht	Ja	§ 19 Abs. 1 EStG; § 2 Abs. 1 LStDV
Beitragspflicht KV PV RV ALV	Ja	§ 14 Abs. 1 Satz 1 SGB IV
Beitragspflicht UV	Ja	§ 14 Abs. 1 Satz 1 SGB IV

Mindestlohnrelevanz: Ja
Entgeltart: Laufendes Arbeitsentgelt
Entgeltzuordnung in der SV: Entgeltabrechnungsmonat, für den der Anspruch auf die Anwesenheitsprämie besteht.

1.23 Apothekerzuschuss

Erläuterung: Der Apothekerzuschuss wird vom Arbeitgeber oder von der Gehaltsausgleichskasse der Apothekerkammern (GAK) an Angestellte der pharmazeutischen Branche gezahlt. Typischerweise handelt es sich um Kinder-, Frauen-, Dienstalters-

oder Diebstahlzulagen. Der Apothekerzuschuss ist steuer- und beitragspflichtig, unabhängig davon, wer ihn gewährt.

Lohnsteuerpflicht	Ja	R 19.3 Abs. 1 LStR
Beitragspflicht KV PV RV ALV	Ja	§ 14 Abs. 1 Satz 1 SGB IV
Beitragspflicht UV	Ja	§ 14 Abs. 1 Satz 1 SGB IV

Mindestlohnrelevanz: Ja
Entgeltart: Laufendes Arbeitsentgelt
Entgeltzuordnung in der SV: Entgeltabrechnungsmonat, für den das laufende Arbeitsentgelt gezahlt werden muss.

1.24 Arbeitgeberbeitrag zu sonstiger Direktversicherung

Erläuterung: Arbeitgeberbeitrag zur Direktversicherung, den der Arbeitgeber in einem ersten Dienstverhältnis zusätzlich leistet oder der aus Einmalzahlung aufgebracht und pauschal mit 20% versteuert wird. Die Pauschalbesteuerung ist ausgeschlossen, soweit die zu besteuernde Zuwendung 1.752 EUR je Kalenderjahr übersteigt und nicht aus einem ersten Dienstverhältnis bezogen wird. SV: beitragspflichtig, wenn Entgeltumwandlung – auch aus Einmalzahlungen.

Lohnsteuerpflicht	Ja	§ 40b Abs. 1 EStG
Beitragspflicht KV PV RV ALV	Nein	§ 1 Abs. 1 Satz 1 Nr. 4 SvEV
Beitragspflicht UV	Nein	§ 1 Abs. 1 Satz 1 Nr. 4 SvEV

Mindestlohnrelevanz: Nein
Entgeltart: Laufendes Arbeitsentgelt
Entgeltzuordnung in der SV: Kein Arbeitsentgelt im Sinne der Sozialversicherung.

1.25 Arbeitgeberbeitrag zur Direktversicherung (lebenslange Rentenzahlung ab 60. Lebensjahr bzw. ab 62. Lebensjahr für Versorgungszusage seit 2012)

Erläuterung: Arbeitgeberbeiträge zur Direktversicherung zum Aufbau einer kapitalgedeckten betrieblichen Altersversorgung bis 4% der jährlichen BBG RV/West (2024: 3.624 EUR) sind steuer- und beitragsfrei. Weitere 4% der jährlichen BBG RV/West sind steuerfrei, aber beitragspflichtig. Damit sind insgesamt 8% der jährlichen BBG RV/West (2024: 7.248 EUR) steuerfrei.

Lohnsteuerpflicht	Nein	§ 3 Nr. 63 EStG
Beitragspflicht KV PV RV ALV	Nein	§ 1 Abs. 1 Satz 1 Nr. 9 SvEV
Beitragspflicht UV	Nein	§ 1 Abs. 1 Satz 1 Nr. 9 SvEV

Mindestlohnrelevanz: Nein
Entgeltart: Laufendes Arbeitsentgelt
Entgeltzuordnung in der SV: Kein Arbeitsentgelt im Sinne der Sozialversicherung bis zum Betrag von 3.384 EUR (2022 West) pro Jahr.

1.26 Arbeitgeberbeitrag zur gesetzlichen Sozialversicherung

Erläuterung: Arbeitgeberanteil am Gesamtsozialversicherungsbeitrag.

Lohnsteuerpflicht	Nein	§ 3 Nr. 62 EStG
Beitragspflicht KV PV RV ALV	Nein	§ 14 Abs. 1 Satz 1 SGB IV
Beitragspflicht UV	Nein	§ 14 Abs. 1 Satz 1 SGB IV

Mindestlohnrelevanz: Nein
Entgeltart: Laufendes Arbeitsentgelt
Entgeltzuordnung in der SV: Kein Arbeitsentgelt im Sinne der Sozialversicherung.

1.27 Arbeitgeberbeitrag zur Insolvenzsicherung

Erläuterung: Arbeitgeberbeitrag zur Insolvenzsicherung, soweit gesetzlich vorgeschrieben.

Lohnsteuerpflicht	Nein	§ 3 Nr. 62 EStG
Beitragspflicht KV PV RV ALV	Nein	§ 359 Abs. 1 SGB III
Beitragspflicht UV	Nein	§ 14 Abs. 1 Satz 1 SGB IV

Mindestlohnrelevanz: Nein
Entgeltart: Laufendes Arbeitsentgelt
Entgeltzuordnung in der SV: Kein Arbeitsentgelt im Sinne der Sozialversicherung.

1.28 Arbeitgeberdarlehen

Erläuterung: S. Darlehen.

1.29 Arbeitgeberzuschuss (pauschal versteuerte Fahrtkosten zwischen Wohnung und erster Tätigkeitsstätte)

Erläuterung: S. Fahrtkostenersatz (pauschal versteuert).

1.30 Arbeitgeberzuschuss nach § 257 SGB V bzw. § 61 SGB XI

Erläuterung: Beitragszuschuss zur Kranken- und Pflegeversicherung, max. in Höhe der Hälfte des hierfür tatsächlich zu bezahlenden Beitrags. Hinweis: Werden diese Beiträge hingegen an einen nicht sozialversicherungspflichtigen Gesellschafter-Geschäftsführer einer Kapitalgesellschaft gezahlt, unterliegen sie der *Lohnsteuerpflicht*.

Lohnsteuerpflicht	Nein	§ 3 Nr. 62 Satz 1 EStG
Beitragspflicht KV PV RV ALV	Nein	§ 14 Abs. 1 SGB IV, § 1 Abs. 1 SvEV
Beitragspflicht UV	Nein	§ 14 Abs. 1 SGB IV, § 1 Abs. 1 SvEV

Mindestlohnrelevanz: Nein
Entgeltart: Laufendes Arbeitsentgelt
Entgeltzuordnung in der SV: Kein Arbeitsentgelt im Sinne der Sozialversicherung.

1.31 Arbeitgeberzuschuss zu einer Betriebskrankenkasse

Erläuterung: Arbeitgeberzuschuss zu den Verwaltungskosten der Betriebskrankenkasse (§ 147 Abs. 2 SGB V).

Lohnsteuerpflicht	Nein	§ 3 Nr. 62 Satz 1 EStG
Beitragspflicht KV PV RV ALV	Nein	Kein Arbeitsentgelt im Sinne von § 14 Abs. 1 Satz 1 SGB IV
Beitragspflicht UV	Nein	Kein Arbeitsentgelt im Sinne von § 14 Abs. 1 Satz 1 SGB IV

Mindestlohnrelevanz: Nein
Entgeltart: Laufendes Arbeitsentgelt
Entgeltzuordnung in der SV: Kein Arbeitsentgelt im Sinne der Sozialversicherung.

1.32 Arbeitgeberzuschuss zu einer Lebensversicherung

Erläuterung: Für grundsätzlich sozialversicherungspflichtige Arbeitnehmer, die sich von der Rentenversicherungspflicht auf eigenen Antrag befreit lassen haben und die eine Lebensversicherung abgeschlossen haben. Ebenso kann dies auch eine freiwillige Versicherung in der gesetzlichen Rentenversicherung sein oder eine Versicherung bei einer öffentlich-rechtlichen Versicherungs- oder Versorgungseinrichtung für eine bestimmte Berufsgruppe. Der Arbeitgeberzuschuss darf jedoch nicht höher sein als der Arbeitgeberanteil bei Versicherungspflicht in der Rentenversicherung, außerdem darf der Zuschuss höchstens die Hälfte des Gesamtaufwands betragen. Auch gilt die steuer- und sozialversicherungspflicht nicht für grundsätzlich nicht sozialversicherungspflichtige Arbeitnehmer (z. B. Gesellschafter-Geschäftsführer mit Mehrheitsbeteiligung).

Lohnsteuerpflicht	Nein	§ 3 Nr. 62 Satz 2 EStG
Beitragspflicht KV PV RV ALV	Nein	§ 14 Abs. 1 SGB IV, § 1 Abs. 1 SvEV
Beitragspflicht UV	Nein	§ 14 Abs. 1 SGB IV, § 1 Abs. 1 SvEV

Mindestlohnrelevanz: Nein
Entgeltart: Laufendes Arbeitsentgelt
Entgeltzuordnung in der SV: Kein Arbeitsentgelt im Sinne der Sozialversicherung.

1.33 Arbeitgeberzuschuss zum Elterngeld, Nettodifferenz mehr als 50 EUR überschritten

Erläuterung: SV: Beitragspflicht des AG-Zuschusses, wenn das Elterngeld zusammen mit dem Arbeitgeberzuschuss das normale Nettoarbeitsentgelt um mehr als 50 EUR pro Monat übersteigt. Beitragspflichtig ist der AG-Zuschuss, soweit er die Nettodifferenz überschreitet, dann in voller Höhe.

Lohnsteuerpflicht	Ja	§ 2 Abs. 2 Nr. 5 LStDV
Beitragspflicht KV PV RV ALV	Ja	§ 14 Abs. 1 Satz 1 SGB IV; § 23c Abs. 1 SGB IV
Beitragspflicht UV	Ja	§ 14 Abs. 1 Satz 1 SGB IV; § 23c Abs. 1 SGB IV

Mindestlohnrelevanz: Nein
Entgeltart: Laufendes Arbeitsentgelt
Entgeltzuordnung in der SV: Entgeltabrechnungszeitraum, in dem die Zuschüsse ausgezahlt werden.

1.34 Arbeitgeberzuschuss zum Elterngeld, Nettodifferenz nicht mehr als 50 EUR überschritten

Erläuterung: SV: Beitragsfreiheit des AG-Zuschusses in voller Höhe, falls dieser zusammen mit dem Elterngeld das frühere Nettoarbeitsentgelt mit nicht mehr als 50 EUR pro Monat (= maßgebliche Freigrenze) überschreitet.

Lohnsteuerpflicht	Ja	§ 2 Abs. 2 Nr. 5 LStDV
Beitragspflicht KV PV RV ALV	Nein	§ 23c Abs. 1 SGB IV
Beitragspflicht UV	Nein	§ 23c Abs. 1 SGB IV

Mindestlohnrelevanz: Nein
Entgeltart: Laufendes Arbeitsentgelt
Entgeltzuordnung in der SV: Kein Arbeitsentgelt im Sinn der Sozialversicherung.

1.35 Arbeitgeberzuschuss zum Krankengeld

Erläuterung: S. Krankengeldzuschuss.

1.36 Arbeitgeberzuschuss zum Krankentagegeld

Erläuterung: S. Krankentagegeldzuschuss.

1.37 Arbeitgeberzuschuss zum Übergangsgeld (Nettoarbeitsentgelt mehr als 50 EUR überschritten)

Erläuterung: Der Arbeitgeberzuschuss übersteigt zusammen mit dem vom gesetzlichen RV-Träger gezahlten Übergangsgeld das normale Nettoarbeitsentgelt des Arbeitnehmers um mehr als 50 EUR pro Monat.

Lohnsteuerpflicht	Ja	§ 2 Abs. 2 Nr. 5 LStDV
Beitragspflicht KV PV RV ALV	Ja	§ 14 Abs. 1 S. 1 SGB IV, § 23c Abs. 1 SGB IV
Beitragspflicht UV	Ja	§ 14 Abs. 1 Satz 1 SGB IV; § 23c Abs. 1 SGB IV

Mindestlohnrelevanz: Nein
Entgeltart: Laufendes Arbeitsentgelt
Entgeltzuordnung in der SV: Entgeltabrechnungsmonat, für den der Arbeitgeberzuschuss gezahlt wird.

1.38 Arbeitgeberzuschuss zum Übergangsgeld (Nettoarbeitsentgelt nicht mehr als 50 EUR überschritten)

Erläuterung: Der Arbeitgeberzuschuss übersteigt zusammen mit dem vom gesetzlichen RV-Träger gezahlten Übergangsgeld das normale Nettoarbeitsentgelt des Arbeitnehmers nicht um mehr als 50 EUR pro Monat.

Lohnsteuerpflicht	Ja	§ 2 Abs. 2 Nr. 5 LStDV
Beitragspflicht KV PV RV ALV	Nein	§ 23c Abs. 1 SGB IV
Beitragspflicht UV	Nein	§ 23c Abs. 1 SGB IV

Mindestlohnrelevanz: Nein
Entgeltart: Laufendes Arbeitsentgelt
Entgeltzuordnung in der SV: Kein Arbeitsentgelt im Sinn der Sozialversicherung.

1.39 Arbeitgeberzuschuss zur Förderung eines Studiums

Erläuterung: Arbeitgeberförderung eines Studiums (FH, Hochschule, Universität). HINWEIS: Wenn Studium aber im ganz überwiegenden betrieblichen Interesse liegt (z. B. Duales Studium), besteht Steuerfreiheit und SV-Freiheit! S. Studiengebühr.

Lohnsteuerpflicht	Ja	§ 19 Abs. 1 EStG
Beitragspflicht KV PV RV ALV	Ja	§ 14 Abs. 1 Satz 1 SGB IV, BE vom 7./8.5.2008 (TOP 4), BE vom 30./31.3.2009 (TOP 6)
Beitragspflicht UV	Ja	§ 14 Abs. 1 Satz 1 SGB IV

Mindestlohnrelevanz: Nein
Entgeltart: Laufendes Arbeitsentgelt

Entgeltzuordnung in der SV: Entgeltabrechnungsmonat, für den der Anspruch auf die Arbeitgeberzuschüsse besteht.

1.40 Arbeitnehmeranteil

Erläuterung: Arbeitnehmeranteil zur gesetzlichen Sozialversicherung, der vom Arbeitgeber freiwillig übernommen wird (z. B. PV-Zuschlag oder individueller Zusatzbeitrag der Kasse nach § 242 SGB V).

Lohnsteuerpflicht	Ja	§ 2 Abs. 2 Nr. 3 LStDV
Beitragspflicht KV PV RV ALV	Ja	§ 14 Abs. 1 Satz 1 SGB IV
Beitragspflicht UV	Ja	§ 14 Abs. 1 Satz 1 SGB IV

Mindestlohnrelevanz: Ja
Entgeltart: Laufendes Arbeitsentgelt
Entgeltzuordnung in der SV: Entgeltabrechnungsmonat, für den der Anspruch auf die Übernahme der Arbeitnehmeranteile besteht.

1.41 Arbeitnehmersparzulage

Erläuterung: Anspruch des Arbeitnehmers auf Arbeitnehmersparzulage nach dem Fünften Vermögensbildungsgesetz, wenn das zu versteuernde Einkommen im Kalenderjahr 40.000 EUR (bzw. 80.000 EUR bei Zusammenveranlagung) nicht übersteigt. Die Vermögensgrenzen gelten sowohl für Fondsparanlagen als auch für Bausparverträge.

Lohnsteuerpflicht	Nein	§ 13 Abs. 3 VermBG
Beitragspflicht KV PV RV ALV	Nein	§ 14 Abs. 1 SGB IV, § 1 Abs. 1 SvEV
Beitragspflicht UV	Nein	§ 14 Abs. 1 SGB IV, § 1 Abs. 1 SvEV

Mindestlohnrelevanz: Nein
Entgeltzuordnung in der SV: Kein Arbeitsentgelt im Sinne der Sozialversicherung.

1.42 Arbeitsessen

Erläuterung: Abgabe von unentgeltlichen oder verbilligten Speisen bis zu einem Wert von 60 EUR brutto, sofern diese anlässlich oder während eines außergewöhnlichen Arbeitseinsatzes gewährt werden.

Lohnsteuerpflicht	Nein	R 19.6 Abs. 2 LStR
Beitragspflicht KV PV RV ALV	Nein	§ 1 Abs. 1 Satz 1 Nr. 1 SvEV
Beitragspflicht UV	Nein	§ 1 Abs. 1 Satz 1 Nr. 1 SvEV

Mindestlohnrelevanz: Nein
Entgeltart: Einmalzahlung
Entgeltzuordnung in der SV: Kein Arbeitsentgelt im Sinne der Sozialversicherung.

1.43 Arbeitskleidung

Erläuterung: Arbeitskleidung, wenn es sich um typische Berufskleidung handelt, die dem Arbeitnehmer unentgeltlich oder verbilligt überlassen wird (Uniform für Kraftfahrer, Fahrstuhlführer, Pförtner, Arbeitsschutzkleidung).

Lohnsteuerpflicht	Nein	§ 3 Nr. 31 EStG
Beitragspflicht KV PV RV ALV	Nein	§ 14 Abs. 1 SGB IV, § 1 Abs. 1 SvEV
Beitragspflicht UV	Nein	§ 14 Abs. 1 SGB IV, § 1 Abs. 1 SvEV

Mindestlohnrelevanz: Nein
Entgeltart: Einmalzahlung
Entgeltzuordnung in der SV: Kein Arbeitsentgelt im Sinne der Sozialversicherung.

1.44 Arbeitslosengeld

Erläuterung: Geldleistung der Bundesagentur für Arbeit, unterliegt jedoch dem Progressionsvorbehalt.

Lohnsteuerpflicht	Nein	§ 3 Nr. 2 EStG; R 4 Abs. 1 LStR; § 32b Abs. 1 S. 1 Nr. 1. B. a EStG
Beitragspflicht KV PV RV ALV	Nein	Kein Arbeitsentgelt i. S. des § 14 Abs. 1 Satz 1 SGB IV
Beitragspflicht UV	Nein	Kein Arbeitsentgelt i. S. des § 14 Abs. 1 Satz 1 SGB IV

Mindestlohnrelevanz: Nein
Entgeltzuordnung in der SV: Kein Arbeitsentgelt im Sinne der Sozialversicherung.

1.45 Arbeitslosengeld II

Erläuterung: s. Bürgergeld.

1.46 Arbeitsmittel (Nutzungsüberlassung)

Erläuterung: Nutzung von Arbeitsmitteln, die im Eigentum des Arbeitgebers stehen, für private Zwecke, z. B. Laptop, Tablet, Smartphone etc.

Lohnsteuerpflicht	Nein	§ 3 Nr. 45 EStG; R 3.45 LStR
Beitragspflicht KV PV RV ALV	Nein	§ 14 Abs. 1 SGB IV, § 1 Abs. 1 SvEV
Beitragspflicht UV	Nein	§ 14 Abs. 1 SGB IV, § 1 Abs. 1 SvEV

Mindestlohnrelevanz: Nein
Entgeltart: Laufendes Arbeitsentgelt
Entgeltzuordnung in der SV: Kein Arbeitsentgelt im Sinne der Sozialversicherung.

1.47 Arbeitsmittel (Schenkung)

Erläuterung: Unentgeltliche oder verbilligte Übereignung eines betrieblichen Arbeitsmittel vom Arbeitgeber an den Arbeitnehmer, wenn vom Arbeitgeber mit 25% pauschal versteuert.

Lohnsteuerpflicht	Ja	§ 40 Abs. 2 Satz 1 Nr. 5 EStG
Beitragspflicht KV PV RV ALV	Nein	§ 1 Abs. 1 Satz 1 Nr. 3 SvEV
Beitragspflicht UV	Nein	§ 1 Abs. 1 Satz 1 Nr. 3 SvEV

Mindestlohnrelevanz: Nein
Entgeltart: Einmalzahlung
Entgeltzuordnung in der SV: Kein Arbeitsentgelt im Sinne der Sozialversicherung.

1.48 Arbeitszeitkonto (Übertragung Wertguthaben)

Erläuterung: S. Übertragung eines Wertguthabens.

1.49 Arbeitszimmer – Einrichtung und Ausstattung

Erläuterung: Teilweise Überlassung der Einrichtungs- und Ausstattungsgegenstände, wenn nicht lediglich unentgeltlich zur beruflichen Nutzung überlassen.

Lohnsteuerpflicht	Ja	§ 19 Abs. 1 Nr. 1 EStG
Beitragspflicht KV PV RV ALV	Ja	§ 14 Abs. 1 SGB IV, § 1 Abs. 1 SvEV
Beitragspflicht UV	Ja	§ 14 Abs. 1 SGB IV, § 1 Abs. 1 SvEV

Mindestlohnrelevanz: Nein
Entgeltart: Laufendes Arbeitsentgelt
Entgeltzuordnung in der SV: Entgeltabrechnungsmonat, in dem die Abgeltung ausgezahlt wird bzw. Zuordnung

1.50 Arbeitszimmer – Zuschuss des Arbeitgebers

Erläuterung: Erstattungsaufwendungen des Arbeitgebers, z. B. für Heizung und Beleuchtung soweit der Raum nicht vom Arbeitgeber angemietet wird und der Mietvertrag einem Drittvergleich standhält.

Lohnsteuerpflicht	Ja	§ 19 Abs. 1 Nr. 1 EStG
Beitragspflicht KV PV RV ALV	Ja	§ 14 Abs. 1 SGB IV, § 1 Abs. 1 SvEV
Beitragspflicht UV	Ja	§ 14 Abs. 1 SGB IV, § 1 Abs. 1 SvEV

Mindestlohnrelevanz: Ja
Entgeltart: Laufendes Arbeitsentgelt
Entgeltzuordnung in der SV: Entgeltabrechnungsmonat, in dem die Abgeltung ausgezahlt wird bzw. Zuordnung

1.51 Auflassungsgebühr

Erläuterung: Wird bei der Abwicklung von Grundstücksgeschäften an auflassungsbevollmächtigte Notariatsangestellte gezahlt.

Lohnsteuerpflicht	Ja	§ 19 Abs. 1 EStG; § 2 Abs. 1 LStDV
Beitragspflicht KV PV RV ALV	Ja	§ 14 Abs. 1 Satz 1 SGB IV, BSG, Urteil vom 3.2.1994 12 RK 18/93
Beitragspflicht UV	Ja	§ 14 Abs. 1 Satz 1 SGB IV

Mindestlohnrelevanz: Keine Aussage möglich.
Entgeltart: Laufendes Arbeitsentgelt
Entgeltzuordnung in der SV: Entgeltabrechnungsmonat, für den der Anspruch auf die Auflassungsgebühren besteht.

1.52 Aufmerksamkeit

Erläuterung: Aufmerksamkeiten des Arbeitgebers als Sachzuwendung (z.B. Blumen, Genussmittel oder Buch aus persönlichem Anlass des Arbeitnehmers) zu einem besonderen persönlichen Ereignis, wenn deren Wert 60 EUR brutto nicht übersteigt. Eine als (digitalen) Gutschein gewährte Aufmerksamkeit unterliegt nur dann nicht der Lohnsteuer, wenn der zweckgebundene Gutschein ausschließlich zum Bezug von Waren oder Dienstleistungen beim Arbeitgeber o. bei einem bestimmten Dritten berechtigen und die Produktpalette oder das Netz der Akzeptanzstellen begrenzt ist, sog. Closed- oder Controlled-Loop-Karten. Bei Geldgeschenken s. Geschenk als Geldleistung.

Lohnsteuerpflicht	Nein	R 19.6 Abs. 1 LStR
Beitragspflicht KV PV RV ALV	Nein	§ 1 Abs. 1 Nr. 1 SvEV
Beitragspflicht UV	Nein	§ 1 Abs. 1 Nr. 1 SvEV

Mindestlohnrelevanz: Nein
Entgeltart: Einmalzahlung
Entgeltzuordnung in der SV: Kein Arbeitsentgelt im Sinne der Sozialversicherung.

1.53 Aufsichtsratsvergütung

Erläuterung: Aufsichtsratsvergütung an Arbeitnehmervertreter gilt nicht als Arbeitsentgelt, sondern zählt zu den selbstständigen Einkünften.

Lohnsteuerpflicht	Nein	§ 18 Abs. 1 Nr. 3 EStG
Beitragspflicht KV PV RV ALV	Nein	§ 15 Abs. 1 Satz 1 SGB IV
Beitragspflicht UV	Nein	§ 15 Abs. 1 Satz 1 SGB IV

Mindestlohnrelevanz: Nein
Entgeltart: Laufendes Arbeitsentgelt
Entgeltzuordnung in der SV: Kein Arbeitsentgelt im Sinne der Sozialversicherung, sondern Einkünfte aus selbstständiger Arbeit.

1.54 Aufstockungsbetrag

Erläuterung: S. Altersteilzeit: Aufstockungsbeträge.

1.55 Aufwandsentschädigung (an Ausbilder)

Erläuterung: S. Aufwandsentschädigung an nebenberuflich Tätige (Übungsleiterfreibetrag)

1.56 Aufwandsentschädigung (an Betreuer)

Erläuterung: S. Aufwandsentschädigung an nebenberuflich Tätige (Übungsleiterfreibetrag) bzw. Aufwandspauschalen (an ehrenamtliche Betreuer nach § 1878 BGB)

1.57 Aufwandsentschädigung (an ehrenamtlichen Vormund)

Erläuterung: S. Aufwandspauschalen (an ehrenamtliche Betreuer nach § 1878 BGB)

1.58 Aufwandsentschädigung (an Erzieher)

Erläuterung: S. Aufwandsentschädigung an nebenberuflich Tätige (Übungsleiterfreibetrag)

1.59 Aufwandsentschädigung (aus nichtöffentlichen Kassen)

Erläuterung: Aufwandsentschädigung außerhalb des öffentlichen Dienstes (Ausnahmen: Auslagenersatz, durchlaufende Gelder, Auslösung, Fehlgeldentschädigung, Reisekostenvergütung, usw.).

Lohnsteuerpflicht	Ja	§ 19 Abs. 1 EStG; § 2 Abs. 1 LStDV
Beitragspflicht KV PV RV ALV	Ja	§ 14 Abs. 1 Satz 1 SGB IV
Beitragspflicht UV	Ja	§ 14 Abs. 1 Satz 1 SGB IV

Mindestlohnrelevanz: Nein
Entgeltart: Laufendes Arbeitsentgelt
Entgeltzuordnung in der SV: Entgeltabrechnungsmonat, für den der Anspruch auf die Aufwandsentschädigung besteht.

1.60 Aufwandsentschädigung (aus öffentlichen Kassen)

Erläuterung: Aufwandsentschädigung aus einer Bundes- oder Landeskasse, die in einem Bundes- oder Landesgesetz, einer Kommune oder einer Körperschaft des öffentlichen Rechts festgesetzt wurden und auch als Aufwandsentschädigung im jeweiligen Haushalt ausgewiesen sind.

Lohnsteuerpflicht	Nein	§ 3 Nr. 12 EStG
Beitragspflicht KV PV RV ALV	Nein	§ 14 Abs. 1 SGB IV, § 1 Abs. 1 SvEV
Beitragspflicht UV	Nein	§ 14 Abs. 1 SGB IV, § 1 Abs. 1 SvEV

Mindestlohnrelevanz: Nein
Entgeltart: Laufendes Arbeitsentgelt
Entgeltzuordnung in der SV: Kein Arbeitsentgelt im Sinne der Sozialversicherung.

1.61 Aufwandsentschädigung (für Ein-Euro-Jobber)

Erläuterung: Diese geringe Aufwandsentschädigung (i. d. R. 1 bis 2 EUR pro Std.) für gemeinnützige Arbeiten durch ALG-II-Bezieher ist steuer- und sozialversicherungsfrei. Sie unterliegt steuerlich auch nicht dem Progressionsvorbehalt, da sie nicht in der abschließenden Aufzählung des § 32b EStG enthalten ist. Es liegt kein Beschäftigungsverhältnis im sozialversicherungspflichtigen Sinn vor, weil es hier vordergründig am Austausch von Arbeit und Entgelt mangelt.

Lohnsteuerpflicht	Nein	§ 3 Nr. 2d EStG; OFD Koblenz, Verfügung v. 29.11.2004, S 2342 A – St 3 – 072/04
Beitragspflicht KV PV RV ALV	Nein	§ 14 Abs. 1 SGB IV, § 1 Abs. 1 SvEV
Beitragspflicht UV	Nein	§ 14 Abs. 1 SGB IV, § 1 Abs. 1 SvEV

Mindestlohnrelevanz: Nein
Entgeltart: Laufendes Arbeitsentgelt
Entgeltzuordnung in der SV: Kein Arbeitsentgelt.

1.62 Aufwandsentschädigung (Pfleger)

Erläuterung: S. Aufwandspauschalen (an ehrenamtliche Betreuer nach § 1878 BGB)

1.63 Aufwandsentschädigung an ehrenamtlich Tätige (Ehrenamtsfreibetrag)

Erläuterung: Aufwandsentschädigung bis zu 840 EUR jährlich, für gemeinnützige, mildtätige oder kirchliche Nebentätigkeit im Ehrenamt bei einer juristischen Person des öffentlichen Rechts oder einer Körperschaft i. S. des § 5 Abs. 1 Nr. 9 KStG. S. auch Aufwandsentschädigung für Übungsleiter (Übungsleiterfreibetrag).

Lohnsteuerpflicht	Nein	§ 3 Nr. 26a EStG
Beitragspflicht KV PV RV ALV	Nein	§ 14 Abs. 1 SGB IV, § 1 Abs. 1 Nr. 16 SvEV
Beitragspflicht UV	Nein	§ 14 Abs. 1 SGB IV, § 1 Abs. 1 Nr. 16 SvEV

Mindestlohnrelevanz: Nein
Entgeltart: Laufendes Arbeitsentgelt
Entgeltzuordnung in der SV: Kein Arbeitsentgelt im Sinne der Sozialversicherung.

1.64 Aufwandsentschädigung an nebenberuchlich Tätige (Übungsleiterfreibetrag)

Erläuterung: Aufwandsentschädigung, die für nebenberufliche Tätigkeit als Übungsleiter in Sportvereinen, Ausbilder, Erzieher, Betreuer oder vergleichbare Tätigkeiten gezahlt werden, bis zu 3.000 EUR jährlich. S. Aufwandsentschädigung für ehrenamtlich Tätige (Ehrenamtsfreibetrag).

Lohnsteuerpflicht	Nein	§ 3 Nr. 26 EStG
Beitragspflicht KV PV RV ALV	Nein	§ 1 Abs. 1 SvEV
Beitragspflicht UV	Nein	§ 14 Abs. 1 SGB IV, § 1 Abs. 1 Nr. 16 SvEV

Mindestlohnrelevanz: Nein
Entgeltart: Laufendes Arbeitsentgelt
Entgeltzuordnung in der SV: Kein Arbeitsentgelt im Sinne der Sozialversicherung.

1.65 Aufwandspauschalen (an ehrenamtliche Betreuer nach § 1878 BGB)

Erläuterung: Aufwandsentschädigung nach § 1835a BGB für ehrenamtliche Vormünder, Betreuer oder Pfleger bis zu 3.000 EUR jährlich.

Lohnsteuerpflicht	Nein	§ 3 Nr. 26b EStG
Beitragspflicht KV PV RV ALV	Nein	§ 14 Abs. 1 SGB IV, § 1 Abs. 1 Nr. 16 SvEV
Beitragspflicht UV	Nein	§ 14 Abs. 1 SGB IV, § 1 Abs. 1 Nr. 16 SvEV

Mindestlohnrelevanz: Nein
Entgeltzuordnung in der SV: Kein Arbeitsentgelt im Sinne der Sozialversicherung.

1.66 Ausbildungsbeihilfe

Erläuterung: S. Berufsausbildungsbeihilfe, Studiengebühr, Studienbeihilfe und Unterhaltbeitrag.

1.67 Ausbildungsvergütung

Erläuterung: Ausbildungsvergütung an Auszubildende in einem Ausbildungsverhältnis; HINWEIS: Seit 2023 beträgt die gesetzliche Mindestausbildungsvergütung 620 EUR im 1. Ausbildungsjahr und es gibt Aufschläge für die Folgejahre (18% für 2. Ausbildungsjahr, 35% für 3. Ausbildungsjahr, 40% für 4. Ausbildungsjahr).

Lohnsteuerpflicht	Ja	§ 19 Abs. 1 EStG
Beitragspflicht KV PV RV ALV	Ja	§ 14 Abs. 1 Satz 1 SGB IV
Beitragspflicht UV	Ja	§ 14 Abs. 1 Satz 1 SGB IV

Mindestlohnrelevanz: Ja
Entgeltart: Laufendes Arbeitsentgelt
Entgeltzuordnung in der SV: Entgeltabrechnungsmonat, für den der Anspruch auf die Ausbildungsvergütung besteht.

1.68 Ausgleichszahlung an ehrenamtlichen Bürgermeister

Erläuterung: Ausgleich an ehrenamtliche Bürgermeister in den neuen Bundesländern, die früher hauptamtliche Bürgermeister waren. Hiermit soll die Differenz zwischen dem bisherigen und dem neuen Einkommen ausgeglichen werden.

Lohnsteuerpflicht	Ja	§ 19 Abs. 1 EStG
Beitragspflicht KV PV RV ALV	Ja	BSG, Urteil vom 20.1.2000, B 7 AL 2/99 R
Beitragspflicht UV	Ja	§ 14 Abs. 1 Satz 1 SGB IV

Mindestlohnrelevanz: Ja
Entgeltart: Laufendes Arbeitsentgelt
Entgeltzuordnung in der SV: Entgeltabrechnungsmonat, für den der Anspruch auf die Ausgleichszahlung besteht.

1.69 Ausgleichszahlung bei Einsatz im Beitrittsgebiet

Erläuterung: Ausgleichszahlung für Beschäftigte aus den alten Bundesländern, die im Beitrittsgebiet eine niedriger bezahlte Beschäftigung ausüben. Ob die Zahlung vom Arbeitgeber oder von einem Dritten (z. B. Arbeitgeberverband) geleistet wird ist unerheblich.

Lohnsteuerpflicht	Ja	§ 19 Abs. 1 EStG
Beitragspflicht KV PV RV ALV	Ja	§ 14 Abs. 1 Satz 1 SGB IV
Beitragspflicht UV	Ja	§ 14 Abs. 1 Satz 1 SGB IV

Mindestlohnrelevanz: Ja
Entgeltart: Laufendes Arbeitsentgelt
Entgeltzuordnung in der SV: Entgeltabrechnungsmonat, für den der Anspruch auf die Ausgleichszahlung besteht.

1.70 Ausgleichszahlung (freiwilliger Rentenversicherungsbeitrag) des Arbeitgebers nach § 187a SGB VI

Erläuterung: Vom Arbeitgeber an versicherungsfrei Beschäftigte freiwillig gezahlte Beiträge, durch welche Rentenminderungen bei vorzeitiger Inanspruchnahme einer Altersrente gemindert bzw. vermieden werden können. Diese Beiträge bleiben beitragsfrei. Sie bleiben auch steuerfrei, soweit die Übernahme des Arbeitgebers 50% der Beiträge nicht übersteigen.

Lohnsteuerpflicht	Nein	§ 3 Nr. 28 EStG
Beitragspflicht KV PV RV ALV	Nein	§ 187a SGB VI
Beitragspflicht UV	Nein	§ 14 Abs. 1 Satz 1 SGB IV

Mindestlohnrelevanz: Nein
Entgeltart: Laufendes Arbeitsentgelt
Entgeltzuordnung in der SV: 50% dieser Beiträge bleiben steuerfrei. In der Sozialversicherung ist die vom Arbeitgeber übernommene Ausgleichszahlung nicht zum Arbeitsentgelt zu zählen, da diese den Entschädigungen für den Wegfall künftiger Verdienstmöglichkeiten aufgrund des Verlustes des Arbeitsplatzes gleichzusetzen sind.

1.71 Ausgleichszahlung an Beamten

Erläuterung: Zahlung nach § 48 Abs. 1 BeamtVG und § 38 Abs. 1 SVG.

Lohnsteuerpflicht	Nein	§ 3 Nr. 3 EStG
Beitragspflicht KV PV RV ALV	Nein	§ 14 Abs. 1 SGB IV, § 1 Abs. 1 SvEV
Beitragspflicht UV	Nein	§ 14 Abs. 1 SGB IV, § 1 Abs. 1 SvEV

Mindestlohnrelevanz: Nein
Entgeltart: Laufendes Arbeitsentgelt
Entgeltzuordnung in der SV: Kein Arbeitsentgelt im Sinne der Sozialversicherung.

1.72 Ausgleichszahlung bei Altersteilzeitarbeit

Erläuterung: S. Altersteilzeit: Aufstockungsbeträge.

1.73 Auslagenersatz

Erläuterung: Vom Arbeitnehmer verauslagtes Geld anlässlich einer Besorgung für den Arbeitgeber (i. S. der § 667 BGB, § 669 BGB, § 670 BGB, § 675 BGB). Der Arbeitnehmer handelt quasi als Bote oder Vertreter des Arbeitgebers. S. auch Durchlaufende Gelder.

Lohnsteuerpflicht	Nein	§ 3 Nr. 50 EStG; R 3.50 LStR
Beitragspflicht KV PV RV ALV	Nein	§ 14 Abs. 1 SGB IV, § 1 Abs. 1 SvEV
Beitragspflicht UV	Nein	§ 14 Abs. 1 SGB IV, § 1 Abs. 1 SvEV

Mindestlohnrelevanz: Nein
Entgeltzuordnung in der SV: Kein Arbeitsentgelt im Sinne der Sozialversicherung, sofern kein eigenes Interesse des Beschäftigten an den Aufwendungen besteht.

1.74 Ausländisches Entgelt

Erläuterung: In ausländischer Währung gezahltes Entgelt, das der Steuer- bzw. Beitragspflicht nach deutschem Recht unterliegt.

Lohnsteuerpflicht	Ja	§ 19 Abs. 1 EStG
Beitragspflicht KV PV RV ALV	Ja	§ 14 Abs. 1 Satz 1 SGB IV, § 17a SGB IV
Beitragspflicht UV	Ja	§ 14 Abs. 1 Satz 1 SGB IV, § 17a SGB IV

Mindestlohnrelevanz: Ja
Entgeltart: Laufendes Arbeitsentgelt
Entgeltzuordnung in der SV: Entgeltabrechnungsmonat, für den der Anspruch auf das Arbeitsentgelt besteht.

1.75 Auslandsverwendungszuschlag

Erläuterung: Auslandsverwendungszuschlag für Beamte, Richter oder Soldaten gemäß § 53 BBesG.

Lohnsteuerpflicht	Nein	§ 3 Nr. 64 EStG
Beitragspflicht KV PV RV ALV	Nein	§ 14 Abs. 1 SGB IV, § 1 Abs. 1 SvEV
Beitragspflicht UV	Nein	§ 14 Abs. 1 SGB IV, § 1 Abs. 1 SvEV

Mindestlohnrelevanz: Nein
Entgeltzuordnung in der SV: Kein Arbeitsentgelt im Sinne der Sozialversicherung.

1.76 Auslandszulage

Erläuterung: Auslandszulagen sind Entgeltbestandteile, die Beamte zusätzlich für eine Tätigkeit im Ausland erhalten. Typische Formen sind Kaufkraftausgleich, Auslandstrennungsgeld, Mietzuschuss und Auslandskinderzuschlag. Auslandszulagen, die den Arbeitslohn übersteigen, der dem Arbeitnehmer bei einer gleichwertigen Tätigkeit am Ort der zahlenden öffentlichen Kasse zustehen würden.

Lohnsteuerpflicht	Nein	§ 3 Nr. 64 EStG, § 55 Bundesbesoldungsgesetz, § 3c zum Werbungskostenabzug
Beitragspflicht KV PV RV ALV	Nein	§ 14 Abs. 1 SGB IV, § 1 Abs. 1 SvEV
Beitragspflicht UV	Nein	§ 14 Abs. 1 SGB IV, § 1 Abs. 1 SvEV

Mindestlohnrelevanz: Nein
Entgeltart: Laufendes Arbeitsentgelt
Entgeltzuordnung in der SV: Kein Arbeitsentgelt im Sinne der Sozialversicherung.

1.77 Auslösung

Erläuterung: Auslösungen, soweit es sich um Reisekostenvergütung oder um Mehraufwendungen anlässlich einer doppelten Haushaltsführung handelt und der Arbeitgeber keine höheren Beträge ersetzt, als der Arbeitnehmer als Werbungskosten abziehen könnte.

Lohnsteuerpflicht	Nein	§ 3 Nr. 13, § 3 Nr. 16 EStG
Beitragspflicht KV PV RV ALV	Nein	§ 14 Abs. 1 SGB IV, § 1 Abs. 1 SvEV
Beitragspflicht UV	Nein	§ 14 Abs. 1 SGB IV, § 1 Abs. 1 SvEV

Mindestlohnrelevanz: Nein
Entgeltart: Laufendes Arbeitsentgelt
Entgeltzuordnung in der SV: Kein Arbeitsentgelt im Sinne der Sozialversicherung.

1.78 Außendienstentschädigung

Erläuterung: Zusätzliche Zahlung für Außendiensttätigkeit, soweit es sich um Reisekostenentschädigung handelt.

Lohnsteuerpflicht	Nein	§ 3 Nr. 16 EStG
Beitragspflicht KV PV RV ALV	Nein	§ 14 Abs. 1 SGB IV, § 1 Abs. 1 SvEV
Beitragspflicht UV	Nein	§ 14 Abs. 1 SGB IV, § 1 Abs. 1 SvEV

Mindestlohnrelevanz: Ja
Entgeltart: Laufendes Arbeitsentgelt
Entgeltzuordnung in der SV: Kein Arbeitsentgelt im Sinne der Sozialversicherung.

1.79 Aussperrungsunterstützung

Erläuterung: S. Streikunterstützung.

1.80 Autoinsassen-Unfallversicherung

Erläuterung: Die Versicherungsbeiträge für eine Insassen-Unfallversicherung als freiwillige Beitragsleistung des Arbeitgebers zur Versicherung des Benutzers des Pkw sind unabhängig ob Einzel- oder Gruppenunfallversicherung kein Arbeitslohn, wenn der Arbeitnehmer keine eigenen Ansprüche gegen das Versicherungsunternehmen hat.

Lohnsteuerpflicht	Nein	§ 19 Abs. 1 EStG; R 19.3 LStR
Beitragspflicht KV PV RV ALV	Nein	
Beitragspflicht UV	Nein	

Mindestlohnrelevanz: Nein
Entgeltzuordnung in der SV: Kein Arbeitsentgelt im Sinne der Sozialversicherung.

1.81 Autowerbung

Erläuterung: Schließt der Arbeitgeber mit dem Arbeitnehmer einen Werbemietvertrag ab, ist die Frage der Steuer- und Sozialversicherungspflicht regelmäßig Einzelfallorientiert zu prüfen. Nach neuesten Beschlüssen der Gerichte, stellen solche

Vereinbarungen immer dann Arbeitslohn dar, wenn die Verträge durch das Arbeitsverhältnis veranlasst sind. Aber auch, wenn ihnen in ihrer Ausgestaltung kein eigenes wirtschaftliches Gehalt zukommt. Dies ist u. a. gegeben, wenn die Verträge offensichtlich bei der Bemessung des Entgelts die in § 22 Nr. 3 EStG geregelte Freigrenze von 256 EUR/Jahr unterschreiten.

Lohnsteuerpflicht	Ja	§ 19 Abs. 1 EStG, BFH-Beschluss v. 21.6.2022, VI R 20/20, BStBl 2023 II S. 87
Beitragspflicht KV PV RV ALV	Nein	§ 14 Abs. 1 SGB IV, § 1 Abs. 1 Nr. 9 SvEV
Beitragspflicht UV	Nein	§ 14 Abs. 1 SGB IV, § 1 Abs. 1 Nr. 9 SvEV

Mindestlohnrelevanz: Nein
Entgeltzuordnung in der SV: Kein Arbeitsentgelt

1.82 Autowerbung (nur Arbeitnehmer)

Erläuterung: Der Arbeitgeber zahlt einem Arbeitnehmer Vergütung für Werbung auf dessen Privatfahrzeug, ohne dass die Möglichkeit der Werbefahrten auch Firmenfremden angeboten wird.

Lohnsteuerpflicht	Ja	§ 2 Abs. 1 LStDV
Beitragspflicht KV PV RV ALV	Ja	§ 14 Abs. 1 Satz 1 SGB IV
Beitragspflicht UV	Ja	§ 14 Abs. 1 Satz 1 SGB IV

Mindestlohnrelevanz: Nein
Entgeltart: Laufendes Arbeitsentgelt
Entgeltzuordnung in der SV: Entgeltabrechnungsmonat, für den der Anspruch auf die Mietkostenzuschüsse besteht.

2 B – Backware bis Bußgeld

2.1 Backware unbelegt

Erläuterung: Unbelegte Backwaren wie Brötchen oder Rosinenbrot mit Heißgetränken, die der Arbeitgeber den Arbeitnehmern bei Meetings u.ä. kostenlos zum sofortigen Verzehr zur Verfügung stellt.

Lohnsteuerpflicht	Nein	BFH, Urteil v. 3.7.2019
Beitragspflicht KV PV RV ALV	Nein	§ 14 Abs. 1 SGB IV, § 2 Abs. 1 Satz 2 Nr. 1 SvEV
Beitragspflicht UV	Nein	§ 14 Abs. 1 SGB IV, § 2 Abs. 1 Satz 2 Nr. 1 SvEV

Mindestlohnrelevanz: Nein
Entgeltzuordnung in der SV: Kein Arbeitsentgelt

2.2 BahnCard (Fahrt Wohnung – erste Tätigkeitsstätte)

Erläuterung: Vom Arbeitgeber ersetzte Kosten einer BahnCard in voller Höhe, wenn für Fahrten zwischen Wohnung und erster Tätigkeitsstätte aufgrund der Nutzung als Jobticket eine Vollamortisation eintritt. Bei Teilamortisation ist die Überlassung der BahnCard grundsätzlich steuerpflichtig, kann aber in Höhe der Kosten für das Jobticket steuerfrei bleiben.

Lohnsteuerpflicht	Nein	§ 3 Nr. 15 EStG
Beitragspflicht KV PV RV ALV	Nein	§ 1 Abs. 1 Satz 1 Nr. 1 SvEV
Beitragspflicht UV	Nein	§ 1 Abs. 1 Satz 1 Nr. 1 SvEV

Mindestlohnrelevanz: Nein
Entgeltart: Einmalzahlung
Entgeltzuordnung in der SV: Kein Arbeitsentgelt im Sinne der Sozialversicherung.

2.3 BahnCard (Fahrt Wohnung – erste Tätigkeitsstätte), pauschal versteuert

Erläuterung: Der Arbeitgeber kann für die Fahrten zwischen Wohnung und erster Tätigkeitsstätte mit der BahnCard – alternativ zur Steuerfreiheit unter Anrechnung auf die

Entfernungspauschale – die Pauschalversteuerung mit 25% wählen, soweit keine Anrechnung auf die Entfernungspauschale erfolgen soll. S. Jobticket (zusätzlich gewährt).

Lohnsteuerpflicht	Ja	§ 40 Abs. 2 Satz 2 Nr. 2 EStG
Beitragspflicht KV PV RV ALV	Nein	§ 1 Abs. 1 Satz 1 Nr. 3 SvEV
Beitragspflicht UV	Nein	§ 1 Abs. 1 Satz 1 Nr. 3 SvEV

Mindestlohnrelevanz: Nein
Entgeltart: Laufendes Arbeitsentgelt
Entgeltzuordnung in der SV: Kein Arbeitsentgelt im Sinne der Sozialversicherung.

2.4 BahnCard (für berufliche Auswärtstätigkeit)

Erläuterung: Trägt der Arbeitgeber die BahnCard für Auswärtstätigkeiten seines Arbeitnehmers, kann dieser sie auch privat zum ermäßigten Tarif nutzen. Bei einer sog. Vollamortisation (= Arbeitgeber-Ersparnis infolge der Tarifermäßigung ist höher als Kosten der BahnCard) besteht aufgrund des eigenbetrieblichen Interesses des Arbeitgebers keine Lohnsteuer- und Beitragspflicht. Ansonsten ist eine Aufteilung in einen steuer-/beitragsfreien Anteil vorzunehmen.

Lohnsteuerpflicht	Nein	§ 3 Nr. 15 EStG
Beitragspflicht KV PV RV ALV	Nein	§ 14 Abs. 1 SGB IV, § 1 Abs. 1 SvEV
Beitragspflicht UV	Nein	§ 14 Abs. 1 SGB IV, § 1 Abs. 1 SvEV

Mindestlohnrelevanz: Nein
Entgeltart: Einmalzahlung
Entgeltzuordnung in der SV: Kein Arbeitsentgelt im Sinne der Sozialversicherung.

2.5 Ballungsraumzulage

Erläuterung: Sie wird teilweise vom Arbeitgeber z. B. in Ballungsräumen wie München oder Berlin gezahlt, um trotz der hohen Lebenshaltungskosten besser Personal aus günstigeren Regionen anwerben zu können.

Lohnsteuerpflicht	Ja	§ 19 Abs. 1 EStG
Beitragspflicht KV PV RV ALV	Ja	§ 14 Abs. 1 Satz 1 SGB IV
Beitragspflicht UV	Ja	§ 14 Abs. 1 Satz 1 SGB IV

Mindestlohnrelevanz: Nein
Entgeltart: Laufendes Arbeitsentgelt
Entgeltzuordnung in der SV: Entgeltabrechnungsmonat, für den der Anspruch auf die Zulage besteht.

2.6 Baustellenzulage

Erläuterung: S. Erschwerniszulage.

2.7 Bedienungszuschlag

Erläuterung: S. Trinkgeld.

2.8 Beförderung

Erläuterung: unentgeltliche oder verbilligte Beförderung der Arbeitnehmer vom Wohnort zum Arbeitsplatz soweit für den betrieblichen Einsatz des Arbeitnehmers erforderlich. S. Sammelbeförderung.

Lohnsteuerpflicht	Nein	§ 3 Nr. 32 EStG; R 3.32 LStR
Beitragspflicht KV PV RV ALV	Nein	§ 14 Abs. 1 SGB IV, § 1 Abs. 1 SvEV
Beitragspflicht UV	Nein	§ 14 Abs. 1 SGB IV, § 1 Abs. 1 SvEV

Mindestlohnrelevanz: Nein
Entgeltart: Laufendes Arbeitsentgelt
Entgeltzuordnung in der SV: Kein Arbeitsentgelt im Sinne der Sozialversicherung.

2.9 Beförderung (pauschal versteuerter Zuschuss, Fahrt zwischen Wohnung und erster Tätigkeitsstätte)

Erläuterung: S. Fahrtkostenersatz (pauschal versteuert).

2.10 Beihilfe von öffentlicher Kasse

Erläuterung: Beihilfen öffentlicher Kassen in besonderen Notlagen.

Lohnsteuerpflicht	Nein	§ 3 Nr. 11 EStG; R 3.11 Abs. 1 LStR
Beitragspflicht KV PV RV ALV	Nein	§ 14 Abs. 1 SGB IV, § 1 Abs. 1 SvEV
Beitragspflicht UV	Nein	§ 14 Abs. 1 SGB IV, § 1 Abs. 1 SvEV

Mindestlohnrelevanz: Nein
Entgeltart: Laufendes Arbeitsentgelt
Entgeltzuordnung in der SV: Kein Arbeitsentgelt im Sinne der Sozialversicherung.

2.11 Beihilfe von privatem Arbeitgeber

Erläuterung: Beihilfen privater Arbeitgeber bei Krankheits- oder Unglücksfällen, bei Vorliegen des Eintritts entsprechend festgelegter Umstände bis 600 EUR.

Lohnsteuerpflicht	Nein	§ 3 Nr. 11 EStG; R 3.11 Abs. 2 LStR
Beitragspflicht KV PV RV ALV	Nein	§ 14 Abs. 1 SGB IV, § 1 Abs. 1 SvEV
Beitragspflicht UV	Nein	§ 14 Abs. 1 SGB IV, § 1 Abs. 1 SvEV

Mindestlohnrelevanz: Nein
Entgeltart: Einmalzahlung
Entgeltzuordnung in der SV: Kein Arbeitsentgelt im Sinne der Sozialversicherung.

2.12 Beitrag des Arbeitgebers (Sozialversicherungsbeitrag)

Erläuterung: S. Arbeitgeberbeitrag zur gesetzlichen Sozialversicherung.

2.13 Beitrag des Arbeitgebers zur ZVK Bau

Erläuterung: Beitrag des Arbeitgebers zur Zusatzversorgungskasse im Baugewerbe und Dachdeckerhandwerk bis 3.624 EUR (2024) beitragsfrei. Der Steuerfreibetrag beträgt 7.248 EUR im Jahr 2024 (8 % der jährlichen BBG RV/West).

Lohnsteuerpflicht	Nein	§ 3 Nr. 63 EStG
Beitragspflicht KV PV RV ALV	Nein	§ 14 Abs. 1 SGB IV, § 1 Abs. 1 Nr. 9 SvEV
Beitragspflicht UV	Nein	§ 14 Abs. 1 SGB IV, § 1 Abs. 1 Nr. 9 SvEV

Mindestlohnrelevanz: Nein
Entgeltart: Laufendes Arbeitsentgelt
Entgeltzuordnung in der SV: Kein Arbeitsentgelt im Sinne der Sozialversicherung.

2.14 Beitrag des Arbeitgebers zur ZVK Bau (pauschal versteuert)

Erläuterung: Auf den steuerfreien Höchstbetrag (8% der jährlichen BBG RV/West, 2024: 7.248 EUR) sind Beiträge zur betrieblichen Altersversorgung anzurechnen, die nach § 40b EStG a. F. (Altzusagen vor 2005) pauschal besteuert werden.

Lohnsteuerpflicht	Ja	§ 40b Abs. 1 EStG
Beitragspflicht KV PV RV ALV	Nein	§ 1 Abs. 1 Satz 1 Nr. 4 SvEV
Beitragspflicht UV	Nein	§ 1 Abs. 1 Satz 1 Nr. 4 SvEV

Mindestlohnrelevanz: Nein
Entgeltart: Laufendes Arbeitsentgelt
Entgeltzuordnung in der SV: Kein Arbeitsentgelt im Sinne der Sozialversicherung.

2.15 Beitrag zu Berufsverband/Berufskammer

Erläuterung: Übernimmt der Arbeitgeber die Beiträge zur Berufskammer / zum Berufsverband eines Angestellten (z. B. angestellter Geschäftsführer), zählen diese zum steuer- und beitragspflichtigen Arbeitsentgelt. Ist der Arbeitnehmer Mitglied des Verbands (nicht der Arbeitgeber), so gehören Erstattungen der Verbandsbeiträge zum steuerpflichtigen Werbungskostenersatz.

Lohnsteuerpflicht	Ja	§ 19 Abs. 1 EStG (Arbeitslohn) bzw. § 8 Abs. 2 EStG (Werbungskostenabzug), BFH-Urteil v. 17.1.2008, VI R 26/06, BStBl 2016 II S. 303, BFH, Urteil v. 1.10.2020, VI R 11/18, BStBl 2021 II S. 352.
Beitragspflicht KV PV RV ALV	Ja	§ 14 Abs. 1 Satz 1 SGB IV
Beitragspflicht UV	Ja	§ 14 Abs. 1 Satz 1 SGB IV

Mindestlohnrelevanz: Nein
Entgeltart: Laufendes Arbeitsentgelt
Entgeltzuordnung in der SV: Entgeltabrechnungsmonat, für den der Anspruch auf die Beitragszahlung des Arbeitgebers besteht.

2.16 Beitragsanteil des Arbeitgebers (Sozialversicherung)

Erläuterung: S. Arbeitgeberbeitrag zur gesetzlichen Sozialversicherung.

2.17 Beitragsnachentrichtung

Erläuterung: Als Folge fehlerhafter Abführung der Sozialversicherungsbeiträge nicht rechtzeitig einbehaltene Arbeitnehmeranteile, deren Einbehalt aufgrund § 28 g SGB IV nicht mehr nachgeholt werden kann. Sie sind nun vom Arbeitgeber allein zu tragen.

Lohnsteuerpflicht	Nein	BFH, Urteil v. 20.9.1996, VI R 57/95
Beitragspflicht KV PV RV ALV	Nein	BSG, Urteil vom 22.9.1988 12 RK 36/86
Beitragspflicht UV	Nein	BSG, Urteil vom 22.9.1988 12 RK 36/86

Mindestlohnrelevanz: Nein
Entgeltart: Einmalzahlung
Entgeltzuordnung in der SV: Entgeltabrechnungsmonat, für den der Anspruch des Arbeitnehmers auf das Arbeitsentgelt entstanden ist, für das der Beitragseinbehalt unterblieben ist.

2.18 Beitragszuschuss

Erläuterung: S. Arbeitgeberzuschuss nach § 257 SGB V bzw. § 61 SGB XI.

2.19 Bekleidungszuschuss

Erläuterung: S. Arbeitskleidung.

2.20 Belegschaftsaktie

Erläuterung: S. Vermögensbeteiligung.

2.21 Belegschaftsrabatt

Erläuterung: S. Mitarbeiterrabatt.

2.22 Belohnung

Erläuterung: S. Incentive

2.23 Belohnung für Unfallverhütung (BG)

Erläuterung: Belohnung zur Verhütung von Unfällen von den Berufsgenossenschaften.

Lohnsteuerpflicht	Nein	BFH, Urteil v. 22.3.1963, BStBl III S. 306
Beitragspflicht KV PV RV ALV	Nein	§ 14 Abs. 1 SGB IV, § 1 Abs. 1 SvEV
Beitragspflicht UV	Nein	§ 14 Abs. 1 SGB IV, § 1 Abs. 1 SvEV

Mindestlohnrelevanz: Nein
Entgeltart: Einmalzahlung
Entgeltzuordnung in der SV: Kein Arbeitsentgelt im Sinne der Sozialversicherung.

2.24 Bereitschaftsdienstzulage

Erläuterung: Vom Arbeitgeber gezahlte Bereitschaftsdienstzulagen, die typischerweise nicht für tatsächlich geleistete Stunden vorgesehen sind. Eine Bereitschaftsdienstzulage kann nur im Rahmen von steuerfreien Zuschlägen für Sonntags-, Feiertags- und Nachtarbeit gewährt werden, wenn aus der Bereitschaft eine tatsächliche Arbeitsleistung erfolgt.

Lohnsteuerpflicht	Ja	§ 19 Abs. 1 EStG
Beitragspflicht KV PV RV ALV	Ja	§ 14 Abs. 1 Satz 1 SGB IV
Beitragspflicht UV	Ja	§ 14 Abs. 1 Satz 1 SGB IV

Mindestlohnrelevanz: Ja
Entgeltart: Laufendes Arbeitsentgelt
Entgeltzuordnung in der SV: Entgeltabrechnungsmonat, für den das Entgelt zu zahlen ist.

2.25 Berufsausbildungsbeihilfe nach § 56 SGB III

Erläuterung: Beihilfe an Auszubildende im Rahmen einer Berufsausbildung als Arbeitsförderungsmaßnahme der Bundesagentur für Arbeit.

Lohnsteuerpflicht	Nein	§ 3 Nr. 11 EStG
Beitragspflicht KV PV RV ALV	Nein	§ 14 Abs. 1 SGB IV, § 1 Abs. 1 SvEV
Beitragspflicht UV	Nein	§ 14 Abs. 1 SGB IV, § 1 Abs. 1 SvEV

Mindestlohnrelevanz: Nein
Entgeltzuordnung in der SV: Kein Arbeitsentgelt.

2.26 Berufshaftpflichtversicherung

Erläuterung: Angestellte Rechtsanwälte, bei denen die Kosten der vorgeschriebenen Berufshaftpflichtversicherung (§ 51 BRAO) vom Arbeitgeber getragen werden. Steuer: Die Beiträge wurden von der Finanzgerichtsbarkeit zum unbegrenzten Werbungskostenabzug zugelassen, u. U. wird jedoch der Werbungskostenpauschbetrag gestrichen.

Lohnsteuerpflicht	Ja	BFH, Urteil v. 26.7.2007, VI R 64/06
Beitragspflicht KV PV RV ALV	Ja	§ 14 Abs. 1 Satz 1 SGB IV
Beitragspflicht UV	Ja	§ 14 Abs. 1 Satz 1 SGB IV

Mindestlohnrelevanz: Nein
Entgeltart: Einmalzahlung
Entgeltzuordnung in der SV: Entgeltabrechnungszeitraum, in dem der Arbeitgeber die Beitragszahlung vornimmt.

2.27 Berufskleidung (Überlassung durch den Arbeitgeber)

Erläuterung: S. Arbeitskleidung.

2.28 Berufsverband/Berufskammer (Arbeitgeber erstattet Arbeitnehmer Beitrag)

Erläuterung: S. Beiträge zu Berufsverband/Berufskammer.

2.29 Bestattungsgeld

Erläuterung: Bestattungsgeld, vom Arbeitgeber für einen verstorbenen Arbeitnehmer gewährt.

Lohnsteuerpflicht	Ja	§ 19 Abs. 2 EStG, R 19.8 LStR
Beitragspflicht KV PV RV ALV	Nein	§ 14 Abs. 1 Satz 1 SGB IV
Beitragspflicht UV	Nein	§ 14 Abs. 1 Satz 1 SGB IV

Mindestlohnrelevanz: Nein
Entgeltart: Einmalzahlung
Entgeltzuordnung in der SV: Kein Arbeitsentgelt im Sinn der Sozialversicherung, da sie nach Beendigung des Beschäftigungsverhältnisses gezahlt werden und nicht aus diesem resultieren.

2.30 Betriebliche Gesundheitsförderung

Erläuterung: S. Gesundheitsförderung, betriebliche.

2.31 Betriebliche Sachleistung

Erläuterung: Der Arbeitgeber erbringt diese Sachleistungen aus überwiegend betrieblichem Interesse und stellt sie nicht als Ertrag der nichtselbstständigen Arbeit des Arbeitnehmers dar, z.B. Aufmerksamkeiten, Bewirtung bei Betriebsveranstaltungen, Fortbildungsleistungen.

Lohnsteuerpflicht	Nein	R 19.3, R 19.6 und R 19.7 LStR
Beitragspflicht KV PV RV ALV	Nein	§ 14 Abs. 1 SGB IV, § 1 Abs. 1 SvEV
Beitragspflicht UV	Nein	§ 14 Abs. 1 SGB IV, § 1 Abs. 1 SvEV

Mindestlohnrelevanz: Nein
Entgeltart: Laufendes Arbeitsentgelt
Entgeltzuordnung in der SV: Kein Arbeitsentgelt im Sinne der Sozialversicherung.

2.32 Betriebskindergarten

Erläuterung: S. Kindergartenzuschuss

2.33 Betriebsrente

Erläuterung: S. Altersrente.

2.34 Betriebsveranstaltung

Erläuterung: Übliche Zuwendungen bei herkömmlichen Veranstaltungen in Form von Speisen, Getränken, Fahrtkosten usw., wenn die Zuwendung pro Arbeitnehmer 110 EUR nicht übersteigt (Freibetrag) und nicht mehr als 2 x im Jahr gewährt wird.

Lohnsteuerpflicht	Nein	§ 19 Abs. 1 Nr. 1a EStG
Beitragspflicht KV PV RV ALV	Nein	§ 14 Abs. 1 SGB IV, § 1 Abs. 1 SvEV
Beitragspflicht UV	Nein	§ 14 Abs. 1 SGB IV, § 1 Abs. 1 SvEV

Mindestlohnrelevanz: Nein
Entgeltart: Laufendes Arbeitsentgelt
Entgeltzuordnung in der SV: Kein Arbeitsentgelt im Sinne der Sozialversicherung.

2.35 Betriebsveranstaltung, Arbeitslohn aus Anlass einer (pauschal versteuerte Zuwendung)

Erläuterung: Mit 25% pauschal versteuerter Arbeitslohn, welcher aus Anlass einer Betriebsveranstaltung gezahlt wird.

Lohnsteuerpflicht	Ja	§ 40 Abs. 2 S. 1 Nr. 2 EStG
Beitragspflicht KV PV RV ALV	Nein	§ 1 Abs. 1 Satz 1 Nr. 3 SvEV
Beitragspflicht UV	Nein	§ 1 Abs. 1 Satz 1 Nr. 3 SvEV

Mindestlohnrelevanz: Nein
Entgeltart: Einmalzahlung
Entgeltzuordnung in der SV: Kein Arbeitsentgelt im Sinne der Sozialversicherung.

2.36 Betriebsversammlung

Erläuterung: Vergütung für die Teilnahme an Betriebsversammlungen.

Lohnsteuerpflicht	Ja	§ 2 Abs. 2 Nr. 6 LStDV
Beitragspflicht KV PV RV ALV	Ja	§ 14 Abs. 1 Satz 1 SGB IV, § 23a SGB IV; LSG Saarland, Urteil v. 12.6.1990 – L 2 U 43/87
Beitragspflicht UV	Ja	§ 14 Abs. 1 Satz 1 SGB IV, § 23a SGB IV; LSG Saarland, Urteil v. 12.6.1990 – L 2 U 43/87

Mindestlohnrelevanz: Nein
Entgeltart: Einmalzahlung
Entgeltzuordnung in der SV: Entgeltabrechnungsmonat, in dem die Vergütung ausgezahlt wird. Vergütungen für die Teilnahme an Betriebsveranstaltungen, die in den Monaten Januar bis März eines Jahres ausgezahlt werden, sind dem letzten Entgeltabrechnungsmonat des vergangenen Jahres (Vorjahres) zuzuordnen, wenn in dem vergangenen Jahr bei demselben Arbeitgeber ein versicherungspflichtiges Beschäftigungsverhältnis bestanden hat und die Vergütung zusammen mit den sonstigen für das laufende Kalenderjahr festgestellten beitragspflichtigen Einnahmen die anteilige Beitragsbemessungsgrenze des laufenden Kalenderjahres übersteigen (März-Klausel).

2.37 Bewerberpauschale

Erläuterung: Sie wird einem aus dem Beschäftigungsverhältnis ausscheidenden Arbeitnehmer gezahlt.

Lohnsteuerpflicht	Ja	§ 19 Abs. 1 EStG
Beitragspflicht KV PV RV ALV	Ja	§ 14 Abs. 1 Satz 1 SGB IV, § 23a SGB IV
Beitragspflicht UV	Ja	§ 14 Abs. 1 Satz 1 SGB IV, § 23a SGB IV

Mindestlohnrelevanz: Nein
Entgeltart: Einmalzahlung
Entgeltzuordnung in der SV: Entgeltabrechnungsmonat, in dem die Bewerberpauschale ausgezahlt wird. Wird die Bewerberpauschale nach dem Ende des Beschäftigungsverhältnisses gezahlt, erfolgt die Zuordnung zum letzten Entgeltabrechnungsmonat des Beschäftigungsverhältnisses.

2.38 Bewerbungskosten

Erläuterung: Erstattung der persönlichen Vorstellungskosten an Stellenbewerber.

Lohnsteuerpflicht	Nein	R 9.4 Satz 2 LStR
Beitragspflicht KV PV RV ALV	Nein	§ 14 Abs. 1 SGB IV, § 1 Abs. 1 SvEV
Beitragspflicht UV	Nein	§ 14 Abs. 1 SGB IV, § 1 Abs. 1 SvEV

Mindestlohnrelevanz: Nein
Entgeltzuordnung in der SV: Kein Arbeitsentgelt im Sinne der Sozialversicherung.

2.39 Bewirtungskosten bei Bewirtung von Geschäftsfreund

Erläuterung: Kostenanteil für Arbeitnehmer, die an der Bewirtung von Geschäftsfreunden durch den Arbeitgeber mit teilhaben dürfen.

Lohnsteuerpflicht	Nein	R 8.1 Abs. 8 Nr. 1 LStR
Beitragspflicht KV PV RV ALV	Nein	§ 14 Abs. 1 SGB IV, § 1 Abs. 1 Nr. 1 SvEV
Beitragspflicht UV	Nein	§ 14 Abs. 1 SGB IV, § 1 Abs. 1 Nr. 1 SvEV

Mindestlohnrelevanz: Nein
Entgeltzuordnung in der SV: Kein Arbeitsentgelt im Sinne der Sozialversicherung.

2.40 Bewirtungskosten bei Geburtstag von Arbeitnehmer

Erläuterung: Ehrung eines Angestellten anlässlich seines runden Geburtstags. S. Mahlzeiten und Aufmerksamkeiten.

Lohnsteuerpflicht	Nein	R 19.3 Abs. 2 Nr. 4 LStR
Beitragspflicht KV PV RV ALV	Ja	§ 14 Abs. 1 Satz 1 SGB IV, § 23a SGB IV
Beitragspflicht UV	Ja	§ 14 Abs. 1 Satz 1 SGB IV, § 23a SGB IV

Mindestlohnrelevanz: Nein
Entgeltart: Einmalzahlung
Entgeltzuordnung in der SV: Entgeltabrechnungsmonat, in dem die Veranstaltung durchgeführt wird bzw. die Kosten an den Arbeitnehmer erstattet werden.

2.41 Bewirtungskosten bei speziellem Anlass

Erläuterung: Der Arbeitgeber übernimmt anlässlich eines runden Jubiläums (10, 20, 25, 30, ... Jahre im Betrieb) einzelner Arbeitnehmer, der Verabschiedung oder des Amts- bzw. Funktionswechsels Aufwendungen von nicht mehr als 110 EUR (Freigrenze) pro teilnehmender Person.

Lohnsteuerpflicht	Nein	R 19.3 Abs. 2 Nr. 3 LStR
Beitragspflicht KV PV RV ALV	Nein	§ 14 Abs. 1 SGB IV, § 1 Abs. 1 SvEV
Beitragspflicht UV	Nein	§ 14 Abs. 1 SGB IV, § 1 Abs. 1 SvEV

Mindestlohnrelevanz: Nein
Entgeltzuordnung in der SV: Kein Arbeitsentgelt im Sinne der Sozialversicherung.

2.42 Bewirtungskosten des Arbeitnehmers (Auslagenersatz)

Erläuterung: Der Arbeitnehmer bewirtet Geschäftspartner auf eigene Kosten (Nachweis einer geschäftlichen Bewirtung), bekommt Auslagen vom Arbeitgeber ersetzt. S. Auslagenersatz.

Lohnsteuerpflicht	Nein	R 8.1 Abs. 8 Nr. 1 LStR
Beitragspflicht KV PV RV ALV	Nein	§ 14 Abs. 1 SGB IV, § 1 Abs. 1 Nr. 1 SvEV
Beitragspflicht UV	Nein	§ 14 Abs. 1 SGB IV, § 1 Abs. 1 Nr. 1 SvEV

Mindestlohnrelevanz: Nein
Entgeltzuordnung in der SV: Kein Arbeitsentgelt im Sinne der Sozialversicherung.

2.43 Bildschirmbrille

Erläuterung: Kostenübernahme durch den Arbeitgeber aufgrund gesetzlicher Verpflichtung, die Notwendigkeit wurde fachgerecht festgestellt.

Lohnsteuerpflicht	Nein	R 19.3 Abs. 2 Nr. 2 LStR
Beitragspflicht KV PV RV ALV	Nein	§ 14 Abs. 1 SGB IV, § 1 Abs. 1 SvEV
Beitragspflicht UV	Nein	§ 14 Abs. 1 SGB IV, § 1 Abs. 1 SvEV

Mindestlohnrelevanz: Nein
Entgeltzuordnung in der SV: Kein Arbeitsentgelt im Sinne der Sozialversicherung.

2.44 Bleibebonus

Erläuterung: S. Retention Bonus

2.45 Bürgergeld

Erläuterung: Geldleistung der Bundesagentur für Arbeit, unterliegt jedoch dem Progressionsvorbehalt.

Lohnsteuerpflicht	Nein	§ 3 Nr. 2 EStG; R 3.2 Abs. 1 LStR; § 32b Abs. 1 S. 1 Nr. 1. B. a EStG
Beitragspflicht KV PV RV ALV	Nein	Kein Arbeitsentgelt i. S. des § 14 Abs. 1 Satz 1 SGB IV
Beitragspflicht UV	Nein	Kein Arbeitsentgelt i. S. des § 14 Abs. 1 Satz 1 SGB IV

Mindestlohnrelevanz: Nein
Entgeltzuordnung in der SV: Kein Arbeitsentgelt im Sinne der Sozialversicherung.

2.46 Bußgeld (Geldbuße und Geldstrafe)

Erläuterung: Geldbuße und Geldstrafe, die der Arbeitgeber für den Arbeitnehmer übernimmt.

Lohnsteuerpflicht	Ja	§ 2 Abs. 1 LStDV; BFH, Urteil v. 14.11.2013 – VI R 36/12
Beitragspflicht KV PV RV ALV	Ja	§ 14 Abs. 1 Satz 1 SGB IV, § 23a SGB IV
Beitragspflicht UV	Ja	§ 14 Abs. 1 Satz 1 SGB IV, § 23a SGB IV

Mindestlohnrelevanz: Nein
Entgeltart: Einmalzahlung
Entgeltzuordnung in der SV: Entgeltabrechnungsmonat, in dem der Arbeitgeber die Geldbußen oder Geldstrafen übernimmt.

2.47 Bußgeld (Verwarnungsgeld bei Verkehrsverstoß)

Erläuterung: Übernahme einer Geldbuße wegen Verkehrsverstoß durch den Arbeitgeber.
Hinweis: Ausschließlich bei einem Parkverstoß mit Firmenfahrzeug bei Lieferanten kann laut BFH eine Steuerfreiheit gegeben sein, wenn der Arbeitgeber ein gegen ihn erhobenes Verwarnungsgeld auf eigene Schuld übernimmt. Gem. BFH fließt dem Arbeitnehmer durch die Nichteinforderung der durch den Arbeitgeber übernommenen Verwarnungsgelder aber ein steuer- und beitragspflichtiger geldwerter Vorteil in Form des Forderungsverzichts zu.

Lohnsteuerpflicht	Ja	§ 19 Abs. 1 Nr. 1 EStG; BFH, Urteil v. 14.11.2013, VI R 36/12; BFH, Urteil v. 13.8.202, VI R 1/17
Beitragspflicht KV PV RV ALV	Ja	§ 14 Abs. 1 Satz 1 SGB IV, § 23a SGB IV; BE v. 09.04.2014, TOP 4
Beitragspflicht UV	Ja	§ 14 Abs. 1 Satz 1 SGB IV, § 23a SGB IV

Mindestlohnrelevanz: Nein
Entgeltart: Einmalzahlung
Entgeltzuordnung in der SV: Kein Arbeitsentgelt im Sinne der Sozialversicherung.

2.48 Bußgeld (Verwarnungsgeld wegen Lenk- und Ruhezeitverstoß)

Erläuterung: Die Übernahme von Verwarnungsgeld wegen Verletzung der Lenk- und Ruhezeiten von Kraftfahrern ist generell steuerpflichtig und beitragspflichtig zur Sozialversicherung.

Lohnsteuerpflicht	Ja	§ 19 Abs. 1 Nr. 1 EStG
Beitragspflicht KV PV RV ALV	Ja	§ 14 Abs. 1 Satz 1 SGB IV, § 23a SGB IV, BE v. 09.04.2014, TOP 4
Beitragspflicht UV	Ja	§ 14 Abs. 1 Satz 1 SGB IV, § 23a SGB IV

Mindestlohnrelevanz: Nein
Entgeltart: Einmalzahlung
Entgeltzuordnung in der SV: Entgeltabrechnungsmonat, in dem der Arbeitgeber das Verwarnungsgeld überweist.

3 C – Carsharing bis Corona-Sonderzahlung

3.1 Carsharing

Erläuterung: Sofern die Überlassung des Fahrzeugs nicht mehr als 5 Kalendertage im Monat umfasst, kann der geldwerte Vorteil aus der Firmenfahrzeuggestellung ausnahmsweise mit 0,001 % des auf volle 100 EUR abgerundeten Bruttolistenpreises inkl. Sonderausstattung im Zeitpunkt der Erstzulassung je privat gefahrenem Kilometer ermittelt werden.

Lohnsteuerpflicht	Ja	§ 8 Abs. 2 Satz 2 EStG i. V. m. § 6 Abs. 1 Nr. 4 Satz 2 EStG, R 8.1 Abs. 9 LStR, H 8.1 LStH (9-10)
Beitragspflicht KV PV RV ALV	Ja	§ 14 Abs. 1 SGB IV
Beitragspflicht UV	Ja	§ 14 Abs. 1 SGB IV

Mindestlohnrelevanz: Nein
Entgeltart: Laufendes Arbeitsentgelt
Entgeltzuordnung in der SV: Entgeltabrechnungsmonat, für den der geldwerte Vorteil abgerechnet wird.

3.2 Computer

Erläuterung: S. Personalcomputer.

3.3 Corona-Sonderzahlung

Erläuterung: Zusätzlich zum ohnehin geschuldeten Arbeitslohn geleistete Beihilfen und Unterstützungen zur Abmilderung der zusätzlichen Belastung durch die Coronakrise, konnten im Zeitraum 1.3.2022 bis 31.3.2022 an alle Beschäftigten bis zu einem Betrag von 1.500 Euro steuer- und beitragsfrei geleistet werden.

Lohnsteuerpflicht	Nein	§ 3 Nr. 11a EStG
Beitragspflicht KV PV RV ALV	Nein	§ 14 Abs. 1 SGB IV, § 1 Abs. 1 SvEV
Beitragspflicht UV	Nein	§ 14 Abs. 1 SGB IV, § 1 Abs. 1 SvEV

Mindestlohnrelevanz: Nein
Entgeltzuordnung in der SV: kein Arbeitsentgelt

4 D – Darlehen bis durchlaufende Gelder

4.1 Darlehen

Erläuterung: Die Darlehensgewährung als solche, welche vom Arbeitgeber nicht als Vergütung für geleistete Arbeit gewährt werden, sondern zusätzlich zum geschuldeten Entgelt ist steuer- und beitragsfrei, da kein Arbeitsentgelt. Anders verhält es sich jedoch mit einer etwaigen Zinsersparnis für den Arbeitnehmer hieraus; S. aber Zinsersparnis.

Lohnsteuerpflicht	Nein	R 8.1 Abs. 11 LStR
Beitragspflicht KV PV RV ALV	Nein	§ 14 Abs. 1 SGB IV, § 1 Abs. 1 SvEV
Beitragspflicht UV	Nein	§ 14 Abs. 1 SGB IV, § 1 Abs. 1 SvEV

Mindestlohnrelevanz: Nein
Entgeltzuordnung in der SV: Kein Arbeitsentgelt im Sinne der Sozialversicherung.

4.2 Dauer(eintritts)karte

Erläuterung: S. Eintrittskarte

4.3 Deputat

Erläuterung: Deputate (= Abgabe von Produkten und Leistungen des Arbeitgebers an den Arbeitnehmer als Teil der Entlohnung) sind grundsätzlich steuer- und beitragspflichtige Sachzuwendungen, die aber im Rahmen des Rabattfreibetrags von 1.080 EUR jährlich steuer- und beitragsfrei bleiben können (S. Belegschaftsrabatt). Der maßgebliche Wert ergibt sich dabei aus dem Endverbraucherpreis abzüglich 4% Bewertungsabschlag.

Lohnsteuerpflicht	Nein	§ 8 Abs. 3 EStG; R 8.2 LStR
Beitragspflicht KV PV RV ALV	Nein	§ 14 Abs. 1 SGB IV, § 1 Abs. 1 Nr. 1 SvEV
Beitragspflicht UV	Nein	§ 14 Abs. 1 SGB IV, § 1 Abs. 1 Nr. 1 SvEV

Mindestlohnrelevanz: Nein
Entgeltzuordnung in der SV: Kein Arbeitsentgelt im Sinne der Sozialversicherung, soweit nicht als Sachbezüge *Lohnsteuerpflicht*ig.

4.4 Deutschkurs

Erläuterung: Für Arbeitnehmer, deren Muttersprache nicht Deutsch ist, führt die Bildungsmaßnahme zum Erwerb/Verbesserung der deutschen Sprache nicht zu Arbeitslohn, wenn der Sprachkurs im eigenbetrieblichen Interesse des Arbeitgebers durchgeführt wird oder der allgemeinen Verbesserung der Beschäftigungsfähigkeit des Arbeitnehmers dient.

Lohnsteuerpflicht	Nein	§ 3 Nr. 19 EStG; R 19.7 LStR; BMF, Schreiben v. 4.7.2017, IV C 5 – S 2332/09/10005, BStBl 2017 I S. 882
Beitragspflicht KV PV RV ALV	Nein	§ 14 Abs. 1 SGB IV, § 1 Abs. 1 SvEV
Beitragspflicht UV	Nein	§ 14 Abs. 1 SGB IV, § 1 Abs. 1 SvEV

Mindestlohnrelevanz: Nein
Entgeltzuordnung in der SV: Kein Arbeitsentgelt im Sinne der Sozialversicherung.

4.5 Deutschlandticket

Erläuterung: Bei Geldleistungen s. Fahrtkostenzuschuss und bei Sachbezug s. Jobticket.

4.6 Diät

Erläuterung: Abgeordnetenbezüge der Bundestags- und Landtagsabgeordneten auf der Grundlage des Abgeordnetengesetzes sind sonstige Einkünfte. Andere Bezüge oder Gehälter, z.B. für Fraktionstätigkeiten, hingegen gelten als Einkünfte aus nichtselbstständiger Arbeit. Steuerfrei sind regelmäßig nur die gewährten Aufwandsentschädigungen oder Tagungs- und Sitzungsgelder, welche die anfallenden Mandatskosten decken.

Lohnsteuerpflicht	Ja	§ 22 Nr. 4, § 19 Abs. 1, § 3 Nr. 12 EStG
Beitragspflicht KV PV RV ALV	Nein	Bescheid des BMA vom 1.2.1952 Iva 1007/52
Beitragspflicht UV	Nein	§ 14 Abs. 1 SGB IV, § 1 Abs. 1 SvEV

Mindestlohnrelevanz: Nein
Entgeltart: Laufendes Arbeitsentgelt
Entgeltzuordnung in der SV: Entgeltabrechnung im laufenden Monat

4.7 Diebstahlersatz

Erläuterung: Ersetzt der Arbeitgeber den Schaden in angemessener Höhe, hat der Arbeitnehmer keinen geldwerten Vorteil und die Erstattung ist steuer- und beitragsfrei.

Lohnsteuerpflicht	Nein	§ 9 EStG; H 9.8 LSt; BFH, Urteil v. 25.5 1992, VI R 171/88, BStBl 1993 II S. 44
Beitragspflicht KV PV RV ALV	Nein	§ 14 Abs. 1 SGB IV, § 1 Abs. 1 SvEV
Beitragspflicht UV	Nein	§ 14 Abs. 1 SGB IV, § 1 Abs. 1 SvEV

Mindestlohnrelevanz: Nein
Entgeltzuordnung in der SV: kein Arbeitsentgelt im Sinne der Sozialversicherung

4.8 Dienstfahrrad

Erläuterung: S. Dienstrad

4.9 Dienstkleidung

Erläuterung: S. Arbeitskleidung.

4.10 Dienstrad (Gehaltumwandlung)

Erläuterung: Der für die Überlassung eines Dienstrads i. R. d. Gehaltsumwandlung sich ergebende geldwerter Vorteil ist steuer- und sv-pflichtig. Für den Ansatz des geldwerten Vorteils wird bei elektronisch unterstützten Diensträdern unterschieden zwischen Elektrofahrrädern bis 25 km/h und Elektrofahrrädern über 25 km/h. Des Weiteren kommt bei einer Gehaltsumwandlung eine Minderung der Bemessungsgrundlage für die Ermittlung des geldwerten Vorteils in Betracht.

Lohnsteuerpflicht	Ja	§ 6 Abs. 1 Nr. 4 Satz 1 EStG; Gleichlautende Erlasse v. 13.3.2019, S 2334, BStBl I 2019 S. 216
Beitragspflicht KV PV RV ALV	Ja	§ 14 Abs. 1 SGB IV, § 1 Abs. 1 Nr. 3 SvEV
Beitragspflicht UV	Ja	§ 14 Abs. 1 SGB IV, § 1 Abs. 1 Nr. 3 SvEV

Mindestlohnrelevanz: Nein
Entgeltart: Laufendes Arbeitsentgelt
Entgeltzuordnung in der SV: Entgeltabrechnungsmonat, für den der Anspruch auf den Zuschuss des Arbeitgebers besteht

4.11 Dienstrad (zusätzlich gewährt)

Erläuterung: Unentgeltlich oder verbilligt zur privaten Nutzung überlassenes betriebliches Fahrrad, wenn die Überlassung zusätzlich zum ohnehin geschuldeten Arbeitslohn erfolgt innerhalb des Zeitraums von 2019 – 2030. S. ggf. auch Elektrofahrrad

Lohnsteuerpflicht	Nein	§ 3 Nr. 37 EStG
Beitragspflicht KV PV RV ALV	Nein	§ 14 Abs. 1 SGB IV, § 1 Abs. 1 Nr. 1 SvEV
Beitragspflicht UV	Nein	§ 14 Abs. 1 SGB IV, § 1 Abs. 1 Nr. 1 SvEV

Mindestlohnrelevanz: Nein
Entgeltzuordnung in der SV: Kein Arbeitsentgelt im Sinne der Sozialversicherung.

4.12 Dienstwagen

Erläuterung: S. Kraftfahrzeugüberlassung.

4.13 Dienstwohnung, steuer- und beitragsfrei

Erläuterung: Beträgt die Mietzahlung (Kaltmiete) des Arbeitnehmers weniger als 25 EUR/Quadratmeter und beläuft sich monatlich auf mindestens 2/3 der ortsüblichen Miete einer solchen Wohnung, ist der sich für den Arbeitnehmer ergebende geldwerte Vorteil aus der verbilligten Überlassung einer Dienstwohnung regelmäßig steuerfrei. Diesem Ansatz und dem aus dem Steuerrecht hervorgehenden Bewertungsabschlag von 1/3 auf die ortsübliche Miete folgt seit 2021 auch das Sozialversicherungsrecht, so dass bei Erfüllung der Voraussetzung auch Beitragsfreiheit besteht.

Lohnsteuerpflicht	Nein	§ 8 Abs. 2 Satz 9 und 12 EStG; R 8.1 Abs. 3 LStR
Beitragspflicht KV PV RV ALV	Nein	§ 14 Abs. 1 Satz 1 SGB IV und § 2 Abs. 4, 5 SvEV
Beitragspflicht UV	Nein	§ 14 Abs. 1 Satz 1 SGB IV und § 2 Abs. 4, 5 SvEV

Mindestlohnrelevanz: Nein
Entgeltart: Laufendes Arbeitsentgelt
Entgeltzuordnung in der SV: Entgeltabrechnungsmonat, für den der Anspruch auf die Wohnungsgewährung besteht.

4.14 Dienstwohnung, steuer- und beitragspflichtig

Erläuterung: Grundsätzlich besteht Steuer- und Beitragspflicht, sofern die Kaltmiete des Arbeitnehmers > 25 EUR/Quadratmeter (sog. Luxuswohnung) übersteigt und/oder die vom Arbeitnehmer gezahlte Miete weniger als 2/3 der ortsüblichen Miete beträgt. Es liegt jedoch Steuer- und Beitragsfreiheit vor, wenn die 50-EUR-Freigrenze Anwendung findet. Diese darf berücksichtigt werden sofern es sich um eine a) verbilligt überlassene Dienstwohnung handelt und b) der sich ergebende geldwerte Vorteil nicht mehr als 50-EUR monatlich beträgt. Hinweis: Keine Anwendung der 50-EUR-Freigrenze bei unentgeltlich überlassenen Mietwohnungen.

Lohnsteuerpflicht	Ja	§ 8 Abs. 2 Satz 9 und 12 EStG; R 8.1 Abs. 3 LStR
Beitragspflicht KV PV RV ALV	Ja	§ 14 Abs. 1 Satz 1 SGB IV und § 2 Abs. 4, 5 SvEV
Beitragspflicht UV	Ja	§ 14 Abs. 1 Satz 1 SGB IV und § 2 Abs. 4, 5 SvEV

Mindestlohnrelevanz: Nein
Entgeltart: Laufendes Arbeitsentgelt
Entgeltzuordnung in der SV: Entgeltabrechnungsmonat, für den der Anspruch auf die Wohnungsgewährung besteht.

4.15 Differenzbetrag

Erläuterung: Die Differenz zwischen dem bisherigen Verdienst und einem neuen, niedrigeren Verdienst bei einem anderen Arbeitgeber, wenn der ursprüngliche Arbeitgeber in Insolvenz ging.

Lohnsteuerpflicht	Ja	R 3.2 LStR
Beitragspflicht KV PV RV ALV	Nein	BE vom 5./6.11.1996 (TOP 4)
Beitragspflicht UV	Nein	BE vom 5./6.11.1996 (TOP 4)

Mindestlohnrelevanz: Nein
Entgeltart: Laufendes Arbeitsentgelt
Entgeltzuordnung in der SV: Kein Arbeitsentgelt im Sinne der Sozialversicherung.

4.16 Direktversicherung oder Pensionskasse (pauschal versteuerte Entgeltumwandlung Altzusage bis 2004 bis zu 1.752 EUR pro Jahr)

Erläuterung: bei Altzusagen bis 2004: Arbeitnehmer trägt die Beiträge durch Entgeltumwandlung aus laufendem Arbeitsentgelt oder durch Gehaltsverzicht und hat ggfs. auf die Steuerbefreiung verzichtet.

Lohnsteuerpflicht	Ja	§ 40 Abs. 1 und 2 EStG
Beitragspflicht KV PV RV ALV	Ja	§ 14 Abs. 1 Satz 1 SGB IV
Beitragspflicht UV	Ja	§ 14 Abs. 1 Satz 1 SGB IV

Mindestlohnrelevanz: Nein
Entgeltart: Laufendes Arbeitsentgelt
Entgeltzuordnung in der SV: Entgeltabrechnungsmonat, in dem die Entgeltumwandlung bzw. der Gehaltsverzicht durchgeführt wird

4.17 Direktversicherungsbeitrag

Erläuterung: S. Arbeitgeberbeitrag zur Direktversicherung (lebenslange Rentenzahlung ab 60. bzw. 62. Lebensjahr) und Arbeitgeberbeitrag zu sonstigen Direktversicherungen.

4.18 Dreizehntes Monatsgehalt

Erläuterung: Zählt nur bei Rechtsanspruch (vertraglich oder durch betriebliche Übung) zum regelmäßigen Arbeitsentgelt. S. Einmalzahlung, Weihnachtszuwendung.

Lohnsteuerpflicht	Ja	R 115 Abs. 2 Nr. 7 LStR
Beitragspflicht KV PV RV ALV	Ja	§ 14 Abs. 1 Satz 1 SGB IV, § 23a SGB IV
Beitragspflicht UV	Ja	§ 14 Abs. 1 Satz 1 SGB IV, § 23a SGB IV

Mindestlohnrelevanz: Ja, wenn anteilig im jeweiligen Referenzzeitraum ausgezahlt (also je 1/12)
Entgeltart: Einmalzahlung
Entgeltzuordnung in der SV: Entgeltabrechnungsmonat, in dem das dreizehnte Monatsgehalt ausgezahlt wird. Ein dreizehntes Monatsgehalt, das in den Monaten Januar bis März eines Jahres ausgezahlt wird, ist dem letzten Entgeltabrechnungsmonat des

vergangenen Jahres (Vorjahres) zuzuordnen, wenn in dem vergangenen Jahr bei demselben Arbeitgeber ein versicherungspflichtiges Beschäftigungsverhältnis bestanden hat und das dreizehnte Monatsgehalt zusammen mit den sonstigen für das laufende Kalenderjahr festgestellten beitragspflichtigen Einnahmen die anteilige Beitragsbemessungsgrenze des laufenden Kalenderjahres übersteigt (März-Klausel).

4.19 Durchlaufende Gelder

Erläuterung: Der Arbeitnehmer erhält verauslagte Kosten vom Arbeitgeber erstattet. Dies erfolgt anlässlich von Besorgungen, die der Arbeitnehmer im ganz überwiegendem Interesse des Arbeitgebers erledigte, d.h. eine Dienstleistung gegenüber dem Arbeitgeber wurde erbracht. S. auch Auslagenersatz.

Lohnsteuerpflicht	Nein	§ 3 Nr. 50 EStG; R 3.50 LStR
Beitragspflicht KV PV RV ALV	Nein	§ 14 Abs. 1 SGB IV, § 1 Abs. 1 SvEV
Beitragspflicht UV	Nein	§ 14 Abs. 1 SGB IV, § 1 Abs. 1 SvEV

Mindestlohnrelevanz: Nein
Entgeltzuordnung in der SV: Kein Arbeitsentgelt im Sinne der Sozialversicherung.

5 E – E-Bike bis Essenszuschuss

5.1 E-Bike

Erläuterung: Steuerliche Beurteilung ist abhängig von der Geschwindigkeit. S. Elektrofahrrad.

5.2 Ehrenamtsfreibetrag

Erläuterung: S. Aufwandsentschädigung an ehrenamtlich Tätige.

5.3 Einkauf für den Arbeitgeber (Bareinkauf)

Erläuterung: Z. B. Kauf von Getränken, Kaffee oder Büromaterial durch den Arbeitnehmer. S. Auslagenersatz.

Lohnsteuerpflicht	Nein	§ 3 Nr. 50 EStG
Beitragspflicht KV PV RV ALV	Nein	§ 14 Abs. 1 SGB IV, § 1 Abs. 1 SvEV
Beitragspflicht UV	Nein	§ 14 Abs. 1 SGB IV, § 1 Abs. 1 SvEV

Mindestlohnrelevanz: Nein
Entgeltzuordnung in der SV: Kein Arbeitsentgelt im Sinne der Sozialversicherung.

5.4 Einkleidungsbeihilfe

Erläuterung: S. Abnutzungsentschädigung.

5.5 Einmalzahlung / Einmalige Bezüge

Erläuterung: Z. B. 13. Monatsgehalt, Weihnachtszuwendung, Urlaubsgeld, Urlaubsabgeltung, Gratifikationen und Tantiemen. SV: Regelm. Arbeitsentgelt nur bei Rechtsanspruch (vertraglich oder betriebliche Übung)

Lohnsteuerpflicht	Ja	§ 19 Abs. 1 Nr. 1 EStG; § 2 Abs. 1 LStDV; R 39b.2 Abs. 2 LStR
Beitragspflicht KV PV RV ALV	Ja	§ 14 Abs. 1 Satz 1 SGB IV, § 23a SGB IV
Beitragspflicht UV	Ja	§§ 14 Abs. 1 Satz 1 SGB IV, § 23a SGB IV

Mindestlohnrelevanz: Ja
Entgeltart: Einmalzahlung
Entgeltzuordnung in der SV: Entgeltabrechnungsmonat, in dem die Einmalzahlung ausgezahlt wird. Einmalzahlungen, die in den Monaten Januar bis März eines Jahres ausgezahlt werden, sind dem letzten Entgeltabrechnungsmonat des vergangenen Jahres (Vorjahres) zuzuordnen, wenn in dem vergangenen Jahr bei demselben Arbeitgeber ein versicherungspflichtiges Beschäftigungsverhältnis bestanden hat und die Einmalzahlung zusammen mit den sonstigen für das laufende Kalenderjahr festgestellten beitragspflichtigen Einnahmen die anteilige Beitragsbemessungsgrenze des laufenden Kalenderjahres übersteigen (März-Klausel).

5.6 Einstellungsbonus

Erläuterung: S. Signing Fee

5.7 Eintrittskarte

Erläuterung: Abhängig vom Anlass.

- Eintrittskarte als Belohnung, s. Incentive.
- Eintrittskarte im Rahmen einer Betriebsfeier, s. Betriebsveranstaltung.
- Eintrittskarte als Geschenk eines besonderen persönlichen Ereignisses s. Aufmerksamkeit.

5.8 Elektrofahrrad (Aufladen)

Erläuterung: Aufladen von Elektrofahrrädern an der betrieblichen oder konzerneigenen Ladestation.

Lohnsteuerpflicht	Nein	§ 3 Nr. 46, § 52 Abs. 4 Satz 14, § 37c EStG, BMF IV C 5 – S-2334 / 14 / 10002-06 vom 26.10.2017
Beitragspflicht KV PV RV ALV	Nein	§ 14 Abs. 1 SGB IV, § 1 Abs. 1 Nr. 1 SvEV
Beitragspflicht UV	Nein	§ 14 Abs. 1 SGB IV, § 1 Abs. 1 Nr. 1 SvEV

Mindestlohnrelevanz: Nein
Entgeltzuordnung in der SV: Kein Arbeitsentgelt im Sinne der Sozialversicherung.

5.9 Elektrofahrrad (bis 25 km/h, Gehaltsumwandlung)

Erläuterung: Der für die Überlassung eines Dienstrads i. R. d. Gehaltsumwandlung sich ergebende geldwerter Vorteil ist steuer- und sv-pflichtig.

Lohnsteuerpflicht	Ja	§ 6 Abs. 1 Nr. 4 Satz 1 EStG; Gleichlautende Erlasse v. 13.3.2019, S 2334, BStBl I 2019 S. 216
Beitragspflicht KV PV RV ALV	Ja	§ 14 Abs. 1 SGB IV, § 1 Abs. 1 Nr. 3 SvEV
Beitragspflicht UV	Ja	§ 14 Abs. 1 SGB IV, § 1 Abs. 1 Nr. 3 SvEV

Mindestlohnrelevanz: Nein
Entgeltart: Laufendes Arbeitsentgelt
Entgeltzuordnung in der SV: Entgeltabrechnung im laufenden Monat

5.10 Elektrofahrrad (bis 25 km/h, zusätzlich gewährt)

Erläuterung: Zur privaten Nutzung überlassene betriebliche Elektrofahrräder, die verkehrsrechtlich als Fahrrad einzustufen sind (sog. Pedelecs), d. h. Geschwindigkeiten bis 25 km/h, keine Kennzeichen- und Versicherungspflicht. Steuer- und SV-Freiheit wurde bis zum Ablauf des Jahres 2030 verlängert.

Lohnsteuerpflicht	Nein	§ 8 Abs. 2 Satz 10, § 3 Nr. 37 EStG
Beitragspflicht KV PV RV ALV	Nein	§ 14 Abs. 1 SGB IV, § 1 Abs. 1 Nr. 1 SvEV
Beitragspflicht UV	Nein	§ 14 Abs. 1 SGB IV, § 1 Abs. 1 Nr. 1 SvEV

Mindestlohnrelevanz: Nein
Entgeltzuordnung in der SV: Kein Arbeitsentgelt im Sinne der Sozialversicherung.

5.11 Elektrofahrrad (über 25 km/h)

Erläuterung: soweit verkehrsrechtlich als Kraftfahrzeug einzuordnen (sog. S-Pedelecs), d. h. Geschwindigkeit über 25 km/h, Kennzeichen- und Versicherungspflicht, s. Elektrofahrzeug (Überlassung). Ein Ansatz des Bruttolistenpreises mit einem Viertel ist möglich, weil es sich um ein rein elektrisch betriebenes Fahrzeug ohne CO^2-

Ausstoß handelt und der BLP nicht mehr als 70.000 EUR (für Anschaffung nach dem 31.12.2023, ansonsten nicht mehr als 60.000 EUR) beträgt.

Lohnsteuerpflicht	Ja	§ 6 Abs. 1 Nr. 4 i. V. m. § 8 Abs. 2 Satz 2-5 EStG
Beitragspflicht KV PV RV ALV	Ja	§ 14 Abs. 1 SGB IV, § 1 Abs. 1 Nr. 3 SvEV
Beitragspflicht UV	Ja	§ 14 Abs. 1 SGB IV, § 1 Abs. 1 Nr. 3 SvEV

Mindestlohnrelevanz: Nein
Entgeltart: Laufendes Arbeitsentgelt
Entgeltzuordnung in der SV: Entgeltabrechnung im laufenden Monat

5.12 Elektrofahrzeug (Aufladen)

Erläuterung: Aufladen von Dienstfahrzeugen und privaten (Hybrid-) Elektrofahrzeugen des Arbeitnehmers an jeder ortsfesten betrieblichen Einrichtung des Arbeitgebers oder eines verbundenen Unternehmens, außerdem im Betrieb des Entleihers bei Leiharbeitnehmern. Voraussetzung ist, dass der geldwerte Vorteil zusätzlich zum ohnehin geschuldeten Arbeitslohn erbracht wird. Die Regelung gilt befristet für den Zeitraum vom 1.1.2017 bis 31.12.2030 (§ 52 Abs. 4, 37c EStG).

Lohnsteuerpflicht	Nein	§ 3 Nr. 46, § 52 Abs. 4 Satz 14, § 37c EStG
Beitragspflicht KV PV RV ALV	Nein	§ 1 Abs. 1 Nr. 1 SvEV
Beitragspflicht UV	Nein	§ 1 Abs. 1 Nr. 1 SvEV

Mindestlohnrelevanz: Nein
Entgeltzuordnung in der SV: Kein Arbeitsentgelt im Sinne der Sozialversicherung.

5.13 Elektrofahrzeug (Erstattung der Stromkosten, Dienstwagen)

Erläuterung: Erstattung der vom Arbeitnehmer selbst getragenen Stromkosten eines Dienstwagens als pauschaler steuerfreier Auslagenersatz bis 30 EUR mtl., soweit eine Ladestation beim Arbeitgeber vorhanden ist sowie bis 70 EUR mtl., wenn keine Ladestation beim Arbeitgeber vorhanden ist. Anstelle des steuerfreien Arbeitgeberersatz Anrechnung auf geldwerten Vorteil. Voraussetzung ist, dass die Leistung zusätzlich zum ohnehin geschuldeten Arbeitslohn erbracht wird. Die Regelung gilt befristet für den Zeitraum vom 1.1.2017 bis 31.12.2030 (§ 52 Abs. 4, 37c EStG).

Lohnsteuerpflicht	Nein	§ 3 Nr. 50, § 52 Abs. 4, 37c EStG; BMF, Schreiben v. 29.9.2020, Textziffer 24, IV C 5 – S 2334/19/10009 :004; BFH, Urteil v. 30.11.2016, VI R 2/15
Beitragspflicht KV PV RV ALV	Nein	§ 1 Abs. 1 Nr. 1 SvEV
Beitragspflicht UV	Nein	§ 1 Abs. 1 Nr. 1 SvEV

Mindestlohnrelevanz: Nein
Entgeltzuordnung in der SV: Kein Arbeitsentgelt im Sinne der Sozialversicherung.

5.14 Elektrofahrzeug (Erstattung der Stromkosten, Privatfahrzeug)

Erläuterung: Erstattung der vom Arbeitnehmer selbst getragenen Stromkosten bei privaten (Hybrid-) Elektrofahrzeugen des Arbeitnehmers.

Lohnsteuerpflicht	Ja	BMF, Schreiben v. 29.9.2020, IV C 5 – S 2334/19/10009 :004; § 52 Abs. 4, § 37c EStG
Beitragspflicht KV PV RV ALV	Ja	§ 14 Abs. 1 SGB IV
Beitragspflicht UV	Ja	§ 14 Abs. 1 SGB IV

Mindestlohnrelevanz: Nein
Entgeltart: Laufendes Arbeitsentgelt
Entgeltzuordnung in der SV: Entgeltabrechnung im laufenden Monat

5.15 Elektrofahrzeug (Übereignung der Ladestation, pauschal versteuert)

Erläuterung: Vom Arbeitgeber pauschal versteuerte Vorteile für die Übereignung einer Ladevorrichtung für (Hybrid-) Elektrofahrzeuge mit 25%. Dazu gehört die gesamte Ladeinfrastruktur einschl. Zubehör und in diesem Zusammenhang erbrachte Dienstleistungen, z.B. Aufbau, Installation, Inbetriebnahme, Wartung und Betrieb sowie notwendige Vorarbeiten, etwa das Verlegen eines Starkstromkabels. Voraussetzung ist, dass die Leistung zusätzlich zum ohnehin geschuldeten Arbeitslohn erbracht wird. Die Regelung gilt befristet für den Zeitraum vom 1.1.2017 bis 31.12.2030 (§ 52 Abs. 4, 37c EStG).

Lohnsteuerpflicht	Nein	§ 40 Abs. 2 Satz 1 Nr. 6, § 52 Abs. 4, § 37c EStG
Beitragspflicht KV PV RV ALV	Nein	§ 1 Abs. 1 Nr. 3 SvEV
Beitragspflicht UV	Nein	§ 1 Abs. 1 Nr. 3 SvEV

Mindestlohnrelevanz: Nein
Entgeltart: Laufendes Arbeitsentgelt
Entgeltzuordnung in der SV: Kein Arbeitsentgelt im Sinne der Sozialversicherung.

5.16 Elektrofahrzeug (Überlassung)

Erläuterung: Für Fahrzeuge, die im Zeitraum 2019-2030 angeschafft, erstmals überlassen oder geleast werden, ist bei der 1-%-Methode nur ein Viertel des Bruttolistenpreises (BLP) anzusetzen, soweit es sich um ein rein elektrisch betriebenes Fahrzeug ohne CO^2-Ausstoß handelt, das nicht mehr als 70.000 EUR (für Anschaffung nach dem 31.12.2023, ansonsten nicht mehr als 60.000 EUR) kostet. Handelt es sich um ein teureres reines E-Fahrzeug oder um ein Hyrid-Fahrzeug, das die ökologischen Voraussetzungen erfüllt, ist der halbe BLP anzusetzen. Bei Anschaffung vor 2019 wird der BLP abhängig von der Batteriekapazität gekürzt.

Lohnsteuerpflicht	Ja	§ 6 Abs. 1 Nr. 4 Satz 1 EStG
Beitragspflicht KV PV RV ALV	Ja	§ 14 Abs. 1 SGB IV, § 1 Abs. 1 Nr. 3 SvEV
Beitragspflicht UV	Ja	§ 14 Abs. 1 SGB IV, § 1 Abs. 1 Nr. 3 SvEV

Mindestlohnrelevanz: Nein
Entgeltart: Laufendes Arbeitsentgelt
Entgeltzuordnung in der SV: Entgeltabrechnungsmonat, für den der Anspruch auf den Zuschuss des Arbeitgebers besteht

5.17 Elektrofahrzeug (zeitweise Überlassung der Ladestation)

Erläuterung: Vom Arbeitgeber gewährte Vorteile für die zur privaten Nutzung einer zeitweise überlassenen betrieblichen Ladevorrichtung für (Hybrid-) Elektrofahrzeuge. Dazu gehört die gesamte Ladeinfrastruktur einschließlich Zubehör und in diesem Zusammenhang erbrachte Dienstleistungen, z. B. Aufbau, Installation, Inbetriebnahme, Wartung und Betrieb sowie notwendige Vorarbeiten, etwa das Verlegen eines Starkstromkabels. Voraussetzung ist, dass die Leistung zusätzlich zum ohnehin geschuldeten Arbeitslohn erbracht wird. Die Regelung gilt befristet für den Zeitraum vom 1.1.2017 bis 31.12.2030 (§ 52 Abs. 4, 37c EStG).

Lohnsteuerpflicht	Nein	§ 3 Nr. 46, § 52 Abs. 4 Satz 14, § 37c EStG
Beitragspflicht KV PV RV ALV	Nein	§ 1 Abs. 1 Nr. 1 SvEV
Beitragspflicht UV	Nein	§ 1 Abs. 1 Nr. 1 SvEV

Mindestlohnrelevanz: Nein
Entgeltzuordnung in der SV: Kein Arbeitsentgelt im Sinne der Sozialversicherung.

5.18 Elektrofahrzeug (Zuschuss zur Ladestation, pauschal versteuert)

Erläuterung: Vom Arbeitgeber pauschal versteuerte Zuschüsse zu einer Ladevorrichtung des Arbeitnehmers für (Hybrid-) Elektrofahrzeuge mit 25%. Voraussetzung ist, dass der Zuschuss zusätzlich zum ohnehin geschuldeten Arbeitslohn erbracht wird. Die Regelung gilt befristet für den Zeitraum vom 1.1.2017 bis 31.12.2030 (§ 52 Abs. 4, 37c EStG).

Lohnsteuerpflicht	Nein	§ 40 Abs. 2 Satz 1 Nr. 6, § 52 Abs. 4, § 37c EStG
Beitragspflicht KV PV RV ALV	Nein	§ 1 Abs. 1 Nr. 3 SvEV
Beitragspflicht UV	Nein	§ 1 Abs. 1 Nr. 3 SvEV

Mindestlohnrelevanz: Nein
Entgeltart: Laufendes Arbeitsentgelt
Entgeltzuordnung in der SV: Kein Arbeitsentgelt im Sinne der Sozialversicherung.

5.19 Elterngeldzuschuss

Erläuterung: S. Arbeitergeberzuschuss zum Elterngeld.

5.20 Entgelt als Betriebshelfer

Erläuterung: als Angestellte zur vorübergehenden Vertretung in landwirtschaftlichen und gartenbaulichen Betrieben in sozialen Notlagen.

Lohnsteuerpflicht	Ja	§ 19 Abs. 1 EStG
Beitragspflicht KV PV RV ALV	Ja	
Beitragspflicht UV	Ja	

Mindestlohnrelevanz: Ja
Entgeltart: Laufendes Arbeitsentgelt

5.21 Entgelt aus geringfügiger Beschäftigung

Erläuterung: S. Teilzeitbeschäftigung, geringfügige Beschäftigung.

5.22 Entgelt aus nebenberuflicher Tätigkeit

Erläuterung: Nebenberufliche Tätigkeit, Einnahmen hieraus als Übungsleiter, Ausbilder, Erzieher oder für die nebenberufliche Pflege alter, kranker oder behinderter Menschen in einer nach dem Körperschaftsteuergesetz steuerbefreiten Einrichtung bis zur Höhe von insgesamt 3.000 EUR pro Jahr.

Lohnsteuerpflicht	Nein	§ 3 Nr. 26 EStG; R 3.26 LStR
Beitragspflicht KV PV RV ALV	Nein	§ 14 Abs. 1 SGB IV, § 1 Abs. 1 Nr. 16 SvEV
Beitragspflicht UV	Nein	§ 14 Abs. 1 SGB IV, § 1 Abs. 1 Nr. 16 SvEV

Mindestlohnrelevanz: Nein
Entgeltzuordnung in der SV: Kein Arbeitsentgelt im Sinne der Sozialversicherung.

5.23 Entgelt aus nebenberuflicher Tätigkeit (Ehrenamt)

Erläuterung: Nebenberufliche Tätigkeit, Einnahmen aus ehrenamtlicher Tätigkeit in gemeinnützigen, mildtätigen oder kirchlichen Bereichen bis zur Höhe von insgesamt 840 EUR im Jahr.

Lohnsteuerpflicht	Nein	§ 3 Nr. 26a EStG
Beitragspflicht KV PV RV ALV	Nein	§ 14 Abs. 1 SGB IV, § 1 Abs. 1 Nr. 16 SvEV
Beitragspflicht UV	Nein	§ 14 Abs. 1 SGB IV, § 1 Abs. 1 Nr. 16 SvEV

Mindestlohnrelevanz: Nein
Entgeltzuordnung in der SV: Kein Arbeitsentgelt im Sinn der Sozialversicherung.

5.24 Entgelt aus Nebenjob / Nebenbeschäftigung (pauschal versteuert)

Erläuterung: S. Teilzeitbeschäftigung, nicht geringfügig entlohnt (pauschal versteuert).

5.25 Entgelt aus Teilzeitbeschäftigung, geringfügiger Beschäftigung (pauschal versteuert)

Erläuterung: Beitragspflicht des Arbeitgebers zur UV, sowie Pauschalbeiträge des Arbeitgebers zur KV und RV! Für den Arbeitnehmer besteht grundsätzlich RV-Pflicht (ggf. Befreiungsrecht). Eine Teilzeitbeschäftigung (Nebenbeschäftigung) kann mit 2% bzw. 20% (bzw. im Bereich Land- / Forstwirtschaft 5%) pauschal versteuert werden. Es liegen zudem die Voraussetzungen des § 8 SGB IV (geringfügige Beschäftigung) in der Sozialversicherung vor.

Lohnsteuerpflicht	Ja	§ 40a Abs. 2, 3 EStG
Beitragspflicht KV PV RV ALV	Ja (RV), Nein (KV, PV, ALV)	§ 8 SGB IV
Beitragspflicht UV	Ja	§ 14 Abs. 1 Satz 1 SGB IV

Mindestlohnrelevanz: Ja
Entgeltart: Laufendes Arbeitsentgelt
Entgeltzuordnung in der SV: Entgeltabrechnungsmonat, für den der Anspruch auf das Teilzeitarbeitsentgelt für die geringfügige Beschäftigung besteht. Der Arbeitgeber hat nur Pauschalbeiträge zur Kranken- und Rentenversicherung zu zahlen.

5.26 Entgelt aus Teilzeitbeschäftigung, kurzfristiger Beschäftigter, nicht geringfügig entlohnt (pauschal versteuert)

Erläuterung: Eine kurzfristige Teilzeitbeschäftigung (Nebenbeschäftigung) kann mit 25% (bzw. im Bereich Land- / Forstwirtschaft 5%) pauschal versteuert werden. Es liegt keine geringfügige Beschäftigung i. S. § 8 SGB IV in der Sozialversicherung vor.

Lohnsteuerpflicht	Ja	§ 40a Abs. 1 EStG
Beitragspflicht KV PV RV ALV	Ja	§ 14 Abs. 1 Satz 1 SGB IV
Beitragspflicht UV	Ja	§ 14 Abs. 1 Satz 1 SGB IV

Mindestlohnrelevanz: Ja
Entgeltart: Laufendes Arbeitsentgelt
Entgeltzuordnung in der SV: Entgeltabrechnungsmonat, für den der Anspruch auf das Teilzeitarbeitsentgelt für die geringfügige Beschäftigung besteht.

5.27 Entgelt bei freiwilligem Praktikum

Erläuterung: Vor- und Nachpraktikum hinsichtlich SV: Versicherungs- und Beitragspflicht (auch zur Unfallversicherung)! Geringfügige Beschäftigung und Übergangsbereich prüfen und ggf. beachten (dennoch volle UV-Beitragspflicht)! Zwischenpraktikum hinsichtlich SV: Vorgehensweise wie bei »Werkstudenten« geschildert (20-Stunden-Regelung etc., ggf. Minijob-Regelung anwenden)!

Lohnsteuerpflicht	Ja	§ 19 Abs. 1 EStG
Beitragspflicht KV PV RV ALV	Ja	§ 14 Abs. 1 Satz 1 SGB IV
Beitragspflicht UV	Ja	§ 14 Abs. 1 Satz 1 SGB IV

Mindestlohnrelevanz: Ja, aber die ersten 3 Monate sind mindestlohnfrei.
Entgeltart: Laufendes Arbeitsentgelt
Entgeltzuordnung in der SV: Entgeltabrechnungsmonat, für den dem Praktikanten das Entgelt zu zahlen ist.

5.28 Entgelt bei vorgeschriebenem Vorpraktikum/Nachpraktikum

Erläuterung: SV: Komplett beitragspflichtig (auch Unfallversicherung). Geringfügige Beschäftigung sowie Übergangsbereich nicht anwendbar. Geringverdienergrenze ggf. zu beachten! Besonderheit: Ohne eine Entgeltzahlung grds. gleiches Ergebnis, jedoch Beitragsfreiheit in KV / PV, falls Familienversicherung besteht!

Lohnsteuerpflicht	Ja	§ 19 Abs. 1 EStG
Beitragspflicht KV PV RV ALV	Ja	§ 14 Abs. 1 Satz 1 SGB IV
Beitragspflicht UV	Ja	§ 14 Abs. 1 Satz 1 SGB IV

Mindestlohnrelevanz: Nein
Entgeltart: Laufendes Arbeitsentgelt
Entgeltzuordnung in der SV: Entgeltabrechnungsmonat, für den dem Praktikanten das Entgelt zu zahlen ist.

5.29 Entgelt bei vorgeschriebenem Zwischenpraktikum

Erläuterung: Beitragspflicht zur Unfallversicherung. Ansonsten beitragsfrei in allen übrigen Zweigen der SV (da nicht die Arbeitnehmereigenschaft im Vordergrund steht, sondern das Studium)!

Lohnsteuerpflicht	Ja	§ 19 Abs. 1 EStG
Beitragspflicht KV PV RV ALV	Nein	§ 6 Abs. 1 Nummer 3 SGB V, § 20 Abs. 1 Satz 1 SGB XI, § 5 Abs. 3 SGB VI, § 27 Abs. 4 Nummer 2 SGB III
Beitragspflicht UV	Ja	§ 14 Abs. 1 Satz 1 SGB IV

Mindestlohnrelevanz: Nein
Entgeltart: Laufendes Arbeitsentgelt
Entgeltzuordnung in der SV: Versicherungsfreiheit und Beitragsfreiheit zur SV! Ausnahme: Unfallversicherung (Beitragspflicht)!

5.30 Entgelt des Werkstudenten

Erläuterung: S. ggf. Praktikant. SV: Außer zur Unfallversicherung und Rentenversicherung grds. versicherungsfrei und beitragsfrei. Falls Beschäftigung berufsmäßig (20-Wochenstunden-Regelung etc. prüfen) und zudem mehr als geringfügig (entlohnt bzw. kurzfristig) ausgeübt, volle Versicherungspflicht zur SV!

5.31 Entgeltfortzahlung

Erläuterung: Fortzahlung des Entgelts an Feiertagen, Urlaubstagen, sowie im Krankheitsfall. S. Krankengeldzuschuss, Mutterschaftsgeldzuschuss.

Lohnsteuerpflicht	Ja	§ 19 Abs. 1 EStG
Beitragspflicht KV PV RV ALV	Ja	§ 14 Abs. 1 Satz 1 SGB IV
Beitragspflicht UV	Ja	§ 14 Abs. 1 Satz 1 SGB IV

Mindestlohnrelevanz: Ja
Entgeltart: Laufendes Arbeitsentgelt
Entgeltzuordnung in der SV: Entgeltabrechnungsmonat, für den der Anspruch auf die Entgeltfortzahlung besteht.

5.32 Entlassungsentschädigung

Erläuterung: S. Abfindung für Verlust des Arbeitsplatzes.

5.33 Entschädigung für Privatforstbediensteten

Erläuterung: Erstattungen für Jagdaufwand oder Schussgeld sind steuerpflichtiger Werbungskostenersatz, der auch beitragspflichtig zur SV ist. Wegen Dienstkleidungszuschüssen s. Arbeitskleidung.

Lohnsteuerpflicht	Ja	§ 2 Abs. 1 LStDV
Beitragspflicht KV PV RV ALV	Ja	§ 14 Abs. 1 Satz 1 SGB IV
Beitragspflicht UV	Ja	§ 14 Abs. 1 Satz 1 SGB IV

Mindestlohnrelevanz: Nein
Entgeltart: Laufendes Arbeitsentgelt
Entgeltzuordnung in der SV: Entgeltabrechnungsmonat, für den der Anspruch des Privatforstbediensteten auf die Entschädigung besteht.

5.34 Entsendezulage

Erläuterung: s. Erschwerniszulage.

5.35 Erbe

Erläuterung: S. Vermächtnis.

5.36 Erfindervergütung

Erläuterung: Erfindervergütung für Diensterfindungen. Sofern sie für mehrere Jahre gezahlt wird, findet ggf. die ermäßigte Besteuerung nach der Fünftelregelung Anwendung.

Lohnsteuerpflicht	Ja	§ 2 Abs. 1 LStDV; § 34 Abs. 2 Nr. 4 EStG; § 39b Abs. 3 Satz 9 EStG
Beitragspflicht KV PV RV ALV	Ja	§ 14 Abs. 1 Satz 1 SGB IV, § 23a SGB IV
Beitragspflicht UV	Ja	§ 14 Abs. 1 Satz 1 SGB IV, § 23a SGB IV

Mindestlohnrelevanz: Nein
Entgeltart: Einmalzahlung
Entgeltzuordnung in der SV: Entgeltabrechnungsmonat, in dem die Erfindervergütung ausgezahlt wird. Erfindervergütungen, die in den Monaten Januar bis März eines Jahres ausgezahlt werden, sind dem letzten Entgeltabrechnungsmonat des vergangenen Jahres (Vorjahres) zuzuordnen, wenn in dem vergangenen Jahr bei demselben Arbeitgeber ein versicherungspflichtiges Beschäftigungsverhältnis bestanden hat und die Erfindervergütung zusammen mit den sonstigen für das laufende Kalenderjahr festgestellten beitragspflichtigen Einnahmen die anteilige Beitragsbemessungsgrenze des laufenden Kalenderjahres übersteigen (März-Klausel).

5.37 Erfolgsprämie

Erläuterung: S. Leistungsprämie

5.38 Ergebnisbeteiligung

Erläuterung: Ergebnisbeteiligung (vereinbarte Beteiligung der Arbeitnehmer an dem durch ihre Mitarbeit erzielten Leistungserfolg).

Lohnsteuerpflicht	Ja	§ 19 Abs. 1 Nr. 1 EStG
Beitragspflicht KV PV RV ALV	Ja	§ 14 Abs. 1 Satz 1 SGB IV, § 23a SGB IV
Beitragspflicht UV	Ja	§ 14 Abs. 1 Satz 1 SGB IV, § 23a SGB IV

Mindestlohnrelevanz: Ja, wenn vorbehaltlos und unwiderruflich gewährt.
Entgeltart: Einmalzahlung

Entgeltzuordnung in der SV: Entgeltabrechnungsmonat, in dem die Ergebnisbeteiligung ausgezahlt wird. Ergebnisbeteiligungen, die in den Monaten Januar bis März eines Jahres ausgezahlt werden, sind dem letzten Entgeltabrechnungsmonat des vergangenen Jahres (Vorjahres) zuzuordnen, wenn in dem vergangenen Jahr bei demselben Arbeitgeber ein versicherungspflichtiges Beschäftigungsverhältnis bestanden hat und die Ergebnisbeteiligungen zusammen mit den sonstigen für das laufende Kalenderjahr festgestellten beitragspflichtigen Einnahmen die anteilige Beitragsbemessungsgrenze des laufenden Kalenderjahres übersteigen (März-Klausel).

5.39 Erholungsbeihilfe

Erläuterung: Erholungsbeihilfe, wenn die Erholung zur Abwehr drohender oder zur Beseitigung bereits entstandener Schäden durch eine typische Berufskrankheit erforderlich ist. Erholungsbeihilfen zur Unterstützung, z. B. bei Kur zur Wiederherstellung der Arbeitsunfähigkeit, unter Beteiligung des Betriebsrates bis max. 600 EUR.

Lohnsteuerpflicht	Nein	R 3.11 Abs. 2 LStR
Beitragspflicht KV PV RV ALV	Nein	§ 14 Abs. 1 SGB IV, § 1 Abs. 1 SvEV
Beitragspflicht UV	Nein	§ 14 Abs. 1 SGB IV, § 1 Abs. 1 SvEV

Mindestlohnrelevanz: Nein
Entgeltzuordnung in der SV: Kein Arbeitsentgelt im Sinne der Sozialversicherung.

5.40 Erholungsbeihilfe (pauschal versteuert)

Erläuterung: S. Ferienbeihilfe (pauschal versteuert).

5.41 Erholungsheim

Erläuterung: S. Erholungsbeihilfe und Ferienbeihilfe.

5.42 Erschwerniszulage

Erläuterung: Als Ausgleich für durch eine besondere Herausforderung geprägte Arbeit, die Arbeitsbedingungen oder die äußeren Umstände. Als außergewöhnliche Erschwernisse gelten Arbeiten mit besonderer Gefährdung, extremer Hitzeeinwirkung, besonders starker Schmutz- oder Staubbelastung, besonders starker Strahlenexposition oder sonstigen vergleichbaren erschwerten Umständen.

Lohnsteuerpflicht	Ja	§ 19.3 Abs. 1 Nr. 1 LStR
Beitragspflicht KV PV RV ALV	Ja	§ 14 Abs. 1 Satz 1 SGB IV
Beitragspflicht UV	Ja	§ 14 Abs. 1 Satz 1 SGB IV

Mindestlohnrelevanz: Nein
Entgeltart: Laufendes Arbeitsentgelt
Entgeltzuordnung in der SV: Entgeltabrechnungsmonat, für den der Anspruch auf die Erschwerniszuschläge besteht.

5.43 Erwerbsunfähigkeitsrente

Erläuterung: Erwerbsunfähigkeitsrente, die vom früheren Arbeitgeber oder aus einer betrieblichen Unterstützungskasse bezahlt wird. SV: Beitragspflicht zur KV und PV als Versorgungsbezug allein durch das Mitglied, nicht zur RV und AV.

Lohnsteuerpflicht	Ja	§ 19 Abs. 1 Nr. 2 und Abs. 2 EStG; R 19.8 LStR
Beitragspflicht KV PV RV ALV	Nein	§ 14 Abs. 1 Satz 1 SGB IV, § 250 Abs. 1 Nr. 1 SGB V
Beitragspflicht UV	Nein	§ 14 Abs. 1 Satz 1 SGB IV

Mindestlohnrelevanz: Nein
Entgeltart: Laufendes Arbeitsentgelt
Entgeltzuordnung in der SV: Beitragspflichtig nur in der Kranken- und Pflegeversicherung. Entgeltabrechnungsmonat, für den die betriebliche Rente ausgezahlt wird.

5.44 Erziehungsbeihilfe

Erläuterung: Erziehungsbeihilfe für Auszubildende.

Lohnsteuerpflicht	Ja	§ 2 Abs. 1 LStDV
Beitragspflicht KV PV RV ALV	Ja	§ 14 Abs. 1 Satz 1 SGB IV
Beitragspflicht UV	Ja	§ 14 Abs. 1 Satz 1 SGB IV

Mindestlohnrelevanz: Nein
Entgeltart: Laufendes Arbeitsentgelt

Entgeltzuordnung in der SV: Entgeltabrechnungsmonat, für den der Anspruch auf die Erziehungsbeihilfe besteht.

5.45 Essen (pauschal versteuert)

Erläuterung: S. Mahlzeiten (Pauschalversteuerung durch den Arbeitgeber).

5.46 Essensmarken-App

Erläuterung: s. Restaurantscheck; s. Restaurantscheck, Verrechnungswert...

5.47 Essenszuschuss

Erläuterung: Essenszuschuss, der zur Verbilligung von Mahlzeiten für die Arbeitnehmer unmittelbar an eine Kantine, Gaststätte, usw. gezahlt wird, wenn der Kostenanteil des Arbeitnehmers mindestens so hoch ist wie der amtliche Sachbezugswert. Ist er geringer, ist der übersteigende Betrag steuerpflichtig und beitragspflichtig.

Lohnsteuerpflicht	Nein	§ 8 Abs. 2 EStG; R 8.1 Abs. 7 LStR
Beitragspflicht KV PV RV ALV	Nein	§ 14 Abs. 1 SGB IV, § 1 Abs. 1 SvEV
Beitragspflicht UV	Nein	§ 14 Abs. 1 SGB IV, § 1 Abs. 1 SvEV

Mindestlohnrelevanz: Nein
Entgeltzuordnung in der SV: Kein Arbeitsentgelt im Sinne der Sozialversicherung.

5.48 Essenszuschuss (pauschal versteuert)

Erläuterung: Gewährt der Arbeitgeber Essenszuschüsse zur Einnahme von arbeitstäglichen Mahlzeiten im Betrieb oder betriebsfremden Einrichtungen, entsteht ein steuer- und sv-pflichtiger Sachbezug, wenn der Arbeitnehmer für seine Mahlzeit weniger als den amtlichen Sachbezugswert bezahlt. Alternativ kann der geldwerte Vorteil aus Essenszuschüssen mit 25% pauschal lohnversteuert werden.

Lohnsteuerpflicht	Ja	§ 40 Abs. 2 Nr. 1 EStG
Beitragspflicht KV PV RV ALV	Nein	§ 1 Abs. 1 Satz 1 Nr. 3 SvEV
Beitragspflicht UV	Nein	§ 1 Abs. 1 Nr. 3 SvEV

Mindestlohnrelevanz: Nein
Entgeltart: Laufendes Arbeitsentgelt
Entgeltzuordnung in der SV: Kein Arbeitsentgelt im Sinne der Sozialversicherung.

6 F – Facharbeiterzulage bis Futter- und Pflegegeld

6.1 Facharbeiterzulage

Erläuterung: Zulage für Arbeitnehmer mit einer besonderen Qualifikation oder fachlichen Ausbildung.

Lohnsteuerpflicht	Ja	§ 19 Abs. 1 EStG
Beitragspflicht KV PV RV ALV	Ja	§ 14 Abs. 1 Satz 1 SGB IV
Beitragspflicht UV	Ja	§ 14 Abs. 1 Satz 1 SGB IV

Mindestlohnrelevanz: Ja
Entgeltart: Einmalzahlung
Entgeltzuordnung in der SV: Entgeltabrechnungsmonat, in dem die Teuerungszulagen ausgezahlt werden.

6.2 Fahrrad

Erläuterung: S. Dienstrad.

6.3 Fahrtkostenersatz (eigener PKW – pauschal versteuert)

Erläuterung: Für Fahrten zwischen Wohnung und erster Tätigkeitsstätte Ansatz der pauschalen Lohnsteuer mit 15% unter Anrechnung auf die Entfernungspauschale, soweit der Fahrtkostenersatz zusätzlich zum ohnehin geschuldeten Arbeitslohn gewährt wird.

Lohnsteuerpflicht	Ja	§ 40 Abs. 2 Satz 2 EStG
Beitragspflicht KV PV RV ALV	Nein	§ 1 Abs. 1 Nr. 3 SvEV
Beitragspflicht UV	Nein	§ 1 Abs. 1 Nr. 3 SvEV

Mindestlohnrelevanz: Nein
Entgeltart: Laufendes Arbeitsentgelt
Entgeltzuordnung in der SV: Kein Arbeitsentgelt im Sinne der Sozialversicherung.

6.4 Fahrtkostenersatz (eigener PKW)

Erläuterung: Für Fahrten zwischen Wohnung und erster Tätigkeitsstätte bei Benutzung des eigenen Pkw.

Lohnsteuerpflicht	Ja	R 19.3 Abs. 3 Nr. 2 LStR
Beitragspflicht KV PV RV ALV	Ja	§ 14 Abs. 1 Satz 1 SGB IV
Beitragspflicht UV	Ja	§ 14 Abs. 1 Satz 1 SGB IV

Mindestlohnrelevanz: Nein
Entgeltart: Laufendes Arbeitsentgelt
Entgeltzuordnung in der SV: Entgeltabrechnungsmonat, für den der Anspruch auf die Fahrkostenzuschüsse besteht.

6.5 Fahrtkostenzuschuss (öffentl. Verkehrsmittel)

Erläuterung: Zusätzlich zum ohnehin geschuldeten Arbeitslohn erstatteter Fahrtkostenersatz bei Benutzung öffentlicher Verkehrsmittel für die Fahrten des Arbeitnehmers zwischen Wohnung und erster Tätigkeitsstätte ist steuerfrei. Der Arbeitgeber kann hiervon abweichend jedoch auch die Pauschalversteuerung (25%) wählen, soweit keine Anrechnung auf die Entfernungspauschale erfolgen soll. Erfolgt eine Anrechnung auf die Entfernungspauschale, kann die pauschale Lohnsteuer mit 15% angesetzt werden. Bei Leistung von Fahrkostenersatz im Rahmen der Entgeltumwandlung liegt steuerpflichtiger Arbeitslohn vor.

Lohnsteuerpflicht	Nein	§ 3 Nr. 15, § 40 Abs. 2 Satz 2 Nr. 2 und Nr. 1. B. b) EStG
Beitragspflicht KV PV RV ALV	Nein	§ 14 Abs. 1 SGB IV, § 1 Abs. 1 SvEV
Beitragspflicht UV	Nein	§ 14 Abs. 1 SGB IV, § 1 Abs. 1 SvEV

Mindestlohnrelevanz: Nein
Entgeltzuordnung in der SV: kein Arbeitsentgelt im Sinne der Sozialversicherung.

6.6 Familienpflegezeit

Erläuterung: Aufstockungsbetrag während der Familienpflegezeit.

Lohnsteuerpflicht	Ja	§ 19 Abs. 1 Nr. 1 EStG; BMF, Schreiben v. 23.5.2012, IV C 5 – S 1901/11/10005
Beitragspflicht KV PV RV ALV	Ja	§ 14 Abs. 1 Satz 1 SGB IV
Beitragspflicht UV	Ja	§ 14 Abs. 1 Satz 1 SGB IV

Mindestlohnrelevanz: Nein
Entgeltart: Laufendes Arbeitsentgelt
Entgeltzuordnung in der SV: Entgeltabrechnungsmonat, für den der Aufstockungsbetrag gezahlt wird.

6.7 Familienzuschlag

Erläuterung: Familienzuschlag, Ortszuschlag, Kinderzuschlag und andere Sozialzuschläge für Arbeitnehmer im öffentlichen Dienst o. aufgrund von Tarifverträgen. Zuschüsse die mit Rücksicht auf den Familienstand gezahlt werden, bleiben bei der Feststellung der Krankenversicherungspflicht unberücksichtigt (§ 6 Abs. 1 Nr. 1 SGB V).

Lohnsteuerpflicht	Ja	§ 2 Abs. 1 LStDV
Beitragspflicht KV PV RV ALV	Ja	§ 14 Abs. 1 Satz 1 SGB IV, § 6 Abs. 1 Satz 1 Nr. SGB V
Beitragspflicht UV	Ja	§ 14 Abs. 1 Satz 1 SGB IV

Mindestlohnrelevanz: Ja
Entgeltart: Laufendes Arbeitsentgelt
Entgeltzuordnung in der SV: Entgeltabrechnungsmonat, für den der Anspruch auf die Zuschläge besteht.

6.8 Fehlgeldentschädigung

Erläuterung: Soweit die pauschale Entschädigung für jeden Monat 16 EUR nicht übersteigt.

Lohnsteuerpflicht	Nein	R 19.3 Abs. 1 Nr. 4 LStR
Beitragspflicht KV PV RV ALV	Nein	§ 14 Abs. 1 SGB IV, § 1 Abs. 1 Nr. 1 SvEV
Beitragspflicht UV	Nein	§ 1 Abs. 1 Satz 1 Nr. 1 SvEV

Mindestlohnrelevanz: Nein
Entgeltzuordnung in der SV: Kein Arbeitsentgelt im Sinne der Sozialversicherung.

6.9 Feiertagsarbeitszuschlag, Grundlohn liegt zwischen 25 EUR und 50 EUR pro Stunde

Erläuterung: Feiertagsarbeitszuschlag für tatsächlich geleistete Feiertagsarbeit, soweit sie für Arbeiten am 31.12. ab 14.00 Uhr und an gesetzlichen Feiertagen 125% des Grundlohns nicht übersteigt. Für die Arbeit am 24.-26.12. (Weihnachtsfeiertage) und am 1.5. gilt eine Begrenzung von 150% des Grundlohns.

Lohnsteuerpflicht	Nein	§ 3b Abs. 1 Nr. 3 und 4 EStG
Beitragspflicht KV PV RV ALV	Ja	§ 14 Abs. 1 Satz 1 SGB IV, § 1 Abs. 1 Nr. 1 SvEV
Beitragspflicht UV	Ja	§ 1 Abs. 2 SvEV

Mindestlohnrelevanz: Ja
Entgeltart: Laufendes Arbeitsentgelt
Entgeltzuordnung in der SV: Entgeltabrechnungszeitraum, in dem die Zuschläge gezahlt werden.

6.10 Feiertagsarbeitszuschlag, Grundlohn übersteigt nicht 25 EUR pro Stunde

Erläuterung: Feiertagsarbeitszuschlag für tatsächlich geleistete Feiertagsarbeit, soweit sie für Arbeiten am 31.12. ab 14.00 Uhr und an gesetzlichen Feiertagen 125% des Grundlohns nicht übersteigt. Für die Arbeit am 24.-26.12. (Weihnachtsfeiertage) und am 1.5. gilt eine Begrenzung von 150% des Grundlohns.

Lohnsteuerpflicht	Nein	§ 3b EStG
Beitragspflicht KV PV RV ALV	Nein	§ 14 Abs. 1 SGB IV, § 1 Abs. 1 Nr. 1 SvEV
Beitragspflicht UV	Ja	§ 1 Abs. 2 SvEV

Mindestlohnrelevanz: Ja
Entgeltart: Laufendes Arbeitsentgelt
Entgeltzuordnung in der SV: Kein Arbeitsentgelt im Sinne der Sozialversicherung. In der Unfallversicherung sind steuerpflichtige und auch steuerfreie Zuschläge für Sonntags-, Feiertags- und Nachtarbeit beitragspflichtig.

6.11 Feiertagszuschlag

Erläuterung: S. Feiertagsarbeitszuschlag.

6.12 Ferienbeihilfe (kostenlose Unterbringung / Barzuschuss)

Erläuterung: Kostenlose oder verbilligte Unterbringung in Erholungsheimen, Gewährung von Barzuschuss zu Ferien- oder Erholungsaufenthalt.

Lohnsteuerpflicht	Ja	§ 2 Abs. 1 LStDV
Beitragspflicht KV PV RV ALV	Ja	§ 14 Abs. 1 Satz 1 SGB IV, § 23a SGB IV
Beitragspflicht UV	Ja	§ 14 Abs. 1 Satz 1 SGB IV, § 23a SGB IV

Mindestlohnrelevanz: Nein
Entgeltart: Einmalzahlung
Entgeltzuordnung in der SV: Entgeltabrechnungsmonat, in dem die Unterbringung durchgeführt wird bzw. die Barzuschüsse ausgezahlt werden. Ferienbeihilfen, die in den Monaten Januar bis März eines Jahres ausgezahlt werden, sind dem letzten Entgeltabrechnungsmonat des vergangenen Jahres (Vorjahres) zuzuordnen, wenn in dem vergangenen Jahr bei demselben Arbeitgeber ein versicherungspflichtiges Beschäftigungsverhältnis bestanden hat und die Ferienbeihilfen zusammen mit den sonstigen für das laufende Kalenderjahr festgestellten beitragspflichtigen Einnahmen die anteilige Beitragsbemessungsgrenze des laufenden Kalenderjahres übersteigen (März-Klausel).

6.13 Ferienbeihilfe (pauschal versteuert)

Erläuterung: Wenn die Beihilfe pauschal versteuert, und bis zu 156 EUR pro Arbeitnehmer, 104 EUR für den Ehegatten und 52 EUR für jedes Kind gezahlt werden.

Lohnsteuerpflicht	Ja	§ 40 Abs. 2 S. 1 Nr. 3 EStG
Beitragspflicht KV PV RV ALV	Nein	§ 1 Abs. 1 Nr. 3 SvEV
Beitragspflicht UV	Nein	§ 1 Abs. 1 Satz 1 Nr. 3 SvEV

Mindestlohnrelevanz: Nein
Entgeltart: Einmalzahlung
Entgeltzuordnung in der SV: Kein Arbeitsentgelt im Sinne der Sozialversicherung.

6.14 Fernsprechanschluss (Gesprächsgebührenübernahme durch Arbeitgeber)

Erläuterung: Übernahme der Gesprächsgebühr durch den Arbeitgeber, soweit keine dienstlichen Gespräche und kein Auslagenersatz (R 3.50 Abs. 2 LStR) oder Reisekostenersatz vorliegt. S. Telefonbenutzung.

Lohnsteuerpflicht	Ja	§ 2 Abs. 1 LStDV
Beitragspflicht KV PV RV ALV	Ja	§ 14 Abs. 1 Satz 1 SGB IV
Beitragspflicht UV	Ja	§ 14 Abs. 1 Satz 1 SGB IV

Mindestlohnrelevanz: Nein
Entgeltart: Laufendes Arbeitsentgelt
Entgeltzuordnung in der SV: Entgeltabrechnungsmonat, für den die Übernahme der Gesprächsgebühren erfolgt.

6.15 Fernsprechanschluss (Wohnung des Arbeitnehmers)

Erläuterung: Fernsprechanschluss in den Räumen des Arbeitnehmers, ebenso Grundgebühr, soweit kein dienstliches Gespräch und sofern es sich nicht um Auslagenersatz handelt (R 3.50 Abs. 2 LStR). S. Telefonbenutzung.

Lohnsteuerpflicht	Ja	§ 2 Abs. 1 LStDV
Beitragspflicht KV PV RV ALV	Ja	§ 14 Abs. 1 Satz 1 SGB IV
Beitragspflicht UV	Ja	§ 14 Abs. 1 Satz 1 SGB IV

Mindestlohnrelevanz: Nein
Entgeltart: Laufendes Arbeitsentgelt
Entgeltzuordnung in der SV: Entgeltabrechnungsmonat, für den die Übernahme der Kosten des Fernsprechanschlusses bzw. der Grundgebühr erfolgt.

6.16 Festtagsgeschenk

Erläuterung: Festtagsgeschenk als Sachzuwendung s. Aufmerksamkeiten. Festtagsgeschenk in Geld s. Geschenk als Geldleistung.

6.17 Firmenwagen

Erläuterung: S. Kraftfahrzeugüberlassung. Es gibt hier zahlreiche unterschiedliche Gestaltungsformen.

6.18 Fitnessstudio-Mitgliedsbeitrag

Erläuterung: Bis 50 EUR pro Monat (= Freigrenze) steuer- und beitragsfrei, wenn der Arbeitgeber Vertragspartner des Fitnessstudios ist oder er dem Arbeitnehmer im Vorfeld einen mtl. Gutschein für den Besuch des Fitnessstudios überreicht.

Lohnsteuerpflicht	Nein	§ 8 Abs. 2 Satz 11 EStG; R 19.3 LStR
Beitragspflicht KV PV RV ALV	Nein	§ 14 Abs. 1 SGB IV, § 1 Abs. 1 Nr. 1 SvEV
Beitragspflicht UV	Nein	§ 14 Abs. 1 SGB IV, § 1 Abs. 1 Nr. 1 SvEV

Mindestlohnrelevanz: Nein
Entgeltart: Laufendes Arbeitsentgelt
Entgeltzuordnung in der SV: Kein Arbeitsentgelt im Sinne der Sozialversicherung.

6.19 Flexible Arbeitszeit (Übertragung Wertguthaben)

Erläuterung: S. Übertragung eines Wertguthabens.

6.20 Fliegerzulage

Erläuterung: Fliegerzulage erhalten Beamte, Soldaten und andere Mitarbeiter des militärischen Dienstes für ihren Einsatz auf Fluggeräten, aber auch Verkehrspiloten, Jetpiloten, Waffensystemoffiziere und Flugbegleiter.

Lohnsteuerpflicht	Ja	§ 19 Abs. 1 EStG
Beitragspflicht KV PV RV ALV	Ja	§ 14 Abs. 1 Satz 1 SGB IV
Beitragspflicht UV	Ja	§ 14 Abs. 1 Satz 1 SGB IV

Mindestlohnrelevanz: Ja
Entgeltart: Laufendes Arbeitsentgelt
Entgeltzuordnung in der SV: Entgeltabrechnungsmonat, in dem die Teuerungszulagen ausgezahlt werden.

6.21 Forderungsverzicht

Erläuterung: Verzicht des Arbeitgebers auf die Rückzahlung eines dem Arbeitnehmer gewährten Arbeitgeberdarlehens (keinen Sachbezug).

Lohnsteuerpflicht	Ja	§ 8 Abs. 1 EStG
Beitragspflicht KV PV RV ALV	Ja	§ 14 Abs. 1 Satz 1 SGB IV
Beitragspflicht UV	Ja	§ 14 Abs. 1 Satz 1 SGB IV

Mindestlohnrelevanz: Nein
Entgeltart: Einmalzahlung
Entgeltzuordnung in der SV: Entgeltabrechnungsmonat, in dem die Teuerungszulagen ausgezahlt werden.

6.22 Fortbildungskosten (durch Arbeitgeber gebucht)

Erläuterung: Kein steuerpflichtiger Werbungskostenersatz, da der Arbeitgeber das Seminar gebucht hat.
Achtung: Es liegt aber ein steuer- und beitragspflichtiger geldwerter Vorteil vor, falls es sich um eine Veranstaltung mit Belohnungscharakter handelt, d.h. das überwiegend eigenbetriebliche Interesse oder die Verbesserung der Beschäftigungsfähigkeit des Arbeitnehmers fehlt.

Lohnsteuerpflicht	Nein	§ 3 Nr. 19 EStG, R 19.7 Abs. 1 S. 3 LStR
Beitragspflicht KV PV RV ALV	Nein	§ 14 Abs. 1 SGB IV, § 1 Abs. 1 SvEV
Beitragspflicht UV	Nein	§ 14 Abs. 1 SGB IV, § 1 Abs. 1 SvEV

Mindestlohnrelevanz: Nein
Entgeltzuordnung in der SV: Kein Arbeitsentgelt im Sinne der Sozialversicherung.

6.23 Fortbildungskosten (durch Arbeitnehmer gebucht)

Erläuterung: Ersetzt der Arbeitgeber dem Arbeitnehmer die Fortbildungskosten, welche dieser als Werbungskosten absetzen kann, so liegt steuer- und beitragspflichtiges Arbeitsentgelt vor (steuerpflichtiger Werbungskostenersatz).
Achtung: Wird dem Arbeitnehmer vertraglich im Vorfeld schriftlich die Kostenerstattung zugesagt, kann eine steuer- und beitragsfreie Fortbildungsleistung im

eigenbetrieblichen Sinne oder zur Verbesserung der Beschäftigungsfähigkeit des Arbeitnehmers vorliegen.

Lohnsteuerpflicht	Ja	§ 3 Nr. 19 EStG, § 2 Abs. 1 LStDV; R 19.7 LStR
Beitragspflicht KV PV RV ALV	Ja	§ 14 Abs. 1 Satz 1 SGB IV, § 23a SGB IV
Beitragspflicht UV	Ja	§ 14 Abs. 1 Satz 1 SGB IV, § 23a SGB IV

Mindestlohnrelevanz: Nein
Entgeltart: Einmalzahlung
Entgeltzuordnung in der SV: Entgeltabrechnungsmonat, in dem der Arbeitgeber dem Arbeitnehmer die Fortbildungskosten erstattet.

6.24 Fortbildungsveranstaltung (auf Kosten des Betriebs)

Erläuterung: S. Betriebliche Sachleistungen.

6.25 Freianzeige

Erläuterung: Freianzeige für Mitarbeiter von Zeitungsverlagen, soweit der Rabattfreibetrag von 1.080 EUR jährlich nicht überschritten wird.

Lohnsteuerpflicht	Nein	§ 8 Abs. 3 EStG; R 8.2 LStR
Beitragspflicht KV PV RV ALV	Nein	§ 14 Abs. 1 SGB IV, § 1 Abs. 1 SvEV
Beitragspflicht UV	Nein	§ 14 Abs. 1 SGB IV, § 1 Abs. 1 SvEV

Mindestlohnrelevanz: Nein
Entgeltzuordnung in der SV: Kein Arbeitsentgelt im Sinne der Sozialversicherung.

6.26 Freibrot

Erläuterung: Freibrot an Arbeitnehmer in der Brotindustrie, soweit der Rabattfreibetrag von 1.080 EUR jährlich nicht überschritten wird.

Lohnsteuerpflicht	Nein	§ 8 Abs. 3 EStG; R 8.2 LStR
Beitragspflicht KV PV RV ALV	Nein	§ 14 Abs. 1 SGB IV, § 1 Abs. 1 SvEV
Beitragspflicht UV	Nein	§ 14 Abs. 1 SGB IV, § 1 Abs. 1 SvEV

Mindestlohnrelevanz: Nein
Entgeltzuordnung in der SV: Kein Arbeitsentgelt im Sinne der Sozialversicherung.

6.27 Freie Station

Erläuterung: Die unentgeltliche Aufnahme des Arbeitnehmers im Haushalt des Arbeitgebers (freie Kost und Logis) – sie ist mit dem amtlichen Sachbezugswert zu erfassen.

Lohnsteuerpflicht	Ja	§ 8 Abs. 2 EStG; R 8.1 Abs. 5 LStR
Beitragspflicht KV PV RV ALV	Ja	§ 14 Abs. 1 Satz 1 SGB IV, § 2 SvEV
Beitragspflicht UV	Ja	§ 14 Abs. 1 Satz 1 SGB IV, § 2 SvEV

Mindestlohnrelevanz: Nein
Entgeltart: Laufendes Arbeitsentgelt
Entgeltzuordnung in der SV: Entgeltabrechnungsmonat, für den der Anspruch auf freie Unterkunft und Verpflegung besteht.

6.28 Freifahrt

Erläuterung: Freifahrt mit einem Werksbus (Sammelbeförderung) zwischen Wohnort und Arbeitsort. Dies gilt auch bei Gestellung eines Kraftfahrzeugs für mehrere Arbeitnehmer zu betriebsnotwendigen Sammelfahrten.

Lohnsteuerpflicht	Nein	§ 3 Nr. 32 EStG; R 3.32 LStR
Beitragspflicht KV PV RV ALV	Nein	§ 14 Abs. 1 SGB IV, § 1 Abs. 1 SvEV
Beitragspflicht UV	Nein	§ 14 Abs. 1 SGB IV, § 1 Abs. 1 SvEV

Mindestlohnrelevanz: Nein
Entgeltzuordnung in der SV: Kein Arbeitsentgelt im Sinne der Sozialversicherung.

6.29 Freifahrtberechtigung

Erläuterung: Arbeitnehmer von Verkehrsbetrieben, für Fahrten zum Arbeitsplatz und zur Wohnung, aber auch zu allen anderen Zielen. Der Rabattfreibetrag von 1.080 EUR pro Jahr wird nicht überschritten.

Lohnsteuerpflicht	Nein	§ 8 Abs. 3 Satz 2 EStG
Beitragspflicht KV PV RV ALV	Nein	§ 14 Abs. 1 SGB IV, § 1 Abs. 1 SvEV
Beitragspflicht UV	Nein	§ 14 Abs. 1 SGB IV, § 1 Abs. 1 SvEV

Mindestlohnrelevanz: Nein
Entgeltzuordnung in der SV: Kein Arbeitsentgelt im Sinne der Sozialversicherung.

6.30 Freiflug

Erläuterung: Freiflug oder verbilligte Flugreise für Angestellte der Luftverkehrsgesellschaften, soweit der Rabattfreibetrag von 1.080 EUR jährlich nicht überschritten wird.

Lohnsteuerpflicht	Nein	§ 8 Abs. 3 EStG; R 8.2 Abs. 1 Satz 3 LStR
Beitragspflicht KV PV RV ALV	Nein	§ 14 Abs. 1 SGB IV, § 1 Abs. 1 SvEV
Beitragspflicht UV	Nein	§ 14 Abs. 1 SGB IV, § 1 Abs. 1 SvEV

Mindestlohnrelevanz: Nein
Entgeltzuordnung in der SV: Kein Arbeitsentgelt im Sinne der Sozialversicherung.

6.31 Freikarte

Erläuterung: S. Eintrittskarte.

6.32 Freimilch

Erläuterung: Freimilch von Unternehmen des Milch produzierenden Gewerbes, soweit der Rabattfreibetrag von 1.080 EUR nicht überschritten wird.

Lohnsteuerpflicht	Nein	§ 8 Abs. 3 EStG; R 8.2 Abs. 1 Satz 3 LStR
Beitragspflicht KV PV RV ALV	Nein	§ 14 Abs. 1 SGB IV, § 1 Abs. 1 Nr. 1 SvEV
Beitragspflicht UV	Nein	§ 14 Abs. 1 SGB IV, § 1 Abs. 1 Nr. 1 SvEV

Mindestlohnrelevanz: Nein
Entgeltzuordnung in der SV: Kein Arbeitsentgelt im Sinne der Sozialversicherung.

6.33 Freitabak

Erläuterung: Freitabak bzw. Freizigaretten in der Tabakindustrie, soweit der Rabattfreibetrag von 1.080 EUR nicht überschritten wird.

Lohnsteuerpflicht	Nein	§ 8 Abs. 3 EStG; R 8.2 Abs. 1 Satz 3 LStR
Beitragspflicht KV PV RV ALV	Nein	§ 14 Abs. 1 SGB IV, § 1 Abs. 1 Nr. 1SvEV
Beitragspflicht UV	Nein	§ 14 Abs. 1 SGB IV, § 1 Abs. 1 Nr. 1 SvEV

Mindestlohnrelevanz: Nein
Entgeltzuordnung in der SV: Kein Arbeitsentgelt im Sinne der Sozialversicherung.

6.34 Freitrunk

Erläuterung: Im Brauereigewerbe, soweit der Rabattfreibetrag von 1.080 EUR nicht überschritten wird.

Lohnsteuerpflicht	Nein	§ 8 Abs. 3 EStG; R 8.2 Abs. 1 Satz 3 LStR
Beitragspflicht KV PV RV ALV	Nein	§ 14 Abs. 1 SGB IV, § 1 Abs. 1 Nr. 1 SvEV
Beitragspflicht UV	Nein	§ 14 Abs. 1 SGB IV, § 1 Abs. 1 Nr. 1 SvEV

Mindestlohnrelevanz: Nein
Entgeltzuordnung in der SV: Kein Arbeitsentgelt im Sinne der Sozialversicherung.

6.35 Frostzulage

Erläuterung: S. Erschwerniszulage.

6.36 Führerschein Klasse C1, C und Klasse E

Erläuterung: Vom Arbeitgeber übernommene Kosten des Führerscheins Klasse C1 (LKW bis 7,5 t), C (alle LKWs) und Klasse E (Anhänger). Entscheidende Kriterien: Führerscheinerwerb liegt im ganz überwiegend eigenbetrieblichen Interesse des Arbeitgebers.

Lohnsteuerpflicht	Nein	§ 19 Abs. 1 Satz 1 EStG; § 2 LStDV; BFH, Urteil v. 26.6.2003, VI R 112/98
Beitragspflicht KV PV RV ALV	Nein	BSG, Urteile vom 26.5.2004 – B 12 KR 5/04 R und B 12 KR 2/04 R
Beitragspflicht UV	Nein	BSG, Urteile vom 26.5.2004 – B 12 KR 5/04 R und B 12 KR 2/04 R

Mindestlohnrelevanz: Nein
Entgeltzuordnung in der SV: Kein Arbeitsentgelt im Sinne der Sozialversicherung.

6.37 Funktionszulage

Erläuterung: Als Ausgleich für die Übernahme zusätzlicher Verantwortung oder das Ausführen einer Sonderfunktion innerhalb des betrieblichen Organisationsprozesses können Arbeitgeber eine Funktionszulage zahlen.

Lohnsteuerpflicht	Ja	§ 19 Abs. 1 EStG; R 19.3 LStR
Beitragspflicht KV PV RV ALV	Ja	§ 14 Abs. 1 Satz 1 SGB IV
Beitragspflicht UV	Ja	§ 14 Abs. 1 Satz 1 SGB IV

Mindestlohnrelevanz: Ja
Entgeltart: Laufendes Arbeitsentgelt
Entgeltzuordnung in der SV: Entgeltabrechnungsmonat, in dem die Teuerungszulagen ausgezahlt werden.

6.38 Futter- und Pflegegeld

Erläuterung: Futter- und Pflegegeld für Wachhunde im Bewachungsgewerbe, soweit kein Auslagenersatz vorliegt.

Lohnsteuerpflicht	Ja	R 3.50 LStR
Beitragspflicht KV PV RV ALV	Ja	§ 14 Abs. 1 Satz 1 SGB IV
Beitragspflicht UV	Ja	§ 14 Abs. 1 Satz 1 SGB IV

Mindestlohnrelevanz: Nein
Entgeltart: Laufendes Arbeitsentgelt
Entgeltzuordnung in der SV: Entgeltabrechnungsmonat, für den der Anspruch auf das Futter- und Pflegegeld besteht.

7 G – Garagenmiete bis Gutschein

7.1 Garagenmiete für den Dienstwagen (Ersatz durch Arbeitgeber)

Erläuterung: Vom Arbeitgeber ersetzte Garagenmiete ist Auslagenersatz, auch wenn der Arbeitnehmer Eigentümer der Garage ist. (STEUER-HINWEIS: In letzterem Fall entstehen dem Arbeitnehmer jedoch Einkünfte aus Vermietung und Verpachtung.)

Lohnsteuerpflicht	Nein	BFH, Urteil v. 7.6.2002, VI R 53/01
Beitragspflicht KV PV RV ALV	Nein	§ 14 Abs. 1 SGB IV, § 1 Abs. 1 SvEV
Beitragspflicht UV	Nein	§ 14 Abs. 1 SGB IV, § 1 Abs. 1 SvEV

Mindestlohnrelevanz: Nein
Entgeltzuordnung in der SV: Kein Arbeitsentgelt im Sinne der Sozialversicherung.

7.2 Gebühr (Auslagenersatz an Arbeitnehmer)

Erläuterung: Der Arbeitnehmer zahlt Gebühren, für welche der Arbeitgeber gebührenpflichtig ist und bekommt die Auslagen vom Arbeitgeber ersetzt. S. Auslagenersatz.

Lohnsteuerpflicht	Nein	§ 3 Nr. 50 EStG
Beitragspflicht KV PV RV ALV	Nein	§ 14 Abs. 1 SGB IV, § 1 Abs. 1 SvEV
Beitragspflicht UV	Nein	§ 14 Abs. 1 SGB IV, § 1 Abs. 1 SvEV

Mindestlohnrelevanz: Nein
Entgeltzuordnung in der SV: Kein Arbeitsentgelt im Sinne der Sozialversicherung.

7.3 Gebührenanteil

Erläuterung: S. Provision

7.4 Geburtsbeihilfe

Erläuterung: Unabhängig von der Höhe ist eine Geburtsbeihilfe des Arbeitgebers steuer- und sozialversicherungspflichtig. Ausnahme: Sachzuwendung bis 60 EUR zum persönlichen Ereignis »Geburt des Kindes«.

Lohnsteuerpflicht	Ja	§ 19 Abs. 1 EStG
Beitragspflicht KV PV RV ALV	Ja	§ 14 Abs. 1 Satz 1 SGB IV
Beitragspflicht UV	Ja	§ 14 Abs. 1 Satz 1 SGB IV

Mindestlohnrelevanz: Nein
Entgeltart: Einmalzahlung
Entgeltzuordnung in der SV: Entgeltabrechnungsmonat, in dem die Geburtsbeihilfe ausgezahlt wird. Geburtsbeihilfen, die in den Monaten Januar bis März eines Jahres ausgezahlt werden, sind dem letzten Entgeltabrechnungsmonat des vergangenen Jahres (Vorjahres) zuzuordnen, wenn in dem vergangenen Jahr bei demselben Arbeitgeber ein versicherungspflichtiges Beschäftigungsverhältnis bestanden hat und die Geburtsbeihilfen zusammen mit den sonstigen für das laufende Kalenderjahr festgestellten beitragspflichtigen Einnahmen die anteilige Beitragsbemessungsgrenze des laufenden Kalenderjahres übersteigen (März-Klausel).

7.5 Geburtstagsgeschenk

Erläuterung: Geburtstagsgeschenk als Sachzuwendung s. Aufmerksamkeiten. Geburtstagsgeschenk in Geld s. Geschenk als Geldleistung.

7.6 Gefahrenzulage

Erläuterung: S. Erschwerniszulage.

7.7 Gehalt

Erläuterung: Regelmäßige monatliche Bezahlung

Lohnsteuerpflicht	Ja	§ 19 Abs. 1 EStG
Beitragspflicht KV PV RV ALV	Ja	§ 14 Abs. 1 Satz 1 SGB IV
Beitragspflicht UV	Ja	§ 14 Abs. 1 Satz 1 SGB IV

Mindestlohnrelevanz: Ja
Entgeltart: Laufendes Arbeitsentgelt
Entgeltzuordnung in der SV: Entgeltabrechnungsmonat, für den der Anspruch auf das Gehalt besteht.

7.8 Gehaltsfortzahlung

Erläuterung: S. Entgeltfortzahlung.

7.9 Geldbuße

Erläuterung: S. Bußgeld.

7.10 Gelegenheitsgeschenk

Erläuterung: Gelegenheitsgeschenk als Sachzuwendung s. Aufmerksamkeiten. Gelegenheitsgeschenk in Geld s. Geschenk als Geldleistung.

7.11 Gemeinschaftsverpflegung

Erläuterung: S. Mahlzeiten.

7.12 Geschenk (an Betriebsfremden)

Erläuterung: Betriebliches Sachgeschenk an betriebsfremde Dritte und deren Arbeitnehmer, die mit 30 % pauschal besteuert werden.

Lohnsteuerpflicht	Ja	§ 37b Abs. 1 EStG
Beitragspflicht KV PV RV ALV	Nein	§ 14 Abs. 1 SGB IV, § 1 Abs. 1 Nr. 14 SvEV
Beitragspflicht UV	Nein	§ 14 Abs. 1 SGB IV, § 1 Abs. 1 Nr. 14 SvEV

Mindestlohnrelevanz: Nein
Entgeltart: Laufendes Arbeitsentgelt
Entgeltzuordnung in der SV: Kein Arbeitsentgelt im Sinn der Sozialversicherung.

7.13 Geschenk (betriebseigener Arbeitnehmer)

Erläuterung: Betriebliches Sachgeschenk an betriebseigenen Arbeitnehmer, mit 30% pauschal besteuert. Bei Sachgeschenk bis 60 EUR brutto zu einem besonderen persönlichen Ereignis des Arbeitnehmers s. Aufmerksamkeiten. Bei Geschenk in Geld s. Geschenk als Geldleistung.

Lohnsteuerpflicht	Ja	§ 37b Abs. 2 EStG
Beitragspflicht KV PV RV ALV	Ja	§ 14 Abs. 1 SGB IV, § 23a SGB IV
Beitragspflicht UV	Ja	§ 14 Abs. 1 SGB IV, § 23a SGB IV

Mindestlohnrelevanz: Nein
Entgeltart: Einmalzahlung
Entgeltzuordnung in der SV: Abrechnungsmonat, in dem das Sachgeschenk ausgegeben wird. Die hierdurch entstandenen geldwerten Vorteil, die in den Monaten Januar bis März eines Jahres anfallen, sind dem letzten Entgeltabrechnungsmonat des vergangenen Jahres (Vorjahres) zuzuordnen, wenn in dem vergangenen Jahr bei demselben Arbeitgeber ein versicherungspflichtiges Beschäftigungsverhältnis bestanden hat und der geldwerte Vorteil zusammen mit den sonstigen für das laufende Kalenderjahr festgestellten beitragspflichtigen Einnahmen die anteilige Beitragsbemessungsgrenze des laufenden Kalenderjahres übersteigen (März-Klausel).

7.14 Geschenk als Geldleistung

Erläuterung: Sonderzahlung an Arbeitnehmer z.B. aufgrund einer Betriebsvereinbarung.

Lohnsteuerpflicht	Ja	§ 19 Abs. 1 EStG; § 2 Abs. 1 LStDV
Beitragspflicht KV PV RV ALV	Ja	§ 14 Abs. 1 Satz 1 SGB IV, 23a SGB IV
Beitragspflicht UV	Ja	§ 14 Abs. 1 Satz 1 SGB IV, § 23a SGB IV

Mindestlohnrelevanz: Nein
Entgeltart: Einmalzahlung
Entgeltzuordnung in der SV: Entgeltabrechnungsmonat, in dem die Abgeltung ausgezahlt wird bzw. Zuordnung zum letzten Entgeltabrechnungsmonat des Beschäftigungsverhältnisses.

7.15 Geschenk als Sachleistung

Erläuterung: Sachzuwendung aus einem persönlichen Anlass an den Arbeitnehmer bis zu einem Wert von 60 EUR brutto, s. Aufmerksamkeiten.

Lohnsteuerpflicht	Nein	R 19.6 Abs. 1 LStR
Beitragspflicht KV PV RV ALV	Nein	§ 1 Abs. 1 Nr. 1 SvEV
Beitragspflicht UV	Nein	§ 1 Abs. 1 Nr. 1 SvEV

Mindestlohnrelevanz: Nein
Entgeltart: Einmalzahlung
Entgeltzuordnung in der SV: Kein Arbeitsentgelt im Sinne der Sozialversicherung.

7.16 Gesundheitsförderung, betriebliche

Erläuterung: Barzuschuss und Sachleistungen bis zu 600 EUR/Jahr, die der Arbeitgeber zusätzlich zur Gesundheitsvorsorge erbringt, z. B. Kurse zur Stressbewältigung am Arbeitsplatz oder Seminare über Suchtmittelmissbrauch. Für die Förderfähigkeit müssen die Kurse hinsichtlich ihrer Qualität, Zweckbindung, Zielgerichtetheit und Zertifizierung die Anforderungen der §§ 20, 20b SGB V erfüllen.

Lohnsteuerpflicht	Nein	§ 3 Nr. 34 EStG
Beitragspflicht KV PV RV ALV	Nein	§ 14 Abs. 1 SGB IV, § 1 Abs. 1 SvEV
Beitragspflicht UV	Nein	§ 14 Abs. 1 SGB IV, § 1 Abs. 1 SvEV

Mindestlohnrelevanz: Nein
Entgeltzuordnung in der SV: Kein Arbeitsentgelt im Sinn der Sozialversicherung.

7.17 Getränk bzw. Genussmittel

Erläuterung: Getränke und Genussmittel, die dem Arbeitnehmer zum eigenen Verbrauch im Betrieb durch den Arbeitgeber vergünstigt oder kostenfrei zur Verfügung gestellt werden, s. Aufmerksamkeiten, Freitrunk, Mahlzeiten.

7.18 Gewinnanteil

Erläuterung: Gewinnanteil eines Arbeitnehmers.

Lohnsteuerpflicht	Ja	§ 19 Abs. 1 Nr. 1 EStG
Beitragspflicht KV PV RV ALV	Ja	§ 14 Abs. 1 Satz 1 SGB IV, § 23a SGB IV
Beitragspflicht UV	Ja	§ 14 Abs. 1 Satz 1 SGB IV, § 23a SGB IV

Mindestlohnrelevanz: Ja
Entgeltart: Einmalzahlung
Entgeltzuordnung in der SV: Entgeltabrechnungsmonat, in dem die Gewinnanteile ausgezahlt werden. Gewinnanteile, die in den Monaten Januar bis März eines Jahres ausgezahlt werden, sind dem letzten Entgeltabrechnungsmonat des vergangenen Jahres (Vorjahres) zuzuordnen, wenn in dem vergangenen Jahr bei demselben Arbeitgeber ein versicherungspflichtiges Beschäftigungsverhältnis bestanden hat und die Gewinnanteile zusammen mit den sonstigen für das laufende Kalenderjahr festgestellten beitragspflichtigen Einnahmen die anteilige Beitragsbemessungsgrenze des laufenden Kalenderjahres übersteigen (März-Klausel).

7.19 Gewinnspiel

Erläuterung: S. Losgewinn.

7.20 Goldplakette

Erläuterung: Goldplakette oder Goldmedaille, die der Arbeitgeber einem Arbeitnehmer aus Anlass dessen Dienstjubiläums zuwendet; Ausnahme: Sachgeschenk aus besonderem Anlass < 60 EUR. S. Jubiläumszuwendung.

Lohnsteuerpflicht	Ja	§ 19 Abs. 1 Nr. 1 EStG
Beitragspflicht KV PV RV ALV	Ja	§ 14 Abs. 1 Satz 1 SGB IV, § 23a SGB IV
Beitragspflicht UV	Ja	§ 14 Abs. 1 Satz 1 SGB IV, § 23a SGB IV

Mindestlohnrelevanz: Nein
Entgeltart: Einmalzahlung
Entgeltzuordnung in der SV: Entgeltabrechnungsmonat, in dem die Zuwendung an den Arbeitnehmer erfolgt.

7.21 Gratifikation

Erläuterung: Z. B. Weihnachtsgeld.

Lohnsteuerpflicht	Ja	§ 19 Abs. 1 Nr. 1 EStG
Beitragspflicht KV PV RV ALV	Ja	§ 14 Abs. 1 Satz 1 SGB IV, § 23a SGB IV
Beitragspflicht UV	Ja	§ 14 Abs. 1 Satz 1 SGB IV, § 23a SGB IV

Mindestlohnrelevanz: Ja
Entgeltart: Einmalzahlung
Entgeltzuordnung in der SV: Entgeltabrechnungsmonat, in dem die Gratifikationen ausgezahlt werden. Gratifikationen, die in den Monaten Januar bis März eines Jahres ausgezahlt werden, sind dem letzten Entgeltabrechnungsmonat des vergangenen Jahres (Vorjahres) zuzuordnen, wenn in dem vergangenen Jahr bei demselben Arbeitgeber ein versicherungspflichtiges Beschäftigungsverhältnis bestanden hat und die Gratifikationen zusammen mit den sonstigen für das laufende Kalenderjahr festgestellten beitragspflichtigen Einnahmen die anteilige Beitragsbemessungsgrenze des laufenden Kalenderjahres übersteigen (März-Klausel).

7.22 Gruppen-Unfallversicherung

Erläuterung: Versicherungsbeiträge des Arbeitgebers zu einer freiwilligen Gruppen-Unfallversicherung, können durch den Arbeitgeber pauschal mit 20% versteuert werden. Ausnahme: Soweit ein Anteil auf die Absicherung des Unfallrisikos bei Auswärtstätigkeiten entfällt, kann dieser Anteil als Reisenebenkosten steuerfrei belassen werden.

Lohnsteuerpflicht	Ja	§ 40b Abs. 3 EStG
Beitragspflicht KV PV RV ALV	Nein	§ 14 Abs. 1 Satz 1 SGB IV
Beitragspflicht UV	Nein	§ 14 Abs. 1 Satz 1 SGB IV

Mindestlohnrelevanz: Nein
Entgeltzuordnung in der SV: Entgeltabrechnung im laufenden Monat

7.23 Gutschein

Erläuterung: Gutschein zum ausschließlichen Bezug von Waren oder Dienstleistungen beim Arbeitgeber o. bei einem bestimmten Dritten bis 50 EUR pro Monat, wenn zusätzlich zum ohnehin geschuldeten Arbeitslohn gewährt und die Produktpalette oder das Netz der Akzeptanzstellen begrenzt ist, sog. Closed- oder Controlled-Loop-Karten. Erfolgt eine Überlassung im Rahmen der Entgeltumwandlung (z. B. von verwendungsfreier Arbeitslohn auf verwendungsgebundener Arbeitslohn), ist dies nicht von der Steuer- und Beitragsbefreiung erfasst.

Lohnsteuerpflicht	Nein	§ 8 Abs. 2 Satz 11 i. V. m. Abs. 1 Satz 3 EStG, § 8 Abs. 4 EStG-E
Beitragspflicht KV PV RV ALV	Nein	§ 14 Abs. 1 SGB IV, § 1 Abs. 1 Nr. 1 SvEV
Beitragspflicht UV	Nein	§ 14 Abs. 1 SGB IV, § 1 Abs. 1 Nr. 1 SvEV

Mindestlohnrelevanz: Nein
Entgeltart: Einmalzahlung
Entgeltzuordnung in der SV: Kein Arbeitsentgelt im Sinne der Sozialversicherung.

8 H – Haftpflichtversicherung bis Hybrid-Dienstwagen

8.1 Haftpflichtversicherung

Erläuterung: Übernimmt der Arbeitgeber die Beiträge zur privaten Haftpflichtversicherung des Arbeitnehmers, handelt es sich um steuer- und beitragspflichtiges Entgelt.

Lohnsteuerpflicht	Ja	§ 19 EStG
Beitragspflicht KV PV RV ALV	Ja	§ 14 Abs. 1 Satz 1 SGB IV
Beitragspflicht UV	Ja	§ 14 Abs. 1 Satz 1 SGB IV

Mindestlohnrelevanz: Nein
Entgeltart: Einmalzahlung

8.2 Handgeld

Erläuterung: Geldbetrag, der bei Abschluss eines Vertrages dem zukünftigen Mitarbeiter ausgezahlt wird. Auch zur Motivation einer Vertragsverlängerung bestimmt.

Lohnsteuerpflicht	Ja	§ 19 Abs. 1 EStG; R 19.3 LStR
Beitragspflicht KV PV RV ALV	Ja	§ 14 Abs. 1 Satz 1 SGB IV, § 23a SGB IV
Beitragspflicht UV	Ja	§ 14 Abs. 1 Satz 1 SGB IV, § 23a SGB IV

Mindestlohnrelevanz: Nein
Entgeltart: Einmalzahlung
Entgeltzuordnung in der SV: Entgeltabrechnungsmonat, in dem der Bonus ausgezahlt wird.

8.3 Handy

Erläuterung: S. Arbeitsmittel.

8.4 Hausmeisterzulage

Erläuterung: Zusätzlich zum Arbeitslohn gewährte Zulage für Hausmeister und Arbeitnehmer mit hausmeisterähnlichen Tätigkeiten, um die besonderen Anforderungen an die Hausmeistertätigkeiten materiell zu kompensieren.

Lohnsteuerpflicht	Ja	§ 19 Abs. 1 EStG; R 19.3 LStR
Beitragspflicht KV PV RV ALV	Ja	§ 14 Abs. 1 Satz 1 SGB IV
Beitragspflicht UV	Ja	§ 14 Abs. 1 Satz 1 SGB IV

Mindestlohnrelevanz: Ja
Entgeltart: Laufendes Arbeitsentgelt
Entgeltzuordnung in der SV: Entgeltabrechnungsmonat, in dem die Teuerungszulagen ausgezahlt werden.

8.5 Haustrunk

Erläuterung: Im Brauereigewerbe, soweit der Rabattfreibetrag von 1.080 EUR nicht überschritten wird.

Lohnsteuerpflicht	Nein	§ 8 Abs. 3 EStG; R 32 LStR; BFH, Urteil v. 27.3.1991, VI R 126/87, BStBl 1991 II S. 720
Beitragspflicht KV PV RV ALV	Nein	§ 14 Abs. 1 SGB IV, § 1 Abs. 1 SvEV
Beitragspflicht UV	Nein	§ 14 Abs. 1 SGB IV, § 1 Abs. 1 SvEV

Mindestlohnrelevanz: Nein
Entgeltzuordnung in der SV: Kein Arbeitsentgelt im Sinne der Sozialversicherung.

8.6 Heimarbeiterzuschlag (Arbeitsunfähigkeit)

Erläuterung: Heimarbeiterzuschlag zur Abgeltung der bei Arbeitsunfähigkeit nicht gewährten Lohnfortzahlung.

Lohnsteuerpflicht	Ja	§ 19 Abs. 1 EStG
Beitragspflicht KV PV RV ALV	Nein	§ 1 Abs. 1 Satz 1 Nr. 5 SvEV
Beitragspflicht UV	Nein	§ 1 Abs. 1 Satz 1 Nr. 5 SvEV

Mindestlohnrelevanz: Nein
Entgeltart: Laufendes Arbeitsentgelt
Entgeltzuordnung in der SV: Kein Arbeitsentgelt im Sinne der Sozialversicherung.

8.7 Heimarbeiterzuschlag (Mehraufwendung)

Erläuterung: Heimarbeiterzuschlag zur Abgeltung der entstehenden Mehraufwendungen (z.B. Heizung und Beleuchtung), soweit sie 10% des Grundlohns nicht übersteigen.

Lohnsteuerpflicht	Nein	§ 3 Nr. 30 und 50 EStG i.V.m. R 9.13 Abs. 2 LStR
Beitragspflicht KV PV RV ALV	Nein	§ 14 Abs. 1 SGB IV, § 1 SvEV
Beitragspflicht UV	Nein	§ 14 Abs. 1 SGB IV, § 1 SvEV

Mindestlohnrelevanz: Nein
Entgeltzuordnung in der SV: Kein Arbeitsentgelt im Sinne der Sozialversicherung.

8.8 Heiratsbeihilfe

Erläuterung: Unabhängig von der Höhe ist eine Heiratsbeihilfe des Arbeitgebers steuer- und sozialversicherungspflichtig. Ausnahme: Sachzuwendung bis 60 EUR zum persönlichen Ereignis »Heirat«.

Lohnsteuerpflicht	Ja	§ 19 Abs. 1 EStG
Beitragspflicht KV PV RV ALV	Ja	§ 14 Abs. 1 Satz 1 SGB IV, § 23a SGB IV
Beitragspflicht UV	Ja	§ 14 Abs. 1 Satz 1 SGB IV, § 23a SGB IV

Mindestlohnrelevanz: Nein
Entgeltart: Einmalzahlung
Entgeltzuordnung in der SV: Entgeltabrechnungsmonat, in dem die Heiratsbeihilfe ausgezahlt wird. Heiratsbeihilfen, die in den Monaten Januar bis März eines Jahres ausgezahlt werden, sind dem letzten Entgeltabrechnungsmonat des vergangenen Jahres (Vorjahres) zuzuordnen, wenn in dem vergangenen Jahr bei demselben Arbeitgeber ein versicherungspflichtiges Beschäftigungsverhältnis bestanden hat und die Heiratsbeihilfen zusammen mit den sonstigen für das laufende Kalenderjahr festgestellten beitragspflichtigen Einnahmen die anteilige Beitragsbemessungsgrenze des laufenden Kalenderjahres übersteigen (März-Klausel).

8.9 Heizmaterial

Erläuterung: S. Sachbezüge.

8.10 Hitzezuschlag

Erläuterung: S. Erschwerniszulage.

8.11 Holzabgabe an Forstbetrieb

Erläuterung: Kostenlos oder verbilligt vom Arbeitgeber an Arbeitnehmer des Forstgewerbes gewährtes Holz, soweit der Rabattfreibetrag von 1.080 EUR nicht überschritten wird.

Lohnsteuerpflicht	Nein	§ 19 Abs. 1 EStG; R 19.3 LStR
Beitragspflicht KV PV RV ALV	Ja	§ 14 Abs. 1 Satz 1 SGB IV
Beitragspflicht UV	Ja	§ 14 Abs. 1 Satz 1 SGB IV

Mindestlohnrelevanz: Nein
Entgeltart: Einmalzahlung
Entgeltzuordnung in der SV: Entgeltabrechnungsmonat, in dem die Teuerungszulagen ausgezahlt werden.

8.12 Homeoffice (Zahlung des Arbeitgebers)

Erläuterung: S. Arbeitszimmer.

8.13 Hundegeld

Erläuterung: S. Futter- und Pflegegeld.

8.14 Hybrid-Dienstwagen

Erläuterung: Für Hybridelektrofahrzeuge, die im Zeitraum 2019-2030 angeschafft, erstmals überlassen oder geleast werden, ist bei der 1-%-Methode die Hälfte des Bruttolistenpreises anzusetzen, wenn die ökologischen Voraussetzungen zum max.

CO2-Ausstoß oder der Mindestreichweite des E-Antriebs nach § 6 Abs. 1 Nr. 4 EStG erfüllt sind. Für Hybridfahrzeuge, die diese ökologischen Anforderungen nicht erfüllen, kommt für Anschaffungen bis 2022 ggf. eine pauschale Kürzung in Abhängigkeit der kWh infrage. Zur Besteuerung und Verbeitragung s. Kraftfahrzeugüberlassung

9 I – Incentive bis Ist-Entgelt

9.1 Incentive

Erläuterung: Belohnung in Form von Sachgeschenken vom Arbeitgeber für den persönlichen Einsatz oder besonders umsichtiges Verhalten des Arbeitnehmers oder um die Motivation im Beruf zu fördern.

Lohnsteuerpflicht	Ja	§ 2 Abs. 1 LStDV; § 19 Abs. 1 EStG; R 19.3, 19.7 LStR; H 19.3, 19.7 LStH; BMF-Schreiben v. 14.10.1996, IV B 2 – S 2143 – 23/96, BStBl 1996 I S. 1192.
Beitragspflicht KV PV RV ALV	Ja	§ 14 Abs. 1 Satz 1 SGB IV, § 23a SGB IV
Beitragspflicht UV	Ja	§ 14 Abs. 1 Satz 1 SGB IV, § 23a SGB IV

Mindestlohnrelevanz: Nein
Entgeltart: Einmalzahlung
Entgeltzuordnung in der SV: Entgeltabrechnungsmonat, in dem die Belohnung ausgezahlt wird. Belohnungen, die in den Monaten Januar bis März eines Jahres ausgezahlt werden, sind dem letzten Entgeltabrechnungsmonat des vergangenen Jahres (Vorjahres) zuzuordnen, wenn in dem vergangenen Jahr bei demselben Arbeitgeber ein versicherungspflichtiges Beschäftigungsverhältnis bestanden hat und die Belohnungen zusammen mit den sonstigen für das laufende Kalenderjahr festgestellten beitragspflichtigen Einnahmen die anteilige Beitragsbemessungsgrenze des laufenden Kalenderjahres übersteigen (März-Klausel).

9.2 Incentive-Reise

Erläuterung: Incentive-Reise, die vom Arbeitgeber im Rahmen des Dienstverhältnisses an Arbeitnehmer oder Dritten gewährt wird.

Lohnsteuerpflicht	Ja	§ 8 Abs. 2 EStG
Beitragspflicht KV PV RV ALV	Ja	§ 14 Abs. 1 Satz 1 SGB IV, § 23a SGB IV
Beitragspflicht UV	Ja	§ 14 Abs. 1 Satz 1 SGB IV, § 23a SGB IV

Mindestlohnrelevanz: Nein
Entgeltart: Einmalzahlung
Entgeltzuordnung in der SV: Entgeltabrechnungsmonat, in dem die Prämie in Anspruch genommen wird.

9.3 Incentive-Reise (pauschal versteuert nach § 37b EStG)

Erläuterung: Incentive-Reise, die vom Arbeitgeber im Rahmen des Dienstverhältnisses an Arbeitnehmer oder Dritten gewährt und pauschal mit 30% versteuert wird. HINWEIS: Keine Beitragspflicht bei Zuwendung an Dritten, sofern keine Konzernmitarbeiter.

Lohnsteuerpflicht	Ja	§ 37b Abs. 1 u. 2 EStG
Beitragspflicht KV PV RV ALV	Nein	§ 1 Abs. 1 Nr. 14 SvEV
Beitragspflicht UV	Nein	§ 1 Abs. 1 Nr. 14 SvEV

Mindestlohnrelevanz: Nein
Entgeltzuordnung in der SV: Entgeltabrechnungsmonat, in dem der Arbeitgeber die Prämie gewährt.

9.4 Inflationsausgleichsprämie

Erläuterung: bis zu 3.000 EUR (26.10.2022 bis 31.12.2024).

Lohnsteuerpflicht	Nein	§ 3 Nr. 11c EStG
Beitragspflicht KV PV RV ALV	Nein	§ 14 Abs. 1 SGB IV, § 1 Abs. 1 SvEV
Beitragspflicht UV	Nein	§ 14 Abs. 1 SGB IV, § 1 Abs. 1 SvEV

Mindestlohnrelevanz: Nein

9.5 Inkassogebühr

Erläuterung: Nebenberufliche Inkassoagenten werden nicht als Arbeitnehmer angesehen, so dass die Inkassogebühren hier steuerfrei gestellt sind gem. BFH. Die Einnahmen sind vom Inkassoagenten aber im Rahmen seiner Einkommensteuererklärung anzugeben und zu versteuern.

Lohnsteuerpflicht	Nein	BFH, BStBl 1962 III S. 125
Beitragspflicht KV PV RV ALV	Nein	§ 14 Abs. 1 Satz 1 SGB IV
Beitragspflicht UV	Nein	§ 14 Abs. 1 Satz 1 SGB IV

Mindestlohnrelevanz: Nein
Entgeltzuordnung in der SV: Kein Arbeitsentgelt

9.6 Inkassogebühr – Auslieferungsfahrer

Erläuterung: Inkassogebühren der als Arbeitnehmer tätigen Auslieferungsfahrer.

Lohnsteuerpflicht	Ja	§ 19 Abs. 1 EStG
Beitragspflicht KV PV RV ALV	Ja	§ 14 Abs. 1 Satz 1 SGB IV
Beitragspflicht UV	Ja	§ 14 Abs. 1 Satz 1 SGB IV

Mindestlohnrelevanz: Ja
Entgeltart: Laufendes Arbeitsentgelt
Entgeltzuordnung in der SV: Entgeltabrechnungsmonat, in dem die Prämie in Anspruch genommen wird.

9.7 Insolvenzgeld

Erläuterung: Leistung der Agentur für Arbeit auf Antrag an den Arbeitnehmer bei Insolvenz des Arbeitgebers.

Lohnsteuerpflicht	Nein	§ 3 Nr. 2 B. b EStG; R 3.2 LStR
Beitragspflicht KV PV RV ALV	Nein	§ 14 Abs. 1 SGB IV, § 1 Abs. 1 SvEV
Beitragspflicht UV	Nein	§ 14 Abs. 1 SGB IV, § 1 Abs. 1 SvEV

Mindestlohnrelevanz: Nein, da von Bundesagentur für Arbeit gezahlt.
Entgeltzuordnung in der SV: Kein Arbeitsentgelt im Sinne der Sozialversicherung.

9.8 Instrumentengeld

Erläuterung: Vom Arbeitgeber an den Arbeitnehmer gezahltes Instrumentengeld bei Musikern aufgrund arbeitsvertraglicher Vereinbarung oder Betriebsvereinbarung ist steuerpflichtig. Es handelt sich um steuerpflichtigen Werbungskostenersatz. (S. Pauschales Rohr-, Saiten- oder Blattgeld (Berufsmusiker)); Ausnahme: Das Instrumentengeld kann als Auslagenersatz steuerfrei gem. BFH-Urteil v. 28.3.2006, BStBl . II S. 473, behandelt werden, soweit für die Kosten der Instandsetzung der dem Arbeitnehmer gehörenden Musikinstrumente gezahlt und tarifvertraglich vereinbart.

Lohnsteuerpflicht	Ja	BFH, Urteil v. 21.8.1995, VI R 30/95; BFH-Urteil v. 28.3.2006, BStBl . II S. 473
Beitragspflicht KV PV RV ALV	Ja	§ 14 Abs. 1 Satz 1 SGB IV und BSG, Urteil vom 26.5.2004 – B 12 KR 2/03
Beitragspflicht UV	Ja	§ 14 Abs. 1 Satz 1 SGB IV und BSG, Urteil vom 26.5.2004 – B 12 KR 2/03

Mindestlohnrelevanz: Nein
Entgeltart: Laufendes Arbeitsentgelt
Entgeltzuordnung in der SV: Entgeltabrechnungsmonat, für den der Anspruch auf das Instrumentengeld entsteht.

9.9 Instrumentenversicherung

Erläuterung: Ersetzt der Arbeitgeber dem Arbeitnehmer (Musiker) Kosten der Instrumentenversicherung, so liegt im Allgemeinen ein steuer- und damit auch beitragspflichtiger Werbungskostenersatz vor. S. aber Reparaturgeld.

Lohnsteuerpflicht	Ja	§ 2 Abs. 1 LStDV
Beitragspflicht KV PV RV ALV	Ja	§ 14 Abs. 1 Satz 1 SGB IV
Beitragspflicht UV	Ja	§ 14 Abs. 1 Satz 1 SGB IV

Mindestlohnrelevanz: Nein
Entgeltart: Laufendes Arbeitsentgelt
Entgeltzuordnung in der SV: Entgeltabrechnungsmonat, für den der Anspruch auf den Zuschuss des Arbeitgebers besteht.

9.10 Internetzugang

Erläuterung: S. Zuschuss zur Internetnutzung.

9.11 Ist-Entgelt für tatsächliche Arbeitsleistung bei Kurzarbeit

Erläuterung: Das Entgelt für tatsächlich vom Arbeitnehmer erbrachte Arbeitsleistung innerhalb von Kurzarbeitsphasen ist in allen SV-Zweigen incl. der UV normal beitragspflichtig.

Lohnsteuerpflicht	Ja	§ 19 Abs. 1 EStG
Beitragspflicht KV PV RV ALV	Ja	§ 14 Abs. 1 Satz 1 SGB IV
Beitragspflicht UV	Ja	§ 14 Abs. 1 Satz 1 SGB IV

Mindestlohnrelevanz: Ja
Entgeltart: Laufendes Arbeitsentgelt
Entgeltzuordnung in der SV: Entgeltabrechnungsmonat, für den der Kurzlohn zu zahlen ist.

10 J – Jahresabschlussprämie bis Jubiläumszuwendung

10.1 Jahresabschlussprämie

Erläuterung: S. Gewinnanteil.

10.2 Jahreswagenrabatt

Erläuterung: S. Mitarbeiterrabatt.

10.3 Jobrad

Erläuterung: S. Dienstrad.

10.4 Jobticket (Gehaltsumwandlung)

Erläuterung: Geldwerter Vorteil und somit *Lohnsteuerpflicht*iger Arbeitslohn bei Überlassung eines Jobtickets im Rahmen der Gehaltsumwandlung. Der Arbeitgeber kann aber die pauschale Lohnsteuer mit 15% unter Anrechnung auf die Entfernungspauschale ansetzen, oder alternativ die Pauschalversteuerung mit 25% wählen, soweit keine Anrechnung auf die Entfernungspauschale erfolgen soll.

Lohnsteuerpflicht	Ja	§ 19 Abs. 1 EStG
Beitragspflicht KV PV RV ALV	Ja	§ 14 Abs. 1 Satz 1 SGB IV
Beitragspflicht UV	Ja	§ 14 Abs. 1 Satz 1 SGB IV

Mindestlohnrelevanz: Nein
Entgeltart: Laufendes Arbeitsentgelt
Entgeltzuordnung in der SV: Entgeltabrechnung im laufenden Monat

10.5 Jobticket (zusätzlich gewährt)

Erläuterung: Steuer- und sozialversicherungsfrei bleiben vom Arbeitgeber gewährte Sachbezüge in Form der unentgeltlichen oder verbilligten Zurverfügungstellung von

Fahrausweisen, aber auch Zuschüsse des Arbeitgebers zum Erwerb von Fahrausweisen, wenn sie zusätzlich zum ohnehin geschuldeten Arbeitslohn gewährt werden (nicht im Wege einer Gehaltsumwandlung). Die Steuerbefreiung muss jedoch auf die Entfernungspauschale angerechnet werden. Alternativ zur Steuerfreiheit kann eine Pauschalierung mit 25% ohne Anrechung auf die Entfernungspauschale erfolgen.

Lohnsteuerpflicht	Nein	§ 3 Nr. 15 EStG
Beitragspflicht KV PV RV ALV	Nein	§ 14 Abs. 1 SGB IV, § 1 SvEV
Beitragspflicht UV	Nein	§ 14 Abs. 1 SGB IV, § 1 SvEV

Mindestlohnrelevanz: Nein
Entgeltzuordnung in der SV: Kein Arbeitsentgelt im Sinne der Sozialversicherung, Wahlrecht für den Arbeitgeber zur Pauschalversteuerung mit 25%.

10.6 Jubiläumszuwendung

Erläuterung: Eine Jubiläumszuwendung erhält der Arbeitnehmer aus Anlass eines eigenen oder eines Geschäftsjubiläums. S. Betriebsveranstaltung und Bewirtungskosten.

Lohnsteuerpflicht	Ja	§ 19 Abs. 1 EStG
Beitragspflicht KV PV RV ALV	Ja	§ 14 Abs. 1 Satz 1 SGB IV, § 23a SGB IV
Beitragspflicht UV	Ja	§ 14 Abs. 1 Satz 1 SGB IV, § 23a SGB IV

Mindestlohnrelevanz: Nein
Entgeltart: Einmalzahlung
Entgeltzuordnung in der SV: Entgeltabrechnungsmonat, in dem die Jubiläumszuwendung ausgezahlt wird. Jubiläumszuwendung, die in den Monaten Januar bis März eines Jahres ausgezahlt wird, ist dem letzten Entgeltabrechnungsmonat des vergangenen Jahres (Vorjahres) zuzuordnen, wenn in dem vergangenen Jahr bei demselben Arbeitgeber ein versicherungspflichtiges Beschäftigungsverhältnis bestanden hat und die Heiratsbeihilfen zusammen mit den sonstigen für das laufende Kalenderjahr festgestellten beitragspflichtigen Einnahmen die anteilige Beitragsbemessungsgrenze des laufenden Kalenderjahres übersteigen (März-Klausel).

11 K – Kapitalabfindung bis Kurzarbeitergeldzuschuss

11.1 Kapitalabfindung

Erläuterung: Aufgrund der Beamten-(Pensions-)Gesetze gezahlte Kapitalabfindung.

Lohnsteuerpflicht	Nein	§ 3 Nr. 3 EStG
Beitragspflicht KV PV RV ALV	Nein	§ 14 Abs. 1 SGB IV, § 1 Abs. 1 SvEV
Beitragspflicht UV	Nein	§ 14 Abs. 1 SGB IV, § 1 Abs. 1 SvEV

Mindestlohnrelevanz: Nein
Entgeltart: Einmalzahlung
Entgeltzuordnung in der SV: Kein Arbeitsentgelt im Sinne der Sozialversicherung.

11.2 Kapitalbeteiligung

Erläuterung: S. Vermögensbeteiligung.

11.3 Karenzentschädigung

Erläuterung: Karenzentschädigung wegen eines Wettbewerbsverbots für die Zeit nach Beendigung des Dienstverhältnisses.

Lohnsteuerpflicht	Ja	§ 2 Abs. 2 Nr. 4 LStDV; BFH, Urteil v. 13.2.1987, VI R 230/83
Beitragspflicht KV PV RV ALV	Nein	LSG-Urteil Berlin vom 27. 7. 1983 L 9 Kr 45/78
Beitragspflicht UV	Nein	LSG-Urteil Berlin vom 27. 7. 1983 L 9 Kr 45/78

Mindestlohnrelevanz: Nein
Entgeltart: Einmalzahlung
Entgeltzuordnung in der SV: Kein Arbeitsentgelt im Sinne der Sozialversicherung.

11.4 Kassenverlustentschädigung

Erläuterung: S. Fehlgeldentschädigung.

11.5 Kaufkraftausgleich

Erläuterung: Ausgleich, den ein deutscher Unternehmer seinen für eine begrenzte Zeit ins Ausland entsandten Arbeitnehmern zahlt, um die höheren Lebenshaltungskosten am Einsatzort auszugleichen. Der Arbeitnehmer muss im Zuge dessen seinen Wohnsitz oder seinen gewöhnlichen Aufenthalt im Ausland haben. Außerdem darf der für vergleichbare Auslandsbezüge zulässige Betrag gemäß § 55 BBesG nicht überschritten werden.

Lohnsteuerpflicht	Nein	§ 3 Nr. 64 S. 3 EStG
Beitragspflicht KV PV RV ALV	Nein	§ 14 Abs. 1 SGB IV, § 1 Abs. 1 SvEV
Beitragspflicht UV	Nein	§ 14 Abs. 1 SGB IV, § 1 Abs. 1 SvEV

Mindestlohnrelevanz: Nein
Entgeltzuordnung in der SV: Kein Arbeitsentgelt im Sinne der Sozialversicherung.

11.6 Kilometergeld

Erläuterung: S. Auslösungen und Fahrtkostenersatz.

11.7 Kindergartenplatz

Erläuterung: S. Kindergartenzuschuss

11.8 Kindergartenzuschuss

Erläuterung: Zuschuss oder Kostenerstattung des Arbeitgebers zur Unterbringung und Betreuung von nicht schulpflichtigen Kindern in einem betriebseigenen oder auch betriebsfremden Kindergarten zusätzlich zum ohnehin geschuldeten Arbeitslohn bis zu den tatsächlichen Kosten. Originalrechnung als Beleg erforderlich.

Lohnsteuerpflicht	Nein	§ 3 Nr. 33 EStG; R 3.33 LStR
Beitragspflicht KV PV RV ALV	Nein	§ 14 Abs. 1 SGB IV, § 1 Abs. 1 Nr. 1 SvEV
Beitragspflicht UV	Nein	§ 14 Abs. 1 SGB IV, § 1 Abs. 1 Nr. 1 SvEV

Mindestlohnrelevanz: Nein
Entgeltzuordnung in der SV: Kein Arbeitsentgelt im Sinne der Sozialversicherung.

11.9 Kindergeld

Erläuterung: Kindergeld nach dem Bundeskindergeldgesetz.

Lohnsteuerpflicht	Nein	§ 3 Nr. 24 EStG
Beitragspflicht KV PV RV ALV	Nein	Kein Arbeitsentgelt i. S. des § 14 Abs. 1 Satz 1 SGB IV
Beitragspflicht UV	Nein	Kein Arbeitsentgelt i. S. des § 14 Abs. 1 Satz 1 SGB IV

Mindestlohnrelevanz: Nein
Entgeltzuordnung in der SV: Kein Arbeitsentgelt im Sinne der Sozialversicherung.

11.10 Kinderverschickung

Erläuterung: Kinderverschickung wegen eines schlechten Gesundheitszustands des Kindes und wenn der Arbeitnehmer zur Übernahme der Kosten wirtschaftlich nicht in der Lage ist.

Lohnsteuerpflicht	Nein	R 3.11 Abs. 2 LStR
Beitragspflicht KV PV RV ALV	Nein	Kein Arbeitsentgelt i. S. des § 14 Abs. 1 Satz 1 SGB IV
Beitragspflicht UV	Nein	Kein Arbeitsentgelt i. S. des § 14 Abs. 1 Satz 1 SGB IV

Mindestlohnrelevanz: Nein
Entgeltzuordnung in der SV: Kein Arbeitsentgelt im Sinne der Sozialversicherung.

11.11 Kinderzuschlag

Erläuterung: Alle mit Rücksicht auf den Familienstand gewährten Zuschläge nach den Vorschriften geltender Besoldungsgesetze, Tarifverträge oder Einzelarbeitsverträge. (Diese Zuschläge bleiben bei der Ermittlung des Arbeitsentgelts im Zuge der Prüfung auf Krankenversicherungspflicht gemäß § 6 Abs. 1 Satz 1 Nr. 1 SGB V unberücksichtigt.)

Lohnsteuerpflicht	Ja	§ 3 Nr. 11 Satz 2 EStG
Beitragspflicht KV PV RV ALV	Ja	§ 14 Abs. 1 Satz 1 SGB IV
Beitragspflicht UV	Ja	§ 14 Abs. 1 Satz 1 SGB IV

Mindestlohnrelevanz: Ja
Entgeltart: Laufendes Arbeitsentgelt
Entgeltzuordnung in der SV: Entgeltabrechnungsmonat, für den die Kinderzuschläge gezahlt werden.

11.12 Kinderzuschuss

Erläuterung: Kinderzuschuss aus der gesetzlichen Rentenversicherung.

Lohnsteuerpflicht	Nein	§ 3 Nr. 1 Bst. b EStG
Beitragspflicht KV PV RV ALV	Nein	Kein Arbeitsentgelt i. S. des § 14 Abs. 1 Satz 1 SGB IV
Beitragspflicht UV	Nein	Kein Arbeitsentgelt i. S. des § 14 Abs. 1 Satz 1 SGB IV

Mindestlohnrelevanz: Nein
Entgeltzuordnung in der SV: Kein Arbeitsentgelt im Sinne der Sozialversicherung.

11.13 Kirchensteuer

Erläuterung: S. Lohnsteuer und Kirchensteuer.

11.14 Kita

Erläuterung: Zuschuss oder Kostenerstattung des Arbeitgebers zur Unterbringung und Betreuung für Kindertagesstätten, Kinderkrippen oder Ganztagespflegestellen für nicht schulpflichitge Kinder – zusätzlich zum ohnehin geschuldeten Arbeitslohn – bis zu den tatsächlichen Kosten.

Lohnsteuerpflicht	Nein	§ 3 Nr. 33 EStG; R 3.33 LStR
Beitragspflicht KV PV RV ALV	Nein	§ 1 Abs. 1 Satz 1 SvEV.
Beitragspflicht UV	Nein	§ 1 Abs. 1 Satz 1 SvEV.

Mindestlohnrelevanz: Nein

11.15 Kleidergeld

Erläuterung: S. Arbeitskleidung.

11.16 Kontoeröffnungsgebühr

Erläuterung: Vom Arbeitgeber ersetzte Kontoeröffnungsgebühr.

Lohnsteuerpflicht	Ja	R 19.3 Abs. 3 Nr. 1 LStR
Beitragspflicht KV PV RV ALV	Ja	§ 14 Abs. 1 Satz 1 SGB IV, § 23a SGB IV
Beitragspflicht UV	Ja	§ 14 Abs. 1 Satz 1 SGB IV, § 23a SGB IV

Mindestlohnrelevanz: Nein
Entgeltart: Einmalzahlung
Entgeltzuordnung in der SV: Entgeltabrechnungsmonat, in dem die Kontoeröffnungsgebühren an den Arbeitnehmer ersetzt werden.

11.17 Kontoführungsgebühr

Erläuterung: Kontoführungsgebühr, die der Arbeitgeber bei einem Lohn- oder Gehaltskonto ersetzt. Ausnahme: Arbeitnehmer des Banken- und Versicherungsgewerbes s. Belegschaftsrabatt.

Lohnsteuerpflicht	Ja	R 19.3 Abs. 3 Nr. 1 LStR
Beitragspflicht KV PV RV ALV	Ja	§ 14 Abs. 1 Satz 1 SGB IV
Beitragspflicht UV	Ja	§ 14 Abs. 1 Satz 1 SGB IV

Mindestlohnrelevanz: Nein
Entgeltart: Laufendes Arbeitsentgelt
Entgeltzuordnung in der SV: Entgeltabrechnungsmonat, für den die Kontoführungsgebühren gezahlt werden.

11.18 Kraftfahrerzulage

Erläuterung: Als Ausgleich für die durch die Kraftfahrtätigkeit entstehenden Mehraufwendungen.

Lohnsteuerpflicht	Ja	§ 19 Abs. 1 EStG; R 19.3 LStR
Beitragspflicht KV PV RV ALV	Ja	§ 14 Abs. 1 Satz 1 SGB IV
Beitragspflicht UV	Ja	§ 14 Abs. 1 Satz 1 SGB IV

Mindestlohnrelevanz: Ja
Entgeltart: Laufendes Arbeitsentgelt
Entgeltzuordnung in der SV: Entgeltabrechnungsmonat, in dem die Teuerungszulagen ausgezahlt werden.

11.19 Kraftfahrzeugüberlassung (Fahrt Wohnung – erste Tätigkeitsstätte, 0,03 % bzw. 0,002 %-Regelung)

Erläuterung: Steht der PKW dem Arbeitnehmer für arbeitstägliche Fahrten zum Betrieb zur Verfügung, kann der geldwerte Vorteil insoweit mit monatlich 0,03% bzw. täglich mit 0,002% des auf volle 100 EUR abgerundeten Bruttolistenpreises inkl. Sonderausstattung im Zeitpunkt der Erstzulassung des Fahrzeugs pro Entfernungskilometer angesetzt werden.

Lohnsteuerpflicht	Ja	§ 8 Abs. 2 EStG
Beitragspflicht KV PV RV ALV	Ja	§ 14 Abs. 1 Satz 1 SGB IV
Beitragspflicht UV	Ja	§ 14 Abs. 1 Satz 1 SGB IV

Mindestlohnrelevanz: Nein
Entgeltart: Laufendes Arbeitsentgelt
Entgeltzuordnung in der SV: Entgeltabrechnungsmonat, für den der geldwerte Vorteil gewährt wird.

11.20 Kraftfahrzeugüberlassung (Fahrt Wohnung – erste Tätigkeitsstätte, pauschal versteuert)

Erläuterung: Pauschale Versteuerung des Sachbezugs mit 15% aufgrund der Nutzung des Fahrzeugs für Fahrten zwischen Wohnung und erster Tätigkeitsstätte.

Lohnsteuerpflicht	Ja	§ 40 Abs. 2 Satz 2 EStG
Beitragspflicht KV PV RV ALV	Nein	§ 1 Abs. 1 Satz 1 Nr. 3 SvEV
Beitragspflicht UV	Nein	§ 1 Abs. 1 Satz 1 Nr. 3 SvEV

Mindestlohnrelevanz: Nein
Entgeltart: Laufendes Arbeitsentgelt
Entgeltzuordnung in der SV: Kein Arbeitsentgelt im Sinn der Sozialversicherung.

11.21 Kraftfahrzeugüberlassung (Familienheimfahrt, mehr als 1 Fahrt/Woche)

Erläuterung: Für Familienheimfahrten bei doppelter Haushaltsführung ist nur für die 2. und jede weitere Heimfahrt pro Woche jeweils für jeden Kilometer der Entfernung 0,002% des inländischen Bruttolistenpreises als geldwerter Vorteil inkl. Sonderausstattung anzusetzen. Zahlt der Arbeitnehmer eine Nutzungsentschädigung, mindert diese den ermittelten Vorteil.

Lohnsteuerpflicht	Ja	§ 8 Abs. 2 Satz 5 EStG
Beitragspflicht KV PV RV ALV	Ja	§ 14 Abs. 1 Satz 1 SGB IV
Beitragspflicht UV	Ja	§ 14 Abs. 1 Satz 1 SGB IV

Mindestlohnrelevanz: Nein
Entgeltart: Laufendes Arbeitsentgelt
Entgeltzuordnung in der SV: Entgeltabrechnungsmonat, für den der geldwerte Vorteil abgerechnet wird.

11.22 Kraftfahrzeugüberlassung (Familienheimfahrt, nur 1 Fahrt/Woche)

Erläuterung: Aufwendungen für die Wege vom Ort der ersten Tätigkeitsstätte zum Ort des eigenen Hausstandes und zurück (Familienheimfahrt) können jeweils nur für eine Familienheimfahrt wöchentlich steuer- und sv-frei belassen werden.

Lohnsteuerpflicht	Nein	§ 8 Abs. 2 Satz 5 EStG
Beitragspflicht KV PV RV ALV	Nein	§ 14 Abs. 1 SGB IV, § 1 Abs. 1 SvEV
Beitragspflicht UV	Nein	§ 14 Abs. 1 SGB IV, § 1 Abs. 1 SvEV

Mindestlohnrelevanz: Nein
Entgeltzuordnung in der SV: Kein Arbeitsentgelt im Sinne der Sozialversicherung.

11.23 Kraftfahrzeugüberlassung (Grundsatz)

Erläuterung: Kraftfahrzeugüberlassung ist bei unentgeltlicher Überlassung durch den Arbeitgeber für Fahrten zwischen Wohnung und erster Tätigkeitsstätte und für private Nutzung ein geldwerter Vorteil.

Lohnsteuerpflicht	Ja	§ 8 Abs. 2 EStG; R 8.1 Abs. 9 LStR
Beitragspflicht KV PV RV ALV	Ja	§ 14 Abs. 1 Satz 1 SGB IV
Beitragspflicht UV	Ja	§ 14 Abs. 1 Satz 1 SGB IV

Mindestlohnrelevanz: Nein
Entgeltart: Laufendes Arbeitsentgelt
Entgeltzuordnung in der SV: Entgeltabrechnungsmonat, für den der geldwerte Vorteil abgerechnet wird.

11.24 Krankenbezug (nach TVöD)

Erläuterung: Gehaltsfortzahlung bei Arbeitsunfähigkeit gemäß dem TVöD.

Lohnsteuerpflicht	Ja	§ 19 Abs. 1 EStG
Beitragspflicht KV PV RV ALV	Ja	§ 14 Abs. 1 Satz 1 SGB IV
Beitragspflicht UV	Ja	§ 14 Abs. 1 Satz 1 SGB IV

Mindestlohnrelevanz: Nein
Entgeltart: Laufendes Arbeitsentgelt
Entgeltzuordnung in der SV: Entgeltabrechnungsmonat, für den der Anspruch auf die Gehaltsfortzahlung besteht.

11.25 Krankenbezug (Übergang nach § 115 SGB X)

Erläuterung: Verweigert der Arbeitgeber die Entgeltfortzahlung, geht die Zahlungsverpflichtung und der Ersatzanspruch auf den Leistungsträger über (§ 115 SGB X).

Lohnsteuerpflicht	Ja	§ 19 Abs. 1 EStG; § 2 Abs. 2 Nr. 5 LStDV
Beitragspflicht KV PV RV ALV	Ja	SG München, Urteil vom 20.2.1973 S 22/Kr 57/72
Beitragspflicht UV	Ja	SG München, Urteil vom 20.2.1973 S 22/Kr 57/72

Mindestlohnrelevanz: Nein
Entgeltart: Laufendes Arbeitsentgelt
Entgeltzuordnung in der SV: Entgeltabrechnungsmonat, für den der Anspruch auf die Krankenbezüge besteht.

11.26 Krankengeldzuschuss (GKV), Nettodifferenz mehr als 50 EUR überschritten

Erläuterung: SV: Beitragspflicht des AG-Zuschusses, falls dieser um mehr als 50 EUR pro Monat (= maßgebliche Freigrenze) die Differenz zwischen früherem Nettoarbeitsentgelt und dem Nettokrankengeld überschreitet. Beitragspflichtig ist der AG-Zuschuss, soweit er die Nettodifferenz überschreitet, dann in voller Höhe.

Lohnsteuerpflicht	Ja	§ 2 Abs. 2 Nr. 5 LStDV
Beitragspflicht KV PV RV ALV	Ja	§ 14 Abs. 1 Satz 1 SGB IV; § 23c SGB IV
Beitragspflicht UV	Ja	§ 14 Abs. 1 Satz 1 SGB IV; § 23c SGB IV

Mindestlohnrelevanz: Nein
Entgeltart: Laufendes Arbeitsentgelt
Entgeltzuordnung in der SV: Entgeltabrechnungszeitraum, in dem die Zuschüsse ausgezahlt werden.

11.27 Krankengeldzuschuss (GKV), Nettodifferenz nicht mehr als 50 EUR überschritten

Erläuterung: SV: Beitragsfreiheit des AG-Zuschusses in voller Höhe, falls dieser nicht mehr als 50 EUR pro Monat (= maßgebliche Freigrenze) die Differenz zwischen früherem Nettoarbeitsentgelt und dem Nettokrankengeld überschreitet.

Lohnsteuerpflicht	Ja	§ 2 Abs. 2 Nr. 3 LStDV
Beitragspflicht KV PV RV ALV	Nein	§ 23c Abs. 1 SGB IV
Beitragspflicht UV	Nein	§ 23c Abs. 1 SGB IV

Mindestlohnrelevanz: Nein
Entgeltart: Laufendes Arbeitsentgelt
Entgeltzuordnung in der SV: Kein Arbeitsentgelt im Sinn der Sozialversicherung.

11.28 Krankentagegeldzuschuss (PKV), Nettodifferenz mehr als 50 EUR überschritten

Erläuterung: SV: Beitragspflicht des AG-Zuschusses, falls dieser um mehr als 50 EUR pro Monat (= maßgebliche Freigrenze) die Differenz zwischen früherem Nettoarbeitsentgelt und dem Nettokrankentagegeld überschreitet. Beitragspflichtig ist der AG-Zuschuss, soweit er die Nettodifferenz überschreitet, dann in voller Höhe.

Lohnsteuerpflicht	Ja	§ 2 Abs. 2 Nr. 5 LStDV
Beitragspflicht KV PV RV ALV	Ja	§ 14 Abs. 1 Satz 1 SGB IV; § 23c Abs. 1 SGB IV
Beitragspflicht UV	Ja	§ 14 Abs. 1 Satz 1 SGB IV; § 23c Abs. 1 SGB IV

Mindestlohnrelevanz: Nein
Entgeltart: Laufendes Arbeitsentgelt
Entgeltzuordnung in der SV: Entgeltabrechnungszeitraum, in dem die Zuschüsse ausgezahlt werden.

11.29 Krankentagegeldzuschuss (PKV), Nettodifferenz nicht mehr als 50 EUR überschritten

Erläuterung: SV: Beitragsfreiheit des AG-Zuschusses in voller Höhe, falls dieser nicht mehr als 50 EUR pro Monat (= maßgebliche Freigrenze) die Differenz zwischen früherem Nettoarbeitsentgelt und dem Nettokrankentagegeld) überschreitet.

Lohnsteuerpflicht	Ja	§ 2 Abs. 2 Nr. 3 LStDV
Beitragspflicht KV PV RV ALV	Nein	§ 23c Abs. 1 SGB IV
Beitragspflicht UV	Nein	§ 23c Abs. 1 SGB IV

Mindestlohnrelevanz: Nein
Entgeltart: Laufendes Arbeitsentgelt
Entgeltzuordnung in der SV: Kein Arbeitsentgelt im Sinn der Sozialversicherung.

11.30 Kreditkarte (Firmenkreditkarte mit Privatnutzung)

Erläuterung: Entgegen der Firmenkreditkarte ohne Privatnutzung wird hier die Kreditkarte in erheblichem Umfang privat genutzt. Dasselbe Resultat ergibt sich, wenn der Arbeitgeber die Gebühr einer privaten Kreditkarte an einen Arbeitnehmer erstattet, und Letzterer die Karte in erheblichem Umfang privat nutzt.

Lohnsteuerpflicht	Ja	§ 19 Abs. 1 EStG; § 8 Abs. 2 EStG
Beitragspflicht KV PV RV ALV	Ja	§ 14 Abs. 1 Satz 1 SGB IV
Beitragspflicht UV	Ja	§ 14 Abs. 1 Satz 1 SGB IV

Mindestlohnrelevanz: Nein
Entgeltart: Laufendes Arbeitsentgelt
Entgeltzuordnung in der SV: Entgeltabrechnungsmonat, für den die Firmenkreditkarte überlassen wird bzw. der Arbeitgeber dem Arbeitnehmer die Gebühren erstattet.

11.31 Kreditkarte (Firmenkreditkarte ohne Privatnutzung)

Erläuterung: Bei Arbeitnehmern mit umfangreicher Reisetätigkeit auf den Namen und für Rechnung des Arbeitgebers ausgegebene Kreditkarten. Hier muss die private Nutzung der Karte gegenüber der dienstlichen Nutzung jedoch von untergeordneter Bedeutung sein.

Lohnsteuerpflicht	Nein	BMF-Schreiben v. 29.9.1998, IV C 5 – S 2334 – 1/98
Beitragspflicht KV PV RV ALV	Nein	§ 14 Abs. 1 SGB IV, § 1 Abs. 1 SvEV
Beitragspflicht UV	Nein	§ 14 Abs. 1 SGB IV, § 1 Abs. 1 SvEV

Mindestlohnrelevanz: Nein
Entgeltzuordnung in der SV: Kein Arbeitsentgelt im Sinne der Sozialversicherung.

11.32 Kundenbewirtung

Erläuterung: S. Bewirtungskosten bei Bewirtung von Geschäftsfreunden.

11.33 Kundenbindungsprogramm

Erläuterung: S. Sachprämie und Vielfliegerprämie.

11.34 Kurkosten

Erläuterung: Beihilfen für Versorgungskuren des Arbeitnehmers bis max. 600 EUR soweit vom medizinischen Dienst der Krankenkassen als notwendig bestätigt, s. Beihilfen, Erholungsbeihilfe

Lohnsteuerpflicht	Nein	R 3.11 Abs. 2 LStR
Beitragspflicht KV PV RV ALV	Ja	§ 14 Abs. 1 Satz 1 SGB IV
Beitragspflicht UV	Ja	§ 14 Abs. 1 Satz 1 SGB IV

Mindestlohnrelevanz: Nein
Entgeltart: Einmalzahlung
Entgeltzuordnung in der SV: Entgeltabrechnungsmonat, für den die Kurkosten übernommen werden.

11.35 Kurzarbeitergeld

Erläuterung: Im Auftrag und auf Rechnung der Bundesagentur für Arbeit (Arbeitsagentur) ausgezahltes Kurzarbeitergeld nach SGB III. Als Lohnersatzleistung unterliegt das Kurzarbeitergeld aber dem Progressionsvorbehalt. Arbeitnehmer, die Kurzarbeitergeld erhalten haben, unterliegen daher auch der Abgabepflicht der Steuererklärungen. ACHTUNG: Siehe auch Kurzarbeitergeldzuschüsse!

Lohnsteuerpflicht	Nein	§ 3 Nr. 2 EStG
Beitragspflicht KV PV RV ALV	Nein	Kein Arbeitsentgelt i. S. des § 14 Abs. 1 Satz 1 SGB IV
Beitragspflicht UV	Nein	Kein Arbeitsentgelt i. S. des § 14 Abs. 1 Satz 1 SGB IV

Mindestlohnrelevanz: Nein
Entgeltzuordnung in der SV: Kein Arbeitsentgelt im Sinne der Sozialversicherung.

11.36 Kurzarbeitergeldzuschuss

Erläuterung: Soweit der Zuschuss zusammen mit dem Kurzarbeitergeld das fiktive Arbeitsentgelt i. S. des § 232a Abs. 2 SGB V bzw. § 163 Abs. 6 SGB VI (= 80 % des Unterschiedsbetrags zwischen dem Sollentgelt und dem Istentgelt nach § 179 SGB III) nicht übersteigt. HINWEIS: Zuschüsse des Arbeitgebers zum Kurzarbeitergeld und zum Saison-Kurzarbeitergeld wurden im Zeitraum vom 1.3.2020-31.6.2022 steuer- und sozialversicherungsfrei gestellt.

Lohnsteuerpflicht	Ja	§ 2 Abs. 1 LStDV, § 3 Nr. 28a EStG
Beitragspflicht KV PV RV ALV	Nein	§ 1 Abs. 1 Satz 1 Nr. 8 SvEV
Beitragspflicht UV	Nein	§ 1 Abs. 1 Satz 1 Nr. 8 SvEV

Mindestlohnrelevanz: Nein
Entgeltart: Laufendes Arbeitsentgelt
Entgeltzuordnung in der SV: Kein Arbeitsentgelt im Sinne der Sozialversicherung.

12 L – Laptop bis Losgewinn

12.1 Laptop

Erläuterung: S. Arbeitsmittel.

12.2 Lebensarbeitszeitkonto (Übertragung Wertguthaben)

Erläuterung: S. Übertragung eines Wertguthabens.

12.3 Lebensversicherungsprämie

Erläuterung: Aufwendungen des Arbeitgebers für Zukunftssicherung des Arbeitnehmers aufgrund sozialversicherungsrechtlicher oder anderer gesetzlicher Bestimmungen. Dem gleichgestellt ist ein Zuschuss des Arbeitgebers für Arbeitnehmer, die von der Versicherungspflicht in der gesetzlichen Rentenversicherung befreit sind, bis zur Höhe des Arbeitgeberanteils bei Versicherungspflicht, höchstens die Hälfte des Gesamtaufwands (Achtung: gilt nicht für versicherungsfreigestellte Gesellschafter-Geschäftsführer einer Kapitalgesellschaft).

Lohnsteuerpflicht	Nein	§ 3 Nr. 62 Sätze 2 u. 3 EStG
Beitragspflicht KV PV RV ALV	Nein	§ 14 Abs. 1 SGB IV, § 1 Abs. 1 SvEV
Beitragspflicht UV	Nein	§ 14 Abs. 1 SGB IV, § 1 Abs. 1 SvEV

Mindestlohnrelevanz: Nein
Entgeltzuordnung in der SV: Kein Arbeitsentgelt im Sinne der Sozialversicherung.

12.4 Lebensversicherungsprämie (neben bestehender gesetzlicher Rentenversicherung)

Erläuterung: Zuschuss des Arbeitgebers zu einer zusätzlich zur gesetzlichen Rentenversicherung abgeschlossenen Lebensversicherung.

Lohnsteuerpflicht	Ja	§ 2 Abs. 2 Nr. 3 LStDV
Beitragspflicht KV PV RV ALV	Ja	§ 14 Abs. 1 Satz 1 SGB IV
Beitragspflicht UV	Ja	§ 14 Abs. 1 Satz 1 SGB IV

Mindestlohnrelevanz: Nein
Entgeltart: Laufendes Arbeitsentgelt
Entgeltzuordnung in der SV: Entgeltabrechnungsmonat, für den die Lebensversicherungsprämie gezahlt wird.

12.5 Lehrabschlussprämie

Erläuterung: Prämie als Vergütung an Auszubildende

Lohnsteuerpflicht	Ja	§ 2 Abs. 1 LStDV; § 19 Abs. 1 EStG i. V. m. R 19.3 LStR
Beitragspflicht KV PV RV ALV	Ja	§ 14 Abs. 1 Satz 1 SGB IV, § 23a SGB IV
Beitragspflicht UV	Ja	§ 14 Abs. 1 Satz 1 SGB IV, § 23a SGB IV

Mindestlohnrelevanz: Nein
Entgeltart: Einmalzahlung
Entgeltzuordnung in der SV: Entgeltabrechnungsmonat, in dem die Lehrabschlussprämie ausgezahlt wird. Lehrabschlussprämien, die in den Monaten Januar bis März eines Jahres ausgezahlt werden, sind dem letzten Entgeltabrechnungsmonat des vergangenen Jahres (Vorjahres) zuzuordnen, wenn in dem vergangenen Jahr bei demselben Arbeitgeber ein versicherungspflichtiges Beschäftigungsverhältnis bestanden hat und die Prämien zusammen mit den sonstigen für das laufende Kalenderjahr festgestellten beitragspflichtigen Einnahmen die anteilige Beitragsbemessungsgrenze des laufenden Kalenderjahres übersteigen (März-Klausel).

12.6 Lehrentschädigung

Erläuterung: Aufwandsentschädigung für hauptamtlich lehrende Bundesbeamte, soweit die Entschädigung in einem Bundes- oder Landesgesetz, einer Kommune oder einer Körperschaft des öffentlichen Rechts festgesetzt wurden und auch als Aufwandsentschädigung im jeweiligen Haushalt ausgewiesen sind

Lohnsteuerpflicht	Nein	§ 3 Nr. 12 EStG; R 3.12 LStR
Beitragspflicht KV PV RV ALV	Nein	§ 14 Abs. 1 SGB IV, § 1 Abs. 1 SvEV
Beitragspflicht UV	Nein	§ 14 Abs. 1 SGB IV, § 1 Abs. 1 SvEV

Mindestlohnrelevanz: Keine Aussage möglich.
Entgeltzuordnung in der SV: Kein Arbeitsentgelt im Sinne der Sozialversicherung.

12.7 Lehrgangskosten

Erläuterung: S. Fortbildungskosten.

12.8 Lehrzulage

Erläuterung: Zuwendungen des Arbeitgebers an seine in Ausbildung befindlichen Arbeitnehmer zum Ausgleich der Mehraufwendungen, die diesen durch die Ausbildung entstehen.

Lohnsteuerpflicht	Ja	§ 19 Abs. 1 EStG; R 19.3 LStR
Beitraqspflicht KV PV RV ALV	Ja	§ 14 Abs. 1 Satz 1 SGB IV
Beitragspflicht UV	Ja	§ 14 Abs. 1 Satz 1 SGB IV

Mindestlohnrelevanz: Nein
Entgeltart: Laufendes Arbeitsentgelt
Entgeltzuordnung in der SV: Entgeltabrechnungsmonat, in dem die Teuerungszulagen ausgezahlt werden.

12.9 Leistungsprämie

Erläuterung: Prämie für schwierige Arbeiten bzw. als Anerkennung besonderer Leistungen

Lohnsteuerpflicht	Ja	§ 2 Abs. 1 LStDV
Beitragspflicht KV PV RV ALV	Ja	§ 14 Abs. 1 Satz 1 SGB IV, § 23a SGB IV
Beitragspflicht UV	Ja	§ 14 Abs. 1 Satz 1 SGB IV, § 23a SGB IV

Mindestlohnrelevanz: Nein
Entgeltart: Einmalzahlung
Entgeltzuordnung in der SV: Entgeltabrechnungsmonat, in dem die Leistungsprämie ausgezahlt wird. Leistungsprämien, die in den Monaten Januar bis März eines Jahres ausgezahlt werden, sind dem letzten Entgeltabrechnungsmonat des vergangenen Jahres (Vorjahres) zuzuordnen, wenn in dem vergangenen Jahr bei demselben Arbeitgeber ein versicherungspflichtiges Beschäftigungsverhältnis bestanden hat und die Prämien zusammen mit den sonstigen für das laufende Kalenderjahr festgestellten beitragspflichtigen Einnahmen die anteilige Beitragsbemessungsgrenze des laufenden Kalenderjahres übersteigen (März-Klausel).

12.10 Leistungszulage

Erläuterung: Als Ausgleich für bestimmte Tätigkeiten innerhalb eines betrieblichen Organisationsprozesses.

Lohnsteuerpflicht	Ja	§ 19 Abs. 1 EStG; R 19.3 LStR
Beitragspflicht KV PV RV ALV	Ja	§ 14 Abs. 1 Satz 1 SGB IV
Beitragspflicht UV	Ja	§ 14 Abs. 1 Satz 1 SGB IV

Mindestlohnrelevanz: Ja
Entgeltart: Laufendes Arbeitsentgelt
Entgeltzuordnung in der SV: Entgeltabrechnungsmonat, in dem die Teuerungszulagen ausgezahlt werden.

12.11 Liquidationseinnahme

Erläuterung: S. Mitarbeiterbeteiligung.
SV: Sie gelten nur dann als regelmäßiges Arbeitsentgelt, wenn ein Rechtsanspruch darauf besteht oder die Zahlung aufgrund betrieblicher Übung erwartet werden kann, insbesondere bei pauschaler monatlicher Zahlung.

12.12 Lohn

Erläuterung: Entgelt für die erbrachte Arbeitsleistung.

Lohnsteuerpflicht	Ja	§ 19 Abs. 1 EStG
Beitragspflicht KV PV RV ALV	Ja	§ 14 Abs. 1 Satz 1 SGB IV
Beitragspflicht UV	Ja	§ 14 Abs. 1 Satz 1 SGB IV

Mindestlohnrelevanz: Ja
Entgeltart: Laufendes Arbeitsentgelt
Entgeltzuordnung in der SV: Entgeltabrechnungsmonat, für den der Anspruch auf den Lohn besteht.

12.13 Lohnausfallvergütung

Erläuterung: Dem Arbeitgeber obliegt eine Zahlungsverpflichtung gegenüber dem Arbeitnehmer, ohne dass dieser Arbeitsleistung erbringt.

Lohnsteuerpflicht	Ja	§ 2 Abs. 1 LStDV
Beitragspflicht KV PV RV ALV	Ja	§ 14 Abs. 1 Satz 1 SGB IV
Beitragspflicht UV	Ja	§ 14 Abs. 1 Satz 1 SGB IV

Mindestlohnrelevanz: Ja
Entgeltart: Laufendes Arbeitsentgelt
Entgeltzuordnung in der SV: Entgeltabrechnungsmonat, für den der Anspruch auf die Lohnausfallvergütungen besteht.

12.14 Lohnausgleich

Erläuterung: Lohnausgleich bei Arbeitsausfall im Baugewerbe und im Dachdeckerhandwerk.

Lohnsteuerpflicht	Ja	§ 2 Abs. 1 LStDV
Beitragspflicht KV PV RV ALV	Ja	§ 14 Abs. 1 Satz 1 SGB IV
Beitragspflicht UV	Ja	§ 14 Abs. 1 Satz 1 SGB IV

Mindestlohnrelevanz: Ja
Entgeltart: Laufendes Arbeitsentgelt
Entgeltzuordnung in der SV: Entgeltabrechnungsmonat, für den der Anspruch auf den Lohnausgleich besteht.

12.15 Lohnfortzahlung

Erläuterung: S. Entgeltfortzahlung.

12.16 Lohnsteuer (Nacherhebung in größerer Zahl von Fällen)

Erläuterung: Auf Antrag des Arbeitgebers wird der Durchschnitts-Nettosteuersatz zur Steuerberechnung herangezogen.

Lohnsteuerpflicht	Ja	§ 40 Abs. 1 Nr. 2 EStG
Beitragspflicht KV PV RV ALV	Ja	§ 14 Abs. 1 Satz 1 SGB IV
Beitragspflicht UV	Ja	§ 14 Abs. 1 Satz 1 SGB IV

Mindestlohnrelevanz: Nein
Entgeltart: Laufendes Arbeitsentgelt
Entgeltzuordnung in der SV: Entgeltabrechnungsmonat, in dem die Nacherhebung durchgeführt wird.

12.17 Lohnsteuer und Kirchensteuer (pauschal vom Arbeitgeber getragen)

Erläuterung: Lohnsteuer und Kirchensteuer, soweit vom Arbeitgeber getragen und pauschal bemessen.

Lohnsteuerpflicht	Nein	§ 40 Abs. 3 EStG
Beitragspflicht KV PV RV ALV	Nein	§ 14 Abs. 1 SGB IV, § 1 Abs. 1 SvEV
Beitragspflicht UV	Nein	§ 14 Abs. 1 SGB IV, § 1 Abs. 1 SvEV

Mindestlohnrelevanz: Nein
Entgeltzuordnung in der SV: Kein Arbeitsentgelt im Sinne der Sozialversicherung.

12.18 Lohnsteuer und Kirchensteuer (Übernahme bei Nettolohnvereinbarung)

Erläuterung: Lohnsteuer und Kirchensteuer, vom Arbeitgeber z. B. aufgrund einer Nettolohn-Vereinbarung übernommen.

Lohnsteuerpflicht	Ja	§ 8 Abs. 2 EStG; H 19.3 LStH
Beitragspflicht KV PV RV ALV	Ja	§ 14 Abs. 2 SGB IV
Beitragspflicht UV	Ja	§ 14 Abs. 1 Satz 1 SGB IV

Mindestlohnrelevanz: Ja
Entgeltart: Laufendes Arbeitsentgelt
Entgeltzuordnung in der SV: Entgeltabrechnungsmonat, für den der Anspruch auf Übernahme der Lohn- und Kirchensteuer besteht.

12.19 Losgewinn als Geldleistung

Erläuterung: Geldgewinne bei betrieblichen Verlosungen

Lohnsteuerpflicht	Ja	§ 19 Abs. 1 EStG i. V. m. R 19.3 LStR
Beitragspflicht KV PV RV ALV	Ja	§ 14 Abs. 1 SGB IV
Beitragspflicht UV	Ja	§ 14 Abs. 1 SGB IV

Mindestlohnrelevanz: Nein
Entgeltart: Einmalzahlung
Entgeltzuordnung in der SV: Entgeltabrechnungsmonat, in dem der Geldgewinn ausgezahlt wird.

12.20 Losgewinn bei Betriebsveranstaltung

Erläuterung: Sachpreise bei Verlosung im Rahmen einer Betriebsveranstaltung, wenn alle an der Veranstaltung teilnehmenden Arbeitnehmer Lose erwerben können und wenn die Preise pro Arbeitnehmer den Wert von 60 EUR brutto nicht überschreiten.

Lohnsteuerpflicht	Nein	R 19.5 Abs. 6 LStR
Beitragspflicht KV PV RV ALV	Nein	§ 14 Abs. 1 SGB IV, § 1 Abs. 1 Nr. 1 SvEV
Beitragspflicht UV	Nein	§ 14 Abs. 1 SGB IV, § 1 Abs. 1 Nr. 1 SvEV

Mindestlohnrelevanz: Nein
Entgeltzuordnung in der SV: Kein Arbeitsentgelt im Sinne der Sozialversicherung.

12.21 Losgewinn bei Verlosung für gesamte Belegschaft

Erläuterung: Wenn vom Arbeitnehmer für die Teilnahme an der Verlosung ein Entgelt aus versteuertem Arbeitslohn gezahlt wird und nicht jedem Los ein Sachgewinn gegenübersteht, d. h. es auch »Nieten« gibt, stellt der Losgewinn keinen Arbeitslohn dar.

Lohnsteuerpflicht	Nein	R 19.3 und R 19.5 LStR; BMF, Schreiben v. 28.6.2018, IV C 6 – S 2297 – b/14/10001, Rz. 9e
Beitragspflicht KV PV RV ALV	Nein	§ 14 Abs. 1 SGB IV, § 1 Abs. 1 SvEV
Beitragspflicht UV	Nein	§ 14 Abs. 1 SGB IV, § 1 Abs. 1 SvEV

Mindestlohnrelevanz: Nein
Entgeltzuordnung in der SV: Kein Arbeitsentgelt im Sinne der Sozialversicherung.

12.22 Losgewinn bei Verlosung mit Teilnahmebedingung

Erläuterung: Sachpreise bei Teilnahmeberechtigung an einer speziellen Verlosung, z.B. nur für Mitarbeiter, welche überdurchschnittliche Ergebnisse erzielt oder die meisten bzw. die besten Verbesserungsvorschläge eingebracht haben. Auch wenn die Verlosung wesentlich von dem Ziel bestimmt ist, den Arbeitnehmern eine zusätzliche Vergütung für die geleistete Arbeit zukommen zu lassen und zugleich den Anreiz für weitere erfolgreiche Arbeit zu erzielen. Gewinne können im Rahmen des § 37b EStG pauschaliert werden.

Lohnsteuerpflicht	Ja	BFH, Urteil v. 15.12.1977, VI R 150/75; BFH, Urteil v. 25.11.1993 VI R 45/93
Beitragspflicht KV PV RV ALV	Ja	§ 14 Abs. 1 Satz 1 SGB IV, § 23a SGB IV; BSG, Urteil vom 26.10.1988 12 RK 18/87
Beitragspflicht UV	Ja	§ 14 Abs. 1 Satz 1 SGB IV, § 23a SGB IV; BSG, Urteil vom 26.10.1988 12 RK 18/87

Mindestlohnrelevanz: Nein
Entgeltart: Einmalzahlung
Entgeltzuordnung in der SV: Entgeltabrechnungsmonat, in dem die Losgewinne bzw. zusätzliche Vergütung ausgezahlt werden. Losgewinne, die in den Monaten Januar bis März eines Jahres ausgezahlt werden, sind dem letzten Entgeltabrechnungsmonat des vergangenen Jahres (Vorjahres) zuzuordnen, wenn in dem vergangenen Jahr bei demselben Arbeitgeber ein Versicherungspflichtiges Beschäftigungsverhältnis bestanden hat und die Losgewinne bzw. zusätzliche Vergütungen zusammen mit den sonstigen für das laufende Kalenderjahr festgestellten beitragspflichtigen Einnahmen die anteilige Beitragsbemessungsgrenze des laufenden Kalenderjahres übersteigen (März-Klausel).

13 M – Mahlzeit bis Mutterschaftsgeldzuschuss

13.1 Mahlzeit

Erläuterung: Mahlzeiten, die unentgeltlich oder verbilligt zusätzlich zum vereinbarten Arbeitsentgelt gewährt werden, soweit der vom Arbeitnehmer gezahlte Essenspreis den entsprechenden Anteil am amtlichen Sachbezugswert nicht erreicht. Der anteilige Sachbezugswert ist der aktuellen Sachbezugsverordnung für das jeweilige Kalenderjahr zu entnehmen.

Lohnsteuerpflicht	Ja	§ 8 Abs. 2 EStG; R 8.1 Abs. 7 LStR
Beitragspflicht KV PV RV ALV	Ja	§ 14 Abs. 1 Satz 1 SGB IV
Beitragspflicht UV	Ja	§ 14 Abs. 1 Satz 1 SGB IV

Mindestlohnrelevanz: Nein
Entgeltart: Laufendes Arbeitsentgelt
Entgeltzuordnung in der SV: Entgeltabrechnungsmonat, für den die Mahlzeiten verbilligt oder unentgeltlich gewährt werden.

13.2 Mahlzeit (Pauschalversteuerung durch den Arbeitgeber)

Erläuterung: Mahlzeiten, wenn der Arbeitgeber die Lohnsteuer pauschal mit 25% erhebt.

Lohnsteuerpflicht	Ja	§ 40 Abs. 2 Nr. 1 EStG
Beitragspflicht KV PV RV ALV	Nein	§ 1 Abs. 1 Satz 1 Nr. 3 SvEV
Beitragspflicht UV	Nein	§ 1 Abs. 1 Satz 1 Nr. 3 SvEV

Mindestlohnrelevanz: Nein
Entgeltart: Laufendes Arbeitsentgelt
Entgeltzuordnung in der SV: Kein Arbeitsentgelt im Sinne der Sozialversicherung.

13.3 Maigeld

Erläuterung: Maigeld wird am 1. Mai gewährt.

Lohnsteuerpflicht	Ja	§ 2 Abs. 1 LStDV
Beitragspflicht KV PV RV ALV	Ja	§ 14 Abs. 1 Satz 1 SGB IV, § 23a SGB IV
Beitragspflicht UV	Ja	§ 14 Abs. 1 Satz 1 SGB IV, § 23a SGB IV

Mindestlohnrelevanz: Ja
Entgeltart: Einmalzahlung
Entgeltzuordnung in der SV: Entgeltabrechnungsmonat, in dem die Maigelder ausgezahlt werden.

13.4 Mankogeld

Erläuterung: S. Fehlgeldentschädigung.

13.5 Massage

Erläuterung: Grds. steuer- und beitragspflichtig. Gem. BFH ausschließlich dann steuerfrei, wenn Massagen besonders dafür geeignet sind, spezifisch berufsbedingten Beeinträchtigungen der Gesundheit des Arbeitnehmers vorzubeugen bzw. ihnen entgegen zu wirken und die Kosten vom Arbeitgeber übernommen werden.

Lohnsteuerpflicht	Ja	§ 2 Abs. 1 LStDV; Ausnahme: BFH, Urteil v. 30.5.2001, VI R 177/99
Beitragspflicht KV PV RV ALV	Ja	§ 14 Abs. 1 SGB IV, § 1 Abs. 1 SvEV
Beitragspflicht UV	Ja	§ 14 Abs. 1 SGB IV, § 1 Abs. 1 SvEV

Mindestlohnrelevanz: Nein
Entgeltart: Laufendes Arbeitsentgelt
Entgeltzuordnung in der SV: Entgeltabrechnungsmonat, fin dem die Massage verbilligt oder unentgeltlich gewährt werden.

13.6 Mautgebühr

Erläuterung: Erstattung des Arbeitgebers während einer beruflichen Auswärtstätigkeit als Reisenebenkosten.

Lohnsteuerpflicht	Nein	§ 3 Nr. 13 EStG; R 3.13 LStR
Beitragspflicht KV PV RV ALV	Nein	§ 14 Abs. 1 SGB IV, § 1 Abs. 1 SvEV
Beitragspflicht UV	Nein	§ 14 Abs. 1 SGB IV, § 1 Abs. 1 SvEV

Mindestlohnrelevanz: Nein
Entgeltzuordnung in der SV: Kein Arbeitsentgelt im Sinne der Sozialversicherung.

13.7 Medikament

Erläuterung: Medikamente, die vom Arbeitgeber im Betrieb an die Arbeitnehmer verabreicht werden.

Lohnsteuerpflicht	Nein	R 19.6 EStR
Beitragspflicht KV PV RV ALV	Nein	§ 14 Abs. 1 SGB IV, § 1 Abs. 1 SvEV
Beitragspflicht UV	Nein	§ 14 Abs. 1 SGB IV, § 1 Abs. 1 SvEV

Mindestlohnrelevanz: Nein
Entgeltzuordnung in der SV: Kein Arbeitsentgelt im Sinne der Sozialversicherung.

13.8 Mehrarbeitsvergütung (entsprechend tatsächlicher Mehrarbeit)

Erläuterung: Mehrarbeitsvergütung für tatsächlich geleistete Mehrarbeit. Beim Ausgleich über mehrere Monate angesammelter Überstunden handelt es sich jedoch um einen Einmalbezug im aktuellen Abrechnungsmonat.

Lohnsteuerpflicht	Ja	§ 2 Abs. 2 Nr. 6 LStDV; R 19.3 Abs. 1 Nr. 1 LStR
Beitragspflicht KV PV RV ALV	Ja	§ 14 Abs. 1 Satz 1 SGB IV
Beitragspflicht UV	Ja	§ 14 Abs. 1 Satz 1 SGB IV

Mindestlohnrelevanz: Nein
Entgeltart: Laufendes Arbeitsentgelt
Entgeltzuordnung in der SV: Entgeltabrechnungsmonat, in dem die vergütete Mehrarbeit tatsächlich geleistet wurde.

13.9 Mehrarbeitsvergütung (pauschal)

Erläuterung: Pauschale Mehrarbeitsvergütung, die unabhängig von der geleisteten Mehrarbeit in monatlich gleicher Höhe gezahlt wird, d.h. sogar dann, wenn gar keine Mehrarbeit geleistet wurde.

Lohnsteuerpflicht	Ja	§ 2 Abs. 2 Nr. 6 LStDV; R 19.3 Abs. 1 Nr. 1 LStR
Beitragspflicht KV PV RV ALV	Ja	§ 14 Abs. 1 Satz 1 SGB IV
Beitragspflicht UV	Ja	§ 14 Abs. 1 Satz 1 SGB IV

Mindestlohnrelevanz: Nein
Entgeltart: Laufendes Arbeitsentgelt
Entgeltzuordnung in der SV: Entgeltabrechnungsmonat, für den der Anspruch auf die pauschalen Mehrarbeitsvergütungen besteht.

13.10 Metergeld

Erläuterung: Metergeld im Möbeltransportgewerbe.

Lohnsteuerpflicht	Ja	§ 2 Abs. 1 LStDV
Beitragspflicht KV PV RV ALV	Ja	§ 14 Abs. 1 Satz 1 SGB IV
Beitragspflicht UV	Ja	§ 14 Abs. 1 Satz 1 SGB IV

Mindestlohnrelevanz: Ja, sofern ein Rechtsanspruch darauf besteht.
Entgeltart: Laufendes Arbeitsentgelt
Entgeltzuordnung in der SV: Entgeltabrechnungsmonat, für den das Metergeld gezahlt wird.

13.11 Miete

Erläuterung: Mietzahlung des Arbeitgebers für die Anmietung eines häuslichen Arbeitszimmers. ACHTUNG: kein Arbeitslohn, aber Einnahmen aus Vermietung und Verpachtung.

Lohnsteuerpflicht	Nein	BFH, Urteil v 19.10.2001, IV R 131/00
Beitragspflicht KV PV RV ALV	Nein	§ 14 Abs. 1 SGB IV, § 1 Abs. 1 SvEV
Beitragspflicht UV	Nein	§ 14 Abs. 1 SGB IV, § 1 Abs. 1 SvEV

Mindestlohnrelevanz: Nein
Entgeltzuordnung in der SV: Kein Arbeitsentgelt im Sinne der Sozialversicherung.

13.12 Mietzuschuss / Mietkostenzuschuss

Erläuterung: Zuschuss des Arbeitgebers an den Arbeitnehmer zu dessen Mietkosten.

Lohnsteuerpflicht	Ja	§ 2 Abs. 1 LStDV
Beitragspflicht KV PV RV ALV	Ja	§ 14 Abs. 1 Satz 1 SGB IV
Beitragspflicht UV	Ja	§ 14 Abs. 1 Satz 1 SGB IV

Mindestlohnrelevanz: Nein
Entgeltart: Laufendes Arbeitsentgelt
Entgeltzuordnung in der SV: Entgeltabrechnungsmonat, für den der Anspruch auf die Mietkostenzuschüsse besteht.

13.13 Miles & More

Erläuterung: S. Sachprämie

13.14 Mitarbeiterbeteiligung

Erläuterung: Beteiligung des Krankenhauspersonals an den Liquidationseinnahmen der im Hause tätigen Chefärzte. Sie gelten nur dann als regelmäßiges Arbeitsentgelt, wenn ein Rechtsanspruch darauf besteht oder die Zahlung aufgrund betrieblicher Übung erwartet werden kann, insbesondere dann, wenn sie monatlich pauschal gezahlt werden.

Lohnsteuerpflicht	Ja	BMF, Erlass v. 27.4.1982, IV B6-S 2332-16/82
Beitragspflicht KV PV RV ALV	Ja	§ 14 Abs. 1 Satz 1 SGB IV
Beitragspflicht UV	Ja	§ 14 Abs. 1 Satz 1 SGB IV

Mindestlohnrelevanz: Ja
Entgeltart: Laufendes Arbeitsentgelt
Entgeltzuordnung in der SV: Entgeltabrechnungsmonat, für den der Anspruch auf die Mitarbeiterbeteiligung besteht.

13.15 Mitarbeiterkapitalbeteiligung

Erläuterung: S. Vermögensbeteiligung.

13.16 Mitarbeiterrabatt

Erläuterung: Preisnachlass beim Bezug von Waren oder Dienstleistungen, die vom Arbeitgeber nicht überwiegend für den Bedarf seiner Arbeitnehmer hergestellt, vertrieben oder erbracht werden, soweit der Nachlass insgesamt 1.080 EUR im Kalenderjahr (Rabattfreibetrag) nicht übersteigt.

Lohnsteuerpflicht	Nein	§ 8 Abs. 3 EStG; R 8.2 LStR
Beitragspflicht KV PV RV ALV	Nein	§ 14 Abs. 1 SGB IV, § 1 Abs. 1 SvEV
Beitragspflicht UV	Nein	§ 14 Abs. 1 SGB IV, § 1 Abs. 1 SvEV

Mindestlohnrelevanz: Nein
Entgeltzuordnung in der SV: Kein Arbeitsentgelt im Sinne der Sozialversicherung.

13.17 Mitgliedsbeitrag

Erläuterung: Mitgliedsbeitrag zu Berufsverbänden und Vereinen, die der Arbeitgeber für den Arbeitnehmer übernimmt.

Lohnsteuerpflicht	Ja	R 19.3 Abs. 1 LStR
Beitragspflicht KV PV RV ALV	Ja	§ 14 Abs. 1 Satz 1 SGB IV
Beitragspflicht UV	Ja	§ 14 Abs. 1 Satz 1 SGB IV

Mindestlohnrelevanz: Nein
Entgeltart: Laufendes Arbeitsentgelt
Entgeltzuordnung in der SV: Entgeltabrechnungsmonat, für den die Mitgliedsbeiträge vom Arbeitgeber übernommen werden.

13.18 Mitgliedsbeitrag zum Anwaltsverein

Erläuterung: Die Übernahme von Mitgliedsbeiträgen zum Anwaltsverein stellt steuer- und pflichtigen Arbeitslohn dar, wenn aufgrund des großen Vorteils der Kostenübernahme für den angestellten Rechtsanwalt von einem nicht unerheblichen Eigeninteresse ausgegangen werden kann.

Lohnsteuerpflicht	Ja	R 19.3 Abs. 1 LStR, BFH, Urteil v. 12.2.2009, VI R 32/08, BStBl 2009 II S. 462, BFH, Urteil v. 1.10.2020, VI R 11/18
Beitragspflicht KV PV RV ALV	Ja	§ 14 Abs. 1 Satz 1 SGB IV
Beitragspflicht UV	Ja	§ 14 Abs. 1 Satz 1 SGB IV

Mindestlohnrelevanz: Nein
Entgeltart: Einmalzahlung
Entgeltzuordnung in der SV: Entgeltabrechnungsmonat, für den die Mitgliedsbeiträge vom Arbeitgeber übernommen werden.

13.19 Montagebeteiligung

Erläuterung: Laufend oder erst nachträglich ausgezahlte Beträge.

Lohnsteuerpflicht	Ja	§ 19 Abs. 1 EStG
Beitragspflicht KV PV RV ALV	Ja	§ 14 Abs. 1 Satz 1 SGB IV, BSG, Urteil vom 27.10.1989 12 RK 9/88
Beitragspflicht UV	Ja	§ 14 Abs. 1 Satz 1 SGB IV

Mindestlohnrelevanz: Keine Aussage möglich.
Entgeltart: Laufendes Arbeitsentgelt
Entgeltzuordnung in der SV: Entgeltabrechnungsmonat, für den der Anspruch auf die Montagebeteiligung besteht.

13.20 Montagezulage

Erläuterung: S. Erschwerniszulage bzw. Reisekostenersatz der privaten Wirtschaft.

13.21 Mutterschaftsgeldzuschuss

Erläuterung: Nach § 19 des Mutterschutzgesetzes für die Dauer der Schutzfristen gezahlter Arbeitgeberzuschuss.

Lohnsteuerpflicht	Nein	§ 3 Nr. 1d EStG
Beitragspflicht KV PV RV ALV	Nein	§ 1 Abs. 1 Satz 1 Nr. 6 SvEV
Beitragspflicht UV	Nein	§ 1 Abs. 1 Satz 1 Nr. 6 SvEV

Mindestlohnrelevanz: Nein
Entgeltzuordnung in der SV: Kein Arbeitsentgelt im Sinne der Sozialversicherung.

14 N – Nachtarbeitszuschlag bis Nutzungsentschädigung

14.1 Nachtarbeitszuschlag, Grundlohn liegt zwischen 25 EUR und 50 EUR pro Stunde

Erläuterung: Nachtarbeitszuschlag für tatsächlich geleistete Nachtarbeit neben dem Grundlohn gezahlt, soweit 25% des Grundlohns nicht übersteigend. Steuer: Steuerfrei, soweit Grundlohn 50 EUR nicht übersteigt. SV: Regelmäßiges Entgelt bei regelmäßiger Nachtarbeit.

Lohnsteuerpflicht	Nein	§ 3b EStG
Beitragspflicht KV PV RV ALV	Ja	§ 14 Abs. 1 Satz 1 SGB IV, § 1 Abs. 1 Nr. 1 Satz 2 SvEV
Beitragspflicht UV	Ja	§ 1 Abs. 2 SvEV

Mindestlohnrelevanz: Ja
Entgeltart: Laufendes Arbeitsentgelt
Entgeltzuordnung in der SV: Entgeltabrechnungszeitraum, in dem die Zuschläge gezahlt werden.

14.2 Nachtarbeitszuschlag, Grundlohn übersteigt nicht 25 EUR pro Stunde

Erläuterung: Nachtarbeitszuschlag für tatsächlich geleistete Nachtarbeit neben dem Grundlohn gezahlt, soweit 25% des Grundlohns nicht übersteigend.

Lohnsteuerpflicht	Nein	§ 3b EStG
Beitragspflicht KV PV RV ALV	Nein	§ 1 Abs. 1 Satz 1 Nr. 1 SvEV
Beitragspflicht UV	Ja	§ 1 Abs. 2 SvEV

Mindestlohnrelevanz: Ja
Entgeltart: Laufendes Arbeitsentgelt
Entgeltzuordnung in der SV: Kein Arbeitsentgelt im Sinne der Sozialversicherung. In der Unfallversicherung sind steuerpflichtige und auch steuerfreie Zuschläge für Sonntags-, Feiertags- und Nachtarbeit beitragspflichtig.

14.3 Nachtdienstzulage

Erläuterung: S. Erschwerniszulage.

14.4 Nachzahlung von Entgelt

Erläuterung: Nachträglich an den Arbeitnehmer gezahltes Entgelt auf das der Arbeitnehmer bereits einen Anspruch erlangt hat oder aufgrund von rückwirkenden Lohn- und Gehaltserhöhungen. Gehört regelmäßig zum laufenden Entgelt, soweit sich die Nachzahlung auf das laufende Abrechnungsjahr bezieht.

Lohnsteuerpflicht	Ja	§ 19 Abs. 1 EStG; § 2 Abs. 1 LStDV
Beitragspflicht KV PV RV ALV	Ja	§ 14 Abs. 1 Satz 1 SGB IV, BSG, Urteil vom 26.10.1982 12 RK 8/81
Beitragspflicht UV	Ja	§ 14 Abs. 1 Satz 1 SGB IV

Mindestlohnrelevanz: Ja
Entgeltart: Laufendes Arbeitsentgelt
Entgeltzuordnung in der SV: Entgeltabrechnungsmonat, in dem der Anspruch auf das nahgezahlte Gehalt/den nachgezahlten Lohn entstanden ist.

14.5 Neujahrszuwendung

Erläuterung: Sonstiger Bezug in Form einer Einmalzahlung zum Jahreswechsel.

Lohnsteuerpflicht	Ja	§ 19 Abs. 1 EStG
Beitragspflicht KV PV RV ALV	Ja	§ 14 Abs. 1 Satz 1 SGB IV, § 23a SGB IV
Beitragspflicht UV	Ja	§ 14 Abs. 1 Satz 1 SGB IV, § 23a SGB IV

Mindestlohnrelevanz: Ja
Entgeltart: Einmalzahlung
Entgeltzuordnung in der SV: Entgeltabrechnungsmonat, in dem die Neujahrszuwendungen ausgezahlt werden.

14.6 Nichtraucherprämie

Erläuterung: Form der persönlichen Zulage an den Arbeitnehmer.

Lohnsteuerpflicht	Ja	§ 19 Abs. 1 EStG
Beitragspflicht KV PV RV ALV	Ja	§ 14 Abs. 1 Satz 1 SGB IV
Beitragspflicht UV	Ja	§ 14 Abs. 1 Satz 1 SGB IV

Mindestlohnrelevanz: Nein
Entgeltart: Laufendes Arbeitsentgelt
Entgeltzuordnung in der SV: Entgeltabrechnungsmonat, für den der Anspruch auf die Nichtraucherprämie besteht.

14.7 Notarzt im Rettungsdienst

Erläuterung: Einnahmen aus Tätigkeit als Notarzt im Rettungsdienst, wenn diese Tätigkeit neben einer Beschäftigung mit einem Umfang von mindestens 15 Stunden pro Woche außerhalb des Rettungsdienstes oder im Rahmen einer Tätigkeit als zugelassener Vertragsarzt oder als Arzt in privater Niederlassung ausgeübt wird, sind steuerpflichtig, aber sv-frei.

Lohnsteuerpflicht	Ja	§ 19 Abs. 1 EStG
Beitragspflicht KV PV RV ALV	Nein	§ 23c Abs. 2 SGB IV
Beitragspflicht UV	Nein	§ 23c Abs. 1 SGB IV

Mindestlohnrelevanz: Nein
Entgeltart: Laufendes Arbeitsentgelt
Entgeltzuordnung in der SV: Kein Arbeitsentgelt im Sinne der Sozialversicherung.

14.8 Notebook

Erläuterung: S. Arbeitsmittel.

14.9 Notstandsbeihilfe

Erläuterung: S. Beihilfen.

14.10 Nutzungsentschädigung

Erläuterung: S. Werkzeuggeld.

15 O – Optionsrecht bis Ortszuschlag

15.1 Optionsrecht (Ausübung des Optionsrechts)

Erläuterung: Wird das Optionsrecht tatsächlich ausgeübt, entsteht dem Arbeitnehmer ein geldwerter Vorteil. Dabei ist es unerheblich, ob der Gewinn ausgezahlt oder wieder in Aktien angelegt wird. Es gilt das Zuflussprinzip, d.h. das Entgelt ist im Monat der Auszahlung bzw. der Aktienübernahme zu berücksichtigen. Dieser Grundsatz besteht selbst über das Ausscheiden aus dem Beschäftigungsverhältnis hinaus. HINWEIS: Bei nicht handelbaren Aktienoptionen hingegen liegt auch bei Ausübung des Optionsrechts kein Arbeitslohn und damit keine *Lohnsteuerpflicht* vor.

Lohnsteuerpflicht	Ja	§ 11 Abs. 1 S. 1 EStG; H 38.2 LStH; BFH, Urteil v. 23.7.1999, IV B 6 S 2332 29/98; BMF, Schreiben v. 28.8.1998, IV B 6 – S 2332 – 29/98
Beitragspflicht KV PV RV ALV	Ja	§ 14 Abs. 1 Satz 1 SGB IV, § 23a SGB IV, BE vom 26./27.5.1999
Beitragspflicht UV	Ja	§ 14 Abs. 1 Satz 1 SGB IV, § 23a SGB IV

Mindestlohnrelevanz: Nein
Entgeltart: Einmalzahlung
Entgeltzuordnung in der SV: Entgeltabrechnungsmonat, in dem der Gewinn ausgezahlt wird bzw. die Aktienübernahme erfolgt. Geldwerte Vorteile von Optionsrechten, die in den Monaten Januar bis März eines Jahres ausgezahlt werden, sind dem letzten Entgeltabrechnungsmonat des vergangenen Jahres (Vorjahres) zuzuordnen, wenn in dem vergangenen Jahr bei demselben Arbeitgeber ein versicherungspflichtiges Beschäftigungsverhältnis bestanden hat und die geldwerten Vorteile zusammen mit den sonstigen für das laufende Kalenderjahr festgestellten beitragspflichtigen Einnahmen die anteilige Beitragsbemessungsgrenze des laufenden Kalenderjahres übersteigen (März-Klausel).

15.2 Optionsrecht (Bezugsrecht)

Erläuterung: Der ausschließliche Bezug des Rechtes auf Erwerb von Aktien zum Vorzugspreis ist ein ausschließlicher Anspruch für den Arbeitnehmer und ist weder übertragbar noch marktgängig. Es spielt keine Rolle, ob der Arbeitgeber als Stillhalter die Option selbst einräumt oder ob die Option von einem Dritten erworben wird und dem Arbeitnehmer übertragen wird (S. auch Vermögensbeteiligungen). Die Einräumung eines solchen Bezugsrechts ist weder bei handel- noch bei nicht handelbaren Optionsrechten *Lohnsteuerpflicht*ig.

Lohnsteuerpflicht	Nein	§ 11 Abs. 1 S. 1; H 38.2 LStH; BFH, Urteil v. 23.7.1999, IV B 6 S 2332 29/98; BMF, Schreiben v. 28.8.1998, IV B 6 – S 2332 – 29/98
Beitragspflicht KV PV RV ALV	Nein	§ 14 Abs. 1 SGB IV, § 1 Abs. 1 SvEV
Beitragspflicht UV	Nein	§ 14 Abs. 1 SGB IV, § 1 Abs. 1 SvEV

Mindestlohnrelevanz: Nein
Entgeltart: Einmalzahlung
Entgeltzuordnung in der SV: Kein Arbeitsentgelt im Sinne der Sozialversicherung.

15.3 Ortszuschlag

Erläuterung: S. Ballungsraumzulage, Familienzuschlag und Wohnungszulage.

16 P – Parkgebühr bis Prozesskosten

16.1 Parkgebühr (Dienst- oder Betriebsfahrzeug bei Auswärtstätigkeit)

Erläuterung: Der Arbeitnehmer legt anlässlich von Auswärtstätigkeiten Parkgebühr aus, der Arbeitgeber erstattet gegen entsprechenden Beleg diese Auslagen. S. Auslagenersatz.

Lohnsteuerpflicht	Nein	§ 3 Nr. 16 EStG
Beitragspflicht KV PV RV ALV	Nein	§ 14 Abs. 1 SGB IV, § 1 Abs. 1 SvEV
Beitragspflicht UV	Nein	§ 14 Abs. 1 SGB IV, § 1 Abs. 1 SvEV

Mindestlohnrelevanz: Nein
Entgeltzuordnung in der SV: Kein Arbeitsentgelt im Sinne der Sozialversicherung.

16.2 Parkgebühr für Arbeitnehmerparkplatz

Erläuterung: Erstattung der Parkplatzkosten durch den Arbeitgeber für einen vom Arbeitnehmer angemieteten Parkplatz. S. Parkgebühr (Dienst- oder Betriebsfahrzeug bei Auswärtstätigkeit) und Parkplatz.

Lohnsteuerpflicht	Ja	§ 19 Abs. 1 EStG
Beitragspflicht KV PV RV ALV	Ja	§ 14 Abs. 1 Satz 1SGB IV
Beitragspflicht UV	Ja	§ 14 Abs. 1 Satz 1 SGB IV

Mindestlohnrelevanz: Nein
Entgeltart: Laufendes Arbeitsentgelt
Entgeltzuordnung in der SV: Monat, in dem die Parkgebühr erstattet wird.

16.3 Parkplatz

Erläuterung: Unentgeltliche oder verbilligte Parkplatzgestellung auf Kosten des Arbeitgebers bei überwiegend eigenbetrieblichem Interesse, auch wenn dieser den Parkplatz selbst von einem Dritten für Zwecke der Weiterüberlassung an den Arbeitnehmer anmietet (z. B. für den Arbeitnehmer kostenfreier Stellplatz im Parkhaus).

Lohnsteuerpflicht	Nein	FinMin Nordrhein-Westfalen, Erlass v. 29.8.2006, S 2334 – 61 – V B 3.
Beitragspflicht KV PV RV ALV	Nein	§ 14 Abs. 1 SGB IV, § 1 Abs. 1 SvEV
Beitragspflicht UV	Nein	§ 14 Abs. 1 SGB IV, § 1 Abs. 1 SvEV

Mindestlohnrelevanz: Nein
Entgeltzuordnung in der SV: Kein Arbeitsentgelt im Sinne der Sozialversicherung.

16.4 Partnerschaftsvergütung

Erläuterung: Anteil am Geschäftserfolg. Berücksichtigung zum Zeitpunkt der Auszahlung. S. Ergebnisbeteiligung und Gewinnanteil.

Lohnsteuerpflicht	Ja	§ 19 Abs. 1 Nr. 1 EStG
Beitragspflicht KV PV RV ALV	Ja	§ 14 Abs. 1 Satz 1 SGB IV, BSG, Urteil vom 1.12.1977 12 RK 11/76
Beitragspflicht UV	Ja	§ 14 Abs. 1 Satz 1 SGB IV

Mindestlohnrelevanz: Nein
Entgeltart: Einmalzahlung
Entgeltzuordnung in der SV: Entgeltabrechnungsmonat, in dem die Partnerschaftsvergütung ausgezahlt wird. Partnerschaftsvergütungen, die in den Monaten Januar bis März eines Jahres ausgezahlt werden, sind dem letzten Entgeltabrechnungsmonat des vergangenen Jahres (Vorjahres) zuzuordnen, wenn in dem vergangenen Jahr bei demselben Arbeitgeber ein versicherungspflichtiges Beschäftigungsverhältnis bestanden hat und die Partnerschaftsvergütungen zusammen mit den sonstigen für das laufende Kalenderjahr festgestellten beitragspflichtigen Einnahmen die anteilige Beitragsbemessungsgrenze des laufenden Kalenderjahres übersteigen (März-Klausel).

16.5 Pauschalbesteuerter Bezug

Erläuterung: S. auch Ferienbeihilfe (pauschal besteuert), Fahrtkostenersatz (eigener PKW – pauschal versteuert), Mahlzeiten (Pauschalversteuerung durch den Arbeitgeber), Betriebsveranstaltung (pauschal versteuerte Zuwendungen) und Personalcomputerübereignung (pauschal versteuert).

16.6 Pauschale Abgeltung im Baugewerbe

Erläuterung: Witterungsbedingter Lohnausfall im Baugewerbe wird pauschal abgegolten. S. Abgeltung witterungsbedingter Lohnausfall.

Lohnsteuerpflicht	Ja	§ 19 Abs. 1 EStG
Beitragspflicht KV PV RV ALV	Ja	§ 14 Abs. 1 Satz 1 SGB IV
Beitragspflicht UV	Ja	§ 14 Abs. 1 Satz 1 SGB IV

Mindestlohnrelevanz: Nein
Entgeltart: Laufendes Arbeitsentgelt
Entgeltzuordnung in der SV: Entgeltabrechnungsmonat, für den der Anspruch auf die Abgeltung besteht.

16.7 Pauschale Lohn- und Kirchensteuer

Erläuterung: Der Arbeitgeber trägt die pauschale Lohn- und Kirchensteuer.

Lohnsteuerpflicht	Nein	§ 40 Abs. 3 EStG
Beitragspflicht KV PV RV ALV	Nein	§ 14 Abs. 1 SGB IV, § 1 SvEV, BSG, Urteil v. 12.11.1975, 3/12 RK 8/74; BSG, Urteil v. 13.10.1993, 2 RU 41/92
Beitragspflicht UV	Nein	§ 14 Abs. 1 SGB IV, § 1 Abs. 1 SvEV

Mindestlohnrelevanz: Nein
Entgeltzuordnung in der SV: Kein Arbeitsentgelt im Sinne der Sozialversicherung.

16.8 Pauschales Rohr-, Saiten- oder Blattgeld (Berufsmusiker)

Erläuterung: Durch die Zahlung des Arbeitgebers wird (maximal) der tatsächliche Aufwand abgegolten, ein repräsentativer Nachweis hierüber über 3 Monate muss vorliegen. Auch ein solcher Aufwandsersatz für pauschales Saitengeld für Instandhaltung kann steuerfrei behandelt werden, wenn es tarifvertraglich festgelegt ist. Unter diesen Umständen kann steuerfreier Auslagenersatz vorliegen.

Lohnsteuerpflicht	Nein	§ 3 Nr. 50 EStG, R 3.50 Abs. 2 S. 2 EStR, BFH, Urteil v. 21.8.1995, VI R 30/95, BStBl 1995 II S. 906
Beitragspflicht KV PV RV ALV	Nein	§ 14 Abs. 1 SGB IV, § 1 Abs. 1 Nr. 1 SvEV
Beitragspflicht UV	Nein	§ 14 Abs. 1 SGB IV, § 1 Abs. 1 Nr. 1 SvEV

Mindestlohnrelevanz: Nein
Entgeltzuordnung in der SV: Kein Arbeitsentgelt im Sinne der Sozialversicherung.

16.9 Payback-Punkte

Erläuterung: S. Sachprämie

16.10 PC (Personalcomputer)

Erläuterung: S. Arbeitsmittel.

16.11 Pedelec

Erläuterung: S. Dienstrad.

16.12 Pensionsfonds und Pensionskasse (Beitrag)

Erläuterung: S. Zuschuss des Arbeitgebers zu Pensionsfonds und Pensionskasse.

16.13 Personalrabatt

Erläuterung: S. Mitarbeiterrabatt.

16.14 Pflegeversicherung

Erläuterung: Leistungen aus einer Pflegeversicherung.

Lohnsteuerpflicht	Nein	§ 3 Nr. 1a EStG
Beitragspflicht KV PV RV ALV	Nein	Kein Arbeitsentgelt i. S. des § 14 Abs. 1 Satz 1 SGB IV
Beitragspflicht UV	Nein	Kein Arbeitsentgelt i. S. des § 14 Abs. 1 Satz 1 SGB IV

Mindestlohnrelevanz: Nein
Entgeltzuordnung in der SV: Kein Arbeitsentgelt im Sinne der Sozialversicherung.

16.15 Polizeizulage

Erläuterung: Zulage von Beamten und Angestellten im öffentlichen Dienst im Zusammenhang mit der Tätigkeit.

Lohnsteuerpflicht	Ja	§ 19 Abs. 1 EStG; R 19.3 LStR; BFH, Urteil v. 15.2.2017, VI R 30/16, BStBl 2017 II S. 644; BFH, Urteil v 15.2.2017, VI R 20/16, BFH/NV 2017 S. 1157
Beitragspflicht KV PV RV ALV	Ja	§ 14 Abs. 1 Satz 1SGB IV
Beitragspflicht UV	Ja	§ 14 Abs. 1 Satz 1SGB IV

Mindestlohnrelevanz: Ja
Entgeltart: Laufendes Arbeitsentgelt
Entgeltzuordnung in der SV: Entgeltabrechnungsmonat, für den der Anspruch auf die Zulage besteht.

16.16 Portokosten (Auslagenersatz an Arbeitnehmer)

Erläuterung: Der Arbeitnehmer legt Portokosten für betriebliche Postsendungen aus, der Arbeitgeber erstattet diese gegen Beleg. S. Auslagenersatz.

Lohnsteuerpflicht	Nein	§ 3 Nr. 50 EStG
Beitragspflicht KV PV RV ALV	Nein	§ 14 Abs. 1 SGB IV, § 1 Abs. 1 SvEV
Beitragspflicht UV	Nein	§ 14 Abs. 1 SGB IV, § 1 Abs. 1 SvEV

Mindestlohnrelevanz: Nein
Entgeltzuordnung in der SV: Kein Arbeitsentgelt im Sinne der Sozialversicherung.

16.17 Prämie

Erläuterung: S. Anwesenheitsprämie, Belohnung, Incentive-Reise, Lebensversicherungsprämie, Sachprämie, Unfallverhütungsprämie und Werbeprämie.

16.18 Prämie für unfallfreies Fahren

Erläuterung: Unfallverhütungsprämie (Bar- oder Sachzuwendung des Arbeitgebers für sorgfältige Beachtung der Unfallverhütungsvorschriften und unfallfreies Arbeiten).

Lohnsteuerpflicht	Ja	§ 2 Abs. 1 LStDV
Beitragspflicht KV PV RV ALV	Ja	§ 14 Abs. 1 Satz 1 SGB IV, § 23a SGB IV, BE vom 1./2.2.1984
Beitragspflicht UV	Ja	§ 14 Abs. 1 Satz 1 SGB IV, § 23a SGB IV

Mindestlohnrelevanz: Nein
Entgeltart: Einmalzahlung
Entgeltzuordnung in der SV: Entgeltabrechnungsmonat, in dem die Unfallverhütungsprämie ausgezahlt wird. Unfallverhütungsprämie, die in den Monaten Januar bis März eines Jahres ausgezahlt wird, sind dem letzten Entgeltabrechnungsmonat des vergangenen Jahres (Vorjahres) zuzuordnen, wenn in dem vergangenen Jahr bei demselben Arbeitgeber ein versicherungspflichtiges Beschäftigungsverhältnis bestanden hat und die Prämie zusammen mit den sonstigen für das laufende Kalenderjahr festgestellten beitragspflichtigen Einnahmen die anteilige Beitragsbemessungsgrenze des laufenden Kalenderjahres übersteigt (März-Klausel).

16.19 Prämie für Verbesserungsvorschläge

Erläuterung: Vergütung für betrieblichen Verbesserungsvorschlag (auch wenn nicht vom Arbeitgeber direkt, sondern von Dritten gezahlt).

Lohnsteuerpflicht	Ja	§ 19 Abs. 1 EStG
Beitragspflicht KV PV RV ALV	Ja	§ 14 Abs. 1 Satz 1 SGB IV, § 23a SGB IV, BSG, Urteil vom 26.3.1998 B 12 KR 17/97 R
Beitragspflicht UV	Ja	§ 14 Abs. 1 Satz 1 SGB IV, § 23a SGB IV

Mindestlohnrelevanz: Nein
Entgeltart: Einmalzahlung

Entgeltzuordnung in der SV: Entgeltabrechnungsmonat, in dem die Prämie ausgezahlt wird. Prämien für Verbesserungsvorschläge, die in den Monaten Januar bis März eines Jahres ausgezahlt werden, sind dem letzten Entgeltabrechnungsmonat des vergangenen Jahres (Vorjahres) zuzuordnen, wenn in dem vergangenen Jahr bei demselben Arbeitgeber ein versicherungspflichtiges Beschäftigungsverhältnis bestanden hat und die Prämien zusammen mit den sonstigen für das laufende Kalenderjahr festgestellten beitragspflichtigen Einnahmen die anteilige Beitragsbemessungsgrenze des laufenden Kalenderjahres übersteigen (März-Klausel).

16.20 Prämie zur Personalgewinnung

Erläuterung: Belohnung für Mitarbeiterempfehlungen, insofern ein geeigneter Bewerber eingestellt wird.

Lohnsteuerpflicht	Ja	§ 19 Abs. 1 EStG; R 19.3 LStR
Beitragspflicht KV PV RV ALV	Ja	§ 14 Abs. 1 Satz 1 SGB IV, § 23a SGB IV
Beitragspflicht UV	Ja	§ 14 Abs. 1 Satz 1 SGB IV, § 23a SGB IV

Mindestlohnrelevanz: Nein
Entgeltart: Einmalzahlung
Entgeltzuordnung in der SV: Entgeltabrechnungsmonat, in dem der Bonus ausgezahlt wird.

16.21 Prämienrückvergütung bei geringer Unfallbelastung

Erläuterung: Prämienrückvergütungen für geringe Unfallbelastung, die Arbeitgeber von Versicherungsunternehmen erhalten und an unfallfreie Arbeitnehmer weitergeben.

Lohnsteuerpflicht	Ja	§ 19 Abs. 1 EStG; R 19.3 LStR
Beitragspflicht KV PV RV ALV	Ja	§ 14 Abs. 1 Satz 1 SGB IV, § 23a SGB IV
Beitragspflicht UV	Ja	§ 14 Abs. 1 Satz 1 SGB IV, § 23a SGB IV

Mindestlohnrelevanz: Nein
Entgeltart: Einmalzahlung
Entgeltzuordnung in der SV: Entgeltabrechnungsmonat, in dem der Bonus ausgezahlt wird.

16.22 Preisnachlass

Erläuterung: Rabatt, der unter den Rabattfreibetrag in Höhe von 1.080 EUR jährlich oder die monatliche 50-EUR-Freigrenze fällt und damit steuer- und beitragsfrei ist.

Lohnsteuerpflicht	Nein	§ 8 Abs. 3 EStG; R 8.2 LStR; § 8 Abs. 2 Satz 11 EStG; R 8.1 Abs. 3 LStR
Beitragspflicht KV PV RV ALV	Nein	§ 14 Abs. 1 SGB IV, § 1 Abs. 1 SvEV
Beitragspflicht UV	Nein	§ 14 Abs. 1 SGB IV, § 1 Abs. 1 SvEV

Mindestlohnrelevanz: Nein
Entgeltzuordnung in der SV: Kein Arbeitsentgelt im Sinne der Sozialversicherung.

16.23 Privatforstbediensteter (Entschädigung)

Erläuterung: S. Entschädigung für Privatforstbedienstete.

16.24 Privatgespräch

Erläuterung: S. Telefonbenutzung.

16.25 Provision

Erläuterung: Entlohnung für Verkaufs- oder Vermittlungstätigkeiten.

Lohnsteuerpflicht	Ja	§ 19 Abs. 1 EStG; § 8 Abs. 1 EStG
Beitragspflicht KV PV RV ALV	Ja	§ 14 Abs. 1 SGB IV, § 1 Abs. 1 SvEV
Beitragspflicht UV	Ja	§ 14 Abs. 1 SGB IV, § 1 Abs. 1 SvEV

Mindestlohnrelevanz: Ja, aber nur wenn unwiderruflich als sog. Garantieprovision.
Entgeltart: Laufendes Arbeitsentgelt
Entgeltzuordnung in der SV: Entgeltabrechnungsmonat, für den der Anspruch auf die Provision etc. entstanden ist

16.26 Provisionsfreie Abwicklung von Wertpapiergeschäft

Erläuterung: Bei Arbeitnehmern von Banken und Sparkassen. S. auch Preisnachlass.

Lohnsteuerpflicht	Nein	§ 8 Abs. 3 EStG; R 8.2 LStR
Beitragspflicht KV PV RV ALV	Nein	§ 14 Abs. 1 SGB IV, § 1 Abs. 1 SvEV
Beitragspflicht UV	Nein	§ 14 Abs. 1 SGB IV, § 1 Abs. 1 SvEV

Mindestlohnrelevanz: Nein
Entgeltart: Einmalzahlung
Entgeltzuordnung in der SV: Kein Arbeitsentgelt im Sinne der Sozialversicherung.

16.27 Prozesskosten

Erläuterung: Prozesskosten für ein Strafverfahren, die der Arbeitgeber dem Arbeitnehmer ersetzt.

Lohnsteuerpflicht	Ja	§ 2 Abs. 1 LStDV
Beitragspflicht KV PV RV ALV	Ja	§ 14 Abs. 1 Satz 1 SGB IV, § 23a SGB IV
Beitragspflicht UV	Ja	§ 14 Abs. 1 Satz 1 SGB IV, § 23a SGB IV

Mindestlohnrelevanz: Nein
Entgeltart: Einmalzahlung
Entgeltzuordnung in der SV: Entgeltabrechnungsmonat, in dem die Prozesskosten vom Arbeitgeber an den Arbeitnehmer erstattet werden

17 R – Rabatt bis Rundfunkhonorar

17.1 Rabatt

Erläuterung: S. Preisnachlass.

17.2 Reisegepäckversicherung, dienstlich

Erläuterung: Erstattung des Arbeitgebers der Kosten einer Reisegepäckversicherung anlässlich einer Dienstreise.

Lohnsteuerpflicht	Nein	BMF, Schreiben v 9.9.2015, IV C 5 – S 2352 – 11/10003
Beitragspflicht KV PV RV ALV	Nein	§ 14 Abs. 1 SGB IV, § 1 Abs. 1 SvEV
Beitragspflicht UV	Nein	§ 14 Abs. 1 SGB IV, § 1 Abs. 1 SvEV

Mindestlohnrelevanz: Nein
Entgeltart: Einmalzahlung

17.3 Reisegepäckversicherung, privat

Erläuterung: Erstattung des Arbeitgebers der Kosten einer Reisegepäckversicherung für eine Privatreise oder eine gemischt veranlasste Reise; z. B. nicht bezahlte Familienheimfahrt während Auswärtstätigkeit. Eine Aufteilung der Kosten in einen beruflichen und einen privaten Teil ist nur möglich, soweit von der Versicherungsgesellschaft eine Bescheinigung zur Verteilung des kalkulierten Risikos vorliegt.

Lohnsteuerpflicht	Ja	§ 19 Abs. 1 Nr. 1 EStG
Beitragspflicht KV PV RV ALV	Ja	§ 14 Abs. 1 SGB IV
Beitragspflicht UV	Ja	§ 14 Abs. 1 SGB IV

Mindestlohnrelevanz: Nein
Entgeltart: Einmalzahlung
Entgeltzuordnung in der SV: Entgeltabrechnung

17.4 Reisekostenersatz der privaten Wirtschaft

Erläuterung: Soweit die beruflich veranlassten Mehraufwendungen bzw. pauschalen Abgeltungen die Beträge, welche ansonsten nach § 9 EStG absetzbar gewesen wären, nicht übersteigen.

Lohnsteuerpflicht	Nein	§ 3 Nr. 16 EStG; R 9.4 bis R 9.8 LStR
Beitragspflicht KV PV RV ALV	Nein	§ 14 Abs. 1 SGB IV, § 1 Abs. 1 Nr. 3 SvEV
Beitragspflicht UV	Nein	§ 14 Abs. 1 SGB IV, § 1 Abs. 1 Nr. 3 SvEV

Mindestlohnrelevanz: Nein
Entgeltart: Laufendes Arbeitsentgelt
Entgeltzuordnung in der SV: Kein Arbeitsentgelt im Sinne der Sozialversicherung.

17.5 Reisekostenersatz im öffentlichen Dienst

Erläuterung: Gemäß Bundesreisekostengesetz.

Lohnsteuerpflicht	Nein	§ 3 Nr. 13 EStG; R 3.13 LStR
Beitragspflicht KV PV RV ALV	Nein	§ 1 SvEV
Beitragspflicht UV	Nein	§ 1 SvEV

Mindestlohnrelevanz: Nein
Entgeltart: Laufendes Arbeitsentgelt
Entgeltzuordnung in der SV: Kein Arbeitsentgelt im Sinne der Sozialversicherung.

17.6 Reisekostenvergütung (pauschal versteuerter Verpflegungsmehraufwand)

Erläuterung: S. Verpflegungsmehraufwand (pauschal versteuert)

17.7 Reisevergünstigung

Erläuterung: S. Freiflug und Incentive-Reise.

17.8 Reparaturgeld für Musikinstrument (nicht tarifvertraglich vorgeschrieben)

Erläuterung: Ohne tarifvertragliche Regelung, ebenso bei pauschaler Zahlung des Reparaturgeldes (ohne Aufschlüsselung der Zusammensetzung der Pauschale über einen Repräsentanzzeitraum hinweg), besteht Steuer- und Beitragspflicht.

Lohnsteuerpflicht	Ja	§ 2 Abs. 1 LStDV
Beitragspflicht KV PV RV ALV	Ja	§ 14 Abs. 1 Satz 1 SGB IV
Beitragspflicht UV	Ja	§ 14 Abs. 1 Satz 1 SGB IV

Mindestlohnrelevanz: Nein
Entgeltart: Laufendes Arbeitsentgelt
Entgeltzuordnung in der SV: Entgeltabrechnungsmonat, für den der Anspruch auf das Reparaturgeld ausgezahlt wird.

17.9 Reparaturgeld für Musikinstrument (tarifvertraglich vorgeschrieben)

Erläuterung: Tarifvertraglich festgelegter Kostenersatz für konkret notwendig gewordene Reparaturen (Nachweis liegt vor) an Musikinstrumenten von Orchestermusikern durch den Arbeitgeber (S. Auslagenersatz). Aber: Ohne tarifvertragliche Regelung oder bei pauschaler Zahlung des Reparaturgeldes (ohne Aufschlüsselung der Zusammensetzung der Pauschale über einen Repräsentanzzeitraum hinweg) besteht Steuer- und Beitragspflicht.

Lohnsteuerpflicht	Nein	BFH, Urteil v. 28.3.2006, VI R 24/03
Beitragspflicht KV PV RV ALV	Nein	§ 14 Abs. 1 SGB IV, § 1 Abs. 1 Nr. 1 SvEV
Beitragspflicht UV	Nein	§ 14 Abs. 1 SGB IV, § 1 Abs. 1 Nr. 1 SvEV

Mindestlohnrelevanz: Nein
Entgeltart: Laufendes Arbeitsentgelt
Entgeltzuordnung in der SV: Kein Arbeitsentgelt im Sinne der Sozialversicherung.

17.10 Restaurantscheck (wenn monatlich gewährt)

Erläuterung: Ein Restaurantscheck führt zu keiner Änderung des steuer- bzw. sozialversicherungspflichtigen Entgelts, wenn dem Arbeitnehmer unter Anrechnung auf den geschuldeten Barlohn zugewendet.

Lohnsteuerpflicht	Ja	§ 8 Abs. 2 Sätze 6 und 7 EStG
Beitragspflicht KV PV RV ALV	Ja	§ 14 Abs. 1 SGB IV, § 2 SvEV
Beitragspflicht UV	Ja	§ 14 Abs. 1 SGB IV, § 2 SvEV

Mindestlohnrelevanz: Nein
Entgeltart: Laufendes Arbeitsentgelt
Entgeltzuordnung in der SV: Entgeltabrechnungsmonat, für den der Anspruch auf die Restaurantschecks besteht.

17.11 Restaurantscheck, Verrechnungswert bis 7,23 EUR (2024), Arbeitnehmer bezahlt mind. Sachbezugswert (4,13 EUR in 2024)

Erläuterung: Übersteigt der Verrechnungswert des Restaurantschecks den amtlichen Sachbezugswert um nicht mehr als 3,10 EUR (d.h. der Arbeitnehmer zahlt mind. in Höhe des amtlichen Sachbezugswertes dazu), kann der geldwerte Vorteil mit dem amtlichen Sachbezugswert angesetzt werden. Der Sachbezug ist dann lohnsteuer- und sozialversicherungsfrei. Für 2024 beträgt der Sachbezugswert für ein Mittag- oder Abendessen jeweils 4,13 EUR.

Lohnsteuerpflicht	Nein	§ 8 Abs. 2 Sätze 6 und 7 EStG; R 8.1 Abs. 7, 8 LStR
Beitragspflicht KV PV RV ALV	Nein	§ 14 Abs. 1 SGB IV, § 1 Abs. 1 Nr. 1 SvEV
Beitragspflicht UV	Nein	§ 14 Abs. 1 SGB IV, § 1 Abs. 1 Nr. 1 SvEV

Mindestlohnrelevanz: Nein
Entgeltart: Laufendes Arbeitsentgelt

17.12 Restaurantscheck, Verrechnungswert bis 7,23 EUR (2024), Arbeitnehmer bezahlt weniger als Sachbezugswert (4,13 EUR in 2024)

Erläuterung: Der Verrechnungswert des Restaurantschecks übersteigt den amtlichen Sachbezugswert um nicht mehr als 3,10 EUR, aber die Zuzahlung des Arbeitnehmers ist geringer als der amtliche Sachbezugswert. Der Differenzbetrag zwischen Sachbezugswert und Zuzahlung des Mitarbeiters ist pauschal mit 25% zu besteuern.

Lohnsteuerpflicht	Ja	§ 8 Abs. 2 Sätze 6 und 7 EStG; § 40 Abs. 2 S. 1 Nr. 1 EStG
Beitragspflicht KV PV RV ALV	Nein	§ 14 Abs. 1 SGB IV, § 1 Abs. 1 Nr. 1 SvEV
Beitragspflicht UV	Nein	§ 14 Abs. 1 SGB IV, § 1 Abs. 1 Nr. 1 SvEV

Mindestlohnrelevanz: Nein
Entgeltart: Laufendes Arbeitsentgelt

17.13 Retention Bonus

Erläuterung: Instrument um Mitarbeiter an das Unternehmen zu binden und für ihre Betriebstreue auszuzeichnen. Insbesondere zur Bindung von hochqualifizierten Fachkräften gezahlt. Vereinbarte Retention Boni sehen vielfach vor, dass das Arbeitsverhältnis noch zu einem bestimmten Stichtag besteht, s.a. Bleibebonus

Lohnsteuerpflicht	Ja	§ 19 Abs. 1 EStG; R 19.3 LStR
Beitragspflicht KV PV RV ALV	Ja	§ 14 Abs. 1 Satz 1 SGB IV
Beitragspflicht UV	Ja	§ 14 Abs. 1 Satz 1 SGB IV

Mindestlohnrelevanz: Nein
Entgeltart: Einmalzahlung
Entgeltzuordnung in der SV: Entgeltabrechnungsmonat, für den der Bonus zur Auszahlung kommt.

17.14 Rufbereitschaft

Erläuterung: Zuschlag für Rufbereitschaft.

Lohnsteuerpflicht	Ja	§ 19 Abs. 1 EStG; R 19.3 LStR
Beitragspflicht KV PV RV ALV	Ja	§ 14 Abs. 1 Satz 1 SGB IV
Beitragspflicht UV	Ja	§ 14 Abs. 1 Satz 1 SGB IV

Mindestlohnrelevanz: Ja
Entgeltart: Laufendes Arbeitsentgelt
Entgeltzuordnung in der SV: Entgeltabrechnungsmonat, für den der Anspruch auf die Zulage besteht

17.15 Rufbereitschaft am Sonntag, Feiertag oder nachts

Erläuterung: S. Sonntagsarbeitszuschlag, Feiertagsarbeitszuschlag oder Nachtarbeitszuschlag.

17.16 Rundfunkhonorar

Erläuterung: Hauptamtlich bei Rundfunkanstalten Beschäftigte erhalten für Nebenarbeiten oft zusätzliches Honorar (z. B. Ausarbeitung von Texten, Kommentaren, Manuskripten).

Lohnsteuerpflicht	Ja	§ 18 Abs. 1 Nr. 1 EStG
Beitragspflicht KV PV RV ALV	Ja	§ 14 Abs. 1 Satz 1 SGB IV, BSG, Urteil vom 22.6.1972 12/3 RK 82/68
Beitragspflicht UV	Ja	§ 14 Abs. 1 Satz 1 SGB IV

Mindestlohnrelevanz: Nein
Entgeltart: Laufendes Arbeitsentgelt
Entgeltzuordnung in der SV: Entgeltabrechnungsmonat, für den der Anspruch auf die Sachbezüge besteht

18 S – Sachbezug bis Studiengebühr

18.1 Sachbezug

Erläuterung: Z.B. freie Verpflegung, mietfreie Wohnung, unentgeltlich abgegebene Waren, zur Privatnutzung überlassenes Kraftfahrzeug, zinslose Arbeitgeberdarlehen sind grds. steuer- und sv-pflichtig (für Ausnahmen siehe jeweilige Einzelposition).

Lohnsteuerpflicht	Ja	§ 8 Abs. 2 EStG
Beitragspflicht KV PV RV ALV	Ja	§ 14 Abs. 1 Satz 1 SGB IV
Beitragspflicht UV	Ja	§ 14 Abs. 1 Satz 1 SGB IV

Mindestlohnrelevanz: Nein (Ausnahme: Kost und Logis bei Saisonarbeitern)
Entgeltart: Laufendes Arbeitsentgelt
Entgeltzuordnung in der SV: Entgeltabrechnungsmonat, für den der Anspruch auf die Rundfunkhonorare besteht.

18.2 Sachbezug (bis 50 EUR pro Monat)

Erläuterung: Sachbezüge, die nach Anrechnung etwaiger vom Arbeitnehmer gezahlter Entgelte insgesamt nicht mehr als 50 EUR im Monat betragen. HINWEIS: Ausschließlich zweckgebundene Gutscheine, die zum Bezug von Waren oder Dienstleistungen beim Arbeitgeber oder einem bestimmten Dritten berechtigen, und die Produktpalette oder das Netz der Akzeptanzstellen begrenzt ist (sog. Closed- oder Controlled-Loop-Karten), können als Sachbezug gewertet werden.

Lohnsteuerpflicht	Nein	§ 8 Abs. 2 Satz 11 EStG; R 8.1 Abs. 3 LStR
Beitragspflicht KV PV RV ALV	Nein	§ 14 Abs. 1 SGB IV, § 1 Abs. 1 Nr. 1 SvEV
Beitragspflicht UV	Nein	§ 14 Abs. 1 SGB IV, § 1 Abs. 1 Nr. 1 SvEV

Mindestlohnrelevanz: Nein
Entgeltart: Laufendes Arbeitsentgelt
Entgeltzuordnung in der SV: Kein Arbeitsentgelt im Sinne der Sozialversicherung.

18.3 Sachprämie (bis 1.080 EUR pro Jahr)

Erläuterung: Prämie, z. B. aus Kundenbindungsprogramm (Miles&More, Bahn-Bonus-Punkte, Payback), soweit der Wert der Prämie den Freibetrag von 1.080 EUR jährlich nicht übersteigt.

Lohnsteuerpflicht	Nein	§ 3 Nr. 38 EStG
Beitragspflicht KV PV RV ALV	Nein	§ 14 Abs. 1 SGB IV, § 1 Abs. 1 SvEV
Beitragspflicht UV	Nein	§ 14 Abs. 1 SGB IV, § 1 Abs. 1 SvEV

Mindestlohnrelevanz: Nein
Entgeltart: Laufendes Arbeitsentgelt
Entgeltzuordnung in der SV: Kein Arbeitsentgelt im Sinne der Sozialversicherung.

18.4 Sachprämie (Unfallfreiheit)

Erläuterung: Sachprämie für unfallfreie Arbeit.

Lohnsteuerpflicht	Ja	§ 2 Abs. 1 LStDV
Beitragspflicht KV PV RV ALV	Ja	§ 14 Abs. 1 Satz 1 SGB IV, § 23a SGB IV, BE 1./2.2.1984
Beitragspflicht UV	Ja	§ 14 Abs. 1 Satz 1 SGB IV, § 23a SGB IV

Mindestlohnrelevanz: Nein
Entgeltart: Einmalzahlung
Entgeltzuordnung in der SV: Entgeltabrechnungsmonat, in dem die Prämie ausgezahlt wird. Sachprämien, die in den Monaten Januar bis März eines Jahres ausgezahlt werden, sind dem letzten Entgeltabrechnungsmonat des vergangenen Jahres (Vorjahres) zuzuordnen, wenn in dem vergangenen Jahr bei demselben Arbeitgeber ein versicherungspflichtiges Beschäftigungsverhältnis bestanden hat und die Prämien zusammen mit den sonstigen für das laufende Kalenderjahr festgestellten beitragspflichtigen Einnahmen die anteilige Beitragsbemessungsgrenze des laufenden Kalenderjahres übersteigen (März-Klausel).

18.5 Sachprämie über 1.080 EUR pro Jahr (pauschal versteuert)

Erläuterung: Prämien aus Kundenbindungsprogrammen (z.B. Bahn-Bonus-Punkte, Miles&More usw.), soweit der Wert der Prämien den Freibetrag von 1.080 EUR jährlich überschreitet und der überschreitende Betrag vom Zuwendenden mit 2,25% pauschal versteuert wird.

Lohnsteuerpflicht	Ja	§ 37a Abs. 1 EStG
Beitragspflicht KV PV RV ALV	Nein	§ 14 Abs. 1 SGB IV, § 1 Abs. 1 Nr. 13 SvEV
Beitragspflicht UV	Nein	§ 14 Abs. 1 SGB IV, § 1 Abs. 1 Nr. 13 SvEV

Mindestlohnrelevanz: Nein
Entgeltart: Laufendes Arbeitsentgelt
Entgeltzuordnung in der SV: Kein Arbeitsentgelt im Sinn der Sozialversicherung.

18.6 Saison-Kurzarbeitergeld für Schlechtwetterzeit

Erläuterung: Saison-Kurzarbeitergeld nach § 101 SGB III im Baugewerbe bzw. in Wirtschaftszweigen, die saisonbedingt von Arbeitsausfällen betroffen sind. Beitragspflicht zur SV besteht nur in der Kranken-, Pflege- und Rentenversicherung, nicht aber in der Arbeitslosenversicherung. Beitragstragung in voller Höhe durch den Arbeitgeber.

Lohnsteuerpflicht	Nein	§ 3 Nr. 2 EStG
Beitragspflicht KV PV RV ALV	Ja	§ 14 Abs. 1 Satz 1 SGB IV
Beitragspflicht UV	Nein	§ 14 Abs. 1 SGB IV, § 1 SvEV

Mindestlohnrelevanz: Nein
Entgeltart: Laufendes Arbeitsentgelt
Entgeltzuordnung in der SV: Entgeltabrechnungszeitraum, in dem das Saison-Kurzarbeitergeld abgerechnet wird.

18.7 Sammelbeförderung

Erläuterung: Sammelbeförderung der Arbeitnehmer zwischen Wohnung und erster Tätigkeitsstätte mit einem vom Arbeitgeber eingesetzten Omnibus, Kleinbus oder für mehrere Arbeitnehmer zur Verfügung gestellten Pkw, wenn dies betrieblich notwendig ist.

Lohnsteuerpflicht	Nein	§ 3 Nr. 32 EStG; R 3.32 LStR
Beitragspflicht KV PV RV ALV	Nein	§ 14 Abs. 1 SGB IV, § 1 Abs. 1 SvEV
Beitragspflicht UV	Nein	§ 14 Abs. 1 SGB IV, § 1 Abs. 1 SvEV

Mindestlohnrelevanz: Nein
Entgeltart: Laufendes Arbeitsentgelt
Entgeltzuordnung in der SV: Kein Arbeitsentgelt im Sinne der Sozialversicherung.

18.8 Schadensersatz (Schaden im Privatvermögen)

Erläuterung: Ausgleich eines Schadens im Privatvermögen des Arbeitnehmers, ohne Entlohnungscharakter, soweit der zivilrechtliche Ersatzanspruch nicht überstiegen wird.

Lohnsteuerpflicht	Nein	BFH, Urteil v. 28.2.1975, VI R 29/72
Beitragspflicht KV PV RV ALV	Nein	§ 14 Abs. 1 SGB IV, § 1 Abs. 1 SvEV
Beitragspflicht UV	Nein	§ 14 Abs. 1 SGB IV, § 1 Abs. 1 SvEV

Mindestlohnrelevanz: Nein
Entgeltart: Laufendes Arbeitsentgelt
Entgeltzuordnung in der SV: Kein Arbeitsentgelt im Sinne der Sozialversicherung.

18.9 Schadensersatz (Verzicht des Arbeitgebers auf Anspruch)

Erläuterung: Ein Verzicht des Arbeitgebers auf ihm gegenüber dem Arbeitnehmer zustehende Schadensersatzforderung ist ein geldwerter Vorteil für den Arbeitnehmer.

Lohnsteuerpflicht	Ja	BFH, Urteil v. 27.3.1992, VI R 145/89
Beitragspflicht KV PV RV ALV	Ja	§ 14 Abs. 1 SGB IV, BSG, Urteil vom 21.5.1996 – 12 RK 64/94
Beitragspflicht UV	Ja	§ 14 Abs. 1 Satz 1 SGB IV

Mindestlohnrelevanz: Nein
Entgeltart: Einmalzahlung
Entgeltzuordnung in der SV: Entgeltabrechnungsmonat, für den der Anspruch auf den geldwerten Vorteil besteht.

18.10 Schadensersatzleistung (gesetzliche Verpflichtung)

Erläuterung: Echte Schadensersatzleistung aufgrund unmittelbarer gesetzlicher Verpflichtung (gesetzliche Haftpflicht oder aus unerlaubter Handlung) oder bei Anspruch auf Auslagenersatz.

Lohnsteuerpflicht	Nein	BFH, Urteil v. 30.11.1993, VI ZR 21/92
Beitragspflicht KV PV RV ALV	Nein	§ 14 Abs. 1 SGB IV, § 1 Abs. 1 SvEV
Beitragspflicht UV	Nein	§ 14 Abs. 1 SGB IV, § 1 Abs. 1 SvEV

Mindestlohnrelevanz: Nein
Entgeltart: Einmalzahlung
Entgeltzuordnung in der SV: Kein Arbeitsentgelt im Sinne der Sozialversicherung.

18.11 Schadensersatzleistung (mit Entlohnungscharakter)

Erläuterung: Schadensersatz, der seine Grundlage im Dienstverhältnis eines Arbeitnehmers hat (z. B. Verletzung arbeitsvertraglicher Pflichten).

Lohnsteuerpflicht	Ja	BFH, Urteil v. 28.2.1975, VI R 29/72
Beitragspflicht KV PV RV ALV	Ja	§ 14 Abs. 1 Satz 1 SGB IV
Beitragspflicht UV	Ja	§ 14 Abs. 1 Satz 1 SGB IV

Mindestlohnrelevanz: Nein
Entgeltart: Einmalzahlung
Entgeltzuordnung in der SV: Entgeltabrechnungsmonat, für den der Anspruch auf den Schadenersatz besteht

18.12 Schadensersatzleistung (Reiseschaden)

Erläuterung: In Zusammenhang mit Reisekostenvergütung, wenn sich der Schaden als Konkretisierung einer reisespezifischen Gefährdung (z. B. Diebstahls-, Transport- oder Unfallschaden) erweist und nicht nur gelegentlich bei der Reise eingetreten ist.

Lohnsteuerpflicht	Nein	BFH, Urteil v. 30.11.1993, VI ZR 21/92; BFH, Urteil v. 30.6.1995
Beitragspflicht KV PV RV ALV	Nein	§ 14 Abs. 1 SGB IV, § 1 Abs. 1 SvEV
Beitragspflicht UV	Nein	§ 14 Abs. 1 SGB IV, § 1 Abs. 1 SvEV

Mindestlohnrelevanz: Nein
Entgeltart: Einmalzahlung
Entgeltzuordnung in der SV: Kein Arbeitsentgelt im Sinne der Sozialversicherung.

18.13 Schenkung

Erläuterung: S. Aufmerksamkeit und Jubiläumszuwendung.

18.14 Schichtzulage

Erläuterung: S. Erschwerniszulage

18.15 Schichtzulage für Sonntags-/ Feiertags-/ Nachtarbeit

Erläuterung: S. Sonntagsarbeitszuschlag, Feiertagsarbeitszuschlag oder Nachtarbeitszuschlag.

18.16 Schmerzensgeld

Erläuterung: S. Schadensersatzleistung und Versicherungsleistungen.

18.17 Schmutzzulage

Erläuterung: S. Erschwerniszulage.

18.18 Schneezulage

Erläuterung: S. Erschwerniszulage

18.19 Schulbeihilfe aus betrieblichem Interesse

Erläuterung: Beihilfe für Fortbildung im überwiegend eigenbetrieblichen Interesse

Lohnsteuerpflicht	Nein	R 19.7 LStR
Beitragspflicht KV PV RV ALV	Nein	§ 14 Abs. 1 SGB IV, § 1 Abs. 1 SvEV
Beitragspflicht UV	Nein	§ 14 Abs. 1 SGB IV, § 1 Abs. 1 SvEV

Mindestlohnrelevanz: Nein
Entgeltart: Laufendes Arbeitsentgelt

18.20 Schulbeihilfe aus privatem Interesse

Erläuterung: Beihilfe für Schulbesuch im privaten Interesse.

Lohnsteuerpflicht	Ja	§ 19 Abs. 1 EStG; R 19.3 LStR
Beitragspflicht KV PV RV ALV	Ja	§ 14 Abs. 1 Satz 1 SGB IV
Beitragspflicht UV	Ja	§ 14 Abs. 1 Satz 1 SGB IV

Mindestlohnrelevanz: Nein
Entgeltart: Einmalzahlung
Entgeltzuordnung in der SV: Entgeltabrechnungsmonat, in dem die Zulage ausgezahlt wird.

18.21 Schutzbriefkosten

Erläuterung: Geldwerter Vorteil bei Kostenübernahme der Kosten für einen Schutzbrief, der den Versicherten vor wirtschaftlichen Schäden und Nachteilen im Zusammenhang mit einem Diebstahl, einem Unfall oder einer Panne seines Fahrzeugs schützt. Ggf. ist die 50-EUR-Sachbezugsfreigrenze anwendbar.

Lohnsteuerpflicht	Ja	§ 19 Abs. 1 Satz 1 Nr. 1 EStG; BFH-Urteil v. 14.9.2005, VI R 37/03, BStBl 2006 II S. 72
Beitragspflicht KV PV RV ALV	Ja	§ 14 Abs. 1 Satz 1 SGB IV
Beitragspflicht UV	Ja	§ 14 Abs. 1 Satz 1 SGB IV

Mindestlohnrelevanz: Nein
Entgeltart: Einmalzahlung
Entgeltzuordnung in der SV: Entgeltabrechnungsmonat, in dem die Kosten für den Schutzbrief übernommen werden.

18.22 Schutzkleidung

Erläuterung: S. Arbeitskleidung.

18.23 Sehhilfe

Erläuterung: S. Bildschirmbrille.

18.24 Seminarkosten (Auslagenersatz an Arbeitnehmer)

Erläuterung: Der Arbeitnehmer zahlt diese Kosten, bekommt sie vom Arbeitgeber erstattet. Das Seminar dient nachweisbar dem ganz überwiegenden betrieblichen Interesse oder der Verbesserung der Beschäftigungsfähigkeit des Arbeitnehmers und die Kostenübernahme bzw. der Ersatz der Aufwendungen allgemein o. für die besondere Bildungsmaßnahme durch den Arbeitgeber wurde vor Vertragsabschluss schriftlich zugesagt.

Lohnsteuerpflicht	Nein	§ 3 Nr. 19 EStG; R 19.7 Abs. 1 Satz 4 LStR
Beitragspflicht KV PV RV ALV	Nein	§ 14 Abs. 1 SGB IV, § 1 Abs. 1 SvEV
Beitragspflicht UV	Nein	§ 14 Abs. 1 SGB IV, § 1 Abs. 1 SvEV

Mindestlohnrelevanz: Nein
Entgeltart: Laufendes Arbeitsentgelt
Entgeltzuordnung in der SV: Kein Arbeitsentgelt im Sinne der Sozialversicherung.

18.25 Seminarkosten (durch Arbeitnehmer gebucht)

Erläuterung: S. Fortbildungskosten (Seminar durch Arbeitnehmer gebucht).

18.26 Seuchenentschädigung nach § 56 IfSG

Erläuterung: S. Verdienstausfall (Entschädigung gemäß IfSG).

18.27 Sicherheitsprämie

Erläuterung: S. Unfallverhütungsprämie.

18.28 Sicherheitstraining

Erläuterung: Pkw-Sicherheitstraining im überwiegend eigenbetrieblichen Interesse bei Fahrtätigkeit zur verbesserten Einsatzfähigkeit des Arbeitnehmers im Betrieb.

Lohnsteuerpflicht	Nein	R 19.7 Abs. 2 LStR
Beitragspflicht KV PV RV ALV	Nein	§ 14 Abs. 1 SGB IV, § 1 Abs. 1 SvEV
Beitragspflicht UV	Nein	§ 14 Abs. 1 SGB IV, § 1 Abs. 1 SvEV

Mindestlohnrelevanz: Nein
Entgeltart: Einmalzahlung
Entgeltzuordnung in der SV: Kein Arbeitsentgelt im Sinne der Sozialversicherung.

18.29 Sicherungseinrichtung

Erläuterung: Vom Arbeitgeber in die Wohnung des Arbeitnehmers eingebaute Sicherungseinrichtung. Grundsätzlich steuerpflichtig, aber bei erhöhter und konkreter Gefährdung des Arbeitnehmers in den Stufen 1 und 2 in unbegrenzter Höhe, in Stufe 3 bis zu 15.338 EUR und bei nur abstrakter Gefährdung bis zu 7.669 EUR lohnsteuerfrei.

Lohnsteuerpflicht	Nein	§ 8 Abs. 2 EStG; BMF, Schreiben v. 30.6.1997, IV B 6 S2334 148/97, BStBl I S. 696
Beitragspflicht KV PV RV ALV	Nein	§ 14 Abs. 1 SGB IV, § 1 Abs. 1 SvEV
Beitragspflicht UV	Nein	§ 14 Abs. 1 SGB IV, § 1 Abs. 1 SvEV

Mindestlohnrelevanz: Nein
Entgeltart: Einmalzahlung
Entgeltzuordnung in der SV: Kein Arbeitsentgelt im Sinne der Sozialversicherung.

18.30 Signing Fee

Erläuterung: Durch den Arbeitgeber gezahlter Bonus an – oft besonders qualifizierte – neue Arbeitnehmer bei Abschluss des Arbeitsvertrages.

Lohnsteuerpflicht	Ja	§ 8 Abs. 1 EStG; § 2 Abs. 2 Nr. 1 LStDV
Beitragspflicht KV PV RV ALV	Ja	§ 14 Abs. 1 Satz 1 SGB IV
Beitragspflicht UV	Ja	§ 14 Abs. 1 Satz 1 SGB IV

Mindestlohnrelevanz: Nein
Entgeltart: Einmalzahlung
Entgeltzuordnung in der SV: Entgeltabrechnungsmonat, in dem der Bonus ausgezahlt wird.

18.31 Smartphone

Erläuterung: S. Arbeitsmittel.

18.32 Sonderzulage

Erläuterung: S. Provision.

18.33 Sonntagsarbeitszuschlag, Grundlohn liegt zwischen 25 EUR und 50 EUR pro Stunde

Erläuterung: Sonntagsarbeitszuschlag, die für tatsächlich geleistete Sonntagsarbeit neben dem Grundlohn gezahlt werden, soweit 50% des Grundlohns nicht übersteigend. SV: Regelmäßiges Entgelt bei regelmäßiger Sonntagsarbeit.

Lohnsteuerpflicht	Nein	§ 3b EStG
Beitragspflicht KV PV RV ALV	Ja	§ 14 Abs. 1 Satz 1 SGB IV, § 1 Abs. 1 Nr. 1 SvEV
Beitragspflicht UV	Ja	§ 1 Abs. 2 SvEV

Mindestlohnrelevanz: Ja
Entgeltart: Laufendes Arbeitsentgelt
Entgeltzuordnung in der SV: Entgeltabrechnungszeitraum, in dem die Zuschläge gezahlt werden.

18.34 Sonntagsarbeitszuschlag, Grundlohn übersteigt nicht 25 EUR pro Stunde

Erläuterung: Sonntagsarbeitszuschlag, die für tatsächlich geleistete Sonntagsarbeit neben dem Grundlohn gezahlt werden, soweit 50% des Grundlohns nicht übersteigend. Steuer: Steuerfrei soweit Grundlohn 50 EUR pro Stunde nicht übersteigt.

Lohnsteuerpflicht	Nein	§ 3b EStG
Beitragspflicht KV PV RV ALV	Nein	§ 14 Abs. 1 SGB IV, § 1 Abs. 1 Nr. 1 SvEV
Beitragspflicht UV	Ja	§ 14 Abs. 1 SGB IV, § 1 Abs. 1 Nr. 1 SvEV

Mindestlohnrelevanz: Ja
Entgeltart: Laufendes Arbeitsentgelt
Entgeltzuordnung in der SV: Kein Arbeitsentgelt im Sinne der Sozialversicherung. In der Unfallversicherung sind steuerpflichtige und auch steuerfreie Zuschläge für Sonntags-, Feiertags- und Nachtarbeit beitragspflichtig.

18.35 Sonstige Bezüge (größere Zahl von Fällen – Einmalzahlung)

Erläuterung: Auf Antrag des Arbeitgebers wird der Durchschnitts-Nettosteuersatz zur Steuerberechnung herangezogen. Ohne besonderen Nachweis ist eine größere Anzahl von Fällen bereits ab 20 Arbeitnehmern erreicht. Der sonstige Bezug ist als einmaliger Bezug einzustufen. Es liegt ein Sachverhalt gemäß § 6 Abs. 3 SachBezV vor.

Lohnsteuerpflicht	Ja	§ 40 Abs. 1 Nr. 1 EStG
Beitragspflicht KV PV RV ALV	Ja	§ 1 Abs. 1 Nr. 3 SvEV, § 6 Abs. 3 SachBezV
Beitragspflicht UV	Ja	§ 1 Abs. 1 Nr. 3 SvEV

Mindestlohnrelevanz: Nein
Entgeltart: Einmalzahlung
Entgeltzuordnung in der SV: Entgeltabrechnungsmonat, in dem die sonstigen Bezüge ausgezahlt werden. Sonstige Bezüge als Einmalzahlungen, die in den Monaten Januar bis März eines Jahres ausgezahlt werden, sind dem letzten Entgeltabrechnungsmonat des vergangenen Jahres (Vorjahres) zuzuordnen, wenn in dem vergangenen Jahr bei demselben Arbeitgeber ein versicherungspflichtiges Beschäftigungsverhältnis bestanden hat und die sonstigen Bezüge zusammen mit den sonstigen für das laufende Kalenderjahr festgestellten beitragspflichtigen Einnahmen die anteilige Beitragsbemessungsgrenze des laufenden Kalenderjahres übersteigen (März-Klausel).

18.36 Sonstige Bezüge (größere Zahl von Fällen – laufendes Entgelt)

Erläuterung: Auf Antrag des Arbeitgebers wird der Durchschnitts-Nettosteuersatz zur Steuerberechnung herangezogen. Ohne besonderen Nachweis ist eine größere Anzahl von Fällen bereits ab 20 Arbeitnehmern erreicht. Der sonstige Bezug ist als laufendes Entgelt einzustufen, es liegt kein Fall gemäß § 6 Abs. 3 SachBezV vor.

Lohnsteuerpflicht	Ja	§ 40 Abs. 1 Nr. 1 EStG
Beitragspflicht KV PV RV ALV	Nein	§ 14 Abs. 1 SGB IV, § 1 Abs. 1 Nr. 3 SvEV
Beitragspflicht UV	Nein	§ 14 Abs. 1 SGB IV, § 1 Abs. 1 Nr. 3 SvEV

Mindestlohnrelevanz: Nein
Entgeltart: Laufendes Arbeitsentgelt
Entgeltzuordnung in der SV: Entgeltabrechnungsmonat, für den der Anspruch auf die sonstigen Bezüge besteht.

18.37 Sozialzulage

Erläuterung: S. Familienzuschlag.

18.38 Sparzulage

Erläuterung: Gemäß Fünftem Vermögensbildungsgesetz. S. Arbeitnehmer-Sparzulage und Vermögenswirksame Leistung.

Lohnsteuerpflicht	Nein	

Mindestlohnrelevanz: Nein

18.39 Spätarbeitszulage

Erläuterung: s. Erschwerniszulage

18.40 S-Pedelec

Erläuterung: S-Pedelecs sind verkehrsrechtlich Kraftfahrzeuge. S. Elektrofahrrad (über 25 km/h).

18.41 Spesen

Erläuterung: S. Verpflegungsmehraufwand.

18.42 Sportanlage

Erläuterung: Wenn für die Benutzung von Sportanlagen (z. B. Tennis-, Squashplätze) üblicherweise ein Entgelt zu entrichten ist, und der Arbeitgeber dem Arbeitnehmer die kostenlose Nutzung der Anlage ermöglicht.

Lohnsteuerpflicht	Ja	BFH, Urteil v. 27.9.1996, VI R 44/96; BFH 21.3.2013 – VI R 31/10; BFH 17.7.2014 – VI R 69/13
Beitragspflicht KV PV RV ALV	Ja	§ 14 Abs. 1 Satz 1 SGB IV
Beitragspflicht UV	Ja	§ 14 Abs. 1 Satz 1 SGB IV

Mindestlohnrelevanz: Nein
Entgeltart: Laufendes Arbeitsentgelt
Entgeltzuordnung in der SV: Entgeltabrechnungsmonat, für den der Anspruch auf den geldwerten Vorteil besteht.

18.43 Sprachkurs (durch Arbeitgeber gebucht)

Erläuterung: S. Werbungskostenersatz.

18.44 Sprachkurs (durch Arbeitnehmer gebucht)

Erläuterung:

Lohnsteuerpflicht	Ja	R 19.7 Abs. 1 LStR
Beitragspflicht KV PV RV ALV	Ja	§ 14 Abs. 1 Satz 1 SGB IV, § 23a SGB IV
Beitragspflicht UV	Ja	§ 14 Abs. 1 Satz 1 SGB IV, § 23a SGB IV

Mindestlohnrelevanz: Nein
Entgeltart: Einmalzahlung
Entgeltzuordnung in der SV: Entgeltabrechnungsmonat, in dem der Arbeitgeber dem Arbeitnehmer die Kosten für den Sprachkurs erstattet.

18.45 Sprachkurs (für ausländische Arbeitnehmer)

Erläuterung: S. Deutschkurs.

18.46 Stellenzulage

Erläuterung: Diese Zulage erhalten Beschäftigte im öffentlichen Dienst, so lange sie mit der Wahrnehmung einer herausgehobenen Funktion betraut sind.

Lohnsteuerpflicht	Ja	§ 2 Abs. 1 LStDV
Beitragspflicht KV PV RV ALV	Ja	§ 14 Abs. 1 Satz 1 SGB IV
Beitragspflicht UV	Ja	§ 14 Abs. 1 Satz 1 SGB IV

Mindestlohnrelevanz: Ja
Entgeltart: Laufendes Arbeitsentgelt
Entgeltzuordnung in der SV: Entgeltabrechnungsmonat, für den der Anspruch auf die Stellenzulage besteht.

18.47 Sterbegeld

Erläuterung: Zahlung des restlichen Gehalts für den Sterbemonat u. ggf. noch 2-3 Folgemonate durch den Arbeitgeber als Versorgungsbezug (es bleibt ein nach einem Prozentsatz ermittelter, auf einen Höchstbetrag begrenzter Betrag – Versorgungsfreibetrag – und ein Zuschlag zum Versorgungsfreibetrag steuerfrei. S. auch Altersrente).

Lohnsteuerpflicht	Nein	§ 19 Abs. 2 EStG; R 19.8 LStR
Beitragspflicht KV PV RV ALV	Nein	Kein Arbeitsentgelt i. S. des § 14 Abs. 1 Satz 1 SGB IV
Beitragspflicht UV	Nein	Kein Arbeitsentgelt i. S. des § 14 Abs. 1 Satz 1 SGB IV

Mindestlohnrelevanz: Nei
Entgeltart: Laufendes Arbeitsentgelt
Entgeltzuordnung in der SV: Kein Arbeitsentgelt im Sinne der Sozialversicherung.

18.48 Steuerfreibetrag

Erläuterung: Erhöhte Werbungskosten, Sonderausgaben oder außergewöhnliche Belastungen können ab 600 EUR als individueller Freibetrag in die ELStAM des Arbeitnehmers eingetragen werden. Sie führen nicht zur Minderung des in der Sozialversicherung beitragspflichtigen Arbeitsentgelts.

Lohnsteuerpflicht	Nein	§ 39a, § 39b Abs. 2 und 3 EStG
Beitragspflicht KV PV RV ALV	Ja	§ 14 Abs. 1 Satz 1 SGB IV
Beitragspflicht UV	Ja	§ 14 Abs. 1 Satz 1 SGB IV

Mindestlohnrelevanz: Nein
Entgeltart: Laufendes Arbeitsentgelt
Entgeltzuordnung in der SV: Entgeltabrechnungsmonat, für den der Anspruch auf das beitragspflichtige Arbeitsentgelt besteht.

18.49 Stipendium

Erläuterung: Stipendien, die unmittelbar aus öffentlichen Mitteln oder aus zwischenstaatlichen oder überstaatlichen Einrichtungen, denen die Bundesrepublik Deutschland als Mitglied angehört, zur Förderung der Forschung oder zur Förderung der wissenschaftlichen oder künstlerischen Ausbildung oder Fortbildung gewährt werden.

Lohnsteuerpflicht	Nein	§ 3 Nr. 44 EStG
Beitragspflicht KV PV RV ALV	Nein	§ 14 Abs. 1 SGB IV, § 1 Abs. 1 SvEV
Beitragspflicht UV	Nein	§ 14 Abs. 1 SGB IV, § 1 Abs. 1 SvEV

Mindestlohnrelevanz: Nein
Entgeltart: Laufendes Arbeitsentgelt
Entgeltzuordnung in der SV: Kein Arbeitsentgelt im Sinne der Sozialversicherung.

18.50 Streikunterstützung

Erläuterung: Streikgeld bzw. Aussperrungsunterstützung der Gewerkschaften.

Lohnsteuerpflicht	Nein	BFH, Urteil v. 24.10.1990, X R 161/88
Beitragspflicht KV PV RV ALV	Nein	§ 14 Abs. 1 SGB IV, § 1 Abs. 1 SvEV
Beitragspflicht UV	Nein	§ 14 Abs. 1 SGB IV, § 1 Abs. 1 SvEV

Mindestlohnrelevanz: Nein
Entgeltart: Laufendes Arbeitsentgelt
Entgeltzuordnung in der SV: Kein Arbeitsentgelt im Sinne der Sozialversicherung.

18.51 Stromlieferung

Erläuterung: Unentgeltliche oder verbilligte Lieferung von Strom durch den Arbeitgeber für den privaten Gebrauch.

Lohnsteuerpflicht	Ja	§ 19 Abs. 1 EStG i. V. m. § 8 Abs. 1 EStG
Beitragspflicht KV PV RV ALV	Ja	§ 14 Abs. 1 Satz 1 SGB IV
Beitragspflicht UV	Ja	§ 14 Abs. 1 Satz 1 SGB IV

Mindestlohnrelevanz: Nein
Entgeltart: Laufendes Arbeitsentgelt
Entgeltzuordnung in der SV: Entgeltabrechnungsmonat, für den der Anspruch auf den Sachbezug besteht.

18.52 Stromlieferung (Arbeitgeber ist Stromlieferant)

Erläuterung: S. Mitarbeiterrabatt.

18.53 Studienbeihilfe

Erläuterung: Studienbeihilfe (Zuschuss zu den Studiengebühren), im Hinblick auf ein künftiges Dienstverhältnis gewährt. Ausnahme von der *Lohnsteuerpflicht*: bei berufsbegleitendem Studium, das im Rahmen eines Ausbildungsverhältnisses stattfindet.

Lohnsteuerpflicht	Ja	§ 2 Abs. 2 Nr. 1 LStDV
Beitragspflicht KV PV RV ALV	Ja	§ 14 Abs. 1 Satz 1 SGB IV
Beitragspflicht UV	Ja	§ 14 Abs. 1 Satz 1 SGB IV

Mindestlohnrelevanz: Nein
Entgeltart: Laufendes Arbeitsentgelt
Entgeltzuordnung in der SV: Entgeltabrechnung

18.54 Studiengebühr (Ausbildungsdienstverhältnis)

Erläuterung: Übernahme der Studiengebühr durch den Arbeitgeber bei Vorliegen eines Ausbildungsdienstverhältnisses (z. B. Arbeitnehmer besucht duale Hochschule), wenn er Schuldner der Studiengebühr ist. Ist der Arbeitnehmer Schuldner der Studiengebühr, wenn die Kostenübernahme vom Arbeitgeber vorab schriftlich zugesagt und eine Rückzahlungsklausel vereinbart wird.

Lohnsteuerpflicht	Nein	BMF-Schreiben v. 13.04.2012, IV C 5 S 2332/07/0001
Beitragspflicht KV PV RV ALV	Nein	§ 1 Abs. 1 Satz 1 Nr. 15 SvEV
Beitragspflicht UV	Nein	§ 1 Abs. 1 Satz 1 Nr. 15 SvEV

Mindestlohnrelevanz: Nein
Entgeltart: Laufendes Arbeitsentgelt
Entgeltzuordnung in der SV: Kein Arbeitsentgelt im Sinn der Sozialversicherung.

18.55 Studiengebühr (ohne Ausbildungsverhältnis, aber berufsbegleitend)

Erläuterung: Übernahme der Studiengebühr durch den Arbeitgeber ohne bestehendes Ausbildungsverhältnis (z. B. Studium an FH, Hochschule, Universität): grundsätzlich steuer- und sv-pflichtig. Aber wenn das Studium im ganz überwiegenden betrieblichen Interesse liegt (R 19.7 Abs. 1, 2 LStR) und die Kostenübernahme vom Arbeitgeber vorab schriftlich zugesagt wird, herrscht Steuer- und SV-Freiheit.

Lohnsteuerpflicht	Ja	§ 19 Abs. 1 EStG; § 1 Abs. 1 Nr. 15 SvEV
Beitragspflicht KV PV RV ALV	Ja	§ 14 Abs. 1 SGB IV, § 23a SGB IV, BE v. 7./8.5.2008 (TOP 4), BE v. 30./31.3.2009 (TOP 5)
Beitragspflicht UV	Ja	§ 14 Abs. 1 SGB IV, § 23a SGB IV

Mindestlohnrelevanz: Nein
Entgeltart: Einmalzahlung
Entgeltzuordnung in der SV: Entgeltabrechnungsmonat, in dem der Arbeitgeber dem Arbeitnehmer die Kosten erstattet bzw. in dem er die Kosten bezahlt.

19 T – Tablet bis Trinkgeld

19.1 Tablet

Erläuterung: S. Arbeitsmittel.

19.2 Tagesmutter (nicht schulpflichtiges Kind)

Erläuterung: Zuschuss oder Kostenerstattung des Arbeitgebers für eine Tagesmutter zusätzlich zum ohnehin geschuldeten Arbeitslohn bis zu den tatsächlichen Kosten.

Lohnsteuerpflicht	Nein	§ 3 Nr. 33 EStG; R 3.33 LStR
Beitragspflicht KV PV RV ALV	Nein	§ 1 Abs. 1 Satz 1 SvEV.
Beitragspflicht UV	Nein	§ 1 Abs. 1 Satz 1 SvEV.

Mindestlohnrelevanz: Nein
Entgeltart: Laufendes Arbeitsentgelt

19.3 Tagesmutter (schulpflichtiges Kind)

Erläuterung: Zuschuss oder Kostenerstattung des Arbeitgebers für eine Tagesmutter.

Lohnsteuerpflicht	Ja	§ 19 Abs. 1 EStG; R 19.3 LStR
Beitragspflicht KV PV RV ALV	Ja	§ 14 Abs. 1 S. 1 SGB IV
Beitragspflicht UV	Ja	§ 14 Abs. 1 S. 1 SGB IV

Mindestlohnrelevanz: Nein
Entgeltart: Laufendes Arbeitsentgelt
Entgeltzuordnung in der SV: Entgeltabrechnungsmonat, für den der Anspruch auf den Zuschuss besteht.

19.4 Tageszeitung

Erläuterung: S. Zeitung.

19.5 Tanken (Dienst- oder Betriebsfahrzeug)

Erläuterung: Der Arbeitnehmer tankt auf eigene Kosten, bekommt Auslagen vom Arbeitgeber ersetzt. S. Auslagenersatz. Unberührt bleiben die steuerlichen Regelungen bei teilweiser Privatnutzung des Fahrzeugs. S. aber Gutschein.

Lohnsteuerpflicht	Nein	§ 8 Abs. 2 Sätze 2 bis 5 EStG
Beitragspflicht KV PV RV ALV	Nein	§ 14 Abs. 1 SGB IV, § 1 Abs. 1 SvEV
Beitragspflicht UV	Nein	§ 14 Abs. 1 SGB IV, § 1 Abs. 1 SvEV

Mindestlohnrelevanz: Nein
Entgeltzuordnung in der SV: Kein Arbeitsentgelt im Sinne der Sozialversicherung.

19.6 Tantieme

Erläuterung: Gezahlt an Beschäftigte, z. B. nach der Höhe des Umsatzes oder des Gewinnes eines Unternehmens.

Lohnsteuerpflicht	Ja	§ 19 Abs. 1 Nr. 1 EStG
Beitragspflicht KV PV RV ALV	Ja	§ 14 Abs. 1 Satz 1 SGB IV, § 23a SGB IV
Beitragspflicht UV	Ja	§ 14 Abs. 1 Satz 1 SGB IV, § 23a SGB IV

Mindestlohnrelevanz: Nein
Entgeltart: Einmalzahlung
Entgeltzuordnung in der SV: Entgeltabrechnungsmonat, in dem die Tantiemen ausgezahlt werden. Tantiemen, die in den Monaten Januar bis März eines Jahres ausgezahlt werden, sind dem letzten Entgeltabrechnungsmonat des vergangenen Jahres (Vorjahres) zuzuordnen, wenn in dem vergangenen Jahr bei demselben Arbeitgeber ein versicherungspflichtiges Beschäftigungsverhältnis bestanden hat und die Tantiemen zusammen mit den sonstigen für das laufende Kalenderjahr festgestellten beitragspflichtigen Einnahmen die anteilige Beitragsbemessungsgrenze des laufenden Kalenderjahres übersteigen (März-Klausel).

19.7 Taschengeld aus zivilem Jugendfreiwilligendienst

Erläuterung: Taschengeld, das bei Ableistung eines Jugendfreiwilligendienstes, z. B. Bundesfreiwilligendienst, Freiwilliges soziales oder ökologisches Jahr gezahlt wird. S. Wehrsold.

Lohnsteuerpflicht	Nein	§ 3 Nr. 5 EStG
Beitragspflicht KV PV RV ALV	Ja	§ 14 Abs. 1 S. 1 SGB IV
Beitragspflicht UV	Ja	§ 14 Abs. 1 S. 1 SGB IV

Mindestlohnrelevanz: Nein
Entgeltart: Laufendes Arbeitsentgelt
Entgeltzuordnung in der SV: Entgeltabrechnungsmonat, für den der Anspruch auf die Zahlung besteht.

19.8 Taucherzulage

Erläuterung: S. Erschwerniszulage

19.9 Technische Zulage

Erläuterung: Zulage als Ausgleich aufgrund besonderer technischer Anforderungen an die Ausbildung oder die Tätigkeit.

Lohnsteuerpflicht	Ja	R 19.3 Abs. 1 Nr. 1 LStR
Beitragspflicht KV PV RV ALV	Ja	§ 14 Abs. 1 S. 1 SGB IV
Beitragspflicht UV	Ja	§ 14 Abs. 1 S. 1 SGB IV

Mindestlohnrelevanz: Ja
Entgeltart: Laufendes Arbeitsentgelt
Entgeltzuordnung in der SV: Entgeltabrechnungsmonat, für den der Anspruch auf die Zahlung besteht.

19.10 Telefonanschluss

Erläuterung: S. Fernsprechanschluss.

19.11 Telefonbenutzung (privater Anschluss mit Nachweisführung)

Erläuterung: Berufliche Gespräche von privaten Telefonen, wenn der Arbeitnehmer Aufzeichnungen führt, zumindest für 3 Monate.

Lohnsteuerpflicht	Nein	§ 3 Nr. 50 EStG; R 3.50 Abs. 2 LStR
Beitragspflicht KV PV RV ALV	Nein	§ 14 Abs. 1 SGB IV, § 1 Abs. 1 SvEV
Beitragspflicht UV	Nein	§ 14 Abs. 1 SGB IV, § 1 Abs. 1 SvEV

Mindestlohnrelevanz: Nein
Entgeltart: Laufendes Arbeitsentgelt
Entgeltzuordnung in der SV: Kein Arbeitsentgelt im Sinne der Sozialversicherung.

19.12 Telefonbenutzung (privater Anschluss ohne Nachweisführung)

Erläuterung: Beruflich bedingte Telefonbenutzung ohne Führung eines Nachweises bis zu 20 % der Kosten des Rechnungsbetrags, max. 20 EUR pro Monat.

Lohnsteuerpflicht	Nein	§ 3 Nr. 50 EStG; R 3.50 Abs. 2 LStR
Beitragspflicht KV PV RV ALV	Nein	§ 14 Abs. 1 SGB IV, § 1 Abs. 1 SvEV
Beitragspflicht UV	Nein	§ 14 Abs. 1 SGB IV, § 1 Abs. 1 SvEV

Mindestlohnrelevanz: Nein
Entgeltart: Laufendes Arbeitsentgelt
Entgeltzuordnung in der SV: Kein Arbeitsentgelt im Sinne der Sozialversicherung.

19.13 Telefonbenutzung (Privatgespräch am Arbeitsplatz)

Erläuterung: Vorteile des Arbeitnehmers aus der privaten Nutzung von betrieblichen Telekommunikationsgeräten.

Lohnsteuerpflicht	Nein	§ 3 Nr. 45 EStG; R 3.45 LStR
Beitragspflicht KV PV RV ALV	Nein	§ 14 Abs. 1 SGB IV, § 1 Abs. 1 SvEV
Beitragspflicht UV	Nein	§ 14 Abs. 1 SGB IV, § 1 Abs. 1 SvEV

Mindestlohnrelevanz: Nein
Entgeltart: Laufendes Arbeitsentgelt
Entgeltzuordnung in der SV: Kein Arbeitsentgelt im Sinne der Sozialversicherung.

19.14 Telekommunikationsleistung

Erläuterung: Private Nutzung betrieblicher Datenverarbeitungs- und Telekommunikationsgeräte einschließlich Zubehör.

Lohnsteuerpflicht	Nein	§ 3 Nr. 45 EStG
Beitragspflicht KV PV RV ALV	Nein	§ 14 Abs. 1 SGB IV, § 1 Abs. 1 SvEV
Beitragspflicht UV	Nein	§ 14 Abs. 1 SGB IV, § 1 Abs. 1 SvEV

Mindestlohnrelevanz: Nein
Entgeltart: Laufendes Arbeitsentgelt
Entgeltzuordnung in der SV: Kein Arbeitsentgelt im Sinne der Sozialversicherung.

19.15 Teuerungszulage

Erläuterung: Wegen des Anstiegs der Lebenshaltungskosten gezahlte Zulage zum Lohn oder Gehalt (auch Inflationsausgleich genannt).

Lohnsteuerpflicht	Ja	§ 19 Abs. 1 EStG
Beitragspflicht KV PV RV ALV	Ja	§ 14 Abs. 1 Satz 1 SGB IV
Beitragspflicht UV	Ja	§ 14 Abs. 1 Satz 1 SGB IV

Mindestlohnrelevanz: Nein
Entgeltart: Einmalzahlung
Entgeltzuordnung in der SV: Entgeltabrechnungsmonat, in dem die Teuerungszulagen ausgezahlt werden.

19.16 Theaterbetriebszulage

Erläuterung: Theaterbetriebszuschlag und Theaterbetriebszulage an Beschäftigte von Theatern und Bühnen für tatsächlich geleistete Arbeit

Lohnsteuerpflicht	Nein	BFH, Urteil v. 9.6.2021 – VI R 16/19; § 3b EStG
Beitragspflicht KV PV RV ALV	Ja	§ 14 Abs. 1 Satz 1 SGB IV
Beitragspflicht UV	Ja	§ 14 Abs. 1 Satz 1 SGB IV

Mindestlohnrelevanz: Nein
Entgeltart: Laufendes Arbeitsentgelt
Entgeltzuordnung in der SV: Entgeltabrechnungsmonat, für den der Anspruch auf Theaterbetriebszuschläge bzw. Theaterbetriebszulagen besteht.

19.17 Theaterkarte

Erläuterung: S. Eintrittskarte

19.18 Tombolagewinn

Erläuterung: S. Losgewinn.

19.19 Trennungsentschädigung

Erläuterung: Trennungsentschädigung in der Privatwirtschaft, die bei Abordnung zu auswärtigen Dienstleistungen oder bei Versetzung bis zum Umzug gezahlt wird, soweit die beruflich veranlassten Mehraufwendungen bzw. pauschalen Abgeltungsbeträge die ansonsten nach § 9 EStG absetzbaren Werbungskosten nicht übersteigen.

Lohnsteuerpflicht	Nein	§ 3 Nr. 16 EStG; R 3.16, R 9.9 und R 9.11 LStR
Beitragspflicht KV PV RV ALV	Nein	§ 14 Abs. 1 SGB IV, § 1 Abs. 1 SvEV
Beitragspflicht UV	Nein	§ 14 Abs. 1 SGB IV, § 1 Abs. 1 SvEV

Mindestlohnrelevanz: Nein
Entgeltart: Einmalzahlung
Entgeltzuordnung in der SV: Kein Arbeitsentgelt im Sinne der Sozialversicherung.

19.20 Trennungsentschädigung (öffentlicher Dienst)

Erläuterung: Trennungsentschädigung nach dem Reisekostenrecht des öffentlichen Dienstes bei Abordnung zu auswärtigen Dienstleistungen oder bei Versetzung bis zum Umzug.

Lohnsteuerpflicht	Nein	§ 3 Nr. 13 EStG; R 3.13 LStR
Beitragspflicht KV PV RV ALV	Nein	§ 14 Abs. 1 SGB IV, § 1 Abs. 1 SvEV
Beitragspflicht UV	Nein	§ 14 Abs. 1 SGB IV, § 1 Abs. 1 SvEV

Mindestlohnrelevanz: Nein
Entgeltart: Einmalzahlung
Entgeltzuordnung in der SV: Kein Arbeitsentgelt im Sinne der Sozialversicherung.

19.21 Treppengeld

Erläuterung: Treppengeld im Kohlenhandel.

Lohnsteuerpflicht	Ja	R 19.3 Abs. 1 S. 1 Nr. 5 LStR
Beitragspflicht KV PV RV ALV	Ja	§ 14 Abs. 1 Satz 1 SGB IV
Beitragspflicht UV	Ja	§ 14 Abs. 1 Satz 1 SGB IV

Mindestlohnrelevanz: Nein
Entgeltart: Laufendes Arbeitsentgelt
Entgeltzuordnung in der SV: Entgeltabrechnungsmonat, für den der Anspruch auf das Treppengeld besteht

19.22 Treueprämie

Erläuterung: Treueprämie, die nicht als Jubiläumsgeschenk steuer- und beitragsfrei bleiben kann.

Lohnsteuerpflicht	Ja	§ 19 Abs. 1 EStG; R 19.3 LStR
Beitragspflicht KV PV RV ALV	Ja	§ 14 Abs. 1 Satz 1 SGB IV, § 23a SGB IV
Beitragspflicht UV	Ja	§ 14 Abs. 1 Satz 1 SGB IV, § 23a SGB IV

Mindestlohnrelevanz: Nein
Entgeltart: Einmalzahlung
Entgeltzuordnung in der SV: Entgeltabrechnungsmonat, in dem die Treueprämien ausgezahlt werden. Treueprämien, die in den Monaten Januar bis März eines Jahres ausgezahlt werden, sind dem letzten Entgeltabrechnungsmonat des vergangenen Jahres (Vorjahres) zuzuordnen, wenn in dem vergangenen Jahr bei demselben Arbeitgeber ein versicherungspflichtiges Beschäftigungsverhältnis bestanden hat und die Prämien zusammen mit den sonstigen für das laufende Kalenderjahr festgestellten beitragspflichtigen Einnahmen die anteilige Beitragsbemessungsgrenze des laufenden Kalenderjahres übersteigen (März-Klausel).

19.23 Trinkgeld (freiwilliges Trinkgeld)

Erläuterung: Freiwillige Trinkgelder, die ohne Rechtsanspruch gewährt werden.

Lohnsteuerpflicht	Nein	§ 3 Nr. 51 EStG
Beitragspflicht KV PV RV ALV	Nein	§ 14 Abs. 1 SGB IV, § 1 Abs. 1 SvEV
Beitragspflicht UV	Nein	§ 14 Abs. 1 SGB IV, § 1 Abs. 1 SvEV

Mindestlohnrelevanz: Nein
Entgeltart: Laufendes Arbeitsentgelt
Entgeltzuordnung in der SV: Kein Arbeitsentgelt im Sinne der Sozialversicherung.

19.24 Trinkgeld (Rechtsanspruch)

Erläuterung: Trinkgeld, auf das ein Rechtsanspruch besteht.

Lohnsteuerpflicht	Ja	R 19.3 Abs. 1 Nr. 5 LStR
Beitragspflicht KV PV RV ALV	Ja	§ 14 Abs. 1 Satz 1 SGB IV
Beitragspflicht UV	Ja	§ 14 Abs. 1 Satz 1 SGB IV

Mindestlohnrelevanz: Ja
Entgeltart: Laufendes Arbeitsentgelt
Entgeltzuordnung in der SV: Entgeltabrechnungsmonat, für den der Anspruch auf die Trinkgelder besteht.

20 U – Überbrückungsbeihilfe bis Urlaubszuschuss

20.1 Überbrückungsbeihilfe

Erläuterung: Überbrückungsbeihilfe, die nach einer Entlassung aus militärischen Gründen an ehemalige Arbeitnehmer der Stationierungsstreitkräfte gezahlt werden.

Lohnsteuerpflicht	Ja	§ 19 Abs. 1 EStG; R 19.3 LStR
Beitragspflicht KV PV RV ALV	Nein	§ 14 Abs. 1 Satz 1 SGB IV
Beitragspflicht UV	Nein	§ 14 Abs. 1 Satz 1 SGB IV

Mindestlohnrelevanz: Nein
Entgeltzuordnung in der SV: Kein Arbeitsentgelt, da Zahlung für Zeiten nach Ende des Beschäftigungsverhältnisses erfolgt.

20.2 Übergangsbeihilfe in allen anderen Fällen

Erläuterung: Bei Zeitsoldaten mit Dienstverhältnisbeginn seit 1.1.2006 muss eine Übergangsbeihilfe versteuert werden.

Lohnsteuerpflicht	Ja	§ 19 Abs. 1 EStG; R 19.3 LStR
Beitragspflicht KV PV RV ALV	Nein	§ 14 Abs. 1 Satz 1 SGB IV
Beitragspflicht UV	Nein	§ 14 Abs. 1 Satz 1 SGB IV

Mindestlohnrelevanz: Nein
Entgeltart: Laufendes Arbeitsentgelt
Entgeltzuordnung in der SV: Kein Arbeitsentgelt im Sinne der Sozialversicherung.

20.3 Übergangsgebührnisse

Erläuterung: Übergangsgebührnisse gemäß § 11 SVG, Übergangsgelder an ehemalige Minister und Wahlbeamte auf Zeit.

Lohnsteuerpflicht	Ja	§ 19 Abs. 1 EStG; R 19.3 LStR
Beitragspflicht KV PV RV ALV	Nein	§ 14 Abs. 1 Satz 1 SGB IV, BSG, Urteil vom 8.11.1989 1 RA 21/88
Beitragspflicht UV	Nein	§ 14 Abs. 1 Satz 1 SGB IV

Mindestlohnrelevanz: Nein
Entgeltart: Laufendes Arbeitsentgelt
Entgeltzuordnung in der SV: Kein Arbeitsentgelt im Sinne der Sozialversicherung.

20.4 Übergangsgeld / Übergangsbeihilfe

Erläuterung: Aufgrund gesetzlicher Vorschriften wegen Entlassung aus einem Dienstverhältnis gezahltes Übergangsgeld oder gesetzliche Übergangsbeihilfen. SV: Beschäftigungsverhältnis besteht nicht mehr, daher kein Arbeitsentgelt.

Lohnsteuerpflicht	Ja	§ 8 Abs. 1 EStG
Beitragspflicht KV PV RV ALV	Nein	kein Arbeitsentgelt i. S. des § 14 Abs. 1 Satz 1 SGB IV
Beitragspflicht UV	Nein	kein Arbeitsentgelt i. S. des § 14 Abs. 1 Satz 1 SGB IV

Mindestlohnrelevanz: Nein
Entgeltart: Laufendes Arbeitsentgelt
Entgeltzuordnung in der SV: Kein Arbeitsentgelt im Sinne der Sozialversicherung, da kein Beschäftigungsverhältnis mehr besteht.

20.5 Übergangsgeld in allen anderen Fällen

Erläuterung: Alle seit 1.1.2006 vereinbarten Übergangsgelder sind generell steuer- und sozialversicherungspflichtig.

Lohnsteuerpflicht	Ja	§ 19 Abs. 1 EStG; R 19.3 LStR
Beitragspflicht KV PV RV ALV	Ja	§ 14 Abs. 1 Satz 1 SGB IV
Beitragspflicht UV	Ja	§ 14 Abs. 1 Satz 1 SGB IV

Mindestlohnrelevanz: Nein
Entgeltart: Laufendes Arbeitsentgelt

Entgeltzuordnung in der SV: Entgeltabrechnungsmonat, für den der Anspruch auf die Übergangsgelder besteht.

20.6 Übernachtungskosten bei Auswärtstätigkeit (Auslagenersatz an Arbeitnehmer)

Erläuterung: Der Arbeitnehmer legt die Kosten aus, der Arbeitgeber erstattet gegen Beleg die Kosten. S. Auslagenersatz.

Lohnsteuerpflicht	Nein	§ 3 Nr. 16 EStG
Beitragspflicht KV PV RV ALV	Nein	§ 14 Abs. 1 SGB IV, § 1 Abs. 1 Nr. 1 SvEV
Beitragspflicht UV	Nein	§ 14 Abs. 1 SGB IV, § 1 Abs. 1 Nr. 1 SvEV

Mindestlohnrelevanz: Nein
Entgeltart: Laufendes Arbeitsentgelt
Entgeltzuordnung in der SV: Kein Arbeitsentgelt im Sinne der Sozialversicherung.

20.7 Überstundenvergütung

Erläuterung: S. Mehrarbeitsvergütung (entsprechend tatsächlicher Mehrarbeit) und Mehrarbeit (pauschal).

20.8 Übertragung eines Wertguthabens an Arbeitgeber

Erläuterung: Übertragung des Wertguthabens eines Arbeitnehmers an den neuen Arbeitgeber.

Lohnsteuerpflicht	Nein	H 38 LStH
Beitragspflicht KV PV RV ALV	Nein	§ 7f Abs. 1 SGB IV
Beitragspflicht UV	Nein	§ 7f Abs. 1 SGB IV

Mindestlohnrelevanz: Nein
Entgeltart: Einmalzahlung
Entgeltzuordnung in der SV: Kein Arbeitsentgelt im Sinn der Sozialversicherung.

20.9 Übertragung eines Wertguthabens an DRV

Erläuterung: Übertragung des Wertguthabens eines Arbeitnehmers an die Deutsche Rentenversicherung Bund (z. B. bei Arbeitslosigkeit).

Lohnsteuerpflicht	Nein	§ 3 Nr. 53 EStG
Beitragspflicht KV PV RV ALV	Nein	§ 14 Abs. 1 SGB IV, § 1 Abs. 1 SvEV
Beitragspflicht UV	Nein	§ 14 Abs. 1 SGB IV, § 1 Abs. 1 SvEV

Mindestlohnrelevanz: Nein
Entgeltart: Einmalzahlung
Entgeltzuordnung in der SV: Kein Arbeitsentgelt im Sinn der Sozialversicherung.

20.10 Übungsleiterfreibetrag

Erläuterung: S. Aufwandsentschädigung für Übungsleiter.

20.11 Umsatzbeteiligung

Erläuterung: Umsatzbeteiligung aufgrund eines Arbeitsverhältnisses.

Lohnsteuerpflicht	Ja	§ 19 Abs. 1 EStG
Beitragspflicht KV PV RV ALV	Ja	§ 14 Abs. 1 Satz 1 SGB IV
Beitragspflicht UV	Ja	§ 14 Abs. 1 Satz 1 SGB IV

Mindestlohnrelevanz: Ja
Entgeltart: Laufendes Arbeitsentgelt
Entgeltzuordnung in der SV: Entgeltabrechnungsmonat, für den der Anspruch auf die Umsatzbeteiligung besteht

20.12 Umschulungskosten

Erläuterung: S. Fortbildungskosten

20.13 Umzugskostenvergütung

Erläuterung: Umzugskostenvergütung im privaten Dienst bei dienstlich veranlasstem Umzug soweit sie die nach § 9 EStG als Werbungskosten abziehbaren Aufwendungen nicht übersteigen.

Lohnsteuerpflicht	Nein	§ 3 Nr. 16 EStG
Beitragspflicht KV PV RV ALV	Nein	§ 14 Abs. 1 SGB IV, § 1 Abs. 1 SvEV
Beitragspflicht UV	Nein	§ 14 Abs. 1 SGB IV, § 1 Abs. 1 SvEV

Mindestlohnrelevanz: Nein
Entgeltart: Einmalzahlung
Entgeltzuordnung in der SV: Kein Arbeitsentgelt im Sinne der Sozialversicherung.

20.14 Umzugskostenvergütung (aus öffentlicher Kasse)

Erläuterung: Umzugskostenvergütung im öffentlichen Dienst nach BUKG.

Lohnsteuerpflicht	Nein	§ 3 Nr. 13 EStG
Beitragspflicht KV PV RV ALV	Nein	§ 14 Abs. 1 SGB IV, § 1 Abs. 1 SvEV
Beitragspflicht UV	Nein	§ 14 Abs. 1 SGB IV, § 1 Abs. 1 SvEV

Mindestlohnrelevanz: Nein
Entgeltart: Einmalzahlung
Entgeltzuordnung in der SV: Kein Arbeitsentgelt im Sinne der Sozialversicherung.

20.15 Unfallentschädigung

Erläuterung: Unfallentschädigung gemäß § 43 BeamtVG oder Soldatenversorgungsgesetz

Lohnsteuerpflicht	Nein	§ 3 Nr. 3 EStG
Beitragspflicht KV PV RV ALV	Nein	§ 14 Abs. 1 SGB IV, § 1 Abs. 1 SvEV
Beitragspflicht UV	Nein	§ 14 Abs. 1 SGB IV, § 1 Abs. 1 SvEV

Mindestlohnrelevanz: Nein
Entgeltart: Einmalzahlung
Entgeltzuordnung in der SV: Kein Arbeitsentgelt im Sinne der Sozialversicherung.

20.16 Unfallversicherung für den Arbeitnehmer (pauschal versteuerte Arbeitgeberzahlung, keine Zusatzleistung)

Erläuterung: Der Arbeitgeber versteuert die anteiligen Beiträge für eine Gruppenunfallversicherung (nicht Berufsgenossenschaft) des Arbeitnehmers pauschal mit 20 %. Voraussetzung: es müssen mehrere Arbeitnehmer versichert sein. Es handelt sich hierbei nicht um eine Zusatzleistung des Arbeitgebers.

Lohnsteuerpflicht	Ja	§ 40b Abs. 3 EStG
Beitragspflicht KV PV RV ALV	Ja	§ 14 Abs. 1 Satz 1 SGB IV
Beitragspflicht UV	Ja	§ 14 Abs. 1 Satz 1 SGB IV

Mindestlohnrelevanz: Nein
Entgeltart: Einmalzahlung
Entgeltzuordnung in der SV: Entgeltabrechnungsmonat, in dem die Beiträge zur Unfallversicherung gezahlt werden.

20.17 Unfallversicherung für den Arbeitnehmer (pauschal versteuerte Zusatzleistung)

Erläuterung: Der Arbeitgeber versteuert die anteiligen Beiträge für eine Gruppenunfallversicherung (nicht Berufsgenossenschaft) des Arbeitnehmers pauschal mit 20 %. Voraussetzung: es müssen mehrere Arbeitnehmer versichert sein. Es handelt sich hierbei um eine Zusatzleistung des Arbeitgebers.

Lohnsteuerpflicht	Ja	§ 40b Abs. 3 EStG
Beitragspflicht KV PV RV ALV	Nein	§ 14 Abs. 1 SGB IV, § 1 Abs. 1 Nr. 3 SvEV
Beitragspflicht UV	Nein	§ 14 Abs. 1 SGB IV, § 1 Abs. 1 Nr. 3 SvEV

Mindestlohnrelevanz: Nein
Entgeltart: Laufendes Arbeitsentgelt
Entgeltzuordnung in der SV: Kein Arbeitsentgelt im Sinne der Sozialversicherung.

20.18 Unfallversicherungsbeitrag

Erläuterung: Unfallversicherungsbeitrag für Reiseunfallversicherung, wenn sich der Versicherungsschutz ausschließlich auf Unfälle bei beruflich veranlassten Auswärtstätigkeiten erstreckt.

Lohnsteuerpflicht	Nein	H 9.8 LStH
Beitragspflicht KV PV RV ALV	Nein	§ 14 Abs. 1 SGB IV, § 1 Abs. 1 SvEV
Beitragspflicht UV	Nein	§ 14 Abs. 1 SGB IV, § 1 Abs. 1 SvEV

Mindestlohnrelevanz: Nein
Entgeltart: Laufendes Arbeitsentgelt
Entgeltzuordnung in der SV: Kein Arbeitsentgelt im Sinne der Sozialversicherung.

20.19 Unterhaltsbeitrag

Erläuterung: Der Unterhaltsbeitrag und der Maßnahmenbeitrag nach dem Aufstiegsfortbildungsförderungsgesetz, soweit sie als Zuschuss geleistet werden.

Lohnsteuerpflicht	Nein	§ 3 Nr. 2 B. d EStG
Beitragspflicht KV PV RV ALV	Nein	§ 14 Abs. 1 SGB IV, § 1 Abs. 1 SvEV
Beitragspflicht UV	Nein	§ 14 Abs. 1 SGB IV, § 1 Abs. 1 SvEV

Mindestlohnrelevanz: Nein
Entgeltart: Laufendes Arbeitsentgelt
Entgeltzuordnung in der SV: Kein Arbeitsentgelt im Sinne der Sozialversicherung.

20.20 Unterstützung

Erläuterung: S. Beihilfen.

20.21 Unterstützungskassenleistung

Erläuterung: Unterstützungskassenleistung, soweit nicht als Unterstützung in besonderen Notfällen (S. Beihilfen) oder als steuerfreie Erholungs-, Geburts- oder Heiratsbeihilfe anerkannt.

Lohnsteuerpflicht	Ja	H 19.3 LStR
Beitragspflicht KV PV RV ALV	Ja	§ 14 Abs. 1 Satz 1 SGB IV
Beitragspflicht UV	Ja	§ 14 Abs. 1 Satz 1 SGB IV

Mindestlohnrelevanz: Nein
Entgeltart: Laufendes Arbeitsentgelt
Entgeltzuordnung in der SV: Entgeltabrechnungsmonat, für den der Anspruch auf die Unterstützungskassenleistungen besteht.

20.22 Urlaubsabgeltung

Erläuterung: S. auch Zinsen aus Urlaubsabgeltung.

Lohnsteuerpflicht	Ja	§ 19 EStG

Mindestlohnrelevanz: Nein
Entgeltart: Einmalzahlung

20.23 Urlaubsabgeltung (Tod des Berechtigten)

Erläuterung: Abgeltung von Urlaubsansprüchen beim Tod des Berechtigten.

Lohnsteuerpflicht	Ja	R 19.3 Abs. 1 Nr. 2 LStR
Beitragspflicht KV PV RV ALV	Ja	§ 14 Abs. 1 Satz 1 SGB IV, § 23a SGB IV
Beitragspflicht UV	Ja	§ 14 Abs. 1 Satz 1 SGB IV, § 23a SGB IV

Mindestlohnrelevanz: Nein
Entgeltart: Einmalzahlung
Entgeltzuordnung in der SV: Entgeltabrechnung

20.24 Urlaubsbeihilfe (pauschal versteuert)

Erläuterung: S. Ferienbeihilfe (pauschal versteuert).

20.25 Urlaubsbezug

Erläuterung: Auch Urlaubsbezüge, die während des Anspruchs auf Krankengeld gezahlt werden.

Lohnsteuerpflicht	Ja	§ 19 Abs. 1 EStG; R 19.3 Abs. 1 Nr. 2 LStR
Beitragspflicht KV PV RV ALV	Ja	§ 14 Abs. 1 Satz 1 SGB IV
Beitragspflicht UV	Ja	§ 14 Abs. 1 Satz 1 SGB IV, § 23a SGB IV

Mindestlohnrelevanz: Keine Aussage möglich.
Entgeltart: Laufendes Arbeitsentgelt
Entgeltzuordnung in der SV: Entgeltabrechnungsmonat, für den der Anspruch auf die Urlaubsbezüge besteht.

20.26 Urlaubsgeld

Erläuterung: Nur bei Rechtsanspruch (Vertrag oder betriebliche Übung) regelmäßiges Arbeitsentgelt.

Lohnsteuerpflicht	Ja	§ 19 Abs. 1 EStG
Beitragspflicht KV PV RV ALV	Ja	§ 14 Abs. 1 Satz 1 SGB IV, § 23a SGB IV
Beitragspflicht UV	Ja	§ 14 Abs. 1 Satz 1 SGB IV, § 23a SGB IV

Mindestlohnrelevanz: Ja, wenn als echtes 13. Gehalt anteilig im jeweiligen Referenzzeitraum ausgezahlt (also je 1/12)
Entgeltart: Einmalzahlung
Entgeltzuordnung in der SV: Entgeltabrechnungsmonat, in dem das Urlaubsgeld ausgezahlt wird. Urlaubsgeld, das in den Monaten Januar bis März eines Jahres ausgezahlt wird, ist dem letzten Entgeltabrechnungsmonat des vergangenen Jahres (Vorjahres) zuzuordnen, wenn in dem vergangenen Jahr bei demselben Arbeitgeber ein versicherungspflichtiges Beschäftigungsverhältnis bestanden hat und das Urlaubsgeld zusammen mit den sonstigen für das laufende Kalenderjahr festgestellten beitragspflichtigen Einnahmen die anteilige Beitragsbemessungsgrenze des laufenden Kalenderjahres übersteigt (März-Klausel).

20.27 Urlaubsvergütung im Baugewerbe

Erläuterung: Einschließlich zusätzliches Urlaubsgeld als einmalig gezahltes Arbeitsentgelt.

Lohnsteuerpflicht	Ja	§ 19 Abs. 1 EStG
Beitragspflicht KV PV RV ALV	Ja	§ 14 Abs. 1 Satz 1 SGB IV, § 23a SGB IV
Beitragspflicht UV	Ja	§ 14 Abs. 1 Satz 1 SGB IV, § 23a SGB IV

Mindestlohnrelevanz: Ja

Entgeltart: Einmalzahlung

Entgeltzuordnung in der SV: Entgeltabrechnungsmonat, in dem die Urlaubsvergütung ausgezahlt wird. Urlaubsvergütungen im Baugewerbe, die in den Monaten Januar bis März eines Jahres ausgezahlt werden, sind dem letzten Entgeltabrechnungsmonat des vergangenen Jahres (Vorjahres) zuzuordnen, wenn in dem vergangenen Jahr bei demselben Arbeitgeber ein versicherungspflichtiges Beschäftigungsverhältnis bestanden hat und die Urlaubvergütungen zusammen mit den sonstigen für das laufende Kalenderjahr festgestellten beitragspflichtigen Einnahmen die anteilige Beitragsbemessungsgrenze des laufenden Kalenderjahres übersteigen (März-Klausel).

20.28 Urlaubszuschuss

Erläuterung: S. Erholungsbeihilfe, Ferienbeihilfe und Freiflug.

21 V – Verbesserungsvorschlag bis Vorsorgeuntersuchung

21.1 Verbesserungsvorschlag

Erläuterung: S. Prämie für Verbesserungsvorschlag.

21.2 Verdienstausfall (Entschädigung gemäß IfSG)

Erläuterung: Nach den Bestimmungen des Infektionsschutzgesetzes gezahlte Entschädigung (§ 56 IfSG). Eine Entschädigung für Verdienstausfall wird gewährt, wenn eine Person als Ausscheider, Ansteckungsverdächtiger, Krankheitsverdächtiger oder als sonstiger Träger von Krankheitserregern einem Tätigkeitsverbot oder einer Absonderung unterworfen wird, z. B. aufgrund der Corona-Pandemie. Der Arbeitgeber muss für die Dauer des Arbeitsverhältnisses, längstens für 6 Wochen, die Entschädigung für die zuständige Behörde auszahlen. Die ausgezahlten Beträge werden dem Arbeitgeber auf Antrag von der zuständigen Behörde erstattet. ACHTUNG: Seit 1.11.2021 ist eine Entschädigung nach IfSG nur für geimpfte Beschäftigte oder Beschäftigte, die unter Vorlage eines Attests aus medizinischen Gründen nicht geimpft werden können, möglich.

Lohnsteuerpflicht	Nein	§ 3 Nr. 25 EStG
Beitragspflicht KV PV RV ALV	Ja	§ 14 Abs. 1 Satz 1 SGB IV, § 57 IfSG, BE v. 13./14.10.2009 (TOP 7)
Beitragspflicht UV	Nein	§ 14 Abs. 1 SGB IV, § 1 SvEV

Mindestlohnrelevanz: Nein
Entgeltart: Einmalzahlung
Entgeltzuordnung in der SV: Entgeltabrechnungsmonat, für den die Entschädigung gezahlt wird.

21.3 Verdienstausfall (Teilnahme an Gewerkschaftskurs)

Erläuterung: Verdienstausfallvergütung, welche wegen der Teilnahme an Kursen des Deutschen Gewerkschaftsbundes gezahlt wird.

Lohnsteuerpflicht	Nein	BFH, Urteil v. 6.5.1954, IV 168/53
Beitragspflicht KV PV RV ALV	Nein	§ 14 Abs. 1 SGB IV, § 1 Abs. 1 SvEV
Beitragspflicht UV	Nein	§ 14 Abs. 1 SGB IV, § 1 Abs. 1 SvEV

Mindestlohnrelevanz: Nein
Entgeltart: Einmalzahlung
Entgeltzuordnung in der SV: Kein Arbeitsentgelt im Sinne der Sozialversicherung.

21.4 Vereinsbeitrag

Erläuterung: S. Mitgliedsbeitrag.

21.5 Verfallenes Entgelt

Erläuterung: Verfallenes Entgelt kann aufgrund einer Ausschlussklausel rückwirkend nicht mehr geltend gemacht werden, zählt jedoch als verdientes Entgelt. S. Verwirkte Lohnteile.

Lohnsteuerpflicht	Nein	BFH, Urteil v. 25.4.1968, VI R 2/66, BStBl 1968 II S. 545
Beitragspflicht KV PV RV ALV	Ja	§ 14 Abs. 1 Satz 1 SGB IV, BSG, Urteil vom 30.8.1994 12 RK 59/92
Beitragspflicht UV	Ja	§ 14 Abs. 1 Satz 1 SGB IV

Mindestlohnrelevanz: Nein
Entgeltart: Laufendes Arbeitsentgelt
Entgeltzuordnung in der SV: Entgeltabrechnungsmonat, für den der Anspruch auf das verfallene Arbeitsentgelt bestanden hat

21.6 Vergütung aus Mitarbeiterfonds

Erläuterung: Vergütung aus dem Mitarbeiterfonds eines Krankenhauses.

Lohnsteuerpflicht	Ja	§ 19 Abs. 1 EStG
Beitragspflicht KV PV RV ALV	Ja	§ 14 Abs. 1 Satz 1 SGB IV, BE vom 6./7.12.1977
Beitragspflicht UV	Ja	§ 14 Abs. 1 Satz 1 SGB IV

Mindestlohnrelevanz: Nein
Entgeltart: Laufendes Arbeitsentgelt
Entgeltzuordnung in der SV: Entgeltabrechnungsmonat, für den der Anspruch auf die Vergütung besteht

21.7 Vergütung für Verpflegungsmehraufwand

Erläuterung: S. Reisekostenvergütung.

21.8 Verlosungsgewinn

Erläuterung: S. Losgewinn.

21.9 Vermächtnis

Erläuterung: Vermächtnis des Arbeitgebers zugunsten des Arbeitnehmers.

Lohnsteuerpflicht	Nein	BFH, Urteil v. 15.5.1986, IV R 119/84
Beitragspflicht KV PV RV ALV	Nein	§ 14 Abs. 1 SGB IV, § 1 Abs. 1 SvEV
Beitragspflicht UV	Nein	§ 14 Abs. 1 SGB IV, § 1 Abs. 1 SvEV

Mindestlohnrelevanz: Nein
Entgeltart: Einmalzahlung
Entgeltzuordnung in der SV: Kein Arbeitsentgelt im Sinne der Sozialversicherung.

21.10 Vermittlungsprovision

Erläuterung: Provision an Mitarbeiter, z. B. im Bank- und Versicherungsgewerbe oder Reisebüro, wenn die vermittelnde Tätigkeit im Rahmen der Beschäftigung ausgeübt wird, aber der Arbeitnehmer nicht hauptberuflich als Verkäufer tätig ist.

Lohnsteuerpflicht	Ja	R 19.4 LStR
Beitragspflicht KV PV RV ALV	Ja	§ 14 Abs. 1 Satz 1 SGB IV
Beitragspflicht UV	Ja	§ 14 Abs. 1 Satz 1 SGB IV

Mindestlohnrelevanz: Ja, wenn vorbehaltlos und unwiderruflich gewährt.
Entgeltart: Laufendes Arbeitsentgelt
Entgeltzuordnung in der SV: Entgeltabrechnungsmonat, für den der Anspruch auf die Vermittlungsprovisionen besteht

21.11 Vermögensbeteiligung

Erläuterung: Kostenlose oder verbilligte Überlassung von Aktien, Mitarbeiterbeteiligungsfonds u. a. Beteiligungen am Unternehmen des Arbeitgebers an Arbeitnehmer, soweit der Vorteil insgesamt 2.000 EUR im Kalenderjahr nicht übersteigt. Voraussetzung ist, dass es sich um ein gegenwärtiges Arbeitsverhältnis handelt und der Beteiligungswert mind. all den Arbeitnehmern des Unternehmens offen steht, die im Zeitpunkt der Bekanntgabe des Angebots 1 Jahr oder länger im Unternehmen beschäftigt sind. Es muss sich um freiwillige Leistungen des Arbeitgebers handeln, auch im Wege einer Entgeltumwandlung.
Achtung: Beitragsfreiheit nur, falls die Leistung zusätzlich zum Arbeitslohn gezahlt wird, nicht aber bei Entgeltumwandlung!

Lohnsteuerpflicht	Nein	§ 3 Nr. 39 EStG
Beitragspflicht KV PV RV ALV	Ja	§ 14 Abs. 1 Satz 1 SGB IV; § 1 Abs. 1 Satz 1 Nr. 1 SvEV
Beitragspflicht UV	Ja	§ 14 Abs. 1 Satz 1 SGB IV

Mindestlohnrelevanz: Nein
Entgeltart: Einmalzahlung
Entgeltzuordnung in der SV: Wenn nicht zusätzlich zu Lohn/Gehalt gezahlt: Entgeltabrechnungsmonat, für den die Leistung gezahlt wird

21.12 Vermögenswirksame Leistung

Erläuterung: Geldleistungen des Arbeitgebers, die er für den Arbeitnehmer nach den im 5. VermBG aufgeführten Anlageformen erbringt. Wenn das zu versteuernde Einkommen im Kalenderjahr 40.000 EUR (bzw. 80.000 EUR bei Zusammenveranlagung) nicht übersteigt, wird eine Sparzulage gewährt, s. Arbeitnehmersparzulage. Die Vermögensgrenzen gelten sowohl für Fondsparanlagen als auch für Bausparverträge.

Lohnsteuerpflicht	Ja	§ 2 Abs. 6, § 13 Abs. 1 VermBG
Beitragspflicht KV PV RV ALV	Ja	§ 14 Abs. 1 Satz 1 SGB IV
Beitragspflicht UV	Ja	§ 14 Abs. 1 Satz 1 SGB IV

Mindestlohnrelevanz: Nein
Entgeltart: Laufendes Arbeitsentgelt
Entgeltzuordnung in der SV: Entgeltabrechnungsmonat, für den der Anspruch auf die vermögenswirksame Leistung besteht.

21.13 Verpflegung bei Auswärtstätigkeit (Auslage durch Arbeitnehmer, Sachbezugswerte)

Erläuterung: Die Erstattung der Kosten durch den Arbeitgeber, wenn hierfür eine dienst- oder dienstrechtliche Grundlage besteht, und die amtlichen Sachbezugswerte in Ansatz gebracht werden.

Lohnsteuerpflicht	Ja	R 8.1 Abs. 8 Nr. 2 LStR
Beitragspflicht KV PV RV ALV	Ja	§ 14 Abs. 1 Satz 1 SGB IV, § 23a SGB IV
Beitragspflicht UV	Ja	§ 14 Abs. 1 Satz 1 SGB IV, § 23a SGB IV

Mindestlohnrelevanz: Nein
Entgeltart: Laufendes Arbeitsentgelt
Entgeltzuordnung in der SV: Entgeltabrechnungsmonat, in dem der Arbeitgeber dem Arbeitnehmer die Verpflegungskosten erstattet.

21.14 Verpflegung bei Auswärtstätigkeit (Auslagenersatz der tatsächlichen Kosten, ggf. gedeckelt)

Erläuterung: Die Erstattung der Kosten durch den Arbeitgeber, wenn eine dienst- oder arbeitsrechtliche Grundlage besteht und der Rechnungsadressat der Arbeitgeber ist, ist steuer- und sv-frei, wenn hierbei die tatsächlichen Kosten bis max. zur Höhe der Verpflegungspauschbeträgen angesetzt werden.

Lohnsteuerpflicht	Nein	§ 3 Nr. 16 EStG
Beitragspflicht KV PV RV ALV	Nein	§ 14 Abs. 1 SGB IV, § 1 Abs. 1 SvEV
Beitragspflicht UV	Nein	§ 14 Abs. 1 SGB IV, § 1 Abs. 1 SvEV

Mindestlohnrelevanz: Nein
Entgeltart: Laufendes Arbeitsentgelt
Entgeltzuordnung in der SV: Kein Arbeitsentgelt im Sinne der Sozialversicherung.

21.15 Verpflegungskostenzuschuss (14 EUR)

Erläuterung: Für beruflich veranlasste Auswärtstätigkeit bei einer Abwesenheit von weniger als 24 Stunden, aber mehr als 8 Stunden. Bei mehrtätigen Reisen können unabhängig von der Abwesenheitszeit jew. 14 EUR am An- und Abreisetag steuerfrei erstattet werden.

Lohnsteuerpflicht	Nein	§ 3 Nrn. 13 und 16 EStG i. V. m. § 9 Abs. 4a EStG
Beitragspflicht KV PV RV ALV	Nein	§ 14 Abs. 1 SGB IV, § 1 Abs. 1 SvEV
Beitragspflicht UV	Nein	§ 14 Abs. 1 SGB IV, § 1 Abs. 1 SvEV

Mindestlohnrelevanz: Nein
Entgeltart: Laufendes Arbeitsentgelt
Entgeltzuordnung in der SV: Kein Arbeitsentgelt im Sinne der Sozialversicherung.

21.16 Verpflegungskostenzuschuss (28 EUR)

Erläuterung: Für beruflich bedingte Auswärtstätigkeit bei einer 24-stündigen Abwesenheit.

Lohnsteuerpflicht	Nein	§ 3 Nrn. 13 und 16 EStG i. V. m. § 9 Abs. 4a EStG
Beitragspflicht KV PV RV ALV	Nein	§ 14 Abs. 1 SGB IV, § 1 Abs. 1 SvEV
Beitragspflicht UV	Nein	§ 14 Abs. 1 SGB IV, § 1 Abs. 1 SvEV

Mindestlohnrelevanz: Nein
Entgeltart: Laufendes Arbeitsentgelt
Entgeltzuordnung in der SV: Kein Arbeitsentgelt im Sinne der Sozialversicherung.

21.17 Verpflegungsmehraufwand (pauschal versteuert)

Erläuterung: Mit 25% pauschal versteuerte Zahlung des Arbeitgebers.

Lohnsteuerpflicht	Ja	§ 40 Abs. 2 Nr. 4 EStG
Beitragspflicht KV PV RV ALV	Nein	§ 14 Abs. 1 SGB IV, § 1 Abs. 1 Nr. 3 SvEV
Beitragspflicht UV	Nein	§ 14 Abs. 1 SGB IV, § 1 Abs. 1 Nr. 3 SvEV

Mindestlohnrelevanz: Nein
Entgeltart: Laufendes Arbeitsentgelt
Entgeltzuordnung in der SV: Kein Arbeitsentgelt im Sinne der Sozialversicherung.

21.18 Versicherungsleistung

Erläuterung: Z.B. Todesfall-Versicherungssumme, Krankheitskostenersatz oder Schmerzensgeld.

Lohnsteuerpflicht	Nein	BFH, Urteil v. 22.4.1982, III R 135/79
Beitragspflicht KV PV RV ALV	Nein	§ 14 Abs. 1 SGB IV, § 1 Abs. 1 SvEV
Beitragspflicht UV	Nein	§ 14 Abs. 1 SGB IV, § 1 Abs. 1 SvEV

Mindestlohnrelevanz: Nein
Entgeltart: Einmalzahlung
Entgeltzuordnung in der SV: Kein Arbeitsentgelt im Sinne der Sozialversicherung.

21.19 Versicherungsleistung (Ersatz von Einnahmeausfall)

Erläuterung: Wenn der Arbeitnehmer unmittelbar vom Versicherungsunternehmen Versicherungsleistungen erhält, um dadurch einen eingetretenen Einnahmeausfall auszugleichen.

Lohnsteuerpflicht	Ja	BFH, Urteil v. 13.4.1976, VI R 216/72
Beitragspflicht KV PV RV ALV	Ja	§ 14 Abs. 1 Satz 1 SGB IV
Beitragspflicht UV	Ja	§ 14 Abs. 1 Satz 1 SGB IV

Mindestlohnrelevanz: Nein
Entgeltart: Laufendes Arbeitsentgelt
Entgeltzuordnung in der SV: Entgeltabrechnungsmonat, für den der Anspruch auf die Versicherungsleistungen besteht.

21.20 Versicherungsprämie

Erläuterung: S. Lebensversicherungsprämie und Unfallversicherungsbeitrag.

21.21 Versorgungsausgleich bei Ehescheidung (externer Ausgleich)

Erläuterung: Übertragung von Ansprüchen in der betrieblichen Altersversorgung auf einen anderen Versorgungsträger.

Lohnsteuerpflicht	Nein	§ 3 Nr. 55b EStG
Beitragspflicht KV PV RV ALV	Nein	§ 14 Abs. 1 SGB IV, § 1 Abs. 1 SvEV
Beitragspflicht UV	Nein	§ 14 Abs. 1 SGB IV, § 1 Abs. 1 SvEV

Mindestlohnrelevanz: Nein
Entgeltart: Einmalzahlung
Entgeltzuordnung in der SV: Kein Arbeitsentgelt im Sinn der Sozialversicherung.

21.22 Versorgungsausgleich bei Ehescheidung (interner Ausgleich)

Erläuterung: Aufteilung von Anrechten in der betrieblichen Altersversorgung auf den ausgleichberechtigen Ehegatten.

Lohnsteuerpflicht	Nein	§ 3 Nr. 55a EStG
Beitragspflicht KV PV RV ALV	Nein	§ 14 Abs. 1 SGB IV, § 1 Abs. 1 SvEV
Beitragspflicht UV	Nein	§ 14 Abs. 1 SGB IV, § 1 Abs. 1 SvEV

Mindestlohnrelevanz: Nein
Entgeltart: Einmalzahlung
Entgeltzuordnung in der SV: Kein Arbeitsentgelt im Sinn der Sozialversicherung.

21.23 Verwarnungsgeld

Erläuterung: S. Bußgeld.

21.24 Verwirkter Lohnteil

Erläuterung: Verwirkte Lohnteile, die dem Arbeitnehmer nicht zugeflossen sind.

Lohnsteuerpflicht	Nein	BFH, Urteil v. 30.7.1993, BStBl 1993 II S. 884
Beitragspflicht KV PV RV ALV	Nein	Kein Arbeitsentgelt i. S. des § 14 Abs. 1 Satz 1 SGB IV
Beitragspflicht UV	Nein	Kein Arbeitsentgelt i. S. des § 14 Abs. 1 Satz 1 SGB IV

Mindestlohnrelevanz: Nein
Entgeltart: Laufendes Arbeitsentgelt
Entgeltzuordnung in der SV: Kein Arbeitsentgelt im Sinne der Sozialversicherung.

21.25 Vielfliegerprämie

Erläuterung: S. Sachprämie.

21.26 VIP-Loge (für eigenen Arbeitnehmer)

Erläuterung: Vom Arbeitgeber angemietete VIP-Loge, welche er seinem Arbeitnehmer für dessen privaten Gebrauch überlässt (geldwerter Vorteil).

Lohnsteuerpflicht	Ja	§ 8 Abs. 2 EStG
Beitragspflicht KV PV RV ALV	Ja	§ 14 Abs. 1 Satz 1 SGB IV, § 23a SGB IV
Beitragspflicht UV	Ja	§ 14 Abs. 1 Satz 1 SGB IV, § 23a SGB IV

Mindestlohnrelevanz: Nein
Entgeltart: Laufendes Arbeitsentgelt
Entgeltzuordnung in der SV: Entgeltabrechnungsmonat, in welchem der Arbeitnehmer die Loge überlassen bekommt.

21.27 VIP-Loge (pauschal versteuert an Dritten)

Erläuterung: Übernahme der Steuer mit 30 % für den geldwerten Vorteil aus der angemieteten VIP-Loge, unabhängig ob Überlassung an Arbeitnehmer oder Dritten.

Lohnsteuerpflicht	Ja	§ 37b Abs. 1 EStG
Beitragspflicht KV PV RV ALV	Nein	§ 14 Abs. 1 SGB IV, § 1 Abs. 1 Satz 1 Nr. 13 SvEV
Beitragspflicht UV	Nein	§ 14 Abs. 1 SGB IV, § 1 Abs. 1 Satz 1 Nr. 13 SvEV

Mindestlohnrelevanz: Nein
Entgeltart: Laufendes Arbeitsentgelt

21.28 VIP-Loge (pauschal versteuert an eigenen Arbeitnehmer)

Erläuterung: Übernahme der Steuer mit 30 % für den geldwerten Vorteil aus der angemieteten VIP-Loge, unabhängig ob Überlassung an Arbeitnehmer oder Dritten.

Lohnsteuerpflicht	Ja	§ 37b Abs. 2 EStG
Beitragspflicht KV PV RV ALV	Ja	§ 14 Abs. 1 Satz 1 SGB IV
Beitragspflicht UV	Ja	§ 14 Abs. 1 Satz 1 SGB IV

Mindestlohnrelevanz: Nein
Entgeltart: Laufendes Arbeitsentgelt

21.29 VIP-Loge (zu Gunsten eines Dritten)

Erläuterung: Ein Betrieb überlässt die von ihm angemietete VIP-Loge einem Dritten (z. B. Arbeitnehmer eines Geschäftspartners) für dessen privaten Gebrauch (geldwerter Vorteil bzgl. Eintritt). Aufteilung bei Gesamtaufwand (Werbung, Bewirtung, Eintritt).

Lohnsteuerpflicht	Ja	BMF, Schreiben v. 19.5.2015, IV C 6 – S 2297 – b/14/10001 (BStBl 2015 I S. 468)
Beitragspflicht KV PV RV ALV	Nein	§ 1 Abs. 1 Satz 1 Nr. 14 SvEV
Beitragspflicht UV	Nein	§ 1 Abs. 1 Satz 1 Nr. 14 SvEV

Mindestlohnrelevanz: Nein
Entgeltart: Laufendes Arbeitsentgelt
Entgeltzuordnung in der SV: Kein Arbeitsentgelt im Sinn der Sozialversicherung, sofern diese pauschal versteuert wurden.

21.30 Vollziehungsgebühr

Erläuterung: An Vollziehungsbeamte im öffentlichen Dienst gezahlte Gebühr soweit kein Auslagenersatz.

Lohnsteuerpflicht	Ja	§ 19 Abs. 1 EStG
Beitragspflicht KV PV RV ALV	Ja	§ 14 Abs. 1 Satz 1 SGB IV
Beitragspflicht UV	Ja	§ 14 Abs. 1 Satz 1 SGB IV

Mindestlohnrelevanz: Nein
Entgeltart: Laufendes Arbeitsentgelt
Entgeltzuordnung in der SV: Entgeltabrechnungsmonat, für den der Anspruch auf die Vollziehungsgebühren besteht.

21.31 Vorarbeiterzulage

Erläuterung: Laufende Zuwendung die typischerweise im Baugewerbe für Arbeitnehmer in mitarbeiterverantwortlicher Position gezahlt wird.

Lohnsteuerpflicht	Ja	R 19.3 Abs. 1 Nr. 1 LStR
Beitragspflicht KV PV RV ALV	Ja	§ 14 Abs. 1 Satz 1 SGB IV
Beitragspflicht UV	Ja	§ 14 Abs. 1 Satz 1 SGB IV

Mindestlohnrelevanz: Ja
Entgeltart: Laufendes Arbeitsentgelt
Entgeltzuordnung in der SV: Entgeltabrechnungsmonat, für den der Anspruch auf die Zulage besteht.

21.32 Vorruhestandsgeld

Erläuterung: Tarifvertragliche oder einzelvertragliche Leistung durch den Arbeitgeber an Arbeitnehmer ab vollendetem 58. Lebensjahr nach endgültiger Beendigung ihrer Erwerbstätigkeit. Insbes. bei einzelvertraglicher Regelung oder im Rahmen eines Sozialplans dient die Vereinbarung zumeist dem Personalabbau.

Lohnsteuerpflicht	Ja	§ 19 Abs. 1, 2 EStG
Beitragspflicht KV PV RV ALV	Ja	§ 14 Abs. 1 Satz 1 SGB IV
Beitragspflicht UV	Ja	§ 14 Abs. 1 Satz 1 SGB IV

Mindestlohnrelevanz: Nein
Entgeltart: Laufendes Arbeitsentgelt
Entgeltzuordnung in der SV: wenn unmittelbar vor Bezug des Vorruhestandsgelds Versicherungspflicht bestanden hat

21.33 Vorschuss

Erläuterung: S. Abschlagszahlung.

21.34 Vorsorgekur

Erläuterung: S. Kurkosten.

21.35 Vorsorgeuntersuchung

Erläuterung: Vorsorgeuntersuchung auf Veranlassung des Arbeitgebers aus betrieblichen Gründen unentgeltlich durchgeführt.

Lohnsteuerpflicht	Nein	BFH, Urteil v. 17.9.1982, BStBl 1983 II S. 39
Beitragspflicht KV PV RV ALV	Nein	§ 14 Abs. 1 SGB IV, § 1 Abs. 1 SvEV
Beitragspflicht UV	Nein	§ 14 Abs. 1 SGB IV, § 1 Abs. 1 SvEV

Mindestlohnrelevanz: Nein
Entgeltart: Einmalzahlung
Entgeltzuordnung in der SV: Kein Arbeitsentgelt im Sinne der Sozialversicherung.

22 W – Waisengeld bis Wohnungszulage

22.1 Waisengeld

Erläuterung: Versorgungsbezug der aus dem früheren Dienstverhältnis des Verstorbenen gezahlt wird.

Lohnsteuerpflicht	Ja	§ 19 Abs. 1 Nr. 2 EStG
Beitragspflicht KV PV RV ALV	Nein	§ 14 Abs. 1 SGB IV
Beitragspflicht UV	Nein	§ 14 Abs. 1 SGB IV

Mindestlohnrelevanz: Ja
Entgeltart: Laufendes Arbeitsentgelt

22.2 Warengutschein (bis 1.080 EUR jährlich)

Erläuterung: Wenn Warengutscheine aus dem Warensortiment der eigenen Firma bis zu 1.080 EUR jährlich an den Arbeitnehmer ausgegeben werden und die Gutscheine nicht anstelle sonst bestehender Entgeltansprüche gewährt werden.

Lohnsteuerpflicht	Nein	§ 8 Abs. 3 EStG
Beitragspflicht KV PV RV ALV	Nein	§ 14 Abs. 1 SGB IV, § 1 Abs. 1 SvEV
Beitragspflicht UV	Nein	§ 14 Abs. 1 SGB IV, § 1 Abs. 1 SvEV

Mindestlohnrelevanz: Nein
Entgeltart: Laufendes Arbeitsentgelt
Entgeltzuordnung in der SV: Kein Arbeitsentgelt im Sinne der Sozialversicherung.

22.3 Warengutschein (über 1.080 EUR jährlich)

Erläuterung: Über den Steuerfreibetrag hinaus gewährte oder anstelle ansonsten bestehender Entgeltansprüche ausgegebene Warengutscheine.

Lohnsteuerpflicht	Ja	§ 8 Abs. 2 EStG; § 19 Abs. 1 EStG
Beitragspflicht KV PV RV ALV	Ja	§ 14 Abs. 1 Satz 1 SGB IV, § 23a SGB IV
Beitragspflicht UV	Ja	§ 14 Abs. 1 Satz 1 SGB IV, § 23a SGB IV

Mindestlohnrelevanz: Nein
Entgeltart: Laufendes Arbeitsentgelt
Entgeltzuordnung in der SV: Entgeltabrechnungsmonat, in dem der Arbeitnehmer den Warengutschein erhält. (Ggf. Märzklausel beachten!)

22.4 Wäschegeld (als Abgeltung)

Erläuterung: Wenn der Arbeitgeber eine Abgeltung für die Reinigung der Berufskleidung an den Arbeitnehmer zahlt und der Arbeitnehmer die Berufskleidung selbst angeschafft hat.

Lohnsteuerpflicht	Ja	R 19.3 Abs. 1 LStR
Beitragspflicht KV PV RV ALV	Ja	§ 14 Abs. 1 Satz 1 SGB IV
Beitragspflicht UV	Ja	§ 14 Abs. 1 Satz 1 SGB IV

Mindestlohnrelevanz: Nein
Entgeltart: Laufendes Arbeitsentgelt
Entgeltzuordnung in der SV: Entgeltabrechnungsmonat, für den der Anspruch auf das Wäschegeld besteht.

22.5 Wäschegeld (Auslagenersatz für gestellte Berufskleidung)

Erläuterung: Auslagenersatz des Arbeitgebers für Reinigung der zur Verfügung gestellten Arbeitskleidung. Ansonsten steuer- bzw. beitragspflichtiges Entgelt (S. Werbungskostenersatz).

Lohnsteuerpflicht	Nein	§ 3 Nr. 50 EStG; R 3.50 LStR
Beitragspflicht KV PV RV ALV	Nein	§ 14 Abs. 1 SGB IV, § 1 Abs. 1 SvEV
Beitragspflicht UV	Nein	§ 14 Abs. 1 SGB IV, § 1 Abs. 1 SvEV

Mindestlohnrelevanz: Nein
Entgeltart: Laufendes Arbeitsentgelt
Entgeltzuordnung in der SV: Kein Arbeitsentgelt im Sinne der Sozialversicherung.

22.6 Wäschegeld (Auslagenersatz, nicht für gestellte Berufskleidung)

Erläuterung: Vom Arbeitgeber dem Arbeitnehmer ersetzte Kosten zur Reinigung von Kleidung (nicht vom Arbeitgeber zur Verfügung gestellte Berufskleidung) ist steuerpflichtiger Werbungskostenersatz. Es besteht daher auch Beitragspflicht zur SV.

Lohnsteuerpflicht	Ja	§ 2 Abs. 1 LStDV
Beitragspflicht KV PV RV ALV	Ja	§ 14 Abs. 1 Satz 1 SGB IV
Beitragspflicht UV	Ja	§ 14 Abs. 1 Satz 1 SGB IV

Mindestlohnrelevanz: Nein
Entgeltart: Laufendes Arbeitsentgelt
Entgeltzuordnung in der SV: Entgeltabrechnungsmonat, in dem der Arbeitgeber dem Arbeitnehmer die Kosten erstattet.

22.7 Waschgeld

Erläuterung: Waschgeld für Kaminkehrer.

Lohnsteuerpflicht	Ja	R 19.3 Abs. 1 LStR
Beitragspflicht KV PV RV ALV	Ja	§ 14 Abs. 1 Satz 1 SGB IV
Beitragspflicht UV	Ja	§ 14 Abs. 1 Satz 1 SGB IV

Mindestlohnrelevanz: Nein
Entgeltart: Laufendes Arbeitsentgelt
Entgeltzuordnung in der SV: Entgeltabrechnungsmonat, für den der Anspruch auf das Waschgeld besteht.

22.8 Wasserzulage

Erläuterung: S. Erschwerniszulage.

22.9 Wechselschichtzulage

Erläuterung: S. Erschwerniszulage.

22.10 Wegegeld

Erläuterung: Wegegelder sind steuerfrei (unabhängig vom genutzten Verkehrsmittel), soweit es sich bei der Fahrt um eine Auswärtstätigkeit handelt. Ausnahme: Dauerhafte Fahrten zu einem bestimmten Sammelpunkt bzw. weiträumigen Tätigkeitsgebiet können auch bei vorliegender Auswärtstätigkeit eine Steuerpflicht nach sich ziehen. (S. Entfernungspauschale). Wegegelder im Rahmen der Fahrten zwischen Wohnung und Arbeitsstätte sind grds. nur steuerfrei, wenn die Fahrten mit öffentlichen Verkehrsmitteln vollzogen werden.

Lohnsteuerpflicht	Nein	Umkehr zu R 19 Abs. 3 LStR, § 3 Nr. 16 EStG, R 9.6 LStR
Beitragspflicht KV PV RV ALV	Ja	§ 14 Abs. 1 Satz 1 SGB IV
Beitragspflicht UV	Ja	§ 14 Abs. 1 Satz 1 SGB IV

Mindestlohnrelevanz: Nein
Entgeltart: Laufendes Arbeitsentgelt
Entgeltzuordnung in der SV: Entgeltabrechnungsmonat, für den der Anspruch auf das Wegegeld besteht

22.11 Wegezeitvergütung als Pauschale

Erläuterung: Wegezeitvergütung bei weniger als 8 Stunden Abwesenheit, sodass die steuerfreie Reisekostenerstattung nicht in Betracht kommt.

Lohnsteuerpflicht	Ja	§ 19 Abs. 1 EStG
Beitragspflicht KV PV RV ALV	Ja	§ 14 Abs. 1 Satz 1 SGB IV
Beitragspflicht UV	Ja	§ 14 Abs. 1 Satz 1 SGB IV

Mindestlohnrelevanz: Ja
Entgeltart: Laufendes Arbeitsentgelt
Entgeltzuordnung in der SV: Entgeltabrechnungsmonat, für den der Anspruch auf die Wegezeitvergütung besteht.

22.12 Wehrsold

Erläuterung: Wehrsold bei freiwilligem Wehr- und Zivildienst; keine Steuerfreiheit für Unterkunft und Verpflegung.

Lohnsteuerpflicht	Nein	§ 3 Nr. 5 EStG
Beitragspflicht KV PV RV ALV	Ja	§ 14 Abs. 1 Satz 1 SGB IV
Beitragspflicht UV	Ja	§ 14 Abs. 1 Satz 1 SGB IV

Mindestlohnrelevanz: Nein
Entgeltart: Laufendes Arbeitsentgelt
Entgeltzuordnung in der SV: Entgeltabrechnungsmonat, für den der Anspruch auf das Entgelt besteht.

22.13 Weihnachtsgeld / Weihnachtszuwendung

Erläuterung: S. Einmalzahlung. ACHTUNG: Regelmäßiges Arbeitsentgelt nur bei Rechtsanspruch (Vertrag oder betriebliche Übung).

22.14 Weiterbildungsleistung

Erläuterung: s. Fortbildungskosten.

22.15 Werbeeinnahme

Erläuterung: Bei Mannschaftssportlern.

Lohnsteuerpflicht	Ja	BMF, Schreiben v. 25.8.1995 (StEd S. 629)
Beitragspflicht KV PV RV ALV	Ja	§ 14 Abs. 1 Satz 1 SGB IV
Beitragspflicht UV	Ja	§ 14 Abs. 1 Satz 1 SGB IV

Mindestlohnrelevanz: Nein
Entgeltart: Laufendes Arbeitsentgelt
Entgeltzuordnung in der SV: Entgeltabrechnungsmonat, für den der Anspruch auf die Werbeprämie besteht.

22.16 Werbeprämie

Erläuterung: Prämie für aktive und erfolgreiche Akquise von Kunden oder Aufträgen.

Lohnsteuerpflicht	Ja	§ 2 Abs. 1 LStDV
Beitragspflicht KV PV RV ALV	Ja	§ 14 Abs. 1 Satz 1 SGB IV
Beitragspflicht UV	Ja	§ 14 Abs. 1 Satz 1 SGB IV

Mindestlohnrelevanz: Nein
Entgeltart: Laufendes Arbeitsentgelt
Entgeltzuordnung in der SV: Entgeltabrechnungsmonat, für den der Anspruch auf die Werbeeinnahmen besteht.

22.17 Werbungskosten

Erläuterung: Wenn in den elektronischen Lohnsteuerabzugsmerkmalen hinterlegt, ist ein Abzug der Werbungskosten vom Arbeitsentgelt möglich. Werbungskosten können jedoch nicht vom Arbeitsentgelt in der Sozialversicherung abgesetzt werden. Daher haben Werbungskosten auf die Beitragspflicht keine Auswirkung.

Lohnsteuerpflicht	Nein	§ 39a, § 39b EStG
Beitragspflicht KV PV RV ALV	Ja	§ 14 Abs. 1 Satz 1 SGB IV, LSG Nds, Urteil vom 18.12.1985 L 4 Kr 51/84; LSG NRW, Urteil vom 22.10.1996 L 16 (1) Kr 21/59
Beitragspflicht UV	Ja	§ 14 Abs. 1 Satz 1 SGB IV

Mindestlohnrelevanz: Nein
Entgeltart: Laufendes Arbeitsentgelt
Entgeltzuordnung in der SV: Entgeltabrechnungsmonat, für den der Anspruch auf das beitragspflichtige Arbeitsentgelt besteht.

22.18 Werbungskostenersatz durch den Arbeitgeber

Erläuterung: Eigene Aufwendungen des Arbeitnehmers, die beruflichen Zwecken dienen bzw. die in seinem Eigentum stehen bzw. von denen er einen eigenen Vorteil hat. Er kann diese Arten von Aufwendungen in seiner persönlichen Steuererklärung als Werbungskosten absetzen.

Lohnsteuerpflicht	Ja	§ 2 Abs. 1 LStDV
Beitragspflicht KV PV RV ALV	Ja	§ 14 Abs. 1 Satz 1 SGB IV
Beitragspflicht UV	Ja	§ 14 Abs. 1 Satz 1 SGB IV

Mindestlohnrelevanz: Nein
Entgeltart: Laufendes Arbeitsentgelt
Entgeltzuordnung in der SV: Entgeltabrechnungsmonat, für den der Anspruch des Arbeitnehmers auf den Werbungskostenersatz besteht.

22.19 Werkswohnung, Mietpreisnachlass

Erläuterung: S. Dienstwohnung.

22.20 Werkzeuggeld

Erläuterung: Werkzeuggeld, soweit es die Aufwendungen des Arbeitnehmers für die betriebliche Nutzung nicht übersteigt. Bei Musikern s. Instrumentengeld.

Lohnsteuerpflicht	Nein	§ 3 Nr. 30 EStG; R 3.30 LStR
Beitragspflicht KV PV RV ALV	Nein	§ 14 Abs. 1 SGB IV, § 1 Abs. 1 Nr. 1 SvEV
Beitragspflicht UV	Nein	§ 14 Abs. 1 SGB IV, § 1 Abs. 1 Nr. 1 SvEV

Mindestlohnrelevanz: Nein
Entgeltart: Laufendes Arbeitsentgelt
Entgeltzuordnung in der SV: Kein Arbeitsentgelt im Sinne der Sozialversicherung.

22.21 Wertguthaben eines Arbeitnehmers, Übertragung

Erläuterung: S. Übertragung eines Wertguthabens.

22.22 Wertguthaben nach Wertguthabenvereinbarung (Ansparphase)

Erläuterung: Wertguthaben nach Vereinbarung § 7b SGB IV. Kein Lohnbezug im Zeitpunkt der Wertgutschreibung auf dem Zeitwertkonto, sofern die Vereinbarung den Voraussetzungen nach BMF-Schreiben v. 08.08.2019 entspricht. ACHTUNG: S. Wertguthaben nach Wertguthabenvereinbarung (Freistellungsphase) zur steuer- und beitragsrechtlichen Bewertung.

Lohnsteuerpflicht	Nein	H 38 (2) »Zeitwertkonten« LStH, BMF-Schreiben v. 8.8.2019 IV c 5 – S 2332/07/0004 :004 – 2019/0686812 BStBl I S. 874
Beitragspflicht KV PV RV ALV	Nein	§ 23b Abs. 1 SGB IV
Beitragspflicht UV	Ja	§ 14 Abs. 1 SGB IV, § 1 Abs. 1 SvEV

Mindestlohnrelevanz: Nein
Entgeltzuordnung in der SV: Kein Arbeitsentgelt im Sinn der Sozialversicherung.

22.23 Wertguthaben nach Wertguthabenvereinbarung (Freistellungsphase)

Erläuterung: Wertguthaben nach Vereinbarung § 7b SGB IV. Lohnbezug im Zeitpunkt der Freistellung mit Verbrauch des Zeitwertkonto, sofern die Vereinbarung den Voraussetzungen nach BMF-Schreiben v. 08.08.2019 entspricht.

Lohnsteuerpflicht	Ja	H 38 (2) »Zeitwertkonten« LStH, BMF-Schreiben v. 8.8.2019 IV c 5 – S 2332/07/0004 :004 – 2019/0686812 BStBl I S. 875
Beitragspflicht KV PV RV ALV	Ja	§ 23b Abs. 1 SGB IV
Beitragspflicht UV	Ja	§ 14 Abs. 1 Satz 1 SGB IV

Mindestlohnrelevanz: Nein
Entgeltart: Laufendes Arbeitsentgelt
Entgeltzuordnung in der SV: Arbeitsentgelt im Sinn der Sozialversicherung.

22.24 Wettbewerbsentschädigung

Erläuterung: S. Karenzentschädigung.

22.25 Winterausfallgeld als Vorausleistung

Erläuterung: Zahlung von Winterausfallgeld als Vorausleistung (Überbrückungsgeld) der Arbeitgeber im Baugewerbe.

Lohnsteuerpflicht	Ja	§ 19 Abs. 1 EStG
Beitragspflicht KV PV RV ALV	Ja	§ 14 Abs. 1 SGB IV
Beitragspflicht UV	Ja	§ 14 Abs. 1 Satz 1 SGB IV

Mindestlohnrelevanz: Nein
Entgeltart: Laufendes Arbeitsentgelt
Entgeltzuordnung in der SV: Entgeltabrechnungsmonat, für den der Anspruch auf die Wintergeld-Vorausleistung besteht.

22.26 Wintergeld

Erläuterung: Wintergeld wird nach § 102 SGB III als Mehraufwands-Wintergeld für witterungsbedingte Mehraufwendungen oder als Zuschuss-Wintergeld bei der Nutzung von Arbeitszeitguthaben zur Überbrückung von Arbeitsausfallstunden gezahlt. Bei pauschaler Abgeltung nach Tarifvertrag im Baugewerbe s. Abgeltung witterungsbedingter Lohnausfall (Baugewerbe).

Lohnsteuerpflicht	Nein	§ 3 Nr. 2 EStG; R 3.2 Abs. 3 LStR
Beitragspflicht KV PV RV ALV	Nein	§ 14 Abs. 1 SGB IV, § 1 Abs. 1 SvEV
Beitragspflicht UV	Nein	§ 14 Abs. 1 SGB IV, § 1 Abs. 1 SvEV

Mindestlohnrelevanz: Nein
Entgeltart: Laufendes Arbeitsentgelt
Entgeltzuordnung in der SV: Kein Arbeitsentgelt im Sinne der Sozialversicherung.

22.27 Winterreifen

Erläuterung: Winterreifen einschließlich Felgen (ein Satz) für Dienstwagen, der auch privat genutzt wird.

Lohnsteuerpflicht	Nein	§ 8 Abs. 2 EStG
Beitragspflicht KV PV RV ALV	Nein	§ 14 Abs. 1 SGB IV, § 1 Abs. 1 SvEV
Beitragspflicht UV	Nein	§ 14 Abs. 1 SGB IV, § 1 Abs. 1 SvEV

Mindestlohnrelevanz: Nein

22.28 Wirtschaftsbeihilfe

Erläuterung: laufende Unterstützung des Arbeitgebers an den Arbeitnehmer, die keine Unterstützung in besonderen Notfällen ist, s. auch Beihilfen.

Lohnsteuerpflicht	Ja	H 3.11 LStH
Beitragspflicht KV PV RV ALV	Ja	§ 14 Abs. 1 Satz 1 SGB IV
Beitragspflicht UV	Ja	§ 14 Abs. 1 Satz 1 SGB IV

Mindestlohnrelevanz: Nein
Entgeltart: Laufendes Arbeitsentgelt
Entgeltzuordnung in der SV: Entgeltabrechnungsmonat, in dem die Beihilfen ausgezahlt werden.

22.29 Wohnungsbeschaffungszuschuss

Erläuterung: Zuschuss des Arbeitgebers zum Erwerb eines Grundstücks, Eigenheims oder einer Eigentumswohnung.

Lohnsteuerpflicht	Ja	§ 2 Abs. 1 LStDV
Beitragspflicht KV PV RV ALV	Ja	§ 14 Abs. 1 Satz 1 SGB IV, § 23a SGB IV
Beitragspflicht UV	Ja	§ 14 Abs. 1 Satz 1 SGB IV, § 23a SGB IV

Mindestlohnrelevanz: Nein
Entgeltart: Einmalzahlung
Entgeltzuordnung in der SV: Entgeltabrechnungsmonat, in dem die Wohnungsbeschaffungszuschüsse ausgezahlt werden. Wohnungsbeschaffungsprämien, die in den Monaten Januar bis März eines Jahres ausgezahlt werden, sind dem letzten Entgeltabrechnungsmonat des vergangenen Jahres (Vorjahrs) zuzuordnen, wenn in dem vergangenen Jahr bei demselben Arbeitgeber ein versicherungspflichtiges Beschäftigungsverhältnis bestanden hat und die Prämien zusammen mit den sonstigen für das laufende Kalenderjahr festgestellten beitragspflichtigen Einnahmen die anteilige Beitragsbemessungsgrenze des laufenden Kalenderjahres übersteigen (März-Klausel).

22.30 Wohnungsgeldzuschuss

Erläuterung: Vom Arbeitgeber an den Arbeitnehmer gezahlter Zuschuss.

Lohnsteuerpflicht	Ja	§ 19 Abs. 1 EStG
Beitragspflicht KV PV RV ALV	Ja	§ 14 Abs. 1 Satz 1 SGB IV
Beitragspflicht UV	Ja	§ 14 Abs. 1 Satz 1 SGB IV

Mindestlohnrelevanz: Nein
Entgeltart: Laufendes Arbeitsentgelt
Entgeltzuordnung in der SV: Entgeltabrechnungsmonat, für den der Anspruch auf die Wohnungsgeldzuschüsse besteht.

22.31 Wohnungsüberlassung

Erläuterung: S. Dienstwohnung und Sachbezüge.

22.32 Wohnungszulage

Erläuterung: Hierzu zählt der Ortszuschlag, auch das erhöhte, mit Rücksicht auf den Familienstand gezahlte Wohnungsgeld. S. auch Ballungsraumzulage.

Lohnsteuerpflicht	Ja	§ 19 Abs. 1 EStG
Beitragspflicht KV PV RV ALV	Ja	§ 14 Abs. 1 Satz 1 SGB IV
Beitragspflicht UV	Ja	§ 14 Abs. 1 Satz 1 SGB IV

Mindestlohnrelevanz: Nein
Entgeltart: Laufendes Arbeitsentgelt
Entgeltzuordnung in der SV: Entgeltabrechnungsmonat, für den der Anspruch auf die Wohnungszulage besteht.

23 Z – Zählgeld bis Zuwendung

23.1 Zählgeld

Erläuterung: S. Fehlgeldentschädigung.

23.2 Zehrgeld

Erläuterung: Zehrgeld im Brauereigewerbe, im Biergroßhandel, in der Mineralwasserindustrie usw.

Lohnsteuerpflicht	Ja	§ 2 Abs. 1 LStDV
Beitragspflicht KV PV RV ALV	Ja	§ 14 Abs. 1 Satz 1 SGB IV
Beitragspflicht UV	Ja	§ 14 Abs. 1 Satz 1 SGB IV

Mindestlohnrelevanz: Nein
Entgeltart: Laufendes Arbeitsentgelt
Entgeltzuordnung in der SV: Entgeltabrechnungsmonat, für den der Anspruch auf das Zehrgeld besteht.

23.3 Zeitung

Erläuterung: Zeitungen, die an Arbeitnehmer von Zeitungsverlagen kostenlos überlassen werden, soweit der Rabattfreibetrag von 1.080 EUR jährlich nicht überschritten wird.

Lohnsteuerpflicht	Nein	§ 8 Abs. 3 EStG; R 8.2 LStR
Beitragspflicht KV PV RV ALV	Nein	§ 14 Abs. 1 SGB IV, § 1 Abs. 1 SvEV
Beitragspflicht UV	Nein	§ 14 Abs. 1 SGB IV, § 1 Abs. 1 SvEV

Mindestlohnrelevanz: Nein
Entgeltart: Laufendes Arbeitsentgelt
Entgeltzuordnung in der SV: Kein Arbeitsentgelt im Sinne der Sozialversicherung.

23.4 Zeitung (Kostenersatz durch Arbeitgeber)

Erläuterung: Vom Arbeitnehmer beschaffte Fachzeitschriften, deren Kosten der Arbeitgeber ersetzt, sind steuerpflichtiger Werbungskostenersatz, der auch beitragspflichtig zur SV ist.

Lohnsteuerpflicht	Ja	§ 2 Abs. 1 LStDV
Beitragspflicht KV PV RV ALV	Ja	§ 14 Abs. 1 Satz 1 SGB IV, § 23a SGB IV
Beitragspflicht UV	Ja	§ 14 Abs. 1 Satz 1 SGB IV, § 23a SGB IV

Mindestlohnrelevanz: Nein
Entgeltart: Laufendes Arbeitsentgelt
Entgeltzuordnung in der SV: Entgeltabrechnungsmonat, in dem der Arbeitgeber dem Arbeitnehmer die Kosten erstattet.

23.5 Zins aus Urlaubsabgeltung

Erläuterung: Zinsen auf eine nachträglich ausgezahlte Urlaubsabgeltung, die der Arbeitgeber aufgrund eines abgeschlossenen Rechtsstreits an den Arbeitnehmer auszahlen muss, sind kein lohnsteuerrechtlicher Arbeitslohn.

Lohnsteuerpflicht	Nein	§ 19 Abs. 1 EStG
Beitragspflicht KV PV RV ALV	Nein	§ 14 Abs. 1 Satz 1 SGB IV
Beitragspflicht UV	Nein	§ 14 Abs. 1 Satz 1 SGB IV

Mindestlohnrelevanz: Nein
Entgeltart: Einmalzahlung
Entgeltzuordnung in der SV: Kein Arbeitsentgelt im Sinn der Sozialversicherung.

23.6 Zinsersparnis (Restdarlehen bis 2.600 EUR)

Erläuterung: Zinsersparnis bei Arbeitgeberdarlehen ist grds. steuerpflichtig, er kann aber der LSt-Pauschalierung gem. § 37b EStG mit 30 % unterworfen werden. Allerdings gibt es von der Steuerpflicht verschiedene Ausnahmen: a.) Beträgt die Summe der nicht getilgten Restdarlehen zum Jahresende weniger als 2.600 EUR, ist der erlangte Zinsvorteil steuerfrei. b.) Ist der vereinbarte Zinssatz marktüblich gem. BFH-Urteil v. 4.5.2006, BStBl . II S. 781, ist der erlangte Zinsvorteil steuerfrei. Gemäß Finanzverwaltung (BMF-Schreiben v. 19.5.2015, IV C 5 – S-2334/07/0009) ist diese Rechtsprechung anzuwenden.

Lohnsteuerpflicht	Nein	§ 8 Abs. 2 EStG; BMF, Schreiben v. 1.10.2008, IV C5-S 2334/07/0009; BMF, Schreiben v. 19.05.2015, IV C 5 – S-2334/07/0009
Beitragspflicht KV PV RV ALV	Nein	§ 14 Abs. 1 SGB IV, § 1 Abs. 1 SvEV
Beitragspflicht UV	Nein	§ 14 Abs. 1 SGB IV, § 1 Abs. 1 SvEV

Mindestlohnrelevanz: Nein
Entgeltart: Laufendes Arbeitsentgelt
Entgeltzuordnung in der SV: Kein Arbeitsentgelt im Sinne der Sozialversicherung.

23.7 Zinsersparnis (Zinssatz unter Marktzins)

Erläuterung: Zinsersparnis bei Arbeitgeberdarlehen, soweit der vereinbarte Zinssatz den von der Deutschen Bundesbank zum Zeitpunkt des Vertragsabschlusses zuletzt veröffentlichten Effektivzinssatz nicht übersteigt. Eine Pauschalierung der Lohnsteuer mit 30% gem. § 37b EStG ist zulässig.

Lohnsteuerpflicht	Ja	§ 8 Abs. 3 EStG; H 8.2 LStR; § 37b EStG, BMF, Schreiben v. 19.5.2015, BStBl 2015 I S. 484
Beitragspflicht KV PV RV ALV	Ja	§ 14 Abs. 1 Satz 1 SGB IV
Beitragspflicht UV	Ja	§ 14 Abs. 1 Satz 1 SGB IV

Mindestlohnrelevanz: Nein
Entgeltart: Laufendes Arbeitsentgelt
Entgeltzuordnung in der SV: Entgeltabrechnungsmonat, in dem die Zinsersparnis als geldwerter Vorteil eingetreten ist.

23.8 Zinszuschuss

Erläuterung: S. Zinsersparnis.

23.9 Zukunftssicherung

Erläuterung: Zukunftssicherung, die der Arbeitgeber ohne gesetzliche Verpflichtung erbringt.

Lohnsteuerpflicht	Ja	§ 2 Abs. 2 Nr. 3 LStDV
Beitragspflicht KV PV RV ALV	Ja	§ 14 Abs. 1 Satz 1 SGB IV
Beitragspflicht UV	Ja	§ 14 Abs. 1 Satz 1 SGB IV

Mindestlohnrelevanz: Nein
Entgeltart: Laufendes Arbeitsentgelt
Entgeltzuordnung in der SV: Entgeltabrechnungsmonat, für den der Arbeitgeber die Zukunftssicherungsleistungen erbringt.

23.10 Zukunftssicherung (pauschal versteuerte Aufwendung)

Erläuterung: Nur Altzusagen vor dem 1.1.2005. Die Aufwendungen für die Zukunftssicherung werden mit 20% pauschal versteuert bis max. 1.752 EUR.

Lohnsteuerpflicht	Ja	§ 40b EStG
Beitragspflicht KV PV RV ALV	Nein	§ 14 Abs. 1 SGB IV, § 1 Abs. 1 Nr. 4 SvEV
Beitragspflicht UV	Nein	§ 14 Abs. 1 SGB IV, § 1 Abs. 1 Nr. 4 SvEV

Mindestlohnrelevanz: Nein
Entgeltart: Laufendes Arbeitsentgelt
Entgeltzuordnung in der SV: Kein Arbeitsentgelt im Sinne der Sozialversicherung.

23.11 Zusätzliche beitragspflichtige Einnahme in der Rentenversicherung bei Altersteilzeit

Erläuterung: S. Altersteilzeit, zusätzliche beitragspflichtige Einnahme in der Rentenversicherung (Beginn Altersteilzeit seit 1.7.2004).

23.12 Zuschuss des Arbeitgebers

Erläuterung: Zuschuss des Arbeitgebers an krankenversicherungsfreie Arbeitnehmer zu ihrem Krankenversicherungsbeitrag sowie an von der Rentenversicherungspflicht befreite Arbeitnehmer zu einer anderen entsprechenden Versicherung bis zur Höhe des gesetzlichen Arbeitgeberanteils bei Versicherungspflicht, höchstens aber bis zur Hälfte der Arbeitnehmeraufwendungen. HINWEIS: Gilt nur, wenn der Angestellte sozialversicherungsrechtlich als Arbeitnehmer anzusehen ist (z. B. nicht bei Mehrheitsgesellschafter-Geschäftsführer einer GmbH).

Lohnsteuerpflicht	Nein	§ 3 Nr. 62 Sätze 2 u. 3 EStG
Beitragspflicht KV PV RV ALV	Nein	§ 14 Abs. 1 SGB IV, § 1 SvEV i. V. m. § 257 Abs. 2 und 2a SGB V
Beitragspflicht UV	Nein	§ 14 Abs. 1 SGB IV, § 1 Abs. 1 SvEV

Mindestlohnrelevanz: Nein
Entgeltart: Laufendes Arbeitsentgelt
Entgeltzuordnung in der SV: Kein Arbeitsentgelt im Sinne der Sozialversicherung.

23.13 Zuschuss des Arbeitgebers an sozialversicherungsrechtlich Selbstständige

Erläuterung: bis zur Höhe des gesetzlichen Arbeitgeberanteils bei Versicherungspflicht, höchstens aber bis zur Hälfte der Arbeitnehmeraufwendungen

Lohnsteuerpflicht	Ja	§ 19 Abs. 1 EStG
Beitragspflicht KV PV RV ALV	Nein	§ 14 Abs. 1 SGB IV
Beitragspflicht UV	Nein	§ 14 Abs. 1 SGB IV

Mindestlohnrelevanz: Nein
Entgeltart: Laufendes Arbeitsentgelt
Entgeltzuordnung in der SV: Kein Arbeitsentgelt im Sinne der Sozialversicherung.

23.14 Zuschuss des Arbeitgebers zu Pensionsfonds, Pensionskasse und zur Direktversicherung

Erläuterung: Beitrag des Arbeitgebers zur kapitalgedeckten Altersvorsorge bis zu 4 % der jährlichen BBG RV/West (2024: 3.624 EUR) sind steuer- und beitragsfrei. Weitere 4 % der jährlichen BBG RV/West sind steuerfrei, aber beitragspflichtig. 2024 sind also insgesamt 7.248 EUR steuerfrei.

Lohnsteuerpflicht	Nein	§ 3 Nr. 63 EStG
Beitragspflicht KV PV RV ALV	Nein	§ 14 Abs. 1 SGB IV, § 1 Abs. 1 Nr. 9 SvEV
Beitragspflicht UV	Nein	§ 14 Abs. 1 SGB IV, § 1 Abs. 1 Nr. 9 SvEV

Mindestlohnrelevanz: Nein
Entgeltart: Laufendes Arbeitsentgelt
Entgeltzuordnung in der SV: Kein Arbeitsentgelt im Sinne der Sozialversicherung.

23.15 Zuschuss des Arbeitgebers zu umlagefinanzierter Pensionskasse

Erläuterung: Zusätzlich zum Arbeitslohn geleistete Beiträge des Arbeitgebers zu einer umlagefinanzierten Pensionskasse bis zu 3% der jährlichen BBG RV/West (2024: 2.718 EUR) sind steuer- und beitragsfrei.

Lohnsteuerpflicht	Nein	§ 3 Nr. 56 EStG
Beitragspflicht KV PV RV ALV	Neisn	§ 14 Abs. 1 SGB IV, § 1 Abs. 1 Nr. 2 SvEV
Beitragspflicht UV	Nein	§ 14 Abs. 1 SGB IV, § 1 Abs. 1 Nr. 2 SvEV

Mindestlohnrelevanz: Nein
Entgeltart: Laufendes Arbeitsentgelt
Entgeltzuordnung in der SV: kein Arbeitsentgelt

23.16 Zuschuss des Arbeitgebers zum Elterngeld

Erläuterung: S. Arbeitgeberzuschuss zum Elterngeld.

23.17 Zuschuss des Arbeitgebers zur SV-Ersparnis bei BAV-Entgeltumwandlung

Erläuterung: Bei Entgeltumwandlungsvereinbarungen für Direktversicherungen, Pensionskassen und Pensionsfonds, in Höhe von 15% bzw. in Höhe der SV-Ersparnis des Arbeitgebers (Spitzabrechnung).

Lohnsteuerpflicht	Nein	§ 3 Nr. 63 EStG
Beitragspflicht KV PV RV ALV	Nein	§ 14 Abs. 1 SGB IV, § 1 Abs. 1 Nr. 9 SvEV
Beitragspflicht UV	Nein	§ 14 Abs. 1 SGB IV, § 1 Abs. 1 Nr. 9 SvEV

Mindestlohnrelevanz: Nein
Entgeltzuordnung in der SV: Kein Arbeitsentgelt

23.18 Zuschuss zur Betreuung eines nicht schulpflichtigen Kindes

Erläuterung: S. Kindergartenzuschuss

23.19 Zuschuss zur Internetnutzung

Erläuterung: Nicht pauschal versteuerter Arbeitgeberzuschuss zur privaten Internetnutzung.

Lohnsteuerpflicht	Ja	§ 2 Abs. 1 LStDV
Beitragspflicht KV PV RV ALV	Ja	§ 14 Abs. 1 Satz 1 SGB IV
Beitragspflicht UV	Ja	§ 14 Abs. 1 Satz 1 SGB IV

Mindestlohnrelevanz: Nein
Entgeltart: Laufendes Arbeitsentgelt
Entgeltzuordnung in der SV: Entgeltabrechnungsmonat, für den der Anspruch auf den Zuschuss des Arbeitgebers besteht

23.20 Zuschuss zur Internetnutzung (pauschal versteuert)

Erläuterung: Arbeitgeberzuschuss zur privaten Internetnutzung mit 25% pauschal versteuert, höchstens 50 EUR.

Lohnsteuerpflicht	Ja	§ 40 Abs. 2 Satz 1 Nr. 5 EStG; R 40.2 Abs. 5 Satz 7 LStR
Beitragspflicht KV PV RV ALV	Nein	§ 14 Abs. 1 SGB IV, § 1 Abs. 1 Nr. 3 SvEV
Beitragspflicht UV	Nein	§ 14 Abs. 1 SGB IV, § 1 Abs. 1 Nr. 3 SvEV

Mindestlohnrelevanz: Nein
Entgeltart: Laufendes Arbeitsentgelt
Entgeltzuordnung in der SV: Kein Arbeitsentgelt im Sinne der Sozialversicherung.

23.21 Zuwendung zur betrieblichen Krankenversicherung als Versicherungsschutz

Erläuterung: Zuwendung des Arbeitgebers als Sachlohn, wenn damit ein auf den Krankenversicherungsschutz gerichtetes arbeitsvertragliches Versprechen erfüllt wird und die Zuwendung max. 50 EUR beträgt.

Lohnsteuerpflicht	Nein	§ 8 Abs. 2 Satz 11 EStG
Beitragspflicht KV PV RV ALV	Nein	§ 14 Abs. 1, § 3 Abs. 1 Satz 4 SvEV
Beitragspflicht UV	Nein	§ 14 Abs. 1, § 3 Abs. 1 Satz 4 SvEV

Mindestlohnrelevanz: Nein
Entgeltart: Laufendes Arbeitsentgelt
Entgeltzuordnung in der SV: Kein Arbeitsentgelt

23.22 Zuwendung zur betrieblichen Krankenversicherung als Zuschuss

Erläuterung: Zuwendung des Arbeitgebers als Barlohn.

Lohnsteuerpflicht	Ja	§ 14 Abs. 1 Satz 1 SGB IV
Beitragspflicht KV PV RV ALV	Ja	§ 14 Abs. 1 Satz 1 SGB IV
Beitragspflicht UV	Ja	§ 14 Abs. 1 Satz 1 SGB IV

Mindestlohnrelevanz: Ja
Entgeltart: Laufendes Arbeitsentgelt
Entgeltzuordnung in der SV: Entgeltabrechnungsmonat, für den der Anspruch auf die Zuwendung besteht

23.23 Zuwendung zur betrieblichen Krankenversicherung pauschalbesteuert

Erläuterung: Zuwendungen des Arbeitgebers als Sachlohn gehören zu den nicht als einmalig gezahltes Arbeitsentgelt geltenden sonstigen Sachbezügen.

Lohnsteuerpflicht	Nein	§ 40 Abs. 1 S. 1 Nr. 1 EStG
Beitragspflicht KV PV RV ALV	Nein	§ 14 Abs. 1 SGB IV, § 1 Abs. 1 Nr. 2 SvEV
Beitragspflicht UV	Nein	§ 14 Abs. 1 SGB IV, § 1 Abs. 1 Nr. 2 SvEV

Mindestlohnrelevanz: Nein
Entgeltart: Laufendes Arbeitsentgelt
Entgeltzuordnung in der SV: Kein Arbeitsentgelt

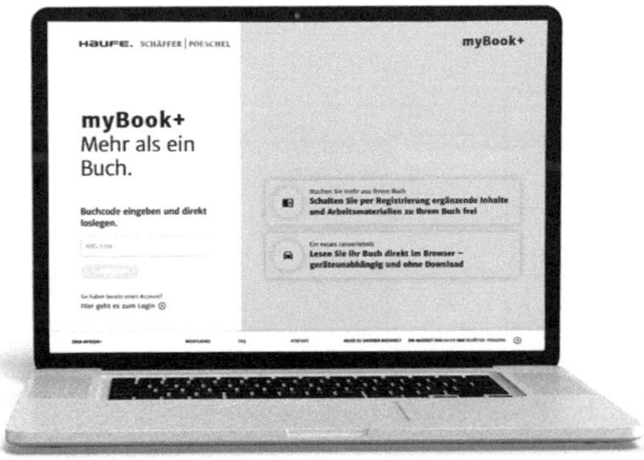

Ihre Online-Inhalte zum Buch: Exklusiv für Buchkäuferinnen und Buchkäufer!

- https://mybookplus.de
- Buchcode: **HVT-76323**

PI11992565
8648215